LÍNGUA PORTUGUESA

Proteção de direitos

Todos os direitos autorais desta obra são reservados e protegidos pela Lei nº 9.610/1998. É proibida a reprodução de qualquer parte deste material didático, sem autorização prévia expressa por escrito do autor e da editora, por quaisquer meios empregados, sejam eletrônicos, mecânicos, videográficos, fonográficos, reprográficos, microfilmicos, fotográficos, gráficos ou quaisquer outros que possam vir a ser criados. Essas proibições também se aplicam à editoração da obra, bem como às suas características gráficas.

Diretor Geral: Evandro Guedes
Diretor de TI: Jadson Siqueira
Diretor Editorial: Javert Falco
Gerente Editorial: Mariana Passos
Gerente de Editoração: Alexandre Rossa
Editora: Paula Craveiro
Revisora de textos: Silvia Campos
Diagramadora: Emilly Lazarotto
Capa: Alexandre Rossa

Dados Internacionais de Catalogação na Publicação (CIP)
Jéssica de Oliveira Molinari CRB-8/9852

B681p

Bombonato, Giancarla

Provas e concursos : língua portuguesa / Giancarla Bombonato. – 4. ed. - Cascavel, PR : AlfaCon, 2022.
362 p.

ISBN 978-65-5918-377-7

1. Serviço público - Concursos – Brasil 2. Língua portuguesa I. Título

22-5915   CDD   351.81076

Índices para catálogo sistemático:
1. Serviço público - Brasil - Concursos

Atualizações e erratas

Esta obra é vendida como se apresenta. Atualizações - definidas a critério exclusivo da Editora AlfaCon, mediante análise pedagógica - e erratas serão disponibilizadas no site www.alfaconcursos.com.br/codigo, por meio do código disponível no final do material didático Ressaltamos que há a preocupação de oferecer ao leitor uma obra com a melhor qualidade possível, sem a incidência de erros técnicos e/ou de conteúdo. Caso ocorra alguma incorreção, solicitamos que o leitor, atenciosamente, colabore com sugestões, por meio do setor de atendimento do AlfaCon Concursos Públicos.

Data de fechamento 1ª impressão:
21/10/2022

Dúvidas?
Acesse: www.alfaconcursos.com.br/atendimento
Núcleo Editorial:
Rua: Paraná, nº 3193, Centro – Cascavel/PR
CEP: 85810-010

SAC: (45) 3037-8888

Apresentação

Este livro é para você que estuda Língua Portuguesa para concursos públicos (áreas Policial, Administrativa, Tribunal, Militar ou Fiscal). O objetivo é lhe dar a prática de estudo por meio da resolução de questões. Por isso, este livro é uma ferramenta indispensável para que você possa verificar, por meio de questões comentadas, toda a teoria da Língua Portuguesa.

Para obter o melhor proveito deste material, sugiro que você siga alguns passos:

1. Leia com muita atenção o enunciado da questão.
2. Resolva a questão.
3. Em seguida, confira qual é o gabarito.
4. Analise o comentário de resolução.

Além disso, faço uma indicação de verificação de rendimento:

I. Se você acertar a resposta, confira se o acerto foi pelo fato de você saber mesmo a teoria ou se foi apenas um "chute".
II. Se você errar a resposta, identifique se o erro foi por você não conhecer o assunto ou foi por falta de atenção quanto ao enunciado e/ou às alternativas.

Saiba que fazer essa análise ajuda a entender como está o próprio rendimento.

Atribuo, ainda, um destaque ao fato de ser uma obra completa, porque traz questões + comentários teóricos + gabarito.

Ademais, tudo foi feito pensando em trazer aquilo que é mais cobrado em processos seletivos.

Por isso, você encontrará:

- questões organizadas por assunto (Compreensão Textual, Fonologia, Morfologia, Sintaxe da Oração, Sintaxe do Período, Sintaxe Geral);
- capítulo especial com questões de Redação Oficial;
- questões recentes e mais recorrentes em provas;
- seleção das principais bancas organizadoras de concurso.

Aproveite ao máximo todo o conteúdo que este livro oferece. Tudo foi organizado pensando em dar a você uma preparação completa acerca da disciplina de Língua Portuguesa, uma das mais importantes em um concurso.

Como bônus, para complementar seus estudos e lhe ajudar a alcançar a tão sonhada vaga em um concurso público, oferecemos gratuitamente um curso básico de Língua Portuguesa, que pode ser acessado a partir do Código de Resgate.

Bom estudo!

Giancarla Bombonato

COMO ESTUDAR PARA UM CONCURSO PÚBLICO!

Para se preparar para um concurso público, não basta somente estudar o conteúdo. É preciso adotar metodologias e ferramentas, como plano de estudo, que ajudem o concurseiro em sua organização.

As informações disponibilizadas são resultado de anos de experiência nesta área e apontam que estudar de forma direcionada traz ótimos resultados ao aluno.

CURSO ON-LINE GRATUITO

- Como montar caderno
- Como estudar
- Como e quando fazer simulados
- O que fazer antes, durante e depois de uma prova!

Ou pelo link: alfaconcursos.com.br/cursos/material-didatico-como-estudar

ORGANIZAÇÃO

Organização é o primeiro passo para quem deseja se preparar para um concurso público.

Conhecer o conteúdo programático é fundamental para um estudo eficiente, pois os concursos seguem uma tendência e as matérias são previsíveis. Usar o edital anterior - que apresenta pouca variação de um para outro - como base é uma boa opção.

Quem estuda a partir desse núcleo comum precisa somente ajustar os estudos quando os editais são publicados.

PLANO DE ESTUDO

Depois de verificar as disciplinas apresentadas no edital, as regras determinadas para o concurso e as características da banca examinadora, é hora de construir uma tabela com seus horários de estudo, na qual todas as matérias e atividades desenvolvidas na fase preparatória estejam dispostas.

PASSO A PASSO

VEJA AS ETAPAS FUNDAMENTAIS PARA ORGANIZAR SEUS ESTUDOS

PASSO 1	PASSO 2	PASSO 3	PASSO 4	PASSO 5
Selecionar as disciplinas que serão estudadas.	Organizar sua rotina diária: marcar pontualmente tudo o que é feito durante 24 horas, inclusive o tempo que é destinado para dormir, por exemplo.	Organizar a tabela semanal: dividir o horário para que você estude 2 matérias por dia e também destine um tempo para a resolução de exercícios e/ou revisão de conteúdos.	Seguir rigorosamente o que está na tabela, ou seja, destinar o mesmo tempo de estudo para cada matéria. Por exemplo: 2h/dia para cada disciplina.	Reservar um dia por semana para fazer exercícios, redação e também simulados.

App AlfaCon Notes

O **AlfaCon Notes** é um aplicativo perfeito para registrar suas **anotações de leitura**, deixando seu estudo **mais prático**. Viva a experiência Alfacon Notes. Para instalar, acesse o Google Play ou a Apple Store.

Se liga no **vídeo!**

Cada tópico de seu livro contém **um Código QR** ao lado.

Escolha o tópico e faça a leitura do Código QR utilizando o aplicativo AlfaCon Notes para registrar sua anotação.

Pronto para essa **nova experiência?** Então, baixe o App **AlfaCon Notes** e crie suas anotações.

Acesse seu material complementar:

1 Acesso o site **www.alfaconcursos.com.br** para se cadastrar **gratuitamente** ou para efetuar seu login.

2 Na aba **Resgatar código**, digite o código abaixo, que estará disponível por 120 dias a partir do primeiro acesso.

CÓDIGO DE ACESSO: SPEC LINGPORT

3 Após a validação do código, você será redirecionado para a página em que constam seus materiais (atualizações, material complementar e erratas). Todo esse conteúdo está disponível gratuitamente.

Mais que um livro, é uma experiência!

809
QUESTÕES
COMENTADAS
LÍNGUA PORTUGUESA

SUMÁRIO

01. INTERPRETAÇÃO DE TEXTOS 10
02. COESÃO E COERÊNCIA 112
03. TIPOLOGIA TEXTUAL E GÊNERO TEXTUAL 129
04. SIGNIFICAÇÃO DE PALAVRAS 136
05. LINGUAGEM 148
06. REESCRITA 156
07. ESTRUTURA E FORMAÇÃO DE PALAVRAS 170
08. CONJUNÇÃO 182
09. EMPREGO DE VERBOS 196
10. EMPREGO DE PRONOMES 211
11. PALAVRA SE 218
12. PALAVRA QUE 223
13. PREPOSIÇÃO 229
14. ADVÉRBIO 236
15. ARTIGO 245
16. ADJETIVO 249
17. SUBSTANTIVO 254
18. COLOCAÇÃO PRONOMINAL 259
19. TERMOS DA ORAÇÃO 265
20. PERÍODO COMPOSTO 275
21. CONCORDÂNCIA 290
22. PONTUAÇÃO 317
23. REGÊNCIA 332
24. CRASE 339
25. ORTOGRAFIA 345
26. ACENTUAÇÃO 350
27. REDAÇÃO OFICIAL 354

INTERPRETAÇÃO DE TEXTOS

TEXTO PARA AS PRÓXIMAS DUAS QUESTÕES.

A perda da privacidade

Um dos problemas do nosso tempo, uma obsessão mais ou menos generalizada, é a privacidade. Para dizer de maneira muito, mas muito simples, significa que cada um tem o direito de tratar da própria vida sem que todos fiquem sabendo. Por isso, é preocupante que, através dos nossos cartões de crédito, alguém possa ficar sabendo o que compramos, em que hotel ficamos e onde jantamos.

Parece, portanto, que a privacidade é um bem que todos querem defender a qualquer custo.

Mas a pergunta é: as pessoas realmente se importam tanto com a privacidade? Antes, a ameaça à privacidade era a fofoca, e o que temíamos na fofoca era o atentado à nossa reputação pública. No entanto, talvez por causa da chamada sociedade líquida, na qual todos estão em crise de identidade e de valores e não sabem onde buscar os pontos de referência para definir-se, o único modo de adquirir reconhecimento social é "mostrar-se" – a qualquer custo.

E assim, os cônjuges que antigamente escondiam zelosamente suas divergências participam de programas de gosto duvidoso para interpretar tanto o papel do adúltero quanto o do traído, para delírio do público.

Foi publicado recentemente um artigo de Zygmunt Bauman revelando que as redes sociais, que representam um instrumento de vigilância de pensamentos e emoções alheios, são realmente usadas pelos vários poderes com funções de controle, graças também à contribuição entusiástica de seus usuários. Bauman fala de "sociedade confessional que eleva a autoexposição pública à categoria de prova eminente e mais acessível, além de verossimilmente mais eficaz, de existência social". Em outras palavras, pela primeira vez na história da humanidade, os espionados colaboram com os espiões, facilitando o trabalho destes últimos, e esta rendição é para eles um motivo de satisfação porque afinal são vistos por alguém enquanto levam a vida – e não importa se às vezes vivam como criminosos ou como imbecis.

A verdade também é que, já que todos podem saber tudo de todos, o excesso de informação não pode produzir nada além de confusão, rumor e silêncio. Mas, para os espionados, parece ótimo que eles mesmos e seus segredos mais íntimos sejam conhecidos pelo menos pelos amigos, vizinhos, e possivelmente até pelos inimigos, pois este é o único modo de sentirem-se vivos, parte ativa do corpo social.

(Umberto Eco. **Crônicas de uma sociedade líquida**. Rio de Janeiro: Record, 2017. Adaptado.)

1. **(VUNESP - 2022 - PREFEITURA DE OSASCO/SP - GUARDA MUNICIPAL)** Conforme o autor, a obsessão mais ou menos generalizada pela privacidade:

a) tem aumentado o temor das pessoas quanto à forma como empresas que dispõem de dados pessoais lidam com eles.

b) é condizente com a tendência de abandono à exposição em redes sociais e de maior cuidado com a reputação pública.

c) destoa do objetivo das redes sociais, que lucram justamente quando usuários se expõem a um público cada vez maior.

d) obriga as redes sociais a buscarem novos meios para que os usuários voltem a sentir satisfação em expor sua vida pessoal.

e) vai de encontro à predisposição das pessoas para expor a própria intimidade em busca de reconhecimento social.

O texto trata do fato de que existe uma contradição entre querer e ter a privacidade em um cenário em que as pessoas a expõem. Por isso, querer a privacidade é um paradoxo, ou seja, **vai contra** à predisposição das pessoas para expor a própria intimidade em busca de reconhecimento social.

Vejamos:

- *Mas a pergunta é: as pessoas realmente se importam tanto com a privacidade?*
- *No entanto, talvez por causa da chamada sociedade líquida, na qual todos estão em crise de identidade e de valores e não sabem onde buscar os pontos de referência para se definir, **o único modo de adquirir reconhecimento social é "mostrar-se" – a qualquer custo**.*
- *Em outras palavras, pela primeira vez na história da humanidade, **os espionados colaboram com os espiões**, facilitando o trabalho destes últimos, e esta rendição é para eles um motivo de satisfação porque afinal são vistos por alguém enquanto levam a vida – e não importa se às vezes vivam como criminosos ou como imbecis.*

GABARITO: E.

---

2. (VUNESP - 2022 - PREFEITURA DE OSASCO/SP - GUARDA MUNICIPAL) Para o autor, a necessidade que as pessoas têm de expor-se:

a) é legítima, na medida em que cada pessoa tem o direito de tratar da própria vida como julgar apropriado.
b) surge da constatação de que expor intimidades da rotina pessoal ajuda a construir boa reputação pública.
c) desponta, num contexto de crise de identidade e de valores, como único meio de alcançar a aceitação social.
d) é uma maneira razoável de se estabelecerem laços sociais entre pessoas que compartilham dos mesmos valores.
e) deu vazão a ideias desarrazoadas, como a de que as redes sociais pudessem servir para vigilância dos usuários.

As pessoas querem expor sua privacidade com o objetivo de serem reconhecidas.

Vejamos:

- *Bauman fala de "sociedade confessional que **eleva a autoexposição** pública à categoria de prova eminente e mais acessível, além de verossimilmente mais eficaz, de existência social".*
- *Em outras palavras, pela primeira vez na história da humanidade, **os espionados colaboram com os espiões**, facilitando o trabalho destes últimos, e esta rendição é para eles um motivo de satisfação porque afinal são vistos por alguém enquanto levam a vida – e não importa se às vezes vivam como criminosos ou como imbecis.*
- *Mas, para os espionados, parece ótimo que eles mesmos e seus segredos mais íntimos sejam conhecidos pelo menos pelos amigos, vizinhos, e possivelmente até pelos inimigos, pois **este é o único modo de sentirem-se vivos, parte ativa do corpo social**.*

GABARITO: C.

TEXTO PARA AS PRÓXIMAS DUAS QUESTÕES.

Direto da Zona Fantasma

Leio que a TV a cabo será o novo telefone fixo. Má notícia para os que, como eu, ainda veem nela uma alternativa aos programas de auditório que infestam a TV aberta. O telefone fixo, por sua vez, já é um fóssil paleozoico contemporâneo.

Nada como o avanço da tecnologia para redefinir as relações sociais. Há décadas na praça, acumulei uma razoável quantidade de amigos com quem continuei mais ou menos em contato pelos canais convencionais

– telefone, e-mail, telegrama, uma ou outra carta e, em caso de viagem, o querido cartão postal. Mas todos esses amigos devem ter se mudado para a Zona Fantasma, porque telegramas, cartas e cartões postais são coisas que não recebo há 20 anos. E só agora me dou conta de que também não os envio, donde, para eles, já devo ter sido despachado, idem, para a Zona Fantasma.

Estamos aprendendo a dispensar coisas que até há pouco eram corriqueiras no cotidiano. Faz tempo que, por falta de ofertas, não compro um CD ou DVD. Por sorte, ainda tenho milhares, mas não sei até quando existirá equipamento para tocá-los.

Há pouco, na rua, perguntei as horas a uma jovem com um relógio de pulso. Em vez de consultá-lo, ela tirou do bolso um celular e olhou para a tela. Eram 9h30. Seu relógio deve estar na categoria de seus brincos e pulseiras.

(Ruy Castro. Direto da Zona Fantasma. **Folha de S.Paulo**. São Paulo, 30 jan. 2022. Disponível em: https://www1.folha.uol.com.br/colunas/ruycastro/2022/01/direto-da-zona-fantasma.shtml. Acesso em: 30 jan. 2022. Adaptado.)

3. (VUNESP - 2022 - PREFEITURA DE OSASCO/SP - GUARDA MUNICIPAL) No texto, o autor trata:

a) da obsolescência da TV aberta, que vem perdendo direito de transmissão inclusive de programas de auditório.
b) do avanço da tecnologia, destacando a forma como tal evolução o reaproximou de antigos amigos.
c) da opção pessoal por adotar a tecnologia em substituição ao antigo hábito de se comunicar por cartas.
d) das mudanças no que diz respeito à forma como nos relacionamos com objetos de uso cotidiano.
e) do descaso com que pessoas sem habilidade com a tecnologia são tratadas, especialmente pelos mais jovens.

O autor aborda o fato de que objetos e utensílios que antes eram essenciais passaram a ser dispensados e descartados pelas mudanças e inovações. Vejamos: *Nada como o avanço da tecnologia para redefinir as relações sociais. [...] Estamos aprendendo a dispensar coisas que até há pouco eram corriqueiras no cotidiano.* Ainda, cita TV a cabo, telefone fixo, relógio de pulso, os quais estão sendo substituídos por outros objetos.
GABARITO: D.

4. (VUNESP - 2022 - PREFEITURA DE OSASCO/SP - GUARDA MUNICIPAL) A frase "O telefone fixo, por sua vez, já é um fóssil paleozoico contemporâneo." é empregada pelo autor para expressar a ideia de que, no tempo atual:

a) as pessoas ainda apreciam o telefone fixo.
b) a dependência do telefone fixo persiste.
c) o telefone fixo é um objeto antiquado.
d) o telefone fixo conseguiu reinventar-se.
e) o fim do uso do telefone fixo é injustificável.

O telefone fixo não tem mais a importância de antigamente, porque hoje se aposta mais em comunicação *on-line*. A comparação com "fóssil paleozoico contemporâneo" é para mostrar que ainda existe, mas teve seu uso modificado ou diminuído com as novidades em soluções tecnológicas.
GABARITO: C.

TEXTO PARA AS PRÓXIMAS TRÊS QUESTÕES.

China ultrapassa os Estados Unidos na produção científica

Pela primeira vez, a China superou os Estados Unidos em produção científica. Em 2020, instituições chinesas publicaram 788 mil artigos contra 767 mil das americanas. É possível relativizar esse dado.

A China tem uma população quatro vezes maior que a americana, de modo que a produção *per capita* dos Estados Unidos ainda é superior. A China também não tem ganhado tantos prêmios Nobel quanto os Estados Unidos, o que faz supor que, nas áreas mais relevantes, os americanos liderem. Tudo isso é verdade, mas o fato é que a ciência chinesa vem evoluindo de forma robusta. Nada indica que um apagão esteja próximo.

A questão é relevante para os economistas liberais, particularmente os da escola institucionalista.* Para eles, o crescimento sustentável só é possível quando as instituições políticas de um país são inclusivas e seus cidadãos gozam de liberdade para decidir o que farão de suas vidas e recursos. Isso ocorre porque a prosperidade duradoura depende de um fluxo constante de inovações, que resulte em ganhos de produtividade. Ainda segundo os institucionalistas, regimes autoritários, como o chinês, não asseguram a liberdade necessária para que ciência e tecnologia se desenvolvam.

É possível que tais economistas tenham razão e que a China, por um *déficit* de liberdade, não consiga manter o ritmo. Já vimos ditaduras colapsarem porque ficaram para trás na corrida tecnológica. O caso mais notório é o da URSS, que, embora tenha chegado a liderar a ciência espacial, não foi capaz de manter-se competitiva em outras áreas, com reflexos na economia.

Mas não dá para descartar a hipótese de que os institucionalistas estejam errados. Não me parece em princípio impossível para um regime assegurar as liberdades necessárias para manter a ciência e a economia funcionando sem estendê-las à política. Ditaduras podem se reinventar.

*Corrente de pensamento econômico que analisa o papel instituições para o comportamento da economia.
(Hélio Schwartsman. China ultrapassa os Estados Unidos na produção científica. **Folha de S.Paulo**. São Paulo ,31 dez. 2021. Disponível em: https://www1.folha.uol.com.br/colunas/helioschwartsman/2021/12/china-ultrapassa-os-eua-na-producao-cientifica.shtml. Acesso em: 31 dez. 2021. Adaptado.)

5. **(VUNESP - 2022 - PREFEITURA DE OSASCO/SP - GUARDA MUNICIPAL)** O autor do texto discute a:

a) disputa acirrada pela hegemonia no desenvolvimento científico, que já compromete o crescimento sustentável dos Estados Unidos.

b) decadência econômica e científica dos Estados Unidos, cada vez menos relevantes comparados a países como Rússia e China.

c) evolução da China no campo da produção científica, que ultrapassou as publicações norte-americanas em números absolutos.

d) produção científica chinesa, que parece caminhar para o mesmo destino da antiga URSS, em vista de decisões políticas equivocadas.

e) maneira como mudanças profundas no regime político tiveram papel preponderante para o atual avanço científico na China.

O texto apresenta a discussão sobre a evolução da China no campo da produção científica, que ultrapassou as publicações norte-americanas em números absolutos. Isso é apresentado no início do texto: *Pela primeira vez, a China superou os Estados Unidos em produção científica. Em 2020, instituições chinesas publicaram 788 mil artigos contra 767 mil das americanas.*

Com o trecho *É possível relativizar esse dado*, entende-se que o texto, a partir do segundo parágrafo, explica os dados apresentados no primeiro parágrafo.

GABARITO: C.

---

6. **(VUNESP - 2022 - PREFEITURA DE OSASCO/SP - GUARDA MUNICIPAL)** Para o autor, embora a produção científica chinesa tenha:

a) atingido bons resultados, eles poderiam ser muito mais expressivos se a análise dos dados não viesse de instituições americanas.

b) obtido certo avanço, o país vive uma realidade socioeconômica que inviabiliza a manutenção desse quadro de desenvolvimento.

c) estagnado, a ampliação das liberdades da população poderia reconduzir o país a uma situação sustentável de progressos.

d) superado em quantidade a norte-americana, estes últimos ainda estariam na dianteira em relação à produção mais importante.

e) alcançado resultados expressivos, ela só será sustentável se esse avanço for acompanhado de mudanças no regime político do país.

O enunciado, que é marcado pela presença de "embora" (conjunção concessiva), espera que seja identificada uma contradição, um contraponto. Por isso, embora a produção científica chinesa tenha superado em quantidade a norte-americana, estes últimos ainda estariam na dianteira em relação à produção mais importante.

Isso pode ser comprovado pelo trecho: *A China tem uma população quatro vezes maior que a americana, **de modo que a produção per capita dos Estados Unidos ainda é superior**. A China também não tem ganhado tantos prêmios Nobel quanto os Estados Unidos, **o que faz supor que, nas áreas mais relevantes, os americanos liderem**.*

GABARITO: D.

---

7. **(VUNESP - 2022 - PREFEITURA DE OSASCO/SP - GUARDA MUNICIPAL)** Para o autor, a posição defendida por economistas de que a ausência de instituições políticas livres compromete a prosperidade econômica:

a) mostra-se acertada, dada a dificuldade que a China já demonstra para conseguir manter o crescimento vigoroso de sua economia.

b) é refutável, já que as barreiras ao progresso científico são da mesma natureza em ditaduras e em nações em que se tem liberdade.

c) é equivocada, ao vaticinar que, via de regra, a prosperidade econômica de uma nação demandaria inovação científica permanente.

d) despreza o fato de que, justamente por se tratar de regimes fechados, os dados econômicos de tais países não refletem a realidade.

e) é discutível, sendo possível a um governo conceder liberdades apenas o suficiente para manter a produção econômica e científica.

Conforme a progressão textual, entende-se que a posição defendida por economistas de que a ausência de instituições políticas livres compromete a prosperidade econômica é discutível, sendo possível a um governo conceder liberdades apenas o suficiente para manter a produção econômica e científica. Vejamos:

- *A questão é relevante para os **economistas liberais**, particularmente os da **escola institucionalista**. Para eles, o crescimento sustentável só é possível quando as instituições políticas de um país são inclusivas e seus cidadãos gozam de liberdade para decidir o que farão de suas vidas e recursos.*

- *É possível que tais economistas tenham razão e que a China, por um déficit de liberdade, não consiga manter o ritmo.*

- *Mas **não dá para descartar a hipótese de que os institucionalistas estejam errados**. Não me parece em princípio impossível para um regime assegurar as liberdades necessárias para manter a ciência e **a economia funcionando sem estendê-las à política**. Ditaduras podem se reinventar.*

GABARITO: E.

---

8. **(VUNESP - 2022 - PM/SP - SARGENTO)**

Vozes da natureza

Lili chamava o sapo de bicho-nenê. Ótima sugestão para os pais novatos; é só imaginarem que estão ouvindo, não o choro chinfrim do pimpolho, mas a velha, primordial canção da saparia às estrelas.

E não foi sempre tão gostosa, mesmo, essa manha sem fim dos sapos no banhado? Ouçam, pois, ouçam todos com o seu melhor ouvido o bicho-nenê. Ouçam-no todos os que se julgam amantes fiéis da Natureza, e ficarão felizes.

(Mario Quintana. **Da preguiça como método de trabalho**. São Paulo: Companhia das Letras/Alfaguara, 2013)

O eu lírico explora como assunto principal do texto:

a) a monotonia advinda da canção dos sapos no banhado.
b) a orientação aos pais quanto aos cuidados com a criança.
c) a estranheza causada às pessoas pelos sons da natureza.
d) a sensação resultante de se escutar os sapos cantando.

O texto trata do som que vem dos sapos, ou seja, o eu lírico explica a sensação resultante de se escutar os sapos cantando. Ele não fala da monotonia, não trata da orientação dos pais com relação aos cuidados com a criança e não discute a estranheza acerca dos sons da natureza.

GABARITO: D.

---

9. **(VUNESP - 2022 - PM/SP - SARGENTO)**

Quem consulta o acervo da revista *Superinteressante* percebe um salto entre os meses de janeiro e março de 2001. A edição de fevereiro daquele ano não está mais acessível para consultas. A publicação da editora Abril trazia como assunto principal naquele mês questionamentos sobre a eficácia das vacinas.

O atual diretor de redação da revista, Alexandre Versignassi, responde sobre os questionamentos a vacinas levantados na matéria de 2001: "Nada se provou". Ou seja, as dúvidas levantadas naquela época não se comprovaram. Por esse motivo, numa conversa com a administração da Abril, o jornalista achou prudente excluir provisoriamente a edição do acervo. "Num período de pandemia e de vacinação, poderia ser um desserviço", diz.

Versignassi ressalta uma questão importante: "Não é apagar a história. É uma questão de saúde pública".

(Mauricio Stycer. Superinteressante exclui do acervo capa que questionava eficácia de vacinas. **UOL Notícias**. São Paulo, 2 nov. 2021. Disponível em: https://noticias.uol.com.br/colunas/mauricio-stycer/2021/11/02/superinteressante-exclui-do-acervo-capa-de-2001-que-questionava-as-vacinas.htm. Acesso em: 2 nov. 2021. Adaptado.)

As informações do texto permitem concluir corretamente que a edição de fevereiro de 2001 da revista *Superinteressante* foi retirada do acervo porque:

a) a administração pediu ao diretor da revista que revisasse a edição e, como ela falava da importância da vacinação, este resolveu que seria melhor arquivá-la.
b) a manutenção dessa edição seria um desserviço à sociedade, em um momento em que a vacinação das pessoas é importante para que a pandemia seja superada.
c) o diretor e a administração da revista tiveram a deliberada intenção de apagar a história, embora a edição trouxesse dados contundentes sobre a vacinação.
d) a vacinação no país aumentaria se os leitores tomassem conhecimento da reportagem, e o diretor de redação achou melhor eliminar polêmicas sobre a questão.

Uma matéria que questionasse a eficácia das vacinas em uma época em que havia campanhas de vacinação seria um desserviço, ou seja, iria confundir a população e trazer discussões desnecessárias, já que o conteúdo da matéria de 2021 não foi comprovado. Vejamos: *Nada se provou*. Ou seja, as dúvidas levantadas naquela época não se comprovaram. Por esse motivo, em uma conversa com a administração da Editora Abril, o jornalista achou prudente excluir provisoriamente a edição do acervo. *"Num período de pandemia e de vacinação, poderia ser um desserviço", diz.*

GABARITO: B.

10. (VUNESP - 2022 - PM/SP - SARGENTO)

(Fernando Gonsales, "Níquel Náusea". *Folha de S.Paulo*, 28.10.2021. Adaptado)

Considerando o efeito de humor comum às tiras, na conversa entre os personagens, a frase – "Sempre com essa carinha de 80 anos!" – expressa:

a) desprezo.
b) gracejo.
c) raiva.
d) altivez.

A: O termo desprezo não pode ser a resposta, porque significa sentimento de repulsa.

B: O termo gracejo significa dito engraçado, espirituoso – ou que pretende sê-lo – insolente, ofensivo, troça, zombaria. E a fala do personagem é uma ironia ao fato de ter uma carinha de 80 anos.

C: O termo raiva não tem relação com a frase.

D: O termo altivez significa característica de altivo, de quem ou do que revela nobreza, dignidade.

GABARITO: B.

TEXTO PARA AS PRÓXIMAS DUAS QUESTÕES.

A verdadeira história do Papai Noel

O Papai Noel que conhecemos hoje, gordo e bonachão, barba branca, vestes vermelhas, é produto de um imemorial sincretismo[1] de lendas pagãs e cristãs, a tal ponto que é impossível identificar uma fonte única para o mito. Sabe-se, porém, que sua aparência foi fixada e difundida para o mundo na segunda metade do século 19 por um famoso ilustrador e cartunista americano, Thomas Nast. Nas gravuras de Nast, o único traço que destoa significativamente do Noel de hoje é o longo cachimbo que o personagem dele fumava sem parar, algo que nossos tempos antitabagistas já não permitem ao bom velhinho.

O sucesso da representação pictórica feita por Nast não significa que ele possa reivindicar qualquer naco[2] da paternidade da lenda, mas apenas que seu Santa Claus – o nome de Papai Noel em inglês – deixou no passado e nas enciclopédias de folclore a maior parte das variações regionais que a figura do distribuidor de presentes exibia, dos trajes verdes em muitos países europeus aos chifres de bode (!) em certas lendas nórdicas.

Antes de prevalecer a imagem atual, um fator de unificação desses personagens era a referência mais ou menos direta, quase sempre distorcida por crenças locais, a São Nicolau, personagem historicamente nebuloso que viveu entre os séculos 3 e 4 da era cristã e que gozou da fama de ser, além de milagreiro, especialmente generoso com os pobres e as crianças. É impreciso o momento em que o costume de presentear as crianças no dia de São Nicolau, 6 de dezembro, foi transferido para o Natal na maior parte dos países europeus, embora a data primitiva ainda seja observada por parte da população na Holanda e na Bélgica. Nascia assim o personagem do Père Noël (como o velhinho é chamado na França) ou Pai Natal (em Portugal) – o Brasil, como se vê, optou por uma tradução pela metade.

[1]sincretismo: combinação; [2]naco: parte, pedaço.

(Sérgio Rodrigues. O Papai Noel é São Nicolau e não é. **Revista Veja**. São Paulo, 31 jul. 2020. Disponível em: https://veja.abril.com.br/coluna/sobre-palavras/o-papai-noel-e-sao-nicolau-e-nao-e/#:~:text=Antes%20de%20prevalecer%20a%20imagem,ser%2C%20 al%C3%A9m%20de%20milagreiro%2C%20especialmente. Acesso em: 31 jul. 2020. Adaptado.)

11. **(VUNESP - 2022 - PM/SP - SARGENTO)** O texto deixa claro que:
   a) a origem da figura de Papai Noel decorre da fusão cultural de lendas pagãs e cristãs.
   b) a imprecisão quanto à origem do Papai Noel diminui sua aceitação ao redor do mundo.
   c) a designação de Papai Noel como um mito é errônea, pois é uma figura nebulosa.
   d) a origem do Papai Noel se deu no século 19 e deve-se ao ilustrador Thomas Nast.

   O texto mostra que a figura do Papai Noel não é restrita a um só local ou cultura, mas está ligada a uma mistura de lendas. Isso é apresentado no início do texto: *O Papai Noel que conhecemos hoje, gordo e bonachão, barba branca, vestes vermelhas, é produto de um imemorial sincretismo de lendas pagãs e cristãs, a tal ponto que é impossível identificar uma fonte única para o mito.*

   Além disso, a imprecisão quanto à origem do Papai Noel não diminui sua aceitação ao redor do mundo; a designação de Papai Noel como um mito não é errônea; e a origem do Papai Noel não se deu no século 19 e não se deve ao ilustrador Thomas Nast.

   GABARITO: A.

12. **(VUNESP - 2022 - PM/SP - SARGENTO)** De acordo com as informações do texto, é correto afirmar que:
   a) a ideia de associar Papai Noel a São Nicolau foi do americano Thomas Nast.
   b) a generosidade e os milagres de São Nicolau alçaram-no ao mito de Papai Noel.
   c) a presença do Papai Noel como distribuidor de presentes é uma criação recente.
   d) a sociedade atual prefere o Papai Noel de Thomas Nast por causa do tabagismo.

   A generosidade de São Nicolau, especialmente com crianças e pobres, que fez com que ele se transformasse no mito do Papai Noel. Além disso, a ideia de associar Papai Noel a São Nicolau não foi do americano Thomas Nast e a presença do Papai Noel como distribuidor de presentes não é uma criação recente. Vejamos: *O sucesso da representação pictórica feita por Nast **não significa que ele possa reivindicar qualquer naco² da paternidade da lenda**, mas apenas que seu Santa Claus (o nome de Papai Noel em inglês) deixou no passado e nas enciclopédias de folclore a maior parte das variações regionais que a figura do distribuidor de presentes exibia, dos trajes verdes em muitos países europeus aos chifres de bode (!) em certas lendas nórdicas. [...] Antes de prevalecer a imagem atual, um fator de unificação desses personagens era a referência mais ou menos direta, quase sempre distorcida por crenças locais, a **São Nicolau**, personagem historicamente nebuloso que viveu entre os séculos 3 e 4 da era cristã e que gozou da fama de ser, **além de milagreiro**, especialmente **generoso com os pobres e as crianças**.*

   GABARITO: B.

13. **(VUNESP - 2022 - PM/SP - SARGENTO)**

(https://www.uol.com.br/splash. Adaptado)

As informações apresentadas nos quadrinhos permitem concluir corretamente que:

a) a opção por viver por conta própria amenizou a tristeza de Horácio, como exemplificam as expressões "Shuif!", "Shuif!".

b) a simpatia de Horácio mostrou que acusações falsas não o abalaram, o que se comprova com as expressões "Shuif!", "Shuif!".

c) a tristeza de Horácio, ratificada com as expressões "Shuif!", "Shuif!", decorreu da sua saída da aldeia dos homens.

d) a simpatia de Horácio, reforçada pelas expressões "Shuif!", "Shuif!", criou mal-estar entre os homens da aldeia.

A história mostra que Horácio ficou muito triste por ter sido acusado de comer demais e de ser convidado a viver na floresta. As expressões *"Shuif!", "Shuif!"* (que são onomatopeias – palavra que representa um som) ratificam, ou seja, confirma essa situação vivida por Horácio.
GABARITO: C.

---

14. **(FCC - 2022 - PREFEITURA DE RECIFE/PE - AGENTE ADMINISTRATIVO)**

O dono do pequeno restaurante é amável, sem derrame, e a fregueses mais antigos oferece, antes do menu, o jornal do dia "facilitado", isto é, com traços vermelhos cercando as notícias importantes. Vez por outra, indaga se a comida está boa, oferece cigarrinho, queixa-se do resfriado crônico e pergunta pelo nosso, se o temos; se não temos, por aquele regime começado em janeiro, e de que desistimos. Também pelos filmes de espionagem, que mexem com ele na alma.

Espetar a despesa não tem problema, em dia de barra pesada. Chega a descontar o cheque a ser recebido no mês que vem ("Falta só uma semana, seu Adelino").

Além dessas delícias raras, seu Adelino faculta ao cliente dar palpites ao cozinheiro e beneficiar-se com o filé mais fresquinho, o palmito de primeira, a batata feita na hora, especialmente para os eleitos. Enfim, autêntico papo-firme.

Uma noite dessas, o movimento era pequeno, seu Adelino veio sentar-se ao lado da antiga freguesa. Era hora do jantar dele, também. O garçom estendeu-lhe o menu e esperou. Seu Adelino, calado, olhava para a lista inexpressiva dos pratos do dia. A inspiração não vinha. O garçom já tinha ido e voltado duas vezes, e nada. A freguesa resolveu colaborar:

– Que tal um fígado acebolado?

– Acabou, madame – atalhou o garçom.

– Deixe ver... Assada com coradas, está bem?

– Não, não tenho vontade disso – e seu Adelino sacudiu a cabeça.

– Bem, estou vendo aqui umas costeletas de porco com feijão-branco, farofa e arroz...

– Não é mau, mas acontece que ainda ontem comi uma carnezita de porco, e há dois dias que me servem feijão ao almoço – ponderou.

A freguesa de boa vontade virou-se para o garçom:

– Aqui no menu não tem, mas quem sabe se há um bacalhau a qualquer coisa? – pois seu Adelino (refletiu ela) é português, e como todo lusíada que se preza, há de achar isso a pedida.

Da cozinha veio a informação:

– Tem bacalhau à Gomes de Sá. Quer?

– Pode ser isso – concordou seu Adelino, sem entusiasmo.

Ao cabo de dez minutos, veio o garçom brandindo o Gomes de Sá. A freguesa olhou o prato, invejando-o, e, para estimular o apetite de seu Adelino:

– Está uma beleza!

– Não acho muito não – retorquiu, inapetente.

O prato foi servido, o azeite adicionado, e seu Adelino traçou o bacalhau, depois de lhe ser desejado bom apetite. Em silêncio.

Vendo que ele não se manifestava, sua leal conviva interpelou-o:

— Como é, está bom?

Com um risinho meio de banda, fez a crítica:

— Bom nada, madame. Isso não é bacalhau à Gomes de Sá nem aqui nem em Macau. É bacalhau com batatas. E vou lhe dizer: está mais para sem gosto do que com ele. A batata me sabe a insossa, e o bacalhau salgado em demasia, ai!

A cliente se lembrou, com saudade vera, daquele maravilhoso Gomes de Sá que se come em casa de d. Concessa. E foi detalhando:

— Lá em casa é que se prepara um legal, sabe? Muito tomate, pimentão, azeite de verdade, para fazer um molho pra lá de bom, e ainda acrescentam um ovo...

Seu Adelino emergiu da apatia, comoveu-se, os olhos brilhando, desta vez em sorriso aberto:

— Isso mesmo! Ovo cozido e ralado, azeitonas portuguesas, daquelas... Um santo, santíssimo prato!

Mas, encarando o concreto:

— Essa gente aqui não tem a ciência, não tem a ciência!

— Espera aí, seu Adelino, vamos ver no jornal se tem um bom filme de espionagem para o senhor se consolar.

Não tinha, infelizmente.

(Carlos Drummond de Andrade. **70 histórias**. São Paulo: Companhia das Letras, 2016, p. 110-111. Adaptado.)

Na crônica, a freguesa é caracterizada como:

a) irônica.
b) introspectiva.
c) solícita.
d) volúvel.
e) impertinente.

A cliente percebeu que seu Adelino não escolhia um prato e que não se interessava por nada, resolveu colaborar na escolha. Vejamos: *Uma noite dessas, o movimento era pequeno, seu Adelino veio sentar-se ao lado da antiga freguesa. Era hora do jantar dele, também. O garçom estendeu-lhe o menu e esperou. Seu Adelino, calado, olhava para a lista inexpressiva dos pratos do dia. A inspiração não vinha. O garçom já tinha ido e voltado duas vezes, e nada.* **A freguesa resolveu colaborar:**

GABARITO: C.

TEXTO PARA AS PRÓXIMAS DUAS QUESTÕES.

Duas revoluções da humanidade

Estamos hoje na confluência de duas imensas revoluções. Por um lado, biólogos estão decifrando os mistérios do corpo humano, particularmente do cérebro e dos sentimentos. Ao mesmo tempo, os cientistas da computação estão nos dando um poder de processamento de dados sem precedente. Quando a revolução na biotecnologia se fundir com a revolução na tecnologia da informática, essa fusão produzirá algoritmos de longo alcance capazes de monitorar e compreender nossos sentimentos muito melhor do que nós mesmos, e então a autoridade decisiva passará dos humanos para os computadores.

Nossa ilusão de que detemos uma total e livre capacidade de escolha, a que damos o nome de livre arbítrio, provavelmente vai se desintegrar à medida que nos depararmos, diariamente, com instituições, corporações e agências do governo que compreendem e manipulam o que era, até então, do domínio do nosso inacessível reino interior.

Isso já está acontecendo no campo da medicina. As decisões médicas mais importantes de nossa vida se baseiam não na sensação de estarmos doentes ou saudáveis, nem mesmo nos prognósticos informados por nosso médico – mas nos cálculos de computadores que entendem do nosso corpo muito melhor do que nós. Eles serão capazes de monitorar nossa saúde 24 horas por dia, sete dias por semana. Serão capazes de detectar, logo em seu início, a gripe, o câncer, o mal de Alzheimer, muito antes de sentirmos que há algo errado conosco. Poderão então recomendar tratamentos adequados, dietas e regimes diários, sob medida para nossa compleição física, nosso DNA e nossa personalidade, que são únicos.

(Yuval Noah Harari. **21 lições para o século 21**. São Paulo: Companhia das Letras, 2018, p. 74-75. Adaptado.)

15. (FCC - 2021 - TJ/SC - ANALISTA ADMINISTRATIVO) É uma hipótese do texto a ideia de que aquilo a *que damos o nome de livre arbítrio* (segundo parágrafo) deverá se extinguir em razão do:

a) melhor entendimento e domínio que passaremos a ter dos nossos próprios sentimentos.
b) aperfeiçoamento de uma tecnologia que expandirá nossa liberdade de escolha.
c) maior grau de influência comportamental que terão sobre todos as agências estatais.
d) poder que passarão a exercer a biotecnologia e a informática, uma vez associadas.
e) aprimoramento das faculdades naturais do homem, promovido por normas éticas ideais.

Para entender o segundo parágrafo, é preciso considerar o trecho do parágrafo anterior: *Quando a revolução na biotecnologia se fundir com a revolução na tecnologia da informática, essa fusão produzirá algoritmos de longo alcance capazes de monitorar e compreender nossos sentimentos muito melhor do que nós mesmos, e então a autoridade decisiva passará dos humanos para os computadores.* **Ou seja, como afirma o texto, a ilusão de que detemos uma total e livre capacidade de escolha, a que damos o nome de livre arbítrio, provavelmente vai se desintegrar à medida que nos depararmos, diariamente, com instituições, corporações e agências do governo que compreendem e manipulam o que era, até então, do domínio do nosso inacessível reino interior.**

GABARITO: D.

16. (FCC - 2021 - TJ/SC - ANALISTA ADMINISTRATIVO) Uma revolução que vem ocorrendo no campo da medicina é expressa pelo que se encontra no seguinte segmento:

a) cálculos de computadores (terceiro parágrafo).
b) livre capacidade de escolha (segundo parágrafo).
c) domínio do nosso inacessível reino interior (segundo parágrafo).
d) sensação de estarmos doentes ou saudáveis (terceiro parágrafo).
e) prognósticos informados por nosso médico (terceiro parágrafo).

O texto afirma que a associação entre a biotecnologia e a informática já está acontecendo no campo da medicina. As decisões médicas mais importantes de nossa vida se baseiam não na sensação de estarmos doentes ou saudáveis, nem mesmo nos prognósticos informados por nosso médico, mas nos cálculos de computadores que entendem do nosso corpo muito melhor do que nós.

GABARITO: A.

TEXTO PARA AS PRÓXIMAS TRÊS QUESTÕES.

A crônica em sua função

A palavra **crônica** é conhecida e designa um gênero de texto. Vem por vezes acompanhada de adjetivo: política, esportiva, social, policial etc. Se vier desacompanhada de qualquer qualificativo, é porque ela serve a um cronista não especializado, um escritor de linguagem cativante que pode falar de qualquer coisa que desperte o interesse do leitor. Não há jornal ou revista que dispense esse tipo de cronista. Que função terá essa modalidade de crônica, livre que está para abordar não importa o que seja?

Quando, ao ler um jornal, nos detemos nela, é porque sabemos que a mão do escritor, com leveza de estilo, com algum humor, com um mínimo de sabedoria e perspicácia, nos conduzirá por um texto que nos poupa da gravidade dos grandes assuntos da política ou da economia e chamará nossa atenção para algum assunto que, não sendo manchete, diz respeito à nossa vida pequenina, ao nosso cotidiano, aos nossos hábitos, aos nossos valores mais íntimos. Uma crônica pode falar de uma dor de dente, de um incidente na praia, de um caso de amor, de uma viagem, de um momento de tédio ou até mesmo da falta de assunto. O importante é que o cronista faça de seu texto um objeto hipnótico, do qual não se consegue tirar os olhos. Para isso, há que haver talento.

Entre nós, pontifica até hoje o nome do cronista Rubem Braga (1913-1990). É uma unanimidade: todos o consideram o maior de todos, o mestre do gênero. De fato, Rubem Braga cumpriu com excelência o alcance de um cronista: deu-nos poesia, reflexão, análise, lucidez, ironia, humor – tudo numa linguagem de exemplar clareza e densidade subjetiva. A crônica de Rubem Braga cumpriu à perfeição o papel fundamental desse gênero literário pouco homenageado. Nas palavras do crítico Antonio Candido, uma crônica "pega o miúdo da vida e mostra nele uma grandeza, uma beleza ou uma singularidade insuspeitadas. Isto acontece porque ela não tem a pretensão de durar, uma vez que é filha do jornal e da era da máquina, onde tudo acaba tão depressa". O crítico não tem dúvida em considerar que as boas crônicas, "por serem leves e acessíveis talvez comuniquem, mais do que poderia fazer um estudo intencional, a visão humana do homem na sua vida de todo dia". Não é pouca coisa. Vida longa aos bons cronistas.

(Jeremias Salustiano, inédito.)

17. **(FCC - 2021 - TJ/SC - ANALISTA ADMINISTRATIVO)** No primeiro parágrafo do texto, informa-se que a crônica:
a) deve atender a uma função específica e especializada para ser reconhecida como um gênero literário.
b) caracteriza-se pela liberdade que tem de explorar todo e qualquer assunto, rejeitando qualquer particularização.
c) passa a interessar o leitor na medida em que seu gênero se determine por um dos qualificativos citados.
d) pode se constituir como um gênero textual com liberdade para falar sobre assunto que cative a atenção do leitor.
e) requer um escritor sem qualificação especial, de vez que deverá focalizar-se em assuntos indeterminados.

A crônica é apresentada como um texto que pode tratar de qualquer assunto. Vejamos: *Se vier desacompanhada de qualquer qualificativo, é porque ela serve a um cronista não especializado, um escritor de linguagem cativante que pode **falar de qualquer coisa** que desperte o interesse do leitor*. Ou seja, a crônica não atende a uma função específica e especializada, e pode falar de um assunto particular.
GABARITO: D.

18. **(FCC - 2021 - TJ/SC - ANALISTA ADMINISTRATIVO)** No segundo parágrafo do texto, considera-se que na crônica de um autor talentoso:
a) uma questão pouco relevante pode de súbito transformar-se num assunto de máxima gravidade.
b) as manchetes do dia adquirem especial sabor pelo fato de que são apresentadas com irônica leveza.
c) elementos cotidianos sem especial relevância ganham o dom de atrair para si a atenção concentrada do leitor.
d) a gravidade de um fato é tratada pelo cronista de modo que o leitor não se dê conta da magnitude desse fato.
e) há qualidade hipnótica tão intensa que o leitor desavisado não percebe quão banal é a linguagem que o atrai.

O cronista pode chamar a atenção do leitor a partir de qualquer assunto. Ou seja, **a mão do escritor**, com leveza de estilo, com algum humor, com um mínimo de sabedoria e perspicácia, nos conduzirá por um texto que nos poupa da gravidade dos grandes assuntos da política ou da economia e **chamará nossa atenção para algum assunto** que, não sendo manchete, diz respeito à nossa vida pequenina, ao nosso cotidiano, aos nossos hábitos, aos nossos valores mais íntimos. [...] O importante é que o cronista faça de seu **texto** um **objeto hipnótico**, do qual não se consegue tirar os olhos.
GABARITO: C.

19. **(FCC - 2021 - TJ/SC - ANALISTA ADMINISTRATIVO)** No terceiro parágrafo do texto, verificam-se estas duas preocupações essenciais:

a) reverenciar o estilo profundo e claro de Rubem Braga e considerar na crônica a beleza de um gênero despretensioso.
b) lembrar a limitação específica da linguagem de Rubem Braga e mostrar como a crônica pode servir aos grandes temas.
c) tomar um conhecido cronista como representante de um gênero menor e elencar as miudezas de que se ocupa a crônica.
d) mostrar a adaptação de um grande escritor ao gênero menor da crônica e revelar sua estratégia para essa adaptação.
e) demonstrar a intenção da crônica em exaltar os valores humanos e reconhecer no crítico citado essa mesma faculdade.

O texto procura exaltar Rubem Braga e mostrar que a crônica não tem a intenção de durar. Vejamos:
- *Entre nós, pontifica até hoje o nome do cronista Rubem Braga (1913-1990). É uma unanimidade: **todos o consideram o maior de todos**, o mestre do gênero.*
- *Nas palavras do crítico Antonio Candido, uma crônica "pega o miúdo da vida e mostra nele uma grandeza, uma beleza ou uma singularidade insuspeitadas. Isto acontece porque **ela não tem a pretensão de durar**, uma vez que é filha do jornal e da era da máquina, onde tudo acaba tão depressa".*

GABARITO: A.

20. **(AOCP - 2022 - PP/DF - POLICIAL PENAL)**

OFÍCIO Nº 155/2017/CMNS

Nova Serrana/MG, 3 de maio de 2017.

À Sua Excelência o Senhor
José de Souza
Prefeito
Prefeitura de Nova Serrana/MG

Assunto: Solicitação

Senhor Prefeito,

1. Com cordiais cumprimentos deste gabinete, venho solicitar a Vossa Excelência maior detalhamento e justificativa sobre os processos licitatórios 56/2017, pregão presencial 27/2017 (empresa, planejamento e organização de práticas esportivas para a Festa do Trabalhador) e 28/2017, PL 57/2017, RP 19/2017 (aquisição de picolés).
2. Tendo em vista a necessidade de transparência e de otimização dos recursos públicos sob nossa responsabilidade, e ante as demandas tão complexas e urgentes em nosso município, solicito mais informações sobre as questões supracitadas.
3. Diante do exposto, deixo meus votos de estima e consideração.

Respeitosamente,

João da Silva
Vereador

(Secretaria de Comunicação Social. Comunicado Respostas de Ofícios. **Prefeitura de Nova Serrana**. Minas Gerais, 21 jun. 2017. Disponível em: https://www.novaserrana.mg.gov.br/portal/noticias/0/3/1559/comunicado-respostas-de-oficios. Acesso em: 16 mar. 2022. Adaptado.)

A necessidade de transparência e de otimização dos recursos públicos e as demandas complexas e urgentes do município constituem razões para a solicitação de informações por parte do vereador.

Certo ( )   Errado ( )

Há uma relação de causa e efeito. Por que o vereador solicita mais informações? Por causa da necessidade de transparência e de otimização dos recursos públicos sob nossa responsabilidade, e por causa das demandas tão complexas e urgentes do município.

GABARITO: CERTO.

TEXTO PARA AS PRÓXIMAS QUATRO QUESTÕES.

Eles não aprendem

Estudo monitora psicopatas condenados por crimes violentos e descobre que eles respondem mal a penalizações como forma de aprendizado

O neurologista norte-americano James Fallon já estudava há décadas o cérebro de pacientes diagnosticados com distúrbios psíquicos quando ficou sabendo de seis assassinatos na família de seu pai. Decidiu, então, fazer uma tomografia, e, ao analisar o resultado, encontrou características semelhantes às apresentadas por psicopatas. "Minha mãe teve quatro abortos espontâneos, então, quando cheguei, me trataram como um garoto de ouro. Se tivesse sido tratado normalmente, talvez fosse hoje meio barra-pesada", ele diz.

Fallon agora se reconhece como psicopata. Ele faz parte da corrente que acredita que é possível diagnosticar a psicopatia a partir de anomalias no cérebro, teoria ainda contestada por parte da comunidade médica, mas que acaba de ganhar um reforço importante. Um estudo feito pela Universidade de Montreal e pelo King's College London analisou 12 homens condenados por conduta violenta e diagnosticados clinicamente como psicopatas e outros 20 condenados pelo mesmo motivo, mas diagnosticados apenas como antissociais. Eles jogaram uma espécie de jogo da memória enquanto estavam dentro de uma máquina de ressonância magnética. As regras eram alteradas com frequência, e a ideia era justamente observar como eles se adaptavam a essas mudanças – errar é uma forma de aprendizado, já que o cérebro costuma entender a mensagem, representada no jogo pela perda de pontos, e deixa de repetir o padrão que levou à punição.

Os psicopatas tiveram mais dificuldades que os antissociais para aprender com as penalidades, e duas áreas do cérebro apresentaram comportamentos anormais. "Nosso estudo desafia a visão de que psicopatas têm baixa sensibilidade neural a punições", dizem os pesquisadores. "Em vez disso, o problema é que existem alterações no sistema de processamento de informações responsável pelo aprendizado". A expectativa é que a descoberta seja útil na busca por novos tratamentos para prevenir ações violentas.

(REDAÇÃO. Psicopatas podem 'se recuperar' ao serem penalizados? **Revista Galileu**. São Paulo, 21 maio 2015. Disponível em: https://revistagalileu.globo.com/Revista/noticia/2015/05/psicopatas-podem-se-recuperar-ao-serem-penalizados.html. Acesso em: 16 mar. 2022. Adaptado.)

21. (AOCP - 2022 - PP/DF - POLICIAL PENAL) Se o título do texto fosse reescrito no singular (Ele não aprende), isso não afetaria a coerência do texto, uma vez que "ele" se referiria a James Fallon, que, além de neurologista, também é um psicopata que já foi condenado por um crime violento.

Certo ( )   Errado ( )

O título se refere a psicopatas condenados por crimes violentos. Isso é evidente no início do texto. Vejamos: *Eles não aprendem – Estudo monitora psicopatas condenados por crimes violentos e descobre que eles respondem mal a penalizações como forma de aprendizado.*

GABARITO: ERRADO.

---

22. (AOCP - 2022 - PP/DF - POLICIAL PENAL) James Fallon acredita que o meio social em que o psicopata é criado pode exercer influência sobre a execução ou não de atos violentos por ele.

Certo ( )   Errado ( )

Ele mesmo se reconhece como psicopata, mas acredita que o meio em que foi criado foi determinante para que não tivesse comportamentos violentos de um psicopata. Para comprovar isso, Fallon relata um episódio de sua vida. Vejamos: *Decidiu, então, fazer uma tomografia, e, ao analisar o resultado, **encontrou características semelhantes às apresentadas por psicopatas**. "Minha mãe teve quatro abortos espontâneos, então, **quando cheguei, me trataram como um garoto de ouro**. Se tivesse sido tratado normalmente, **talvez fosse hoje meio barra-pesada**", ele diz. Fallon agora se reconhece como psicopata.*
GABARITO: CERTO.

---

23. **(AOCP - 2022 - PP/DF - POLICIAL PENAL)** No segundo parágrafo do texto, a teoria contestada por parte da comunidade médica se refere à perspectiva de que a psicopatia pode ser diagnosticada pela observação de anomalias no cérebro.

    Certo ( )   Errado ( )

    Fallon comprova a teoria de que análises de anomalias no cérebro podem diagnosticar a psicopatia. Vejamos: *Fallon agora se reconhece como psicopata. Ele faz parte da corrente que acredita que é possível diagnosticar a psicopatia a partir de anomalias no cérebro, teoria ainda **contestada** por **parte da comunidade médica**, mas que acaba de ganhar um reforço importante.*
    GABARITO: CERTO.

---

24. **(AOCP - 2022 - PP/DF - POLICIAL PENAL)** O objetivo principal do texto é contar a história de James Fallon, um neurologista que se descobriu psicopata.

    Certo ( )   Errado ( )

    O objetivo do texto é mostrar a necessidade de saber lidar com psicopatas, já que eles respondem mal a penalizações. Isso está explícito no início do texto. Vejamos: *Estudo monitora psicopatas condenados por crimes violentos e descobre que eles respondem mal a penalizações como forma de aprendizado.*
    GABARITO: ERRADO.

---

25. **(AOCP - 2022 - CBM/PA - SOLDADO)**

    A realidade que estamos vivendo, somada às novas formas de trabalho e ansiedades, implicaram, igualmente, em mudanças significativas no comportamento das relações pessoais e interpessoais dos indivíduos. Esse contexto serviu para revelar, com maior intensidade, as relações tóxicas, tema que exige um cuidadoso debate e, sobretudo, assistência psicológica especializada. Mas, afinal, o que é uma relação tóxica? Como identificá-la e quais são os tratamentos? "São questionamentos que precisam de esclarecimento da nossa sociedade. Vale destacar que cada caso é tratado de forma diferente. No entanto, algumas características se tornam similares nas relações tóxicas. Podem ser resumidas pelo desejo de controlar o(a) parceiro(a) e de tê-lo(la) apenas para si. Esse comportamento surge aos poucos, sutilmente, e vai passando dos limites, causando sofrimento e dor", explica a psicóloga gaúcha, Ilda Nocchi. Membro da Sociedade Brasileira de Psicologia, Ilda possui ampla experiência de atuação nas áreas social, comportamental e humana. A profissional tem observado, nos últimos meses, um gradual crescimento nos seus atendimentos no Brasil e no exterior, por pessoas que estão em crise ou estão passando por momentos difíceis, afastadas de seus familiares. De acordo com ela, cresceu o número de pacientes que relatam um contexto que envolve relações tóxicas. "O(a) agressor(a) após o fato ocorrido pede desculpas, dizendo que isso não irá mais acontecer. Entre as características mais comuns das relações tóxicas estão o ciúme exacerbado, a desconfiança, a possessividade, o controle exagerado sobre uma pessoa, as agressões verbais, entre outros", explica Ilda.

    Ainda de acordo com a profissional da psicologia, agir com superioridade, com desrespeito e diminuindo a pessoa – tanto em âmbito profissional quanto pessoal – pode acabar causando sintomas na vítima, entre eles: isolamento social, vergonha dos amigos e da família, além de sensações como humilhação e desprezo, que podem provocar graves mudanças de humor. Todas essas situações acabam por afetar a saúde mental e emocional do outro", adianta Ilda. [...]

No contexto das relações tóxicas, a profissional de saúde destaca ainda que a parte mais difícil é aceitar a necessidade de se denunciar o(a) abusivo(a) e tomar medidas legais, quando necessário for. "Esse contexto exige muita ajuda psicológica, atendimento e apoio especializado, sempre com a condução de um profissional capacitado, que tenha sensibilidade e experiência no assunto e que possa, de forma bastante responsável, apresentar e fornecer todos os vieses e a orientação necessária, especialmente, em casos mais graves", diz Ilda.

(REDAÇÃO. Como evitar a ansiedade e as relações tóxicas e alcançar um novo estilo de vida. **Correio do Povo**. Porto Alegre, 18 jun. 2021. Disponível em: https://www.correiodopovo.com.br/vivabem/como-evitar-a-ansiedade-e-as-rela%C3%A7%C3%B5es-t%C3%B3xi-cas-e-alcan%C3%A7ar-um-novo-estilo-de-vida-1.639633. Acesso em: 10 fev. 2022. Adaptado.)

A partir da leitura do texto, é correto afirmar que:
a) o trecho "A realidade que estamos vivendo [...]" pode ser interpretado como uma referência ao período de eleições presidenciais no Brasil.
b) medidas legais contra o(a) agressor(a) são impreteríveis nos casos de relações tóxicas.
c) a quantidade de pessoas que estão em um relacionamento tóxico aumentou devido à realidade atual e às novas formas de trabalho e ansiedades decorrentes dela.
d) o(a) agressor(a), em algumas relações tóxicas, muda seu comportamento repentinamente, o que faz com que a vítima não consiga sair daquela situação a tempo.
e) a assistência psicológica especializada é mais importante do que o debate sobre as relações tóxicas.

A: Não há informações concretas sobre o período de eleições presidenciais no Brasil.

B: O texto mostra que, no contexto das relações tóxicas, a profissional de saúde destaca que a parte mais difícil é aceitar a necessidade de se denunciar o(a) abusivo(a) e **tomar medidas legais, quando necessário for.**

C: A profissional tem observado, nos últimos meses, um gradual crescimento nos atendimentos no Brasil e no exterior, por pessoas que estão em crise ou estão passando por momentos difíceis, afastadas de seus familiares. De acordo com ela, cresceu o número de pacientes que relatam um contexto que envolve relações tóxicas.

D: O texto afirma que o(a) agressor(a), após o fato ocorrido, pede desculpas, dizendo que isso não irá mais acontecer.

E: O texto trata das relações tóxicas. No início mostra, por meio de "sobretudo", que a assistência psicológica especializada é mais importante do que o debate sobre esse assunto. Vejamos: *A realidade que estamos vivendo, somada às novas formas de trabalho e ansiedades, implicaram, igualmente, em mudanças significativas no comportamento das relações pessoais e interpessoais dos indivíduos. Esse contexto serviu para revelar, com maior intensidade, as relações tóxicas, **tema que exige um cuidadoso debate e, sobretudo, assistência psicológica especializada**.*

GABARITO: E.

26. **(FGV - 2022 - PC/AM - ESCRIVÃO)** Uma frase de Nietzche diz: "O aumento da sabedoria pode ser medido com exatidão pela diminuição do mau humor". Essa frase significa que:
a) quanto mais sabemos, mais aumentamos nosso mau humor.
b) quanto menos sabemos, mais aumentamos nosso mau humor.
c) quanto menos sabemos, menos diminui nosso mau humor.
d) o aumento da sabedoria está em relação direta com o mau humor.
e) há uma relação inversa entre o aumento da sabedoria e o do mau humor.

O trecho do enunciado mostra o seguinte: *aumento da sabedoria × diminuição do mau humor*. Ou seja, se há aumento de sabedoria, há diminuição de mau humor. Se há diminuição de sabedoria, há aumento de mau humor. Por isso, há uma relação inversa entre o aumento da sabedoria e o do mau humor.
GABARITO: E.

27. (FGV - 2022 - PC/AM - ESCRIVÃO) O raciocínio a seguir é construído a partir de uma estratégia: "Examinando as jabuticabeiras de seu terreno, chegou à conclusão de que o melhor seria contratar um engenheiro agrônomo que pudesse auxiliá-lo no controle de pragas". A estratégia utilizada pode ser explicada do seguinte modo:
    a) vai do particular para o geral.
    b) parte do todo para as partes.
    c) estabelece uma relação de causa e efeito.
    d) se fundamenta em experiências pessoais.
    e) cria uma analogia entre ideias.

Há uma situação específica (examinar as jabuticabeiras), ou seja, há uma situação particular. A situação geral se refere a contratar um engenheiro agrônomo, porque contratar um profissional é algo mais amplo do que examinar as jabuticabeiras.
GABARITO: A.

28. (FGV - 2022 - PC/AM - ESCRIVÃO) Em muitas frases estabelecemos comparações entre elementos do texto, tanto de forma objetiva como se forma figurada. Assinale a frase que não exemplifica qualquer tipo de comparação.
    a) O disco luminoso do sol se destacava no céu da manhã.
    b) O goleiro da seleção alemã foi um paredão no jogo.
    c) A chuva levou a reboque uma montanha de galhos.
    d) Uma fila de ônibus buzinava sem parar.
    e) A noite caiu mais cedo, ocultando as formas.

Há apenas um elemento, e não há comparação alguma.
A: O uso de *se destacava no céu*, permite inferir que há mais de um elemento que se destaca de outro.
B: O goleiro é comparado a um paredão.
C: A chuva é comparada a um reboque.
E: A noite é apresentada de forma figurada (caiu mais cedo).
GABARITO: D.

29. (FGV - 2022 - CGU - AUDITOR) Uma das falhas mais comuns na formulação de um texto é o fato de ser vago, ou seja, sem o apoio devido para as ideias expressas. Os textos a seguir mostram estratégias diversas como técnicas de apoio às ideias veiculadas; o texto que tem corretamente indicada essa estratégia é:
    a) Em toda a natureza, o meio lógico de defender-se contra a debilidade é a adaptação. A debilidade, como todas as coisas deste mundo, não é um conceito absoluto. Tem-se debilidade somente diante de uma força superior e contrária. Uma lebre, sem águias que a persigam desde o alto, sem cães nem caçadores, rodeada de outras lebres tão inofensivas quanto ela, não teria necessidade de desenvolver seus meios de fuga. / O apoio da ideia "meio lógico de defender-se contra a debilidade" é feito por meio de informações científicas.
    b) O automóvel ecológico Opel Twin é um veículo protótipo desenhado com a finalidade de reduzir o consumo de combustível e a emissão de dióxido de carbono para a atmosfera. O objetivo, em cifras:

um veículo que não consuma mais de 3,5 litros de combustível por cada 100 quilômetros. / A ideia de "automóvel ecológico" vem apoiada por dados cuja autenticidade é de fácil comprovação.

c) Cresci no Brooklyn; era um menino tímido e gaguejava muito. Na escola, me aterrorizava o fato de ter que tomar a palavra diante do grupo. Naqueles dias em que sabia que teria que falar em público, fingia mal-estar, ficava de costas para a turma e alguém lia a minha composição. Meus companheiros faziam pouco de mim. / A ideia da identificação do autor do texto é apoiada por descrições de caráter visual.

d) Estava sentada sobre o tapete, diante da janela aberta e fiquei olhando a paisagem, enquanto cantarolava a frase e a desfazia. Estava entardecendo. Passavam umas nuvens rosáceas que, sem sentir, mudavam o perfil, de consistência e de cor. / O objeto da descrição é construído por meio do relato de experiências pessoais.

e) O lugar, bastante sombrio, era sórdido. Era simplesmente miserável e triste, como qualquer uma dessas humildes celas dos presídios públicos. Somente duas aberturas: a janela diminuta e a portinhola para o corredor. / O apoio para a caracterização do lugar é feito por meio de exemplos.

A: O apoio da ideia *meio lógico de defender-se contra a debilidade* é feito por meio de informações que não são científicas.

B: Verificar se um veículo não consome mais de 3,5 litros de combustível por cada 100 quilômetros é de fácil comprovação. Ou seja, a ideia de *automóvel ecológico* vem apoiada por dados cuja autenticidade é de fácil comprovação.

C: A ideia da identificação do autor do texto é apoiada por descrições de caráter psicológico, e não visual.

D: O objeto da descrição é construído por meio do relato de experiências da natureza.

E: O apoio para a caracterização do lugar é feito por meio de descrições.

GABARITO: B.

30. (FGV - 2022 - CGU - AUDITOR) Em muitos momentos de nossa vida profissional, temos que apresentar uma ideia e defendê-la. Observe o texto a seguir, publicado há alguns anos, como mostra o tema da discussão:

"Frequentemente ouve-se dizer que a causa principal da distância dos jovens em relação à leitura é a televisão. Não vamos insistir aqui sobre os problemas que esse aparelho apresenta para a leitura e o estudo, mas desejo acrescentar duas reflexões: primeiro, que já Rousseau, no século XVIII, qualificava a leitura como 'o castigo da juventude', o que indica que, mesmo quando não havia televisão, ler também podia ser uma atividade pouco atrativa para muitos jovens. Em segundo lugar, que, apesar do que sempre se diz sobre a pouca leitura, nunca se leu tanto quanto agora e, às vezes, a televisão, ainda que pareça mentira, usada racionalmente, pode ajudar a ler. Assim, é frequente que as séries televisivas de mais audiência façam disparar a venda dos livros nos que se baseiam, como ocorreu com a série *Senhor dos Anéis*. Pode ser que esse cinema doméstico não ajude a promover a leitura, já que é mais passivo que o livro, exige menos esforço mental, é mais atrativo para os pequenos, mas em nenhum caso é a principal razão de que hoje em dia não se leia".

Para defender sua ideia, o autor do texto apela para uma série de recursos argumentativos; a opção em que o recurso indicado está exemplificado adequadamente é:

a) o argumentador se refere a uma obra célebre, cuja alusão esteja a serviço da tese defendida: "Assim, é frequente que as séries televisivas de mais audiência façam disparar a venda dos livros nos que se baseiam, como ocorreu com a série *Senhor dos Anéis*".

b) o argumentador, para facilitar a compreensão, relaciona dois domínios diferentes, apelando para uma analogia: "Assim, é frequente que as séries televisivas de mais audiência façam disparar a venda dos livros nos que se baseiam...".

c) o argumentador introduz um outro ponto de vista na tese adversa: "Em segundo lugar, que, apesar do que sempre se diz sobre a pouca leitura, nunca se leu tanto quanto agora e, às vezes, a televisão, ainda que pareça mentira, usada racionalmente, pode ajudar a ler".

d) o argumentador cita fatos, um testemunho, um caso particular, apresentados como provas: "Pode ser que esse cinema doméstico não ajude a promover a leitura, já que é mais passivo que o livro, exige menos esforço mental, é mais atrativo para os pequenos...".

e) o argumentador apela para valores predominantes numa dada sociedade: "Não vamos insistir aqui sobre os problemas que esse aparelho apresenta para a leitura e o estudo...".

O argumentador refuta a ideia de que a causa principal da distância dos jovens em relação à leitura é a televisão.

A: O argumentador se refere a uma obra célebre, cuja alusão esteja a serviço da tese defendida: *Assim, é frequente que as séries televisivas de mais audiência façam disparar a venda dos livros nos que se baseiam, como ocorreu com a série* Senhor dos Anéis; **(A menção a séries televisivas é um exemplo dado pelo autor de que a televisão pode ajudar a ler.)**

B: O argumentador, para facilitar a compreensão, relaciona dois domínios diferentes, apelando para uma analogia: *Assim, é frequente que as séries televisivas de mais audiência façam disparar a venda dos livros nos que se baseiam...*; **(Não há uma analogia de dois domínios diferentes, porque as séries televisivas são transmitidas pela televisão.)**

C: O argumentador introduz um outro ponto de vista na tese adversa: *Em segundo lugar, que, apesar do que sempre se diz sobre a pouca leitura, nunca se leu tanto quanto agora e, às vezes, a televisão, ainda que pareça mentira, usada racionalmente, pode ajudar a ler*; **(O uso de "apesar de" mostra que há um contraponto: pouca leitura × nunca se leu tanto como agora.)**

D: O argumentador cita fatos, um testemunho, um caso particular, apresentados como provas: *Pode ser que esse cinema doméstico não ajude a promover a leitura, já que é mais passivo que o livro, exige menos esforço mental, é mais atrativo para os pequenos...*; **(O argumentador não usa um testemunho, um caso particular; ele usa exemplos genéricos.)**

E: O argumentador apela para valores predominantes numa dada sociedade: *Não vamos insistir aqui sobre os problemas que esse aparelho apresenta para a leitura e o estudo...* **(O argumentador descarta a discussão desses problemas para mostrar que não é a televisão que determina a falta de leitura.)**

GABARITO: C.

---

31. (FGV - 2022 - CGU - AUDITOR) Observe o seguinte texto de Pascal, que discute a distinção entre *demonstrar* e *agradar*: "Ninguém ignora que há dois caminhos por onde as opiniões são recebidas na alma, que são o entendimento e a vontade. O mais natural é o do entendimento, porque não deveríamos aceitar jamais a não ser as verdades demonstradas; mas o mais comum, embora contra a natureza, é o caminho da vontade porque todos os homens são levados sempre a crer não pela prova, mas pelo prazer. Esse caminho é baixo, indigno e estranho: assim todos o desaprovam".

O segmento a seguir que se utiliza dos dois caminhos referidos por Pascal a fim de convencer o leitor é:

a) A partir desta semana, as crianças já podem ser vacinadas contra a Covid-19, pois tanto a Anvisa como o Ministério da Saúde autorizaram essa vacinação, fundamentados em pesquisas e na experiência de outros países, o que deixa, em alguns casos, os pais tranquilos quanto à saúde dos filhos.

b) No livro *A cidade e as serras*, o romancista português Eça de Queiroz procura mostrar a superioridade destas sobre aquela, apoiado na tranquilidade do campo, na solidariedade dos habitantes do interior e em seu conservadorismo pacífico.

c) Todos os verbetes deste dicionário estão dispostos em ordem alfabética e contêm informações gramaticais, etimológicas e enciclopédicas, todas elas magnificamente embasadas em obras de nome consagrado.

d) O laudo da autópsia no corpo do artista, vítima de um acidente de trânsito em pleno centro da cidade de São Paulo, trazia a causa da morte como politraumatismo, em função da grande velocidade do veículo no momento da ocorrência.

e) Se você viajar a Portugal, não deixe de visitar o Santuário de Fátima, pois, mesmo para os que não possuem crença religiosa, as demonstrações de fé, sobretudo das pessoas mais humildes, emocionam a todos.

A: Está estruturada nos dois caminhos distintos: *demonstrar e agradar*. Demonstrar significa trazer dados concretos, pautados na racionalidade, na ciência. Agradar significa contentar o público, ser agradável.

Vejamos:

- **Demonstrar:** *a partir desta semana, as crianças já podem ser vacinadas contra a Covid-19, pois tanto a Anvisa como o Ministério da Saúde autorizaram essa vacinação,* **fundamentados em pesquisas e na experiência de outros países.**

- **Agradar:** *o que deixa, em alguns casos,* **os pais tranquilos quanto à saúde dos filhos.**

B: No livro *A cidade e as serras,* o romancista português Eça de Queiroz procura mostrar a superioridade destas sobre aquela, **apoiado na tranquilidade do campo, na solidariedade dos habitantes do interior e em seu conservadorismo pacífico;** (demonstrar)

C: Todos os verbetes deste dicionário estão dispostos em **ordem alfabética** e contêm **informações gramaticais, etimológicas e enciclopédicas**, todas elas magnificamente embasadas em obras de nome consagrado; (demonstrar)

D: O laudo da autópsia no corpo do artista, vítima de um acidente de trânsito em pleno centro da cidade de São Paulo, trazia **a causa da morte como politraumatismo, em função da grande velocidade do veículo no momento da ocorrência;** (demonstrar)

E: Se você viajar a Portugal, não deixe de visitar o Santuário de Fátima, pois, mesmo para os que não possuem crença religiosa, **as demonstrações de fé, sobretudo das pessoas mais humildes, emocionam a todos.** (agradar)

GABARITO: A.

32. (FGV - 2022 - CGU - AUDITOR) Leia com atenção o texto de Albert Camus: "Não há vida sem diálogo. E, na maior parte do mundo, o diálogo está sendo substituído pela polêmica. O século XX é o século da polêmica e do insulto. Ela se trava entre as nações e os indivíduos e ocupa o espaço que era anteriormente ocupado pelo diálogo de reflexão. Milhares de vozes, dia e noite, praticando cada uma de seu lado um monólogo tumultuado, derramam sobre as pessoas uma torrente de palavras mistificadoras, ataques, defesas, exaltações... [...] Não há vida sem persuasão. E a história moderna não conhece nada além da intimidação".

O texto a seguir que exemplifica o caso da intimidação do leitor é:

a) A sociedade atual, marcada pelo avanço científico e tecnológico, abriu caminhos para novas relações culturais, sociais e econômicas. Não sendo um mundo descolado de um contexto mais amplo, a escola não se constitui como um espaço inerte às tensões da sociedade. Exige-lhe mudanças nas formas de relações e interações, ao tratamento da informação e construção de conhecimentos que permitam a seus estudantes desvelar e participar ativamente na realidade.

b) É papel do abrigo reintegrar crianças e adolescentes institucionalizados a suas famílias, além de atuar visando à transformação da realidade vivida pela maioria das famílias que recorrem aos seus serviços. Dessa forma, os abrigos, suas diretorias, seus técnicos e funcionários atuarão de forma construtiva nas diversas etapas da reintegração, processo esse que sempre envolve a recuperação da autoestima, do valor e da dignidade da família.

c) Falar sobre diversidade na Educação Infantil ainda parece ser um tabu. Para algumas famílias, vários fatores podem complicar esse diálogo, geralmente influenciados por crenças pessoais que acabam interferindo nas percepções. Não é diferente para algumas professoras ou professores, que acabam evitando essa conversa pelos mesmos motivos, ou ainda, por não saberem muito bem como lidar com questões relacionadas à diversidade nas composições familiares.

d) Em um momento sócio-histórico no qual ecologia, sustentabilidade e educação ambiental perderam o *status* de temas emergentes e palavras de ordem para se tornarem fatores essenciais à sobrevivência humana, é fundamental investigar o que nossas escolas ensinam em termos de relações pessoa-ambiente.

e) A Educação Inclusiva surge praticamente como uma alternativa de socialização para pessoas excluídas da sociedade que viviam apenas no meio familiar. Muitas crianças com algum tipo de deficiência, há pouco tempo, não podiam participar e interagir ativamente do processo de ensino e aprendizagem no ambiente escolar junto com as crianças ditas "normais". A partir de manifestações sociais, declarações e direitos garantidos em leis pode-se dizer que houve alteração nesse cenário.

O comentário está de acordo com o que se fala no enunciado, ou seja, de que não há vida sem diálogo. Na maior parte do mundo, o diálogo está sendo substituído pela polêmica. Na alternativa C, há trechos que comprovam o fato de que hoje o diálogo não está mais sendo a base das reflexões e das discussões. Vejamos: *Falar sobre diversidade na Educação Infantil ainda parece ser um tabu. Para algumas famílias, vários fatores podem complicar esse diálogo, geralmente influenciados por crenças pessoais que acabam interferindo nas percepções. Não é diferente para algumas professoras ou professores, que acabam evitando essa conversa pelos mesmos motivos,* **ou ainda,** *por não saberem muito bem como lidar com questões relacionadas à diversidade nas composições familiares;*

Nas demais alternativas, não há a informação de que o diálogo acaba sendo evitado ou substituído.

GABARITO: C.

TEXTO PARA AS PRÓXIMAS DUAS QUESTÕES.

O desenrolar da linguagem

[...] Alguns linguistas acreditam que o *Homo erectus*, há mais ou menos 1 milhão e meio de anos, já tinha uma linguagem. Os argumentos que eles dão são que o *Homo erectus* tinha um cérebro relativamente grande e usava ferramentas de pedra primitivas, porém bastante padronizadas. Essa hipótese pode ser verdadeira, mas pode também estar bem longe do correto.

O uso de ferramentas certamente não requer linguagem. Chimpanzés usam galhos como ferramentas para caçar cupins, ou pedras para quebrar nozes. Obviamente, mesmo as ferramentas mais primitivas do *Homo erectus* (pedras lascadas) são muito mais sofisticadas que qualquer coisa usada por chimpanzés, mas ainda assim não há uma razão convincente para crer que essas pedras não pudessem ter sido produzidas sem linguagem.

O tamanho do cérebro é igualmente problemático como indicador da presença de linguagem, porque ninguém tem uma boa ideia de quanto cérebro exatamente é necessário para a linguagem. Além disso, a capacidade para a linguagem pode ter permanecido latente no cérebro por milhões de anos, sem ter sido de fato colocada em uso.

(Guy Deutscher. **O desenrolar da linguagem**. Campinas: Mercado de Letras, 2014, p. 28-29. Adaptado.)

A respeito das ideias, dos sentidos e aspectos linguísticos do texto precedente, julgue os itens a seguir.

33. **(CESPE/CEBRASPE - 2022 - PETROBRAS - ADMINISTRAÇÃO)** O autor do texto contesta os argumentos usados por alguns linguistas que defendem a ideia de que o *Homo erectus* apresentava linguagem.

Certo ( )   Errado ( )

O texto apresenta outra versão para a ideia exposta por alguns linguistas. O trecho *Essa hipótese pode ser verdadeira, mas pode também estar bem longe do correto.* **já indica essa contestação. Nos trechos subsequentes, há argumentos no sentido de comprovar essa ideia.**

- *O uso de ferramentas certamente não requer linguagem.*

- O tamanho do cérebro é igualmente problemático como indicador da presença de linguagem, porque ninguém tem uma boa ideia de quanto cérebro exatamente é necessário para a linguagem.
- Além disso, a capacidade para a linguagem pode ter permanecido latente no cérebro por milhões de anos, sem ter sido de fato colocada em uso.

GABARITO: CERTO.

---

34. (CESPE/CEBRASPE - 2022 - PETROBRAS - ADMINISTRAÇÃO) O fato de que alguns animais, como chimpanzés, também utilizam ferramentas enfraquece o argumento de que se requer linguagem para usar ferramentas.

Certo ( )   Errado ( )

O fato de que alguns animais, como chimpanzés, utilizam ferramentas, **fortalece** o argumento de que **não** se requer linguagem para usar ferramentas. Vejamos: *O uso de ferramentas certamente não requer linguagem.* *Chimpanzés* usam galhos como ferramentas para caçar cupins, ou pedras para quebrar nozes. Obviamente, mesmo as ferramentas mais primitivas do *Homo erectus (pedras lascadas) são muito mais sofisticadas que qualquer coisa usada por chimpanzés, mas* **ainda assim não há uma razão convincente para crer que essas pedras não pudessem ter sido produzidas sem linguagem.**

GABARITO: ERRADO.

TEXTO PARA AS PRÓXIMAS DUAS QUESTÕES.

A Petrobras responde por cerca de 80% dos combustíveis ofertados no Brasil. Para isso, muito foi investido em infraestrutura, com operações que consomem quase 100 bilhões de reais ao ano, conforme dados de 2021.

O caminho do petróleo do poço até virar combustível no carro das pessoas é longo e complexo. Começa na procura: acertar onde furar e encontrar petróleo exige conhecimento técnico de geólogos e geofísicos e bastante investimento. E, mesmo com um time de *experts* do mais alto nível, achar petróleo não é certo.

Transportar o petróleo do mar até as refinarias é também uma tarefa complexa, para a qual são utilizados dutos e navios. Em terra, ele é tratado em refinarias, que separam desse óleo as frações de gasolina, *diesel* e gás de cozinha, entre outros derivados. Os produtos são então disponibilizados às diversas distribuidoras que hoje atendem o mercado brasileiro, responsáveis por fazer chegar cada um deles aos consumidores finais.

(Petrobras. Disponível em: duvidasgasolina.petrobras.com.br. Adaptado.)

Considerando as ideias, os sentidos e os aspectos linguísticos do texto precedente, julgue os itens subsequentes.

35. (CESPE/CEBRASPE - 2022 - PETROBRAS - ADMINISTRAÇÃO) Infere-se do texto que achar petróleo não é uma certeza porque os erros na identificação do local de perfuração impedem o reconhecimento da localização exata do produto.

Certo ( )   Errado ( )

Os especialistas não conseguem ter certeza de que naquele local haverá petróleo. Ou seja, não é devido a erros de identificação do local. Vejamos: *O caminho do petróleo do poço até virar combustível no carro das pessoas é longo e complexo. Começa na procura: acertar onde furar e encontrar petróleo exige conhecimento técnico de geólogos e geofísicos e bastante investimento. E,* **mesmo com um time de experts do mais alto nível, achar petróleo não é certo.**

GABARITO: ERRADO.

---

36. (CESPE/CEBRASPE - 2022 - PETROBRAS - ADMINISTRAÇÃO) A informação apresentada no primeiro período do segundo parágrafo é desenvolvida no restante do segundo e terceiro parágrafos.

Certo ( )   Errado ( )

O primeiro período faz uma afirmação que é esclarecida no decorrer dos trechos subsequentes. Vejamos:

- ***O caminho do petróleo do poço até virar combustível no carro das pessoas é longo e complexo.***
- *Começa na procura: acertar onde furar e encontrar petróleo exige conhecimento técnico de geólogos e geofísicos e bastante investimento. E, mesmo com um time de experts do mais alto nível, achar petróleo não é certo.*
- *Transportar o petróleo do mar até as refinarias é também uma tarefa complexa, para a qual são utilizados dutos e navios.*
- *Em terra, ele é tratado em refinarias, que separam desse óleo as frações de gasolina, diesel e gás de cozinha, entre outros derivados.*
- *Os produtos são então disponibilizados às diversas distribuidoras que hoje atendem o mercado brasileiro, responsáveis por fazer chegar cada um deles aos consumidores finais.*

GABARITO: CERTO.

TEXTO PARA AS PRÓXIMAS DUAS QUESTÕES.

Muito tem sido escrito e debatido sobre a afirmativa de que a "internet é terra de ninguém". Tal afirmativa não é de hoje, mas ainda alimenta uma sensação de impunidade ou de falsa responsabilidade do que é postado ou compartilhado na internet e pelas redes sociais. A expressão *fakes news*, em particular, representa um estrangeirismo que mascara diversos crimes cometidos contra a honra, como injúria, calúnia e difamação. Sob um olhar semântico, dizer "compartilhei *fake news* de alguém" não carrega qualquer sentimento de culpa, ou se carrega, ela é mínima. Agora, dizer "cometi um crime contra honra" já traz outras implicações, não só de ordem jurídica, mas também de grande responsabilidade pessoal.

(Marcelo Hugo da Rocha e Fernando Elias José. **Cancelado**: a cultura do cancelamento e o prejulgamento nas redes sociais. Belo Horizonte, MG: Letramento, 2021, p. 36. Adaptado.)

37. **(CESPE/CEBRASPE - 2022 - PETROBRAS - ADMINISTRAÇÃO)** Infere-se do emprego do trecho "um estrangeirismo que mascara diversos crimes" (terceiro período) que há outros estrangeirismos que não mascaram crimes ou a eles se associam.

Certo ( )   Errado ( )

O uso do artigo indefinido e a presença de uma oração adjetiva restritiva deixam a entender que existe mais de um estrangeirismo. Ou seja, há um estrangeirismo que mascara diversos crimes, mas também há pelo um estrangeirismo que não mascara diversos crimes.
GABARITO: CERTO.

---

38. **(CESPE/CEBRASPE - 2022 - PETROBRAS - ADMINISTRAÇÃO)** No texto, as frases "compartilhei *fake news* de alguém" e "cometi um crime contra honra" são consideradas equivalentes, já que o compartilhamento de *fake news* pode ser crime.

Certo ( )   Errado ( )

Não são equivalentes, apenas estão organizadas em paralelo para fazer uma exemplificação. Sob um olhar semântico, dizer *compartilhei fake news de alguém* não carrega qualquer sentimento de culpa, ou se carrega, ela é mínima. Agora, dizer *cometi um crime contra honra* já traz outras implicações, não só de ordem jurídica, mas também de grande responsabilidade pessoal.
GABARITO: ERRADO.

TEXTO PARA AS PRÓXIMAS TRÊS QUESTÕES.

O texto mais célebre de **A República** é, sem dúvida, a **Alegoria da Caverna**, em que Platão, utilizando-se de linguagem alegórica, discute o processo pelo qual o ser humano pode passar da visão habitual que tem das coisas, "a visão das sombras", unidirecional, condicionada pelos hábitos e preconceitos que adquire ao longo de sua vida, até a visão do Sol, que representa a possibilidade de alcançar o conhecimento da realidade em seu sentido mais elevado e compreendê-la em sua totalidade. A visão do Sol representa não só o alcance da Verdade e, portanto, do conhecimento em sua acepção mais completa, já que o Sol é "a causa de tudo", mas também, como diz Sócrates na conclusão dessa passagem: "Nos últimos limites do mundo inteligível, aparece-me a ideia do Bem, que se percebe com dificuldade, mas que não se pode ver sem se concluir que ela é a causa de tudo o que há de reto e de belo. Acrescento que é preciso vê-la se se quer comportar-se com sabedoria, seja na vida privada, seja na vida pública.".

De acordo com este texto, a possibilidade de um indivíduo tornar-se justo e virtuoso depende de um processo de transformação pelo qual deve passar. Assim, afasta-se das aparências, rompe com as cadeias de preconceitos e condicionamentos e adquire o verdadeiro conhecimento. Tal processo culmina com a visão da forma do Bem, representada pela matéria do Sol. O sábio é aquele que atinge essa percepção. Para Platão, conhecer o Bem significa tornar-se virtuoso. Aquele que conhece a justiça não pode deixar de agir de modo justo.

(Danilo Marcondes. **Textos básicos de ética**: de Platão a Foucault. 1. ed. Rio de Janeiro: Zahar, 2007, p. 31. Adaptado.)

Em relação às ideias, aos sentidos e aspectos linguísticos do texto precedente, julgue os itens subsecutivos.

39. (CESPE/CEBRASPE - 2022 - PETROBRAS - ADMINISTRAÇÃO) Depreende-se do texto que as visões de Sócrates e Platão convergem ao relacionar a justiça ao conhecimento do Bem.

Certo ( )   Errado ( )

É possível chegar a essa dedução pelo que o texto traz de informação. Conforme Sócrates, a possibilidade de um indivíduo tornar-se justo e virtuoso depende de um processo de transformação pelo qual deve passar. Assim, afasta-se das aparências, rompe com as cadeias de preconceitos e condicionamentos e adquire o verdadeiro conhecimento. Esse processo culmina com a visão da forma do Bem, representada pela matéria do Sol. O sábio é aquele que atinge essa percepção. Para Platão, conhecer o Bem significa tornar-se virtuoso. Aquele que conhece a justiça não pode deixar de agir de modo justo.
GABARITO: CERTO.

40. (CESPE/CEBRASPE - 2022 - PETROBRAS - ADMINISTRAÇÃO) O termo "alegoria", empregado no texto precedente, alude à ideia de *representação*.

Certo ( )   Errado ( )

O termo alegoria significa modo de expressão ou interpretação que consiste em representar pensamentos, ideias, qualidades sob forma figurada.
GABARITO: CERTO.

41. (CESPE/CEBRASPE - 2022 - PETROBRAS - ADMINISTRAÇÃO) Considerando-se as ideias de Platão e Sócrates apresentadas no texto, é possível concluir, se se acredita que pessoas que operam sua vivência unicamente a partir de redes sociais vivem de aparências, que tais pessoas não conhecem a Verdade.

Certo ( )   Errado ( )

O comando da questão traz a noção de "possibilidade" (é possível). Nesse sentido, a possibilidade de um indivíduo tornar-se justo e virtuoso depende de um processo de transformação pelo qual deve passar. Assim, **afasta-se das aparências, rompe com as cadeias de preconceitos e condicionamentos e adquire o verdadeiro conhecimento.** Esse processo culmina com a visão da forma do Bem, representada pela matéria do Sol. O sábio é aquele que atinge essa percepção.
GABARITO: CERTO.

TEXTO PARA AS PRÓXIMAS DUAS QUESTÕES.

Assim como cidadania e cultura formam um par integrado de significações, cultura e territorialidade são, de certo modo, sinônimos. A cultura, forma de comunicação do indivíduo e do grupo com o universo, é herança, mas também um reaprendizado das relações profundas entre o ser humano e o seu meio, um resultado obtido por intermédio do próprio processo de viver. Incluindo o processo produtivo e as práticas sociais, a cultura é o que nos dá a consciência de pertencer a um grupo, do qual é o cimento. É por isso que as migrações agridem o indivíduo, roubando-lhe parte do ser, obrigando-o a uma nova e dura adaptação em seu novo lugar. Desterritorialização é frequentemente outra palavra para significar alienação, estranhamento, que são, também, desculturização.

Esse processo é, também, o que comanda as migrações, que são, por si sós, processos de desterritorialização e, paralelamente, processos de desculturização. O novo ambiente opera como uma espécie de denotador. Sua relação com o novo morador se manifesta dialeticamente como territorialidade nova e cultura nova, que interferem reciprocamente, mudando paralelamente territorialidade e cultura, e mudando o ser humano.

(Milton Santos. **O espaço do cidadão**. 7. ed. São Paulo: Editora da Universidade de São Paulo, 2020, p. 81-83. Adaptado.)

42. [CESPE/CEBRASPE - 2022 - IBAMA - ANALISTA ADMINISTRATIVO] O emprego da expressão "É [...] que", no quarto período do primeiro parágrafo, enfatiza que as migrações agridem o indivíduo pelas razões expressas no segundo e no terceiro período desse mesmo parágrafo, e não por outras quaisquer.

Certo ( )   Errado ( )

O conectivo "por isso" retoma o que foi dito antes e dá continuidade ao texto. Vejamos:

Segundo período: *A cultura, forma de comunicação do indivíduo e do grupo com o universo, é herança, mas também um **reaprendizado** das relações profundas entre o ser humano e o seu meio, **um resultado obtido por intermédio do próprio processo de viver**.*

Terceiro período: *Incluindo o processo produtivo e as práticas sociais, **a cultura é o que nos dá a consciência de pertencer a um grupo**, do qual é o cimento.*

Quarto período: *É por isso que **as migrações agridem o indivíduo**, roubando-lhe parte do ser, obrigando-o a uma nova e dura adaptação em seu novo lugar.*

GABARITO: CERTO.

43. [CESPE/CEBRASPE - 2022 - IBAMA - ANALISTA ADMINISTRATIVO] O segundo período do primeiro parágrafo apresenta um argumento a favor da afirmação de que cultura e territorialidade são sinônimos.

Certo ( )   Errado ( )

O primeiro período traz uma afirmação (Assim como cidadania e cultura formam um par integrado de significações, cultura e territorialidade são, de certo modo, sinônimos.).

O segundo parágrafo traz uma explicação (ou seja, um argumento) acerca do que foi um dito antes. Esse esclarecimento é feito de forma positiva. Vejamos: *A cultura, forma de comunicação do indivíduo e do grupo com o universo, é herança, mas também um reaprendizado das relações profundas entre o ser humano e o seu meio, resultado obtido por intermédio do próprio processo de viver.*

Em outras palavras, o texto afirma que cultura e territorialidade são sinônimos, e depois justifica o porquê dessa declaração.

GABARITO: CERTO.

44. [CESPE/CEBRASPE - 2021 - CBM/AL - SOLDADO]

Uma noite, quando os integrantes do Jornal de Alagoas trabalhavam na redação de uma das folhas do jornal, surgiu alguém gritando que um incêndio lavrava na cidade, querendo devorar tudo. Um pavoroso e sinistro incêndio cuja proporção não se podia calcular. A Casa das Tintas era o local onde pairavam as chamas.

A impressionante tragédia abalou até o governador do estado, que para lá foi e assistiu a tudo estupefato, em companhia de seus auxiliares imediatos. As chamas devoraram todo o estabelecimento e, ainda, cerca de vinte e cinco famílias ficaram no meio da rua com os seus móveis e utensílios.

Aquilo era, portanto, um quadro entristecedor e merecia um reparo. Latas de querosene, vasos de uso doméstico e outros vasilhames, oferecidos e levados por pessoas residentes nas proximidades e também alarmadas, eram entregues aos voluntários e militares que heroicamente lutavam contra as chamas, muitos deles intoxicados pelo mau cheiro saído daquele estabelecimento que continha grande quantidade de tintas e outros produtos tóxicos.

O então governador do estado de Alagoas, revoltado com o caso, esperava encontrar ali um Corpo de Bombeiros. Teve, no entanto, sua decepção e prometeu organizar uma unidade que viesse dar combate às chamas quando elas surgissem em algum ponto da cidade.

(Corpo de Bombeiros Militar do Estado de Alagoas. História. Disponível em: https://www.cbm.al.gov.br/paginas/view/1/historia. Adaptado.)

Infere-se do texto que, na noite em que ocorreu o incêndio na Casa das Tintas, não havia uma unidade organizada do Corpo de Bombeiros na cidade.

Certo ( )   Errado ( )

É evidente que não havia uma unidade organizada do Corpo de Bombeiros na cidade. O texto afirma que voluntários e militares heroicamente lutavam contra as chamas. No último parágrafo, há a informação de que *o então governador do estado de Alagoas, revoltado com o caso, esperava encontrar ali um Corpo de Bombeiros. Teve, no entanto, sua decepção e prometeu organizar uma unidade que viesse dar combate às chamas quando elas surgissem em algum ponto da cidade*. Ou seja, após o incidente é que o governador resolveu organizar uma unidade do Corpo de Bombeiros.
GABARITO: CERTO.

---

45. (CESPE/CEBRASPE - 2021 - CBM/AL - SOLDADO)

Assim como todas as florestas, os trechos arborizados do Ártico às vezes se incendeiam. Mas, ao contrário de muitas florestas localizadas em latitudes médias, que prosperam ou até mesmo necessitam de fogo para preservar sua saúde, as florestas árticas evoluíram para que queimassem apenas esporadicamente.

As mudanças climáticas, contudo, estão remodelando essa frequência. Na primeira década do novo milênio, os incêndios queimaram, em média, 50% mais área plantada no Ártico por ano do que em qualquer outra década do século XX. Entre 2010 e 2020, a área queimada continuou a aumentar, principalmente no Alasca, tendo 2019 sido um ano ruim em relação aos incêndios na região; além disso, o ano de 2015 foi o segundo pior ano da história do local. Os cientistas descobriram que a frequência de incêndios atual é mais alta do que em qualquer outro momento desde a formação das florestas boreais, há cerca de três mil anos, e possivelmente seja a maior nos últimos 10 mil anos.

Os incêndios nas florestas boreais podem liberar ainda mais carbono do que incêndios semelhantes em locais como Califórnia ou Europa, porque os solos sob as florestas em latitude elevada costumam ser compostos por turfa antiga, que possui carbono em abundância. Em 2020, os incêndios no Ártico liberaram quase 250 megatoneladas de dióxido de carbono, cerca da metade emitida pela Austrália em um ano em decorrência das atividades humanas e cerca de 2,5 vezes mais do que a histórica temporada recordista de incêndios florestais de 2020 na Califórnia.

(National Geographic Brasil. Disponível em: www.nationalgeographicbrasil.com. Adaptado.)

De acordo com o texto, nas duas primeiras décadas do novo milênio, os incêndios nas florestas do Ártico foram mais frequentes que o usualmente registrado na região, em função de mudanças climáticas.

Certo ( )   Errado ( )

O texto mostra que realmente as mudanças climáticas provocaram esses incêndios. No início do texto, há a informação de que as florestas árticas evoluíram para que queimassem apenas esporadicamente. Porém, na frase "As mudanças climáticas, contudo, estão remodelando essa frequência.", a presença da

conjunção adversativa "contudo" mostra que há uma adversidade quanto à frase anterior a essa conjunção. E essa adversidade está ligada às mudanças climáticas. Ou seja, na primeira década do novo milênio, os incêndios queimaram, em média, 50% mais área plantada no Ártico por ano do que em qualquer outra década do século XX.
GABARITO: CERTO.

TEXTO PARA AS PRÓXIMAS SETE QUESTÕES.

O termo "refugiado ambiental" é utilizado para se referir às pessoas que fogem de onde vivem, em razão de problemas como seca, erosão dos solos, desertificação, inundações, desmatamento, mudanças climáticas, entre outros. A migração causada por eventos climáticos não é nova, mas tende a intensificar-se. O tema é bastante atual, mas, na obra *Vidas Secas*, o escritor Graciliano Ramos já tratava, embora com outras palavras, dos refugiados do clima do semiárido brasileiro.

Vidas Secas não é um romance de seca, no entanto. A centralidade dessa obra literária está em um "ano bom", ou seja, um ano de chuvas na caatinga. O sétimo capítulo, localizado bem no centro da obra, composta por 13 capítulos, é intitulado "Inverno", o que remete ao período de chuvas na região. Essa visão contraria certa leitura superficial da obra.

Graciliano Ramos acreditava em um mundo com mais justiça social e menos desigualdades no Nordeste, para o que era necessário transformar o modelo de sociedade extremamente perverso que caracterizava as relações sociais no meio rural.

Ao mostrar a vida da uma família de sertanejos durante um ano de "inverno", com relativa segurança e estabilidade, o escritor alagoano questionou as relações sociais excludentes e tensivas, que impediam essa família de viver com mais estabilidade no Nordeste brasileiro.

Na obra, quando a família ocupou uma fazenda abandonada, no fim de uma seca, o vaqueiro parecia satisfeito. Mas suas esperanças esmoreceram, pois as chuvas vieram e, com elas, também o proprietário da fazenda, sob o domínio do qual o vaqueiro passou a viver, sendo humilhado, enganado, animalizado.

Somente com muita insistência, Fabiano conseguiu ficar trabalhando ali como vaqueiro. Moraria com a família pouco "mais de um ano" numa "casa velha" da fazenda.

Para o escritor de *Vidas Secas*, a opressão à família de Fabiano era causada por questões sociais, não pela seca. Caso tivesse acesso à terra e à água, a família conseguiria obter o sustento, como resultado do seu esforço e trabalho.

A condição climática natural da caatinga era instrumentalizada pelos latifundiários para a exploração de uma população extremamente vulnerável à seca, como era o caso da família de Fabiano e sinhá Vitória.

A concentração fundiária era, e continua sendo, uma das formas mais perversas de impedir a autonomia dos pequenos produtores rurais do semiárido brasileiro. O romance denuncia a realidade social dos sertanejos pobres que viviam no Nordeste da época, cujo cotidiano era marcado pela opressão, humilhação, miséria, espoliação econômica e extremas privações, sobretudo nos períodos de seca.

(Letras ambientais. Disponível em: https://www.letrasambientais.org.br. Adaptado.)

46. **(CESPE/CEBRASPE - 2021 - CBM/AL - SOLDADO)** Segundo o texto, o romance *Vidas Secas* limita-se a criticar a seca e as privações causadas por ela.

Certo ( )   Errado ( )

O texto não fala que existe a limitação de criticar a seca e as privações causadas por ela. O texto afirma que o autor de *Vidas Secas* tratava dos refugiados do clima do semiárido brasileiro. Porém, a presença de "no entanto" na frase *Vidas Secas não é um romance de seca, no entanto*, evidencia que há uma adversidade. O escritor alagoano questionou as relações sociais excludentes e tensivas, que impediam essa família de viver com mais estabilidade no Nordeste brasileiro.
GABARITO: ERRADO.

47. (CESPE/CEBRASPE - 2021 - CBM/AL - SOLDADO) Infere-se do texto que o tipo de migração vivida pelos personagens do romance de Graciliano Ramos é observado no contexto atual e tende a tornar-se mais comum com as mudanças climáticas.

Certo ( )   Errado ( )

A inferência está adequada. Destaca-se que o comando "infere-se" sugere que há uma dedução possível a partir do texto, ou seja, são percepções que estão subentendidas, nem sempre estão expressas. Ou seja, é preciso verificar se a afirmação feita na questão tem relação com o que está disposto no texto. No primeiro parágrafo, o texto apresenta o assunto: o termo "refugiado ambiental" é utilizado para se referir às pessoas que fogem de onde vivem, em razão de problemas como seca, erosão dos solos, desertificação, inundações, desmatamento, mudanças climáticas, entre outros. Ainda ressalta que *A migração causada por eventos climáticos não é nova, mas tende a intensificar-se*. Também alega que o tema é bastante atual, mas, na obra *Vidas Secas*, o escritor Graciliano Ramos já tratava, embora com outras palavras, dos refugiados do clima do semiárido brasileiro. No decorrer do texto, são apresentadas reflexões acerca do que foi escrito no primeiro parágrafo. No último parágrafo é retomada a ideia de que o romance denuncia a realidade social dos sertanejos pobres que viviam no Nordeste da época, cujo cotidiano era marcado pela opressão, humilhação, miséria, espoliação econômica e extremas privações, sobretudo nos períodos de seca.

GABARITO: CERTO.

---

48. (CESPE/CEBRASPE - 2021 - CBM/AL - SOLDADO) Fabiano consegue, com muita persistência, garantir abrigo temporário para a família.

Certo ( )   Errado ( )

Fabiano consegue encontrar um lugar para ele e sua família. O trecho que justifica essa questão é: *Somente com muita insistência, Fabiano conseguiu ficar trabalhando ali como vaqueiro. Moraria com a família pouco "mais de um ano" numa "casa velha" da fazenda*. Ou seja, o abrigo temporário durou pouco mais de um ano.

GABARITO: CERTO.

---

49. (CESPE/CEBRASPE - 2021 - CBM/AL - SOLDADO) O inverno de que trata o romance *Vidas Secas* é caracterizado por maior aridez.

Certo ( )   Errado ( )

A ideia é, na verdade, o oposto disso. Vejamos o trecho que justifica essa afirmação: Vidas Secas *não é um romance de seca, no entanto. A centralidade dessa obra literária está em um "ano bom", ou seja, um ano de chuvas na caatinga*. O sétimo capítulo, localizado no centro da obra, composta por 13 capítulos, é intitulado "Inverno", o que remete ao período de chuvas na região. Essa visão contraria certa leitura superficial da obra. Ou seja, o inverno é um período de chuvas, e não de maior aridez.

GABARITO: ERRADO.

---

50. (CESPE/CEBRASPE - 2021 - CBM/AL - SOLDADO) Depreende-se do texto que as consequências da seca atingem, da mesma forma, todos aqueles que vivem em regiões afetadas pela estiagem.

Certo ( )   Errado ( )

O escritor tratou de situações típicas de exploração da região em que estava Fabiano e sua família. Graciliano Ramos pretende mostrar que a condição climática natural da caatinga era instrumentalizada

pelos latifundiários para a exploração de uma população extremamente vulnerável à seca, como era o caso da família de Fabiano e sinhá Vitória. O escritor alagoano questionou as relações sociais excludentes e tensivas, que impediam essa família de viver com mais estabilidade no Nordeste brasileiro.
GABARITO: ERRADO.

---

51. (CESPE/CEBRASPE - 2021 - CBM/AL - SOLDADO) O autor do texto se propõe a apresentar uma leitura que foge do lugar comum de interpretação do romance *Vidas Secas*.

Certo ( )   Errado ( )

Desde o início do texto percebe-se que o autor pretende mostrar que a obra *Vidas Secas* não se trata de uma simples reprodução de uma situação. O autor afirma que o tema é bastante atual, mas, na obra *Vidas Secas*, o escritor Graciliano Ramos já tratava, embora com outras palavras, dos refugiados do clima do semiárido brasileiro, no entanto, ressalta que *Vidas Secas* não é um romance de seca. A centralidade dessa obra literária está em um "ano bom", ou seja, um ano de chuvas na caatinga. Em outras palavras, Graciliano Ramos acreditava em um mundo com mais justiça social e menos desigualdades no Nordeste, que era necessário transformar o modelo de sociedade extremamente perverso que caracterizava as relações sociais no meio rural.
GABARITO: CERTO.

---

52. (CESPE/CEBRASPE - 2021 - CBM/AL - SOLDADO) De acordo com o texto, a crítica que Graciliano Ramos faz em seu romance recai sobre a ação opressora do próprio ser humano sobre outros seres humanos menos favorecidos.

Certo ( )   Errado ( )

O escritor denuncia o fato de que proprietários de fazendas exploravam aqueles que eram vulneráveis. Na obra, quando a família ocupou uma fazenda abandonada, no fim de uma seca, o vaqueiro parecia satisfeito. Mas suas esperanças esmoreceram, pois as chuvas vieram e, com elas, também o proprietário da fazenda, sob o domínio do qual o vaqueiro passou a viver, sendo humilhado, enganado, animalizado. Ainda mostra que a condição climática natural da caatinga era instrumentalizada pelos latifundiários para a exploração de uma população extremamente vulnerável à seca, como era o caso da família de Fabiano e sinhá Vitória. Ou seja, a concentração fundiária era, e continua sendo, uma das formas mais perversas de impedir a autonomia dos pequenos produtores rurais do semiárido brasileiro.
GABARITO: CERTO.

---

53. (CESPE/CEBRASPE - 2021 - PC/AL - AGENTE E ESCRIVÃO)

O século XIX constituiu-se em marco fundamental para o desenvolvimento das instituições de segurança pública, com as polícias buscando maior legitimidade e profissionalização. Como referência ocidental, a Polícia Metropolitana da Inglaterra, fundada em 1829, mudou paradigmas, dando preponderância ao papel preventivo de suas ações e foco à proteção da comunidade.

O consenso, em detrimento do poder de coerção, e a prevenção, em detrimento da repressão, reforçaram a proximidade da polícia com a sociedade, com atenção integral ao cidadão. O modelo inglês retirou as polícias do isolamento, apresentando-as à comunidade como importante parceira da segurança pública e elemento fundamental para a redução da violência. Com isso, surgiu o conceito de uma organização policial moderna, estatal e pública, em oposição ao controle e à subordinação política da polícia.

No Brasil, as primeiras iniciativas de implantação da polícia comunitária ocorreram com a Constituição Federal de 1988 e a necessidade de uma nova concepção para as atividades policiais. Foram adotadas estratégias de fortalecimento das relações das forças policiais com a comunidade, com destaque para a conscientização sobre a importância do trabalho policial e sobre o valor da participação do cidadão para a construção de um sistema que busca a melhoria da qualidade de vida de todos.

(Brasil. Ministério da Justiça e Segurança Pública. Secretaria Nacional de Segurança Pública (Senasp). **Diretriz Nacional de Polícia Comunitária.** Brasília, DF, 2019. p. 11-12. Adaptado.)

Embora o primeiro período do segundo parágrafo se refira especificamente ao que ocorreu na Inglaterra, é possível inferir-se do texto que o consenso e a prevenção caracterizam a atuação da polícia comunitária em geral.

Certo ( )   Errado ( )

Em geral, o consenso e a prevenção caracterizam a atuação da polícia comunitária. Para fazer essa inferência, há alguns trechos do texto. Vejamos:
- *Dando preponderância ao papel preventivo de suas ações e foco à proteção da comunidade.*
- *O consenso, em detrimento do poder de coerção, e a prevenção, em detrimento da repressão, reforçaram a proximidade da polícia com a sociedade, com atenção integral ao cidadão.*
- *Foram adotadas estratégias de fortalecimento das relações das forças policiais com a comunidade, com destaque para a conscientização sobre a importância do trabalho policial e sobre o valor da participação do cidadão para a construção de um sistema que busca a melhoria da qualidade de vida de todos.*

GABARITO: CERTO.

TEXTO PARA AS PRÓXIMAS TRÊS QUESTÕES.

A manhã desta segunda-feira foi diferente para boa parte dos moradores do Jacintinho, um dos bairros mais populosos de Maceió. O Ronda no Bairro, programa do Governo de Alagoas que combina policiamento de proximidade com ações sociais, promoveu uma série de ações culturais e de cidadania no bairro.

Há pouco mais de um ano atuando no Jacintinho, o Ronda no Bairro já contribui efetivamente para a redução dos índices de violência na região, sempre aliando as ações sociais — como aulas de judô, *tae kwon do*, assistência escolar, música, pintura e desenho — com o policiamento de proximidade, feito por quase cinquenta agentes todos os dias.

"O programa teve início aqui no Jacintinho, sempre conciliando o operacional com o social. Felizmente, com isso, conseguimos contribuir ativamente com a redução dos índices de criminalidade como, por exemplo, no que se refere aos assaltos a coletivos. Em novembro de 2018, chegamos a zerar as ocorrências desse tipo no Jacintinho e isso já é uma grande vitória. O policiamento de proximidade tem feito a diferença na vida das pessoas", conta o capitão subcomandante do Ronda no Bairro.

(Agência Alagoas. Disponível em: agenciaalagoas.al.gov.br. Adaptado.)

54. (CESPE/CEBRASPE - 2021 - PC/AL - AGENTE E ESCRIVÃO) Depreende-se do texto que a prefeitura de Maceió direcionou no mínimo cinquenta policiais para trabalhar diariamente no programa Ronda no Bairro.

Certo ( )   Errado ( )

O texto não especifica que foram, no mínimo, cinquenta policiais, apenas diz um valor aproximado: com o policiamento de proximidade, feito por quase cinquenta agentes todos os dias. Ou seja, o emprego de "quase" mostra que pode ser menos ou mais do que cinquenta policiais.

GABARITO: ERRADO.

---

55. (CESPE/CEBRASPE - 2021 - PC/AL - AGENTE E ESCRIVÃO) De acordo com a fala do capitão subcomandante apresentada no terceiro parágrafo do texto, os resultados do programa Ronda no Bairro estão limitados à diminuição de ocorrência de crimes de menor potencial ofensivo, como os assaltos a ônibus.

Certo ( )   Errado ( )

A fala do capitão subcomandante mostra que não há a limitação de diminuição de ocorrência de crimes de menor potencial ofensivo, como os assaltos a ônibus. Entende-se que existem ações no sentido de

combater a criminalidade e de estar próximo à comunidade. Conforme o texto, *o programa teve início no Jacintinho, sempre conciliando o operacional com o social.*

GABARITO: ERRADO.

---

56. **(CESPE/CEBRASPE - 2021 - PC/AL - AGENTE E ESCRIVÃO)** O emprego dos termos "combina", "aliando" e 'conciliando' no texto contribui para realçar uma característica essencial do programa Ronda no Bairro: o fato de o programa conjugar policiamento de proximidade com ações sociais.

Certo ( ) Errado ( )

O programa Ronda no Bairro busca aproximar-se da comunidade com ações sociais. É explícito no texto, especialmente pelos trechos destacados na questão:
- *combina policiamento de proximidade com ações sociais;*
- *sempre aliando as ações sociais;*
- *sempre conciliando o operacional com o social.*

GABARITO: CERTO.

TEXTO PARA AS PRÓXIMAS DUAS QUESTÕES.

Tudo o que vem do povo tem uma lógica, uma razão, uma função. Ele nada faz sem motivo, e o que produz está geralmente ligado ao comportamento do grupo ou a uma norma social ou de cunho psíquico e religioso, um traço que vem de tempos longínquos, lá do fundo de nossas raízes, perdidas na noite dos tempos, quando estávamos em formação. Pastoril, Quilombo, Reisado, Coco-de-Roda, literatura de cordel, festas, tradições, superstições, contos, mitos, lendas não aparecem por acaso. São elementos da memória popular, que engloba sentimentos e reações diante da história e das transformações.

Quais as origens do folclore alagoano, quais os componentes culturais que o forjaram? Théo Brandão, com a autoridade de quem estudou a vida inteira e deixou uma obra irrepreensível sobre o assunto, diz que são muitas as contribuições na formatação do nosso folclore. E que não é fácil nem simples demarcar a que grupo pertence uma de suas variantes ou estabelecer com precisão a fronteira de determinada manifestação folclórica. Afirma que há dúvidas em alguns casos e em outros é inteiramente impossível chegar a uma conclusão única e definitiva. Cita como exemplo concreto dessas incertezas o caso da dança existente em várias unidades nordestinas, que aparece ora como Coco, ora como Pagode, ora como Samba.

(Instituto Arnon de Mello. **Alagoas popular**: folguedos e danças de nossa gente. Maceió: IAM, 2013, p. 24. Adaptado.)

57. **(CESPE/CEBRASPE - 2021 - PC/AL - AGENTE E ESCRIVÃO)** Conclui-se do texto o folclore é uma manifestação marcadamente histórica e contextualizada.

Certo ( ) Errado ( )

O texto é construído de tal maneira que fica evidente que o folclore é uma manifestação marcadamente histórica e contextualizada. No início, afirma que tudo o que o povo produz está geralmente ligado ao comportamento do grupo ou a uma norma social ou de cunho psíquico e religioso, um traço que vem de tempos longínquos, lá do fundo de nossas raízes, perdidas na noite dos tempos, quando estávamos em formação. Na sequência, mostra exemplos dessas manifestações e fala sobre o folclore alagoano.

GABARITO: CERTO.

---

58. **(CESPE/CEBRASPE - 2021 - PC/AL - AGENTE E ESCRIVÃO)** A menção feita a Théo Brandão e a qualificação de sua obra são recursos utilizados para reforçar os argumentos apresentados pelo autor do texto.

Certo ( ) Errado ( )

O texto alega que o folclore é uma manifestação marcadamente histórica e contextualizada e que tudo que o povo produz está geralmente ligado ao comportamento do grupo ou a uma norma social ou de cunho

psíquico e religioso. No segundo parágrafo, o autor faz uma pergunta direta: *Quais as origens do folclore alagoano, quais os componentes culturais que o forjaram?*. Na sequência, em resposta a essa questão, o autor cita "Théo Brandão", porque ele tem a autoridade de quem estudou a vida inteira e deixou uma obra irrepreensível sobre o assunto.
GABARITO: CERTO.

TEXTO PARA AS PRÓXIMAS QUATRO QUESTÕES.

Nesta sala atulhada de mesas, máquinas e papéis, onde invejáveis escreventes dividiram entre si o bom senso do mundo, aplicando-se em ideias claras apesar do ruído e do mormaço, seguros ao se pronunciarem sobre problemas que afligem o homem moderno (espécie da qual você, milenarmente cansado, talvez se sinta um tanto excluído), largue tudo de repente sob os olhares à sua volta, componha uma cara de louco quieto e perigoso, faça os gestos mais calmos quanto os tais escribas mais severos, dê um largo *ciao* ao trabalho do dia, assim como quem se despede da vida, surpreenda pouco mais tarde, com sua presença em hora tão insólita, os que estiveram em casa ocupados na limpeza dos armários, que você não sabia antes como era conduzida. Convém não responder aos olhares interrogativos, deixando crescer, por instantes, a intensa expectativa que se instala. Mas não exagere na medida e suba sem demora ao quarto, libertando aí os pés das meias e dos sapatos, tirando a roupa do corpo como se retirasse a importância das coisas, pondo-se enfim em vestes mínimas, quem sabe até em pelo, mas sem ferir o pudor (o seu pudor, bem entendido), e aceitando ao mesmo tempo, como boa verdade provisória, toda mudança de comportamento. Feito um banhista incerto, assoma depois com sua nudez no trampolim do patamar e avance dois passos como se fosse beirar um salto, silenciando de vez, embaixo, o surto abafado dos comentários. Nada de grandes lances. Desça, sem pressa, degrau por degrau, sendo tolerante com o espanto (coitados!) dos pobres familiares, que cobrem a boca com a mão enquanto se comprimem ao pé da escada. Passe por eles calado, circule pela casa toda como se andasse numa praia deserta (mas sempre com a mesma cara de louco ainda não precipitado), e se achegue depois, com cuidado e ternura, junto à rede languidamente envergada entre plantas lá no terraço.

Largue-se nela como quem se larga na vida, e vá fundo nesse mergulho: cerre as abas da rede sobre os olhos e, com um impulso do pé (já não importa em que apoio), goze a fantasia de se sentir embalado pelo mundo.

(Raduan Nassar. Aí pelas três da tarde. *In*: Ítalo Moriconi (Org.). **Os cem melhores contos brasileiros do século**. Rio de Janeiro: Objetiva, 2001. Adaptado.)

59. (CESPE/CEBRASPE - 2021 - PC/DF - AGENTE) O texto envolve um único personagem, que subverte a sua lógica de hábitos cotidianos.

Certo ( )   Errado ( )

Há vários personagens na narrativa. O personagem central é alguém que realmente subverte a sua lógica de hábitos cotidianos; os personagens secundários são as pessoas do ambiente de trabalho e as que estão na casa. Mesmo que não tenham nomes e não estejam detalhados, todos os personagens participam de alguma forma da narrativa.
GABARITO: ERRADO.

60. (CESPE/CEBRASPE - 2021 - PC/DF - AGENTE) O texto apresenta uma espécie de roteiro cujo conhecimento é necessário para que o interlocutor da voz da narrativa aja com inteira liberdade e por conta própria.

Certo ( )   Errado ( )

O roteiro não é conhecido pelo interlocutor. O narrador apresenta uma espécie de roteiro para o interlocutor, mas não se pode afirmar que esse interlocutor age com inteira liberdade e por conta própria, já que ele segue as instruções do narrador.
GABARITO: ERRADO.

61. **(CESPE/CEBRASPE - 2021 - PC/DF - AGENTE)** A sequência de ações do texto se organiza a partir de uma lógica imperativa de que os atos e as palavras referidos devem necessariamente parecer extravagantes, desarrazoados.

Certo ( )   Errado ( )

O personagem pratica ações que subvertem a lógica de seus hábitos cotidianos. E tudo isso é marcado por uma voz imperativa (representada pelos verbos no imperativo), a qual sugere que o interlocutor da voz da narrativa faça aquilo que nunca fez, no sentido de surpreender as pessoas que estão a sua volta. Vejamos: *largue tudo de repente sob os olhares à sua volta, componha uma cara de louco quieto e perigoso, faça os gestos mais calmos quanto os tais escribas mais severos, dê um largo ciao ao trabalho do dia, assim como quem se despede da vida, surpreenda pouco mais tarde, com sua presença em hora tão insólita, os que estiveram em casa ocupados na limpeza dos armários, que você não sabia antes como era conduzida.*
GABARITO: CERTO.

62. **(CESPE/CEBRASPE - 2021 - PC/DF - AGENTE)** A expressão "homem moderno" (primeiro período) faz referência ao ser humano como tipo representativo de determinada época.

Certo ( )   Errado ( )

O início do texto traz uma abordagem genérica com o objetivo de contextualizar a situação em que está o interlocutor da voz da narrativa. Esse trecho serve para mostrar que esse interlocutor é uma espécie do homem moderno. Vejamos: *Nesta sala atulhada de mesas, máquinas e papéis, onde invejáveis escreventes dividiram entre si o bom senso do mundo, aplicando-se em ideias claras apesar do ruído e do mormaço, seguros ao se pronunciarem sobre problemas que afligem o homem moderno (espécie da qual você, milenarmente cansado, talvez se sinta um tanto excluído) [...].* Ou seja, o "homem moderno" diz respeito ao ser humano da época em que está o personagem principal da narrativa.
GABARITO: CERTO.

TEXTO PARA AS PRÓXIMAS QUATRO QUESTÕES.

Nossos ancestrais dedicaram muito tempo e esforço a tentar descobrir as regras que governam o mundo natural. Mas a ciência moderna difere de todas as tradições de conhecimento anteriores em três aspectos cruciais: a disposição para admitir ignorância, o lugar central da observação e da matemática e a aquisição de novas capacidades.

A Revolução Científica não foi uma revolução do conhecimento. Foi, acima de tudo, uma revolução da ignorância. A grande descoberta que deu início à Revolução Científica foi a de que os humanos não têm as respostas para suas perguntas mais importantes. Tradições de conhecimento pré-modernas como o islamismo, o cristianismo, o budismo e o confucionismo afirmavam que tudo que é importante saber a respeito do mundo já era conhecido. As antigas tradições de conhecimento só admitiam dois tipos de ignorância. Em primeiro lugar, um indivíduo podia ignorar algo importante. Para obter o conhecimento necessário, tudo que ele precisava fazer era perguntar a alguém mais sábio. Não havia necessidade de descobrir algo que qualquer pessoa já não soubesse. Em segundo lugar, uma tradição inteira podia ignorar coisas sem importância. Por definição, o que quer que os grandes deuses ou os sábios do passado não tenham se dado ao trabalho de nos contar não era importante. [...]

A ciência de nossos dias é uma tradição de conhecimento peculiar, visto que admite abertamente a ignorância coletiva a respeito da maioria das questões importantes. Darwin nunca afirmou ser "o último dos biólogos" e ter decifrado o enigma da vida de uma vez por todas. Depois de séculos de pesquisas científicas, os biólogos admitem que ainda não têm uma boa explicação para como o cérebro gera consciência, por exemplo. Os físicos admitem que não sabem o que causou o *Big Bang*, que não sabem como conciliar a mecânica quântica com a Teoria Geral da Relatividade. [...]

A disposição para admitir ignorância tornou a ciência moderna mais dinâmica, versátil e indagadora do que todas as tradições de expandiu enormemente nossa capacidade de entender como o mundo funciona e nossa habilidade de inventar novas tecnologias, mas nos coloca diante de um problema sério que a maioria dos nossos ancestrais não precisou enfrentar. Nosso pressuposto atual de que não sabemos tudo e de que até mesmo o conhecimento que temos é provisório se estende aos mitos partilhados que possibilitam que milhões de estranhos cooperem de maneira eficaz. Se as evidências mostrarem que muitos desses mitos são duvidosos, como manter a sociedade unida? Como fazer com que as comunidades, os países e o sistema internacional funcionem? [...]

Uma das coisas que tornaram possível que as ordens sociais modernas se mantivessem coesas é a disseminação de uma crença quase religiosa na tecnologia e nos métodos da pesquisa científica, que, em certa medida, substituiu a crença em verdades absolutas.

(Yuval Noah Harari. **Sapiens**: uma breve história da humanidade. 26. ed. Porto Alegre, RS: L&PM, 2017, p. 261-263. Adaptado.)

63. (CESPE/CEBRASPE - 2021 - PC/DF - AGENTE) A "revolução da ignorância" mencionada no texto explicita um déficit cognitivo da sociedade no início da Revolução Científica que a impedia de encontrar respostas a seus questionamentos mais essenciais.

Certo ( )   Errado ( )

O emprego da expressão "revolução da ignorância" tem um sentido positivo no texto, ou seja, mostra que essa revolução é muito benéfica. Vejamos: *A Revolução Científica não foi uma revolução do conhecimento. Foi, acima de tudo, uma revolução da ignorância. A grande descoberta que deu início à Revolução Científica foi a de que os humanos não têm as respostas para suas perguntas mais importantes.*

GABARITO: ERRADO.

64. (CESPE/CEBRASPE - 2021 - PC/DF - AGENTE) Tanto as antigas tradições quanto a ciência atual reconheceram a sua falta de conhecimento acerca dos grandes questionamentos da humanidade.

Certo ( )   Errado ( )

As antigas tradições acreditavam que já sabia de tudo e que nada mais precisava ser investigado ou estudada. A ciência atual entende que não há verdades "absolutas". Tradições de conhecimento pré-modernas, como o islamismo, o cristianismo, o budismo e o confucionismo, afirmavam que tudo que é importante saber a respeito do mundo. Não havia necessidade de descobrir algo que qualquer pessoa já não soubesse. Além disso, o que quer que os grandes deuses ou os sábios do passado não tenham se dado ao trabalho de nos contar não era importante.

GABARITO: ERRADO.

65. (CESPE/CEBRASPE - 2021 - PC/DF - AGENTE) Conclui-se do texto que a crença na ciência em detrimento da crença em verdades absolutas permitiu à sociedade moderna ser mais justa.

Certo ( )   Errado ( )

O texto afirma que a crença na ciência, em detrimento de verdades absolutas, trouxe um problema sério. A disposição para admitir ignorância tornou a ciência moderna mais dinâmica, versátil e indagadora. As tradições expandiram enormemente nossa capacidade de entender como o mundo funciona e nossa habilidade de inventar novas tecnologias, mas nos coloca diante de um problema sério que a maioria dos nossos ancestrais não precisou enfrentar, ou seja, se as evidências mostrarem que muitos desses mitos são duvidosos, como manter a sociedade unida? Como fazer com que as comunidades, os países e o sistema internacional funcionem?

Por isso, uma das coisas que tornaram possível que as ordens sociais modernas se mantivessem coesas é a disseminação de uma crença quase religiosa na tecnologia e nos métodos da pesquisa científica, que, em certa medida, substituiu a crença em verdades absolutas.

GABARITO: ERRADO.

66. **(CESPE/CEBRASPE - 2021 - PC/DF - AGENTE)** Dada a sequência lógica do texto, infere-se que Darwin é um dos cientistas que representam a ciência moderna.

Certo ( )   Errado ( )

Darwin é apresentado como um exemplo de quem acredita que não há verdades absolutas. A grande descoberta que deu início à Revolução Científica foi a de que os humanos não têm as respostas para suas perguntas mais importantes. A ciência de nossos dias é uma tradição de conhecimento peculiar, visto que admite abertamente a ignorância coletiva a respeito da maioria das questões importantes. Darwin nunca afirmou ser "o último dos biólogos" e ter decifrado o enigma da vida. Depois de séculos de pesquisas científicas, os biólogos admitem que ainda não têm uma boa explicação para como o cérebro gera consciência, por exemplo.

GABARITO: CERTO.

TEXTO PARA AS PRÓXIMAS QUATRO QUESTÕES.

Há violências da moral patriarcal que instauram a solidão; outras marcam a lei no corpo das mulheres — assim sobrevive Maria da Penha; outras aniquilam a vida, como é a história de mulheres assassinadas pela fúria do gênero. Entre 2006 e 2011, o Instituto Médico Legal (IML) do Distrito Federal foi o destino de 81 mulheres mortas pelo gênero. Foram 337 mortes violentas de mulheres que chegaram ao IML. Dessas, somente 180 processos judiciais foram localizados, dos quais 81 eram de violência doméstica. Muitas delas saíram do espaço da casa como asilo ("lugar onde ficam isentos da execução das leis os que a ele se recolhem") para o necrotério. Essas mulheres, as verdadeiras testemunhas de como a moral patriarcal inscreve nos corpos a sentença de subordinação, são anônimas e não nos contam suas histórias em primeira pessoa. Acredita-se poder biografá-las por diferentes gêneros de discurso — um deles é o texto penal. As mulheres mortas pelo gênero não retornarão pela instauração de uma nova ordem punitiva, o feminicídio, mas acredita-se que a nominação de seu desaparecimento seja uma operação de resistência: o nome facilitaria a esfera de aparição da mulher como vítima.

(Débora Diniz. Perspectivas e articulações de uma pesquisa feminista. In: **Estudos feministas e de gênero**: articulações e perspectivas. Florianópolis: Mulheres, 2014. Adaptado.)

Considerando os sentidos e os aspectos linguísticos do texto apresentado, julgue os próximos itens.

67. **(CESPE/CEBRASPE - 2021 - PC/DF - ESCRIVÃO)** O principal objetivo do texto é alertar as mulheres sobre a violência letal cometida contra elas no ambiente doméstico.

Certo ( )   Errado ( )

Não há um texto com teor de alerta. O que se percebe é que o texto pretende chamar a atenção para a necessidade de falar e de nominar os casos de homicídio de mulheres devido a questão de gênero. Essa situação não se limita ao ambiente doméstico, embora o texto traga como exemplo o assassinato de mulheres vítimas de violência doméstica.

GABARITO: ERRADO.

---

68. **(CESPE/CEBRASPE - 2021 - PC/DF - ESCRIVÃO)** No texto, a autora discorre sobre aspectos positivos trazidos pela então recém-sancionada lei que pune o assassinato de mulheres.

Certo ( )   Errado ( )

Não há informações que assegurem que a lei foi recém-sancionada. O texto apenas apresenta os aspectos positivos que serão trazidos por uma possível aprovação da Lei dos Feminicídios. Um elemento linguístico que fundamenta o fato de que a lei ainda havia sido sancionada quando o texto foi publicado é o emprego do futuro do pretérito do subjuntivo (facilitaria), o qual sugere uma possibilidade acerca de algo que ainda não ocorreu. Vejamos: *acredita-se que a nominação de seu desaparecimento seja uma operação de resistência: o nome facilitaria a esfera de aparição da mulher como vítima.*

GABARITO: ERRADO.

69. **(CESPE/CEBRASPE - 2021 - PC/DF - ESCRIVÃO)** Conclui-se do texto que 157 processos judiciais relativos a mortes violentas de mulheres no DF desapareceram enquanto tramitavam na justiça.

Certo ( )   Errado ( )

O texto não traz essa afirmação de forma explícita. O que se sabe é que foram 337 mortes violentas de mulheres que chegaram ao IML. Dessas, somente 180 processos judiciais foram localizados, dos quais 81 eram de violência doméstica. Ou seja, sabe-se que 157 não foram localizados, mas não se pode afirmar que desapareceram enquanto tramitavam na justiça.
GABARITO: ERRADO.

---

70. **(CESPE/CEBRASPE - 2021 - PC/DF - ESCRIVÃO)** A autora defende que, ao se nominarem como feminicídio certos tipos de homicídio contra mulheres, coloca-se em evidência a situação feminina de vítima em um contexto em que as mulheres são tratadas de forma desigual em relação aos homens.

Certo ( )   Errado ( )

O texto, por meio do posicionamento da autora, alega que dar nome ao crime (chamá-lo de feminicídio) dá visibilidade à mulher no papel de vítima. Isso tudo em um contexto patriarcal, em que o homem possui uma autoridade.
GABARITO: CERTO.

---

71. **(CESPE/CEBRASPE - 2021 - PC/DF - ESCRIVÃO)** No trecho "Muitas delas saíram do espaço da casa como asilo ('lugar onde ficam isentos da execução das leis os que a ele se recolhem') para o necrotério", a definição de asilo é um recurso utilizado para fazer referência direta à impunidade associada aos crimes contra as mulheres "assassinadas pela fúria do gênero".

Certo ( )   Errado ( )

A questão faz uma extrapolação do que está no texto. Não há elementos no texto que justifiquem que a definição de asilo seja um recurso utilizado para fazer referência direta à impunidade associada aos crimes contra as mulheres "assassinadas pela fúria do gênero".
GABARITO: ERRADO.

TEXTO PARA AS PRÓXIMAS TRÊS QUESTÕES.

    Fernando arrancou o paletó no auge da impaciência e perguntou com voz esganiçada se eu pretendia ficar a noite inteira ali de estátua enquanto ele teria que encher o tanque naquela escuridão de merda porque ninguém lhe passava o raio da lanterna.
    – Onde está a lanterna?
    – Mas onde poderia estar a lanterna senão no porta-luvas, a princesa esqueceu?
    Através do vidro, a estrela maior (Vênus) pulsava reflexos azuis. Gostaria de estar numa nave, mas com o motor desligado, sem ruído, sem nada. Quieta. Ou neste carro silencioso, mas sem ele. Já fazia algum tempo que eu queria estar sem ele, mesmo com o problema de ter acabado a gasolina.
    – As coisas ficariam mais fáceis se você fosse menos grosso – eu disse, entreabrindo a mão e experimentando a lanterna no pedregulho que achei na estrada.
    – Está bem, minha princesa, se não for muito incômodo, será que poderia me passar a lanterninha?
    Quando me lembro dessa noite (e estou sempre lembrando) me vejo repartida em dois momentos: antes e depois. Antes, as pequenas palavras, os pequenos gestos, os pequenos amores culminados nesse Fernando, aventura medíocre de gozo breve e convivência comprida. Se ao menos ele não fizesse aquela voz para perguntar se por acaso alguém tinha levado a sua caneta. Se por acaso alguém tinha pensado em comprar um novo fio dental, este estava no fim. Não está, respondi, é que ele se enredou lá dentro, se a gente

tirar esta plaqueta (tentei levantar a plaqueta) a gente vê que o rolo está inteiro mas enredado e quando o fio se enreda desse jeito, nunca mais!, melhor jogar fora e começar outro rolo. Não joguei. Anos e anos tentando desenredar o fio impossível, medo da solidão? Medo de me encontrar quando tão ardentemente me buscava?

(Lygia Fagundes Telles. Noturno Amarelo. *In*: **Mistérios**. Rio de Janeiro: Nova Fronteira, 1981. Adaptado.)

72. **(CESPE/CEBRASPE - 2021 - PC/DF - ESCRIVÃO)** Nessa narração, a personagem, com base em lembranças e em impressões do seu passado, reconstrói cenas fragmentárias das violências psicológicas a que seu relacionamento com Fernando se resumia.

Certo ( )   Errado ( )

A personagem não reconstrói cenas fragmentárias (fragmentado: que não possui uma verdadeira unidade). Ela recorre a lembranças para mostrar como passou a ser vítima de violências simbólicas em seu relacionamento. Ainda percebe-se que no passado não ocorria esse tipo de violência, porque havia *as pequenas palavras, os pequenos gestos, os pequenos amores culminados nesse Fernando, aventura medíocre de gozo breve e convivência comprida.* **Por isso, não é possível afirmar que as lembranças e impressões do passado se referem a uma violência simbólica constante.**
GABARITO: ERRADO.

73. **(CESPE/CEBRASPE - 2021 - PC/DF - ESCRIVÃO)** O fio dental enredado é usado pela personagem como metáfora para denotar não só o nível de desgaste do seu relacionamento infeliz, mas também para explicitar sua passividade diante de tal fato.

Certo ( )   Errado ( )

A metáfora do fio dental representa que a personagem está em um tipo de relacionamento que não vai mudar, mas ela não tem atitude para sair dessa situação. Vejamos: *a gente vê que o rolo está inteiro mas enredado e quando o fio se enreda desse jeito, nunca mais!, melhor jogar fora e começar outro rolo. Não joguei. Anos e anos tentando desenredar o fio impossível, medo da solidão?.*

O fio dental enredado denota que o relacionamento está desgastado e que, ao não jogar esse rolo fora e começar de novo, ela se mantém passiva diante dessa situação.
GABARITO: CERTO.

74. **(CESPE/CEBRASPE - 2021 - PC/DF - ESCRIVÃO)** O emprego de "princesa" no tratamento que Fernando dispensa à narradora comprova que ele a ama, embora aja de maneira grosseira algumas vezes.

Certo ( )   Errado ( )

O uso de "princesa" tem um caráter irônico e pejorativo, no sentido de menosprezar a personagem. Ainda, não há elementos no texto que permitam comprovar o amor de Fernando pela narradora.
GABARITO: ERRADO.

TEXTO PARA AS PRÓXIMAS DUAS QUESTÕES.

Texto CG1A1-I

O estreitamento das relações entre instituições policiais e comunidade como um todo, em determinado espaço geográfico, se coloca como uma forma eficaz de enfrentamento do sentimento generalizado de medo, de insegurança e de descrédito em relação à segurança pessoal e coletiva. Esse modo de responder ao problema da violência e da criminalidade de forma preventiva e com a participação da sociedade tem recebido denominações diferenciadas, tais como polícia comunitária, policiamento comunitário, polícia interativa, polícia cidadã, polícia amiga, polícia solidária, não havendo consenso quanto à melhor nomenclatura. No entanto, há o reconhecimento de todos que adotaram essas experiências quanto à sua efetividade na prevenção da violência; prova disso é que seu uso tem sido muito corrente nos dias atuais.

Podemos definir polícia comunitária como um processo pelo qual a comunidade e a polícia compartilham informações e valores de maneiras mais intensas, objetivando promover maior segurança e o bem-estar da coletividade. A Constituição Federal de 1988 foi a primeira a apresentar um capítulo específico sobre segurança pública, no qual se encontra o artigo 144. Nessa perspectiva, ao incorporar a segurança pública na Carta Magna, o legislador instituiu um *status* de direito fundamental a essa matéria. Assim, o Estado é o principal garantidor da segurança pública, mas a responsabilidade recai sobre todos; consequentemente, em observância aos conceitos e aos princípios da filosofia de polícia comunitária, o cidadão passa a ser parceiro da organização policial, envolvendo-se na identificação de problemas, apontando prioridades e indicando soluções com relação à segurança pública, em uma perspectiva cidadã.

(Severino da Costa Simão. **Polícia comunitária no Brasil**: contribuições para democratizar a segurança pública. Disponível em: www.cchla.ufpb.br. Adaptado.)

75. (CESPE/CEBRASPE - 2022 - PC/PB - AGENTE) De acordo com o texto CG1A1-I, o estreitamento das relações entre as instituições policiais e a comunidade:

a) potencializa a sensação de segurança de um do modo geral.
b) atua na recuperação da credibilidade social quanto à necessidade da segurança pública.
c) ameniza o sentimento generalizado de medo, mas não reduz a criminalidade.
d) ajuda a responder a demandas específicas de segurança pública de forma efetiva.
e) contribui para reduzir a carga de trabalho dos agentes policiais.

O texto aborda como é o trabalho da polícia comunitária e ressalta que o estreitamento das relações entre as instituições policiais e a comunidade ajuda a responder às demandas específicas de segurança pública de forma efetiva. Isso pode ser entendido pelo trecho: *O estreitamento das relações entre instituições policiais e comunidade como um todo, em determinado espaço geográfico, se coloca como uma forma eficaz de enfrentamento do sentimento generalizado de medo, de insegurança e de descrédito em relação à segurança pessoal e coletiva. Esse modo de responder ao problema da violência e da criminalidade de forma preventiva e com a participação da sociedade tem recebido denominações diferenciadas.* Essa relação atende a situações específicas ligadas à segurança pública. Ainda, o texto mostra que *podemos definir polícia comunitária como um processo pelo qual a comunidade e a polícia compartilham informações e valores de maneiras mais intensas, objetivando promover maior segurança e o bem-estar da coletividade.* Há um objetivo determinado advindo dessa relação entre polícia e comunidade.

Quanto às opções de resposta, o estreitamento não potencializa a sensação de segurança de um do modo geral, mas busca amenizar a sensação de insegurança; o texto não discute a recuperação da credibilidade social quanto à necessidade da segurança pública; busca-se amenizar o sentimento generalizado de medo e reduzir a criminalidade; e não há intenção de reduzir a carga de trabalho dos agentes policiais.

GABARITO: D.

76. (CESPE/CEBRASPE - 2022 - PC/PB - AGENTE) Depreende-se do texto CG1A1-I que o conceito de polícia comunitária implica:

a) a harmonia dos valores éticos da sociedade com os da polícia.
b) a garantia de segurança coletiva pautada na parceria entre polícia e sociedade.
c) a corresponsabilização dos cidadãos pelos atos praticados pela polícia.
d) a busca pelo bem-estar coletivo no trabalho conjunto da polícia e da sociedade.
e) a transferência da responsabilidade pela segurança pública do Estado para a sociedade.

A própria definição apresentada no texto mostra que o conceito de polícia comunitária implica pela busca do bem-estar coletivo com o trabalho conjunto da polícia e da sociedade. Vejamos: *Podemos definir polícia comunitária como um processo pelo qual a comunidade e a polícia compartilham informações e valores de maneiras mais intensas, objetivando promover maior segurança e o bem-estar da coletividade.* Além disso, o início do texto é bem taxativo, pois o estreitamento das relações tem como objetivo o enfrentamento do sentimento generalizado de medo, de insegurança e de descrédito em relação à segurança pessoal e coletiva, a fim de responder ao problema da violência e da criminalidade de forma preventiva e com a participação da sociedade.

GABARITO: D.

---

77. (CESPE/CEBRASPE - 2021 - PC/PB - ESCRIVÃO)

Três características básicas nos distinguem dos outros animais: o andar ereto, que deixou nossas mãos livres para pegar e fabricar coisas; um cérebro superdesenvolvido, que permitiu o domínio da natureza; e a linguagem articulada, que possibilitou não só uma comunicação eficiente como também o pensamento lógico e abstrato. Das três características, a última representou nosso maior salto evolutivo, afinal nossos antepassados tiveram habilidade manual e inteligência por milhares de anos, mas somente a partir do momento em que despontou a aptidão simbólica, primeiramente nas pinturas e inscrições rupestres e depois com a invenção da escrita, a espécie humana alçou-se de uma organização social tribal para a civilização.

Como aprendemos a falar na mais tenra infância e sem maior esforço, além de usarmos a linguagem no dia a dia da forma mais corriqueira, não nos damos conta do grande prodígio que é falar. A língua é não só um sofisticadíssimo sistema de comunicação de nossos pensamentos e sentimentos, mas sobretudo o instrumento que nos possibilita ter consciência de nós mesmos e da realidade à nossa volta.

Apesar da importância crucial da linguagem em nossa vida, o estudo da língua ficou durante séculos relegado a segundo plano, resumindo-se a descrições pouco científicas deste ou daquele idioma de maior prestígio.

(Aldo Bizzocchi. **O universo da linguagem**: sobre a língua e as línguas. São Paulo: Contexto, 2021, p. 11-12. Adaptado.)

De acordo com o texto:

a) o surgimento da capacidade de simbolizar marcou a entrada da espécie humana na civilização.
b) a língua é um intrincado sistema de comunicação e um instrumento artificial de representação das identidades e da realidade.
c) o andar ereto, o cérebro superdesenvolvido e a linguagem articulada são três das características mais importantes que destacam os seres humanos entre os animais.
d) a linguagem é tão presente nas atividades humanas que os seres humanos se esquecem de refletir sobre suas propriedades.
e) o estudo da língua foi, por muito tempo, motivado por questões pedagógicas associadas à descrição daquelas línguas de mais prestígio social.

A: O texto mostra que foi somente a partir do momento em que despontou a aptidão simbólica é que a espécie humana se alçou de uma organização social tribal para a civilização. Vejamos: *e a linguagem articulada, que possibilitou não só uma comunicação eficiente como também o pensamento lógico e abstrato. Das três características, a última representou nosso maior salto evolutivo, afinal nossos antepassados tiveram habilidade manual e inteligência por milhares de anos, mas somente a partir do momento em que despontou a aptidão simbólica, primeiramente nas pinturas e inscrições rupestres e depois com a invenção da escrita, a espécie humana alçou-se de uma organização social tribal para a civilização.*

B: A língua não é um instrumento artificial.

C: A linguagem articulada é a característica mais importante.

D: Os seres humanos não se esquecem de refletir sobre suas propriedades.

E: O estudo da língua ficou durante séculos relegado a segundo plano, resumindo-se a descrições pouco científicas deste ou daquele idioma de maior prestígio.

GABARITO: A.

78. (CESPE/CEBRASPE - 2021 - PC/PB - ESCRIVÃO)

Texto CG1A1-II

O conceito de herói está profundamente ligado à cultura que o criou e ao momento em que ele foi criado, o que significa que ele varia muito de lugar para lugar e de época para época. Mesmo assim, a figura do herói aparece nas mais diversas sociedades e eras, sempre atendendo a critérios morais e desejos em comum de determinado povo.

Na mitologia grega, o herói era uma semidivindade que estava entre os deuses e os humanos e cujos feitos evidenciavam a sua enorme disposição de se sacrificar em nome do bem-estar dos seres humanos. Na Europa da Idade Média, quando Deus e a religião passaram a ser a bússola moral de muitas pessoas, os feitos humanos considerados heroicos tinham relação com o temor e a fidelidade a esse Deus. Assim, heróis eram os mártires e missionários, que também entregavam suas vidas a essa causa, que julgavam a mais nobre.

Hoje, no século 21, o *status* de herói é bastante diferente. Talvez por uma necessidade psicológica de adotarmos heróis, frequentemente escolhemos heróis falhos, demasiadamente humanos, muito mais similares a nós mesmos do que os heróis de outros períodos históricos. Diferentemente do herói infalível, bom, que se sacrifica em nome de causas nobres, o herói moderno é um personagem que erra, toma atitudes que julgamos imorais e não possui virtudes geralmente atribuídas aos heróis.

(Lucas Mascarenhas de Miranda. A fronteira tênue entre heróis e vilões. *In*: **Revista Ciência Hoje**, edição nº. 382. Disponível em: www.cienciahoje.org.br. Adaptado.)

De acordo com as ideias do texto CG1A1-II:

a) o herói moderno é uma figura desprovida de superpoderes e de virtudes.
b) a busca psicológica por proteção faz com que, no século 21, as pessoas se voltem para heróis com feições mais humanas.
c) a religião e a figura de Deus têm papel importante na definição das características do herói medieval.
d) a constância da figura do herói nas sociedades ao longo do tempo aponta para a existência de um conceito de herói compartilhado por essas sociedades.
e) a mitologia grega apresenta um herói que, por ter sangue humano, sacrifica-se pelo bem da população.

A: O texto não fala que o herói moderno é uma figura desprovida de superpoderes e de virtudes.

B: O texto faz uma suposição (emprego de talvez) e não uma afirmação. Decerto por uma necessidade psicológica de adotarmos heróis, frequentemente escolhemos heróis falhos, em demasia humanos, mais similares a nós mesmos do que os heróis de outros períodos históricos.

C: No segundo parágrafo, o texto mostra que a religião e a figura de Deus têm papel importante na definição das características do herói medieval. Vejamos:

Na mitologia grega, o herói era uma semidivindade que estava entre os deuses e os humanos e cujos feitos evidenciavam a sua enorme disposição de se sacrificar em nome do bem-estar dos seres humanos. Na Europa da Idade Média, quando Deus e a religião passaram a ser a bússola moral de muitas pessoas, os feitos humanos considerados heroicos tinham relação com o temor e a fidelidade a esse Deus. Assim, heróis eram os mártires e missionários, que também entregavam suas vidas a essa causa, que julgavam a mais nobre.

D: O texto mostra que o conceito de herói está profundamente ligado à cultura que o criou e ao momento em que ele foi criado, o que significa que ele varia de lugar para lugar e de época para época.

E: O texto mostra que heróis eram os mártires e missionários, que também entregavam suas vidas a essa causa, que julgavam a mais nobre.

GABARITO: C.

TEXTO PARA AS PRÓXIMAS TRÊS QUESTÕES.

A palavra *stalking*, em inglês, significa perseguição, e é o termo utilizado pelo legislador na tipificação de um crime que engloba condutas que atentem contra a liberdade, a intimidade e a dignidade. Entende-se o *stalking*, ou o crime de perseguição, como um delito que exige uma perseguição reiterada pelo autor, não consentida pela vítima, que lhe cause medo, angústia e sentimentos afins, além de repercutir diretamente na sua vida de maneiras diversas.

Embora, em tese, qualquer pessoa possa figurar como vítima desse crime, sabe-se que a mulher é o principal alvo nessa espécie delitiva — não é à toa que a criminalização da referida conduta era, havia tempos, uma das prioridades da bancada feminina da Câmara dos Deputados. Tanto é assim que são utilizadas como exemplo do que seria o *stalking* as situações em que a mulher é perseguida por um ex-companheiro que não se conforma com o término da relação ou em que alguém possui um sentimento de posse em relação à mulher e não desiste de persegui-la.

Tal conduta abrange desde a violência psicológica, que pode causar danos imensuráveis à saúde da vítima, além de problemas no seu próprio cotidiano, no trabalho, na convivência profissional e familiar, até outras formas de violência, que podem culminar em resultados nefastos e irreparáveis. A tipificação do *stalking*, portanto, é um avanço significativo no combate à violência contra a mulher.

(Le Monde Diplomatique Brasil. Disponível em: diplomatique.org.br. Adaptado.)

79. (CESPE/CEBRASPE - 2021 - PC/SE - AGENTE E ESCRIVÃO) O texto mostra que a lei que tipificou o *stalking* visa proteger as mulheres da violência de seus companheiros, pois prevê que elas são as únicas vítimas de tal crime.

Certo ( )   Errado ( )

O texto afirma que a mulher é a principal vítima, mas não a única. Vejamos: *Embora, em tese, qualquer pessoa possa figurar como vítima desse crime, sabe-se que a mulher é o principal alvo nessa espécie delitiva.*
GABARITO: ERRADO.

80. (CESPE/CEBRASPE - 2021 - PC/SE - AGENTE E ESCRIVÃO) Infere-se do texto que o *stalking* abrange formas de violência que podem levar à morte.

Certo ( )   Errado ( )

O texto mostra que há diversas formas de violência, até aquelas irreparáveis. Destaca-se que o comando "infere-se" diz respeito a uma dedução possível por meio da leitura do texto. Ou seja, por meio do trecho a seguir, é possível deduzir que também há formas de violência que podem levar à morte, especialmente pelo emprego de "resultados nefastos (ideia de morte, fúnebre) e irreparáveis". Vejamos: *Tal conduta abrange desde a violência psicológica, que pode causar danos imensuráveis à saúde da vítima, além de problemas no seu próprio cotidiano, no trabalho, na convivência profissional e familiar, até outras formas de violência, que podem culminar em resultados nefastos e irreparáveis.*
GABARITO: CERTO.

81. (CESPE/CEBRASPE - 2021 - PC/SE - AGENTE E ESCRIVÃO) Conclui-se do texto que as deputadas federais foram as responsáveis por propor a tipificação do *stalking*, assim como por aprovar a lei mencionada.

Certo ( )   Errado ( )

Essa conclusão extrapola aquilo que o texto traz de informação. O que se sabe, pela leitura do texto, é que *não é à toa que a criminalização da referida conduta era, havia tempos, uma das prioridades da bancada feminina da Câmara dos Deputados.*
GABARITO: ERRADO.

TEXTO PARA AS PRÓXIMAS TRÊS QUESTÕES.

  Tinha de deixar aquela casa. Não sentia saudades. Era uma casa escura, com um cheiro doce e enjoado que nunca passou. Não tinha vista a não ser a da janela que dava para o edifício ao lado. E só via as cozinhas. Quando anoitecia, toda aquela vizinhança começava, ao mesmo tempo, a fazer bife, e o ar ficava cheirando a cebola e alho. Ia-se embora, com alegria até, porque o outro apartamento tinha uma janela de onde era possível ver o mar, não todo, mas um pedacinho que, lá um dia, talvez lhe mostrasse um navio passando. Claro, arejado.

  Mas era preciso levar suas poucas coisas. Uma calça, duas camisas, um rádio de cabeceira, talcos, dentifrícios, uma lavanda, quatro ou cinco toalhas. Cabia tudo em uma mala só. Mas tinha a gaveta. Tinha de desocupar aquela gaveta. Cinco ou seis cartas guardadas ali.

  Resolveu ler, a começar pela primeira, pondo-as em ordem pelas datas. Ela dizia tanto "te amo, te amo"... e contava que andara chorando na rua, que o fora esperar na estação, que a parenta já andava desconfiada de sua tristeza. No fundo de um envelope, o raminho de cabelo. Havia escurecido com o tempo, mas era um pedacinho de sua beleza e, de qualquer forma, um pouco de presença a querer bem.

(Antônio Maria. **Com vocês, Antônio Maria**. Rio de Janeiro: Paz e Terra, 1994, p. 83-84. Adaptado.)

82. (CESPE/CEBRASPE - 2021 - PF - AGENTE) Infere-se do texto que a personagem, ao longo de toda a narrativa, está sendo tomada por um tipo de nostalgia que não está relacionada ao espaço físico, mas, sim, a uma saudade de um estado — o da primeira paixão.

Certo ( ) Errado ( )

Não se pode afirmar que a personagem está em um tipo de nostalgia da primeira paixão. As cartas até mostram que se referem a um amor do passado, mas não há elementos no texto que determinem que se trata da primeira paixão.
GABARITO: ERRADO.

---

83. (CESPE/CEBRASPE - 2021 - PF - AGENTE)

E só via as cozinhas. Quando anoitecia, toda aquela vizinhança começava, ao mesmo tempo, a fazer bife, e o ar ficava cheirando a cebola e alho. Ia-se embora, com alegria até, porque o outro apartamento tinha uma janela de onde era possível ver o mar, não todo, mas um pedacinho que, lá um dia, talvez lhe mostrasse um navio passando. Claro, arejado. [...]

O vocábulo "até" (sétimo período do primeiro parágrafo), empregado no sentido de **inclusive**, poderia ser deslocado para o início do trecho "com alegria até".

Certo ( ) Errado ( )

O vocábulo tem natureza adverbial no texto. No trecho *Ia-se embora, com alegria até, porque o outro apartamento tinha uma janela de onde era possível ver o mar*, **a expressão "com alegria até" está entre vírgulas e se trata de um termo intercalado (isso significa que o limite dessa expressão são as duas vírgulas que a isolam). Quanto ao sentido, verifica-se que tem sentido de inclusive (com alegria inclusive). Destaca-se que o termo "até", quando não é preposição, tem sentido de inclusão. Quanto ao deslocamento, não há prejuízo ao texto porque o termo "até" não interfere uma palavra específica, por isso seu deslocamento não traz uma alteração de um referente, por exemplo (até com alegria).**
GABARITO: CERTO.

---

84. (CESPE/CEBRASPE - 2021 - PF - AGENTE)

Mas era preciso levar suas poucas coisas. Uma calça, duas camisas, um rádio de cabeceira, talcos, dentifrícios, uma lavanda, quatro ou cinco toalhas. Cabia tudo em uma mala só. Mas tinha a gaveta. Tinha de desocupar aquela gaveta. Cinco ou seis cartas guardadas ali. [...]

O termo "ali" (quinto período do segundo parágrafo) refere-se a "aquela casa" (primeiro período do texto).

Certo ( ) Errado ( )

O termo "ali" refere-se à "aquela gaveta". Vejamos: *Tinha de desocupar aquela gaveta. Cinco ou seis cartas guardadas naquela gaveta.*

GABARITO: ERRADO.

TEXTO PARA AS PRÓXIMAS TRÊS QUESTÕES.

Cresce rapidamente, em quase todos os países, o número de pessoas na prisão ou que esperam prováveis sentenças de prisão. Em quase toda parte, a rede de prisões está se ampliando intensamente. Os gastos orçamentários do Estado com as forças da lei e da ordem, principalmente os efetivos policiais e os serviços penitenciários, crescem em todo o planeta. Mais importante, a proporção da população em conflito direto com a lei e sujeita à prisão cresce em ritmo que indica uma mudança mais que meramente quantitativa e sugere uma "significação muito ampliada da solução institucional como componente da política criminal" — e assinala, além disso, que muitos governos alimentam a pressuposição, que goza de amplo apoio na opinião pública, de que "há uma crescente necessidade de disciplinar importantes grupos e segmentos populacionais".

A proporção da população que cumpre sentenças de prisão é distinta em cada país, refletindo idiossincrasias de tradições culturais e histórias de pensamento e de práticas penais, mas o rápido crescimento parece ser um fenômeno universal em toda a ponta "mais desenvolvida" do mundo.

(Zygmunt Bauman. **Globalização**: as consequências humanas. Tradução: Marcus Penchel. Rio de Janeiro, Zahar, 1999, p. 122-123. Adaptado.)

85. **(CESPE/CEBRASPE - 2021 - PF - AGENTE)** Conclui-se das ideias do texto que, apesar de existirem peculiaridades culturais e históricas sobre o estabelecimento das penas em cada país, o crescimento do encarceramento apresenta-se como um fenômeno universal que, chancelado pela opinião pública, tem sido adotado como política de segurança por muitos governos, principalmente os das regiões mais desenvolvidas do mundo.

Certo ( )   Errado ( )

O crescimento do encarceramento apresenta-se como um fenômeno universal que tem sido adotado como política de segurança por muitos governos. Para confirmar o que o enunciado da questão afirma, é importante entender como a progressão das ideias do texto foi construída. Vejamos:

- *Cresce rapidamente, em quase todos os países, o número de pessoas na prisão ou que esperam prováveis sentenças de prisão. Em quase toda parte, a rede de prisões está se ampliando intensamente.*
- *Muitos governos alimentam a pressuposição, que goza de amplo apoio na opinião pública, de que "há uma crescente necessidade de disciplinar importantes grupos e segmentos populacionais".*
- *O rápido crescimento parece ser um fenômeno universal em toda a ponta "mais desenvolvida" do mundo.*

Portanto, a questão apresenta uma afirmação que está de acordo com o texto.

GABARITO: CERTO.

---

86. **(CESPE/CEBRASPE - 2021 - PF - AGENTE)** Conclui-se do trecho "há uma crescente necessidade de disciplinar importantes grupos e segmentos populacionais" que os grupos populacionais a serem disciplinados são compostos por pessoas que têm autoridade e gozam de prestígio na sociedade, do que se infere que tais grupos têm adotado comportamentos indesejáveis.

Certo ( )   Errado ( )

O enunciado extrapola aquilo que o texto traz de informação. O que se entende é que muitos governos alimentam a pressuposição, que goza de amplo apoio na opinião pública, de que *há uma crescente necessidade de disciplinar importantes grupos e segmentos populacionais*. Mas não há uma especificação de quais grupos e segmentos se retratam no texto.

GABARITO: ERRADO.

87. **(CESPE/CEBRASPE - 2021 - PF - AGENTE)** Na argumentação desenvolvida no texto, a informação presente em "Cresce rapidamente em quase todos os países o número de pessoas na prisão" (primeiro período do texto) coaduna-se com a informação presente em "o rápido crescimento parece ser um fenômeno universal em toda a ponta 'mais desenvolvida' do mundo" (final do último parágrafo do texto).

Certo ( )   Errado ( )

As duas informações se coadunam, ou seja, combinam-se. Vejamos:

- *Cresce rapidamente, em quase todos os países, o número de pessoas na prisão ou que esperam prováveis sentenças de prisão.*
- *O rápido crescimento parece ser um fenômeno universal em toda a ponta "mais desenvolvida" do mundo.*

Há uma relação de sentido entre ambos os trechos.

GABARITO: CERTO.

TEXTO PARA AS PRÓXIMAS CINCO QUESTÕES.

Texto CB2A1-I
As mãos que criam, criam o quê?

A ancestralidade de dona Irinéia mostra-se presente em suas peças feitas com o barro vermelho da sua região. São cabeças, figuras humanas, entre outras esculturas que narram, por meio da forma moldada no barro, episódios históricos, lutas e conquistas vividos pelos moradores de sua comunidade e do Quilombo de Palmares.

Um exemplo é a escultura que representa pessoas em cima de uma jaqueira e que se tornou uma peça muito conhecida de dona Irinéia. A jaqueira se tornou objeto de memória, pois remonta a uma enchente, durante a qual ela e suas três irmãs ficaram toda a noite em cima da árvore, esperando a água baixar.

O manejo da matéria-prima é feito com a retirada do barro que depois é pisoteado, amassado e moldado. As peças são então queimadas, e ganham uma coloração naturalmente avermelhada.

Irinéia Rosa Nunes da Silva é uma das mais reconhecidas artistas da cerâmica popular brasileira. A história de dona Irinéia, mestra artesã do Patrimônio Vivo de Alagoas desde 2005, está entrelaçada com a história do povoado quilombola Muquém, onde nasceu em 1949. O povoado pertence ao município de União dos Palmares, na zona da mata alagoana, e se encontra próximo à serra da Barriga que carrega forte simbolismo, pois é a terra do Quilombo dos Palmares.

Por volta dos vinte anos, dona Irinéia começou a ajudar sua mãe no sustento da família, fazendo panelas de barro. Entretanto, o costume de fazer promessas aos santos de quem se é devoto, quando se está passando por alguma provação ou doença, fez surgir para a artesã outras encomendas. Quando a graça é alcançada, costuma-se levar a parte do corpo curado representado em uma peça de cerâmica, como agradecimento para o santo. Foi assim que dona Irinéia começou a fazer cabeças, pés e assim por diante.

Até que um dia, uma senhora que sofria com uma forte dor de cabeça encomendou da ceramista uma cabeça, pois ia fazer uma promessa ao seu santo devoto. A senhora alcançou sua graça, o que fez com que dona Irinéia ficasse ainda mais conhecida na região. Chegou, inclusive, ao conhecimento do Sebrae de Alagoas, que foi até dona Irinéia e ofereceu algumas capacitações que abriram mais possibilidades de produção para a ceramista. O número de encomendas foi aumentando e, com ele, sua imaginação e criatividade que fizeram nascer objetos singulares.

Em Muquém, vivem cerca de quinhentas pessoas que contam com um posto de saúde, uma escola e a casa de farinha, onde as mulheres se reúnem para moer a mandioca, alimento central na comunidade, assim como de tantos outros quilombos no Nordeste. No dia a dia do povoado, o trabalho com o barro também preenche o tempo de muitas mulheres e alguns homens que se dedicam à produção de cerâmica, enquanto ensinam as crianças a mexer com a terra, produzindo pequenos bonecos.

(Artesol – Artesanato Solidário. Disponível em: www.artesol.org.br. Adaptado.)

No que se refere às ideias do texto CB2A1-I, julgue os itens a seguir.

88. **(CESPE/CEBRASPE - 2021 - PM/AL - SOLDADO)** Depreende-se do texto que as esculturas de mestra Irinéia apresentam um tipo de narrativa que representa e preserva a memória de sua comunidade.

Certo ( )   Errado ( )

O comando "depreende-se" sugere que seja feita uma dedução, uma leitura possível acerca das informações do texto. Por isso, por meio da progressão do texto, especialmente pelo trecho *São cabeças, figuras humanas, entre outras esculturas que narram, por meio da forma moldada no barro, episódios históricos, lutas e conquistas vividos pelos moradores de sua comunidade e do Quilombo de Palmares*, percebe-se que as esculturas de mestra Irinéia apresentam um tipo de narrativa que representa e preserva a memória de sua comunidade.

GABARITO: CERTO.

---

89. **(CESPE/CEBRASPE - 2021 - PM/AL - SOLDADO)** Conforme o texto, quanto mais encomendas dona Irinéia recebia, mais criativa e imaginativa ela se tornava.

Certo ( )   Errado ( )

O texto mostra que o número de encomendas foi aumentando e, com ele, a imaginação e a criatividade de Irinéia que fizeram nascer objetos singulares.

GABARITO: CERTO.

---

90. **(CESPE/CEBRASPE - 2021 - PM/AL - SOLDADO)** As informações veiculadas no texto permitem concluir que os únicos serviços públicos prestados à comunidade de Muquém são os de saúde e educação.

Certo ( )   Errado ( )

O texto traz informações as quais mostram que há mais serviços. Em Muquém, vivem cerca de quinhentas pessoas que contam com um posto de saúde, uma escola e a casa de farinha, onde as mulheres se reúnem para moer a mandioca, alimento central na comunidade, assim como de tantos outros quilombos no Nordeste.

GABARITO: ERRADO.

---

91. **(CESPE/CEBRASPE - 2021 - PM/AL - SOLDADO)** Conforme o texto, a produção de cerâmica, em Muquém, é uma atividade restrita às mulheres.

Certo ( )   Errado ( )

A produção de cerâmica não é uma atividade restrita às mulheres. No dia a dia do povoado, o trabalho com o barro ocupa o tempo de muitas mulheres e de alguns homens que se dedicam à produção de cerâmica, enquanto ensinam as crianças a manusear com a terra, produzindo pequenos bonecos.

GABARITO: ERRADO.

---

92. **(CESPE/CEBRASPE - 2021 - PM/AL - SOLDADO)** O penúltimo parágrafo do texto informa que a senhora que sofria com dor de cabeça alcançou a graça esperada antes mesmo de dona Irinéia concluir a escultura de cabeça que havia sido encomendada.

Certo ( )   Errado ( )

Pela sequência lógica de informações, sabe-se que dona Irinéia recebeu a encomenda e a senhora alcançou sua graça. A inferência é a graça que foi alcançada depois que a escultura foi entregue. E dona Irinéia ficou conhecida pelo Sebrae por causa disso. Vejamos: *Até que um dia, uma senhora que sofria com uma forte dor de cabeça encomendou da ceramista uma cabeça, pois ia fazer uma promessa ao seu santo devoto.*

A senhora alcançou sua graça, o que fez com que dona Irinéia ficasse ainda mais conhecida na região. Chegou, inclusive, ao conhecimento do SEBRAE de Alagoas, que foi até dona Irinéia e ofereceu algumas capacitações que abriram mais possibilidades de produção para a ceramista.
GABARITO: ERRADO.

---

93. (CESPE/CEBRASPE - 2021 - PM/AL - SOLDADO)

À procura da infância
Procuro ouvir na voz do vento
o eco perdido da minha infância.
E no riso franco das criancinhas
eu vislumbro o meu riso antigo.
Procuro nas ruas desertas e silenciosas
o canto alegre das cirandas
e as minhas correrias do tempo recuado.
Dentro daquela avenida asfaltada,
onde rolam automóveis de luxo,
eu busco a minha ruazinha feia e pobre.
Procuro ver nas bonecas de hoje,
tão lindas, de tranças sedosas,
a bonequinha de trapo que eu embalei nos meus braços.
Procuro encontrar no rosto das neocomungantes
traços de minha inocência e a primeira
emoção daquela que ficou no tempo.
Procuro descobrir, desesperada,
na face ingênua das crianças,
a minha pureza perdida.
Procuro em vão, pois não encontrarei
jamais vestígios da minha infância feliz,
que os anos guardaram no seu abismo.

(Anilda Leão. *In*: **Chão de pedras**. Maceió: Caetés, 1961).

Infere-se do poema que o eu lírico encontrou uma forma de reaver momentos de sua infância.

Certo ( )   Errado ( )

O eu lírico afirma que está à procura de sua infância. A repetição do verbo "Procuro" mostra que o eu lírico tenta de várias maneiras encontrar a sua infância feliz, mas não encontrou uma forma de reaver momentos de sua infância.
GABARITO: ERRADO.

TEXTO PARA AS PRÓXIMAS QUATRO QUESTÕES.

Texto CB1A1-I

Tradicionalmente, as conquistas democráticas nas sociedades modernas estiveram associadas à organização de movimentos sociais que buscavam a expansão da cidadania. Foi assim durante as revoluções burguesas clássicas nos séculos XVII e XVIII. Também a organização dos trabalhadores industriais nos séculos XIX e XX foi responsável pela ampliação dos direitos civis e sociais nas democracias liberais do Ocidente. De igual maneira, as demandas dos chamados novos movimentos sociais, nos anos 70 e 80 do século XX, foram responsáveis pelo reconhecimento dos direitos das minorias sociais (grupos étnicos minoritários, mulheres, homossexuais) nas sociedades contemporâneas.

Em todos esses casos, os espaços privilegiados das ações dos grupos organizados eram os Estados nacionais, espaços privilegiados de exercício da cidadania. Contudo, a expansão do conjunto de transformações socioculturais, tecnológicas e econômicas, conhecido como globalização, nas últimas décadas, tem limitado de forma significativa os poderes e a autonomia dos Estados (pelo menos os dos países periféricos), os quais se tornam reféns da lógica do mercado em uma época de extraordinária volatilidade dos capitais.

(Manoel Carlos Mendonça Filho *et al*. **Polícia, direitos humanos e educação para a cidadania**. Disponível em: corteidh.or.cr. Adaptado.)

94. (CESPE/CEBRASPE - 2021 - PM/AL - OFICIAL) Segundo o texto, a expansão da cidadania só é possível com a organização dos diversos movimentos sociais.

Certo ( )   Errado ( )

O texto não faz a restrição de que a expansão da cidadania só é possível com a organização dos diversos movimentos sociais. O texto mostra situações diversas em que essa expansão aconteceu. No primeiro parágrafo, por exemplo, são apresentados momentos diferentes. Vejamos: *Tradicionalmente, as conquistas democráticas nas sociedades modernas estiveram associadas à organização de movimentos sociais que buscavam a expansão da cidadania. Foi assim durante as revoluções burguesas clássicas nos séculos XVII e XVIII. Também a organização dos trabalhadores industriais nos séculos XIX e XX foi responsável pela ampliação dos direitos civis e sociais nas democracias liberais do Ocidente. De igual maneira, as demandas dos chamados novos movimentos sociais, nos anos 70 e 80 do século XX, foram responsáveis pelo reconhecimento dos direitos das minorias sociais (grupos étnicos minoritários, mulheres, homossexuais) nas sociedades contemporâneas.*

GABARITO: ERRADO.

---

95. (CESPE/CEBRASPE - 2021 - PM/AL - OFICIAL) Infere-se do texto que os direitos das mulheres nas sociedades contemporâneas foram reconhecidos em virtude de demandas dos novos movimentos sociais.

Certo ( )   Errado ( )

O texto mostra acontecimentos que permitiram a conquista de direitos. Temos alguns momentos reproduzidos no texto. Vejamos:

- *Conquistas democráticas associadas à organização de movimentos sociais: revoluções burguesas clássicas nos séculos XVII e XVIII.*
- *Organização dos trabalhadores industriais nos séculos XIX e XX: ampliação dos direitos civis e sociais nas democracias liberais do Ocidente.*
- *As demandas dos chamados novos movimentos sociais, nos anos 70 e 80 do século XX: reconhecimento dos direitos das minorias sociais (grupos étnicos minoritários, **mulheres**, homossexuais) nas sociedades contemporâneas.*

Esse último mostra que a mulher também teve seus direitos reconhecidos.

GABARITO: CERTO.

---

96. (CESPE/CEBRASPE - 2021 - PM/AL - OFICIAL) Ao longo do texto, argumenta-se contra o fenômeno da globalização, o que fica mais evidente no último período do segundo parágrafo.

Certo ( )   Errado ( )

O texto não se posiciona de forma contrária ao fenômeno da globalização. Para entender o último período do segundo parágrafo, é preciso perceber como se dá o encadeamento entre as ideias desse parágrafo.

a) Em todos esses casos, os espaços privilegiados das ações dos grupos organizados eram os Estados nacionais, espaços privilegiados de exercício da cidadania.

b) Contudo, a expansão do conjunto de transformações socioculturais, tecnológicas e econômicas, conhecido como globalização, nas últimas décadas, tem limitado de forma significativa os poderes e a autonomia dos Estados (pelo menos os dos países periféricos).

c) Os quais se tornam reféns da lógica do mercado em uma época de extraordinária volatilidade dos capitais.
GABARITO: ERRADO.

---

97. (CESPE/CEBRASPE - 2021 - PM/AL - OFICIAL) De acordo com o segundo parágrafo do texto, a globalização consiste na "expansão do conjunto de transformações socioculturais, tecnológicas e econômicas".

Certo ( )   Errado ( )

Há um pequeno equívoco no enunciado. Veja que, no texto, há o trecho "conhecido como globalização". Isso indica que é preciso encontrar um referente no masculino singular para o termo "conhecido". Ao retomar o texto, percebe-se que a relação é a seguinte: *o conjunto de transformações socioculturais, tecnológicas e econômicas é conhecido como globalização*. Ou seja, o erro da questão está em determinar que a "expansão do conjunto" define globalização. É apenas o "conjunto de..." que conceitua globalização. Vejamos: *Contudo, a expansão do **conjunto** de transformações socioculturais, tecnológicas e econômicas, **conhecido** como globalização*.
GABARITO: ERRADO.

TEXTO PARA AS PRÓXIMAS TRÊS QUESTÕES.

A sociedade que não proporciona liberdade — direito do homem que reconhece a ele o poder de escolha nos diversos campos da vida social — aos seus membros, a rigor, não se justifica. A liberdade, ainda que não absoluta, é meta e essência da sociedade.

São extremos: de um lado, a utópica sociedade perfeita, ou seja, essencialmente democrática, liberal e sem injustiças econômicas, educacionais, de saúde, culturais etc. Nela, a liberdade é absoluta. Do outro lado, a sociedade imperfeita, desigual, não democrática, injusta, repleta dos mais graves vícios econômicos, de educação, de saúde, culturais etc. Nesta, a liberdade é inexistente.

Entre os extremos está a sociedade real, a de fato, a verdadeira ou efetiva, aquela na qual os problemas econômicos, educacionais, de saúde, culturais etc. existem em infinitos níveis intermediários.

As três sociedades — perfeita, imperfeita e real — "existem", cada qual com a sua estabilidade interna de convivência, de forma que os seus membros experimentam relações entre si com a liberdade possível. Quanto mais imperfeita é a sociedade, menos liberdade os indivíduos possuem e maior é a tendência de convivência impossível. Na outra ponta, quanto mais a sociedade está próxima da perfeição, mais próximos da liberdade absoluta estão os indivíduos. Há a convivência ótima.

A sociedade real, por seu turno, pode ter maior ou menor segurança pública. Numa sociedade real, a maior segurança pública possível é aquela compatível com o equilíbrio dinâmico social, ou seja, adequada à convivência social estável. Não mais e não menos que isso. Logo, para se ter segurança pública, há que se buscar constantemente alcançar e preservar o equilíbrio na sociedade real pela permanente perseguição à ordem pública.

(D'Aquino Filocre. Revisitá à ordem pública. *In*: **Revista de Informação Legislativa**. Brasília, out.-dez./2009. Disponível em: senado.leg.br. Adaptado.)

---

98. (CESPE/CEBRASPE - 2021 - PM/AL - OFICIAL) Segundo as ideias do texto, a liberdade deve subjazer à ideia de sociedade.

Certo ( )   Errado ( )

O texto mostra que a liberdade faz parte da sociedade e é o objetivo da sociedade. Vejamos: *A sociedade que não proporciona liberdade — direito do homem que reconhece a ele o poder de escolha nos diversos campos da vida social — aos seus membros, a rigor, não se justifica. **A liberdade, ainda que não absoluta, é meta e essência da sociedade.***

Destaca-se que o termo "subjazer" significa estar debaixo de algo, abaixo. A liberdade está contida na sociedade e a liberdade está subjacente à sociedade, não é o contrário.
GABARITO: CERTO.

---

99. (CESPE/CEBRASPE - 2021 - PM/AL - OFICIAL) O texto afirma que as sociedades cujos indivíduos têm liberdade absoluta existem em número bastante restrito.

Certo ( )   Errado ( )

O texto não determina qual é a sociedade perfeita ou a quantidade de sociedades perfeitas. O texto apresenta três conceitos que existem acerca de sociedade: perfeita, imperfeita e real. Na utópica sociedade perfeita, ou seja, essencialmente democrática, liberal e sem injustiças econômicas, educacionais, de saúde, culturais etc., a liberdade é absoluta.
GABARITO: ERRADO.

---

100. (CESPE/CEBRASPE - 2021 - PM/AL - OFICIAL) De acordo com o terceiro parágrafo do texto, os problemas da sociedade real são infinitos.

Certo ( )   Errado ( )

O texto não especifica a quantidade de problemas da sociedade real. Apenas afirma que na sociedade real existem níveis intermediários infinitos (os níveis são infinitos). Vejamos: *Entre os extremos está a sociedade real, a de fato, a verdadeira ou efetiva, aquela na qual os problemas econômicos, educacionais, de saúde, culturais etc. existem em infinitos níveis intermediários.*
GABARITO: ERRADO.

TEXTO PARA AS PRÓXIMAS CINCO QUESTÕES.

Nos Estados Unidos da América, no século XIX, a passagem da polícia do sistema de justiça para o de governo da cidade significou também a passagem da noção de caça aos criminosos para a prevenção dos crimes, em um deslocamento do ato para o ator. Como na Europa, a ênfase na prevenção teria representado nova atitude diante do controle social, com o desenvolvimento pela polícia de uma habilidade específica, a de explicar e prevenir o comportamento criminoso. Isso acabou redundando no foco nas "classes perigosas", ou seja, em setores específicos da sociedade vistos como produtores de comportamento criminoso. Nesse processo, desenvolveram-se os vários campos de saber vinculados aos sistemas de justiça criminal, polícia e prisão, voltados para a identificação, para a explicação e para a prevenção do comportamento criminoso, agora visto como "desviante", como a medicina legal, a psiquiatria e, especialmente, a criminologia.

Na Europa ocidental, as novas instituições estatais de vigilância deveriam controlar o exercício da força em sociedades em que os níveis de violência física nas relações interpessoais e do Estado com a sociedade estavam em declínio. De acordo com a difundida teoria do processo civilizador, de Norbert Elias, no Ocidente moderno, a agressividade, assim como outras emoções e prazeres, foi domada, "refinada" e "civilizada". O autor estabelece um contraste entre a violência "franca e desinibida" do período medieval, que não excluía ninguém da vida social e era socialmente permitida e até certo ponto necessária, e o autocontrole e a moderação das emoções que acabaram por se impor na modernidade. A conversão do controle que se exerce por terceiros no autocontrole é relacionada à organização e à estabilização de Estados modernos, nos quais a monopolização da força física em órgãos centrais permitiu a criação de espaços pacificados. Em tais espaços, os indivíduos passaram a ser submetidos a regras e leis mais rigorosas, mas ficaram mais protegidos da irrupção da violência na sua vida, na medida em que as ameaças físicas tornaram-se despersonalizadas e monopolizadas por especialistas.

(C. Mauch. Considerações sobre a história da polícia. *In*: **Métis**: história & cultura, v. 6, n°. 11, jan./jun. 2007, p. 107-19. Adaptado.)

101. (CESPE/CEBRASPE - 2021 - PRF - POLICIAL RODOVIÁRIO FEDERAL) A transferência da polícia do sistema de justiça para o governo da cidade marca o que pode ser considerado uma mudança de paradigma no que se refere ao papel da polícia na sociedade.

Certo ( )   Errado ( )

O texto mostra que a transferência citada no texto também assinalou uma postura diferente em relação à atuação da polícia. Vejamos:
- *a passagem da **polícia do sistema de justiça** para o de **governo da cidade**;*
- *a passagem da **noção de caça aos criminosos** para a **prevenção dos crimes**;*
- *em um deslocamento do **ato** para o **ator**.*

Destaca-se que "paradigma" significa algo que serve como modelo, como padrão.
GABARITO: CERTO.

---

102. (CESPE/CEBRASPE - 2021 - PRF - POLICIAL RODOVIÁRIO FEDERAL) Infere-se da leitura do primeiro parágrafo do texto que o desenvolvimento de áreas científicas ligadas à justiça criminal no século XIX está associado a visões preconceituosas sobre certos grupos de indivíduos.

Certo ( )   Errado ( )

O texto mostra que a expressão "classes perigosas" traz um sentido pejorativo, de preconceito. Esse entendimento só pode ser percebido se houver uma leitura que considere a progressão das ideias do texto. Vejamos:
- *a ênfase na prevenção teria representado nova atitude diante do controle social, com o desenvolvimento pela polícia de uma habilidade específica, a de explicar e prevenir o comportamento criminoso;*
- *o fato de explicar e prevenir o comportamento criminoso trouxe a ideia de "classes perigosas";*
- *essas classes perigosas estão em setores específicos da sociedade;*
- *esses setores são vistos (ou seja, são considerados) como produtores de comportamento criminoso;*
- *para identificar esse comportamento criminoso, foram desenvolvidos campos de saber vinculados aos sistema de justiça criminal;*
- *esses campos de saber são a medicina legal, a psiquiatria e a criminologia.*

GABARITO: CERTO.

---

103. (CESPE/CEBRASPE - 2021 - PRF - POLICIAL RODOVIÁRIO FEDERAL) Um dos traços característicos da modernidade, segundo Norbert Elias, é a renúncia de certas emoções e de certos prazeres pelos indivíduos, que, em compensação, passaram a ser protegidos da violência devido à atuação do Estado.

Certo ( )   Errado ( )

O autor Norbert Elias traz essa ideia para o texto. Vale destacar que esse enunciado é polêmico por causa do uso do termo "renúncia". Porém, se considerarmos que "renúncia" foi empregado na questão com o sentido de abdicação de direito, abandono de direito (e isso está previsto em dicionários), o enunciado realmente está correto.

No trecho, a seguir, o autor fala que a agressividade foi "domada, refinada, civilizada". Vejamos: *De acordo com a difundida teoria do processo civilizador, de Norbert Elias, no Ocidente moderno, a **agressividade**, assim como outras emoções e prazeres, foi **domada**, "**refinada**" e "**civilizada**".*

No próximo trecho, entende-se que as pessoas se submeteram a regras (abdicaram de direitos) para ficarem mais protegidos (compensação quanto à abdicação ou renúncia).

Nesses espaços, os indivíduos passaram a ser **submetidos** a regras e leis mais rigorosas, mas ficaram mais **protegidos** da irrupção da violência na sua vida, na medida em que as ameaças físicas tornaram-se despersonalizadas e monopolizadas por especialistas.

GABARITO: CERTO.

---

104. (CESPE/CEBRASPE - 2021 - PRF - POLICIAL RODOVIÁRIO FEDERAL) Depreende-se do segundo parágrafo do texto que a violência na era medieval era comum e socialmente aceita.

Certo ( )   Errado ( )

A inferência é possível. Destaca-se que o comando "depreende-se" sugere que seja feita uma dedução possível pelo que o texto traz de informações. No trecho, sabe-se que Norbert Elias estabelece um contraste entre a violência "franca e desinibida" do período medieval, que não excluía ninguém da vida social e era socialmente permitida e até certo ponto necessária, e o autocontrole e a moderação das emoções que acabaram por se impor na modernidade.

Segundo esse autor, a violência da Era Medieval era socialmente permitida.

GABARITO: CERTO.

---

105. (CESPE/CEBRASPE - 2021 - PRF - POLICIAL RODOVIÁRIO FEDERAL) Conclui-se do texto que o monopólio da violência legítima pelo Estado deveu-se à necessidade de reação aos índices insustentáveis de violência física entre os indivíduos.

Certo ( )   Errado ( )

O texto afirma é que a monopolização da força física (e não violência legítima) permitiu a criação de espaços pacificados. E não afirma que a causa desse monopólio foi a necessidade de reação aos índices insustentáveis de violência física entre os indivíduos.

A conversão do controle que se exerce por terceiros no autocontrole é relacionada à organização e à estabilização de Estados modernos, nos quais a monopolização da força física em órgãos centrais permitiu a criação de espaços pacificados.

GABARITO: ERRADO.

TEXTO PARA AS PRÓXIMAS TRÊS QUESTÕES.

Texto CG1A1-I

Uma das coisas mais difíceis, tanto para uma pessoa quanto para um país, é manter sempre presentes diante dos olhos os três elementos do tempo: passado, presente e futuro. Ter em mente esses três elementos é atribuir uma grande importância à espera, à esperança, ao futuro; é saber que nossos atos de ontem podem ter consequências em dez anos e que, por isso, pode ser necessário justificá-los; daí a necessidade da memória, para realizar essa união de passado, presente e futuro.

Contudo, a memória não deve ser predominante na pessoa. A memória é, com frequência, a mãe da tradição. **Ora**, se é bom ter uma tradição, também é bom superar essa tradição para inventar um novo modo de vida. Quem considera que o **presente** não tem valor e que somente o passado deve nos interessar é, em certo sentido, uma pessoa a quem faltam duas dimensões e com a qual não se pode contar. Quem acha que é preciso viver o **agora** com todo o ímpeto e que não devemos nos preocupar com o **amanhã** nem com o ontem pode ser perigoso, pois crê que cada minuto é separado dos minutos vindouros ou dos que o precederam e que não existe nada além dele mesmo no planeta. Quem se desvia do passado e do presente, quem sonha com um futuro longínquo, desejável e desejado, também se vê privado do terreno contrário cotidiano sobre o qual é preciso agir para realizar o futuro desejado. Como se pode ver, uma pessoa deve **sempre** ter em conta o presente, o passado e o futuro.

(Frantz Fanon. **Alienação e liberdade**. São Paulo: Ubu, 2020, p. 264-265. Adaptado.)

106. (CESPE/CEBRASPE - 2022 - SERES/PE - POLÍCIA PENAL) De acordo com os sentidos do texto CG1A1-I, pessoas que:
a) desvalorizam o passado são incultas.
b) valorizam apenas o passado são inconsequentes.
c) valorizam apenas o futuro são inovadoras.
d) desvalorizam o presente são desprezíveis.
e) valorizam apenas o presente são egoístas.

A: O texto não indica uma falta de cultura entre as pessoas que desvalorizam o passado; apenas permite identificar uma característica comum tanto a quem só se interessa pelo passado quanto a quem só se interessa pelo futuro (dois tipos de pessoa com quem não se pode contar).

B: O texto não descreve pessoas desse tipo como conservadoras, mas como pessoas com quem não se pode contar (*Quem considera que o presente não tem valor e que somente o passado deve nos interessar*).

C: Conforme o texto, as pessoas que se interessam apenas pelo futuro desconsideram o presente a partir do qual se constrói o futuro e poderiam, portanto, ser caracterizadas como sonhadoras, ao passo que pessoas inovadoras são aquelas que introduzem novidades, que fazem algo de um modo novo e, portanto, que agem pensando no futuro sem desconsiderar o presente.

D: O texto caracteriza quem se interessa apenas pelo presente como "perigoso"; alguém desprezível é alguém que não merece atenção.

E: Conforme o texto, *Quem acha que é preciso viver o agora com todo o ímpeto e que não devemos nos preocupar com o amanhã nem com o ontem pode ser perigoso, pois crê que cada minuto é separado dos minutos vindouros ou dos que o precederam e que não existe nada além dele mesmo no planeta*.

GABARITO: E.

107. (CESPE/CEBRASPE - 2022 - SERES/PE - POLÍCIA PENAL) Com base nas ideias do texto CG1A1-I, julgue os itens a seguir.
I. Segundo o autor do texto, a memória é necessária por preservar a tradição.
II. Infere-se da leitura do texto que, na perspectiva do autor, atentar para as três dimensões do tempo é uma questão de compromisso ético.
III. De acordo com o texto, a articulação das três dimensões do tempo envolve uma preocupação com um futuro melhor, em âmbito individual e coletivo.

Assinale a opção correta:
a) Apenas o item I está certo.
b) Apenas o item II está certo.
c) Apenas os itens I e III estão certos.
d) Apenas os itens II e III estão certos.
e) Todos os itens estão certos.

I: Embora o texto afirmar que "a memória, com frequência, é mãe da tradição", o primeiro parágrafo do texto evidencia que a necessidade da memória decorre do compromisso de assumir, no futuro, as consequências de atos passados, permitindo-se "a união de passado, presente e futuro".

II: No texto, a referida união das dimensões temporais é o que possibilita a preocupação em justificar atos passados no futuro, o que implica o compromisso ético de assumir no futuro a responsabilidade por tais atos.

III: A afirmação no primeiro parágrafo (*Ter em mente esses três elementos é atribuir uma grande importância à espera, à esperança, ao futuro*), dado o emprego da sequência "espera", "esperança" e "futuro",

evidencia que o autor se preocupa com um futuro melhor do que o presente, e a expressão "tanto para uma pessoa quanto para um país". No primeiro período do texto, situa essa preocupação simultaneamente nos âmbitos individual e coletivo.
GABARITO: D.

108. (CESPE/CEBRASPE - 2022 - SERES/PE - POLÍCIA PENAL) No segundo parágrafo do texto CG1A1-I, o quarto, o quinto e o sexto períodos descrevem:
   a) três tipos distintos de personalidade, respectivamente.
   b) a pessoa que leva em conta, simultaneamente, os três elementos do tempo.
   c) as características indispensáveis a quem deseje inventar um novo modo de vida.
   d) os atributos essenciais de quem preserva a memória e a tradição.
   e) uma mesma pessoa, cujo anonimato é marcado pelo emprego do pronome "Quem".

A: Esses períodos descrevem, sucessivamente, três personalidades distintas. O quarto período descreve quem se importa apenas com o passado; o quinto período, quem se importa apenas com o presente; e o sexto, quem se importa apenas com o futuro.

B: Nos períodos são explicitados que quem se importa com uma dimensão do tempo despreza as demais. Logo, não se trata de uma pessoa que leva em conta os três elementos do tempo, identificados no texto como presente, passado e futuro.

C: As características comentadas pelo autor não são apresentadas como indispensáveis a quem deseja inventar um novo modo de vida. Ao contrário, o quarto parágrafo indica um perfil que não supera o passado e, assim, não inventa um novo modo de vida.

D: O quinto e o sexto períodos descrevem as personalidades que dão importância apenas ao presente e ao futuro, respectivamente, sendo, portanto, aquelas que desprezam o passado (ou a memória e a tradição).

E: Os períodos descrevem três personalidades distintas, e não uma mesma pessoa.
GABARITO: A.

TEXTO PARA AS PRÓXIMAS CINCO QUESTÕES.

Texto CB1A1-I

Em 2015, pesquisadores argentinos anunciaram a descoberta dos fósseis da maior criatura da Terra. Eles estimaram que o dinossauro tivesse 40 metros de comprimento e 20 metros de altura (quando esticava o pescoço). Com 77 toneladas, teria sido tão pesado quanto 14 elefantes africanos e teria tido sete toneladas a mais do que o recordista anterior, o argentinossauro, também localizado na Patagônia. Um mês após o anúncio dos argentinos, paleontólogos brasileiros apresentaram um fóssil resgatado em Presidente Prudente (SP), que afirmaram ser do maior dinossauro do país. O *Austroposeidon magnificus*, como o chamaram, tinha 25 metros de comprimento e viveu há 70 milhões de anos, segundo os estudiosos. E o Planalto Central abrigou gigantes como esses? Embora escavações nunca tenham sido feitas no Distrito Federal e no Entorno até então, especialistas detectaram indícios de esqueletos de animais extintos e de instrumentos usados por homens das cavernas na região.

O ser humano não conviveu com os dinossauros em nenhuma parte do mundo. Os dinossauros foram extintos há milhões de anos, antes do surgimento da humanidade. Mas o primeiro registro da presença humana no Planalto Central coincide com a fase de extinção dos primeiros animais que habitaram a região, bichos grandes e ferozes, como o tigre-dentes-de-sabre. Os homens da caverna também tinham a companhia de outros animais enormes, como o megatério, uma espécie de preguiça, e o gliptodonte, um tatu gigante de até um metro de altura. Por uma faixa de terra onde hoje é a América Central, animais do norte chegaram ao sul. Entre eles, o mastodonte, os cães-urso e os ancestrais dos cavalos, todos antigos moradores do cerrado.

Apesar da longa coexistência, não há nenhuma evidência confiável de que o homem tenha caçado os animais gigantes de forma sistemática no território nacional ou mesmo na América do Sul, ao contrário do que ocorreu na América do Norte, onde mamutes e mastodontes eram presas constantes das populações humanas. O desaparecimento da megafauna no território nacional

provavelmente não teve relação direta com a chegada do ser humano, como algumas hipóteses para essa extinção sugerem. Os pesquisadores Mark Hubbe e Alex Hubbe acreditam que a extinção dos animais tenha sido desencadeada por uma mudança climática. Na teoria deles, as espécies da megafauna teriam se extinguido gradualmente a partir da última grande glaciação, no fim do período chamado Pleistoceno (há aproximadamente 12 mil anos). Os maiores não teriam vivido além de dez mil anos atrás, e os menores teriam avançado um pouco além da nova era, até quatro mil anos atrás.

(Correio Braziliense. Disponível em: www.correiobraziliense.com.br. Adaptado.)

109. (CESPE/CEBRASPE - 2022 - ANM - ESPECIALISTA) Infere-se do texto que, após o ano de 2015, foram iniciadas escavações no Distrito Federal e na região do Entorno.

Certo ( )   Errado ( )

Em relação ao ano de 2015, o texto afirma que pesquisadores argentinos anunciaram a descoberta dos fósseis da maior criatura da Terra. Acerca do Distrito Federal e da região do Entorno, o texto mostra que, embora escavações nunca tenham sido feitas no Distrito Federal e no Entorno até então, especialistas detectaram indícios de esqueletos de animais extintos e de instrumentos usados por homens das cavernas na região. Ou seja, não foram iniciadas escavações em 2015.

GABARITO: ERRADO.

110. (CESPE/CEBRASPE - 2022 - ANM - ESPECIALISTA) Um mês após o anúncio da descoberta dos fósseis do maior dinossauro da Terra, pesquisadores brasileiros apresentaram a descoberta de fósseis de uma criatura ainda maior que aquela.

Certo ( )   Errado ( )

A descoberta diz respeito ao maior dinossauro do Brasil. *Em 2015, pesquisadores argentinos anunciaram a descoberta dos fósseis da **maior criatura da Terra**. Eles estimaram que o dinossauro tivesse 40 metros de comprimento e 20 metros de altura (quando esticava o pescoço). Com 77 toneladas, teria sido tão pesado quanto 14 elefantes africanos e teria tido sete toneladas a mais do que o recordista anterior, o argentinossauro, também localizado na Patagônia. **Um mês após o anúncio dos argentinos**, paleontólogos **brasileiros** apresentaram um fóssil resgatado em **Presidente Prudente (SP)**, que afirmaram ser do maior dinossauro do **país (ou seja, do Brasil)**.*

GABARITO: ERRADO.

111. (CESPE/CEBRASPE - 2022 - ANM - ESPECIALISTA) No texto, descarta-se a possibilidade de relação entre o desaparecimento de animais gigantes e a caça desses animais pelo ser humano.

Certo ( )   Errado ( )

O texto mostra que, na América do Norte, essa relação realmente existe. Vejamos: *Apesar da longa coexistência, **não há nenhuma evidência confiável** de que o homem tenha caçado os animais gigantes de forma sistemática no **território nacional ou mesmo na América do Sul, ao contrário do que ocorreu na América do Norte**, onde mamutes e mastodontes eram **presas constantes das populações humanas**.*

GABARITO: ERRADO.

112. (CESPE/CEBRASPE - 2022 - ANM - ESPECIALISTA) Por determinado período, seres humanos e certos animais grandes, como o tigre-dentes-de-sabre, o megatério e o gliptodonte, coabitaram o planeta.

Certo ( )   Errado ( )

O ser humano e os animais grandes coabitaram o planeta. O que não ocorreu foi a convivência com dinossauros. Vejamos:
- *O ser humano não conviveu com os dinossauros em nenhuma parte do mundo. Os dinossauros foram extintos há milhões de anos, antes do surgimento da humanidade.*
- *O primeiro registro da presença humana no Planalto Central **coincide** com a fase de extinção dos primeiros animais que habitaram a região, bichos grandes e ferozes, como o tigre-dentes-de-sabre.*
- *Os homens da caverna também tinham a **companhia** de outros **animais enormes**, como o megatério, uma espécie de preguiça, e o gliptodonte, um tatu gigante de até um metro de altura.*

GABARITO: CERTO.

---

113. (CESPE/CEBRASPE - 2022 - ANM - ESPECIALISTA) Segundo Mark Hubbe e Alex Hubbe, animais menores da megafauna viveram mais tempo que os maiores.

Certo ( )   Errado ( )

O texto traz expressamente essa informação. Mark Hubbe e Alex Hubbe acreditam que a extinção dos animais tenha sido desencadeada por uma mudança climática. *Na teoria deles, as espécies da megafauna teriam se extinguido gradualmente a partir da última grande glaciação, no fim do período chamado Pleistoceno (há aproximadamente 12 mil anos). Os **maiores** não teriam vivido além de **dez mil anos atrás**, e os **menores** teriam avançado um pouco além da nova era, até **quatro mil anos atrás**.*

GABARITO: CERTO.

TEXTO PARA AS PRÓXIMAS TRÊS QUESTÕES.

Texto CG1A1-I

Na ótica da saúde pública, pode-se conceituar a política de redução de danos como um conjunto de estratégias que visam minimizar os danos causados pelo uso de diferentes drogas, sem necessariamente exigir a abstinência de seu uso. Vale dizer, enquanto não for possível ou desejável a abstinência, outros agravos à saúde podem ser evitados, como, por exemplo, as doenças infectocontagiosas transmissíveis por via sanguínea, tais quais as hepatites e HIV/AIDS.

Na concepção da política de redução de danos, tem-se como pressuposto o fator histórico-cultural do uso de psicotrópicos — uma vez que o uso dessas substâncias é parte indissociável da própria história da humanidade, a pretensão de um mundo livre de drogas não passa de uma quimera. Dentro dessa perspectiva, contemplam-se ações voltadas para as drogas lícitas e ilícitas, e suas intervenções não são de natureza estritamente públicas, delas participando, também, organizações não governamentais e necessariamente, com especial ênfase, o próprio cidadão que usa drogas.

(Maurides de Melo Ribeiro. **Drogas e redução de danos**. São Paulo: Saraiva, 2013, p. 45-46. Adaptado.)

Considerando os sentidos e os aspectos linguísticos do texto CG1A1-I, julgue os itens a seguir.

114. (CESPE/CEBRASPE - 2022 - MJSP/DF - TÉCNICO) A política de redução de danos objetiva moderar o consumo de drogas lícitas e ilícitas.

Certo ( )   Errado ( )

A política de redução de danos é um conjunto de estratégias que visam minimizar os danos causados pelo uso de diferentes drogas, sem necessariamente exigir a abstinência de seu uso.

GABARITO: ERRADO.

115. (CESPE/CEBRASPE - 2022 - MJSP/DF - TÉCNICO) O destaque dado à atuação dos próprios usuários de drogas durante as intervenções é uma característica das ações da política de redução de danos.

Certo ( )   Errado ( )

O autor mostra que essa política busca, com mais ênfase, a participação dos usuários de drogas. Vejamos: *Dentro dessa perspectiva, contemplam-se ações voltadas para as drogas lícitas e ilícitas, e suas intervenções não são de natureza estritamente públicas, delas participando, também, organizações não governamentais e necessariamente, com especial ênfase, o próprio cidadão que usa drogas.*
GABARITO: CERTO.

---

116. (CESPE/CEBRASPE - 2022 - MJSP/DF - TÉCNICO) É uma premissa da política de redução de danos considerar como inconcebível um mundo sem drogas.

Certo ( )   Errado ( )

O texto mostra que o uso de drogas (lícitas e ilícitas) faz parte da história da humanidade. Vejamos: *Na concepção da política de redução de danos, tem-se como **pressuposto** o fator histórico-cultural do uso de psicotrópicos — uma vez que o **uso** dessas substâncias é **parte indissociável da própria história da humanidade**, a pretensão de um **mundo livre** de **drogas** não passa de uma **quimera**.*
GABARITO: CERTO.

TEXTO PARA AS PRÓXIMAS SEIS QUESTÕES.

Texto CG1A1-II

Amado nos levou com um grupo para descansarmos na fazenda de um amigo. Esta confirmava as descrições que eu lera no livro de Freyre: embaixo, as habitações de trabalhadores, a moenda, onde se mói a cana, uma capela ao longe; na colina, uma casa. O amigo de Amado e sua família estavam ausentes; tive uma primeira amostra da hospitalidade brasileira: todo mundo achava normal instalar-se na varanda e pedir que servissem bebidas. Amado encheu meu copo de suco de caju amarelo-pálido: ele pensava, como eu, que se conhece um país em grande parte pela boca. A seu pedido, amigos nos convidaram para comer o prato mais típico do Nordeste: a feijoada.

Eu lera no livro de Freyre que as moças do Nordeste casavam-se outrora aos treze anos. Um professor me apresentou sua filha, muito bonita, muito pintada, olhos de brasa: quatorze anos. Nunca encontrei adolescentes: eram crianças ou mulheres feitas. Estas, no entanto, fanavam-se com menos rapidez do que suas antepassadas; aos vinte e seis e vinte e quatro anos, respectivamente, Lucia e Cristina irradiavam juventude. A despeito dos costumes patriarcais do Nordeste, elas tinham liberdades; Lucia lecionava, e Cristina, desde a morte do pai, dirigia, nos arredores de Recife, um hotel de luxo pertencente à família; ambas faziam um pouco de jornalismo, e viajavam.

(Simone de Beauvoir. **A força das coisas**. Rio de Janeiro: Nova Fronteira, 2018, p. 497-498. Adaptado.)

---

117. (CESPE/CEBRASPE - 2022 - MJSP/DF - TÉCNICO) No texto apresentado, são cotejadas informações sobre o Nordeste brasileiro extraídas de leituras com as próprias impressões da narradora a partir da sua vivência como turista.

Certo ( )   Errado ( )

As informações advindas da leitura e das impressões de alguém são realmente cotejadas. Ressalta-se que "cotejar" significa analisar, confrontar, comparar, investigar semelhanças e diferenças. A narradora mostra que teve acesso a leituras as quais vão sendo comparadas com as experiências que têm como turista. Vejamos:

- *Amado nos levou com um grupo para descansarmos na **fazenda** de um amigo. **Esta confirmava as descrições que eu lera** no livro de Freyre: embaixo, as habitações de trabalhadores, a moenda, onde se mói a cana, uma capela ao longe; na colina, uma casa.*

- *Eu lera no livro de Freyre que as moças do Nordeste casavam-se outrora aos treze anos.*

GABARITO: CERTO.

118. (CESPE/CEBRASPE - 2022 - MJSP/DF - TÉCNICO) A narradora se mostra reticente tanto ao hábito brasileiro de oferecer bebidas às visitas quanto à aparência de maturidade precoce das adolescentes nordestinas.

Certo ( )   Errado ( )

A narradora não se mostra reticente (reticente é quem age com reticência, que hesita, que vacila).

A narradora mostra que não se espantava com os hábitos brasileiros. Ela teve uma primeira amostra da hospitalidade brasileira: todo mundo achava normal instalar-se na varanda e pedir que servissem bebidas.

No trecho, a seguir, percebe-se que a narradora conhecia alguns hábitos: *Amado encheu meu copo de suco de caju amarelo-pálido: ele pensava, como eu, que se conhece um país em grande parte pela boca.*
GABARITO: ERRADO.

---

119. (CESPE/CEBRASPE - 2022 - MJSP/DF - TÉCNICO) A narradora demonstra total desconhecimento da cultura do Nordeste brasileiro.

Certo ( )   Errado ( )

A narradora já havia lido sobre a cultura do Nordeste brasileiro. Vejamos:

- *Esta confirmava as descrições que **eu lera** no livro de Freyre.*
- ***Eu lera no livro de Freyre** que as moças do Nordeste casavam-se outrora aos treze anos.*

GABARITO: ERRADO.

---

120. (CESPE/CEBRASPE - 2022 - MJSP/DF - TÉCNICO) Infere-se do texto que a narradora percebeu o casamento como um fator determinístico do comportamento das mulheres nordestinas em geral.

Certo ( )   Errado ( )

Essa percepção feita pela narradora é possível ser feita, já que o livro de Freyre e a experiência como turista permite essa inferência, ou seja, essa dedução.

Vejamos:

Eu lera no livro de Freyre que as moças do Nordeste casavam-se outrora aos treze anos. Um professor me apresentou sua filha, muito bonita, muito pintada, olhos de brasa: quatorze anos. Nunca encontrei adolescentes: eram crianças ou mulheres feitas. Estas, no entanto, fanavam-se com menos rapidez do que suas antepassadas; aos vinte e seis e vinte e quatro anos, respectivamente, Lucia e Cristina irradiavam juventude.
GABARITO: CERTO.

---

121. (CESPE/CEBRASPE - 2022 - MJSP/DF - TÉCNICO) A expressão "como eu" (quarto período do primeiro parágrafo) transmite ideia de proporcionalidade.

Certo ( )   Errado ( )

A ideia é de comparação e significa "do mesmo como", "da mesma forma". Vejamos: *Amado encheu meu copo de suco de caju amarelo-pálido: ele pensava, **como eu**, que se conhece um país em grande parte pela boca.*
GABARITO: ERRADO.

---

122. (CESPE/CEBRASPE - 2022 - MJSP/DF - TÉCNICO)

Eu lera no livro de Freyre que as moças do Nordeste casavam-se outrora aos treze anos. Um professor me apresentou sua filha, muito bonita, muito pintada, olhos de brasa: quatorze anos. Nunca encontrei adolescentes: eram crianças ou mulheres feitas. Estas, no entanto, fanavam-se com menos rapidez do que suas antepassadas; aos vinte e seis e vinte e quatro anos, respectivamente, Lucia e Cristina irradiavam juventude. A despeito dos costumes patriarcais do Nordeste, elas tinham liberdades; Lucia lecionava, e Cristina, desde a morte do pai, dirigia, nos arredores de Recife, um hotel de luxo pertencente à família; ambas faziam um pouco de jornalismo, e viajavam.

No segundo parágrafo, o vocábulo "suas", em "suas antepassadas", refere-se a "crianças".

Certo ( )   Errado ( )

A relação é com a expressão "mulheres feitas". Vejamos:

*Nunca encontrei adolescentes: eram crianças ou **mulheres feitas**. **Estas**, no entanto, fanavam-se com menos rapidez do que **suas** antepassadas.*

GABARITO: ERRADO.

TEXTO PARA AS PRÓXIMAS DUAS QUESTÕES.

Texto CG2A1-I

Uma das várias falácias urbanas consiste em que cidades densamente povoadas sejam um sinal de "excesso de população", quando de fato é comum, em alguns países, que mais da metade de seu povo viva em um punhado de cidades — às vezes em uma só — enquanto existem vastas áreas abertas e, em grande parte, vagas nas zonas rurais. Até mesmo em uma sociedade urbana e industrial moderna como os Estados Unidos, menos de 5% da área são urbanizados — e apenas as florestas, sozinhas, cobrem uma extensão de terra seis vezes maior do que a de todas as grandes e pequenas cidades do país reunidas. Fotografias de favelas densamente povoadas em países em desenvolvimento podem levar à conclusão de que o "excesso de população" é a causa da pobreza, quando, na verdade, a pobreza é a causa da concentração de pessoas que não conseguem arcar com os custos do transporte ou de um espaço amplo para viver, mas que, mesmo assim, não estão dispostas a abrir mão dos benefícios de viver na cidade.

Muitas cidades eram mais densamente povoadas no passado, quando as populações nacionais e mundial eram bem menores. A expansão dos meios de transporte mais rápidos e baratos, com preço viável para uma quantidade muito maior de pessoas, fez com que a população urbana se espalhasse para as áreas rurais em torno das cidades à medida que os subúrbios se desenvolviam. Devido a um transporte mais rápido, esses subúrbios agora estão próximos, em termos temporais, das instituições e atividades de uma cidade, embora as distâncias físicas sejam cada vez maiores. Alguém em Dallas, nos Estados Unidos, a vários quilômetros de distância de um estádio, pode alcançá-lo de carro mais rapidamente do que alguém que, vivendo perto do Coliseu na Roma Antiga, fosse até ele a pé.

(Thomas Sowell. **Fatos e falácias da economia**. Edição do Kindle. Rio de Janeiro: Record, 2008, p. 24-25. Adaptado.)

123. (CESPE/CEBRASPE - 2021 - MP/AP - AUXILIAR ADMINISTRATIVO) De acordo com o texto CG2A1-I, a alta densidade demográfica em certas cidades é um fato provocado:

a) pela pobreza.
b) pelo alto custo de vida dos grandes centros urbanos.
c) pela concentração das indústrias nas cidades.
d) pela inexistência de transporte nas áreas não urbanas.
e) pela ausência de medidas de contenção de crescimento populacional.

O texto mostra que é uma falácia urbana acreditar que cidades densamente povoadas sejam um sinal de "excesso de população". Ainda, afirma que a pobreza é a causa da concentração de pessoas, e não o oposto. Vejamos:

*Fotografias de favelas densamente povoadas em países em desenvolvimento **podem levar à conclusão de que o "excesso de população" é a causa da pobreza**, quando, **na verdade, a pobreza é a causa da concentração de pessoas** que não conseguem arcar com os custos do transporte ou de um espaço amplo para viver, mas que, mesmo assim, não estão dispostas a abrir mão dos benefícios de viver na cidade.*

GABARITO: A.

124. **(CESPE/CEBRASPE - 2021 - MP/AP - AUXILIAR ADMINISTRATIVO)** Depreende-se do último período do texto CG2A1-I que:

a) o sistema de transporte estadunidense é mais eficiente que o europeu.

b) uma pessoa consegue viajar dos Estados Unidos para Roma mais rapidamente hoje em dia, devido a meios de transporte mais eficientes, do que conseguiria antigamente.

c) é possível fazer um trajeto de vários quilômetros de carro na cidade de Dallas, hoje em dia, mais rapidamente do que um pequeno trajeto a pé na Roma Antiga.

d) a distância entre um ponto qualquer da cidade de Dallas e um estádio é menor do que a distância entre um ponto qualquer da atual cidade de Roma e o Coliseu.

e) a distância física entre um ponto qualquer da cidade de Dallas e um estádio de futebol é similar à que existe entre um ponto qualquer da cidade de Roma e o Coliseu.

A: O texto não diz que o sistema de transporte estadunidense é mais eficiente que o europeu.

B: O texto não fala que uma pessoa consegue viajar dos Estados Unidos para Roma mais rapidamente hoje em dia.

C: O texto mostra que, devido a um transporte mais rápido, esses subúrbios agora estão próximos, em termos temporais, das instituições e atividades de uma cidade, embora as distâncias físicas sejam cada vez maiores. Alguém em **Dallas**, nos Estados Unidos, a vários quilômetros de distância de um estádio, pode alcançá-lo de **carro** mais rapidamente do que alguém que, vivendo perto do **Coliseu** na Roma Antiga, fosse até ele **a pé**.

D: A alternativa altera o que traz o texto.

E: A alternativa altera o que traz o texto.

GABARITO: C.

125. **(CESPE/CEBRASPE - 2021 - MP/AP - AUXILIAR ADMINISTRATIVO)**

Texto CG2A1-II

A atenção é uma vantagem evolutiva e tanto, pois permite que o animal concentre sua capacidade cognitiva (um recurso finito e sempre escasso) em determinada coisa e, a partir daí, tente entendê-la — podendo antecipar-se, ou reagir melhor, a ela. Preste atenção a seus predadores, ou a suas presas, e você terá mais chance de comer e não ser comido. Atenção é útil para todo animal. Tanto é assim que ela emana do sistema límbico: a parte mais interna e antiga do cérebro, que o Homo sapiens compartilha com diversas espécies. A mente humana tem um desejo insaciável de encontrar coisas novas e interessantes, e dedicar atenção a elas.

A internet é uma fonte praticamente inesgotável de coisas nas quais prestar atenção. Nela, o conteúdo e os serviços costumam ser gratuitos, pois seus criadores ganham dinheiro publicando anúncios, que também atrairão nossa atenção (e somente a partir daí, quem sabe, poderão nos induzir a comprar ou consumir algum produto). Percebeu? A principal mercadoria do Google não é o buscador, os mapas ou o Gmail. É a sua atenção, que ele coleta e revende. A atenção é a maior riqueza das empresas de internet. Fez fortunas, criou gigantes, mudou o mundo. Por isso há tanta gente lutando por ela: a loja do sistema Android tem 2,1 milhões de aplicativos; a do sistema utilizado pelo iPhone, 1,8 milhão.

(Revista Superinteressante. Edição do Kindle, out./2019, p. 28. Adaptado.)

Segundo as ideias veiculadas no texto CG2A1-II, a atenção:

a) é exclusiva dos seres humanos.

b) é a parte mais interna e antiga do cérebro.

c) consiste na principal mercadoria de empresas como o Google.

d) consiste em um recurso finito e escasso.

e) é o bem mais privilegiado nas redes sociais da internet.

GIANCARLA BOMBONATO

O texto mostra que a atenção consiste na principal mercadoria de empresas como o Google. Vejamos:

- *A atenção é uma vantagem evolutiva e tanto, pois permite que o animal concentre sua capacidade cognitiva.*
- *A internet é uma fonte praticamente inesgotável de coisas nas quais prestar atenção.*
- *A principal mercadoria do Google não é o buscador, os mapas ou o Gmail. É a sua atenção, que ele coleta e revende.*

GABARITO: C.

TEXTO PARA AS PRÓXIMAS QUATRO QUESTÕES.

Reconhecer o *status* de mulheres brancas e homens negros como oscilante nos possibilita enxergar as especificidades desses grupos e romper com a invisibilidade da realidade das mulheres negras. Por exemplo, ainda é muito comum a gente ouvir a seguinte afirmação: "mulheres ganham 30% a menos do que homens brancos no Brasil", quando a discussão é desigualdade salarial. Essa afirmação está incorreta? Logicamente não; mas do ponto de vista ético, sim. Explico: mulheres brancas ganham 30% a menos do que homens brancos no Brasil. Homens negros ganham menos do que mulheres brancas, e mulheres negras ganham menos do que todos. Segundo pesquisa desenvolvida pelo Ministério do Trabalho e Previdência Social em parceria com o Instituto de Pesquisa Econômica Aplicada (IPEA), 39,6% das mulheres negras estão inseridas em relações precárias de trabalho, seguidas pelos homens negros (31,6%), por mulheres brancas (26,9%) e por homens brancos (20,6%). Ainda segundo a pesquisa, mulheres negras representam o maior contingente de pessoas desempregadas e no trabalho doméstico. Quando muitas vezes é apresentada a importância de se pensarem políticas públicas para as mulheres, comumente se ouve que as políticas devem ser para todos. Mas quem são esse "todos", ou quantos cabem nesse "todos"?

(Djamila Ribeiro. **O que é lugar de fala?** Belo Horizonte: Letramento: Justificando, 2017. Adaptado.)

126. (CESPE/CEBRASPE - 2021 - PG/DF - TÉCNICO JURÍDICO/APOIO ADMINISTRATIVO) Conforme os dados apresentados no texto, de modo geral, as mulheres estão mais vulneráveis às relações precárias de trabalho do que os homens.

Certo ( )   Errado ( )

O texto não fala de vulnerabilidade quanto às relações de trabalho, antes trata da diferença salarial entre os grupos sociais. Vejamos: *Explico: mulheres brancas ganham 30% a menos do que homens brancos no Brasil. Homens negros ganham menos do que mulheres brancas, e mulheres negras ganham menos do que todos.*
GABARITO: ERRADO.

127. (CESPE/CEBRASPE - 2021 - PG/DF - TÉCNICO JURÍDICO/APOIO ADMINISTRATIVO) No último período do texto, a autora dá ênfase ao termo 'todos', sugerindo a existência de uma relativização na ideia de que as políticas públicas devem ser para todos.

Certo ( )   Errado ( )

O emprego do termo "todos" no texto coloca em dúvida quem são e quantos são esse "todos". Ou seja, há uma relativização nesse caso (Ação ou efeito de relativizar, de descrever algo relacionando-o com outra coisa, sempre partindo do pressuposto de que nada é absoluto, completo ou restrito).
GABARITO: CERTO.

128. (CESPE/CEBRASPE - 2021 - PG/DF - TÉCNICO JURÍDICO/APOIO ADMINISTRATIVO) O texto mostra que homens negros e mulheres brancas estão, proporcionalmente, em uma mesma posição de privilégio, se comparados às mulheres negras.

Certo ( )   Errado ( )

O texto mostra a diferença entre esses grupos sociais. Vejamos: *39,6% das **mulheres negras** estão inseridas em relações precárias de trabalho, seguidas pelos **homens negros** (31,6%), por **mulheres brancas** (26,9%) e por **homens brancos** (20,6%). Ainda segundo a pesquisa, mulheres negras representam o maior contingente de pessoas desempregadas e no trabalho doméstico.*

GABARITO: ERRADO.

---

129. **(CESPE/CEBRASPE - 2021 - PG/DF - TÉCNICO JURÍDICO/APOIO ADMINISTRATIVO)** A frase "Essa afirmação está incorreta?" constitui um recurso retórico empregado para introduzir uma constatação.

Certo ( )   Errado ( )

O texto é construído para mostrar que existe uma incorreção do ponto de vista em relação à desigualdade salarial. A frase "Essa afirmação está incorreta?" é um recurso retórico (interrogação que se faz, mas não se pretende saber a resposta; pergunta que dispensa resposta), porque essa frase é a resposta dela mesma. Ainda, logo após essa pergunta, há a resposta de que essa afirmação não está incorreta. Vejamos:

*Por exemplo, ainda é muito comum a gente ouvir a seguinte afirmação: "mulheres ganham 30% a menos do que homens brancos no Brasil", quando a discussão é desigualdade salarial. **Essa afirmação está incorreta? Logicamente não; mas do ponto de vista ético, sim.** Explico: mulheres brancas ganham 30% a menos do que homens brancos no Brasil. Homens negros ganham menos do que mulheres brancas, e mulheres negras ganham menos do que todos.*

GABARITO: CERTO.

---

130. **(CESPE/CEBRASPE - 2021 - PG/DF - TÉCNICO JURÍDICO/APOIO ADMINISTRATIVO)**

A lembrança da empregada ausente me coagia. Quis lembrar-me de seu rosto, e admirada não conseguia — de tal modo ela acabara de me excluir de minha própria casa, como se me tivesse fechado a porta e me tivesse deixado remota em relação à minha moradia. A lembrança de sua cara fugia-me, devia ser um lapso temporário. Mas seu nome — é claro, é claro, lembrei-me finalmente: Janair. E, olhando o desenho hierático, de repente me ocorria que Janair me odiara. Eu olhava as figuras de homem e mulher que mantinham expostas e abertas as palmas das mãos vigorosas, e que ali pareciam ter sido deixadas por Janair como mensagem bruta para quando eu abrisse a porta. De súbito, dessa vez com mal-estar real, deixei finalmente vir a mim uma sensação de que durante seis meses, por negligência e desinteresse, eu não me deixara ter: a do silencioso ódio daquela mulher. O que me surpreendia é que era uma espécie de ódio isento, o pior ódio: o indiferente. Não um ódio que me individualizasse, mas apenas a falta de misericórdia. Não, nem ao menos ódio. Foi quando inesperadamente consegui rememorar seu rosto, mas é claro, como pudera esquecer? Revi o rosto preto e quieto, revi a pele inteiramente opaca que mais parecia um de seus modos de se calar, as sobrancelhas extremamente bem desenhadas, revi os traços finos e delicados que mal eram divisados no negror apagado da pele.

(Clarice Lispector. **A paixão segundo G. H.** Rio de Janeiro: Rocco, 2009. Adaptado.)

Há no texto, sobretudo no trecho "a do silencioso ódio daquela mulher", elementos que comprovam que a negligência e o desinteresse da narradora desencadearam o ódio que Janair nutria por ela e que estava expresso no "desenho hierático".

Certo ( )   Errado ( )

A negligência e o desinteresse são decorrentes do fato de que a narradora havia ignorado a sensação de ódio daquela mulher. Ainda, não é possível deduzir que essa negligência e esse desinteresse desencadearam o ódio de Janair. Vejamos: *De súbito, dessa vez com mal-estar real, deixei finalmente vir a mim uma sensação de que durante seis meses, por negligência e desinteresse, eu não me deixara ter: a do silencioso ódio daquela mulher.*

GABARITO: ERRADO.

TEXTO PARA AS PRÓXIMAS QUATRO QUESTÕES.

A compreensão da comunicação como direito humano é formulação mais ou menos recente na história do direito. Tal conceito foi expresso pela primeira vez em 1969 por Jean D'Arcy, então diretor dos Serviços Visuais e de Rádio no Escritório de Informação Pública da Organização das Nações Unidas (ONU), em Nova Iorque, em artigo na revista EBU Review, do European Broadcasting Union (EBU): "Virá o tempo em que a Declaração Universal dos Direitos Humanos terá de abarcar um direito mais amplo que o direito humano à informação, estabelecido pela primeira vez 21 anos atrás no artigo 19. Trata-se do direito do homem de se comunicar.".

Na década de 70 do século XX, o direito à comunicação passou a ser discutido no âmbito da Organização das Nações Unidas para a Educação, a Ciência e a Cultura (Unesco). Desde 2000, vem ganhando ressonância no debate político. Primeiro na União Europeia — o Parlamento Europeu aprovou em 2008 uma diretiva, válida em todos os países-membros, estabelecendo limites à publicidade e padrões mínimos de veiculação de conteúdo independente, regional e acessível — e, em seguida, na América Latina, onde marcos regulatórios foram aprovados na Argentina (2009), na Venezuela (2010), no Equador (2013) e no Uruguai (2013).

No Brasil, o direito à comunicação foi oficialmente reconhecido pelo Estado em 2009, no Decreto nº 7.037, que instituiu a terceira edição do Programa Nacional de Direitos Humanos (PNDH-3). Sua diretriz número 22 tem o condão de conciliar os conceitos de "comunicação", "informação" e "democracia", e apresentá-los como princípios orientadores da abordagem contemporânea dos direitos humanos: "Garantia do direito à comunicação democrática e ao acesso à informação para consolidação de uma cultura em Direitos Humanos", diz a diretriz. Ao referir-se nominalmente ao "direito à comunicação", o PNDH-3 contribuiu para inaugurar uma nova etapa no debate sobre o tema. Até então, as instituições se referiam, quando muito, ao direito à informação.

(Camilo Vannuchi Galaxia. **PUC-SP**. São Paulo, *on-line*, ISSN 1982-2553, nº 38, maio-ago./2018, p. 167-80. Disponível em: www.dx.doi.org. Adaptado.)

131. (CESPE/CEBRASPE - 2021 - PG/DF - TÉCNICO JURÍDICO/APOIO ADMINISTRATIVO) De acordo com as ideias do texto, o direito à comunicação e o direito à informação são direitos semelhantes e complementares.

Certo ( )   Errado ( )

Ambos os direitos são diferentes e complementares. Existe o direito à informação e o direito à comunicação. Esse último foi oficialmente reconhecido pelo Estado em 2009, no Decreto nº 7.037, que instituiu a terceira edição do Programa Nacional de Direitos Humanos (PNDH-3).

A intenção desse direito é conciliar os conceitos de "comunicação", "informação" e "democracia", e apresentá-los como princípios orientadores da abordagem contemporânea dos direitos humanos: *Garantia do* **direito à** *comunicação democrática e ao* **acesso à** *informação para consolidação de uma cultura em Direitos Humanos.*

GABARITO: ERRADO.

132. (CESPE/CEBRASPE - 2021 - PG/DF - TÉCNICO JURÍDICO/APOIO ADMINISTRATIVO) Nas três últimas décadas do século XX, o direito à comunicação era considerado ilegítimo nos países da União Europeia e da América Latina.

Certo ( )   Errado ( )

Não havia a ideia de que o direito à comunicação era considerado ilegítimo. O que se sabe é que a compreensão da comunicação como direito humano é formulação mais ou menos recente na história do direito. Esse conceito foi expresso pela primeira vez em 1969. Na década de 1970, o direito à comunicação passou a ser discutido no âmbito da Organização das Nações Unidas para a Educação, a Ciência e a Cultura (Unesco). Desde 2000, vem ganhando ressonância no debate político. Ou seja, o direito à comunicação começou a se consolidar nas três últimas décadas do século XX.

GABARITO: ERRADO.

133. (CESPE/CEBRASPE - 2021 - PG/DF - TÉCNICO JURÍDICO/APOIO ADMINISTRATIVO) O PNDH-3 representou um avanço no que diz respeito à discussão sobre o direito à comunicação.

Certo ( )   Errado ( )

Com relação à formulação do PNDH-3, havia a discussão acerca do direito à informação, e não o direito à comunicação. Vejamos: *Ao referir-se nominalmente ao "direito à comunicação", o PNDH-3 contribuiu para inaugurar uma nova etapa no debate sobre o tema. Até então, as instituições se referiam, quando muito, ao direito à informação.*

GABARITO: CERTO.

---

134. (CESPE/CEBRASPE - 2021 - PG/DF - TÉCNICO JURÍDICO/APOIO ADMINISTRATIVO) O direito à comunicação consiste em um dos mais recentes direitos humanos reconhecidos pela Unesco.

Certo ( )   Errado ( )

O direito à comunicação não é um dos mais recentes direitos humanos reconhecidos pela Unesco. Vejamos:

- *A compreensão da comunicação como direito humano é formulação mais ou menos recente **na história do direito** (a noção é relativa à história do direito).*
- *"Virá o tempo em que a Declaração Universal dos Direitos Humanos terá de abarcar um direito mais amplo que o direito humano à informação, estabelecido pela primeira vez 21 anos atrás no artigo 19. Trata-se do direito do homem de se comunicar." (essa afirmação é de Jean D'Arcy).*
- *Na década de 70 do século XX, **o direito à comunicação passou a ser discutido** no âmbito da Organização das Nações Unidas para a Educação, a Ciência e a Cultura (**Unesco**).*

GABARITO: ERRADO.

TEXTO PARA AS PRÓXIMAS CINCO QUESTÕES.

Texto CG1A1-I

Enquanto apenas 30% da população mundial vivia em ambiente urbano no ano de 1950, em 2018 esse índice já representava 55%, de acordo com dados da Organização das Nações Unidas (ONU). A projeção de longo prazo da ONU indica a intensificação dessa tendência, com a população urbana mundial representando 68% do total em 2050.

No Brasil, 36% da população era urbana em 1950, valor bastante próximo da média mundial até então. Nas décadas subsequentes, o país experimentou um rápido processo de urbanização, evidenciado pelo fato de que, no ano de 2018, expressivos 87% da população brasileira residia em ambientes urbanos. As projeções de mais longo prazo indicam que essa tendência deve se estabilizar em patamar próximo a 90%.

As cidades representam o mais importante lócus de consumo de energia e emissões relacionadas. Estimativas da IEA (International Energy Agency), em 2016, indicavam que as cidades respondiam por 64% do uso global de energia primária e

70% das emissões globais de dióxido de carbono. Tal fato evidencia o papel central que as cidades têm e terão na determinação do padrão de uso de energia e de emissões de carbono dos países e do mundo. Em particular, a própria transição energética terá seu ritmo bastante afetado pelas mudanças que ocorrerem nas cidades. O mesmo vale para o uso eficiente de recursos (inclusive não energéticos), segurança energética e desenvolvimento sustentável.

Para os estudos de planejamento energético, é importante identificar as mudanças estruturais que impactarão o uso de energia nas cidades no longo prazo. Do ponto de vista tecnológico, no momento em que, simultaneamente, emergem e convergem novas tecnologias de informação, novas tecnologias e modelos de negócios de geração de energia e novas formas de mobilidade, é possível vislumbrar revoluções em diferentes nichos que utilizarão a inteligência artificial, o uso massivo de dados (*big data*) e a internet das Coisas como plataformas tecnológicas de propósito geral.

Nesse pano de fundo, emergem fenômenos como cidades inteligentes e Indústria 4.0, importantes evoluções no sentido de cidades sustentáveis. A implementação desses conceitos é acompanhada de um número crescente dos mais variados sensores nas mais diferentes situações, o que gera aumento exponencial de dados, que são utilizados para comunicação via internet, em última instância, de forma a subsidiar tomadas de decisão mais eficientes. Para tornar essa revolução possível, é necessário significativo investimento em infraestrutura, que será a base da economia no futuro próximo.

No entanto, deve-se reconhecer que uma cidade inteligente é um passo necessário, mas não suficiente, e que é preciso abranger mais do que a aplicação inteligente de tecnologia nas áreas urbanas. A adoção de tecnologia deve tornar as cidades mais sustentáveis, melhorando a qualidade de vida de sua população e sua relação com o meio ambiente. Assim, em relação ao uso de energia, é importante que as discussões sobre cidades inteligentes sejam feitas levando-se em consideração tópicos importantes no contexto de transição energética, como uso do espaço urbano e impactos sobre o bem-estar coletivo, mudanças climáticas, os Objetivos do Desenvolvimento Sustentável e a economia circular.

(EPE - Empresa de Pesquisa Energética. Disponível em: www.epe.gov.br. Adaptado.)

Com base nas ideias do texto CG1A1-I, julgue os itens a seguir.

135. (CESPE/CEBRASPE - 2022 - PREFEITURA DE PIRES DO RIO/GO - PROFESSOR) De acordo com os dados da ONU, em 1950, menos da metade da população mundial vivia em ambientes urbanos.

Certo ( )   Errado ( )

Essa informação pode ser comprovada no início do texto: *Enquanto apenas 30% da população mundial vivia em ambiente urbano no ano de 1950.*
GABARITO: CERTO.

136. (CESPE/CEBRASPE - 2022 - PREFEITURA DE PIRES DO RIO/GO - PROFESSOR) As cidades têm papel fundamental na determinação do padrão de uso de energia e de emissões de carbono dos países e do mundo.

Certo ( )   Errado ( )

Essa informação pode ser comprovada no início do texto: *As cidades representam o mais importante lócus de consumo de energia e emissões relacionadas. Estimativas da IEA (International Energy Agency), em 2016, indicavam que as cidades respondiam por 64% do uso global de energia primária e 70% das emissões globais de dióxido de carbono. Esse fato evidencia o papel central que as cidades têm e terão na determinação do padrão de uso de energia e de emissões de carbono dos países e do mundo. Em particular, a própria transição energética terá seu ritmo bastante afetado pelas mudanças que ocorrerem nas cidades. Isso vale para o uso eficiente de recursos (inclusive não energéticos), segurança energética e desenvolvimento sustentável.*
GABARITO: CERTO.

137. (CESPE/CEBRASPE - 2022 - PREFEITURA DE PIRES DO RIO/GO - PROFESSOR) No Brasil, entre 1950 e 2018, o crescimento da população urbana foi maior que o crescimento mundial da população urbana.

Certo ( )   Errado ( )

Os dados estatísticos mostram que, no Brasil, entre 1950 e 2018, o crescimento da população urbana foi maior que o crescimento mundial da população urbana. Vejamos: *Enquanto apenas 30% da população mundial vivia em ambiente urbano no ano de 1950, em 2018 esse índice já representava 55%, de acordo com dados da Organização das Nações Unidas (ONU). [...] No Brasil, 36% da população era urbana em 1950, valor bastante próximo da média mundial até então. Nas décadas subsequentes, o país experimentou*

um rápido processo de urbanização, evidenciado pelo fato de que, no ano de 2018, expressivos 87% da população brasileira residia em ambientes urbanos. As projeções de mais longo prazo indicam que essa tendência deve se estabilizar em patamar próximo a 90%.
GABARITO: CERTO.

138. **(CESPE/CEBRASPE - 2022 - PREFEITURA DE PIRES DO RIO/GO - PROFESSOR)** As projeções de mais longo prazo indicam que a tendência de crescimento da população urbana mundial deve se estabilizar em patamar próximo a 90%.

Certo ( )   Errado ( )

A projeção de 90% se refere ao Brasil. Vejamos: *No Brasil, no ano de 2018, expressivos 87% da população brasileira residia em ambientes urbanos. As projeções de mais longo prazo indicam que essa tendência deve se estabilizar em patamar próximo a 90%.*
GABARITO: ERRADO.

139. **(CESPE/CEBRASPE - 2022 - PREFEITURA DE PIRES DO RIO/GO - PROFESSOR)** A adoção de tecnologia, além de tornar as cidades mais inteligentes, deve primar também pelo melhoramento da qualidade de vida da população e de sua relação com o meio ambiente, tornando o ambiente urbano mais sustentável.

Certo ( )   Errado ( )

Essa informação pode ser comprovada no início do texto: *A adoção de tecnologia deve tornar as cidades mais sustentáveis, melhorando a qualidade de vida de sua população e sua relação com o meio ambiente. Assim, em relação ao uso de energia, é importante que as discussões sobre cidades inteligentes sejam feitas levando-se em consideração tópicos importantes no contexto de transição energética, como uso do espaço urbano e impactos sobre o bem-estar coletivo, mudanças climáticas, os Objetivos do Desenvolvimento Sustentável e a economia circular.*
GABARITO: CERTO.

TEXTO PARA AS PRÓXIMAS DUAS QUESTÕES.

As plantas, os animais domésticos e os produtos deles obtidos (frutas, ervas, carnes, ovos, queijos etc.) pertencem aos mais antigos produtos comercializáveis. A palavra latina para dinheiro, *pecunia*, deriva da relação com o gado (*pecus*). Esse comércio é provavelmente tão antigo quanto a divisão do trabalho entre agricultores e criadores de gado. Embora inicialmente o comércio e a distribuição econômica de produtos de colheita fossem geograficamente bem delimitados, eles conduziram a uma difusão cada vez mais ampla das sementes, desenvolvendo-se, então, um número cada vez maior de variações. Sem milênios de constantes contatos entre os povos e sem o trânsito intercontinental, o nosso cardápio teria uma aparência bastante pobre. Das aproximadamente trinta plantas que constituem os recursos de nossa alimentação básica, quase todas têm sua origem fora da Europa e provêm, predominantemente, de regiões que hoje enumeramos entre os países em desenvolvimento.

Já que hoje as plantas nutritivas domésticas são cultivadas em praticamente todas as regiões habitadas, a humanidade também poderia alimentar-se, se o comércio de produtos agrários se limitasse a áreas menores, de proporção regional. O transporte de gêneros alimentícios por distâncias maiores se justifica, em primeiro lugar, para prevenir e combater epidemias de fome. Há, sem dúvida, uma série de razões ulteriores em favor do comércio mundial de gêneros alimentícios: a falta de arroz, chá, café, cacau e muitos temperos em nossos supermercados levaria a um significativo empobrecimento da culinária, coisa que não se poderia exigir de ninguém. O comércio internacional com produtos agrícolas aporta, além disso, às nações exportadoras a entrada de divisas, facilitando o pagamento de dívida. E, em muitos lugares, os próprios trabalhadores rurais e pequenos agricultores tiram proveito da venda de seus produtos a nações de alta renda, sobretudo quando ela ocorre segundo os critérios do comércio equitativo.

(Thomas Kelssering. **Ética, política e desenvolvimento humano**: a justiça na era da globalização. Tradução: Benno Dischinger. Caxias do Sul, RS: EDUCS, 2007, p. 209-10. Adaptado.)

140. (CESPE/CEBRASPE - 2022 - PREFEITURA DE PIRES DO RIO/GO - PROFESSOR) A expressão "sem dúvida" (terceiro período do segundo parágrafo) denota um posicionamento do autor quanto à questão do comércio mundial de gêneros alimentícios.

Certo ( )   Errado ( )

O uso de "sem dúvida" indica um marcador argumentativo. Vejamos: *Há, sem dúvida, uma série de razões ulteriores em favor do comércio mundial de gêneros alimentícios: a falta de arroz, chá, café, cacau e muitos temperos em nossos supermercados levaria a um significativo empobrecimento da culinária, coisa que não se poderia exigir de ninguém.*
GABARITO: CERTO.

---

141. (CESPE/CEBRASPE - 2022 - PREFEITURA DE PIRES DO RIO/GO - PROFESSOR) Conclui-se do texto que, historicamente, o gado representa uma fonte de dinheiro.

Certo ( )   Errado ( )

O início do texto já faz essa apresentação. Vejamos: *A palavra latina para **dinheiro**, pecunia, deriva da relação com o **gado** (pecus). Esse comércio é provavelmente tão antigo quanto a divisão do trabalho entre agricultores e criadores de gado.*
GABARITO: CERTO.

TEXTO PARA AS PRÓXIMAS DUAS QUESTÕES.

Texto CB1A1-I

Quais são as consequências dessa pandemia no que diz respeito à reflexão sobre igualdade, interdependência global e nossas obrigações uns com os outros? O vírus não discrimina. Por conta da forma pela qual se move e ataca, ele demonstra que a comunidade humana é igualmente precária. Ao mesmo tempo, contudo, o fracasso por parte de certos Estados ou regiões em se prepararem adequadamente de antemão, o fechamento de fronteiras e a chegada de empreendedores ávidos para capitalizar em cima do sofrimento global, tudo isso atesta a velocidade com a qual a desigualdade radical e a exploração capitalista encontram formas de reproduzir e fortalecer seus poderes no interior das zonas de pandemia. Um cenário que já podemos imaginar é a produção e comercialização de uma vacina eficaz contra a Covid-19. Nós certamente veremos os ricos e os plenamente assegurados correrem para garantir acesso a qualquer vacina quando ela se tornar disponível. A desigualdade social e econômica garantirá a discriminação. O vírus por si só não discrimina, mas nós humanos certamente o fazemos, moldados e movidos como somos pelos poderes casados do nacionalismo, do racismo, da xenofobia e do capitalismo. Parece provável que passaremos a ver, no próximo ano, um cenário doloroso no qual algumas criaturas humanas afirmam seu direito de viver ao custo

de outras, reinscrevendo a distinção espúria entre vidas passíveis e não passíveis de luto, isto é, entre aqueles que devem ser protegidos contra a morte a qualquer custo e aqueles cujas vidas não valem o bastante para serem salvaguardadas da doença e da morte.

(Judith Butler. **O capitalismo tem seus limites**. Disponível em: blogdaboitempo.com.br. Adaptado.)

142. (CESPE/CEBRASPE - 2021 - PREFEITURA DE ARACAJU - AUDITOR DE TRIBUTOS MUNICIPAIS) No texto CB1A1-I, a autora:

a) atesta que o desenvolvimento da vacina agravou a desigualdade social e econômica por meio da discriminação.
b) questiona as consequências da pandemia com base em uma variável específica: a polarização política.
c) alerta sobre a precariedade das pessoas vulneráveis ao vírus.
d) aventa as razões por que a pandemia potencializa a vulnerabilidade de determinadas pessoas.
e) reflete sobre a evolução histórica do capitalismo como um sistema que se sobressai em relação ao bem-estar coletivo.

A: Não foi o desenvolvimento da vacina que agravou a desigualdade social e econômica por meio da discriminação.

B: Discute o fato de que o capitalismo intensifica a desigualdade social.

C: Alerta sobre a vacina da Covid-19, pois, segundo a autora, nós certamente veremos os ricos e os plenamente assegurados correrem para garantir acesso a qualquer vacina quando ela se tornar disponível.

D: A autora mostra que o vírus não discrimina, mas as ações de algumas pessoas quanto às ações a serem tomadas é que evidenciam que a pandemia potencializa a vulnerabilidade de determinadas pessoas. Vejamos: *A desigualdade social e econômica garantirá a discriminação. O vírus por si só não discrimina, mas nós humanos certamente o fazemos, moldados e movidos como somos pelos poderes casados do nacionalismo, do racismo, da xenofobia e do capitalismo.*

E: Reflete sobre a postura de algumas pessoas: *Parece provável que passaremos a ver, no próximo ano, um cenário doloroso no qual algumas criaturas humanas afirmam seu direito de viver ao custo de outras, reinscrevendo a distinção espúria entre vidas passíveis e não passíveis de luto.*

GABARITO: D.

---

143. (CESPE/CEBRASPE - 2021 - PREFEITURA DE ARACAJU - AUDITOR DE TRIBUTOS MUNICIPAIS) A argumentação central do texto CB1A1-I é articulada a partir da Dicotomia:

a) vida e morte.
b) individual e coletivo.
c) fraco e forte.
d) capitalismo e socialismo.
e) público e privado.

Muitos casos individuais se sobressairão aos coletivos, como se percebe no trecho: *Nós certamente veremos os ricos e os plenamente assegurados correrem para garantir acesso a qualquer vacina quando ela se tornar disponível. A desigualdade social e econômica garantirá a discriminação.*

GABARITO: B.

---

144. (CESPE/CEBRASPE - 2021 - PREFEITURA DE ARACAJU - AUDITOR DE TRIBUTOS MUNICIPAIS)

De um dia para o outro, parecia que a peste se tinha instalado confortavelmente no seu paroxismo e incorporava aos seus assassinatos diários a precisão e a regularidade de um bom funcionário. Em princípio, segundo a opinião de pessoas competentes, era bom sinal. O gráfico da evolução da peste, com sua subida incessante, parecia inteiramente reconfortante ao Dr. Richard. Daqui em diante, só poderia decrescer. E ele atribuía o mérito disso ao novo soro de Gastei, que acabava de obter, com efeito, alguns êxitos imprevistos. As formas pulmonares da infecção, que já se tinham manifestado, multiplicavam-se agora nos quatro cantos da cidade. O contágio tinha agora probabilidade de ser maior, com essa nova forma de epidemia. Na realidade, as opiniões dos especialistas tinham sempre sido contraditórias sobre esse ponto. Havia, no entanto, outros motivos de inquietação em consequência das dificuldades de abastecimento, que cresciam com o tempo. A especulação interviera e oferecia, a preços fabulosos, os gêneros de primeira necessidade de que faltavam no mercado habitual. As famílias pobres viam-se, assim, em uma situação muito difícil. A peste, que, pela imparcialidade eficaz com que exercia seu ministério, deveria ter reforçado a igualdade entre nossos concidadãos pelo jogo normal dos egoísmos, tornava, ao contrário, mais acentuado no coração dos homens o sentimento da injustiça. Restava, é bem verdade, a igualdade irrepreensível da morte, mas, esta, ninguém queria. Os pobres que sofriam de fome pensavam, com mais nostalgia ainda, nas cidades e nos campos vizinhos, onde a vida era livre e o pão não era caro. Difundira-se uma divisa que se lia, às vezes, nos muros ou se gritava à passagem do prefeito: "Pão ou ar". Essa fórmula irônica dava o alarme de certas manifestações logo reprimidas, mas cuja gravidade todos percebiam.

(Albert Camus. **A peste**. Disponível em: www.ihu.unisinos.br. Adaptado.)

No texto CB1A1-II, o narrador:

a) explica a evolução de uma doença e alerta sobre suas consequências sociais.
b) preocupa-se com a evolução de uma doença e informa sobre suas consequências sociais.
c) descreve os pormenores da evolução de uma doença e critica suas consequências sociais.
d) expõe a evolução de uma doença e reflete sobre suas consequências sociais.
e) ocupa-se das causas para a evolução de uma doença e suas consequências sociais.

O texto mostra que, além das consequências da própria peste na saúde das pessoas, há os efeitos sociais. Vejamos: *Havia, no entanto, **outros motivos** de inquietação em consequência das dificuldades de abastecimento, que cresciam com o tempo. A especulação interviera e oferecia, a preços fabulosos, os gêneros de primeira necessidade de que faltavam no mercado habitual. As famílias pobres viam-se, assim, em uma situação muito difícil.*

GABARITO: D.

TEXTO PARA AS PRÓXIMAS DUAS QUESTÕES.

Texto CG1A1-I

Somente o trabalho cria riqueza, o objetivo último do desenvolvimento. É certo que, caso se desejasse sumariar em uma única expressão o significado de desenvolvimento, se diria que o seu processo consiste no aumento continuado da produtividade do trabalho. É por meio do aumento do produto por trabalhador, propiciado pelo aumento da produtividade do trabalho, que se geram os recursos necessários que tornam possível atingir as demais dimensões do desenvolvimento. Sem esse crescimento, não há desenvolvimento, embora às vezes o crescimento não propicie o desenvolvimento em suas demais dimensões — redução contínua da pobreza, melhoria da saúde e da educação da população e aumento da expectativa de vida, entre tantas outras.

Certamente não há escassez de estratégias de desenvolvimento, e elas estão disponíveis para quem delas quiser tomar conhecimento. Lembrou-nos recentemente Delfim Netto que Adam Smith, em **Riqueza das Nações** (1776), sumariava o seu receituário para o crescimento (a "riqueza das nações") em poucas e simples proposições. Primeiro, a carga tributária deve ser leve. Segundo, com os recursos tributários arrecadados, deve-se assegurar a paz interna, já que cabe ao Estado o monopólio do uso da força para fazer valer o Estado de direito; fazer valer o Estado de direito significa proteger o direito à propriedade privada, garantir a aplicação da justiça e construir e manter a infraestrutura de uso comum. Por fim, deve-se estimular a competição entre os agentes econômicos, salvaguardando-se os

mercados livres e punindo-se os monopólios. No dizer de Delfim, "quando isso se realiza, o crescimento econômico acontece quase por gravidade: será o resultado da ação dos empresários em busca do lucro e do comportamento dos consumidores na busca de melhor e maior satisfação de suas necessidades. Elas se harmonizam pela liberdade de escolha de cada um por meio do sistema de preços dos fatores de produção e dos bens de consumo".

Essas mesmas ideias simples eram moeda corrente em nosso país pela época da Independência. A primeira tradução da obra **Riqueza das Nações** surgiu na Espanha, em 1794, e a obra de José da Silva Lisboa, o futuro Visconde Cairu, foi significativamente influenciada por Smith, especialmente os seus **Princípios de Economia Política** (1804). Mas também tiveram a mesma influência a **Memória dos Benefícios Políticos do Governo de El-Rei Nosso Senhor D. João VI** (1818) e, particularmente, os seus **Estudos sobre o Bem Comum** (1819-1820). Com as ideias simples smithianas, Cairu, ao proclamar o "deixai fazer, deixai passar, deixai vender", de Gournay, legou-nos a abertura dos portos, a liberdade da indústria e a fundação de nosso primeiro banco. Não pouca coisa.

(Roberto Fendt. Desenvolvimento é o aumento persistente da produtividade do trabalho. *In*: João Sicsú e Armando Castelar (orgs.). **Sociedade e economia**: estratégias de crescimento e desenvolvimento. Brasília: IPEA, 2009. Adaptado.)

145. **(CESPE/CEBRASPE - 2022 - SEFAZ/SE - AUDITOR TÉCNICO DE TRIBUTOS)** De acordo com o primeiro parágrafo do texto CG1A1-I, é correto afirmar que:
a) o objetivo menos relevante do desenvolvimento é a criação de riqueza.
b) os recursos necessários para atingir outras dimensões de desenvolvimento são gerados por meio do aumento do produto por trabalhador.
c) o desenvolvimento necessariamente promove melhorias para a sociedade.
d) é desejável sumariar o significado de desenvolvimento em uma única expressão.
e) o processo de desenvolvimento exige que os trabalhadores aumentem mensalmente sua produtividade do trabalho, de forma constante.

A ideia central do parágrafo centra-se no fato de que os recursos necessários para atingir outras dimensões de desenvolvimento são gerados por meio do aumento do produto por trabalhador. Vejamos: *Somente o trabalho cria riqueza, o objetivo último do desenvolvimento. [...] É por meio do aumento do produto por trabalhador, propiciado pelo aumento da produtividade do trabalho, que se geram os recursos necessários que tornam possível atingir as demais dimensões do desenvolvimento.*

GABARITO: B.

---

146. **(CESPE/CEBRASPE - 2022 - SEFAZ/SE - AUDITOR TÉCNICO DE TRIBUTOS)** Depreende-se do segundo e do terceiro período do último parágrafo do texto CG1A1-I que:
a) as obras de Adam Smith tiveram como base as ideias do Visconde Cairu.
b) José da Silva Lisboa foi o primeiro a traduzir a obra **Riqueza das Nações**, na Espanha, em 1794.
c) o pensamento smithiano influenciou José da Silva Lisboa na produção de Memória dos Benefícios Políticos do Governo de El-Rei Nosso Senhor D. João VI e Estudos sobre o Bem Comum.
d) **Princípios de Economia Política** é o título de uma das obras de Adam Smith.
e) a obra **Riqueza das Nações** foi lançada em 1794 e motivou José da Silva Lisboa a escrever sobre o mesmo assunto nela tratado.

A obra de José da Silva Lisboa foi influenciada por Smith, especialmente nas obras: Princípios de Economia Política, Memória dos Benefícios Políticos do Governo de El-Rei Nosso Senhor D. João VI e Estudos sobre o Bem Comum.

Vejamos:

*A primeira tradução da obra **Riqueza das Nações** surgiu na Espanha, em 1794, e a obra de José da Silva Lisboa, o futuro Visconde Cairu, foi significativamente influenciada por Smith, especialmente os seus **Princípios de Economia Política** (1804). Mas também tiveram a mesma influência a **Memória dos Benefícios Políticos do Governo de El-Rei Nosso Senhor D. João VI** (1818) e, particularmente, os seus **Estudos sobre o Bem Comum** (1819-1820).*

GABARITO: C.

TEXTO PARA AS PRÓXIMAS SEIS QUESTÕES.

Texto CB1A1-I

Não é preciso temer as máquinas, à maneira do **Exterminador do Futuro**, para se preocupar com a sobrevivência da democracia em um mundo dominado pela Inteligência Artificial (IA). No fim das contas, a democracia sempre teve como alicerces os pressupostos de que nosso conhecimento do mundo é imperfeito e incompleto; de que não há resposta definitiva para grande parte das questões políticas; e de que é sobretudo por meio da deliberação e do debate que expressamos nossa aprovação e nosso descontentamento.

Em certo sentido, o sistema democrático tem se mostrado capaz de aproveitar nossas imperfeições da melhor maneira: uma vez que de fato não sabemos tudo, e tampouco podemos testar empiricamente todas as nossas suposições teóricas, estabelecemos certa margem de manobra democrática, uma folga política, em nossas instituições, a fim de evitar sermos arrastados pelos vínculos do fanatismo e do perfeccionismo.

Agora, novas melhorias na IA, viabilizadas por operações massivas de coleta de dados, aperfeiçoadas ao máximo por grupos digitais, contribuíram para a retomada de uma velha corrente positivista do pensamento político. Extremamente tecnocrata em seu âmago, essa corrente sustenta que a democracia talvez tenha tido sua época, mas que hoje, com tantos dados à nossa disposição, afinal estamos prestes a automatizar e simplificar muitas daquelas imperfeições que teriam sido — deliberadamente — incorporadas ao sistema político.

Dessa forma, podemos delegar cada vez mais tarefas a algoritmos que, avaliando os resultados de tarefas anteriores e quaisquer alterações nas predileções individuais e nas curvas de indiferença, se reajustariam e revisariam suas regras de funcionamento. Alguns intelectuais proeminentes do Vale do Silício até exaltam o surgimento de uma "regulação algorítmica", celebrando-a como uma alternativa poderosa à aparentemente ineficaz regulação normal.

(Evgeny Morozov. **Big Tech**. A ascensão dos dados e a morte da política. São Paulo: Ubu, 2018, p. 138-139. Adaptado.)

147. (CESPE/CEBRASPE - 2022 - TC/RJ - ANALISTA DE CONTROLE EXTERNO) No texto, o autor dedica-se a denunciar as falhas do sistema democrático.

Certo ( )   Errado ( )

A finalidade do autor é discutir como se dá a sobrevivência da democracia em um mundo dominado pela inteligência artificial (IA). Ou seja, o objetivo central do texto não é denunciar as falhas do sistema democrático.

GABARITO: ERRADO.

148. (CESPE/CEBRASPE - 2022 - TC/RJ - ANALISTA DE CONTROLE EXTERNO) A democracia lança mão das limitações dos saberes humanos.

Certo ( )   Errado ( )

O segundo parágrafo procura, predominantemente, mostrar que a democracia lança mão das limitações dos saberes humanos. Vejamos: *Em certo sentido, **o sistema democrático tem se mostrado capaz de aproveitar nossas imperfeições da melhor maneira**: uma vez que de fato não sabemos tudo, e tampouco podemos testar empiricamente todas as nossas suposições teóricas, estabelecemos certa margem de manobra democrática, uma folga política, em nossas instituições, a fim de evitar sermos arrastados pelos vínculos do fanatismo e do perfeccionismo.*

GABARITO: CERTO.

149. (CESPE/CEBRASPE - 2022 - TC/RJ - ANALISTA DE CONTROLE EXTERNO) O texto é iniciado com a advertência de que o domínio da inteligência artificial representa risco à democracia, ainda que isso se dê de forma diversa da representada na ficção.

Certo ( )   Errado ( )

O texto usa o filme "Exterminador do futuro" para mostrar que é preciso se preocupar com a sobrevivência da democracia. A citação desse filme é para evidenciar que a preocupação não precisa se dar no mesmo nível do que ocorre no filme. Vejamos: *Não é preciso temer as máquinas, à maneira do **Exterminador do Futuro**, para se preocupar com a sobrevivência da democracia em um mundo dominado pela inteligência artificial (IA).*

GABARITO: CERTO.

150. (CESPE/CEBRASPE - 2022 - TC/RJ - ANALISTA DE CONTROLE EXTERNO) No terceiro parágrafo, o autor defende que os avanços da IA tornaram a democracia obsoleta, ao superarem as incongruências desse sistema político.

Certo ( )   Errado ( )

O termo "obsoleto" significa que já não se usa; arcaico, antigo; fora de moda, ultrapassado, antiquado. Não é nesse sentido que o terceiro parágrafo é construído. O autor defende que existe uma retomada de uma velha corrente positivista do pensamento político, a qual sustenta que a democracia talvez tenha tido sua época. Vejamos:

*Agora, novas melhorias na IA, viabilizadas por operações massivas de coleta de dados, aperfeiçoadas ao máximo por grupos digitais, contribuíram para a retomada de **uma velha corrente positivista do pensamento político**. Extremamente tecnocrata em seu âmago, **essa corrente sustenta que a democracia talvez tenha tido sua época**, mas que hoje, com tantos dados à nossa disposição, afinal estamos prestes a automatizar e simplificar muitas daquelas imperfeições que teriam sido — deliberadamente — incorporadas ao sistema político.*

GABARITO: ERRADO.

---

151. (CESPE/CEBRASPE - 2022 - TC/RJ - ANALISTA DE CONTROLE EXTERNO) Infere-se do primeiro parágrafo do texto que o autor considera o conflito de ideias como algo inerente à política.

Certo ( )   Errado ( )

O texto mostra alguns dos pressupostos que são alicerces da democracia. E um deles é a deliberação e o debate (por meio deles expressamos nossa aprovação e nosso descontentamento). Por isso, a inferência (dedução possível) está correta. Vejamos:

*No fim das contas, a democracia sempre teve como **alicerces** os **pressupostos** de que **nosso conhecimento do mundo é imperfeito e incompleto**; de que não há resposta definitiva para grande parte das questões políticas; e de que é sobretudo **por meio da deliberação e do debate que expressamos nossa aprovação e nosso descontentamento**.*

GABARITO: CERTO.

---

152. (CESPE/CEBRASPE - 2022 - TC/RJ - ANALISTA DE CONTROLE EXTERNO) O último parágrafo do texto demonstra que a opinião do autor harmoniza-se com o entusiasmo dos intelectuais do Vale do Silício.

Certo ( )   Errado ( )

A opinião do texto não se harmoniza com o entusiasmo dos intelectuais do Vale do Silício. Destaca-se que "harmonizar-se" significa pôr(-se) ou estar em harmonia, em acordo; conformizar(-se). O autor apenas mostra o que pensam alguns intelectuais proeminentes do Vale do Silício. Vejamos:

*Dessa forma, podemos delegar cada vez mais tarefas a algoritmos que, avaliando os resultados de tarefas anteriores e quaisquer alterações nas predileções individuais e nas curvas de indiferença, se reajustariam e revisariam suas regras de funcionamento. **Alguns intelectuais proeminentes do Vale do Silício até exaltam o surgimento de uma "regulação algorítmica", celebrando-a como uma alternativa poderosa à aparentemente ineficaz regulação normal**.*

GABARITO: ERRADO.

TEXTO PARA AS PRÓXIMAS QUATRO QUESTÕES.

Texto CB1A2-I

O uso da palavra está, necessariamente, ligado à questão da eficácia. Visando a uma multidão indistinta, a um grupo definido ou a um auditório privilegiado, o discurso procura sempre produzir um impacto sobre seu público. Esforça-se, frequentemente, para fazê-lo aderir a uma tese: ele tem, então, uma visada argumentativa. Mas o discurso também pode, mais modestamente, procurar modificar a orientação dos modos de ver e de sentir: nesse caso, ele tem uma dimensão argumentativa. Como o uso da palavra se dota do poder de influenciar seu auditório? Por quais meios verbais, por quais estratégias programadas ou espontâneas ele assegura a sua força?

Essas questões, das quais se percebe facilmente a importância na prática social, estão no centro de uma disciplina cujas raízes remontam à Antiguidade: a retórica. Para os antigos, a retórica era uma teoria da fala eficaz e também uma aprendizagem ao longo da qual os homens da cidade se iniciavam na arte de persuadir. Com o passar do tempo, entretanto, ela tornou-se, progressivamente, uma arte do bem dizer, reduzindo-se a um arsenal de figuras. Voltada para os ornamentos do discurso, a retórica chegou a se esquecer de sua vocação primeira: imprimir ao verbo a capacidade de provocar a convicção. É a esse objetivo que retornam, atualmente, as reflexões que se desenvolvem na era da democracia e da comunicação.

(Ruth Amosy. **A argumentação no discurso**. São Paulo: Contexto, 2018, p. 7. Adaptado.)

153. (CESPE/CEBRASPE - 2022 - TC/RJ - ANALISTA DE CONTROLE EXTERNO) De acordo com o texto, o discurso caracteriza-se por pretender gerar impacto no público ao qual se destina.

Certo ( ) Errado ( )

O texto mostra que, independentemente do público, o discurso busca gerar algum impacto. Vejamos: *Visando a uma **multidão indistinta**, a um **grupo definido** ou a um **auditório privilegiado**, o discurso procura sempre produzir um impacto sobre seu público. Esforça-se, frequentemente, para fazê-lo aderir a uma tese: ele tem, então, uma visada argumentativa*.

GABARITO: CERTO.

154. (CESPE/CEBRASPE - 2022 - TC/RJ - ANALISTA DE CONTROLE EXTERNO) Conclui-se do texto que, deixando de lado o foco na eloquência, atualmente a retórica volta à sua vocação original, como fruto das reflexões que se desenvolvem na era da democracia e da comunicação.

Certo ( ) Errado ( )

O texto mostra que, com o passar do tempo, a retórica tornou-se, progressivamente, uma arte do bem dizer, reduzindo-se a um arsenal de figuras.

Para os antigos, a retórica era uma teoria da fala eficaz e uma aprendizagem ao longo da qual os homens da cidade se iniciavam na arte de persuadir.

Segundo o texto, a retórica chegou a se esquecer de sua vocação primeira: *imprimir ao verbo a capacidade de provocar a convicção*. É a esse objetivo que retornam, atualmente, as reflexões que se desenvolvem na Era da democracia e da comunicação.

GABARITO: ERRADO.

155. (CESPE/CEBRASPE - 2022 - TC/RJ - ANALISTA DE CONTROLE EXTERNO) O texto informa que, já na Antiguidade, o discurso era relacionado à retórica, uma teoria da fala eficaz e uma arte de persuadir.

Certo ( ) Errado ( )

O texto não faz a relação expressa no enunciado dessa questão. O que se sabe é que as questões *Como o uso da palavra se dota do poder de influenciar seu auditório? Por quais meios verbais, por quais estratégias programadas ou espontâneas ele assegura a sua força?* estão no centro de uma **disciplina** cujas raízes remontam à Antiguidade: a **retórica**. Para os antigos, *a retórica era uma teoria da fala eficaz e também uma aprendizagem ao longo da qual os homens da cidade se iniciavam na arte de persuadir*.

GABARITO: ERRADO.

156. **(CESPE/CEBRASPE - 2022 - TC/RJ - ANALISTA DE CONTROLE EXTERNO)** Segundo o texto, a visada argumentativa de um discurso e a sua dimensão argumentativa são duas características indissociáveis e de igual importância no estudo e na compreensão dos discursos.

Certo ( )   Errado ( )

O emprego da conjunção "mas" (no primeiro parágrafo) mostra que há uma oposição de ideias. Vejamos: *Visando a uma multidão indistinta, a um grupo definido ou a um auditório privilegiado, o discurso procura sempre produzir um impacto sobre seu público. Esforça-se, frequentemente, para fazê-lo aderir a uma tese: ele tem, então, uma **visada argumentativa**.*

*Mas o discurso também pode, mais modestamente, procurar modificar a orientação dos modos de ver e de sentir: nesse caso, ele tem uma **dimensão argumentativa**.*

Portanto, "visada argumentativa" e "dimensão argumentativa" não são indissociáveis e de igual importância, porque estão em lados opostos.

GABARITO: ERRADO.

TEXTO PARA AS PRÓXIMAS QUATRO QUESTÕES.

Texto CB1A2-II

A pseudociência difere da ciência errônea. A ciência prospera com seus erros, eliminando-os um a um. Conclusões falsas são tiradas todo o tempo, mas elas constituem tentativas. As hipóteses são formuladas de modo a poderem ser refutadas. Uma sequência de hipóteses alternativas é confrontada com os experimentos e a observação. A ciência tateia e cambaleia em busca de melhor compreensão. Alguns sentimentos de propriedade individual são certamente ofendidos quando uma hipótese científica não é aprovada, mas essas refutações são reconhecidas como centrais para o empreendimento científico.

A pseudociência é exatamente o oposto. As hipóteses são formuladas de modo a se tornar invulneráveis a qualquer experimento que ofereça uma perspectiva de refutação, para que em princípio não possam ser invalidadas.

Talvez a distinção mais clara entre a ciência e a pseudociência seja o fato de que a primeira sabe avaliar com mais perspicácia as imperfeições e a falibilidade humanas do que a segunda. Se nos recusamos radicalmente a reconhecer em que pontos somos propensos a cair em erro, podemos ter quase certeza de que o erro nos acompanhará para sempre. Mas, se somos capazes de uma pequena autoavaliação corajosa, quaisquer que sejam as reflexões tristes que isso possa provocar, as nossas chances melhoram muito.

(Carl Sagan. **O mundo assombrado pelos demônios**. Tradução de Rosaura Eichemberg. São Paulo: Companhia das Letras, 2016, p. 39-40. Adaptado.)

Considerando as ideias do texto CB1A2-II, julgue os itens seguintes.

157. **(CESPE/CEBRASPE - 2022 - TC/RJ - ANALISTA DE CONTROLE EXTERNO)** O texto concebe as pseudociências como ciências em si mesmas, na medida em que explicita que elas evitam, em sua metodologia de trabalho, o confronto de suas hipóteses com hipóteses alternativas.

Certo ( )   Errado ( )

O conceito de pseudociências dado no texto é: *A pseudociência é exatamente o oposto. As hipóteses são formuladas de modo a se tornar invulneráveis a qualquer experimento que ofereça uma perspectiva de refutação, para que em princípio não possam ser invalidadas.*

GABARITO: ERRADO.

---

158. **(CESPE/CEBRASPE - 2022 - TC/RJ - ANALISTA DE CONTROLE EXTERNO)** De acordo com o texto, a abertura à refutação de hipóteses formuladas é uma prática constante na metodologia de trabalho da ciência.

Certo ( )   Errado ( )

A ciência busca eliminar hipóteses até chegar a uma conclusão. Vejamos:

*A ciência prospera com seus erros, eliminando-os um a um. Conclusões falsas são tiradas todo o tempo, mas elas constituem **tentativas**. As hipóteses são formuladas de modo a poderem ser refutadas. **Uma sequência de hipóteses alternativas é confrontada com os experimentos e a observação.***

GABARITO: CERTO.

---

159. (CESPE/CEBRASPE - 2022 - TC/RJ - ANALISTA DE CONTROLE EXTERNO) Conforme se explicita no texto, a ciência só prospera quando elimina todos os erros.

Certo ( )   Errado ( )

O texto não faz esta restrição: a ciência só/somente prospera quando elimina todos os erros.

No texto, a afirmação é mais abrangente: *A ciência prospera com seus erros, eliminando-os um a um*, ou seja, a restrição feita na questão a torna errada.

GABARITO: ERRADO.

---

160. (CESPE/CEBRASPE - 2022 - TC/RJ - ANALISTA DE CONTROLE EXTERNO) No primeiro parágrafo, o trecho "Conclusões falsas são tiradas todo o tempo, mas elas constituem tentativas" representa uma das características da pseudociência que a torna diferente da ciência.

Certo ( )   Errado ( )

O trecho *Conclusões falsas são tiradas todo o tempo, mas elas constituem tentativas* representa uma das características da ciência, e não da pseudociência.

GABARITO: ERRADO.

TEXTO PARA AS PRÓXIMAS DUAS QUESTÕES.

O Prêmio Nobel de Economia de 2017 foi concedido ao norte-americano Richard Thaler por suas contribuições no campo da economia comportamental. Thaler é um dos mais destacados economistas na aplicação da psicologia às análises das teorias econômicas e das consequências da racionalidade limitada, das preferências pessoais e da falta de autocontrole. Um desdobramento mais recente dessa área de pesquisa da economia é a aplicação de *insights* comportamentais às políticas públicas. Compreender os processos decisórios, os hábitos e as experiências pessoais das pessoas em situação de pobreza é essencial para o processo de elaboração de políticas públicas e a sua eficácia. É o que sugere o estudo do IPC-IG *Insights comportamentais e políticas de superação da pobreza*, dos pesquisadores Antonio Claret Campos Filho e Luis Henrique Paiva.

O estudo defende que pessoas em situações de escassez, como a pobreza, têm uma maior sobrecarga mental, pois estão sujeitas a preocupações que não afetam a vida daqueles de maior renda, como a qualidade da água consumida ou o acesso à alimentação. Evitar contrair empréstimos a juros altos é um exemplo da falta de autocontrole que tende a ser mais frequente e mais onerosa para os pobres. Decisões de longo prazo também tendem a ser negativamente afetadas pelas sobrecargas associadas à escassez, como retirar os filhos da escola para buscar algum tipo de trabalho, por conta da perda de emprego dos pais, o que acarreta consequências negativas para toda a vida da criança.

(IPC-IG. Disponível em: ipcig.org. Adaptado.)

161. (CESPE/CEBRASPE - 2021 - BANESE - TÉCNICO BANCÁRIO I) Conforme o texto, os pobres, os negros e os homossexuais, considerados pessoas em situação de vulnerabilidade, têm uma sobrecarga mental maior do que as pessoas que não fazem parte desses grupos.

Certo ( )   Errado ( )

O texto não restringe a vulnerabilidade aos pobres, aos negros e aos homossexuais. O texto fala de pessoas em situações de escassez, exemplificando a pobreza. Vejamos: *O estudo defende que **pessoas em situações de escassez, como a pobreza,** têm uma maior sobrecarga mental, pois estão sujeitas a preocupações que não afetam a vida daqueles de maior renda, como a qualidade da água consumida ou o acesso à alimentação.*

GABARITO: ERRADO.

---

162. **(CESPE/CEBRASPE - 2021 - BANESE - TÉCNICO BANCÁRIO I)** O texto afirma que, de acordo com os pesquisadores Antonio Claret Campos Filho e Luis Henrique Paiva, a eficácia das políticas públicas voltadas para o combate à pobreza tem relação com a compreensão dos processos decisórios, dos hábitos e das experiências pessoais das pessoas em situação de pobreza.

Certo ( )   Errado ( )

O texto realmente traz a ideia de que a eficácia das políticas públicas voltadas para o combate à pobreza tem relação com a compreensão dos processos decisórios, dos hábitos e das experiências pessoais das pessoas em situação de pobreza.

Vejamos: *Um desdobramento mais recente dessa área de pesquisa da economia é a aplicação de insights comportamentais às políticas públicas.* ***Compreender os processos decisórios, os hábitos e as experiências pessoais das pessoas em situação de pobreza é essencial para o processo de elaboração de políticas públicas e a sua eficácia.*** *É o que sugere o estudo do IPC-IG **Insights comportamentais e políticas de superação da pobreza,** dos pesquisadores Antonio Claret Campos Filho e Luis Henrique Paiva.*

GABARITO: CERTO.

TEXTO PARA AS PRÓXIMAS TRÊS QUESTÕES.

O primeiro caso de coronavírus foi confirmado no Brasil em 26 de fevereiro de 2020. Sendo o Brasil um dos países mais desiguais do mundo, era esperado que a pandemia acentuaria ainda mais as desigualdades sociais no país e causaria danos irremediáveis.

Com isso, o terceiro setor precisou apresentar uma resposta imediata. Já no dia 8 de abril de 2020, as doações para enfrentar a pandemia ultrapassaram a marca histórica de R$ 1 bilhão. O recorde foi registrado pelo Monitor das Doações da Covid-19, ferramenta criada pela Associação Brasileira de Captadores de Recursos (ABCR). O setor da saúde foi o que recebeu o maior volume de doações.

"A pandemia proporcionou uma mobilização que se deu pela população de diversas formas, desde doações de empresas até campanhas de financiamento. Grande parte das doações foram destinadas a hospitais, pesquisas científicas, compra de equipamentos e também à assistência social de famílias de baixa renda", conta Márcia Woods, presidente do conselho da ABCR.

De acordo com Woods, as doações tomaram diferentes arranjos. No entanto, apesar da grande mobilização, nem todas as causas sociais foram favorecidas. A causa da educação, por exemplo, sofreu impactos, pois todas as escolas tiveram que fechar as portas. Outra área muito afetada foi a da cultura, já que as pessoas não puderam assistir aos espetáculos pessoalmente.

(Observatório do Terceiro Setor. Disponível em: observatorio3setor.org.br. Adaptado.)

163. **(CESPE/CEBRASPE - 2021 - BANESE - TÉCNICO BANCÁRIO I)** O texto defende que, se a pandemia não tivesse ocorrido, a desigualdade no país não teria se agravado desde o início do ano de 2020.

Certo ( )   Errado ( )

O texto mostra que a expectativa é que no Brasil, por ser um dos países mais desiguais do mundo, a pandemia acentuaria ainda mais as desigualdades sociais no país e causaria danos irremediáveis. Porém, não há informações no texto de que a desigualdade no país não teria se agravado desde o início do ano de 2020.

GABARITO: ERRADO.

164. **(CESPE/CEBRASPE - 2021 - BANESE - TÉCNICO BANCÁRIO I)** Conforme o texto, no ano de 2020, houve recorde de doações no Brasil.

Certo ( )   Errado ( )

O texto mostra que realmente houve um recorde de doações. Vejamos:

Já no dia 8 de abril de 2020, as doações para enfrentar a pandemia ultrapassaram a marca histórica de R$ 1 bilhão. O recorde foi registrado pelo Monitor das Doações da Covid-19, ferramenta criada pela Associação Brasileira de Captadores de Recursos (ABCR). O setor da saúde foi o que recebeu o maior volume de doações.
GABARITO: CERTO.

---

165. **(CESPE/CEBRASPE - 2021 - BANESE - TÉCNICO BANCÁRIO I)** O texto mostra que, se, por um lado, a área da saúde foi bastante beneficiada pelas doações realizadas em 2020, por outro, as áreas da educação e da cultura não receberam qualquer tipo de ajuda financeira nesse ano.

Certo ( )   Errado ( )

O texto mostra que grande parte das doações foram para hospitais, pesquisas científicas, compra de equipamentos e à assistência social de famílias de baixa renda. O texto também afirma que nem todas as causas sociais foram favorecidas, como educação e cultura. Entretanto, não se pode alegar que as áreas da educação e da cultura não receberam qualquer tipo de ajuda financeira nesse ano

Vejamos: *A pandemia proporcionou uma mobilização que se deu pela população de diversas formas, desde doações de empresas até campanhas de financiamento. Grande parte das doações foram destinadas a hospitais, pesquisas científicas, compra de equipamentos e também à assistência social de famílias de baixa renda, conta Márcia Woods, presidente do conselho da ABCR.*

De acordo com Woods, as doações tomaram diferentes arranjos. No entanto, apesar da grande mobilização, nem todas as causas sociais foram favorecidas. A causa da educação, por exemplo, sofreu impactos, pois todas as escolas tiveram que fechar as portas. Outra área muito afetada foi a da cultura, já que as pessoas não puderam assistir aos espetáculos pessoalmente.
GABARITO: ERRADO.

TEXTO PARA AS PRÓXIMAS DUAS QUESTÕES.

Desde fim dos anos 1980 do século passado, o efeito estufa como ameaça ecológica número um não é mais contestado. Embora não se possa provar, irrefutavelmente, que o aumento até agora medido das temperaturas anuais médias (em torno de um grau nos últimos cem anos) se refere ao desenvolvimento humano, essa suposição tem, no entanto, muita probabilidade de ser correta — de tal forma que seria irresponsabilidade deixar as coisas seguirem seu curso. Um primeiro sinal de que o clima mundial já começou a mudar é o aumento de anomalias meteorológicas — ciclones, períodos de seca e trombas-d'água diluvianas — desde os anos 90 do século passado.

Os limites do crescimento marcam uma espécie de escassez, embora no mercado não se tornem imediatamente notados como tais. A atmosfera, por exemplo, não funciona como um reservatório, que um dia esvaziará e outro dia será novamente enchido por bombeamento (a isso, o mercado poderia ao menos reagir em curto prazo), mas como um mecanismo que, lenta mas inexoravelmente, terá efeito retroativo em nossas condições de vida, comparável a um parafuso de rosca que se aperta sempre mais.

O limite do demasiado é invisível e também não pode ser determinado diretamente por experimentos. Assim como, ao se escalarem montanhas, o ar cada vez mais rarefeito nas alturas desafia os alpinistas diferenciadamente — uns mais, outros menos —, a fauna e a flora, em regiões diferenciadas, reagem diferentemente ao aquecimento da atmosfera. Uma das preocupações mais sérias é provocada pela velocidade com que já está ocorrendo a mudança climática. Se ela não for eficazmente freada, poderá exigir demasiado da capacidade adaptativa de muitas espécies.

(Thomas Kesselring. Depois de nós, o dilúvio. A dimensão do meio ambiente. In: **Ética, política e desenvolvimento humano**: a justiça na era da globalização. Benno Dischinger (Trad.). Caxias do Sul, RS: Educs, 2007, p. 222. Adaptado.)

166. **(CESPE/CEBRASPE - 2021 - CODEVASF - ANALISTAS)** Infere-se do texto que, em relação às mudanças climáticas, ainda não se pode definir ao certo quais cenários realmente devem ser esperados.

Certo ( )   Errado ( )

A base argumentativa do texto é tratar de possibilidades acerca das mudanças climáticas. Ou seja, há probabilidades, suposições, mas não se determina de forma específica o que acontecerá. O emprego do verbo "poderá" aponta para o fato de que existem possibilidades.

Vejamos: *Uma das preocupações mais sérias é provocada pela velocidade com que já está ocorrendo a mudança climática. Se ela não for eficazmente freada, **poderá exigir** demasiado da capacidade adaptativa de muitas espécies.*

GABARITO: CERTO.

---

167. **(CESPE/CEBRASPE - 2021 - CODEVASF - ANALISTAS)** De acordo com o texto, as espécies serão atingidas de maneira uniforme pelo aquecimento global.

Certo ( )   Errado ( )

As espécies serão atingidas de forma diferente, conforme afirma o texto: *a fauna e a flora, em regiões diferenciadas, reagem diferentemente ao aquecimento da atmosfera.*

GABARITO: ERRADO.

INTERPRETAÇÃO DE TEXTOS

TEXTO PARA AS PRÓXIMAS TRÊS QUESTÕES.

A história da irrigação se confunde, na maioria das vezes, com a história da agricultura e da prosperidade econômica de inúmeros povos. Muitas civilizações antigas se originaram assim, em regiões áridas, onde a produção só era possível com o uso da irrigação.

O Brasil, dotado de grandes áreas agricultáveis localizadas em regiões úmidas, não se baseou, no passado, na irrigação, embora haja registro de que, já em 1589, os jesuítas praticavam a técnica na antiga Fazenda Santa Cruz, no estado do Rio de Janeiro. Também na região mais seca do Nordeste e nos estados de Minas Gerais e São Paulo, era utilizada em culturas de cana-de-açúcar, batatinha, pomares e hortas. Em cafezais, seu emprego iniciou-se na década de 50 do século passado, com a utilização da aspersão, que se mostrou particularmente interessante, especialmente nas terras roxas do estado de São Paulo.

A irrigação, de caráter suplementar às chuvas, tem sido aplicada na região Centro-Oeste do país, especialmente em culturas perenes.

Embora a região central do Brasil apresente boas médias anuais de precipitação pluviométrica, sua distribuição anual (concentrada no verão, sujeita a veranicos e escassa ou completamente ausente no inverno) permite, apenas, a prática de culturas anuais (arroz, milho, soja etc.), as quais podem se desenvolver no período chuvoso e encontrar no solo um suprimento adequado de água.

Já as culturas mais perenes (como café, citrus, cana-de-açúcar e pastagem) atravessam, no período seco, fases de sensível deficiência de água, pela limitada capacidade de armazenamento no solo, o que interrompe o desenvolvimento vegetativo e acarreta colheitas menores ou nulas.

A vantagem e a principal justificativa econômica da irrigação suplementar estão na garantia de safra, a despeito da incerteza das chuvas.

Na região Nordeste, a irrigação foi introduzida pelo governo federal e aparece vinculada ao abastecimento de água no Semiárido e a planos de desenvolvimento do Vale do São Francisco. Ali, a irrigação é vista como importante medida para amenizar os problemas advindos das secas periódicas, que acarretam sérias consequências econômicas e sociais.

No contexto das estratégias nacionais de desenvolvimento, um programa de irrigação pode contribuir para o equacionamento de um amplo conjunto de problemas estruturais. Com relação à geração de empregos diretos, a agricultura irrigada nordestina é mais intensiva do que nas outras regiões do país. Na região semiárida, em especial no vale do São Francisco, a irrigação tem destacado papel a cumprir, como, aliás, já ocorre em importantes polos agroindustriais da região Nordeste.

A irrigação constitui-se em uma das mais importantes tecnologias para o aumento da produtividade agrícola. Aliada a ela, uma série de práticas agronômicas deve ser devidamente considerada.

(Companhia de Desenvolvimento dos Vales do São Francisco e do Parnaíba (Codevasp). Disponível em: www.codevasf.gov.br. Adaptado.)

168. (CESPE/CEBRASPE - 2021 - CODEVASF - ANALISTAS) De acordo com o texto, a irrigação constitui uma das mais importantes tecnologias para o aumento da produtividade agrícola, especialmente no cultivo de culturas perenes.

Certo ( )   Errado ( )

O texto é construído no sentido de mostrar o papel da irrigação para a produtividade agrícola. Vejamos:
- *A história da irrigação se confunde, na maioria das vezes, com a história da agricultura e da prosperidade econômica de inúmeros povos. Muitas civilizações antigas se originaram assim, em regiões áridas, **onde a produção só era possível com o uso da irrigação**.*
- *A **irrigação**, de caráter suplementar às chuvas, tem sido aplicada na região Centro-Oeste do país, **especialmente em culturas perenes**.*
- *A **irrigação** constitui-se em **uma das mais importantes tecnologias para o aumento da produtividade agrícola**. Aliada a ela, uma série de práticas agronômicas deve ser devidamente considerada.*

GABARITO: CERTO.

---

169. (CESPE/CEBRASPE - 2021 - CODEVASF - ANALISTAS) Infere-se do texto que a escassez de chuvas na região central do Brasil não permite a prática de culturas anuais sem o uso de tecnologias de irrigação.

Certo ( )   Errado ( )

As culturas anuais são possíveis na região central do Brasil. Vejamos: *Embora a região central do Brasil apresente boas médias anuais de precipitação pluviométrica, sua distribuição anual (concentrada no verão, sujeita a veranicos e escassa ou completamente ausente no inverno) **permite, apenas, a prática de culturas anuais** (arroz, milho, soja etc.), as quais podem se desenvolver no período chuvoso e encontrar no solo um suprimento adequado de água.*

GABARITO: ERRADO.

---

170. (CESPE/CEBRASPE - 2021 - CODEVASF - ANALISTAS) A ideia principal do texto é defender a técnica de irrigação na região Nordeste do Brasil, já que se trata de uma área semiárida.

Certo ( )   Errado ( )

O texto não tem a intenção de defender a técnica da irrigação. O texto é predominantemente informação, e não argumentativo. Ou seja, não há defesa de ponto de vista. Existem apenas informações acerca da técnica da irrigação.

GABARITO: ERRADO.

TEXTO PARA AS PRÓXIMAS DUAS QUESTÕES.

A Declaração Universal dos Direitos do Homem, que é certamente, com relação ao processo de proteção global dos direitos do homem, um ponto de partida para uma meta progressiva, representa, ao contrário, com relação ao conteúdo, isto é, com relação aos direitos proclamados, um ponto de parada em um processo de modo algum concluído. Os direitos elencados na Declaração não são os únicos e possíveis direitos do homem: são os direitos do homem histórico, tal como este se configurava na mente dos redatores da Declaração após a tragédia da Segunda Guerra Mundial, em uma época que tivera início com a Revolução Francesa e desembocara na Revolução Soviética. Não é preciso muita imaginação para prever que o desenvolvimento da técnica, a transformação das condições econômicas e sociais, a ampliação dos conhecimentos e a intensificação dos meios de comunicação poderão produzir tais mudanças na organização da vida humana e das relações sociais que se criem ocasiões favoráveis para o nascimento de novos carecimentos e, portanto, para novas demandas de liberdade e de poderes. Para dar apenas alguns exemplos, lembro que a crescente quantidade e intensidade das informações a que o homem de hoje está submetido faz surgir, com força cada vez maior, a necessidade de não se ser enganado, excitado ou perturbado por uma propaganda maciça e deformadora; começa a se esboçar, contra o direito de expressar as próprias opiniões, o direito à verdade das informações.

(Norberto Bobbio. **A era dos direitos**. Disponível em: https://edisciplinas.usp.br. Adaptado.)

171. (CESPE/CEBRASPE - 2021 - DEPEN - AGENTE DE EXECUÇÃO PENAL) Segundo o autor do texto, na Declaração Universal dos Direitos do Homem, estão elencados os direitos possíveis e cabíveis a um tipo de homem específico: o homem histórico.

Certo ( )   Errado ( )

Essa informação está expressamente descrita no texto. Vejamos: *Os direitos elencados na Declaração não são os únicos e possíveis direitos do homem: são os direitos do **homem histórico**, tal como este se configurava na mente dos redatores da Declaração após a tragédia da Segunda Guerra Mundial, em uma época que tivera início com a Revolução Francesa e desembocara na Revolução Soviética.*
GABARITO: CERTO.

---

172. (CESPE/CEBRASPE - 2021 - DEPEN - AGENTE DE EXECUÇÃO PENAL) Infere-se do texto que inovações tecnológicas, como as que reconfiguraram as relações do homem com a informação, são um dos elementos que ensejam uma ampliação de perspectivas sobre limites de direitos individuais e coletivos.

Certo ( )   Errado ( )

O texto mostra que as transformações trazem novas demandas. Vejamos: *Não é preciso muita imaginação para prever que **o desenvolvimento da técnica, a transformação das condições econômicas e sociais, a ampliação dos conhecimentos e a intensificação dos meios de comunicação** poderão produzir tais mudanças na organização da vida humana e das relações sociais que se criem ocasiões favoráveis para o nascimento de novos carecimentos e, portanto, para **novas demandas de liberdade e de poderes**.*
GABARITO: CERTO.

TEXTO PARA AS PRÓXIMAS TRÊS QUESTÕES.

A Casa de Detenção Feminina era antiquada, embolorada, lúgubre e sombria. O chão da sala de admissão era de cimento, sem pintura, com a sujeira dos sapatos de milhares de prisioneiras, policiais e inspetoras de polícia incrustada na superfície.

Disseram para eu me sentar no banco da frente, na fileira da direita. De repente, ouviu-se um estrondo do lado de fora do portão. Várias mulheres se aproximavam da entrada, esperando que o portão de ferro se abrisse.

Enquanto as mulheres que tinham voltado do tribunal estavam em pé do lado de fora dos portões de ferro, fui levada para fora da sala. Lá, havia o mesmo piso de cimento imundo, paredes de azulejos amarelados descorados e duas escrivaninhas velhas de escritório. Uma inspetora branca e robusta estava no comando. Quando eu descobri, entre os papéis grudados na parede, um cartaz de pessoas procuradas pelo FBI com a minha fotografia e descrição, ela o arrancou de lá.

Eu ainda estava esperando naquela sala suja quando houve a troca de turno. Outra agente prisional foi enviada para me vigiar. Ela era negra, jovem — mais nova do que eu —, usava cabelos crespos naturais e, ao se aproximar, não demonstrou nenhum tipo de arrogância. Foi uma experiência que me desarmou. No entanto, não foi o fato de ela ser negra que me surpreendeu, foi seu comportamento: sem agressividade e aparentemente solidário.

Imaginando que eu pudesse ser capaz de obter dela alguma informação sobre a minha situação, perguntei por que a demora era tão longa. Ela não sabia detalhes, disse, mas achava que estavam tentando decidir como me manteriam separada da população prisional. Seu pressentimento era de que eu seria colocada na área da prisão reservada para mulheres com transtornos psicológicos. Olhei para ela com incredulidade. Para mim, prisão era prisão — não existia gradação de melhor ou pior.

(Angela Y. Davis. **Uma autobiografia**. Heci Regina Candiani (Trad.). 1. ed. São Paulo: Boitempo, 2019. Adaptado.)

173. (CESPE/CEBRASPE - 2021 - DEPEN - AGENTE DE EXECUÇÃO PENAL) A descrição do espaço é um recurso utilizado pela autora para criticar o ambiente prisional em que se encontra.

Certo ( )   Errado ( )

A descrição feita é no sentido de mostrar o ambiente hostil e fazer reflexões acerca disso. Vejamos: *A Casa de Detenção Feminina era antiquada, embolorada, lúgubre e sombria. O chão da sala de admissão era de cimento, sem pintura, com a sujeira dos sapatos de milhares de prisioneiras, policiais e inspetoras de polícia incrustada na superfície.*
GABARITO: CERTO.

---

174. (CESPE/CEBRASPE - 2021 - DEPEN - AGENTE DE EXECUÇÃO PENAL) Infere-se do texto que a autora se sentiu desarmada e, portanto, menos desconfiada, devido ao fato de a agente prisional referida no quarto parágrafo ser negra.

Certo ( )   Errado ( )

A autora se sentiu desarmada pelo fato de a agente prisional não a tratar com arrogância. Vejamos: *Outra agente prisional foi enviada para me vigiar. Ela era negra, jovem — mais nova do que eu —, usava cabelos crespos naturais e, ao se aproximar, **não demonstrou nenhum tipo de arrogância. Foi uma experiência que me desarmou.** No entanto, não foi o fato de ela ser negra que me surpreendeu, foi seu comportamento: sem agressividade e aparentemente solidário.*
GABARITO: ERRADO.

---

175. (CESPE/CEBRASPE - 2021 - DEPEN - AGENTE DE EXECUÇÃO PENAL) Os últimos parágrafos do texto evidenciam que a agente prisional enviada para vigiar a autora do texto tinha detalhes acerca da área da prisão para onde esta seria levada, mas preferiu não os revelar.

Certo ( )   Errado ( )

A agente prisional não tinha detalhes acerca da área da prisão. Vejamos: *Imaginando que eu pudesse ser capaz de obter dela alguma informação sobre a minha situação, perguntei por que a demora era tão longa. **Ela não sabia detalhes**, disse, mas achava que estavam tentando decidir como me manteriam separada da população prisional.*
GABARITO: ERRADO.

TEXTO PARA AS PRÓXIMAS TRÊS QUESTÕES.

Texto CB2A1-I

Ser mais humano em meio a um mundo cada vez mais digital — esse é o grande desafio das organizações para o ano de 2022 no Brasil e em todo o mundo. O equilíbrio entre *home office* e escritório, em um modelo híbrido de trabalho, deve ser a tendência para os próximos anos. E, no contexto da vida pós-pandemia, há desafios que os departamentos de recursos humanos (RH) vão enfrentar para manter uma relação saudável e positiva entre empresas e colaboradores e garantir, ainda, a produtividade do negócio. E no meio de tudo isso, a tecnologia mais uma vez surge como a viabilizadora de bons resultados.

O primeiro desafio do RH é demonstrar segurança em um mundo de incertezas. É fundamental que toda a comunicação da companhia com seus colaboradores seja feita de maneira clara, precisa e sem hesitação, para evitar dúvidas e ansiedades, transmitindo-se segurança às equipes de trabalho. Nesse sentido, uma plataforma digital *workplace*, a famosa *intranet*, é uma ferramenta indispensável para sustentar uma comunicação de fato eficiente.

Não há mais espaço para um modelo de trabalho independente e não colaborativo nas organizações, depois de quase dois anos de mudanças profundas nas relações de trabalho. Se o RH não dá as respostas certas no tempo certo, os gestores tendem a agir sozinhos em busca de soluções para seus desafios de atração e retenção de talentos. O resultado é uma desvalorização da área de recursos humanos, que é um dos pilares para a produtividade e sustentabilidade de qualquer empresa.

O suporte da tecnologia ganha um papel cada vez mais estratégico para apoiar a tomada de decisão, que precisa ser cada vez mais humanizada. Não se trata de usar a tecnologia para automatizar e otimizar processos em uma estrutura "robotizada", mas de ampliar o uso de ferramentas que humanizem as relações a partir de dados mais ricos e informações mais completas e valiosas, para buscar o melhor tanto para os colaboradores quanto para a própria empresa.

Em 2022, o foco deve ser encontrar soluções que possam resolver os desafios da gestão de capital humano das organizações. Mesmo com toda a tecnologia existente, a ideia não é substituir pessoas, mas conferir-lhes poder para que suas tomadas de decisões sejam ainda melhores. É a tecnologia viabilizando relações mais humanas, precisas, por meio de dados reais, confiáveis. Esse é o caminho para o futuro.

(Robson Campos. Associação de Empresas e Profissionais da Informação (Abeinfo). Disponível em: www.abeinfobrasil.com.br. Adaptado.)

176. **(CESPE/CEBRASPE - 2022 - FUB - ASSISTENTE EM ADMINISTRAÇÃO)** De acordo com o texto, a *intranet* é uma ferramenta digital imprescindível às empresas porque garante um modelo de trabalho menos independente e mais colaborativo entre as áreas da organização.

Certo ( )   Errado ( )

A intranet é uma ferramenta relacionada a uma comunicação de fato eficiente. Vejamos: *Nesse sentido, uma plataforma digital workplace, a famosa **intranet**, é uma **ferramenta indispensável para sustentar uma comunicação de fato eficiente**.*

E não está ligado a um modelo de trabalho menos independente e mais colaborativo. Vejamos: *Não há mais espaço para um modelo de trabalho independente e não colaborativo nas organizações, depois de quase dois anos de mudanças profundas nas relações de trabalho.*

GABARITO: ERRADO.

177. **(CESPE/CEBRASPE - 2022 - FUB - ASSISTENTE EM ADMINISTRAÇÃO)** No texto, que se caracteriza como dissertativo-argumentativo, defende-se uma gestão de recursos humanos voltada para a valorização do potencial humano nas organizações, em face dos avanços da tecnologia.

Certo ( )   Errado ( )

O texto defende realmente que é preciso valorizar o potencial humano nas organizações, decorrente dos avanços da tecnologia. Vejamos: *Em 2022, o foco deve ser encontrar soluções que possam resolver os desafios da gestão de capital humano das organizações. Mesmo com toda a tecnologia existente, a ideia não é substituir pessoas, mas **conferir-lhes poder para que suas tomadas de decisões sejam ainda melhores**. É a tecnologia viabilizando relações mais humanas, precisas, por meio de dados reais, confiáveis. Esse é o caminho para o futuro.*

GABARITO: CERTO.

178. **(CESPE/CEBRASPE - 2022 - FUB - ASSISTENTE EM ADMINISTRAÇÃO)** A tomada de decisões nas organizações, apoiada na tecnologia, deve visar o que é melhor tanto para os colaboradores quanto para a própria empresa, segundo as ideias do texto.

Certo ( )   Errado ( )

O texto defende que deve haver uma relação saudável entre colaboradores e empresa. Vejamos: *E, no contexto da vida pós-pandemia, há desafios que os departamentos de recursos humanos (RH) vão enfrentar para manter uma **relação saudável e positiva entre empresas e colaboradores** e garantir, ainda,* *a produtividade do negócio. E no meio de tudo isso, **a tecnologia mais uma vez surge como a viabilizadora de bons resultados.***

GABARITO: CERTO.

TEXTO PARA AS PRÓXIMAS DUAS QUESTÕES.

Durante toda a minha vida lidei mal com as demonstrações públicas de sofrimento. Sempre que tive que enfrentá-las, experimentei a inquietante sensação de que meu cérebro bloqueava a sensibilidade, inclusive em relação a mim mesmo. Lembro-me de que, quando minha mãe morreu no hospital, meu pai se jogou sobre seu corpo sem vida e começou a gritar. Sabia que ele a amara durante toda a sua vida de forma muito sincera, e eu mesmo estava tão aturdido pela dor que mal conseguia articular uma palavra, mas, mesmo assim, não pude evitar de sentir que toda a cena era extraordinariamente falsa, e aquilo me perturbou quase mais do que a morte em si. Logo parei de sentir, o quarto me pareceu maior e vazio, e na metade desse espaço pensei que todos nós tínhamos ficado rígidos como estátuas. A única coisa que eu era capaz de me repetir, sem parar, era: "Boa atuação, papai, que boa atuação, papai...".

Quando vi aquela mulher gritando na praça, tive uma sensação parecida. O cabelo desgrenhado, as duas garotas quase adolescentes, os claros sinais de embriaguez... havia algo tão obsceno nela que nem sequer fiquei escandalizado com minha ausência de compaixão. Eu a olhava da janela do meu escritório como se a distância que nos separasse fosse cósmica. Ela gritava, e seus gritos não faziam sentido. Insultava alternadamente o prefeito e Camilo Ortiz, que deveria estar escutando tudo de sua cela. Eu me sentei e continuei trabalhando. A mulher se calou. Houve um silêncio inesperado e então começou a gritar de novo, mas de forma muito diferente: "Foram as crianças! Foram as crianças!".

(Andrés Barba. **República luminosa**. São Paulo: Todavia, 2018, p. 35)

179. (IBFC - 2022 - SES/DF - NÍVEL SUPERIOR) O primeiro parágrafo apresenta uma digressão por meio da qual o narrador apresenta um registro de sua memória. Segundo o texto, a mudança brusca de comportamento, registrada em "Logo parei de sentir", deveu-se:

a) à dificuldade inata de demonstrar sua tristeza publicamente.
b) à percepção pessoal de que a postura do pai era falsa.
c) à revolta pela perda da mãe de forma tão precoce.
d) ao fato de o pai ter sempre tratado a mulher com falsidade.
e) ao avanço de sua indiferença em relação à dor do outro.

O narrador relata o momento em que sua mãe morreu, e evidencia que seu pai foi falso na demonstração de desespero perante esse acontecimento. Vejamos: *Lembro-me de que, quando minha mãe morreu no hospital, **meu pai se jogou sobre seu corpo sem vida e começou a gritar**. Sabia que ele a amara durante toda a sua vida de forma muito sincera, e eu mesmo estava tão aturdido pela dor que mal conseguia articular uma palavra, mas, mesmo assim, não pude evitar de sentir que **toda a cena era extraordinariamente falsa**, e aquilo me perturbou quase mais do que a morte em si. **Logo parei de sentir**, o quarto me pareceu maior e vazio, e na metade desse espaço pensei que todos nós tínhamos ficado rígidos como estátuas. A única coisa que eu era capaz de me repetir, sem parar, era: "Boa atuação, papai, que boa atuação, papai...".*

GABARITO: B.

---

180. (IBFC - 2022 - SES/DF - NÍVEL SUPERIOR) O sentido de um texto é construído também pelas relações que são estabelecidas entre suas partes. Dessa forma, pode-se afirmar que a situação apresentada no segundo parágrafo estabelece com a do primeiro uma relação de:

a) comparação.
b) contraste.
c) anulação.

d) sobreposição.

e) indagação.

O texto mostra uma aproximação (uma semelhança) entre o fato ocorrido com o pai do narrador e aquele ocorrido com a mulher na praça. Vejamos: *Quando vi aquela mulher gritando na praça, tive uma sensação parecida.*

GABARITO: A.

---

181. **(IBFC - 2022 - SES/DF - NÍVEL SUPERIOR)**

Quando vi aquela mulher gritando na praça, tive uma sensação parecida. O cabelo desgrenhado, as duas garotas quase adolescentes, os claros sinais de embriaguez... havia algo tão obsceno nela que nem sequer fiquei escandalizado com minha ausência de compaixão. Eu a olhava da janela do meu escritório como se a distância que nos separasse fosse cósmica. Ela gritava, e seus gritos não faziam sentido. Insultava alternadamente o prefeito e Camilo Ortiz, que deveria estar escutando tudo de sua cela. Eu me sentei e continuei trabalhando. A mulher se calou. Houve um silêncio inesperado e então começou a gritar de novo, mas de forma muito diferente: "Foram as crianças! Foram as crianças!". [...]

No segundo período do segundo parágrafo, o narrador apresenta ao leitor uma imagem visual da mulher por meio de uma sequência:

a) argumentativa e objetiva.

b) descritiva e subjetiva.

c) expositiva e objetiva.

d) injuntiva e subjetiva.

e) narrativa e objetiva.

Há uma sequência descrita (porque caracteriza fisicamente a mulher) e subjetiva (porque há uma opinião do narrador). Vejamos: *O cabelo* ***desgrenhado****, as duas garotas quase adolescentes, os claros sinais de embriaguez... havia algo* ***tão obsceno*** *nela que nem sequer fiquei* ***escandalizado*** *com minha ausência de compaixão.*

GABARITO: B.

---

182. **(IBFC - 2022 - SES/DF - NÍVEL SUPERIOR)**

Quando vi aquela mulher gritando na praça, tive uma sensação parecida. O cabelo desgrenhado, as duas garotas quase adolescentes, os claros sinais de embriaguez... havia algo tão obsceno nela que nem sequer fiquei escandalizado com minha ausência de compaixão. Eu a olhava da janela do meu escritório como se a distância que nos separasse fosse cósmica. Ela gritava, e seus gritos não faziam sentido. Insultava alternadamente o prefeito e Camilo Ortiz, que deveria estar escutando tudo de sua cela. Eu me sentei e continuei trabalhando. A mulher se calou. Houve um silêncio inesperado e então começou a gritar de novo, mas de forma muito diferente: "Foram as crianças! Foram as crianças!". [...]

Ao afirmar "que nem sequer fiquei escandalizado com minha ausência de compaixão" (segundo parágrafo), o narrador permite ao leitor inferir que está sendo apresentada uma situação que, tradicionalmente, despertaria:

a) apatia.

b) revolta.

c) sensibilização.

d) desprezo.

e) pânico.

A cena, por envolver uma mulher e duas garotas adolescentes, geralmente causaria uma comoção. Porém, ele não agiu dessa maneira. Vejamos: *havia algo tão obsceno nela que nem sequer fiquei escandalizado com minha ausência de compaixão.*
GABARITO: C.

---

183. (IBFC - 2022 - SES/DF - NÍVEL SUPERIOR)

Como é o gigantesco 'túnel magnético' que envolve o sistema solar, segundo pesquisadores

Galáxias possuem campo magnético; descoberta pode ajudar a entender como essas regiões do espaço funcionam

Nosso sistema solar está envolto em um gigantesco "túnel magnético" que liga duas vastas regiões de nossa galáxia que pareciam estar desconectadas.

Essa é a conclusão de um estudo recente na área dos campos magnéticos do cosmos, uma característica do nosso universo sobre a qual ainda existem muitas perguntas sem resposta.

Essa descoberta de uma equipe da Universidade de Toronto (Canadá) pode ser útil para entender melhor como os campos magnéticos do universo funcionam e como eles afetam o comportamento e a evolução das galáxias.

"Este modelo tem implicações para o desenvolvimento de um modelo holístico de campos magnéticos em galáxias", escrevem os autores do estudo.

O que foi descoberto e como isso pode ajudar a melhorar nossa compreensão do universo?

Campos conectados

A investigação foi focada em duas estruturas gigantescas da nossa Via Láctea conhecidas como "Esporão Polar Norte" (NPS, na sigla em inglês) e "Região do Ventilador" (Fan).

O Esporão Polar Norte é uma enorme faixa de gás quente que emite raios-X e ondas de rádio.

Por sua vez, a Região do Ventilador é uma área altamente polarizada, cujo campo elétrico se abre no formato de um ventilador. Ambas as regiões são visíveis através de radiotelescópios e, da Terra, estão localizadas em lados opostos do espaço.

Até agora, essas duas estruturas foram estudadas individualmente, mas o trabalho da Universidade de Toronto mostra pela primeira vez que elas estão conectadas por um "túnel" dentro do qual nosso sistema solar está localizado.

"Os campos magnéticos não existem isoladamente", diz Jennifer West, pesquisadora em magnetismo de galáxias no Instituto Dunlap de Astronomia e Física da Universidade de Toronto e principal autora do estudo.

"Todos eles precisam se conectar uns aos outros. Portanto, o próximo passo é entender melhor como esse campo magnético local se conecta tanto ao campo magnético galáctico de maior escala quanto aos campos magnéticos de menor escala do nosso Sol e da Terra." [...]

(BBC News Brasil. **Como é o gigantesco túnel magnético que envolve o Sistema Solar, segundo pesquisadores**. Disponível em: https://www1.folha.uol.com.br/ciencia/2022/04/como-e-o-gigantesco-tunel-magnetico-que-envolve-o-sistema-solar-segundo-pesquisadores.shtml. Acesso em: 20 abr. 2022).

O texto é predominantemente expositivo. Sobre ele é correto afirmar que:

a) não são empregados termos técnicos ou expressões científicas a fim de facilitar a compreensão da mensagem.

b) a referência a institutos de pesquisas e a pesquisadores torna restrita e frágil a abordagem do assunto.

c) o emprego do pronome possessivo de primeira pessoa, como em "Nosso sistema solar", não invalida o caráter objetivo do artigo.

d) a presença de citações transcritas entre aspas ilustra exemplos de passagens injuntivas no corpo do artigo.

e) ao se apontar a conclusão do estudo, no início do texto, os pesquisadores dão por encerrados os trabalhos na área de magnetismo.

A: Existem termos técnicos ou expressões científicas, mas não é para facilitar a compreensão da mensagem.

B: A referência a institutos de pesquisas e a pesquisadores é para validar as informações do texto.

C: A presença de primeira pessoa do plural "nosso" não é uma marca de opinião que caracterize o texto como argumentativo. Para ser um texto argumentativo, deve haver uma tese (posicionamento) defendido pelo autor, no sentido de convencer o leitor de que o ponto de vista apresentado é coerente.

D: A presença de citações transcritas entre aspas é para dar credibilidade às informações apresentadas.

E: Ao se apontar a conclusão do estudo, no início do texto, os pesquisadores mostram que há fatores a serem investigados.

GABARITO: C.

TEXTO PARA AS PRÓXIMAS TRÊS QUESTÕES.

Perguntas de criança...

Há muita sabedoria pedagógica nos ditos populares. Como naquele que diz: "É fácil levar a égua até o meio do ribeirão. O difícil é convencer ela a beber a água..." De fato: se a égua não estiver com sede ela não beberá água por mais que o seu dono a surre... Mas, se estiver com sede, ela, por vontade própria, tomará a iniciativa de ir até o ribeirão. Aplicado à educação: "É fácil obrigar o aluno a ir à escola. O difícil é convencê-lo a aprender aquilo que ele não quer aprender..."

Às vezes eu penso que o que as escolas fazem com as crianças é tentar forçá-las a beber a água que elas não querem beber. Brunno Bettelheim, um dos maiores educadores do século passado, dizia que na escola os professores tentaram ensinar-lhe coisas que eles queriam ensinar, mas que ele não queria aprender. Não aprendeu e, ainda por cima, ficou com raiva. Que as crianças querem aprender, disso não tenho a menor dúvida. Vocês devem ser lembrar do que escrevi, corrigindo a afirmação com que Aristóteles começa a sua "Metafísica": "Todos os homens, enquanto crianças, têm, por natureza, desejo de conhecer..."

Mas, o que é que as crianças querem aprender? Pois, faz uns dias, recebi de uma professora, Edith Chacon Theodoro, uma carta digna de uma educadora e uma lista de perguntas anexada a ela, que seus alunos haviam feito, espontaneamente. "Por que o mundo gira em torno dele e do sol? Por que a vida é justa com poucos e tão injusta com muitos? Por que o céu é azul? Quem foi que inventou o Português? Como foi que os homens e as mulheres chegaram a descobrir as s e as sílabas? Como a explosão do *Big Bang* foi originada? Será que existe inferno? Como pode ter alguém que não goste de planta? Quem nasceu primeiro, o ovo ou a galinha? Um cego sabe o que é uma cor? Se na Arca de Noé havia muitos animais selvagens, por que um não comeu o outro? Para onde vou depois de morrer? Por que eu adoro música e instrumentos musicais se ninguém na minha família toca nada? Por que sou nervoso? Por que há vento? Por que as pessoas boas morrem mais cedo? Por que a chuva cai em gotas e não tudo de uma vez?"

José Pacheco é um educador português. Ele é o diretor (embora não aceite ser chamado de diretor, por razões que um dia vou explicar...) da Escola da Ponte, localizada na pequena cidade de Vila das Aves, ao norte de Portugal. É uma das escolas mais inteligentes que já visitei. Ela é inteligente porque leva muito mais a sério as perguntas que as crianças fazem do que as respostas que os programas querem fazê-las aprender. Pois ele me contou que, em tempos idos, quando ainda trabalhava numa outra escola, provocou os alunos a que escrevessem numa folha de papel as perguntas que provocavam a sua curiosidade e ficavam rolando dentro das suas cabeças, sem resposta. O resultado foi parecido com o que transcrevi acima. Entusiasmado com a inteligência das crianças – pois é nas perguntas que a inteligência se revela – resolveu fazer experiência parecida com os professores. Pediu-lhes que colocassem numa folha de papel as perguntas que gostariam de fazer. O resultado foi surpreendente: os professores só fizeram perguntas relativas aos conteúdos dos seus programas. Os professores de geografia fizeram perguntas sobre acidentes geográficos, os professores de português fizeram perguntas sobre gramática, os professores de história fizeram perguntas sobre fatos históricos, os professores de matemática propuseram problemas de matemática a serem resolvidos, e assim por diante.

O filósofo Ludwig Wittgenstein afirmou: "os limites da minha linguagem denotam os limites do meu mundo". Minha versão popular: "as perguntas que fazemos revelam o ribeirão onde quero beber..." Leia de novo e vagarosamente as perguntas feitas pelos alunos. Você verá que elas revelam uma sede imensa de conhecimento! Os mundos das crianças são imensos! Sua sede não se mata bebendo a água de um mesmo ribeirão! Querem águas de rios, de lagos, de lagoas, de fontes, de minas, de chuva, de poças d'água... Já as perguntas dos professores revelam (Perdão pela palavra que vou usar! É só uma metáfora, para fazer ligação com o ditado popular!) éguas que perderam a curiosidade, felizes com as águas do ribeirão conhecido... Ribeirões diferentes as assustam, por medo de se afogarem... Perguntas falsas: os professores sabiam as respostas... Assim, elas nada revelavam do espanto que se tem quando se olha para o mundo com atenção. Eram apenas a repetição da mesma trilha batida que leva ao mesmo ribeirão...

    Eu sempre me preocupei muito com aquilo que as escolas fazem com as crianças. Agora estou me preocupando com aquilo que as escolas fazem com os professores. Os professores que fizeram as perguntas já foram crianças; quando crianças, suas perguntas eram outras, seu mundo era outro...Foi a instituição "escola" que lhes ensinou a maneira certa de beber água: cada um no seu ribeirão... Mas as instituições são criações humanas. Podem ser mudadas. E, se forem mudadas, os professores aprenderão o prazer de beber de águas de outros ribeirões e voltarão a fazer as perguntas que faziam quando eram crianças.

(Rubem Alves. Perguntas de criança... **Folha de S.Paulo**, 24 set. 2002, p. 29. Adaptado.)

184. (IBFC - 2022 - PREFEITURA DE CONTAGEM/MG - NÍVEL SUPERIOR) Leia as afirmativas abaixo em relação ao conteúdo exposto no texto "Perguntas de criança...".

I. O texto retoma a forma como os professores devem proceder ao impor os conhecimentos mais importantes para os alunos.

II. O texto explica que o desejo de aprender não está na escola ou no professor, mas na curiosidade dos alunos.

III. O texto mostra que é correto haver um programa a ser seguido e desconsiderar a curiosidade da criança.

Estão corretas as afirmativas:

a) I apenas.
b) II apenas.
c) III apenas.
d) I e III apenas.

O texto provoca uma reflexão sobre como processo de ensino nas escolas, muitas vezes, acaba tirando a curiosidade que é inerente às pessoas. O texto afirma que, quando crianças, possuímos uma curiosidade que nos instiga, porém vamos perdendo essa atitude devido aos padrões que são impostos pelo sistema de ensino. Ou seja, o autor do texto tece questionamentos, como:

Eu sempre me preocupei muito com aquilo que as escolas fazem com as crianças. Agora estou me preocupando com aquilo que as escolas fazem com os professores.

I: O texto **não** retoma a forma como os professores devem proceder, e **critica** o fato de impor os conhecimentos mais importantes para os alunos.

II: O texto **realmente** explica que o desejo de aprender não está na escola ou no professor, mas na curiosidade dos alunos.

III: O texto mostra que é **não** é correto haver um programa a ser seguido e que **se deve considerar** a curiosidade da criança.

GABARITO: B.

185. **(IBFC - 2022 - PREFEITURA DE CONTAGEM/MG - NÍVEL SUPERIOR)** No fragmento do texto "os professores só fizeram perguntas relativas aos conteúdos dos seus programas", é correto afirmar que:

a) os professores não sabem estudar nem a própria área a que se dedicam, por exemplo, professor de geografia não sabe o que é um acidente geográfico, tanto é verdade que apresentaram esse tema de questão para o diretor José Pacheco.

b) os professores perderam a curiosidade pelos conteúdos que o cercam só estão focados nos conteúdos de suas disciplinas ou áreas de atuação.

c) não se deve julgar o conhecimento dos professores, pois estão focados em suas áreas ou disciplinas para terem conteúdos mais relevantes e bem explicados para os alunos e, também, porque seus conhecimentos são incontestáveis.

d) a inteligência é medida pelo programa, por isso, não se deve considerar as questões dos alunos que não sejam relevantes ao tema de uma aula.

O autor percebeu que os professores perderam a capacidade de serem curiosos. No texto, afirma-se que entusiasmado com a inteligência das crianças – pois é nas perguntas que a inteligência se revela – resolveu fazer experiência parecida com os professores. [...] O resultado foi surpreendente: os professores só fizeram perguntas relativas aos conteúdos dos seus programas. [...] Perguntas falsas: os professores sabiam as respostas... Assim, elas nada revelavam do espanto que se tem quando se olha para o mundo com atenção. Eram apenas a repetição da mesma trilha batida que leva ao mesmo ribeirão...

GABARITO: B.

---

186. **(IBFC - 2022 - PREFEITURA DE CONTAGEM/MG - NÍVEL SUPERIOR)** Em princípio, a "interpretação de texto consiste em saber o que se infere (conclui-se) do que está escrito", assim sendo, analise as afirmativas que estejam congruentes com a interpretação do texto.

I. O texto informa que todos os homens, desde a infância, têm, por natureza, a curiosidade e o desejo de aprender.

II. O autor afirma que a carta da professora Edith Chacon Theodoro faz jus à carta de uma verdadeira educadora.

III. O autor expõe que a Escola da Ponte é inteligente, à medida que faz um paralelo entre as perguntas que as crianças elaboram e o conteúdo que elas têm que contemplar.

Estão corretas as afirmativas:

a) I apenas.
b) II apenas.
c) I e II apenas.
d) II e III apenas.

I e II: No texto, sabe-se que *Todos os homens, enquanto crianças, têm, por natureza, desejo de conhecer...* Além disso, o texto apresenta de maneira positiva o exemplo de atuação da professora, porque ela valoriza as perguntas feitas pelos alunos. Vejamos: *Mas, o que é que as crianças querem aprender? Pois, faz uns dias, recebi de uma professora, Edith Chacon Theodoro, uma carta digna de uma educadora e uma lista de perguntas anexada a ela, que seus alunos haviam feito, espontaneamente.*

III: O autor mostra que a escola é inteligente porque valoriza a curiosidade dos alunos. Vejamos: *José Pacheco é um educador português. Ele é o diretor (embora não aceite ser chamado de diretor, por razões que um dia vou explicar...) da Escola da Ponte, localizada na pequena cidade de Vila das Aves, ao norte de Portugal. É uma das escolas mais inteligentes que já visitei. Ela é inteligente porque leva muito mais a sério as perguntas que as crianças fazem do que as respostas que os programas querem fazê-las aprender.*

GABARITO: C.

TEXTO PARA AS PRÓXIMAS TRÊS QUESTÕES.

Faroeste

Naquele tempo o mocinho era bom.

Puro do cavalo branco até o chapelão imaculado. A camisa limpa, com estrela de xerife. Luvas de couro, tímido e olho baixo. Namorando a mocinha, cisca nas pedras e espirra estrelinha com a espora da botina.

Nunca despenteia o cabelo nas brigas. Defende órfão e viúva. Com os brutos, implacável, porém justo.

Frequenta o boteco pra chatear os bandidos. Bebe um trago e disfarça a careta. Atira só em legítima defesa. O mocinho é sempre mocinho, nunca brinca de bandido.

Ah, o vilão todo de preto, duas pistolas no cinto prateado e um punhal (escondido) na bota – o segundo mais rápido do oeste. Bigodinho fino, risadinha cínica. Bebe, trapaceia no jogo. Cospe no chão. Mata pelas costas.

Covarde, patético, chora na cadeia. E morre, bem-feito!, na forca.

Qual dos dois é o vilão hoje?

Se um quer roubar o ouro da mina do pai da mocinha, o outro também.

Sem piscar, um troca a mocinha pelo cavalo do outro.

Os punhos nus eram a arma do galã. Hoje briga sujo. Inimigo vencido, a cara no pó? Chuta de o nariz até esguichar sangue.

Costeleta e bigodinho ele também. Sem modos, entra de chapelão na casa do juiz. Corteja a heroína, já viu, aparando as unhas? Pífio jogador de pôquer, o toque na orelha esquerda significa trinca de sete.

A cada estalido na sombra já tem o dedo no gatilho – seu lema é atire primeiro e pergunte depois. Você por acaso fecha o olho do bandido que matou? Nem ele.

E a mocinha, de cachinho loiro e tudo, que vergonha!

Começa que moça direita nunca foi. Cantora fuleira de cabaré, gira a valsa do amor nos braços de um e de outro.

Por interesse, casa com o chefão do bando. Casa com o pai do mocinho. Até com o mocinho ela casa.

Deixa estar, guri não é trouxa. Torce pelo bandido.

(Dalton Trevisan. **O beijo na nuca**. Rio de Janeiro: Record, 2014. p. 66-67)

187. [IBFC - 2022 - INDEA/MT - AGENTE FISCAL] O texto propõe uma reflexão acerca dos comportamentos por meio de uma percepção temporal. Entendendo que as personagens apresentadas são tipos, ou estereótipos de determinados perfis, de acordo com o texto, pode-se afirmar que:

a) no passado, as caracterizações excluíam os aspectos físicos em prol do caráter.
b) atualmente, o caráter desses "tipos" não é mais considerado, nem suas ações.
c) no passado, as cores das roupas não possuíam qualquer significado simbólico.
d) atualmente, a percepção desses "tipos" é mais fluida, menos categórica.

A percepção desses "tipos" é mais fluida, menos categórica. Veja que no texto há uma marcação temporal explícita:

- *Naquele tempo o mocinho era bom.*
- *Qual dos dois é o vilão hoje?*

E a caracterização expressa muito bem quem é quem.

Mocinho: Naquele tempo o mocinho era bom. Puro do cavalo branco até o chapelão imaculado. A camisa limpa, com estrela de xerife. Luvas de couro, tímido e olho baixo. Nunca despenteia o cabelo nas brigas. O mocinho é sempre mocinho, nunca brinca de bandido.

Vilão: Ah, o vilão todo de preto, duas pistolas no cinto prateado e um punhal (escondido) na bota – o segundo mais rápido do oeste. Bigodinho fino, risadinha cínica. Bebe, trapaceia no jogo. Cospe no chão. Mata pelas costas.

Atualmente, não há mais essa distinção: *Qual dos dois é o vilão hoje? Se um quer roubar o ouro da mina do pai da mocinha, o outro também. Sem piscar, um troca a mocinha pelo cavalo do outro.*

GABARITO: D.

---

188. (IBFC - 2022 - INDEA/MT - AGENTE FISCAL) Ao afirmar "Começa que moça direita nunca foi.", o narrador:

a) revela a preocupação em defender o comportamento mais livre das moças em geral.
b) apresenta uma avaliação objetiva mais centrada na faixa etária do que no comportamento.
c) compartilha com o leitor um significado, comumente, atribuído ao adjetivo na expressão "moça direita".
d) revela certa idealização acerca da caracterização do comportamento da moça representada.

O narrador supõe que o leitor compreende o que significa ser "moça direita". Essa expressão mostra que houve mudança de significado também. Antes era moça direita (uma pessoa correta pelos padrões sociais), e agora não é mais assim. Vejamos no texto como essa ideia é construída:

E a mocinha, de cachinho loiro e tudo, que vergonha! Começa que moça direita nunca foi. Cantora fuleira de cabaré, gira a valsa do amor nos braços de um e de outro. Por interesse, casa com o chefão do bando. Casa com o pai do mocinho. Até com o mocinho ela casa.

GABARITO: C.

---

189. (IBFC - 2022 - INDEA/MT - AGENTE FISCAL) O texto remete a dois momentos distintos. A distinção entre esses dois momentos é feita por um recurso coesivo da Língua através do emprego de uma classe gramatical de caráter:

a) adverbial.
b) adjetivo.
c) verbal.
d) conjuntivo.

O advérbio tem a função de indica circunstâncias, como tempo, modo, lugar etc. Vejamos:

- *Naquele tempo o mocinho era bom.* (naquele tempo – locução adverbial de tempo)
- *Qual dos dois é o vilão hoje?* (hoje – advérbio de tempo)

GABARITO: A.

TEXTO PARA AS PRÓXIMAS TRÊS QUESTÕES.

O conto do vigário

Um conto de réis. Foi esta quantia, enorme para a época, que o velho pároco de Cantanzal perdeu para Pedro Lulu, boa vida cuja única ocupação, além de levar à perdição as mocinhas do lugar, era tocar viola para garantir, de uma casa em outra, o almoço de todos os dias. Nenhum vendeiro, por maior esforço de memória que fizesse, lembraria o dia em que Pedro Lulu tirou do bolso uma nota qualquer para comprar alguma coisa. Sempre vinha com uma conversa maneira, uma lábia enroladora e no final terminava por comprar o que queria, deixando fiado e desaparecendo por vários meses, até achar que o dono do boteco tinha esquecido a dívida, para fazer uma nova por cima.

A vida de Pedro Lulu era relativamente boa. Tocava nas festas, ganhava roupas usadas dos amigos e juras de amor de moças solteironas de Cantanzal. A vida mansa, no entanto, terminou quando o Padre Bastião chegou por ali. Homem sisudo, pregava o trabalho como meio único para progredir na vida. Ele mesmo dava exemplo, pegando no batente de manhã cedo, preparando massa de cimento e assentando tijolos da igreja em construção. Quando deu com Pedro Lulu, que só queria sombra e água fresca, iniciou uma verdadeira campanha contra ele. Nos sermões, pregava o trabalho árduo. Pedro Lulu era o exemplo mais formidável que dava aos fiéis. "Não tem família, não tem dinheiro, veste o que lhe dão, vive a cantar e a mendigar comida na mesa alheia", pregava o padre, diante do rebanho.

Aos poucos Pedro Lulu foi perdendo amizades valiosas, os almoços oferecidos foram escasseando e até mesmo nas rodas de cantoria era olhado de lado por alguns.

"Isso tem que acabar", disse consigo.

Naquele dia foi até a igreja e prostou-se diante do confessionário. Fingindo ser outra pessoa, pediu ao padre o mais absoluto segredo do que iria contar, porque havia prometido a um amigo que não faria o mesmo diante das maiores dificuldades, mas que vê-lo em tamanha necessidade, tinha resolvido confessar-se passando o segredo adiante.

O Padre, cujo único defeito era interessar-se pela vida alheia, ficou todo ouvidos. E foi assim que a misteriosa figura contou que Pedro Lulu era, na verdade, riquíssimo, mas que por uma aposta que fez, não podia usufruir de seus bens na capital, que somavam milhares de contos de réis. [...]

(Joseli Dias)

190. (IBFC - 2022 - EBSERH - NÍVEL MÉDIO) A leitura atenta do texto permite-nos classificá-lo como pertencente à tipologia narrativa. A respeito dos elementos que o caracterizam, é correto afirmar que:
- a) a apresentação idealizada atribuída ao personagem Pedro Lulu reforça a indiferença dos demais personagens por ele.
- b) a ausência de uma delimitação do espaço em que se passa a história permite, ao leitor, situá-la em qualquer região do país.
- c) a longa descrição apresentada pelo narrador acerca do personagem Pedro Lulu revela a posição isenta do foco narrativo selecionado.
- d) o texto concentra-se na caracterização dos traços físicos do personagem Pedro Lulu em detrimento de suas atitudes.
- e) a situação apresentada logo no início do texto revela um recorte temporal da história que ainda será explicado posteriormente.

A: Não há apresentação idealizada atribuída ao personagem Pedro Lulu.
B: Existe uma delimitação do espaço em que se passa a história (o velho pároco de Cantanzal).
C: O narrador faz descrições que qualificam o personagem. Ou seja, não há posição isenta do foco narrativo selecionado.
D: O texto concentra-se na caracterização das atitudes de Pedro Lulu.
E: É um momento na narrativa que foi explicado no decorrer do relato. No início, sabe-se que o padre perdeu uma grande quantia em dinheiro (*Um conto de réis. Foi esta quantia, enorme para a época, que o velho pároco de Cantanzal perdeu para Pedro Lulu, boa vida cuja única ocupação, além de levar à perdição as mocinhas do lugar, era tocar viola para garantir, de uma casa em outra, o almoço de todos os dias*). Após esse trecho narrado, há um retorno ao passado, o qual mostra como esse padre se deixou ser enganado por Pedro Lulu.
GABARITO: E.

---

191. (IBFC - 2022 - EBSERH - NÍVEL MÉDIO) De acordo com o texto, pode-se afirmar que a opinião de moradores acerca de Pedro Lulu:
- a) era resultado da identificação com um comportamento típico.
- b) foi alterada em função da avaliação feita pelo padre.
- c) dependia da qualidade com que ele tocava a viola.
- d) era marcada por vínculos sólidos de longas amizades.
- e) jamais considerou as atitudes cotidianas por ele realizadas.

O padre passou a desmoralizar as atitudes de Pedro Lulu, como se percebe com este trecho: *Quando deu com Pedro Lulu, que só queria sombra e água fresca, iniciou uma verdadeira campanha contra ele. Nos sermões, pregava o trabalho árduo. Pedro Lulu era o exemplo mais formidável que dava aos fiéis. "Não tem família, não tem dinheiro, veste o que lhe dão, vive a cantar e a mendigar comida na mesa alheia", pregava o padre, diante do rebanho.*

Aos poucos Pedro Lulu foi perdendo amizades valiosas, os almoços oferecidos foram escasseando e até mesmo nas rodas de cantoria era olhado de lado por alguns.

GABARITO: B.

---

192. (IBFC - 2022 - EBSERH - NÍVEL MÉDIO) A passagem "Isso tem que acabar" traz um exemplo de discurso direto e revela:

a) um desejo de Pedro Lulu.
b) uma ordem do Padre Bastião.
c) a expectativa dos demais moradores.
d) um medo de Padre Bastião.
e) uma desconfiança de Pedro Lulu.

Está expresso um desejo de Pedro Lulu. Vejamos: *Aos poucos Pedro Lulu foi perdendo amizades valiosas, os almoços oferecidos foram escasseando e até mesmo nas rodas de cantoria era olhado de lado por alguns. "Isso tem que acabar", disse consigo.*

Vale destacar que o discurso direto se caracteriza por ser aquele em que o narrador reproduz as palavras de outra pessoa ou personagem. Um discurso direto pode aparecer no meio do texto. Para isso, utiliza recursos de pontuação como uso das aspas, dois-pontos ou travessão, para demonstrar que a fala é de outrem.

GABARITO: A.

TEXTO PARA AS PRÓXIMAS TRÊS QUESTÕES.

Texto CG2A1-I

1 Na década de 1960, o mundo passou por um aumento populacional inédito devido à brusca queda na taxa de mortalidade, o que gerou preocupações sobre a capacidade dos
4 países em produzir comida para todos. A solução encontrada foi desenvolver tecnologia e métodos que aumentassem a produção.
7 Em 1981, o indiano ganhador do Prêmio Nobel de Economia, Amartya Sen, em seu livro Pobreza e Fomes, identificou a existência de populações com fome mesmo em
10 países que não convivem com problemas de abastecimento. O economista indiano traçou então, pela primeira vez, uma relação causal entre fome e questões sociais como pobreza e
13 concentração de renda. Tirou, assim, o foco de aspectos técnicos e mudou o tom do debate internacional sobre a questão e as políticas públicas a serem tomadas a partir daí.
16 As últimas décadas foram de grande evolução no combate à fome em escala global. Nos últimos 25 anos, 7,7% da população mundial superou o problema, o que representa
19 216 milhões de pessoas. É como se mais que toda a população

brasileira saísse da subnutrição em menos de três décadas. Contudo, 10,8% do mundo ainda vive sem acesso a uma dieta que forneça o mínimo de calorias e nutrientes necessários para uma vida saudável, e 21 mil pessoas morrem diariamente por fome ou problemas derivados dela.

Um estudo publicado em 2016 pela FAO (Organização das Nações Unidas para a Alimentação e a Agricultura) mostra que a produção mundial de alimentos é suficiente para atender a demanda das 7,3 bilhões de pessoas que habitam a Terra. Apesar disso, aproximadamente uma em cada nove dessas pessoas ainda vive a realidade da fome. A pesquisa põe em xeque toda a política internacional de combate à subnutrição crônica colocada em prática nas últimas décadas. Em vez de crescimento da produção e ajudas momentâneas, surge agora como caminho uma abordagem territorial que valorize e potencialize a produção local.

Embora os números absolutos estejam caindo, o tema ainda é um dos mais delicados da agenda internacional. Um exemplo da extensão do problema está na declaração dada em 2017 pelo Fundo das Nações Unidas para a Infância (UNICEF), segundo a qual 1,4 milhão de crianças, de quatro diferentes países da África — Nigéria, Somália, Iêmen e Sudão do Sul —, corre risco iminente de morrer de fome. A questão é tão antiga quanto complexa, e se conecta intrinsecamente com a estrutura política e econômica sobre a qual o sistema internacional está construído. Concentração da renda e da produção, falta de vontade política e até mesmo desinformação e consolidação de uma cultura alimentar pouco nutritiva são fatores que compõem o cenário da fome e da desnutrição no planeta.

(Internet: www.nexojornal.com.br. Adaptado.)

193. **(CESPE/CEBRASPE - 2019 - MPC/PA - ANALISTA MINISTERIAL)** Infere-se do texto CG2A1-I que uma das contribuições do estudo publicado em 2016 pela FAO foi:
a) fornecer dados estatísticos inéditos acerca da situação da fome e da produção de alimentos no mundo.
b) desconstruir a ideia de que a situação da fome no mundo decorre de escassez na produção mundial de alimentos.
c) distinguir as consequências da política internacional de combate à subnutrição crônica em diferentes países.
d) fortalecer as medidas de combate à fome centradas no aumento da produção mundial de alimentos.
e) propor a expansão das estratégias de combate à fome adotadas em diferentes países nas últimas décadas.

O parágrafo em que o estudo publicado em 2016 pela FAO é apresentado mostra que a produção de alimentos teoricamente seria suficiente para todos. O que ocorre é que a distribuição não é eficaz, por isso a fome ainda existe. Ou seja, o estudo busca desconstruir a ideia de que a situação da fome no mundo decorre de escassez na produção mundial de alimentos.

GABARITO: B.

---

194. **(CESPE/CEBRASPE - 2019 - MPC/PA - ANALISTA MINISTERIAL)** Embora busque chamar a atenção para o problema da fome, o autor do texto CG2A1-I reconhece que ela foi reduzida em nível mundial. Para enfatizar no texto o que essa redução representa, o autor:

a) cita diversos países africanos onde a fome assola a maioria da população pobre.
b) compara à população total brasileira a parcela da população mundial que, em menos de trinta anos, superou a fome.
c) indica a obra Pobreza e Fomes, que rendeu ao autor indiano Amartya Sen o Prêmio Nobel de Economia em 1981.
d) transcreve a opinião de especialistas sobre as medidas de combate à fome ao longo de anos.
e) apresenta dados estatísticos da FAO que alertam sobre a dimensão do problema da fome em nível mundial.

O texto mostra que há uma preocupação quanto à produção de comida para todos. Para isso, traz alguns dados históricos e estatísticos a fim de mostrar a real situação da questão da fome. O terceiro parágrafo aponta para o fato positivo de que, nas últimas três décadas, a evolução no combate à fome foi bem considerável. Acerca disso, faz uma comparação do número de pessoas que superou o problema (a nível mundial) com a quantidade de habitantes do Brasil, com o intuito de mostrar que os números são bem expressivos.

GABARITO: B.

---

195. **(CESPE/CEBRASPE - 2019 - MPC/PA - ANALISTA MINISTERIAL)** De acordo com o texto CG2A1-I, a constatação de que a fome é resultado de problemas de cunho social, e não simplesmente da falta de alimentos, foi feita pela primeira vez quando:

a) o UNICEF emitiu, em 2017, declaração acerca do risco de crianças de países pobres da África morrerem por fome.
b) o aumento populacional, em 1960, pôs em dúvida a capacidade dos países em produzir comida para seu povo.
c) a queda na taxa de mortalidade, em 1960, impulsionou um aumento populacional inédito.
d) o economista Amartya Sen publicou o livro Pobreza e Fomes, em 1981.
e) a FAO publicou, em 2016, estudo sobre a produção e a demanda mundial de alimentos.

Considerando todas as informações do texto, aquela que provocou a discussão e a preocupação a respeito da fome está contida no primeiro parágrafo, quando há um fato histórico de que, na década de 1960, houve grande aumento populacional, consequentemente uma preocupação com a produção de comida para todos.

GABARITO: D.

TEXTO PARA AS PRÓXIMAS DUAS QUESTÕES.

A modernidade é um contrato. Todos nós aderimos a ele no dia em que nascemos, e ele regula nossa vida até o dia em que morremos. Pouquíssimos entre nós são capazes de rescindi-lo ou transcendê-lo. Esse contrato configura nossa comida, nossos empregos e nossos sonhos; ele decide onde moramos, quem amamos e como morremos.

À primeira vista, a modernidade parece ser um contrato extremamente complicado, por isso poucos tentam compreender no que exatamente se inscreveram. É como se você tivesse baixado algum software e ele te solicitasse assinar um contrato com dezenas de páginas em "juridiquês"; você dá uma olhada nele, passa imediatamente para a última página, tica em "concordo" e esquece o assunto. Mas a modernidade, de fato, é um contrato surpreendentemente simples. O contrato interno pode ser resumido em uma única frase: humanos concordam em abrir mão de significado em troca de poder.

(Yuval Noah Harari. **Homo Deus**: uma breve história do amanhã. São Paulo: Companhia das Letras, 2016. Adaptado.)

196. (CESPE/CEBRASPE - 2019 - PGE/PE - ASSISTENTE DE PROCURADORIA) O texto apresenta estratégia argumentativa que visa aproximar o leitor das ideias desenvolvidas pelo autor.

Certo ( )   Errado ( )

O texto faz uso de diversos recursos para aproximar o leitor. Uma delas é o uso da primeira pessoa do plural (nós): nós aderimos, nascemos, nossa vida, morremos, entre nós etc. Outra estratégia é a interlocução (diálogo com o leitor), a qual é marcada pelo uso de você (linhas 10 e 11).
GABARITO: CERTO.

---

197. (CESPE/CEBRASPE - 2019 - PGE/PE - ASSISTENTE DE PROCURADORIA) Infere-se do texto que a modernidade impele o ser humano a tomar decisões com as quais ele não concorda.

Certo ( )   Errado ( )

Afirmar que a modernidade impele (obriga) o ser humano a tomar decisões com as quais ele não concorda é extrapolar os limites do texto. O que se sabe é que pouquíssimos de nós são capazes de rescindi-lo ou transcendê-lo (o contrato). E esse contrato decide muitas coisas em nossa vida. No final do texto, há a seguinte informação: humanos concordam em abrir mão de significado em troca de poder.
GABARITO: ERRADO.

TEXTO PARA AS PRÓXIMAS TRÊS QUESTÕES.

O modelo econômico de produção capitalista, aperfeiçoado pelos avanços científicos e tecnológicos que, por sua vez, proporcionaram a reestruturação da produção e a Terceira Revolução Industrial, retirou do trabalho seu valor, transformando o empregado em simples mercadoria inserta no processo de produção. Nesse contexto, o trabalhador se vê tolhido da principal manifestação de sua humanidade e dignidade: o trabalho. A luta dos trabalhadores, portanto, não é mais apenas por condições melhores de subsistência, mas pela própria dignidade do ser humano.

Em face desse cenário, a opinião pública passa a questionar o papel do Estado e das instituições dominantes, no sentido de buscar um consenso sobre as consequências sociais da atividade econômica. A sociedade requer das organizações uma nova configuração da atividade econômica, pautada na ética e na responsabilidade para com a sociedade e o meio ambiente, a fim de minimizar problemas sociais como concentração de renda, precarização das relações de trabalho e falta de direitos básicos como educação, saúde e moradia, agravados, entre outros motivos, por propostas que concebem um Estado que seja parco em prestações sociais e no qual a própria sociedade se responsabilize pelos riscos de sua existência, só recorrendo ao Poder Público subsidiariamente, na impossibilidade de autossatisfação de suas necessidades.

(Samia Moda Cirino. **Sustentabilidade no meio ambiente de trabalho**: um novo paradigma para a valorização do trabalho humano. Internet: www.publicadireito.com.br. Adaptado.)

198. (CESPE/CEBRASPE - 2019 - PGE/PE - CARGOS DE NÍVEL SUPERIOR) De acordo com o texto, o quadro de concentração de renda, de precarização das relações de trabalho e de falta de direitos básicos como educação, saúde e moradia é resultado da negligência estatal com relação às necessidades da população.

Certo ( )   Errado ( )

O texto trata do modelo econômico de produção capitalista e aponta os efeitos proporcionados por esse modelo. Quanto ao Estado, o que se percebe é que a opinião pública passa a propor questionamentos, e

a sociedade passa a requerer que haja uma nova configuração da atividade econômica, pois essa forma de modelo econômico é que fez com que houvesse uma concentração de renda, de precarização das relações de trabalho e de falta de direitos básicos como educação, saúde e moradia.
GABARITO: ERRADO.

---

199. **(CESPE/CEBRASPE - 2019 - PGE/PE - CARGOS DE NÍVEL SUPERIOR)** Depreende-se do texto que a reestruturação da produção industrial e a supressão do valor laboral representam, para a sociedade, consequências negativas da adoção do modelo econômico de produção capitalista.

Certo ( )   Errado ( )

O texto mostra que o modelo econômico de produção capitalista proporcionou a reestruturação da produção, e sobre isso não afirma se é positivo ou negativo. Acerca do valor do trabalho, esse modelo transformou o empregado em simples mercadoria inserta no processo de produção. Sobre isso se pode perceber que realmente há uma visão negativa, que é retratada no restante do texto.
GABARITO: ERRADO.

---

200. **(CESPE/CEBRASPE - 2019 - PGE/PE - CARGOS DE NÍVEL SUPERIOR)** Conforme o texto, a Terceira Revolução Industrial foi o evento histórico responsável por transformar o empregado em simples mercadoria do processo de produção.

Certo ( )   Errado ( )

O fato de transformar o empregado em simples mercadoria do processo de produção foi uma consequência do modelo econômico de produção capitalista adotado (linha 1).
GABARITO: ERRADO.

---

201. **(CESPE/CEBRASPE - 2019 - PGE/PE - CARGOS DE NÍVEL SUPERIOR)**

O desejo por igualdade em nossos dias, ensejado pela Declaração dos Direitos do Homem e do Cidadão, marco da modernidade, segundo Axel Honneth, advém de uma busca por autorrespeito. Para Honneth, houve uma conversão de demandas por distribuição igualitária em demandas por mais dignidade e respeito. O autor descreve o campo de ação social como o lócus marcado pela permanente luta entre os sujeitos por conservação e reconhecimento. O conflito, diz ele, força os sujeitos a se reconhecerem mutuamente e impulsiona a criação de uma rede normativa. Quer dizer, o estabelecimento da figura do sujeito de direitos constitui um mínimo necessário para a perpetuação da sociedade, porque é pelo respeito mútuo de suas pretensões legítimas que as pessoas conseguem se relacionar socialmente.

Nesse contexto, a Lei Maria da Penha teria o papel de assegurar o reconhecimento das mulheres em situação de violências (incluída a psicológica) pelo direito; afinal, é constatando as obrigações que temos diante do direito alheio que chegamos a uma compreensão de cada um(a) de nós como sujeitos de direitos. De acordo com Honneth, as demandas por direitos — como aqueles que se referem à igualdade de gênero ou relacionados à orientação sexual —, advindas de um reconhecimento anteriormente denegado, criam conflitos práticos indispensáveis para a mobilidade social.

(Isadora Vier Machado. **Da dor no corpo à dor na alma**: uma leitura do conceito de violência psicológica da Lei Maria da Penha. Internet: http://pct.capes.gov.br. Adaptado.)

O texto indica que, de acordo com Axel Honneth, o conflito motiva o reconhecimento dos sujeitos de direito, o que é condição básica para a preservação da sociedade.

Certo ( )   Errado ( )

Axel Honneth afirma que o conflito força os sujeitos a se reconhecerem mutuamente e impulsiona a criação de uma rede normativa, ou seja, constitui um mínimo necessário para a perpetuação da sociedade.
GABARITO: CERTO

TEXTO PARA AS PRÓXIMAS DUAS QUESTÕES.

Nunca os litígios estruturais estiveram tão em voga no Brasil. Uma confluência de fatores contribui para tanto. Entre eles, é possível mencionar o avanço na conscientização da luta pela implementação de direitos — decorrente tanto da amplitude do texto constitucional de 1988 quanto das inovações tecnológicas de comunicação que estendem sua divulgação —, o crescimento expressivo do número de profissionais do direito dispostos a litigar essa espécie de causas e o deslocamento do eixo de poder em favor do Poder Judiciário. Garantida sua autonomia, era previsível que o Poder Judiciário, elevado ao papel de guardião do texto constitucional, expandisse sua atuação para searas antes inauditas.

Curiosamente, essa é uma revolução silenciosa, pelo menos do ponto de vista prático: ressalvados casos específicos, boa parte dos operadores envolvidos em um processo relativo a um litígio estrutural sequer percebe, conscientemente, sua posição. A teoria brasileira sobre o assunto, desenvolvida pelos estudiosos, apesar de existente, ainda não se pode dizer disseminada.

(E. V. D. Lima. Litígios estruturais: decisão e implementação de mudanças socialmente relevantes pela via processual. In: Marco Félix Jobim e Sérgio Cruz Arenhart (Org.). **Processos estruturais**. 1. ed. Salvador: Juspodivm, v. 1, 2017, p. 369-422. Adaptado.)

202. (CESPE/CEBRASPE - 2019 - PGM-CAMPO GRANDE/MS - CARGOS DE NÍVEL SUPERIOR) Depreende-se do texto que os litígios estruturais resultam, entre outros fatores, da luta pela implementação de direitos.

Certo ( )   Errado ( )

O texto afirma, já no início, que os litígios estruturais estão em voga (em ênfase) por causa de vários fatores, como o avanço na conscientização pela luta da implementação de direitos. Ou seja, o fato de estarem em destaque é decorrente da conscientização, e não da luta.

GABARITO: ERRADO.

---

203. (CESPE/CEBRASPE - 2019 - PGM-CAMPO GRANDE/MS - CARGOS DE NÍVEL SUPERIOR) O texto trata de aspectos associados a litígios estruturais sem, contudo, apresentar explicitamente uma definição para esse conceito.

Certo ( )   Errado ( )

Litígio é um termo jurídico para designar quando há divergências entre as partes de uma ação (autor e réu), ou seja, quando há pendências que são resolvidas em uma ação judicial. Realmente, fica bem claro que o texto não apresenta explicitamente uma definição para esse conceito.

GABARITO: CERTO.

---

204. (CESPE/CEBRASPE - 2019 - PGM-CAMPO GRANDE/MS - CARGOS DE NÍVEL SUPERIOR)

A jurisdição constitucional na contemporaneidade apresenta-se como uma consequência praticamente natural do Estado de direito. É ela que garante que a Constituição ganhará efetividade e que seu projeto não será cotidianamente rasurado por medidas de exceção desenhadas atabalhoadamente. Mais do que isso, a jurisdição é a garantia do projeto constitucional, quando os outros poderes buscam redefinir os rumos durante a caminhada.

Nesses termos, a jurisdição constitucional também se apresenta como medida democrática. Por meio dela, as bases que estruturaram democraticamente o Estado são conservadas, impedindo que o calor dos fatos mude a interpretação constitucional ou procure fugir de sua incidência sempre que os acontecimentos alegarem certa urgência. Ademais, é a garantia hodierna de que os ventos da mudança não farão despencar os edifícios que sustentam as bases constitucionais, independentemente das maiorias momentâneas e dos clamores populares.

(Emerson Ademir Borges de Oliveira. Jurisdição constitucional: entre a guarda da Constituição e o ativismo judicial. **Revista Jurídica da Presidência**. Brasília, v. 20, n. 121, jun.-set./2018, p. 468-94. Adaptado.)

A jurisdição constitucional está relacionada à conservação das bases estruturantes do Estado democrático.

Certo ( )   Errado ( )

O segundo parágrafo deixa claro que a jurisdição constitucional está relacionada à conservação das bases estruturantes do Estado democrático, especificamente nas linhas 9 a 11.
GABARITO: CERTO.

---

205. (FEPESE - 2019 - CELESC - CONTADOR)

Apesar de cortes, obras avançam no acelerador de partículas Sirius

O acelerador de partículas Sirius completou a primeira volta de elétrons recentemente e, mesmo com os seguidos cortes na área científica do país, a previsão para a conclusão das obras é para o fim de 2020. Quando as obras acabarem, o acelerador de partículas Sirius será o equipamento mais avançado do mundo na geração de luz síncrotron. Ao todo, são 68 mil m² de área construída. A luz síncrotron gerada pelo Sirius será capaz de analisar a estrutura de qualquer material na escala dos átomos e das moléculas, que poderá contribuir no desenvolvimento de fármacos e baterias, por exemplo. Quando estiver em funcionamento, também permitirá reconstituir o movimento de fenômenos químicos e biológicos ultrarrápidos que ocorrem na escala dos átomos e das moléculas, importantes para o desenvolvimento de fármacos e materiais tecnológicos, como baterias mais duradouras.

Em novembro de 2018, foi inaugurada a primeira etapa do projeto. A solenidade contou com a presença do então presidente da República, Michel Temer, em Campinas, interior de São Paulo, onde o equipamento foi construído. Hoje, entre os três aceleradores do Sirius, os dois primeiros já estão montados. Ainda assim, falta a parte de instalação de potência dos aceleradores, que deve acontecer em maio de 2019. Na mira da comunidade científica internacional, – que no futuro também poderá utilizar o espaço –, a construção do acelerador de partículas ainda enfrenta alguns percalços.

"A construção do Sirius ainda esbarra nos subsequentes cortes de investimentos do governo federal", conta o diretor do Centro Nacional de Pesquisa em Energia e Materiais (CNPEM), José Roque da Silva. Em decreto publicado em março de 2019, o governo federal decidiu congelar uma parcela das verbas do orçamento em praticamente todas as áreas. O Ministério de Ciência e Tecnologia, por exemplo, sofreu congelamento de 41,97% do orçamento. A medida, pensada para tentar cumprir a meta de déficit primário do país, pode afetar em cheio outros orçamentos, como o do Sirius. "Nesse momento dá para dizer que o Ministério está mantendo o cronograma atual", diz. "Eu diria que é cedo para dar alguma informação mais definitiva, mas a situação da ciência e tecnologia no país é, como um todo, preocupante", explica Roque.

No futuro, a expectativa do CNPEM é de conseguir ampliar as fontes de recursos do Sirius –principalmente após o fim das obras. Segundo Roque, outros ministérios, como o de Minas e Energia, Saúde e Agricultura também estão interessados em utilizar o acelerador. Além dos agentes do governo, como explica o diretor do CNPEM, os setores privados também têm demonstrado interesse em investir no Sirius. A construção do novo acelerador de partículas deve custar um valor estimado de R$ 1,8 bilhão.

Além do Sirius, existe um antigo acelerador de fonte de luz síncrotron, o UVX, lançado em 1997. Atualmente considerado ultrapassado, o UVX já participou de importantes descobertas para a pesquisa brasileira como, por exemplo, entender o funcionamento de uma proteína essencial para a reprodução do zika vírus. O diretor científico do Laboratório Nacional de Luz Síncrotron (LNLS), Harry Westfahl Junior, espera que nos próximos dois anos o número das linhas de luz do UVX – que hoje é de 13 linhas com diversas técnicas de análise microscópica – salte para 18. Atualmente, duas vezes por ano é aberto chamado para projetos acadêmicos coordenados pelo LNLS. "Cientistas de qualquer centro de pesquisa no mundo, empresarial ou acadêmico, podem submeter seus trabalhos", conta. Como o atual acelerador UVX será substituído pelo Sirius, as novas linhas de luz serão gradualmente montadas ali.

(Revista Galileu. **Apesar de cortes, obras avançam no acelerador de partículas**. Abr. 2019. Disponível em: https://revistagalileu.globo.com/Ciencia/noticia/2019/04/apesar-de-cortes-obras-avancam-no-acelerador-de-particulas-sirius.html. Adaptado.)

Assinale a alternativa correta, de acordo com o texto.

a) A primeira etapa do projeto do novo acelerador foi inaugurada em 2018, em São Paulo, e o equipamento completo já se encontra com sua potência máxima ativada em fase experimental.

b) As vozes, em discurso direto, do diretor do CNPEM, do diretor científico do LNLS e do ex-presidente Michel Temer foram trazidas para reforçar a linha argumentativa do articulista e dar crédito à matéria da revista.
c) O UVX, acelerador de fonte de luz síncroton lançado em 1997, apesar de ser considerado ultrapassado, tem importante papel na pesquisa brasileira envolvendo análises microscópicas, como na investigação sobre zika vírus.
d) O retorno econômico e científico do Sirius será imenso, pois o equipamento, além de estar em uso pelos ministérios de Ciência e Tecnologia, Minas e Energia, Saúde e Agricultura, também estará disponível para setores privados em geral e cientistas do mundo inteiro.
e) Não obstante o corte de mais da metade das verbas na área científica, o acelerador de partículas Sirius, novo e potente gerador de luz síncroton, entrará em funcionamento no Brasil em 2020.

A: Ainda falta a parte de instalação de potência dos aceleradores.

B: As vozes estão em discurso direto (reprodução da fala entre aspas) e em discurso indireto (quando é relatado por alguém a fala de uma pessoa).

C: O último parágrafo trata do UVX e busca mostrar o papel desse acelerador na pesquisa científica, especialmente sobre zika vírus.

D: O texto afirma que a expectativa é ampliar as fontes de recursos, e que há interesse por setores privados.

E: Existe um planejamento, mas, devido a alguns cortes, não há certeza quanto à conclusão.

GABARITO: C.

206. (FEPESE - 2019 - CELESC - ASSISTENTE ADMINISTRATIVO)

Linguista do Havaí nomeia primeiro buraco negro já fotografado: Pōwehi

A palavra Pōwehi tem origem no Kumulipo, um canto tradicional do Havaí usado para descrever a criação do arquipélago, e significa "embelezada fonte escura de criação sem fim". "Pō" quer dizer fonte escura e profunda de criação sem fim e "wehi" significa honrado com embelezamento. O nome foi criado pelo professor de linguística da Universidade do Havaí, Larry Kimura, a pedido dos astrônomos do arquipélago que participaram do projeto Telescópio de Horizonte de Eventos (EHT, em inglês). O grupo foi responsável por conduzir os estudos que tornaram possível fotografar pela primeira vez um buraco negro.

A imagem foi capturada por uma rede global de telescópios criada para obter informações sobre esses corpos celestes caracterizados por ter campos gravitacionais tão fortes que nem a matéria nem a luz conseguem escapar de sua atração. O Havaí teve uma participação especial na descoberta, já que dois dos telescópios usados para tirar a foto estavam localizados no arquipélago.

"Pōwehi é um nome poderoso porque traz verdades sobre a imagem do buraco negro que vemos", disse Jessica Dempsey, diretora de um dos telescópios usados no Havaí, em vídeo publicado pela Universidade do Havaí. O nome, contudo, ainda não é oficial. Para ser oficializado, é necessário que todos os cientistas envolvidos no projeto aprovem formalmente a ideia e que a União Astronômica Internacional dê a confirmação final. Até agora, o nome utilizado pelos cientistas para se referirem ao buraco negro é M87*, já que o corpo celeste está localizado no centro da Messier 87, uma enorme galáxia no aglomerado próximo ao de Virgem, a cerca de 54 milhões de anos-luz da Terra." Ter o privilégio de dar um nome havaiano à primeira confirmação científica de um buraco negro é muito significativo para mim", afirmou Kimura em comunicado. "Eu espero que possamos continuar a nomear futuros buracos negros da astronomia havaiana de acordo com o Kumulipo".

Como foi possível obter a foto do Pōwehi? O anel luminoso que se vê na imagem é, na verdade, o que os astrônomos chamam de "horizonte de eventos": um halo de poeira e gás no contorno desse buraco. O disco captado na foto contém matéria que é acelerada a altas velocidades pela força gravitacional e que terminará por ser engolida ou ejetada para longe, escapando da voracidade do corpo celeste. O halo tem a forma de um crescente porque as partículas voltadas para a Terra aparentam estar mais rápidas – e brilhantes – do que as que estão do outro lado. No centro da imagem, está o que os cientistas chamaram de "sombra do buraco negro", a região onde o buraco propriamente dito está localizado e que, por não emitir luz, não pode ser observada. Físicos estimam que o corpo celeste seja 2,5 vezes menor do que sua sombra. O buraco no centro da Messier 87 tem uma massa 6,5 bilhões de vezes maior que a do nosso Sol.

(Revista Veja. **Linguista do Havaí nomeia primeiro buraco negro já fotografado: Pōwehi**. Disponível em: https://veja.abril.com.br/ciencia/linguista-do-havai-nomeia-primeiro-buraco-negro-ja-fotografado-powehi/. Acesso em: 14 abr. 2019. Adaptado.)

Assinale a alternativa correta, de acordo com o texto.

a) A oficialização do nome Pōwehi depende unicamente da aprovação formal de todos os cientistas envolvidos no projeto EHT.

b) A imagem capturada mostra um anel luminoso, chamado de "horizonte de eventos", em cujo centro está a "sombra do buraco negro", região não observável por não emitir luz.

c) Pōwehi é o nome mais cotado entre os cientistas do mundo para substituir M87*, denominação usada por leigos para designar o buraco negro, em virtude de sua localização no centro da Messier 87.

d) Pōwehi é um nome havaiano, associado à ideia de criação, dado por um professor de linguística ao primeiro buraco negro de que se tem notícia.

e) A borda do anel fotografado é formada por uma camada de poeira e gás que, de forma inexorável, vai se desfazendo lentamente até se aniquilar.

A: A oficialização do nome Pōwehi depende da aprovação formal de todos os cientistas envolvidos no projeto EHT e da União Astronômica.

B: Conforme o último parágrafo, a imagem capturada mostra um anel luminoso, chamado de "horizonte de eventos", em cujo centro está a "sombra do buraco negro", região não observável por não emitir luz.

C: Pōwehi é o nome mais criado por um professor de linguística da Universidade do Havaí, e ainda não foi aprovado por todos os responsáveis. Por enquanto, está sendo chamado de M87, em virtude de sua localização no centro da Messier 87.

D: Pōwehi tem origem no Kumulipo, canto havaiano para descrever a criação do arquipélago, e é um nome dado ao primeiro buraco negro que pode ser fotografado.

E: O que se sabe é que a região onde o buraco propriamente dito está localizado não pode ser observada por não emitir luz.

GABARITO: B.

---

207. (FEPESE - 2019 - PREFEITURA DE CAXAMBU/SC - PROFESSOR)

O piscinão da Torre Eiffel

Os (1) neste início de verão europeu cravaram temperaturas inéditas, insufladas por uma massa de ar quente vinda direto do Saara. Calejados que estão pela inclemente temporada de calor de agosto de 2003, que varreu a Europa e, só na França, deixou 15.000 mortos, vários países ativaram o alerta laranja – o número 3 na escala do perigo que vai até 4. No rol dos mais castigados estão Espanha, Bélgica, Alemanha e França, que deve experimentar o mesmo sufoco de 1947, cujo recorde (médias de 40 graus no dia) nunca foi ultrapassado. E eis que, *voilà*, os parisienses acharam um jeito de fazer do "inferno", como definiu a meteorologia local, uma festa. Muita gente se banhou nos chafarizes *belle époque* e em piscinas temporárias, como a que deu graça ao cartão-postal da Torre Eiffel, para amenizar a canícula . A prefeitura ainda espalhou um arsenal de bebedouros e vaporizadores de água pelos bulevares e, em espaços internos públicos, instalou salas climatizadas. Carros mais antigos e poluentes (algo aferido por um adesivo afixado ao veículo) não podem circular até segunda ordem. Espera-se para os próximos dias temperatura de 40 graus ou mais, e sensação térmica ainda pior. Paris concentra relativamente pouco verde em relação ao tanto de pedras e concreto que acumula, o que faz da cidade uma (2) arquitetônica de distintos estilos – e uma estufa ao mesmo tempo. Os cientistas (3) nessas ondas de calor cada vez mais frequentes, precoces e intensas, um sintoma dos novos tempos de aquecimento global. Enquanto isso, os parisienses reclamam, mas também aproveitam.

(Weinberg, M. **Veja**, ano 52, n. 27.)

Analise as afirmativas de acordo com o texto:
1. Não se espera que o recorde de temperatura ocorrido em 1947 se repita.
2. A prefeitura de Paris tomou várias providências para amenizar as altas temperaturas no verão do corrente ano.
3. O calor que assolou a Europa em 2003, deixando um total de 15.000 mortos, ocorreu somente em julho.

Assinale a alternativa que indica todas as afirmativas corretas.

a) É correta apenas a afirmativa 1.
b) É correta apenas a afirmativa 2.
c) São corretas apenas as afirmativas 1 e 2.
d) São corretas apenas as afirmativas 1 e 3.
e) São corretas apenas as afirmativas 2 e 3.

1: Há a expectativa de que o recorde de temperatura ocorrido em 1947 se repita.

2: A prefeitura de Paris tomou várias providências para amenizar as altas temperaturas no verão do corrente ano. (há vários exemplos, como instalação de bebedouros)

3: O calor que assolou a Europa em 2003, deixando um total de 15.000 mortos, ocorreu em agosto.

GABARITO: B.

208. (FEPESE - 2019 - DEINFRA - ENGENHEIRO)

Ética para quê?

Essa é uma boa pergunta para quem pensa que está apenas resolvendo um projeto de engenharia, conformando uma solução arquitetônica ou urdindo um plano agronômico. Nisso que chamamos ato de ofício tecnológico aplicamos conhecimento científico, **modus operandi**, criatividade, observância das normas técnicas e das exigências legais. E onde entra a tal da ética?

Em geral, os dicionários definem "ética" como um sistema de julgamento de condutas humanas, apreciáveis segundo valores, notadamente os classificáveis em bem e mal. O Dicionário Houaiss traz estes conceitos:

[...] estudo das finalidades últimas, ideais e em alguns casos, transcendentes, que orientam a ação humana para o máximo de harmonia, universalidade, excelência ou perfectibilidade, o que implica a superação de paixões e desejos irrefletidos. Estudo dos fatores concretos (afetivos, sociais etc.) que determinam a conduta humana em geral, estando tal investigação voltada para a consecução de objetivos pragmáticos e utilitários, no interesse do indivíduo e da sociedade.

Quaisquer que sejam as formas de pensar, _____ preocupação é com a conduta dirigida _____ execução de algo que seja considerado como bom ou mau. É _____ ação produzindo resultados. Resultados sujeitos _____ juízo de valores. Somos dotados de uma capacidade racional de optar, de escolher, de seguir esta ou aquela via. Temos o livre-arbítrio. Somos juízes prévios de nós mesmos.

Vejamos rapidamente uma metáfora para _____ melhor compreensão deste diferencial de consciência existente entre dois agentes de transformação do meio: a minhoca e o homem. É indubitável que as minhocas agem sobre o meio transformando-o. Reconhecem solos, fazem túneis, condicionam o ar de seus ninhos, constroem abrigos para seus ovos, preveem tempestades e sismos, convertem matéria orgânica em alimento e adubam o caminho por onde passam. São dispositivos sensores sofisticados e admiráveis máquinas de cavar. Tudo isso também é possível de realização pelo homem tecnológico. Fazemos abrigos, meios de transporte, manejamos o solo, produzimos alimento, modelamos matéria e energia, prospectamos e controlamos as coisas ao nosso redor. A diferença é que a minhoca faz isso por instinto e nós profissionais o fazemos por vontade, por arbítrio. A minhoca tem em sua natureza o impulso de agir assim. Nós outros, humanos, o fazemos para acrescentar algo de melhor em nossa condição. A minhoca é um ser natural. Nós somos seres éticos. Para as minhocas não há nem bem nem mal. Apenas seguem seu curso natural. Então, para que ética? Para fazermos exatamente aquilo que fazemos, porém bem feito e para o bem de alguém. Isso não é o bastante, mas já é um bom começo. Um pouco também para nos diferenciarmos das minhocas na nossa faina comum de mudar o mundo.

(PUSCH, J. **Ética e cultura profissional do engenheiro, do arquiteto e do engenheiro agrônomo**. Disponível em: http://www.crea-pr.org.br/ws/wp-content/uploads/2016/12/caderno08.pdf. Adaptado.)

Assinale a alternativa correta, de acordo com o texto.

a) De acordo com o Dicionário Houaiss, infere-se que a ética é determinada pela universalidade da conduta humana na busca incessante pelo bem individual.

b) O homem é dotado de livre-arbítrio e, sendo um ser ético, tem a capacidade racional de agir de modo não só a fazer seu trabalho bem feito, mas também em benefício de alguém.

c) A globalização é responsável pela imposição de um modelo de mercado em permanente mutação que rege a conduta dos profissionais na busca automática por resultados econômicos cada vez melhores.

d) homem tecnológico e a minhoca são seres essencialmente naturais, por isso compartilham geneticamente a habilidade instintiva de agir sobre o meio, transformando-o por vontade própria.

e) Há um descompasso entre a rapidez no avanço do conhecimento científico e tecnológico e a lentidão na absorção desses conhecimentos por profissionais de engenharia, arquitetura e agronomia.

A: De acordo com o Dicionário Houaiss, a ética busca orientam a ação humana para harmonia, universalidade, excelência ou perfectibilidade.

B: Conforme o quarto parágrafo, o homem é dotado de livre-arbítrio e, sendo um ser ético, tem a capacidade racional de agir de modo não só a fazer seu trabalho bem feito, mas também em benefício de alguém.

C: A afirmação extrapola os limites do texto.

D: O texto mostra que há distinções entre o homem e a minhoca.

E: O texto apenas traz alguns exemplos para contextualizar o assunto.

GABARITO: B.

TEXTO PARA AS PRÓXIMAS DUAS QUESTÕES.

Texto 1

O tema do combate à corrupção ocupa o papel de destaque na pauta de reivindicações sociais na atualidade, o que justifica a proliferação de normas internacionais e internas que consagram mecanismos relevantes, preventivos e repressivos, de garantia da moralidade administrativa.

A corrupção é inimiga da República, uma vez que significa o uso privado da coisa pública, quando a característica básica do republicanismo é a busca pelo "bem comum", com a distinção entre os espaços público e privado.

Conforme destacamos em obra sobre o tema, o combate à corrupção depende de uma série de transformações culturais e institucionais. É preciso reforçar os instrumentos de controle da máquina administrativa, com incremento da transparência, da prestação de contas e do controle social.

Nesse contexto, a Lei nº 12.846/2013 representa importante instrumento de combate à corrupção e de efetivação do republicanismo, com a preservação e restauração da moralidade administrativa.

(OLIVEIRA, Rafael C. R.; AMORIM, Daniel A. das N. **O sistema brasileiro de combate à corrupção e a Lei nº 12.846/2013 (Lei Anticorrupção)**. Disponível em: https://www.editoraforum.com.br/wp-content/uploads/2015/10/sistema-brasileiro-combate-corrupcao.pdf. Acesso em: 4 set. 2019. Adaptado.)

209. **(FEPESE - 2019 - PREFEITURA DE FRAIBURGO/SC - PROFESSOR)** Com base no Texto 1, é correto afirmar que:

as práticas republicanas compõem o arcabouço da corrupção sistêmica.

existe corrupção quando a coisa pública é usada como se fosse um bem privado.

a garantia da moralidade administrativa é um conceito inerente e específico do serviço público.

a corrupção faz parte da cultura nacional brasileira porque antes de 2013 não havia lei para combatê-la.

a pretensão para punição administrativa e civil das pessoas jurídicas por atos lesivos à Administração prescreve em cinco anos.

Conforme o segundo parágrafo, a corrupção significa o uso da coisa pública.

A: As práticas republicanas buscam o bem comum.

C: A garantia da moralidade administrativa está prevista em lei.

D: A corrupção faz parte da cultura nacional brasileira, e o texto não diz que não havia lei para combatê-la antes de 2013.

E: O texto não deixa isso claro.

GABARITO: B.

---

210. **(FEPESE - 2019 - PREFEITURA DE FRAIBURGO/SC - PROFESSOR)** Considerando o texto 1, assinale a afirmativa correta.

a) O tema principal da Lei nº 12.846/2013 é o reforço dos mecanismos de controle da moralidade pública.

b) Entre as medidas reparadoras dos danos causados por atos de corrupção, a Lei nº 12.846/2013 prevê o acordo de leniência.

c) Em um livro, os autores tratam das transformações culturais e institucionais necessárias para combater a corrupção.

d) Dentre as sanções previstas no combate à corrupção, a mais radical é a dissolução compulsória da pessoa jurídica, daí a preocupação do legislador em prever as hipóteses específicas em que isso poderá ocorrer.

e) A lei também prevê que há espaço para a presença de pessoas físicas no polo passivo, inclusive os agentes públicos envolvidos no ato ilícito.

A: O tema principal da Lei nº 12.846/2013 é o combate à corrupção.

B: O texto não deixa isso explícito.

C: Em um livro, os autores tratam das transformações culturais e institucionais necessárias para combater a corrupção. Isso fica evidente por causa do terceiro parágrafo.

D: Isso não fica claro no texto.

E: O texto não trata disso de forma clara.

GABARITO: C.

COESÃO E COERÊNCIA

211. **(FCC - 2022 - PREFEITURA DE RECIFE/PE - AGENTE ADMINISTRATIVO)** O dono do pequeno restaurante é amável, sem derrame, e a fregueses mais antigos oferece, antes do menu, o jornal do dia "facilitado", isto é, com traços vermelhos cercando as notícias importantes. Vez por outra, indaga se a comida está boa, oferece cigarrinho, queixa-se do resfriado crônico e pergunta pelo nosso, se o temos; se não temos, por aquele regime começado em janeiro, e de que desistimos. Também pelos filmes de espionagem, que mexem com ele na alma. [...]

Uma noite dessas, o movimento era pequeno, seu Adelino veio sentar-se ao lado da antiga freguesa. Era hora do jantar dele, também. O garçom estendeu-lhe o menu e esperou. Seu Adelino, calado, olhava para a lista inexpressiva dos pratos do dia. A inspiração não vinha. O garçom já tinha ido e voltado duas vezes, e nada. A freguesa resolveu colaborar e pergunta pelo nosso, se **o** temos. O garçom estendeu-**lhe** o menu.

(Carlos Drummond de Andrade. **70 histórias**. São Paulo: Companhia das Letras, 2016, p. 110-111. Adaptado.)

Os termos sublinhados referem-se, respectivamente, a:

a) resfriado – seu Adelino.
b) resfriado – garçom.
c) cigarrinho – seu Adelino.
d) resfriado – freguesa.
e) cigarrinho – freguesa.

As relações de coesão (referenciação entre os termos), o pronome "o" retoma "resfriado" e o termo "lhe" retoma "seu Adelino".

GABARITO: A.

---

212. **(FGV - 2022 - CGU - AUDITOR)** Todas as opções a seguir mostram uma tese, seguida de um argumento; a opção em que o argumento não é adequado à tese é:

a) Tese: Este sabão em pó é o melhor do mercado / ele retira todas as manchas e obtém uma brancura ímpar.
b) Tese: O futebol é o melhor esporte de todos / os jogadores formam uma equipe solidária e lutam por uma vitória comum.
c) Tese: É preciso conservar as florestas / as árvores fornecem madeira, indispensável a construções.
d) Tese: A prancha à vela é um esporte ideal / ele permite brincar com os elementos naturais, como a água e o vento, sem prejudicá-los.
e) Tese: É preciso proibir o trânsito de veículos nos grandes centros / é preciso preservar os monumentos que o gás dos escapamentos prejudica para que as gerações futuras possam contemplá-los.

A tese e os argumentos precisam ter uma relação lógica, ou seja, os argumentos servem para justificar e defender a tese. Desse modo, se é preciso conservar as florestas, não se deve usar como argumento que as árvores fornecem madeira, indispensável a construções, isso vai contra a tese. Se é para conservar, não se deve ressaltar o uso das árvores em construções. O argumento deveria explicar por que é preciso conservar as florestas.

GABARITO: C.

213. (CESPE/CEBRASPE - 2022 - PETROBRAS - ADMINISTRAÇÃO) O texto mais célebre de **A República** é sem dúvida a **Alegoria da Caverna**, em que Platão, utilizando-se de linguagem alegórica, discute o processo pelo qual o ser humano pode passar da visão habitual que tem das coisas, "a visão das sombras", unidirecional, condicionada pelos hábitos e preconceitos que adquire ao longo de sua vida, até a visão do Sol, que representa a possibilidade de alcançar o conhecimento da realidade em seu sentido mais elevado e compreendê-la em sua totalidade. [...] De acordo com este texto, a possibilidade de um indivíduo tornar-se justo e virtuoso depende de um processo de transformação pelo qual deve passar. [...]

O pronome "este", na expressão "De acordo com este texto", que inicia o segundo parágrafo, remete a toda a ideia contida no parágrafo anterior.

Certo ( )   Errado ( )

O pronome "este", na expressão "este texto", faz referência à **Alegoria da Caverna**.
GABARITO: ERRADO.

---

214. (CESPE/CEBRASPE - 2021 - CBM/AL - SOLDADO) Na obra, quando a família ocupou uma fazenda abandonada, no fim de uma seca, o vaqueiro parecia satisfeito. Mas suas esperanças esmoreceram, pois as chuvas vieram e, com elas, também o proprietário da fazenda, sob o domínio do qual o vaqueiro passou a viver, sendo humilhado, enganado, animalizado.

No quinto parágrafo, o termo "o qual", no trecho "sob o domínio do qual", refere-se à expressão "o proprietário da fazenda".

Certo ( )   Errado ( )

A relação coesiva é mesmo feita entre os termos "o qual" e "o proprietário da fazenda". Veja que uma simples substituição permite identificar a coesão textual: *as chuvas vieram e, com elas, também o proprietário da fazenda, sob o domínio do proprietário da fazenda o vaqueiro passou a viver.*
GABARITO: CERTO.

---

215. (CESPE/CEBRASPE - 2021 - CBM/AL - SOLDADO) Uma noite, quando os integrantes do Jornal de Alagoas trabalhavam na redação de uma das folhas do jornal, surgiu alguém gritando que um incêndio lavrava na cidade, querendo devorar tudo. Um pavoroso e sinistro incêndio cuja proporção não se podia calcular. A Casa das Tintas era o local onde pairavam as chamas. A impressionante tragédia abalou até o governador do estado, que para lá foi e assistiu a tudo estupefato, em companhia de seus auxiliares imediatos. As chamas devoraram todo o estabelecimento e, ainda, cerca de vinte e cinco famílias ficaram no meio da rua com os seus móveis e utensílios.

No primeiro parágrafo, "o estabelecimento" (último período) retoma "A Casa das Tintas" (terceiro período).

Certo ( )   Errado ( )

Existe uma relação coesiva entre "o estabelecimento" e "A Casa da Tintas". Pela leitura do primeiro parágrafo, sabe-se que a Casa das Tintas era o local onde pairavam as chamas. As chamas devoraram todo o estabelecimento, ou seja, um termo faz referência ao outro.
GABARITO: CERTO.

---

216. (CESPE/CEBRASPE - 2021 - PC/AL - AGENTE E ESCRIVÃO) O programa teve início aqui no Jacintinho, sempre conciliando o operacional com o social. Felizmente, com isso, conseguimos contribuir ativamente com a redução dos índices de criminalidade como, por exemplo, no que se refere aos assaltos a coletivos. Em novembro de 2018, chegamos a zerar as ocorrências desse tipo no Jacintinho e isso já é uma grande vitória. O policiamento de proximidade tem feito a diferença na vida das pessoas", conta o capitão subcomandante do Ronda no Bairro.

COESÃO E COERÊNCIA

Sem prejuízo da coerência do texto, no trecho 'conciliando o operacional com o social' (terceiro parágrafo), poderia ser inserido o vocábulo **aspecto** antes do termo 'operacional' e antes do termo 'social', escrevendo-se **conciliando o aspecto operacional com o aspecto social**.

Certo ( )   Errado ( )

A inserção do vocábulo "aspecto" nos locais sugeridos não precisa o entendimento do texto. A lógica do período é mantida e não há contradição. Vale destacar que, quando a questão exige que se analise a coerência, não é para observar o sentido, mas sim a lógica e a não contradição.

GABARITO: CERTO.

217. (CESPE/CEBRASPE - 2021 - PC/AL - AGENTE E ESCRIVÃO) Quais as origens do folclore alagoano, quais os componentes culturais que o forjaram? Théo Brandão, com a autoridade de quem estudou a vida inteira e deixou uma obra irrepreensível sobre o assunto, diz que são muitas as contribuições na formatação do nosso folclore. E que não é fácil nem simples demarcar a que grupo pertence uma de suas variantes ou estabelecer com precisão a fronteira de determinada manifestação folclórica. [...]

No primeiro período do primeiro parágrafo, a forma pronominal "o" retoma **o folclore alagoano**.

Certo ( )   Errado ( )

A forma pronominal "o" refere-se ao "o folclore alagoano". Uma das maneiras de confirmar isso é fazer a substituição do pronome pelo seu referente. Vejamos: *Quais as origens do folclore alagoano, quais os componentes culturais que o forjaram* **o folclore alagoano***?*

GABARITO: CERTO.

218. (CESPE/CEBRASPE - 2021 - PC/DF - AGENTE) A coerência do texto seria mantida caso o início de seu último parágrafo fosse assim reescrito: Uma das coisas que tornou possível às ordens sociais modernas manterem-se coesas foi a disseminação de uma crença quase religiosa na tecnologia e nos métodos da pesquisa científica.

Certo ( )   Errado ( )

A lógica do texto está mantida mesmo com a reescrita. Em relação à reescrita, temos as seguintes alterações:

- *a concordância com a expressão partitiva "Uma das coisas", que permite a flexão do verbo ("tornou") tanto no singular quanto no plural;*
- *a ocorrência da crase, que é correta, visto que a regência nominal de "possível" aceita a preposição a e a expressão "ordens sociais modernas" é precedida do artigo as;*
- *a flexão do infinitivo (manterem-se). Segundo gramáticas da língua portuguesa, "a flexão do infinitivo pode ocorrer sempre que se tornar necessário destacar o agente, e referir a ação especialmente a um sujeito, seja para evitar confusão, seja para tornar mais claro o pensamento. O infinitivo concordará com o sujeito que temos em mente.", logo não há motivo que torne errado o fato de o referente do sujeito dessa forma verbal estar preposicionado;*
- *a colocação do pronome em "manterem-se". Quando o verbo é empregado no infinitivo, é livre a posposição ou a anteposição do pronome;*
- *a substituição de "é" por foi, o que é possível dado o tempo da forma verbal "tornou", também no pretérito.*

GABARITO: CERTO.

219. **(CESPE/CEBRASPE - 2021 - PC/DF - AGENTE)** A Revolução Científica não foi uma revolução do conhecimento. Foi, acima de tudo, uma revolução da ignorância. A grande descoberta que deu início à Revolução Científica foi a de que os humanos não têm as respostas para suas perguntas mais importantes. Tradições de conhecimento pré-modernas como o islamismo, o cristianismo, o budismo e o confucionismo afirmavam que tudo que é importante saber a respeito do mundo já era conhecido. As antigas tradições de conhecimento só admitiam dois tipos de ignorância. Em primeiro lugar, um indivíduo podia ignorar algo importante. Para obter o conhecimento necessário, tudo que ele precisava fazer era perguntar a alguém mais sábio. Não havia necessidade de descobrir algo que qualquer pessoa já não soubesse. Em segundo lugar, uma tradição inteira podia ignorar coisas sem importância. Por definição, o que quer que os grandes deuses ou os sábios do passado não tenham se dado ao trabalho de nos contar não era importante. [...]

O agente da forma verbal "obter" (sétimo período do segundo parágrafo) é interpretado como "um indivíduo", mencionado no período anterior.

Certo (   )   Errado (   )

A relação de coesão permite essa leitura. No texto, é possível perceber que o agente de obter é "um indivíduo". Veja: *As antigas tradições de conhecimento só admitiam dois tipos de ignorância. Em primeiro lugar,* ***um indivíduo*** *podia ignorar algo importante. Para* ***(um indivíduo)*** *obter o conhecimento necessário, tudo que ele precisava fazer era perguntar a alguém mais sábio.*

GABARITO: CERTO.

---

220. **(CESPE/CEBRASPE - 2021 - PC/DF - ESCRIVÃO)** Para alguns observadores, entretanto, o modelo da "janela quebrada" foi superestimado. O mais importante, dizem, foi identificar focos de criminalidade para concentrar, ali, ação preventiva. [...] Com a patrulha policial, pessoas que iam cometer crimes simplesmente foram fazer outra coisa", afirma outro especialista, Frank Zimring. [...] As formas verbais "dizem" e "afirma" foram empregadas com o mesmo objetivo: fazer referência às palavras de um interlocutor.

Certo (   )   Errado (   )

Não há a presença de interlocutor. Destaca-se que interlocutor é a pessoa a quem a mensagem é remetida ou cada uma das pessoas que participa de uma conversa, de um diálogo. Quanto às formas verbais, ambas possuem um referente no texto. *"Dizem" retoma "alguns observadores"; "afirma" faz referência ao especialista Frank Zimring.*

GABARITO: ERRADO.

---

221. **(CESPE/CEBRASPE - 2021 - PC/DF - ESCRIVÃO)** Há violências da moral patriarcal que instauram a solidão; outras marcam a lei no corpo das mulheres — assim sobrevive Maria da Penha; outras aniquilam a vida, como é a história de mulheres assassinadas pela fúria do gênero. [...] Seria mantida a correção gramatical do texto caso se inserisse o vocábulo **que** logo após a palavra "outras", em suas duas ocorrências.

Certo (   )   Errado (   )

A inserção do "que" mantém o paralelismo da estrutura do período. Vejamos:

Há violências da moral patriarcal QUE instauram a solidão; outras QUE marcam a lei no corpo das mulheres — assim sobrevive Maria da Penha; outras QUE aniquilam a vida, como é a história de mulheres assassinadas pela fúria do gênero.

GABARITO: CERTO.

222. (CESPE/CEBRASPE - 2022 - PC/PB - AGENTE)

Texto CG1A1-I

  O estreitamento das relações entre instituições policiais e comunidade como um todo, em determinado espaço geográfico, se coloca como uma forma eficaz de enfrentamento do sentimento generalizado de medo, de insegurança e de descrédito em relação à segurança pessoal e coletiva. Esse modo de responder ao problema da violência e da criminalidade de forma preventiva e com a participação da sociedade tem recebido denominações diferenciadas, tais como polícia comunitária, policiamento comunitário, polícia interativa, polícia cidadã, polícia amiga, polícia solidária, não havendo consenso quanto à melhor nomenclatura. No entanto, há o reconhecimento de todos que adotaram essas experiências quanto à sua efetividade na prevenção da violência; prova disso é que seu uso tem sido muito corrente nos dias atuais.

  Podemos definir polícia comunitária como um processo pelo qual a comunidade e a polícia compartilham informações e valores de maneiras mais intensas, objetivando promover maior segurança e o bem-estar da coletividade. A Constituição Federal de 1988 foi a primeira a apresentar um capítulo específico sobre segurança pública, no qual se encontra o artigo 144. Nessa perspectiva, ao incorporar a segurança pública na Carta Magna, o legislador instituiu um *status* de direito fundamental a essa matéria. Assim, o Estado é o principal garantidor da segurança pública, mas a responsabilidade recai sobre todos; consequentemente, em observância aos conceitos e aos princípios da filosofia de polícia comunitária, o cidadão passa a ser parceiro da organização policial, envolvendo-se na identificação de problemas, apontando prioridades e indicando soluções com relação à segurança pública, em uma perspectiva cidadã.

(Severino da Costa Simão. **Polícia comunitária no Brasil**: contribuições para democratizar a segurança pública. Disponível em: www.cchla.ufpb.br. Adaptado.)

Sem prejuízo da coerência, da coesão e da correção gramatical do texto CG1A1-I, poderia ser eliminada a vírgula empregada no trecho:

a) "Assim, o Estado é o principal garantidor da segurança pública" (último período do segundo parágrafo).

b) "ao incorporar a segurança pública na Carta Magna, o legislador instituiu um *status* de direito fundamental a essa matéria" (penúltimo período do segundo parágrafo).

c) "consequentemente, em observância aos conceitos e aos princípios da filosofia de polícia comunitária" (último período do segundo parágrafo).

d) "com relação à segurança pública, em uma perspectiva cidadã" (último período do segundo parágrafo).

e) "o cidadão passa a ser parceiro da organização policial, envolvendo-se na identificação de problemas" (último período do segundo parágrafo).

A: O emprego da vírgula mostra que a palavra "assim" tem sentido conclusivo e equivale a "portanto"; com a retirada dessa vírgula, o termo "assim" teria um caráter adverbial (desse modo).

B: A vírgula marca o fim da oração subordinada adverbial que está anteposta (ao incorporar a segurança pública na Carta Magna).

C: A vírgula depois de "consequentemente" está junto à vírgula depois de "comunitária", e ambas isolam uma expressão intercalada: *consequentemente, em observância aos conceitos e aos princípios da filosofia de polícia comunitária, o cidadão passa a ser parceiro.*

D: A supressão da vírgula não compromete a coerência, a coesão e a correção gramatical. Vale destacar que "coerência" diz respeito à lógica, e não ao sentido. Por isso, mesmo havendo uma mudança de sentido, a coerência se mantém. Vejamos: *o cidadão passa a ser parceiro da organização policial, envolvendo-se na identificação de problemas, apontando prioridades e indicando soluções com relação à segurança pública em uma perspectiva cidadã.*

E: A vírgula isola uma oração reduzida de gerúndio (envolvendo-se na identificação de problemas).

GABARITO: D.

223. **(CESPE/CEBRASPE - 2021 - PC/SE - AGENTE E ESCRIVÃO)** A palavra *stalking*, em inglês, significa perseguição, e é o termo utilizado pelo legislador na tipificação de um crime que engloba condutas que atentem contra a liberdade, a intimidade e a dignidade. Entende-se o *stalking*, ou o crime de perseguição, como um delito que exige uma perseguição reiterada pelo autor, não consentida pela vítima, que lhe cause medo, angústia e sentimentos afins, além de repercutir diretamente na sua vida de maneiras diversas.

No segundo período do primeiro parágrafo, a forma pronominal "lhe" retoma "autor".

Certo ( )   Errado ( )

O pronome lhe refere-se à "vítima". Para confirmar isso, basta fazer a troca do pronome pelo referente. Vejamos: *Entende-se o stalking, ou o crime de perseguição, como um delito que exige uma perseguição reiterada pelo autor, não consentida pela vítima, que À VÍTIMA cause medo, angústia e sentimentos afins, além de repercutir diretamente na sua vida de maneiras diversas.*

GABARITO: ERRADO.

---

224. **(CESPE/CEBRASPE - 2021 - PM/AL - SOLDADO)** Em Muquém, vivem cerca de quinhentas pessoas que contam com um posto de saúde, uma escola e a casa de farinha, onde as mulheres se reúnem para moer a mandioca, alimento central na comunidade, assim como de tantos outros quilombos no Nordeste. No dia a dia do povoado, o trabalho com o barro também preenche o tempo de muitas mulheres e alguns homens que se dedicam à produção de cerâmica, enquanto ensinam as crianças a mexer com a terra, produzindo pequenos bonecos. [...]

No primeiro período do último parágrafo, o vocábulo "onde" refere-se a "casa de farinha".

Certo ( )   Errado ( )

Pelas relações de coesão percebe-se que "onde" retoma "casa de farinha", porque é nesse lugar que as mulheres se reúnem para moer a mandioca.

GABARITO: CERTO.

---

225. **(CESPE/CEBRASPE - 2021 - PM/AL - SOLDADO)** Um exemplo é a escultura que representa pessoas em cima de uma jaqueira e que se tornou uma peça muito conhecida de dona Irinéia. A jaqueira se tornou objeto de memória, pois remonta a uma enchente, durante a qual ela e suas três irmãs ficaram toda a noite em cima da árvore, esperando a água baixar. [...]

No último período do segundo parágrafo, o termo "a qual" refere-se a "uma enchente".

Certo ( )   Errado ( )

O pronome relativo "a qual" tem como referente "uma enchente". Para isso, basta trocar o pronome pelo referente. Vejamos: *A jaqueira se tornou objeto de memória, pois remonta a uma enchente, durante A ENCHENTE ela e suas três irmãs ficaram toda a noite em cima da árvore, esperando a água baixar.*

GABARITO: CERTO.

---

226. **(CESPE/CEBRASPE - 2021 - PM/AL - SOLDADO)**

Procuro em vão, pois não encontrarei
jamais vestígios da minha infância feliz,
que os anos guardaram no seu abismo.

O termo "seu", no último verso do poema, refere-se a "minha infância feliz", ou seja, o trecho "no seu abismo" significa **no abismo da minha infância feliz**.

Certo ( )   Errado ( )

O referente "seu" está relacionado a "anos", ou seja, entende-se que a ideia é *que os anos guardaram no abismo DOS ANOS*.

GABARITO: ERRADO.

COESÃO E COERÊNCIA

227. **(CESPE/CEBRASPE - 2021 - PM/AL - OFICIAL)** Em todos esses casos, os espaços privilegiados das ações dos grupos organizados eram os Estados nacionais, espaços privilegiados de exercício da cidadania. Contudo, a expansão do conjunto de transformações socioculturais, tecnológicas e econômicas, conhecido como globalização, nas últimas décadas, tem limitado de forma significativa os poderes e a autonomia dos Estados (pelo menos os dos países periféricos), os quais se tornam reféns da lógica do mercado em uma época de extraordinária volatilidade dos capitais. [...]

No segundo parágrafo, o segmento "espaços privilegiados de exercício da cidadania" qualifica o termo "Estados nacionais".

Certo ( )   Errado ( )

Há uma caracterização do termo "Estados nacionais". Para entender isso, é preciso considerar como o período todo foi construído. Vejamos: *Em todos esses casos, os espaços privilegiados das ações dos grupos organizados eram os Estados nacionais, espaços privilegiados de exercício da cidadania.*

A primeira oração usa o verbo "ser" (eram). Isso indica a seguinte análise:

- *os espaços privilegiados das ações dos grupos organizados: predicativo do sujeito;*
- *eram: verbo de ligação;*
- *os Estados nacionais: sujeito.*

Pela estrutura do período (paralelismo sintático), a expressão "espaços privilegiados de exercício da cidadania" segue a mesma perspectiva da expressão "os espaços privilegiados das ações dos grupos organizados". Por isso, a questão está correta.

Vale destacar que pode haver uma confusão gerada por avaliar o trecho como um aposto. Por isso, é importante considerar sempre o período como um todo para fazer uma análise sintática, porque essa análise depende do contexto.

GABARITO: CERTO.

---

228. **(CESPE/CEBRASPE - 2021 - PM/AL - OFICIAL)** Em todos esses casos, os espaços privilegiados das ações dos grupos organizados eram os Estados nacionais, espaços privilegiados de exercício da cidadania. Contudo, a expansão do conjunto de transformações socioculturais, tecnológicas e econômicas, conhecido como globalização, nas últimas décadas, tem limitado de forma significativa os poderes e a autonomia dos Estados (pelo menos os dos países periféricos), os quais se tornam reféns da lógica do mercado em uma época de extraordinária volatilidade dos capitais. [...]

Infere-se do segundo parágrafo que, no trecho "pelo menos os dos países periféricos", está elíptica a palavra **Estados** após o vocábulo "os".

Certo ( )   Errado ( )

Não está elíptico o termo sugerido no enunciado. Para identificar o termo subentendido, é preciso considerar o contexto. Vejamos: *tem limitado de forma significativa os poderes e a autonomia dos Estados (pelo menos os PODERES dos países periféricos)*. O termo elíptico é "poderes", em não Estados.

GABARITO: ERRADO.

---

229. **(CESPE/CEBRASPE - 2021 - PM/AL - OFICIAL)** A sociedade real, por seu turno, pode ter maior ou menor segurança pública. Numa sociedade real, a maior segurança pública possível é aquela compatível com o equilíbrio dinâmico social, ou seja, adequada à convivência social estável. Não mais e não menos que isso. Logo, para se ter segurança pública, há que se buscar constantemente alcançar e preservar o equilíbrio na sociedade real pela permanente perseguição à ordem pública.

Na frase "Não mais e não menos que isso" (último parágrafo), o segmento "e não" poderia ser corretamente substituído por **nem**, sem prejuízo da coerência do texto.

Certo ( )   Errado ( )

O vocábulo "nem" significa "e não", ou seja, a troca manteria a mesma perspectiva do trecho original, garante a lógica e não traz contradição.

GABARITO: CERTO.

---

230. (CESPE/CEBRASPE - 2021 - PRF - POLICIAL RODOVIÁRIO FEDERAL) Na Europa ocidental, as novas instituições estatais de vigilância deveriam controlar o exercício da força em sociedades em que os níveis de violência física nas relações interpessoais e do Estado com a sociedade estavam em declínio. De acordo com a difundida teoria do processo civilizador, de Norbert Elias, no Ocidente moderno, a agressividade, assim como outras emoções e prazeres, foi domada, "refinada" e "civilizada". O autor estabelece um contraste entre a violência "franca e desinibida" do período medieval, que não excluía ninguém da vida social e era socialmente permitida e até certo ponto necessária, e o autocontrole e a moderação das emoções que acabaram por se impor na modernidade. A conversão do controle que se exerce por terceiros no autocontrole é relacionada à organização e à estabilização de Estados modernos, nos quais a monopolização da força física em órgãos centrais permitiu a criação de espaços pacificados. Em tais espaços, os indivíduos passaram a ser submetidos a regras e leis mais rigorosas, mas ficaram mais protegidos da irrupção da violência na sua vida, na medida em que as ameaças físicas se tornaram despersonalizadas e monopolizadas por especialistas.

Infere-se do segundo parágrafo do texto que a agressividade humana passou por um processo de transformação gradativo de perda de aspectos primitivos e animalescos.

Certo ( )   Errado ( )

O segundo parágrafo apresenta algumas ideias de Norbert Elias, o qual mostra que a agressividade foi domada, refinada e civilizada, o que fez com que o autocontrole e a moderação das emoções fossem acabassem sendo impostos na modernidade. Vejamos: *De acordo com a difundida teoria do processo civilizador, de Norbert Elias, no Ocidente moderno, a* **agressividade***, assim como outras emoções e prazeres, foi domada,* **"refinada"** *e* **"civilizada"***. O autor estabelece um contraste entre a violência "franca e desinibida" do período medieval, que não excluía ninguém da vida social e era socialmente permitida e até certo ponto necessária,* **e o autocontrole e a moderação das emoções que acabaram por se impor na modernidade***.*

GABARITO: CERTO.

---

231. (CESPE/CEBRASPE - 2022 - ANM - ESPECIALISTA) Em 2015, pesquisadores argentinos anunciaram a descoberta dos fósseis da maior criatura da Terra. Eles estimaram que o dinossauro tivesse 40 metros de comprimento e 20 metros de altura (quando esticava o pescoço). Com 77 toneladas, teria sido tão pesado quanto 14 elefantes africanos e teria tido sete toneladas a mais do que o recordista anterior, o argentinossauro, também localizado na Patagônia. Um mês após o anúncio dos argentinos, paleontólogos brasileiros apresentaram um fóssil resgatado em Presidente Prudente (SP), que afirmaram ser do maior dinossauro do país. O *Austroposeidon magnificus*, como o chamaram, tinha 25 metros de comprimento e viveu há 70 milhões de anos, segundo os estudiosos. E o Planalto Central abrigou gigantes como esses? Embora escavações nunca tenham sido feitas no Distrito Federal e no Entorno até então, especialistas detectaram indícios de esqueletos de animais extintos e de instrumentos usados por homens das cavernas na região. [...]

No quarto período do primeiro parágrafo, o vocábulo "que", em "que afirmaram ser do maior dinossauro do país", retoma "um fóssil resgatado em Presidente Prudente (SP)".

Certo ( )   Errado ( )

A palavra que (pronome relativo) retoma o trecho "um fóssil resgatado em Presidente Prudente (SP)". Vejamos: *Um mês após o anúncio dos argentinos, paleontólogos brasileiros apresentaram* **um fóssil resgatado em Presidente Prudente (SP),** ***que*** *afirmaram ser do maior dinossauro do país.* Ou seja, os paleontólogos brasileiros afirmaram que o fóssil resgatado era do maior dinossauro do país.

GABARITO: CERTO.

232. **(CESPE/CEBRASPE - 2022 - ANM - ESPECIALISTA)** O ser humano não conviveu com os dinossauros em nenhuma parte do mundo. Os dinossauros foram extintos há milhões de anos, antes do surgimento da humanidade. Mas o primeiro registro da presença humana no Planalto Central coincide com a fase de extinção dos primeiros animais que habitaram a região, bichos grandes e ferozes, como o tigre-dentes-de-sabre. Os homens da caverna também tinham a companhia de outros animais enormes, como o megatério, uma espécie de preguiça, e o gliptodonte, um tatu gigante de até um metro de altura. Por uma faixa de terra onde hoje é a América Central, animais do norte chegaram ao sul. Entre eles, o mastodonte, os cães-urso e os ancestrais dos cavalos, todos antigos moradores do cerrado. [...]

Os dois primeiros períodos do segundo parágrafo estabelecem uma relação de causa e consequência, em que o primeiro período consiste na causa e o segundo, na consequência.

Certo ( )   Errado ( )

Há apenas adição de informações, ou seja, não existe relação de causa e consequência no trecho *O ser humano não conviveu com os dinossauros em nenhuma parte do mundo. Os dinossauros foram extintos há milhões de anos, antes do surgimento da humanidade.*

GABARITO: ERRADO.

TEXTO PARA AS PRÓXIMAS DUAS QUESTÕES.

A atenção é uma vantagem evolutiva e tanto, pois permite que o animal concentre sua capacidade cognitiva (um recurso finito e sempre escasso) em determinada coisa e, a partir daí, tente entendê-la — podendo antecipar-se, ou reagir melhor, a ela. Preste atenção a seus predadores, ou a suas presas, e você terá mais chance de comer e não ser comido. Atenção é útil para todo animal. Tanto é assim que ela emana do sistema límbico: a parte mais interna e antiga do cérebro, que o *Homo sapiens* compartilha com diversas espécies. A mente humana tem um desejo insaciável de encontrar coisas novas e interessantes, e dedicar atenção a elas.

A internet é uma fonte praticamente inesgotável de coisas nas quais prestar atenção. Nela, o conteúdo e os serviços costumam ser gratuitos, pois seus criadores ganham dinheiro publicando anúncios, que também atrairão nossa atenção (e somente a partir daí, quem sabe, poderão nos induzir a comprar ou consumir algum produto). Percebeu? A principal mercadoria do Google não é o buscador, os mapas ou o Gmail. É a sua atenção, que ele coleta e revende. A atenção é a maior riqueza das empresas de internet. Fez fortunas, criou gigantes, mudou o mundo. Por isso há tanta gente lutando por ela: a loja do sistema Android tem 2,1 milhões de aplicativos; a do sistema utilizado pelo iPhone, 1,8 milhão.

(Revista Superinteressante. Edição do Kindle, out. 2019, p. 28. Adaptado.)

233. **(CESPE/CEBRASPE - 2021 - MP/AP - AUXILIAR ADMINISTRATIVO)** Seria preservada a coerência do texto CG2A1-II caso o segundo parágrafo fosse iniciado por:

a) E a internet.
b) Portanto, a internet.
c) É por isso que a internet.
d) Assim sendo, a internet.
e) Por conseguinte, a internet.

A: Os dois parágrafos estão organizados em uma progressão com a noção de continuidade. No primeiro parágrafo, são esclarecidas algumas características da atenção: *A atenção é uma vantagem evolutiva e tanto, pois permite que o animal concentre sua capacidade cognitiva.* **No segundo parágrafo, é feita uma relação da atenção com a internet:** *A internet é uma fonte praticamente inesgotável de coisas nas quais prestar atenção.*

B: Portanto: indica uma conclusão.

C: Por isso: indica noção de causa e efeito, de conclusão.

D: Assim sendo: indica conclusão.

E: Por conseguinte: indica conclusão.

GABARITO: A.

---

234. **(CESPE/CEBRASPE - 2021 - MP/AP - AUXILIAR ADMINISTRATIVO)** No último período do texto CG2A1-II, a expressão "Por isso" introduz, com relação às ideias imediatamente anteriores, uma circunstância de:

a) causa.
b) conclusão.
c) explicação.
d) condição.
e) adição.

O trecho iniciado pela expressão "por isso" estabelece uma conclusão com o trecho anterior e pode ser substituído por "por esse motivo".

GABARITO: B.

TEXTO PARA AS PRÓXIMAS DUAS QUESTÕES.

Reconhecer o *status* de mulheres brancas e homens negros como oscilante nos possibilita enxergar as especificidades desses grupos e romper com a invisibilidade da realidade das mulheres negras. Por exemplo, ainda é muito **comum** a gente ouvir a seguinte **afirmação**: "**mulheres ganham 30% a menos do que homens brancos no Brasil**", quando a discussão é desigualdade salarial. Essa afirmação está incorreta? Logicamente não; mas do ponto de vista ético, sim. Explico: mulheres brancas ganham 30% a menos do que homens brancos no Brasil. Homens negros ganham menos do que mulheres brancas, e mulheres negras ganham menos do que todos. [...]

235. **(CESPE/CEBRASPE - 2021 - PG/DF - TÉCNICO JURÍDICO/APOIO ADMINISTRATIVO)** O termo destacado "comum" concorda sintaticamente com "afirmação", de modo a qualificar como corriqueira a ideia de que "mulheres ganham 30% a menos do que homens brancos no Brasil".

Certo ( )   Errado ( )

A relação não é essa proposta pelo enunciado. Veja o trecho na ordem direta:

- *a gente ouvir a seguinte afirmação ainda é muito comum* (a gente ouvir a seguinte afirmação é o sujeito; muito comum é o predicativo do sujeito).

O termo "mulheres ganham 30% a menos do que homens brancos no Brasil" tem função de aposto de "afirmação".

GABARITO: ERRADO.

---

236. **(CESPE/CEBRASPE - 2021 - PG/DF - TÉCNICO JURÍDICO/APOIO ADMINISTRATIVO)** O destaque no trecho "mulheres ganham 30% a menos do que homens brancos no Brasil" indica que essa afirmação reproduz um discurso alheio, considerado infundado pela autora, conforme se depreende dos argumentos subsequentes do texto.

Certo ( )   Errado ( )

O texto mostra que a afirmação entre aspas é um esclarecimento do que muito dizem no dia a dia. Ainda é muito comum a gente ouvir a seguinte afirmação: *mulheres ganham 30% a menos do que homens brancos no Brasil*.

GABARITO: ERRADO.

237. **(CESPE/CEBRASPE - 2022 - PREFEITURA DE PIRES DO RIO/GO - PROFESSOR)** Nesse pano de fundo, emergem fenômenos como cidades inteligentes e Indústria 4.0, importantes evoluções no sentido de cidades sustentáveis. A implementação desses conceitos é acompanhada de um número crescente dos mais variados sensores nas mais diferentes situações, o que gera aumento exponencial de dados, que são utilizados para comunicação via internet, em última instância, de forma a subsidiar tomadas de decisão mais eficientes. Para tornar essa revolução possível, é necessário significativo investimento em infraestrutura, que será a base da economia no futuro próximo. [...]

No quinto parágrafo, a expressão "desses conceitos" (segundo período) retoma, de forma imediata e restrita, o termo "fenômenos" (primeiro período).

Certo ( )   Errado ( )

Não há relação de coesão entre "fenômenos" e "desses conceitos". Vejamos: *Nesse pano de fundo, emergem fenômenos como **cidades inteligentes** e **Indústria 4.0**, importantes evoluções no sentido de cidades sustentáveis. A implementação **desses conceitos** é acompanhada.*
GABARITO: ERRADO.

TEXTO PARA AS PRÓXIMAS DUAS QUESTÕES.

As plantas, os animais domésticos e os produtos deles obtidos (frutas, ervas, carnes, ovos, queijos etc.) pertencem aos mais antigos produtos comercializáveis. A palavra latina para dinheiro, *pecunia*, deriva da relação com o gado (*pecus*). Esse comércio é provavelmente tão antigo quanto a divisão do trabalho entre agricultores e criadores de gado. Embora inicialmente o comércio e a distribuição econômica de produtos de colheita fossem geograficamente bem delimitados, eles conduziram a uma difusão cada vez mais ampla das sementes, desenvolvendo-se, então, um número cada vez maior de variações. Sem milênios de constantes contatos entre os povos e sem o trânsito intercontinental, o nosso cardápio teria uma aparência bastante pobre. Das aproximadamente trinta plantas que constituem os recursos de nossa alimentação básica, quase todas têm sua origem fora da Europa e provêm, predominantemente, de regiões que hoje enumeramos entre os países em desenvolvimento. [...]

238. **(CESPE/CEBRASPE - 2022 - PREFEITURA DE PIRES DO RIO/GO - PROFESSOR)** No quarto período do primeiro parágrafo, a forma pronominal "eles" retoma "produtos".

Certo ( )   Errado ( )

O referente do pronome "eles" é "o comércio e a distribuição econômica de produtos de colheita". Vejamos: *Embora inicialmente **o comércio e a distribuição econômica de produtos de colheita** fossem geograficamente bem delimitados, **eles** conduziram a uma difusão cada vez mais ampla das sementes, desenvolvendo-se, então, um número cada vez maior de variações.*
GABARITO: ERRADO.

---

239. **(CESPE/CEBRASPE - 2022 - PREFEITURA DE PIRES DO RIO/GO - PROFESSOR)** No terceiro período do primeiro parágrafo, a expressão "Esse comércio" faz referência ao termo "gado", empregado no período imediatamente anterior.

Certo ( )   Errado ( )

A referência é às atividades desse comércio que está nos trechos anteriores, e não é algo restrito a "gado". Vejamos: *As plantas, os animais domésticos e os produtos deles obtidos (frutas, ervas, carnes, ovos, queijos etc.) pertencem aos mais antigos produtos comercializáveis. A palavra latina para dinheiro, pecunia, deriva da relação com o gado (pecus). **Esse comércio** é provavelmente tão antigo quanto a divisão do trabalho entre agricultores e criadores de gado.*
GABARITO: ERRADO.

TEXTO PARA AS PRÓXIMAS DUAS QUESTÕES.

Essas mesmas ideias simples eram moeda corrente em nosso país pela época da Independência. A primeira tradução da obra **Riqueza das Nações** surgiu na Espanha, em 1794, e a obra de José da Silva Lisboa, o futuro Visconde Cairu, foi significativamente influenciada por Smith, especialmente os seus **Princípios de Economia Política** (1804). Mas também tiveram a mesma influência a **Memória dos Benefícios Políticos do Governo de El-Rei Nosso Senhor D. João VI** (1818) e, particularmente, os seus **Estudos sobre o Bem Comum** (18191820). Com as ideias simples smithianas, Cairu, ao proclamar o "deixai fazer, deixai passar, deixai vender", de Gournay, legou-nos a abertura dos portos, a liberdade da indústria e a fundação de nosso primeiro banco. Não pouca coisa.

240. (CESPE/CEBRASPE - 2022 - SEFAZ/SE - AUDITOR TÉCNICO DE TRIBUTOS) De acordo com as ideias do texto CG1A1-I, a expressão "Não pouca coisa", no final do último parágrafo, refere-se:

a) ao legado de Gournay.
b) à contribuição de Adam Smith.
c) ao legado do Visconde Cairu.
d) ao volume da produção literária de José da Silva Lisboa.
e) à primeira tradução da obra **Riqueza das Nações**.

O parágrafo mostra a contribuição de Visconde Cairu acerca do assunto discutido no texto. Vejamos: *Com as ideias simples smithianas, Cairu, ao proclamar o "deixai fazer, deixai passar, deixai vender", de Gournay, legou--nos a abertura dos portos, a liberdade da indústria e a fundação de nosso primeiro banco. Não pouca coisa.*
GABARITO: C.

241. (CESPE/CEBRASPE - 2022 - SEFAZ/SE - AUDITOR TÉCNICO DE TRIBUTOS) Mantendo-se as relações de coesão e coerência do texto, a expressão "ao proclamar" (quarto período do último parágrafo) poderia ser corretamente substituída por:

a) proclamou.
b) que foi quem proclamava.
c) até proclamava.
d) que proclamou.
e) quando proclamou.

A oração "ao proclamar" é uma oração reduzida temporal, e a oração desenvolvida correspondente é "quando proclamou". Vejamos: *Com as ideias simples smithianas, Cairu, **quando proclamou** o "deixai fazer, deixai passar, deixai vender", de Gournay, legou-nos.*
GABARITO: E.

242. (CESPE/CEBRASPE - 2022 - TC/RJ - ANALISTA DE CONTROLE EXTERNO) Em certo sentido, o sistema democrático tem se mostrado capaz de aproveitar nossas imperfeições da melhor maneira: uma vez que de fato não sabemos tudo, e tampouco podemos testar empiricamente todas as nossas suposições teóricas, estabelecemos certa margem de manobra democrática, uma folga política, em nossas instituições, a fim de evitar sermos arrastados pelos vínculos do fanatismo e do perfeccionismo. [...]

No segundo parágrafo, depreende-se do emprego de "tem se mostrado" que a capacidade do sistema democrático de "aproveitar nossas imperfeições" remonta ao passado e permanece no presente.

Certo ( )   Errado ( )

A forma verbal "tem se mostrado" está no pretérito perfeito simples do indicativo, o qual indica que há uma ação no passado que se estende ao presente, ou seja, que tem começo, mas não tem fim. Vejamos: *o sistema democrático **tem se mostrado capaz de aproveitar nossas imperfeições** da melhor maneira.*

Isso significa que "aproveitar nossas imperfeições" é algo que faz parte do passado e do presente.
GABARITO: CERTO.

TEXTO PARA AS PRÓXIMAS DUAS QUESTÕES.

Agora, novas melhorias na IA, viabilizadas por operações massivas de coleta de dados, aperfeiçoadas ao máximo por grupos digitais, contribuíram para a retomada de uma velha corrente positivista do pensamento político. Extremamente tecnocrata em seu âmago, essa corrente sustenta que a democracia talvez tenha tido sua época, mas que hoje, com tantos dados à nossa disposição, afinal estamos prestes a automatizar e simplificar muitas daquelas imperfeições que teriam sido — deliberadamente — incorporadas ao sistema político. [...]

243. **(CESPE/CEBRASPE - 2022 - TC/RJ - ANALISTA DE CONTROLE EXTERNO)** No segundo período do terceiro parágrafo, a forma pronominal "sua" tem como referente o termo "essa corrente".

Certo ( )   Errado ( )

O referente de "sua" é "a democracia". Vejamos: *Extremamente tecnocrata em seu âmago, essa corrente sustenta que a **democracia** talvez tenha tido **sua** época, mas que hoje, com tantos dados à nossa disposição, afinal estamos prestes a automatizar e simplificar muitas daquelas imperfeições que teriam sido — deliberadamente — incorporadas ao sistema político.*

GABARITO: ERRADO.

---

244. **(CESPE/CEBRASPE - 2022 - TC/RJ - ANALISTA DE CONTROLE EXTERNO)** No segundo período do terceiro parágrafo, a substituição da palavra "âmago" por **cerne** manteria os sentidos e a correção gramatical do texto.

Certo ( )   Errado ( )

A palavra **"âmago"** significa o que se encontra situado no centro de, parte mais importante ou principal de; cerne, parte mais particular, íntima de um indivíduo, íntimo, essência, alma.

GABARITO: CERTO.

---

245. **(CESPE/CEBRASPE - 2022 - TC/RJ - ANALISTA DE CONTROLE EXTERNO)** Dessa forma, podemos delegar cada vez mais tarefas a algoritmos que, avaliando os resultados de tarefas anteriores e quaisquer alterações nas predileções individuais e nas curvas de indiferença, se reajustariam e revisariam suas regras de funcionamento. Alguns intelectuais proeminentes do Vale do Silício até exaltam o surgimento de uma "regulação algorítmica", celebrando-a como uma alternativa poderosa à aparentemente ineficaz regulação normal.

No último período do texto, a substituição de "até exaltam" por **chegam a exaltar** manteria a correção gramatical e a coerência do texto.

Certo ( )   Errado ( )

A troca é possível gramaticalmente. Além disso, é mantida a coerência, ou seja, a lógica do texto, e não há contradição. Vale destacar que coerência não diz respeito a sentido.

Vejamos: *Alguns intelectuais proeminentes do Vale do Silício **chegam a exaltar** o surgimento de uma "regulação algorítmica", celebrando-a como uma alternativa poderosa à aparentemente ineficaz regulação normal.*

GABARITO: CERTO.

---

246. **(CESPE/CEBRASPE - 2022 - FUB - ASSISTENTE EM ADMINISTRAÇÃO)** Em 2022, o foco deve ser encontrar soluções que possam resolver os desafios da gestão de capital humano das organizações. Mesmo com toda a tecnologia existente, a ideia não é substituir pessoas, mas conferir-lhes poder para que suas tomadas de decisões sejam ainda melhores. É a tecnologia viabilizando relações mais humanas, precisas, por meio de dados reais, confiáveis. Esse é o caminho para o futuro.

Dadas as relações coesivas do parágrafo do texto, é correto afirmar que "o caminho para o futuro", a que se refere o autor no último período, consiste na confiabilidade dos dados tecnológicos.

Certo ( )   Errado ( )

O termo "esse", em "Esse é o caminho para o futuro", faz referência ao trecho *É a tecnologia viabilizando relações mais humanas, precisas, por meio de dados reais, confiáveis.*
GABARITO: ERRADO.

---

247. **(CESPE/CEBRASPE - 2022 - FUB - ASSISTENTE EM ADMINISTRAÇÃO)** O suporte da tecnologia ganha um papel cada vez mais estratégico para apoiar a tomada de decisão, que precisa ser cada vez mais humanizada. Não se trata de usar a tecnologia para automatizar e otimizar processos em uma estrutura "robotizada", mas de ampliar o uso de ferramentas que humanizem as relações a partir de dados mais ricos e informações mais completas e valiosas, para buscar o melhor tanto para os colaboradores quanto para a própria empresa. [...]

Sem prejuízo da correção gramatical e da coerência do texto, o primeiro e o segundo períodos do quarto parágrafo poderiam ser unidos em um só período com o emprego da expressão **ou seja**, entre vírgulas, após "humanizada", desde que feito o devido ajuste de maiúscula para minúscula na palavra "Não".

Certo ( )   Errado ( )

Existe uma relação de explicação, esclarecimento entre os dois períodos. Vejamos como fica a reescrita: *O suporte da tecnologia ganha um papel cada vez mais estratégico para apoiar a tomada de decisão, que precisa ser cada vez mais **humanizada, ou seja, não se trata** de usar a tecnologia para automatizar e otimizar processos em uma estrutura "robotizada".*
GABARITO: CERTO.

---

248. **(IBFC - 2022 - SES/DF - NÍVEL SUPERIOR)** No contexto em que se encontram, considere o emprego dos pronomes destacados em "meu pai se jogou sobre seu corpo sem vida e começou a gritar" (primeiro parágrafo). É correto afirmar que possuem como referente, respectivamente:

a) pai e pai.
b) mãe e leitor.
c) pai e leitor.
d) mãe e pai.
e) pai e mãe.

As relações de coesão permitem essa compreensão. Vejamos: *Lembro-me de que, quando minha **mãe** morreu no hospital, meu pai **se** jogou sobre **seu** corpo sem vida e começou a gritar.*
GABARITO: E.

---

249. **(IBFC - 2022 - INDEA/MT - AGENTE FISCAL)**
É a mocinha, de cachinho loiro e tudo, que vergonha!
Começa que moça direita nunca foi. Cantora fuleira de cabaré, gira a valsa do amor nos braços de um e de outro. Por interesse, casa com o chefão do bando. Casa com o pai do mocinho. Até com o mocinho ela casa.
Deixa estar, guri não é trouxa. Torce pelo bandido. [...]
No décimo quinto parágrafo, destaca-se a reiteração do verbo "casa". Tal repetição não prejudica a coesão, ao contrário, torna-se um recurso expressivo já que contribui para:

a) propor uma crítica à ideia de casamento como instituição.
b) apontar que tanto vilões, quanto mocinhos podem casar.
c) representar a possibilidade da ocorrência de vários casamentos.
d) reforçar um comportamento atribuído à mocinha no texto.

Um termo, quando é reiterado, acaba tendo um destaque, uma ênfase quando ao significado. Ou seja, o texto quer mostrar que a mocinha casa simplesmente por interesse. Vejamos: *E a mocinha, de cachinho* loiro e tudo, que vergonha! Começa que moça direita nunca foi. Cantora fuleira de cabaré, gira a valsa do amor nos braços de um e de outro. Por interesse, **casa** com o chefão do bando. **Casa** com o pai do mocinho. Até com o mocinho ela **casa**.

GABARITO: D.

---

250. (CESPE/CEBRASPE - 2019 - MPC-PA - ANALISTA MINISTERIAL)

Texto CG2A1-I

[...]

7 Em 1981, o indiano ganhador do Prêmio Nobel de Economia, Amartya Sen, em seu livro Pobreza e Fomes, identificou a existência de populações com fome mesmo em
10 países que não convivem com problemas de abastecimento. O economista indiano traçou então, pela primeira vez, uma relação causal entre fome e questões sociais como pobreza e
13 concentração de renda. Tirou, assim, o foco de aspectos técnicos e mudou o tom do debate internacional sobre a questão e as políticas públicas a serem tomadas a partir daí.
16 As últimas décadas foram de grande evolução no combate à fome em escala global. Nos últimos 25 anos, 7,7% da população mundial superou o problema, o que representa
19 216 milhões de pessoas. É como se mais que toda a população brasileira saísse da subnutrição em menos de três décadas.

[...]

(Internet: www.nexojornal.com.br. Adaptado.)

No texto CG2A1-I, o termo "a questão" (L. 14 e 15) remete à:

a) fome.
b) produção de alimentos.
c) queda na taxa de mortalidade.
d) pobreza.
e) concentração de renda.

O texto trata da fome e mostra situações a respeito disso. Nas linhas 11 a 15, é mostrado que o economista indiano mostrou a relação causal entre fome e questões sociais, o que mudou o tom de debate sobre a fome (a questão).

GABARITO: A.

---

251. (CESPE/CEBRASPE - 2019 - PGE/PE - ASSISTENTE DE PROCURADORIA)

1 A modernidade é um contrato. Todos nós aderimos a ele no dia em que nascemos, e ele regula nossa vida até o dia em que morremos. Pouquíssimos entre nós são capazes de
4 rescindi-lo ou transcendê-lo. Esse contrato configura nossa comida, nossos empregos e nossos sonhos; ele decide onde moramos, quem amamos e como morremos.

[...]

(Yuval Noah Harari. **Homo Deus**: uma breve história do amanhã. São Paulo: Companhia das Letras, 2016. Adaptado.)

As formas pronominais em "rescindi-lo" e "transcendê-lo", referem-se, respectivamente, a "contrato" e a "dia".

Certo ( )   Errado ( )

As formas pronominais em "rescindi-lo" e "transcendê-lo", referem-se a "contrato" > rescindir o contrato, transcender o contrato.
GABARITO: ERRADO.

---

252. (CESPE/CEBRASPE - 2019 - PGE/PE - ASSISTENTE DE PROCURADORIA)

1   Passávamos férias na fazenda da Jureia, que ficava na
    região de lindas propriedades cafeeiras. Íamos de automóvel
    até Barra do Piraí, onde pegávamos um carro de boi.
4   Lembro-me do aboio do condutor, a pé, ao lado dos animais,
    com uma vara: "Xô, Marinheiro! Vâmu, Teimoso!". Tenho
    ótimas recordações de lá e uma foto da qual gosto muito, da
7   minha infância, às gargalhadas, vestindo um macacão que
    minha própria mãe costurava, com bastante capricho. Ela fazia
    um para cada dia da semana, assim, eu podia me esbaldar e me
10 sujar à vontade, porque sempre teria um macacão limpo para
    usar no dia seguinte.

(Jô Soares. **O livro de Jô**: uma autobiografia desautorizada. São Paulo: Companhia das Letras, 2017).

O termo "lá" (L. 6) remete à fazenda da Jureia, onde a personagem vivenciou as experiências relatadas no texto.

Certo ( )   Errado ( )

O texto se inicia com a indicação da fazenda da Jureia, onde passavam as férias. E na sequência são relatadas experiências vividas neste lugar.
GABARITO: CERTO.

---

253. (FEPESE - 2019 - CELESC - ASSISTENTE ADMINISTRATIVO)

Linguista do Havaí nomeia primeiro buraco negro já fotografado: Pōwehi

A palavra Pōwehi tem origem no Kumulipo, um canto tradicional do Havaí usado para descrever a criação do arquipélago, e significa "embelezada fonte escura de criação sem fim". "Pō" quer dizer fonte escura e profunda de criação sem fim e "wehi" significa honrado com embelezamento. O nome foi criado pelo professor de linguística da Universidade do Havaí, Larry Kimura, a pedido dos astrônomos do arquipélago que participaram do projeto Telescópio de Horizonte de Eventos (EHT, em inglês). O grupo foi responsável por conduzir os estudos que tornaram possível fotografar pela primeira vez um buraco negro.

A imagem foi capturada por uma rede global de telescópios criada para obter informações sobre esses corpos celestes caracterizados por ter campos gravitacionais tão fortes que nem a matéria nem a luz conseguem escapar de sua atração. O Havaí teve uma participação especial na descoberta, já que dois dos telescópios usados para tirar a foto estavam localizados no arquipélago.

"Pōwehi é um nome poderoso porque traz verdades sobre a imagem do buraco negro que vemos", disse Jessica Dempsey, diretora de um dos telescópios usados no Havaí, em vídeo publicado pela Universidade do Havaí. O nome, contudo, ainda não é oficial. Para ser oficializado, é necessário que todos os cientistas envolvidos no projeto aprovem formalmente a ideia e que a União Astronômica Internacional dê a confirmação final. Até agora, o nome utilizado pelos cientistas para se referirem ao buraco negro é M87*, já que o corpo celeste está localizado no centro da Messier 87, uma enorme galáxia no aglomerado próximo ao de Virgem, a cerca de 54 milhões de anos-luz da Terra." Ter o privilégio de dar um nome havaiano à primeira confirmação científica de um buraco negro é muito significativo para mim", afirmou Kimura em comunicado. "Eu espero que possamos continuar a nomear futuros buracos negros da astronomia havaiana de acordo com o Kumulipo".

Como foi possível obter a foto do Pōwehi? O anel luminoso que se vê na imagem é, na verdade, o que os astrônomos chamam de "horizonte de eventos": um halo de poeira e gás no contorno desse buraco. O disco captado na foto contém matéria que é acelerada a altas velocidades pela força gravitacional e que terminará por ser engolida ou ejetada para longe, escapando da voracidade do corpo celeste. O halo tem a forma de um crescente porque as partículas voltadas para a Terra aparentam estar mais rápidas – e brilhantes – do que as que estão do outro lado. No centro da imagem, está o que os cientistas chamaram de "sombra do buraco negro", a região onde o buraco propriamente dito está localizado e que, por não emitir luz, não pode ser observada. Físicos estimam que o corpo celeste seja 2,5 vezes menor do que sua sombra. O buraco no centro da Messier 87 tem uma massa 6,5 bilhões de vezes maior que a do nosso Sol.

(Revista Veja. **Linguista do Havaí nomeia primeiro buraco negro já fotografado: Pōwehi**. Disponível em: https://veja.abril.com.br/ciencia/linguista-do-havai-nomeia-primeiro-buraco-negro-ja-fotografado-powehi/. Acesso em: 14 abr. 2019. Adaptado.)

Assinale a alternativa correta, de acordo com o texto.

a) Em "[...] é muito significativo para mim" e "Eu espero que possamos continuar" (3º parágrafo), os pronomes sublinhados fazem referência ao professor da Universidade do Havaí.

b) No primeiro e no terceiro parágrafos, o sinal de aspas é empregado com a mesma função no texto.

c) Em "participaram do projeto" (1º parágrafo) e "teve uma participação especial na descoberta" (2º parágrafo), as preposições sublinhadas podem ser mutuamente substituídas, com os devidos ajustes de concordância, sem afetar a regência verbal e nominal, respectivamente.

d) Em "[...] menor do que sua sombra" e "[...] maior que a do nosso Sol" (último parágrafo), os pronomes possessivos sublinhados nas duas comparações fazem referência, respectivamente, a "buraco negro" e "astrônomos".

e) No título do texto e em "o que os astrônomos chamam de "horizonte de eventos:" (último parágrafo), o sinal de dois-pontos é empregado com a mesma função: anunciar uma denominação.

A: Os trechos entre aspas são a reprodução das falas do professor da Universidade do Havaí.

B: No primeiro parágrafo, as aspas indicam termos que são de origem estrangeira; no terceiro parágrafo, as aspas destacam a reprodução da fala de alguém.

C: Em "participaram do projeto", a preposição DE (de + o) vem da regência "participar de algo", e significa fazer parte, atuar em algo. Em "teve uma participação especial na descoberta", a preposição EM (em + a) inicia uma locução adverbial e não está empregada por conta da regência.

D: Em "[...] menor do que sua sombra", o pronome SUA refere-se a "corpo celeste"; e "[...] maior que a do nosso Sol", o pronome NOSSO faz referência a Sol mesmo.

E: No título do texto, o sinal de dois-pontos anuncia uma denominação. E em "o que os astrônomos chamam de "horizonte de eventos:", esse mesmo sinal anuncia um aposto.

GABARITO : A.

TIPOLOGIA TEXTUAL E GÊNERO TEXTUAL

03

254. (FGV - 2022 - CGU - AUDITOR) Em uma tarde ensolarada, estou no portão da escola recebendo as crianças como todos os dias. De repente, um carro para em frente ao portão. Um menino de quatro anos chega à porta da escola com o telefone nas mãos, assistindo desenho ou jogando (não foi possível identificar), tão concentrado que nem percebe que chegou à escola. A mãe chama e ele não atende. Então, ela pega o telefone das mãos do filho e ele começa a reclamar, chorando e exaltado, querendo o telefone novamente. A mãe pede ao filho para parar de chorar e de "fazer birra", mas este não a atende. Para parar de ouvir a reclamação do filho, ela então vai ao carro, busca o tablet e deixa que o filho o leve para a escola.

(Diário de bordo, 26 de fevereiro de 2018).

Sobre a estrutura desse pequeno texto, retirado de um estudo sobre a Tecnologia e a Educação Infantil, a afirmativa adequada é que se trata de um texto:

a) argumentativo, em que se procura, por meio de uma estrutura narrativa, condenar o mau emprego da tecnologia nas escolas.

b) narrativo, de que o narrador participa somente como observador e que pode servir de exemplo para a condenação de um mau processo educativo familiar.

c) narrativo, de que o narrador participa com opiniões sobre o narrado, em tom condenatório da tecnologia atual.

d) meramente descritivo de uma cena presenciada por um observador isento, cena essa que mostra características da sociedade atual.

e) argumentativo, em que o argumentador se utiliza da presença de um tablet para a condenação dos games infantis como não educativos.

O trecho traz um relato, uma narrativa que revela ações e acontecimentos. Não é argumentativo, porque não defende um ponto de vista no sentido de persuadir o leitor. Ainda, não é descritivo, porque não faz um detalhamento físico e/ou psicológico de algo ou de alguém. Portanto, a alternativa B é a melhor opção, porque o narrador participa somente como observador e pode servir de exemplo para a condenação de um mau processo educativo familiar.

GABARITO: B.

---

255. (FGV - 2022 - CGU - AUDITOR) Um personagem de um célebre romance francês é enunciador do seguinte discurso: "O que teria eu que fazer para demonstrar a utilidade da agricultura? Quem provê nossas necessidades? Quem fornece nossos alimentos? Não é o agricultor? O agricultor, senhores, que semeia nossos campos com sua mão laboriosa, faz nascer o trigo, que, triturado por engenhosas máquinas, dá origem à farinha, que, transportada para o padeiro, produz alimento para o pobre e para o rico. Não é também o agricultor que gera nossas roupas, engordando os seus rebanhos, nas nossas pastagens? Porque, como nos vestiríamos, como nos alimentaríamos sem o agricultor?"

Sobre a estrutura argumentativa desse pequeno texto, a única afirmativa correta é:

a) a tese do texto se apoia num conjunto de seis argumentos, construídos em forma de perguntas para os ouvintes.

b) a estruturação desse texto em dois segmentos argumentativos é marcada pela presença do conector "também".

c) a tese do texto é de base social, configurada na frase "produz alimento para o pobre e para o rico".

d) a tentativa de convencimento dos ouvintes é realizada por meio de apelos econômicos, ligados a fatores de produção e consumo.

e) a argumentação desse texto se apoia no valor histórico da agricultura e da pecuária, na eficiente tecnologia da época e em exemplos retirados do cotidiano.

O texto é construído com base em dois argumentos, evidenciados pelas perguntas. O primeiro momento é *O que teria eu que fazer para demonstrar a utilidade da agricultura? Quem provê nossas necessidades? Quem fornece nossos alimentos? Não é o agricultor?*. O segundo momento é *Não é também o agricultor que gera nossas roupas, engordando os seus rebanhos, nas nossas pastagens? Porque, como nos vestiríamos, como nos alimentaríamos sem o agricultor?*.

Entre esses dois segmentos, a presença de "também" adiciona os elementos argumentativos.

GABARITO: B.

256. **(CESPE/CEBRASPE - 2022 - PETROBRAS - ADMINISTRAÇÃO)** As tecnologias de contar e escrever histórias não seguiram um caminho linear. A própria escrita foi inventada pelo menos duas vezes, primeiro na Mesopotâmia e depois nas Américas. Os sacerdotes indianos se recusavam a escrever as histórias sagradas por medo de perder o controle sobre elas. Professores carismáticos (como Sócrates) se recusaram a escrever. Algumas invenções posteriores foram adotadas somente de forma seletiva, como quando os eruditos árabes usaram o papel chinês, mas não demonstraram nenhum interesse por outra invenção chinesa, a impressão. As invenções relacionadas à escrita tinham muitas vezes efeitos colaterais inesperados. Preservar textos antigos significava manter vivas artificialmente as línguas. Desde então, passou-se a estudar línguas mortas e alguns textos acabaram sendo declarados sagrados.

(Martin Puchner. **O mundo da escrita**: como a literatura transformou a civilização. São Paulo: Companhia das Letras, 2019, p. 18. Adaptado.)

O texto é predominantemente informativo.

Certo ( )   Errado ( )

O texto tem a intenção de informar ao leitor que as tecnologias de contar e escrever histórias não seguiram um caminho linear. Como não há defesa de um ponto de vista, não pode ser classificado como argumentativo.

GABARITO: CERTO.

257. **(CESPE/CEBRASPE - 2022 - PETROBRAS - ADMINISTRAÇÃO)** Muito tem sido escrito e debatido sobre a afirmativa de que a "internet é terra de ninguém". Tal afirmativa não é de hoje, mas ainda alimenta uma sensação de impunidade ou de falsa responsabilidade do que é postado ou compartilhado na internet e pelas redes sociais. A expressão *fakes news*, em particular, representa um estrangeirismo que mascara diversos crimes cometidos contra a honra, como injúria, calúnia e difamação. Sob um olhar semântico, dizer "compartilhei *fake news* de alguém" não carrega qualquer sentimento de culpa, ou se carrega, ela é mínima. Agora, dizer "cometi um crime contra honra" já traz outras implicações, não só de ordem jurídica, mas também de grande responsabilidade pessoal.

(Marcelo Hugo da Rocha e Fernando Elias José. **Cancelado**: a cultura do cancelamento e o prejulgamento nas redes sociais. Belo Horizonte: Letramento, 2021, p. 36. Adaptado.)

No texto, predomina o tipo textual dissertativo-argumentativo.

Certo ( )   Errado ( )

O texto tem a intenção de provocar reflexões, de discutir um assunto, e não apenas apresentar informações. A tese do autor é a de que muito tem sido escrito e debatido sobre a afirmativa de que a "internet é terra de ninguém". A partir dessa tese, o autor traz argumentos que justificam essa tese.

GABARITO: CERTO.

258. **(CESPE/CEBRASPE - 2021 - CBM/AL - SOLDADO)** Assim como todas as florestas, os trechos arborizados do Ártico às vezes se incendeiam. Mas, ao contrário de muitas florestas localizadas em latitudes médias, que prosperam ou até mesmo necessitam de fogo para preservar sua saúde, as florestas árticas evoluíram para que queimassem apenas esporadicamente.

As mudanças climáticas, contudo, estão remodelando essa frequência. Na primeira década do novo milênio, os incêndios queimaram, em média, 50% mais área plantada no Ártico por ano do que em qualquer outra década do século XX. Entre 2010 e 2020, a área queimada continuou a aumentar, principalmente no Alasca, tendo 2019 sido um ano ruim em relação aos incêndios na região; além disso, o ano de 2015 foi o segundo pior ano da história do local. Os cientistas descobriram que a frequência de incêndios atual é mais alta do que em qualquer outro momento desde a formação das florestas boreais, há cerca de três mil anos, e possivelmente seja a maior nos últimos 10 mil anos.

Os incêndios nas florestas boreais podem liberar ainda mais carbono do que incêndios semelhantes em locais como Califórnia ou Europa, porque os solos sob as florestas em latitude elevada costumam ser compostos por turfa antiga, que possui carbono em abundância. Em 2020, os incêndios no Ártico liberaram quase 250 megatoneladas de dióxido de carbono, cerca da metade emitida pela Austrália em um ano em decorrência das atividades humanas e cerca de 2,5 vezes mais do que a histórica temporada recordista de incêndios florestais de 2020 na Califórnia.

(National Geographic Brasil. Disponível em: www.nationalgeographicbrasil.com. Adaptado.)

Quanto à tipologia textual, predomina no texto o tipo dissertativo-expositivo.

Certo ( )   Errado ( )

O texto não apresenta uma tese defendida pelo autor. O texto dissertativo-expositivo tem a finalidade de discorrer sobre um assunto, por meio de parágrafos, apresentando dados, informações, estatísticas, conceitos, entre outros recursos. O objetivo de transmitir algo a alguém, sem necessariamente defender uma ideia. É relevante mencionar que o texto dissertativo-argumentativo é aquele que mostra uma opinião e apresenta argumentos na defesa desse ponto de vista.

GABARITO: CERTO.

---

259. **(CESPE/CEBRASPE - 2021 - PC/AL - AGENTE E ESCRIVÃO)** O século XIX constituiu-se em marco fundamental para o desenvolvimento das instituições de segurança pública, com as polícias buscando maior legitimidade e profissionalização. Como referência ocidental, a Polícia Metropolitana da Inglaterra, fundada em 1829, mudou paradigmas, dando preponderância ao papel preventivo de suas ações e foco à proteção da comunidade.

O consenso, em detrimento do poder de coerção, e a prevenção, em detrimento da repressão, reforçaram a proximidade da polícia com a sociedade, com atenção integral ao cidadão. O modelo inglês retirou as polícias do isolamento, apresentando-as à comunidade como importante parceira da segurança pública e elemento fundamental para a redução da violência. Com isso, surgiu o conceito de uma organização policial moderna, estatal e pública, em oposição ao controle e à subordinação política da polícia.

No Brasil, as primeiras iniciativas de implantação da polícia comunitária ocorreram com a Constituição Federal de 1988 e a necessidade de uma nova concepção para as atividades policiais. Foram adotadas estratégias de fortalecimento das relações das forças policiais com a comunidade, com destaque para a conscientização sobre a importância do trabalho policial e sobre o valor da participação do cidadão para a construção de um sistema que busca a melhoria da qualidade de vida de todos.

(Brasil. Ministério da Justiça e Segurança Pública. Secretaria Nacional de Segurança Pública (SENASP). **Diretriz Nacional de Polícia Comunitária**. Brasília/DF, 2019, p. 11-12. Adaptado.)

O texto, que se classifica como dissertativo-expositivo quanto à tipologia, informa o leitor acerca de aspectos históricos ligados ao surgimento da polícia comunitária.

Certo ( )   Errado ( )

O texto realmente é dissertativo (trata de um assunto) e tem caráter expositivo (apresenta informação, sem defender uma ideia). Nos dois primeiros parágrafos é apresentada a situação da polícia na Inglaterra e como ela passou a ficar mais próxima da comunidade. No último parágrafo é feita uma abordagem da polícia comunitária no Brasil.

GABARITO: CERTO.

---

260. **(CESPE/CEBRASPE - 2021 - PC/DF - ESCRIVÃO)** Há violências da moral patriarcal que instauram a solidão; outras marcam a lei no corpo das mulheres — assim sobrevive Maria da Penha; outras aniquilam a vida, como é a história de mulheres assassinadas pela fúria do gênero. Entre 2006 e 2011, o Instituto Médico Legal do Distrito Federal foi o destino de 81 mulheres mortas pelo gênero. Foram 337 mortes violentas de mulheres que chegaram ao IML. Dessas, somente 180 processos judiciais foram localizados, dos quais 81 eram de violência doméstica. Muitas delas saíram do espaço da casa como asilo ("lugar onde ficam isentos da execução das leis os que a ele se recolhem") para o necrotério. Essas mulheres, as verdadeiras testemunhas de como a moral patriarcal inscreve nos corpos a sentença de subordinação, são anônimas e não nos contam suas histórias em primeira pessoa. Acredita-se poder biografá-las por diferentes gêneros de discurso — um deles é o texto penal. As mulheres mortas pelo gênero não retornarão pela instauração de uma nova ordem punitiva, o feminicídio, mas acredita-se que a nominação de seu desaparecimento seja uma operação de resistência: o nome facilitaria a esfera de aparição da mulher como vítima.

(Débora Diniz. Perspectivas e articulações de uma pesquisa feminista. *In*: **Estudos feministas e de gênero**: articulações e perspectivas. Florianópolis: Mulheres, 2014. Adaptado.)

O texto é predominantemente argumentativo e um dos elementos principais em que se esteia é a evidência das provas, que se apresenta por meio de fatos comprovados por dados estatísticos.

Certo ( )   Errado ( )

A autora do texto tem um posicionamento expresso acerca da importância de se nominar o feminicídio. Um trecho que mostra posicionamento é: *As mulheres mortas pelo gênero não retornarão pela instauração de uma nova ordem punitiva, o feminicídio, mas acredita-se que a nominação de seu desaparecimento seja uma operação de resistência: o nome facilitaria a esfera de aparição da mulher como vítima.* **Ainda, está presente a evidência das provas:** *os fatos propriamente ditos (o assassinato de mulheres) e os dados estatísticos, que são os números apresentados.*

GABARITO: CERTO.

---

261. **(CESPE/CEBRASPE - 2021 - PM/AL - SOLDADO)**

As mãos que criam, criam o quê?

A ancestralidade de dona Irinéia mostra-se presente em suas peças feitas com o barro vermelho da sua região. São cabeças, figuras humanas, entre outras esculturas que narram, por meio da forma moldada no barro, episódios históricos, lutas e conquistas vividos pelos moradores de sua comunidade e do Quilombo de Palmares.

Um exemplo é a escultura que representa pessoas em cima de uma jaqueira e que se tornou uma peça muito conhecida de dona Irinéia. A jaqueira se tornou objeto de memória, pois remonta a uma enchente, durante a qual ela e suas três irmãs ficaram toda a noite em cima da árvore, esperando a água baixar.

O manejo da matéria-prima é feito com a retirada do barro que depois é pisoteado, amassado e moldado. As peças são então queimadas, e ganham uma coloração naturalmente avermelhada.

Irinéia Rosa Nunes da Silva é uma das mais reconhecidas artistas da cerâmica popular brasileira. A história de dona Irinéia, mestra artesã do Patrimônio Vivo de Alagoas desde 2005, está entrelaçada com a história do povoado quilombola Muquém, onde nasceu em 1949. O povoado pertence ao município de União dos Palmares, na zona da mata alagoana, e se encontra próximo à serra da Barriga que carrega forte simbolismo, pois é a terra do Quilombo dos Palmares.

Por volta dos vinte anos, dona Irinéia começou a ajudar sua mãe no sustento da família, fazendo panelas de barro. Entretanto, o costume de fazer promessas aos santos de quem se é devoto, quando se está passando por alguma provação ou doença, fez surgir para a artesã outras encomendas. Quando a graça é alcançada, costuma-se levar a parte do corpo curado representado em uma peça de cerâmica, como agradecimento para o santo. Foi assim que dona Irinéia começou a fazer cabeças, pés e assim por diante.

Até que um dia, uma senhora que sofria com uma forte dor de cabeça encomendou da ceramista uma cabeça, pois ia fazer uma promessa ao seu santo devoto. A senhora alcançou sua graça, o que fez com que dona Irinéia ficasse ainda mais conhecida na região. Chegou, inclusive, ao conhecimento do SEBRAE de Alagoas, que foi até dona Irinéia e ofereceu algumas capacitações que abriram mais possibilidades de produção para a ceramista. O número de encomendas foi aumentando e, com ele, sua imaginação e criatividade que fizeram nascer objetos singulares.

Em Muquém, vivem cerca de quinhentas pessoas que contam com um posto de saúde, uma escola e a casa de farinha, onde as mulheres se reúnem para moer a mandioca, alimento central na comunidade, assim como de tantos outros quilombos no Nordeste. No dia a dia do povoado, o trabalho com o barro também preenche o tempo de muitas mulheres e alguns homens que se dedicam à produção de cerâmica, enquanto ensinam as crianças a mexer com a terra, produzindo pequenos bonecos.

(Artesol - Artesanato Solidário. Disponível em: www.artesol.org.br. Adaptado.)

Quanto à sua tipologia, é correto afirmar que o texto classifica-se como argumentativo.

Certo ( )   Errado ( )

O texto não tem a intenção de defender um posicionamento. A finalidade do texto é apresentar informações, porque o texto é dissertativo-expositivo.
GABARITO: ERRADO.

---

262. (CESPE/CEBRASPE - 2021 - PG/DF - TÉCNICO JURÍDICO/APOIO ADMINISTRATIVO) A lembrança da empregada ausente me coagia. Quis lembrar-me de seu rosto, e admirada não conseguia — de tal modo ela acabara de me excluir de minha própria casa, como se me tivesse fechado a porta e me tivesse deixado remota em relação à minha moradia. A lembrança de sua cara fugia-me, devia ser um lapso temporário. Mas seu nome — é claro, é claro, lembrei-me finalmente: Janair. E, olhando o desenho hierático, de repente me ocorria que Janair me odiara. Eu olhava as figuras de homem e mulher que mantinham expostas e abertas as palmas das mãos vigorosas, e que ali pareciam ter sido deixadas por Janair como mensagem bruta para quando eu abrisse a porta. De súbito, dessa vez com mal-estar real, deixei finalmente vir a mim uma sensação que durante seis meses, por negligência e desinteresse, eu não me deixara ter: a do silencioso ódio daquela mulher. O que me surpreendia é que era uma espécie de ódio isento, o pior ódio: o indiferente. Não um ódio que me individualizasse mas apenas a falta de misericórdia. Não, nem ao menos ódio. Foi quando inesperadamente consegui rememorar seu rosto, mas é claro, como pudera esquecer? Revi o rosto preto e quieto, revi a pele inteiramente opaca que mais parecia um de seus modos de se calar, as sobrancelhas extremamente bem desenhadas, revi os traços finos e delicados que mal eram divisados no negror apagado da pele.

(Clarice Lispector. **A paixão segundo G. H.** Rio de Janeiro: Rocco, 2009. Adaptado.)

No que se refere à tipologia, o texto é predominantemente descritivo.

Certo ( )   Errado ( )

O texto é predominantemente narrativo, já que há um relato feito pela narradora (que está em primeira pessoa). Uma característica da narração é ter verbos no pretérito, e isso está presente no texto.
GABARITO: ERRADO.

---

263. (CESPE/CEBRASPE - 2022 - PREFEITURA DE SÃO CRISTÓVÃO/SE - AGENTE)

A linguagem usada para descrever os alimentos que comemos pode ter um grande efeito em como os percebemos: orgânicos, artesanais, caseiros e selecionados soam um pouco mais tentadores que os prosaicos enlatados ou reidratados. Outro adjetivo que pode abrir nosso apetite é natural, enquanto tendemos a associar processado a produtos com uma longa lista de ingredientes impronunciáveis. Mas, no que diz respeito à nossa saúde, será que o natural é sempre melhor do que o processado?

Na verdade, o fato de um alimento estar in natura não significa automaticamente que ele é saudável. Alimentos naturais podem conter toxinas, e um processamento mínimo pode torná-los mais seguros. O feijão, por exemplo, contém lectinas, que podem causar vômitos e diarreia. Elas são eliminadas quando os grãos ficam de molho durante horas e depois são cozidos na água fervente.

O processamento também torna seguro o consumo de leite de vaca. O leite é pasteurizado desde o fim do século 19, para matar bactérias nocivas à saúde humana. Antes disso, era distribuído localmente, porque não havia uma boa refrigeração nas casas. As vacas eram ordenhadas todos os dias, e as pessoas levavam leite para vender nos bairros, mas as cidades ficaram maiores, o leite ficou mais distante e demorou mais para chegar ao consumidor, o que favorecia a multiplicação dos patógenos. As evidências crescentes de que alguns organismos presentes no leite pudessem ser prejudiciais à saúde levaram ao desenvolvimento de dispositivos para aquecimento do líquido e à invenção da pasteurização, que logo foi adotada na Europa e, mais tarde, nos Estados Unidos da América.

O processamento também pode ajudar a preservar os alimentos e torná-los mais acessíveis. A fermentação faz com que o queijo se mantenha estável por mais tempo e, em alguns casos, reduz a quantidade de lactose, tornando-o mais digerível para quem tem uma intolerância leve à presença desse tipo de açúcar.

No passado, o processamento dos alimentos era feito principalmente para aumentar sua vida útil. Por muito tempo, conservar os alimentos com a adição de ingredientes como açúcar ou sal foi essencial para as pessoas sobreviverem ao inverno. O processamento nos permitiu estar onde estamos hoje, pois evitou que passássemos fome. Muitos alimentos devem ser processados para ser consumidos, como o pão. Não poderíamos sobreviver apenas com grãos.

O processamento permite que vitaminas e minerais, como vitamina D, cálcio e ácido fólico, sejam adicionados a certos alimentos processados, incluindo-se pães e cereais. Iniciativas como essas ajudaram a reduzir várias deficiências de nutrientes entre a população em geral — mas não tornaram necessariamente a comida nutricionalmente equilibrada.

É preciso observar que alguns alimentos ultraprocessados podem estar associados a consequências indesejadas para a saúde, mas nem todos os alimentos processados são ruins. Os legumes e verduras congelados, o leite pasteurizado e a batata cozida, por exemplo, podem ser melhores para nós do que seus equivalentes não processados. Mas aqui está o segredo: todos esses alimentos também se parecem muito com sua forma natural, e é isso que precisamos ter em mente. Sempre que formos capazes de reconhecer que um alimento processado está próximo da sua forma natural, incluí-lo em nossa dieta pode até ser benéfico para nós.

(Internet: www.bbc.com/portuguese. Adaptado.)

No texto, que se caracteriza como dissertativo-informativo, o uso de formas verbais flexionadas na 1ª pessoa do plural constitui estratégia para a aproximação do público leitor.

Certo ( )   Errado ( )

O texto é dissertativo porque trata de um assunto. Essa é a exigência para que um texto seja dissertativo: expor informações acerca de uma temática. No caso do texto em análise, é abordada questão dos alimentos naturais e dos processados. Além disso, tem caráter informativo, já que o autor do texto não pretende discutir o assunto, não se posiciona sobre a temática, não traz reflexões no sentido de convencer o leitor acerca de algo. Quanto ao emprego das formas verbais, o fato de essas formas estarem na primeira pessoa no plural (nós), como em "comemos, tendemos, nossa", indica realmente uma estratégia para a aproximação do público leitor, ou seja, o enunciado da questão já é a explicação relativa ao emprego da 1ª pessoa do plural num texto dissertativo.
GABARITO: CERTO.

---

264. (CESPE/CEBRASPE - 2019 - PGE/PE - ASSISTENTE DE PROCURADORIA)

Passávamos férias na fazenda da Jureia, que ficava na região de lindas propriedades cafeeiras. Íamos de automóvel até Barra do Piraí, onde pegávamos um carro de boi. Lembro-me do aboio do condutor, a pé, ao lado dos animais, com uma vara: "Xô, Marinheiro! Vâmu, Teimoso!". Tenho ótimas recordações de lá e uma foto da qual gosto muito, da minha infância, às gargalhadas, vestindo um macacão que minha própria mãe costurava, com bastante capricho. Ela fazia um para cada dia da semana, assim, eu podia me esbaldar e me sujar à vontade, porque sempre teria um macacão limpo para usar no dia seguinte.

(Jô Soares. **O livro de Jô**: uma autobiografia desautorizada. São Paulo: Companhia das Letras, 2017).

O texto é essencialmente descritivo, pois detalha lembranças acerca das viagens de férias que a personagem e sua família faziam com frequência durante a sua infância.

Certo ( )   Errado ( )

O texto é essencialmente narrativo, pois traz um relato de uma lembrança do passado. Além disso, predominam verbos no pretérito, há personagens, sequência cronológica, ambientação.

GABARITO: ERRADO.

SIGNIFICAÇÃO DE PALAVRAS

265. (FCC - 2022 - PREFEITURA DE RECIFE/PE - AGENTE ADMINISTRATIVO) Considerando-se o contexto, a substituição do termo destacado pelo indicado entre parênteses altera o sentido do seguinte trecho:

a) os olhos brilhando, desta vez em sorriso **aberto** (franco).
b) queixa-se do resfriado **crônico** (insignificante).
c) Enfim, **autêntico** papo-firme (genuíno).
d) sua **leal** conviva interpelou-o (fiel).
e) Seu Adelino emergiu da **apatia** (indiferença).

A: Franco significa aquele que diz exatamente o que pensa, que é verdadeiro no tratamento dispensado a outrem; sincero.

B: O termo "crônico" significa de longa duração, que dura muito tempo (diz-se de doença), o termo insignificante é algo que não tem valor nem importância; desprezível. Ou seja, a alteração mudaria o sentido. Nas outras frases, as substituições mantêm o sentido dos trechos.

C: Genuíno significa próprio, exato, legítimo, verdadeiro.

D: Leal significa sincero e fiel às regras que norteiam a honra e a probidade; franco, honesto, reto; que denota responsabilidade para com os compromissos assumidos; correto, fiel.

E: Apatia significa estado de alma não suscetível de comoção ou interesse; insensibilidade, indiferença.

GABARITO: B.

266. (FCC - 2022 - PREFEITURA DE RECIFE/PE - AGENTE ADMINISTRATIVO)

Com um risinho meio de **banda**, fez a crítica:
– Bom nada, madame. Isso não é bacalhau à Gomes de Sá nem aqui nem em Macau. É bacalhau com batatas.

No contexto em que se insere, o termo "banda" deve ser entendido na seguinte acepção:

a) conjunto de instrumentos de sopro e percussão.
b) metade.
c) parte lateral; lado.
d) tira de tecido usado como acabamento ou enfeite.
e) grupo de seres ou de coisas; bando.

A palavra "banda" diz respeito ao modo como deu um risinho, ou seja, a maneira. Por isso, a acepção adequada é parte lateral, lado.

GABARITO: C.

267. (AOCP - 2022 - PP/DF - POLICIAL PENAL) Em "[...] eles respondem **mal** a penalizações [...]", o termo em destaque tem o mesmo sentido que em "Hoje está calor. **Mal** posso esperar para ir à praia.".

Certo ( )   Errado ( )

O termo "mal", em *[...] eles respondem **mal** a penalizações [...]*, é um advérbio (tem sentido contrário de bem). No trecho *Hoje está calor. **Mal** posso esperar para ir à praia*, o termo "mal" tem função de conectivo com circunstância temporal.

GABARITO: ERRADO.

---

268. (FGV - 2022 - PC/AM - ESCRIVÃO) Muitos escritores reformulam imagens bastante repetidas em nosso idioma, dando-lhes novos valores. Assinale a frase a seguir em que isso ocorre:

a) A polícia prendeu o gastrônomo em flagrante delícia.
b) O ouro negro do petróleo jorrou no Kuwait.
c) Para todos a água é um precioso líquido.
d) Todos foram à praia em pleno verão.
e) Os elefantes mostram uma força descomunal.

A: A palavra "flagrante" recebeu novo significado: flagrante delícia (flagrante, nesse caso, mostra quando os criminosos são detidos por forças policiais no exato momento em que estão cometendo o delito).

B: O uso de "ouro negro" não traz novo significado, porque o petróleo é um ouro negro.

C: O uso de "precioso líquido" é uma referência direta à "água".

D: A relação entre praia e pleno verão é lógica.

E: Os elefantes realmente possuem uma forma descomunal.

GABARITO: A.

---

269. (FGV - 2022 - CGU - AUDITOR) Observe o texto expositivo a seguir.

Por uma vida mais longa

Qual é a verdadeira extensão da vida humana? Estaremos caminhando para uma vida sem limites? Essas são as questões colocadas na reportagem de capa desta edição de Terra, um detalhado trabalho do jornalista Celso Arnaldo Araújo, duas vezes ganhador do Prêmio Esso de Jornalismo na área de ciências. As conclusões são impressionantes e evidentes. Com o aprimoramento da medicina, da bioengenharia e da genética, a tendência é que, em meados do século XXI, a expectativa de vida do ser humano ultrapasse os cem anos. E pode ir mais longe.

Se na Idade Média um homem de 30 anos já era um ancião, hoje já se pode pensar que, com alguns cuidados e muita tecnologia, você pode viver muito mais que seus antepassados.

O impacto da longevidade humana será, sem dúvida, um dos temas da agenda do planeta ainda neste século, mas, ainda que isso represente um problema social e previdenciário, não deixa de ser alvissareiro imaginar que o ser humano terá mais tempo para aproveitar sua existência e talvez não seja uma utopia pensar que, diante dessa perspectiva, o homem passe a cuidar melhor da Terra em que viverá por mais tempo.

(*Terra*, nov. 2003)

Esse texto – que apresenta um futuro artigo da revista – mostra uma **falha** em sua composição, que pode ser identificada do seguinte modo:

a) o tema não aparece suficientemente desenvolvido e apoiado, sendo preciso um acréscimo de alguns parágrafos com as informações necessárias.
b) as relações lógicas entre os parágrafos não estão claramente estabelecidas, o que torna necessária a presença de conectores lógicos apropriados.
c) o título escolhido não obedece a um princípio básico, que é o de refletir, em poucas palavras, o tema e a finalidade do texto, atrair a atenção do leitor e sugerir o conteúdo da exposição.

d) o texto não mostra uma conclusão evidente, levando à necessidade de acrescentarem-se ideias, detalhes ou dados que destaquem o tema, sem repeti-lo com as mesmas palavras.
e) algumas palavras ou informações podem ser desconhecidas para os leitores da revista, sendo aconselhável o acréscimo de definições ou explicações ou a substituição de palavras técnicas ou raras por outras mais conhecidas.

O termo *alvissareiro* não é um vocábulo conhecido e usado no cotidiano. Alvissareiro significa aquele que leva ou dá boas-novas, que anuncia ou prenuncia acontecimento feliz; aquele que pede ou promete alvíssaras. Ou seja, a falha é o que está descrito na alternativa E: *algumas palavras ou informações podem ser desconhecidas para os leitores da revista, sendo aconselhável o acréscimo de definições ou explicações ou a substituição de palavras técnicas ou raras por outras mais conhecidas.*

GABARITO: E.

270. **(CESPE/CEBRASPE - 2022 - IBAMA - ANALISTA ADMINISTRATIVO)** Os sentidos do texto permitem afirmar que o termo "desculturização" foi empregado com o sentido de **aculturação**.

Certo ( )   Errado ( )

O termo desculturização não existe em dicionários oficiais (foi criado pelo autor do texto). Destaca-se que o prefixo "des-" apresenta um significado de negação e o prefixo "a-" significa negação, falta de, ausência de. Ou seja, a afirmação da questão está correta, porque o sentido foi de negar a cultura. Aculturação é o processo de modificação cultural de indivíduo, grupo ou povo que se adapta a outra cultura ou dela retira traços significativos.

GABARITO: CERTO.

271. **(CESPE/CEBRASPE - 2021 - CBM/AL - SOLDADO)** Em "o escritor alagoano questionou as relações sociais excludentes e tensivas", o vocábulo "tensivas" está empregado no texto com o mesmo sentido de **danosas**.

Certo ( )   Errado ( )

Os termos "tensivas" e "danosas" não são sinônimos. Tensiva é algo que causa tensão, ou seja, qualidade, condição ou estado do que é ou está tenso. Danoso é algo que causa dano, causa mal, é nocivo.

GABARITO: ERRADO.

272. **(CESPE/CEBRASPE - 2021 - CBM/AL - SOLDADO)**

[...] Na obra, quando a família ocupou uma fazenda abandonada, no fim de uma seca, o vaqueiro parecia satisfeito. Mas suas esperanças esmoreceram, pois as chuvas vieram e, com elas, também o proprietário da fazenda, sob o domínio do qual o vaqueiro passou a viver, sendo humilhado, enganado, animalizado. [...]
O termo "esmoreceram" (quinto parágrafo) está empregado no texto com o mesmo sentido de **enfraqueceram**.

Certo ( )   Errado ( )

Os termos possuem relação sinonímica. No texto, o vaqueiro parecia satisfeito, mas suas esperanças esmoreceram, pois o proprietário da fazenda passou a dominar o vaqueiro. Ou seja, as esperanças desse vaqueiro enfraqueceram.

GABARITO: CERTO.

273. (CESPE/CEBRASPE - 2021 - PC/DF - AGENTE) No trecho "Feito um banhista incerto, assoma depois com sua nudez no trampolim do patamar", o termo "assoma" foi empregado no sentido de **surgir**.

Certo ( )   Errado ( )

O vocábulo "assoma" (verbo assomar) significa mostrar-se, ser visto, e tem como sinônimo "surgir".
GABARITO: CERTO.

---

274. (CESPE/CEBRASPE - 2021 - PC/SE - AGENTE E ESCRIVÃO)

[...] Tal conduta abrange desde a violência psicológica, que pode causar danos imensuráveis à saúde da vítima, além de problemas no seu próprio cotidiano, no trabalho, na convivência profissional e familiar, até outras formas de violência, que podem culminar em resultados nefastos e irreparáveis. A tipificação do *stalking*, portanto, é um avanço significativo no combate à violência contra a mulher.

Mantendo-se a coerência e a correção gramatical do texto, o vocábulo "imensuráveis", em "que pode causar danos imensuráveis à saúde da vítima" (último parágrafo), poderia ser substituído por **vastos**.

Certo ( )   Errado ( )

A substituição mantém a lógica, não gera contradição e não prejudica a correção gramatical. Vale destacar que coerência não é lógica. Na troca, temos: *Tal conduta abrange desde a violência psicológica, que pode causar danos vastos à saúde da vítima* (isto é, amplos, exagerados, excessivos, extensos, largos). No original, temos: *Tal conduta abrange desde a violência psicológica, que pode causar danos imensuráveis à saúde da vítima* (ou seja, que não se pode medir, não mensuráveis, imenso, ilimitado, incomensurável).

Mesmo que o sentido não seja o mesmo, a lógica do trecho é mantida.
GABARITO: CERTO.

---

275. (CESPE/CEBRASPE - 2021 - PM/AL - SOLDADO)

[...] Até que um dia, uma senhora que sofria com uma forte dor de cabeça encomendou da ceramista uma cabeça, pois ia fazer uma promessa ao seu santo devoto. A senhora alcançou sua graça, o que fez com que dona Irinéia ficasse ainda mais conhecida na região. Chegou, inclusive, ao conhecimento do Sebrae de Alagoas, que foi até dona Irinéia e ofereceu algumas capacitações que abriram mais possibilidades de produção para a ceramista. O número de encomendas foi aumentando e, com ele, sua imaginação e criatividade que fizeram nascer objetos singulares. [...]

Conclui-se do emprego do vocábulo "singulares", no último período do sexto parágrafo, que de alguns dos objetos feitos por dona Irinéia foi produzida apenas uma única peça.

Certo ( )   Errado ( )

O emprego do termo "singulares" sugere que os objetos são distintos, ímpares. Mas não que foi produzida apenas uma peça.
GABARITO: ERRADO.

---

276. (CESPE/CEBRASPE - 2021 - PM/AL - SOLDADO)

[...] O manejo da matéria-prima é feito com a retirada do barro que depois é pisoteado, amassado e moldado. As peças são então queimadas, e ganham uma coloração naturalmente avermelhada. [...]

No primeiro período do terceiro parágrafo, a substituição do vocábulo "manejo" por **manuseio** preservaria o sentido e a correção gramatical do texto.

Certo ( )   Errado ( )

Ambas as palavras possuem uma relação sinonímica. O termo "manejo" é o ato o efeito de manejar, manuseio.
GABARITO: CERTO.

277. (CESPE/CEBRASPE - 2021 - PM/AL - SOLDADO)
> Procuro descobrir, desesperada,
> na face ingênua das crianças,
> a minha pureza perdida. [...]

Em "na face ingênua das crianças", o termo "ingênua" está empregado com o mesmo sentido de **tola**.

Certo ( )   Errado ( )

O termo "tola" significa que ou aquele que não tem inteligência ou juízo, que ou o que é tonto ou pratica tolices. E a palavra "ingênua" significa que possui inocência e simplicidade.
GABARITO: ERRADO.

278. (CESPE/CEBRASPE - 2021 - PM/AL - SOLDADO)
> Procuro em vão, pois não encontrarei
> jamais vestígios da minha infância feliz,
> que os anos guardaram no seu abismo.

No trecho "vestígios da minha infância feliz", o termo "vestígios" tem o significado de **rastros**.

Certo ( )   Errado ( )

Ambos os termos possuem uma relação sinonímica. Vestígios significa rastro, pegada. Rastro significa vestígio, pegada. Ou seja, um termo é sinônimo do outro.
GABARITO: CERTO.

279. (CESPE/CEBRASPE - 2021 - PM/AL - OFICIAL)
> Em todos esses casos, os espaços privilegiados das ações dos grupos organizados eram os Estados nacionais, espaços privilegiados de exercício da cidadania. Contudo, a expansão do conjunto de transformações socioculturais, tecnológicas e econômicas, conhecido como globalização, nas últimas décadas, tem limitado de forma significativa os poderes e a autonomia dos Estados (pelo menos os dos países periféricos), os quais se tornam reféns da lógica do mercado em uma época de extraordinária volatilidade dos capitais. [...]

No segundo parágrafo, a palavra "volatilidade" foi empregada com o mesmo sentido de **inconstância**.

Certo ( )   Errado ( )

Os dois vocábulos possuem sentidos semelhantes. Volatilidade significa qualidade do que sofre constantes mudanças. Inconstância significa tendência de mudança, falta de constância.
GABARITO: CERTO.

280. (CESPE/CEBRASPE - 2021 - PM/AL - OFICIAL)

São extremos: de um lado, a utópica sociedade perfeita, ou seja, essencialmente democrática, liberal e sem injustiças econômicas, educacionais, de saúde, culturais etc. Nela, a liberdade é absoluta. Do outro lado, a sociedade imperfeita, desigual, não democrática, injusta, repleta dos mais graves vícios econômicos, de educação, de saúde, culturais etc. Nesta, a liberdade é inexistente. [...]

No terceiro período do segundo parágrafo, a expressão "não democrática" poderia ser corretamente substituída por **ademocrática**, sem prejuízo dos sentidos originais do texto.

Certo ( )   Errado ( )

O termo "ademocrática" significa que não é democrática, que repudia a democracia. Ou seja, a substituição proposta mantém os sentidos originais do texto.

GABARITO: CERTO.

---

281. (CESPE/CEBRASPE - 2021 - PM/AL - OFICIAL)

A sociedade real, por seu turno, pode ter maior ou menor segurança pública. Numa sociedade real, a maior segurança pública possível é aquela compatível com o equilíbrio dinâmico social, ou seja, adequada à convivência social estável. Não mais e não menos que isso. Logo, para se ter segurança pública, há que se buscar constantemente alcançar e preservar o equilíbrio na sociedade real pela permanente perseguição à ordem pública.

No final do último parágrafo, a palavra "perseguição" tem o mesmo sentido de **persecução**.

Certo ( )   Errado ( )

O texto trata de segurança pública e da busca por essa segurança, o termo que se encaixa adequadamente nesse trecho é "persecução". Esse vocábulo tem como um de seus sinônimos "perseguição", e indica ação de perseguir (persecução penal).

GABARITO: CERTO.

---

282. (CESPE/CEBRASPE - 2021 - PRF - POLICIAL RODOVIÁRIO FEDERAL)

Na Europa ocidental, as novas instituições estatais de vigilância deveriam controlar o exercício da força em sociedades em que os níveis de violência física nas relações interpessoais e do Estado com a sociedade estavam em declínio. De acordo com a difundida teoria do processo civilizador, de Norbert Elias, no Ocidente moderno, a agressividade, assim como outras emoções e prazeres, foi domada, "refinada" e "civilizada". O autor estabelece um contraste entre a violência "franca e desinibida" do período medieval, que não excluía ninguém da vida social e era socialmente permitida e até certo ponto necessária, e o autocontrole e a moderação das emoções que acabaram por se impor na modernidade. A conversão do controle que se exerce por terceiros no autocontrole é relacionada à organização e à estabilização de Estados modernos, nos quais a monopolização da força física em órgãos centrais permitiu a criação de espaços pacificados. Em tais espaços, os indivíduos passaram a ser submetidos a regras e leis mais rigorosas, mas ficaram mais protegidos da irrupção da violência na sua vida, na medida em que as ameaças físicas tornaram-se despersonalizadas e monopolizadas por especialistas.

O emprego do vocábulo "irrupção", no último período do texto, indica que a violência atingia os indivíduos de forma súbita.

Certo ( )   Errado ( )

O texto mostra, de forma geral, que a agressividade, assim como outras emoções e prazeres, foi domada, "refinada" e "civilizada". No período medieval, a agressividade era socialmente permitida e até certo ponto necessária, porém, na modernidade, o autocontrole e a moderação das emoções acabaram por se impor. Dessa forma, os indivíduos passaram a ser submetidos a regras e leis mais rigorosas, mas ficaram mais protegidos da irrupção da violência na sua vida.

Vale destacar que o termo "irrupção" significa ato ou efeito de irromper, invasão repentina, extravasamento, transbordamento.

GABARITO: CERTO.

---

283. (CESPE/CEBRASPE - 2022 - ANM - ESPECIALISTA)

Apesar da longa coexistência, não há nenhuma evidência confiável de que o homem tenha caçado os animais gigantes de forma sistemática no território nacional ou mesmo na América do Sul, ao contrário do que ocorreu na América do Norte, onde mamutes e mastodontes eram presas constantes das populações humanas. O desaparecimento da megafauna no território nacional provavelmente não teve relação direta com a chegada do ser humano, como algumas hipóteses para essa extinção sugerem. Os pesquisadores Mark Hubbe e Alex Hubbe acreditam que a extinção dos animais tenha sido desencadeada por uma mudança climática. Na teoria deles, as espécies da megafauna teriam se extinguido gradualmente a partir da última grande glaciação, no fim do período chamado Pleistoceno (há aproximadamente 12 mil anos). Os maiores não teriam vivido além de dez mil anos atrás, e os menores teriam avançado um pouco além da nova era, até quatro mil anos atrás.

Em "como algumas hipóteses para essa extinção sugerem" (segundo período do último parágrafo), o verbo **sugerir** tem o mesmo sentido de **propor**.

Certo ( )   Errado ( )

O verbo sugerir tem sentido de hipótese, o que também é possível com o emprego de propor. Vejamos: *O desaparecimento da megafauna no território nacional provavelmente não teve relação direta com a chegada do ser humano, como algumas hipóteses para essa extinção **sugerem/propõem***.

GABARITO: CERTO.

---

284. (CESPE/CEBRASPE - 2022 - MJSP/DF - TÉCNICO)

Na concepção da política de redução de danos, tem-se como pressuposto o fator histórico-cultural do uso de psicotrópicos — uma vez que o uso dessas substâncias é parte indissociável da própria história da humanidade, a pretensão de um mundo livre de drogas não passa de uma quimera. Dentro dessa perspectiva, contemplam-se ações voltadas para as drogas lícitas e ilícitas, e suas intervenções não são de natureza estritamente públicas, delas participando, também, organizações não governamentais e necessariamente, com especial ênfase, o próprio cidadão que usa drogas.

A palavra "quimera", empregada no final do primeiro período do segundo parágrafo, significa o mesmo que **tolice**, **bobeira**.

Certo ( )   Errado ( )

No contexto, "quimera" (substantivo feminino) indica uma esperança ou sonho que não é possível alcançar, uma utopia. Sinônimos para quimera: devaneio; fantasia; ficção; imaginação.

GABARITO: ERRADO.

---

285. (CESPE/CEBRASPE - 2021 - MP/AP - AUXILIAR ADMINISTRATIVO)

Muitas cidades eram mais densamente povoadas no passado, quando as populações nacionais e mundial eram bem menores. A expansão dos meios de transporte mais rápidos e baratos, com preço viável para uma quantidade muito maior de pessoas, fez com que a população urbana se espalhasse para as áreas rurais em torno das cidades à medida que os subúrbios se desenvolviam. Devido a um transporte mais rápido, esses subúrbios agora estão próximos, em termos temporais, das instituições e atividades de uma cidade, embora as distâncias físicas sejam cada vez maiores. Alguém em Dallas, nos Estados Unidos, a vários quilômetros de distância de um estádio, pode alcançá-lo de carro mais rapidamente do que alguém que, vivendo perto do Coliseu na Roma Antiga, fosse até ele a pé.

O termo "expansão" (segundo período do segundo parágrafo) está empregado no texto com o sentido de:

a) ampliação.
b) surgimento.
c) produção.
d) renovação.
e) modernização.

O termo "expansão" significa "ampliação". Vejamos: *A **expansão/ampliação** dos meios de transporte mais rápidos e baratos, com preço viável para uma quantidade muito maior de pessoas, fez com que a população urbana se espalhasse para as áreas rurais em torno das cidades à medida que os subúrbios se desenvolviam.*

GABARITO: A.

---

286. (CESPE/CEBRASPE - 2021 - PG/DF - TÉCNICO JURÍDICO/APOIO ADMINISTRATIVO)

De súbito, dessa vez com mal-estar real, deixei finalmente vir a mim uma sensação que durante seis meses, por negligência e desinteresse, eu não me deixara ter: a do silencioso ódio daquela mulher. O que me surpreendia é que era uma espécie de ódio isento, o pior ódio: o indiferente. Não um ódio que me individualizasse, mas apenas a falta de misericórdia. Não, nem ao menos ódio. Foi quando inesperadamente consegui rememorar seu rosto, mas é claro, como pudera esquecer? Revi o rosto preto e quieto, revi a pele inteiramente opaca que mais parecia um de seus modos de se calar, as sobrancelhas extremamente bem desenhadas, revi os traços finos e delicados que mal eram divisados no negror apagado da pele.

A expressão "ao menos" está empregada com o mesmo sentido de **sequer**.

Certo ( )   Errado ( )

A expressão "sequer" significa pelo menos, nem mesmo, nem ao menos, ao menos.

GABARITO: CERTO.

---

287. (CESPE/CEBRASPE - 2022 - SEFAZ/SE - AUDITOR TÉCNICO DE TRIBUTOS)

[...] com os recursos tributários arrecadados, deve-se assegurar a paz interna, já que cabe ao Estado o monopólio do uso da força para fazer valer o Estado de direito; fazer valer o Estado de direito significa proteger o direito à propriedade privada, garantir a aplicação da justiça e construir e manter a infraestrutura de uso comum. [...]

Sem prejuízo para os sentidos do texto, o verbo "assegurar" (quarto período do segundo parágrafo) poderia ser substituído por:

a) controlar.
b) garantir.
c) viabilizar.
d) priorizar.
e) promover.

O verbo "assegurar" significa tornar infalível, seguro; garantir, afirmar com certeza, com determinação; sentenciar, asseverar.

GABARITO: B.

288. **(CESPE/CEBRASPE - 2021 - PG/DF - TÉCNICO JURÍDICO/APOIO ADMINISTRATIVO)**

No Brasil, o direito à comunicação foi oficialmente reconhecido pelo Estado em 2009, no Decreto nº 7.037, que **instituiu** a terceira edição do Programa Nacional de Direitos Humanos (PNDH-3). Sua diretriz número 22 tem o condão de conciliar os conceitos de "comunicação", "informação" e "democracia", e apresentá-los como princípios orientadores da abordagem contemporânea dos direitos humanos: "Garantia do direito à comunicação democrática e ao acesso à informação para consolidação de uma cultura em Direitos Humanos", diz a diretriz. Ao referir-se nominalmente ao "direito à comunicação", o PNDH-3 contribuiu para inaugurar uma nova etapa no debate sobre o tema. Até então, as instituições se referiam, quando muito, ao direito à informação.

(Camilo Vannuchi. Galaxia. **PUC-SP**. São Paulo, *on-line*, ISSN 1982-2553, nº 38, maio-ago./2018, p. 167-80. Disponível em: www.dx.doi.org. Adaptado.)

No texto, o verbo **instituir**, tem o mesmo sentido de **estatuir**.

Certo ( )   Errado ( )

Instituir tem como sinônimo, em dicionários, estatuir.
GABARITO: CERTO.

---

289. **(CESPE/CEBRASPE - 2022 - PREFEITURA DE PIRES DO RIO/GO - PROFESSOR)**

[...] Já que hoje as plantas nutritivas domésticas são cultivadas em praticamente todas as regiões habitadas, a humanidade também poderia alimentar-se, se o comércio de produtos agrários se limitasse a áreas menores, de proporção regional. O transporte de gêneros alimentícios por distâncias maiores se justifica, em primeiro lugar, para prevenir e combater epidemias de fome. Há, sem dúvida, uma série de razões ulteriores em favor do comércio mundial de gêneros alimentícios: a falta de arroz, chá, café, cacau e muitos temperos em nossos supermercados levaria a um significativo empobrecimento da culinária, coisa que não se poderia exigir de ninguém. O comércio internacional com produtos agrícolas aporta, além disso, às nações exportadoras a entrada de divisas, facilitando o pagamento de dívida. E, em muitos lugares, os próprios trabalhadores rurais e pequenos agricultores tiram proveito da venda de seus produtos a nações de alta renda, sobretudo quando ela ocorre segundo os critérios do comércio equitativo.

A palavra "ulteriores" (terceiro período do segundo parágrafo) significa o mesmo que **anteriores**.

Certo ( )   Errado ( )

A palavra "ulteriores" significa que é posterior; que está, se faz ou acontece depois; em um momento seguinte; o que ainda pode acontecer; futuro.
GABARITO: ERRADO.

---

290. **(CESPE/CEBRASPE - 2021 - PREFEITURA DE ARACAJU - AUDITOR DE TRIBUTOS MUNICIPAIS)** No trecho "Parece provável que passaremos a ver, no próximo ano, um cenário doloroso no qual algumas criaturas humanas afirmam seu direito de viver ao custo de outras, reinscrevendo a distinção espúria entre vidas passíveis e não passíveis de luto", a palavra "espúria" poderia, sem alteração dos sentidos originais do texto, ser substituída por:

a) frágil.
b) difícil.
c) confusa.
d) ilegal.
e) desonesta.

A palavra espúria tem relação com a ideia de desonesta. Nos dicionários, temos espúria como: sem certeza, que não é verdadeiro nem real; hipotética, de autoria errada, que assume a autoria de uma obra que não compôs; falsa, oposto ao honesto, desonesta, que foi adulterada, falsificada.
GABARITO: E.

291. (CESPE/CEBRASPE - 2019 - MPC-PA - ANALISTA MINISTERIAL)

Texto CG2A1-I

Um exemplo da extensão do problema está na declaração
dada em 2017 pelo Fundo das Nações Unidas para a Infância
40 (UNICEF), segundo a qual 1,4 milhão de crianças, de quatro
diferentes países da África — Nigéria, Somália, Iêmen e Sudão
do Sul —, corre risco iminente de morrer de fome. A questão
43 é tão antiga quanto complexa, e se conecta intrinsecamente
com a estrutura política e econômica sobre a qual o sistema
internacional está construído. Concentração da renda e da
46 produção, falta de vontade política e até mesmo desinformação
e consolidação de uma cultura alimentar pouco nutritiva são
fatores que compõem o cenário da fome e da desnutrição no
49 planeta.

(Internet: www.nexojornal.com.br. Adaptado.)

No texto CG2A1-I, a palavra "vontade" (L. 46) foi empregada como sinônima de:

a) diferença.
b) discrição.
c) dissidência
d) dissuasão.
e) disposição.

No trecho "concentração de renda, falta de vontade política e até mesmo desinformação", o termo "vontade", pelo contexto, tem sentido de "disposição".

GABARITO: E.

---

292. (CESPE/CEBRASPE - 2019 - PGE/PE - ASSISTENTE DE PROCURADORIA)

[...]

À primeira vista, a modernidade parece ser um contrato extremamente complicado, por isso poucos tentam compreender no que exatamente se inscreveram. É como se você tivesse baixado algum software e ele te solicitasse assinar um contrato com dezenas de páginas em "juridiquês"; você dá uma olhada nele, passa imediatamente para a última página, tica em "concordo" e esquece o assunto. Mas a modernidade, de fato, é um contrato surpreendentemente simples. O contrato interno pode ser resumido em uma única frase: humanos concordam em abrir mão de significado em troca de poder.

(Yuval Noah Harari. **Homo Deus**: uma breve história do amanhã. São Paulo: Companhia das Letras, 2016. Adaptado.)

No trecho "tica em 'concordo'", o verbo ticar é sinônimo de clicar, mas difere deste por ser de uso informal.

Certo ( )   Errado ( )

O verbo ticar existe no dicionário oficial; é sinônimo de clicar, mas não é de uso informal.

GABARITO: ERRADO.

293. **(CESPE/CEBRASPE - 2019 - PGE/PE - ASSISTENTE DE PROCURADORIA)**

Passávamos férias na fazenda da Jureia, que ficava na região de lindas propriedades cafeeiras. Íamos de automóvel até Barra do Piraí, onde pegávamos um carro de boi. Lembro-me do aboio do condutor, a pé, ao lado dos animais, com uma vara: "Xô, Marinheiro! Vâmu, Teimoso!". Tenho ótimas recordações de lá e uma foto da qual gosto muito, da minha infância, às gargalhadas, vestindo um macacão que minha própria mãe costurava, com bastante capricho. Ela fazia um para cada dia da semana, assim, eu podia me esbaldar e me sujar à vontade, porque sempre teria um macacão limpo para usar no dia seguinte.

(Jô Soares. **O livro de Jô**: uma autobiografia desautorizada. São Paulo: Companhia das Letras, 2017.)

A palavra "capricho" está empregada no texto com o mesmo sentido de zelo.

Certo ( )   Errado ( )

No trecho "vestindo um macacão que minha própria mãe costurava, com bastante capricho", percebe-se que o termo capricho realmente tem sentido de zelo, cuidado.

GABARITO: CERTO.

294. **(CESPE/CEBRASPE - 2019 - PGE/PE - CARGOS DE NÍVEL SUPERIOR)**

O modelo econômico de produção capitalista, aperfeiçoado pelos avanços científicos e tecnológicos que, por sua vez, proporcionaram a reestruturação da produção e a Terceira Revolução Industrial, retirou do trabalho seu valor, transformando o empregado em simples mercadoria inserta no processo de produção. Nesse contexto, o trabalhador se vê tolhido da principal manifestação de sua humanidade e dignidade: o trabalho. A luta dos trabalhadores, portanto, não é mais apenas por condições melhores de subsistência, mas pela própria dignidade do ser humano.

Em face desse cenário, a opinião pública passa a questionar o papel do Estado e das instituições dominantes, no sentido de buscar um consenso sobre as consequências sociais da atividade econômica. A sociedade requer das organizações uma nova configuração da atividade econômica, pautada na ética e na responsabilidade para com a sociedade e o meio ambiente, a fim de minimizar problemas sociais como concentração de renda, precarização das relações de trabalho e falta de direitos básicos como educação, saúde e moradia, agravados, entre outros motivos, por propostas que concebem um Estado que seja parco em prestações sociais e no qual a própria sociedade se responsabilize pelos riscos de sua existência, só recorrendo ao Poder Público subsidiariamente, na impossibilidade de autossatisfação de suas necessidades.

(Samia Moda Cirino. **Sustentabilidade no meio ambiente de trabalho**: um novo paradigma para a valorização do trabalho humano. Internet: www.publicadireito.com.br. Adaptado.)

A palavra "subsidiariamente", no segundo parágrafo, foi empregada, no texto, com o mesmo sentido de compulsoriamente.

Certo ( )   Errado ( )

O termo subsidiariamente é sinônimo de secundariamente, acessoriamente, suplementarmente, com auxílio, com subvenção, com ajuda, com assistência. E o termo compulsoriamente tem sentido de algo obrigatório, imperioso, coercitivo. Ou seja, não possuem o mesmo sentido.

GABARITO: ERRADO.

295. (CESPE/CEBRASPE - 2019 - PGM-CAMPO GRANDE/MS - CARGOS DE NÍVEL SUPERIOR)

[...]
```
13  Curiosamente, essa é uma revolução silenciosa, pelo
    menos do ponto de vista prático: ressalvados casos específicos,
    boa parte dos operadores envolvidos em um processo relativo
16  a um litígio estrutural sequer percebe, conscientemente, sua
    posição. A teoria brasileira sobre o assunto, desenvolvida pelos
    estudiosos, apesar de existente, ainda não se pode dizer
19  disseminada.
```
(E. V. D. Lima. Litígios estruturais: decisão e implementação de mudanças socialmente relevantes pela via processual. In: Marco Félix Jobim e Sérgio Cruz Arenhart (Org.). **Processos estruturais**. 1. ed. Salvador: Juspodivm, v. 1, 2017, p. 369-422. Adaptado.)

A palavra "disseminada" (L. 19) tem o mesmo sentido de aceita.

Certo ( )   Errado ( )

Disseminada tem o sentido de propagada, difundida, divulgada; e não "aceita", como afirma a questão.
GABARITO: ERRADO.

---

296. (CESPE/CEBRASPE - 2019 - PGMCAMPO GRANDE/MS - CARGOS DE NÍVEL SUPERIOR)

A jurisdição constitucional na contemporaneidade apresenta-se como uma consequência praticamente natural do Estado de direito. É ela que garante que a Constituição ganhará efetividade e que seu projeto não será cotidianamente rasurado por medidas de exceção desenhadas atabalhoadamente. Mais do que isso, a jurisdição é a garantia do projeto constitucional, quando os outros poderes buscam redefinir os rumos durante a caminhada. [...]

(Emerson Ademir Borges de Oliveira. Jurisdição constitucional: entre a guardada Constituição e o ativismo judicial. **Revista Jurídica da Presidência**. Brasília, v. 20, n. 121, jun.-set./2018, p. 468-94. Adaptado.)

Os sentidos e a correção gramatical do texto seriam mantidos caso se substituísse a forma verbal "garante" (L. 3) por assegura.

Certo ( )   Errado ( )

A forma verbal garantir tem como sinônimos tornar seguro, assegurar. Ou seja, a proposta de substituição está adequada.
GABARITO: CERTO.

LINGUAGEM

297. (VUNESP - 2022 - PM/SP - SARGENTO)

Vozes da natureza

Lili chamava o sapo de bicho-nenê. Ótima sugestão para os pais novatos; é só imaginarem que estão ouvindo, não o choro chinfrim do pimpolho, mas a velha, primordial canção da saparia às estrelas.

E não foi sempre tão gostosa, mesmo, essa manha sem fim dos sapos no banhado? Ouçam, pois, ouçam todos com o seu melhor ouvido o bicho-nenê. Ouçam-no todos os que se julgam amantes fiéis da Natureza, e ficarão felizes.

(Mario Quintana. **Da preguiça como método de trabalho**. São Paulo: Companhia das Letras/Alfaguara, 2013)

Assinale a alternativa em que o termo destacado está empregado em sentido figurado.

a) Ótima **sugestão** para os pais novatos [...]
b) [...] não o **choro** chinfrim do pimpolho [...]
c) [...] primordial **canção** da saparia às estrelas.
d) [...] essa manha sem fim dos **sapos** no banhado?

O sentido figurado indica uma expressão que não está empregada no sentido literal, previsto em dicionário, ou seja, é um significado contextual. O termo "canção" significa cada uma das diversas modalidades de composição musical para ser cantada, de caráter erudito ou popular, e é produzido pelo ser humano. Isto é, os sapos não criam canções.

GABARITO: C.

---

298. (FCC - 2022 - PREFEITURA DE RECIFE/PE - AGENTE ADMINISTRATIVO) Ao ser transposto para o discurso **indireto**, o trecho "*Pode ser isso – concordou seu Adelino*" assume a seguinte redação:

a) Seu Adelino concordou que podia ser aquilo.
b) Seu Adelino concordou que pudera ser aquilo.
c) Seu Adelino concordou: – Podia ser isso.
d) Seu Adelino concordou que poderá ser aquilo.
e) Seu Adelino concordou: – Poderia ser isso.

Na transposição do discurso direto para o indireto, é preciso retirar os sinais de pontuação e alterar a flexão dos verbos e dos pronomes. Vale destacar que o discurso direto representa a fala de alguém. Nesse sentido, a alteração correta é "Seu Adelino concordou que podia ser aquilo".

GABARITO: A.

---

299. (AOCP - 2022 - PP/DF - POLICIAL PENAL) Leia o trecho:

[...] Com cordiais cumprimentos deste gabinete, venho solicitar a Vossa Excelência maior detalhamento e justificativa sobre os processos licitatórios 56/2017, pregão presencial 27/2017 (empresa, planejamento e organização de práticas esportivas para a Festa do Trabalhador) e 28/2017, PL 57/2017, RP 19/2017 (aquisição de picolés). [...]

O termo "picolé" exemplifica um caso de variação linguística do tipo sociocultural, uma vez que se trata de uma gíria, não dicionarizada, empregada geralmente por jovens.

Certo ( )   Errado ( )

A palavra "picolé" é um termo que existe nos dicionários, ou seja, não se trata de uma gíria, e não é usada geralmente por jovens.

GABARITO: ERRADO.

---

300. (AOCP - 2022 - PP/DF - POLICIAL PENAL)

O neurologista norte-americano James Fallon já estudava há décadas o cérebro de pacientes diagnosticados com distúrbios psíquicos quando ficou sabendo de seis assassinatos na família de seu pai. Decidiu, então, fazer uma tomografia, e, ao analisar o resultado, encontrou características semelhantes às apresentadas por psicopatas. "Minha mãe teve quatro abortos espontâneos, então, quando cheguei, me trataram como um garoto de ouro. Se tivesse sido tratado normalmente, talvez fosse hoje meio barra-pesada", ele diz. [...]

Em "[...] talvez fosse hoje meio **barra-pesada** [...]", a expressão destacada exemplifica a figura de linguagem "pleonasmo", uma vez que não está sendo utilizada em seu sentido literal e dispensa o adjetivo "pesada", cuja presença gera uma redundância.

Certo ( )   Errado ( )

Não há pleonasmo nem gera redundância. A expressão "barra-pesada" foi construída para gerar um sentido decorrente da junção dos dois termos. Além disso, nem toda barra é pesada, ou seja, a presença de "pesada" é intencional, não é redundante. Para ser um pleonasmo (vicioso), por exemplo, deveria ser uma expressão como "surpresa inesperada", "acabamento final", subir para cima", entrar para dentro".

GABARITO: ERRADO.

---

301. (AOCP - 2022 - PP/DF - POLICIAL PENAL)

Eles não aprendem

Estudo monitora psicopatas condenados por crimes violentos e descobre que eles respondem mal a penalizações como forma de aprendizado

O neurologista norte-americano James Fallon já estudava há décadas o cérebro de pacientes diagnosticados com distúrbios psíquicos quando ficou sabendo de seis assassinatos na família de seu pai. Decidiu, então, fazer uma tomografia, e, ao analisar o resultado, encontrou características semelhantes às apresentadas por psicopatas. "Minha mãe teve quatro abortos espontâneos, então, quando cheguei, me trataram como um garoto de ouro. Se tivesse sido tratado normalmente, talvez fosse hoje meio barra-pesada", ele diz.

Fallon agora se reconhece como psicopata. Ele faz parte da corrente que acredita que é possível diagnosticar a psicopatia a partir de anomalias no cérebro, teoria ainda contestada por parte da comunidade médica, mas que acaba de ganhar um reforço importante. Um estudo feito pela Universidade de Montreal e pelo King's College London analisou 12 homens condenados por conduta violenta e diagnosticados clinicamente como psicopatas e outros 20 condenados pelo mesmo motivo, mas diagnosticados apenas como antissociais. Eles jogaram uma espécie de jogo da memória enquanto estavam dentro de uma máquina de ressonância magnética. As regras eram alteradas com frequência, e a ideia era justamente observar como eles se adaptavam a essas mudanças – errar é uma forma de aprendizado, já que o cérebro costuma entender a mensagem, representada no jogo pela perda de pontos, e deixa de repetir o padrão que levou à punição.

Os psicopatas tiveram mais dificuldades que os antissociais para aprender com as penalidades, e duas áreas do cérebro apresentaram comportamentos anormais. "Nosso estudo desafia a visão de que psicopatas têm baixa sensibilidade neural a punições", dizem os pesquisadores. "Em vez disso, o problema é que existem alterações no sistema de processamento de informações responsável pelo aprendizado". A expectativa é que a descoberta seja útil na busca por novos tratamentos para prevenir ações violentas.

(Revista Galileu. **Psicopatas podem se recuperar ao serem penalizados**. Disponível em: https://revistagalileu.globo.com/Revista/noticia/2015/05/psicopataspodem-se-recuperar-ao-serem-penalizados.html. Acesso em: 16 mar. 2022. Adaptado.)

O texto exemplifica a função referencial da linguagem, uma vez que se centra no contexto e reflete a preocupação com a transmissão de informações do remetente ao destinatário.

Certo ( )   Errado ( )

A função referencial realmente tem como objetivo transmitir informações. As funções da linguagem são classificadas em seis tipos: referencial, emotiva, poética, fática, conativa e metalinguística.

a) Função referencial ou denotativa (também chamada de função informativa). Essa função tem como objetivo principal informar, referenciar algo. Exemplos: materiais didáticos, textos jornalísticos e científicos.

b) Função emotiva ou expressiva (também chamada de função expressiva). Nela, o emissor tem como objetivo principal transmitir suas emoções, sentimentos e subjetividades por meio da própria opinião. Exemplos: os textos poéticos, as cartas, os diários.

c) Função poética. É característica das obras literárias que possui como marca a utilização do sentido conotativo das palavras. Nessa função, o emissor preocupa-se de que maneira a mensagem será transmitida por meio da escolha das palavras, das expressões, das figuras de linguagem. Por isso, o principal elemento comunicativo é a mensagem.

d) Função fática. Tem como objetivo estabelecer ou interromper a comunicação de modo que o mais importante é a relação entre o emissor e o receptor da mensagem. Aqui, o foco reside no canal de comunicação. Exemplos: expressões de cumprimento, saudações, discursos ao telefone.

e) Função conativa ou apelativa (também chamada de apelativa). Caracterizada por uma linguagem persuasiva que tem o intuito de convencer o leitor. Por isso, o grande foco é no receptor da mensagem. Essa função é muito utilizada nas propagandas, publicidades e discursos políticos, de modo a influenciar o receptor por meio da mensagem transmitida. Exemplos: Vote em mim! Não vai se arrepender!

f) Função metalinguística. Caracterizada pelo uso da metalinguagem, ou seja, a linguagem que se refere a ela mesma. Dessa forma, o emissor explica um código utilizando o próprio código.

GABARITO: CERTO.

---

302. (FGV - 2022 - PC/AM - ESCRIVÃO) Assinale a frase publicitária que **não** se utiliza de um duplo sentido.
    a) Nesta padaria, os donos também metem a mão na massa.
    b) Neste livro, as páginas de memórias ruins estão em branco.
    c) Nesta livraria, os livros estão empilhados nos balcões.
    d) Nesta confeitaria, tudo é doce.
    e) Este é um vinho seco, não molha a garganta.

    A: A expressão "a mão na massa" significa que realmente colocam a mão na massa e que trabalham duro.

    B: As páginas estão expressamente em branco ou não há memórias ruins.

    C: O sentido é um só: os livros estão nos balcões.

    D Tudo é doce, indica que há doces e que o lugar é agradável.

    E: Vinho seco indica o tipo de vinho e indica que não faz mal.

    GABARITO: C.

---

303. (FGV - 2022 - PC/AM - ESCRIVÃO) Nos dicionários, as palavras dos verbetes são geralmente definidas e essas definições começam por um termo de valor geral (hiperônimo). Identifique a definição a seguir em que o termo inicial de caráter geral foi bem escolhido.
    a) O caderno é um utensílio escolar.

b) O jogador é um personagem do futebol.
c) O martelo é um objeto do carpinteiro.
d) O cachorro é um réptil muito amado.
e) O grafiteiro é um escultor mal compreendido.

Hiperônimos são palavras de sentido genérico, ou seja, palavras cujos significados são mais abrangentes do que os hipônimos. Exemplo: animais é hiperônimo de cachorro e cavalo (os quais são hipônimos).

A: O caderno é um material escolar.

B: O jogador realmente é um personagem do futebol.

C: O martelo é uma ferramenta de construção.

D: O cachorro é um animal.

E: O grafiteiro é um artista.

GABARITO: B.

---

304. **(FGV - 2022 - PC/AM - ESCRIVÃO)** Um fenômeno bastante comum em nossa língua é o emprego numeroso de anglicismos, ou seja, vocábulos provenientes da língua inglesa. Assinale a frase em que o estrangeirismo está adequadamente substituído por palavra portuguesa.

   a) O *shopping* tem horário de funcionamento colocado em pequeno cartaz na porta / loja.
   b) Os comerciantes deviam fazer estudos de *marketing*, antes de abrirem seus estabelecimentos / economia.
   c) A modelo dizia jamais ter usado *shampoo* brasileiro, por sua má qualidade / sabonete bactericida.
   d) Os meninos de hoje trocam qualquer atividade por um *game* / jogo de cartas.
   e) Obtive todas essas informações no *site* da própria empresa / sítio.

A: *Shopping* **significa centro comercial.**

B: *Marketing* **significa mercado.**

C: *Shampoo* **significa xampu.**

D: *Game* **significa jogo.**

E: *Site* **significa sítio.**

GABARITO: E.

---

305. **(IBFC - 2022 - INDEA/MT - AGENTE FISCAL)**

Qual dos dois é o vilão hoje?
Se um quer roubar o ouro da mina do pai da mocinha, o outro também.
Sem piscar, um troca a mocinha pelo cavalo do outro.
Os punhos nus eram a arma do galã. Hoje briga sujo. Inimigo vencido, a cara no pó? Chuta de o nariz até esguichar sangue. [...]

Em "Se um quer roubar o ouro da mina do pai da mocinha, o outro também.", encontra-se a seguinte figura, favorecendo a estrutura do texto:

   a) anáfora.
   b) zeugma.
   c) polissíndeto.
   d) silepse.

Há uma expressão subentendida, elíptica, o que sinaliza a figura de linguagem chamada zeugma. Essa figura é usada para evitar a repetição de termos em um texto. Vejamos:

*Se um quer roubar o ouro da mina do pai da mocinha, o outro também **quer roubar o ouro da mina do pai da mocinha**.*

GABARITO: B.

306. (CESPE/CEBRASPE - 2022 - MPC/SC - PROCURADOR)

Há muitas línguas na língua portuguesa. Para dar voz e rosto a culturas e religiosidades tão díspares e distantes, esse idioma passou a existir dentro e fora do seu próprio corpo. Nós, brasileiros, portugueses, angolanos, moçambicanos, caboverdianos, guineenses, santomenses, falamos e somos falados por uma língua que foi moldada para traduzir identidades que são profundamente diversas e plurais.

Vivemos na mesma casa linguística, mas fazemos dela uma habitação cujas paredes são como as margens dos oceanos. São linhas de costa, fluidas, porosas, feitas de areia em vez de cimento. Em cada uma das divisórias dessa comum residência, mora um mesmo modo de habitar o tempo, um mesmo sentimento do mundo (nas palavras do poeta Drummond). Essa língua é feita mais de alma do que de gramática. A língua não é uma ferramenta. É uma entidade viva. Com esse idioma, construímos e trocamos diversas noções do tempo e diferentes relações entre o profano e o sagrado.

Jorge Amado atravessou o oceano num momento em que as colônias portuguesas na África se preparavam para a luta pela independência. Na década de cinquenta do século passado, intelectuais e artistas africanos estavam ocupados em procurar a sua própria identidade individual e coletiva. Nessa altura, era clara a necessidade de rupturas com os modelos europeus. Escritores de Angola, Moçambique, Cabo Verde, Guiné-Bissau e São Tomé e Príncipe procuravam caminhos para uma escrita mais ligada à sua terra e à sua gente. Carecíamos de uma escrita que nos tomasse como não apenas autores de estórias, mas também sujeitos da sua própria história. Precisávamos de uma narrativa que nos escrevesse a nós mesmos.

Muito se especula sobre as semelhanças entre as nações africanas e o Brasil. Essas comparações resultam muitas vezes de simplificações, mistificações e romantizações. Na maior parte das vezes, essas analogias são fundadas em estereótipos que pouco têm a ver com uma realidade que é composta por dinâmicas e complexidades que desconhecemos.

O que é mais africano no Brasil e mais brasileiro na África não é o candomblé, não são as danças nem os tipos físicos das pessoas. O que nos torna tão próximos é o modo como, de um e de outro lado do Atlântico, aprendemos a costurar culturas e criar hibridizações. A presença africana não mora hoje apenas nos descendentes dos escravizados. Essa presença permeia todo o Brasil. Dito de outra maneira: a semelhança não está no pano. Está na costura. Está no costureiro. E esse costureiro é a história. E é a língua que partilhamos. Essa língua é, ao mesmo tempo, linha, pano e mãos tecedeiras.

(Mia Couto. As infinitas margens do oceano. In: **Panorama da Contribuição do Brasil para a Difusão do Português**. Brasília: FUNAG, 2021, p. 421-424. Adaptado.)

No que se refere ao nível de linguagem do texto, é correto afirmar que, devido à abundância de metáforas, ele é predominantemente informal.

Certo ( )   Errado ( )

O enunciado da questão estabelece uma relação equivocada acerca do nível de linguagem, pois este não é determinado pelo emprego de metáfora. Destaca-se que "metáfora" é um assunto que pertence às figuras de linguagem. Em outras palavras, metáfora é uma figura de palavra, pois apresenta uma palavra (ou expressão) com sentido figurado. Assim, podemos definir metáfora como sendo uma espécie de comparação, porém uma comparação implícita, pois não exige conjunção ou locução conjuntiva comparativa. Já o nível de linguagem é determinado pela formalidade (uso da norma-padrão) e pela informalidade (coloquialismos, gírias, regionalismos, linguagem vulgar). Esses níveis dependem da situação comunicativa em que estão os usuários. A formalidade está ligada ao uso da norma culta ou norma-padrão e é caracterizada pelo uso de regras que seguem a gramática normativa. A informalidade já é marcada por

uma linguagem mais espontânea, corriqueira, em que a preocupação está em transmitir a mensagem, e não em seguir uma regra gramatical.

GABARITO: ERRADO.

---

307. (CESPE/CEBRASPE - 2019 - PREFEITURA DE SÃO CRISTÓVÃO/SE - CARGOS DE NÍVEL SUPERIOR)

De tanto pegadio com o neto, até nos menores quefazeres fora de hora meu avô me queria com a cara metida nas coisas que as suas mãos manejavam. Era o seu jeito mais 4 congruente de me passar o afeto calado de sua companhia, e ao mesmo tempo me adestrar na sabedoria que apanhara dos antepassados rurais: pequenos conhecimentos cristalizados em 7 hábitos recorrentes que eram exercidos todos os dias no amanho da terra e no cultivo dos animais, com a entranhada naturalidade de quem já nasceu possuidor de seus segredos e de 10 sua magia. Além de lavrar no Engenho Murituba os bens de consumo que abasteciam a sua gente, meu avô ainda tinha o domínio razoável de todos os pequenos ofícios necessários ao 13 bom andamento de sua produção.

(Francisco J. C. Dantas. **Coivara da memória**. São Paulo: Estação Liberdade, 1991, p. 174.)

A expressão "hábitos recorrentes que eram exercidos todos os dias" apresenta um pleonasmo.

Certo ( )   Errado ( )

O substantivo "hábito" já se refere a algo que é frequente, recorrente. Por isso, a associação de "hábitos", "recorrentes", e "todos os dias", é uma redundância, ou seja, caracteriza aquilo que é dito ou feito em excesso, tornando-se repetitivo. Isso é o mesmo que pleonasmo.

Por definição, o termo hábito é uma inclinação por alguma ação, ou disposição de agir constantemente de certo modo, adquirida pela frequente repetição de um ato; é uma forma habitual de ser ou de agir. E o termo recorrente é um adjetivo que qualifica aquilo que volta a acontecer depois de já ter acontecido anteriormente. Consiste na repetição de um episódio previamente observado, mas que costuma acontecer periodicamente.

GABARITO: CERTO.

---

308. (CESPE/CEBRASPE - 2019 - PGE/PE - ASSISTENTE DE PROCURADORIA)

[...]
7   À primeira vista, a modernidade parece ser um
    contrato extremamente complicado, por isso poucos tentam
    compreender no que exatamente se inscreveram. É como se
10 você tivesse baixado algum software e ele te solicitasse assinar
    um contrato com dezenas de páginas em "juridiquês"; você dá
    uma olhada nele, passa imediatamente para a última página,
13 tica em "concordo" e esquece o assunto. Mas a modernidade,
    de fato, é um contrato surpreendentemente simples. O contrato
    interno pode ser resumido em uma única frase: humanos
16 concordam em abrir mão de significado em troca de poder.

(Yuval Noah Harari. **Homo Deus**: uma breve história do amanhã. São Paulo: Companhia das Letras, 2016. Adaptado.)

O termo 'juridiquês' (L. 11) não faz parte do vocabulário oficial da língua portuguesa, contudo seu emprego não compromete a correção gramatical e está adequado ao nível de formalidade do texto.

Certo ( )   Errado ( )

Realmente, o termo 'juridiquês' (L.11) não faz parte do vocabulário oficial da língua portuguesa. Porém, no texto, como a ideia é falar de contrato e de que as pessoas leem, passam pelos termos jurídicos, e vão para a último página, esse termo está adequado ao nível de formalidade. Além disso, seu emprego não compromete a correção gramatical, já que está numa frase corretamente construída.

GABARITO: CERTO.

309. (CESPE/CEBRASPE - 2019 - PGE/PE - ASSISTENTE DE PROCURADORIA)

Passávamos férias na fazenda da Jureia, que ficava na região de lindas propriedades cafeeiras. Íamos de automóvel até Barra do Piraí, onde pegávamos um carro de boi. Lembro-me do aboio do condutor, a pé, ao lado dos animais, com uma vara: "Xô, Marinheiro! Vâmu, Teimoso!". Tenho ótimas recordações de lá e uma foto da qual gosto muito, da minha infância, às gargalhadas, vestindo um macacão que minha própria mãe costurava, com bastante capricho. Ela fazia um para cada dia da semana, assim, eu podia me esbaldar e me sujar à vontade, porque sempre teria um macacão limpo para usar no dia seguinte.

(Jô Soares. **O livro de Jô**: uma autobiografia desautorizada. São Paulo: Companhia das Letras, 2017.)

As formas 'Xô' e 'Vâmu', são marcas de oralidade e reproduzem a informalidade da fala do condutor do carro de boi.

As formas 'Xô' e 'Vâmu' são a reprodução da fala de um dos personagens do texto, que neste caso é o condutor do carro de boi. Vale destacar que informalidade tem relação com regionalismos, gírias, expressões idiomáticas.

GABARITO: CERTO.

---

310. (FEPESE - 2019 - PREFEITURA DE CAXAMBU/SC - PROFESSOR)

O piscinão da Torre Eiffel

Os (1) neste início de verão europeu cravaram temperaturas inéditas, insufladas por uma massa de ar quente vinda direto do Saara. Calejados que estão pela inclemente temporada de calor de agosto de 2003, que varreu a Europa e, só na França, deixou 15000 mortos, vários países ativaram o alerta laranja – o número 3 na escala do perigo que vai até 4. No rol dos mais castigados estão Espanha, Bélgica, Alemanha e França, que deve experimentar o mesmo sufoco de 1947, cujo recorde (médias de 40 graus no dia) nunca foi ultrapassado. E eis que, *voilà*, os parisienses acharam um jeito de fazer do "inferno", como definiu a meteorologia local, uma festa. Muita gente se banhou nos chafarizes *belle époque* e em piscinas temporárias, como a que deu graça ao cartão-postal da Torre Eiffel, para amenizar a canícula . A prefeitura ainda espalhou um arsenal de bebedouros e vaporizadores de água pelos bulevares e, em espaços internos públicos, instalou salas climatizadas. Carros mais antigos e poluentes (algo aferido por um adesivo afixado ao veículo) não podem circular até segunda ordem. Espera-se para os próximos dias temperatura de 40 graus ou mais, e sensação térmica ainda pior. Paris concentra relativamente pouco verde em relação ao tanto de pedras e concreto que acumula, o que faz da cidade uma (2) arquitetônica de distintos estilos – e uma estufa ao mesmo tempo. Os cientistas (3) nessas ondas de calor cada vez mais frequentes, precoces e intensas, um sintoma dos novos tempos de aquecimento global. Enquanto isso, os parisienses reclamam, mas também aproveitam.

(Weinberg, M. **Revista Veja**, ano 52, n. 27.)

No texto temos exemplos de **arcaísmo** e **estrangeirismo** que são, respectivamente:

a) canícula – voilà.
b) amenizar – voilà.
c) arsenal – Torre Eiffel.
d) chafarizes – Torre Eiffel.
e) precoces – arquitetônica.

Arcaísmo se trata de um termo que não se usa mais: canícula.

Estrangeirismo se refere ao uso de termos estrangeiros: voilà.

GABARITO: A.

311. (FEPESE - 2019 - PREFEITURA DE FRAIBURGO/SC - PROFESSOR)

Texto 1

O tema do combate à corrupção ocupa o papel de destaque na pauta de reivindicações sociais na atualidade, o que justifica a proliferação de normas internacionais e internas que consagram mecanismos relevantes, preventivos e repressivos, de garantia da moralidade administrativa.

A corrupção é inimiga da República, uma vez que significa o uso privado da coisa pública, quando a característica básica do republicanismo é a busca pelo "bem comum", com a distinção entre os espaços público e privado.

Conforme destacamos em obra sobre o tema, o combate à corrupção depende de uma série de transformações culturais e institucionais. É preciso reforçar os instrumentos de controle da máquina administrativa, com incremento da transparência, da prestação de contas e do controle social.

Nesse contexto, a Lei nº 12.846/2013 representa importante instrumento de combate à corrupção e de efetivação do republicanismo, com a preservação e restauração da moralidade administrativa.

(OLIVEIRA, Rafael C. R.; AMORIM, Daniel A. das N. **O sistema brasileiro de combate à corrupção e a Lei nº 12.846/2013 (Lei Anticorrupção)**. Disponível em: https://www.editoraforum.com.br/wp-content/uploads/2015/10/sistema-brasileiro-combate-corrupcao.pdf. Acesso em: 4 de set. 2019. Adaptado.)

Leia as frases a seguir.

Na sala ao lado, alguns trabalhadores ficam à espera de clientes para serem contatados.

Afrânio querido, para que destino segues assim tão lesto, circunspecto e assaz atribulado?

Atualmente Vicente está bem diferente, pois já não sente tantas dores de dente quanto antigamente.

A questão é que o gerente foi apanhado com a mão na botija, apropriando-se indevidamente de uma vultuosa quantia.

Dei um rolê na área, ganhei a mina, mas acabei dançando: a mina estava a fim de outra parada.

De cima para baixo, as frases são exemplos dos seguintes vícios de linguagem:

a) arcaísmo – redundância – preciosismo – cacofonia – ambiguidade.
b) cacofonia – barbarismo – ambiguidade – galicismo – solecismo.
c) plebeísmo – solecismo – galicismo – ambiguidade – cacofonia.
d) barbarismo – eco – plebeísmo – preciosismo – arcaísmo.
e) ambiguidade – preciosismo – eco – barbarismo – plebeísmo.

1: Na sala ao lado, alguns trabalhadores ficam à espera de clientes para serem contatados. (ambiguidade: quem será contatado?)

2: Afrânio querido, para que destino segues assim tão lesto, circunspecto e assaz atribulado? (preciosismo: rebuscamento exagerado quanto ao vocabulário)

3: Atualmente Vicente está bem diferente, pois já não sente tantas dores de dente quanto antigamente. (eco: repetição de um som – nte)

4. A questão é que o gerente foi apanhado com a mão na botija, apropriando-se indevidamente de uma vultuosa quantia. (barbarismo: uso incorreto de questão)

5: Dei um rolê na área, ganhei a mina, mas acabei dançando: a mina estava a fim de outra parada. (plebeísmo: exagero no uso de expressões informais, da oralidade)

GABARITO: E.

REESCRITA

312. **(VUNESP - 2022 - PM/SP - SARGENTO)** O Papai Noel que conhecemos hoje, gordo e bonachão, barba branca, vestes vermelhas, é produto de um imemorial sincretismo[1] de lendas pagãs e cristãs, a tal ponto que é impossível identificar uma fonte única para o mito. Sabe-se, porém, que sua aparência foi fixada e difundida para o mundo na segunda metade do século 19 por um famoso ilustrador e cartunista americano, Thomas Nast. Nas gravuras de Nast, o único traço que destoa significativamente do Noel de hoje é o longo cachimbo que o personagem dele fumava sem parar, algo que nossos tempos antitabagistas já não permitem ao bom velhinho. [...]

[1] sincretismo: combinação.

Mantendo o sentido original, o trecho do primeiro parágrafo – [...] o único traço que destoa significativamente do Noel de hoje é o longo cachimbo que o personagem dele fumava sem parar [...] – está corretamente reescrito em:

a) [...] o único esboço que se dissocia significativamente do Noel de hoje é o longo cachimbo que o personagem dele fumava esporadicamente [...].

b) [...] o único detalhe que decorre significativamente do Noel de hoje é o longo cachimbo que o personagem dele fumava sucessivamente [...].

c) [...] a única característica que diverge significativamente do Noel de hoje é o longo cachimbo que o personagem dele fumava ininterruptamente [...].

d) [...] a única semelhança que se diversifica significativamente do Noel de hoje é o longo cachimbo que o personagem dele fumava eventualmente [...].

As palavras possuem relação sinonímica. Nas alternativas A, B e D, o sentido não é preservado, conforme se vê pelas palavras em destaque.

A: [...] o único **esboço** que se dissocia significativamente do Noel de hoje é o longo cachimbo que o personagem dele fumava **esporadicamente** [...].

B: [...] o único **detalhe** que **decorre** significativamente do Noel de hoje é o longo cachimbo que o personagem dele fumava sucessivamente [...].

C: [...] a única **característica/traço** que **diverge/destoa** significativamente do Noel de hoje é o longo cachimbo que o personagem dele fumava **ininterruptamente**/sem parar [...].

D: [...] a única **semelhança** que se **diversifica** significativamente do Noel de hoje é o longo cachimbo que o personagem dele fumava **eventualmente** [...].

GABARITO: C.

---

313. **(FCC - 2021 - TJ/SC - ANALISTA ADMINISTRATIVO)** Atente para as seguintes orações:

I. Está havendo uma revolução no campo da medicina.
II. A revolução no campo da medicina é devida aos avanços da biotecnologia.
III. Os avanços da biotecnologia permitem tratamentos médicos mais avançados.

Essas orações articulam-se de modo correto e coerente neste período único:

a) Tratamentos médicos mais avançados, a par de uma revolução no campo da medicina, concorrem para os avanços da biotecnologia.

b) Em que pese haver avanços no campo da medicina, a revolução da biotecnologia acompanha tratamentos médicos mais adequados.

c) Em função de tratamentos médicos mais avançados, constata-se também os avanços revolucionários da biotecnologia.

d) Os avanços da biotecnologia permitem tratamentos médicos mais avançados, uma verdadeira revolução no campo da medicina.

e) Representa uma verdadeira revolução no campo da medicina, os avanços da biotecnologia com os tratamentos médicos.

A reescrita mantém as mesmas relações. Vejamos, primeiramente, a finalidade de cada frase.

I: Está havendo uma revolução no campo da medicina. (constatação de um fato – revolução)

II: A revolução no campo da medicina é devida aos avanços da biotecnologia. (relação de efeito e causa, respectivamente)

III: Os avanços da biotecnologia permitem tratamentos médicos mais avançados. (causa e efeitos dos avanços da biotecnologia).

Com base no entendimento acerca das assertivas, verifica-se que o trecho adequado, o qual mantém as mesmas relações semânticas é o item *Os avanços da biotecnologia permitem tratamentos médicos mais avançados, uma verdadeira revolução no campo da medicina.*

GABARITO: D.

---

314. **(FCC - 2021 - TJ/SC - ANALISTA ADMINISTRATIVO)** Nossa ilusão de que detemos uma livre capacidade de escolha vai se desintegrar. Uma nova redação da frase acima, na qual se conservam seu sentido básico e a correção gramatical, apresenta-se em:

a) Deixará de se expandir nossa ilusão e a plena capacidade de escolha que contemos em nós.

b) Nossa pretensão de escolhermos tudo o que se queira, da qual temos a ilusão, haverá de ruir-se impreterivelmente.

c) Nosso dom de escolher a bel prazer o que quisermos deixará de se expandir enquanto ilusão nossa.

d) A ilusão de cuja nos alimentamos quanto à escolher tudo o que quisermos deverá se retrair drasticamente.

e) Irá se extinguir nossa ilusão de que possuímos a faculdade de arbitrar livremente nossas decisões.

A: "Vai se desintegrar" não tem o mesmo sentido de "deixará de se expandir".

B: Pretensão se escreve com "s".

C: Mudou totalmente o sentido do trecho original.

D: "Ilusão da qual nos" (cujo/a se usa sempre entre substantivos); quanto a escolher (não se usa crase antes de verbo).

E: O trecho está correto gramatical e mantém o mesmo sentido do que está no original.

GABARITO: E.

---

315. **(FCC - 2021 - TJ/SC - ANALISTA ADMINISTRATIVO)** Está clara e correta a **redação** deste livre comentário sobre o texto:

a) Se nas manchetes o assunto de que tratam no jornal tem gravidade, nas crônicas suscedem muitas vezes que a importância esteje nos pormenores.

b) Continua viva e atraente nos periódicos de hoje a presença de crônicas que nos atraiam pela leveza e pela vivacidade de estilo.

c) Não devem haver assuntos que uma boa crônica não possa tratar, ao lhes dar uma importância que julgávamos desmerecida.

d) Pouco importam que os assuntos tratados numa crônica tenham relevância, uma vez que é ela mesma que os concede com seu talento.

e) O autor do texto não considera de somenas importância o fato de que as crônicas alcancem uma grandeza humana pouco intencional.

A: Se nas manchetes o assunto de que **trata o** jornal tem gravidade, nas crônicas **sucedem** muitas vezes que a importância **esteja** nos pormenores.

B: O trecho atende à norma-padrão.

C: Não **deve** haver assuntos **de** que uma boa crônica não possa tratar, ao lhes dar uma importância que julgávamos desmerecida.

D: Pouco **importa** que os assuntos tratados numa crônica tenham relevância, uma vez que é ela mesma que os concede com seu talento.

E: O autor do texto não considera de **somenos** importância o fato de que as crônicas alcancem uma grandeza humana pouco intencional.

GABARITO: B.

---

316. **(CESPE/CEBRASPE - 2022 - IBAMA - ANALISTA ADMINISTRATIVO)**

Assim como cidadania e cultura formam um par integrado de significações, cultura e territorialidade são, de certo modo, sinônimos. A cultura, forma de comunicação do indivíduo e do grupo com o universo, é herança, mas também um reaprendizado das relações profundas entre o ser humano e o seu meio, um resultado obtido por intermédio do próprio processo de viver. Incluindo o processo produtivo e as práticas sociais, a cultura é o que nos dá a consciência de pertencer a um grupo, do qual é o cimento. É por isso que as migrações agridem o indivíduo, roubando-lhe parte do ser, obrigando-o a uma nova e dura adaptação em seu novo lugar. Desterritorialização é frequentemente outra palavra para significar alienação, estranhamento, que são, também, desculturização. [...]

Seria mantida a coerência do texto se a oração "Incluindo o processo produtivo e as práticas sociais" (terceiro período do primeiro parágrafo) fosse substituída tanto por "**Por incluir o processo produtivo e as práticas sociais**" quanto por "**Como inclui o processo produtivo e as práticas sociais**".

Certo ( )   Errado ( )

As alterações mantêm o texto com coerência, ou seja, com lógica, sem deixar contradição.

Com a reescrita, o emprego de "Por incluir" e "Como inclui" denotam uma relação de causa e efeito, o que é possível pela construção do texto. Vejamos:

- *Incluindo o processo produtivo e as práticas sociais (causa): a cultura é o que nos dá a consciência de pertencer a um grupo, do qual é o cimento. (efeito);*
- *Por incluir o processo produtivo e as práticas sociais (causa): a cultura é o que nos dá a consciência de pertencer a um grupo, do qual é o cimento. (efeito);*
- *Como inclui o processo produtivo e as práticas sociais (causa): a cultura é o que nos dá a consciência de pertencer a um grupo, do qual é o cimento. (efeito).*

GABARITO: CERTO.

---

317. **(CESPE/CEBRASPE - 2021 - CBM/AL - SOLDADO)**

[...] O então governador do estado de Alagoas, revoltado com o caso, esperava encontrar ali um Corpo de Bombeiros. Teve, no entanto, sua decepção e prometeu organizar uma unidade que viesse dar combate às chamas quando elas surgissem em algum ponto da cidade. [...]

Sem prejuízo da correção gramatical e da coerência do texto, o trecho "O então governador do estado de Alagoas" (último parágrafo) poderia ser reescrito da seguinte forma: O governador do estado de Alagoas naquela circunstância.

Certo ( )   Errado ( )

A reescrita preserva a correção gramatical e a coerência do texto. O vocábulo "então" exerce função adverbial de tempo no trecho de referência e é empregado com o sentido de até aquele momento. Ou seja, com a substituição sugerida, o texto se mantém na mesma perspectiva. Vale destacar que o comando "coerência" diz respeito à lógica, e não ao sentido. Por isso, mesmo que "então" e "naquela circunstância" não sejam sinônimos, a troca não fere a lógica e não traz contradição.
GABARITO: CERTO.

---

318. (CESPE/CEBRASPE - 2021 - CBM/AL - SOLDADO)

[...] Os cientistas descobriram que a frequência de incêndios atual é mais alta do que em qualquer outro momento desde a formação das florestas boreais, há cerca de três mil anos, e possivelmente seja a maior nos últimos 10 mil anos.

Mantendo-se o sentido e a correção gramatical do texto, a expressão "há cerca de três mil anos" (último período do segundo parágrafo) poderia ser substituída por **acerca de três mil anos**.

Certo ( )   Errado ( )

Há diferença de sentido entre os vocábulos do trecho original e da reescrita. Em "há cerca de três mil anos", o verbo "haver" indica tempo transcorrido e significa que faz cerca de três anos. O termo "cerca de" tem sentido de "aproximadamente", ou seja, é como se estivesse "Há aproximadamente três mil anos". O termo "acerca de" tem sentido de "sobre", como em: Vou falar acerca de violência doméstica ou vou falar sobre violência doméstica.
GABARITO: ERRADO.

---

319. (CESPE/CEBRASPE - 2021 - PC/AL - AGENTE E ESCRIVÃO)

[...] No Brasil, as primeiras iniciativas de implantação da polícia comunitária ocorreram com a Constituição Federal de 1988 e a necessidade de uma nova concepção para as atividades policiais. Foram adotadas estratégias de fortalecimento das relações das forças policiais com a comunidade, com destaque para a conscientização sobre a importância do trabalho policial e sobre o valor da participação do cidadão para a construção de um sistema que busca a melhoria da qualidade de vida de todos.

Sem prejuízo da correção gramatical do texto e das informações nele veiculadas, o trecho "relações das forças policiais com a comunidade" (terceiro parágrafo) poderia ser substituído por **relações entre as forças policiais e a comunidade**.

Certo ( )   Errado ( )

O sentido de ser estabelecida uma relação entre forças policiais e comunidade. O trecho *Foram adotadas estratégias de fortalecimento das relações das forças policiais com a comunidade* evidencia essa ideia. Por isso, a reescrita "entre as forças policiais e a comunidade" mantém a correção e as mesmas informações.
GABARITO: CERTO.

---

320. (CESPE/CEBRASPE - 2021 - PC/SE - AGENTE E ESCRIVÃO) Sem prejuízo da correção gramatical do texto e de seus sentidos originais, o trecho "as situações em que a mulher é perseguida por um ex-companheiro que não se conforma com o término da relação" poderia ser reescrito da seguinte forma: aqueles casos onde a mulher é perseguida por ex-companheiro que não é conformado com o fim do relacionamento.

Certo ( )   Errado ( )

Há erros gramaticais.
- *Onde: está errado o emprego de "onde", pois esse pronome é usado quando o referente é um lugar, o que não ocorre no texto. O correto seria: aqueles casos em que; aqueles casos nos quais.*
- *"É conformado": não é possível a transposição de voz, porque no original (não se conforma com), há uma voz reflexiva (o sujeito faz e recebe a ação).*

GABARITO: ERRADO.

---

321. (CESPE/CEBRASPE - 2021 - PF - AGENTE)

A proporção da população que cumpre sentenças de prisão é distinta em cada país, refletindo idiossincrasias de tradições culturais e histórias de pensamento e de práticas penais, mas o rápido crescimento parece ser um fenômeno universal em toda a ponta "mais desenvolvida" do mundo. [...]

A palavra "idiossincrasias" poderia ser substituída por **compatibilidades** sem prejuízo para a correção gramatical e para os sentidos do texto.

Certo ( )   Errado ( )

O termo "idiossincrasias" tem sentido de peculiaridades, como uma característica comportamental peculiar a um grupo ou a uma pessoa. Ou seja, o texto quer mostrar que há distinções entre cada país e peculiaridades de cada tradição.

GABARITO: ERRADO.

---

322. (CESPE/CEBRASPE - 2021 - PM/AL - SOLDADO)

Até que um dia, uma senhora que sofria com uma forte dor de cabeça encomendou da ceramista uma cabeça, pois ia fazer uma promessa ao seu santo devoto. A senhora alcançou sua graça, o que fez com que dona Irinéia ficasse ainda mais conhecida na região. Chegou, inclusive, ao conhecimento do SEBRAE de Alagoas, que foi até dona Irinéia e ofereceu algumas capacitações que abriram mais possibilidades de produção para a ceramista. O número de encomendas foi aumentando e, com ele, sua imaginação e criatividade que fizeram nascer objetos singulares. [...]

Mantendo-se a correção gramatical do texto e as informações nele veiculadas, o trecho "o que fez com que dona Irinéia ficasse ainda mais conhecida na região" (penúltimo parágrafo) poderia ser reescrito da seguinte forma: e isso fez dona Irinéia ficar ainda mais conhecida na região.

Certo ( )   Errado ( )

A reescrita sugerida mantém a correção gramatical e as informações do texto.

Original: A senhora alcançou sua graça, o que fez com que dona Irinéia ficasse ainda mais conhecida na região.

Reescrita: A senhora alcançou sua graça, e isso fez dona Irinéia ficar ainda mais conhecida na região.

O termo "o que" faz referência ao que foi dito anteriormente. Essa mesma função exerce o termo "e isso".

GABARITO: CERTO.

---

323. (CESPE/CEBRASPE - 2021 - PM/AL - OFICIAL)

As três sociedades — perfeita, imperfeita e real — "existem", cada qual com a sua estabilidade interna de convivência, de forma que os seus membros experimentam relações entre si com a liberdade possível. Quanto mais imperfeita é a sociedade, menos liberdade os indivíduos possuem e maior é a tendência de convivência impossível. Na outra ponta, quanto mais a sociedade está próxima da perfeição, mais próximos da liberdade absoluta estão os indivíduos. Há a convivência ótima. [...]

Mantendo-se a correção gramatical e o sentido original do texto, o trecho "Quanto mais imperfeita é a sociedade, menos liberdade os indivíduos possuem e maior é a tendência de convivência impossível." (quarto parágrafo) poderia ser reescrito da seguinte forma: Na medida que é mais imperfeita a sociedade, menos liberdade tem os indivíduos e maior é a tendência de convivência impossível.

Certo ( )   Errado ( )

Há desvios de gramática e de emprego de palavras.
- *"Na medida que": o correto é "à medida que" (locução conjuntiva proporcional). Destaca-se que "na medida em que" é uma locução conjuntiva causal.*
- *Tem: o correto é "têm", pois a expressão "os indivíduos" é o sujeito desse verbo.*

GABARITO: ERRADO.

---

324. (CESPE/CEBRASPE - 2021 - PRF - POLICIAL RODOVIÁRIO FEDERAL)

Nos Estados Unidos da América, no século XIX, a passagem da polícia do sistema de justiça para o de governo da cidade significou também a passagem da noção de caça aos criminosos para a prevenção dos crimes, em um deslocamento do ato para o ator. Como na Europa, a ênfase na prevenção teria representado nova atitude diante do controle social, com o desenvolvimento pela polícia de uma habilidade específica, a de explicar e prevenir o comportamento criminoso. Isso acabou redundando no foco nas "classes perigosas", ou seja, em setores específicos da sociedade vistos como produtores de comportamento criminoso. Nesse processo, desenvolveram-se os vários campos de saber vinculados aos sistemas de justiça criminal, polícia e prisão, voltados para a identificação, para a explicação e para a prevenção do comportamento criminoso, agora visto como "desviante", como a medicina legal, a psiquiatria e, especialmente, a criminologia. [...]

Seriam mantidos a correção gramatical e os sentidos do texto caso o segundo período do primeiro parágrafo fosse reescrito da seguinte maneira: Porque nos países europeus houve empenho em prevenir crimes, o que representou nova atitude de controle social, o resultado foi o desenvolvimento de uma habilidade específica pelas autoridades policiais: a de explicar e prevenir o crime.

Certo ( )   Errado ( )

O trecho original traz uma ideia de comparação (Como na Europa, Da mesma forma, Do mesmo modo) e não de causa (segundo traz a reescrita). Ao iniciar o trecho reescrito com "Porque", é atribuída uma ideia de causa e consequência, o que não ocorre no trecho original.

GABARITO: ERRADO.

---

325. (CESPE/CEBRASPE - 2021 - PRF - POLICIAL RODOVIÁRIO FEDERAL)

Na Europa ocidental, as novas instituições estatais de vigilância deveriam controlar o exercício da força em sociedades em que os níveis de violência física nas relações interpessoais e do Estado com a sociedade estavam em declínio. De acordo com a difundida teoria do processo civilizador, de Norbert Elias, no Ocidente moderno, a agressividade, assim como outras emoções e prazeres, foi domada, "refinada" e "civilizada". O autor estabelece um contraste entre a violência "franca e desinibida" do período medieval, que não excluía ninguém da vida social e era socialmente permitida e até certo ponto necessária, e o autocontrole e a moderação das emoções que acabaram por se impor na modernidade. A conversão do controle que se exerce por terceiros no autocontrole é relacionada à organização e à estabilização de Estados modernos, nos quais a monopolização da força física em órgãos centrais permitiu a criação de espaços pacificados. Em tais espaços, os indivíduos passaram a ser submetidos a regras e leis mais rigorosas, mas ficaram mais protegidos da irrupção da violência na sua vida, na medida em que as ameaças físicas tornaram-se despersonalizadas e monopolizadas por especialistas. [...]

O trecho "A conversão do controle que se exerce por terceiros no autocontrole é relacionada à organização e à estabilização de Estados modernos" poderia ser reescrito da seguinte forma, sem prejuízo para os sentidos e para a correção gramatical do texto: Converter o controle efetuado por terceiros a autocontrole concatena a organização e estabilização dos Estados do mundo moderno.

Certo ( )   Errado ( )

O emprego da forma verbal "concatena" altera os sentidos do texto. Concatenar significa ligar-se, juntar-se, harmonizar-se. E o texto mostra que a conversão do controle está relacionada a algo.
Original: Está "no autocontrole", expressão com natureza adverbial.
Reescrita: Sugere-se converter algo ao autocontrole. Ou seja, a relação entre os termos muda.
GABARITO: ERRADO.

---

326. (CESPE/CEBRASPE - 2022 - SERES/PE - POLÍCIA PENAL)

Quem acha que é preciso viver o **agora** com todo o ímpeto e que não devemos nos preocupar com o **amanhã** nem com o ontem pode ser perigoso, pois crê que cada minuto é separado dos minutos vindouros ou dos que o precederam e que não existe nada além dele mesmo no planeta. Quem se desvia do passado e do presente, quem sonha com um futuro longínquo, desejável e desejado, também se vê privado do terreno contrário cotidiano sobre o qual é preciso agir para realizar o futuro desejado. Como se pode ver, uma pessoa deve **sempre** ter em conta o presente, o passado e o futuro.

(Frantz Fanon. **Alienação e liberdade**. São Paulo: Ubu, 2020, p. 264-265. Adaptado.)

Assinale a opção em que a proposta de reescrita do último período do texto é gramaticalmente correta e coerente.
a) A despeito disso, uma pessoa deve sempre tomar consciência do presente, do passado e do futuro.
b) Pode-se concluir, portanto, que uma pessoa deve sempre atentar para o presente, o passado e o futuro.
c) Por essa razão que uma pessoa deva sempre ponderar o presente, o passado e o futuro.
d) Contudo isso, percebe-se que uma pessoa deve sempre preocupar-se com o presente, o passado e o futuro.
e) Conforme se requer, toda pessoa tem de refletir sobre o presente, o passado e o futuro.

O trecho que serve como referência é *Como se pode ver, uma pessoa deve **sempre** ter em conta o presente, o passado e o futuro.*
A: A relação de sentido existente entre o último período e os anteriores é de complementaridade, e não de oposição, por isso não cabe o emprego da expressão "A despeito disso" no início do período.
B: A expressão conformativa "Como se pode ver" pode ser coerentemente substituída por uma que expresse conclusão e expressão "ter em conta" é, segundo os dicionários da língua, sinônima de "atentar para".
C: A proposta de reescrita é gramaticalmente incorreta e incoerente: não cabe o emprego do vocábulo "que" após a expressão "Por essa razão" e não há justificativa para o emprego do modo subjuntivo.
D: A proposta de reescrita é gramaticalmente incorreta e incoerente: a relação de sentido existente entre o último período e os anteriores é de complementaridade, e não de oposição, por isso não cabe o emprego da conjunção adversativa "contudo" no início do período, muito menos seguida do pronome isso.
E: A proposta de reescrita é gramaticalmente incorreta e inadequada: os argumentos utilizados nos períodos anteriores não constituem "requisitos", por isso não parece adequado o emprego da forma verbal "requer" como expressão de transição entre os períodos, além disso, o verbo "ter" deve estar flexionado na terceira pessoa do singular, porque concorda com "pessoa", por isso deve ser grafado sem acento.
GABARITO: B.

---

327. (CESPE/CEBRASPE - 2022 - ANM - ESPECIALISTA)

Embora escavações nunca tenham sido feitas no Distrito Federal e no Entorno até então, especialistas detectaram indícios de esqueletos de animais extintos e de instrumentos usados por homens das cavernas na região. [...]

A correção gramatical e o sentido do último período do primeiro parágrafo do texto seriam mantidos se ele fosse reescrito da seguinte maneira: Apesar de nunca terem sido feitas escavações no Distrito Federal e no Entorno até então, especialistas localizaram indícios de esqueletos de animais extintos, assim como de instrumentos usados por homens das cavernas na região.

Certo ( )   Errado ( )

A norma-padrão é preservada e não há alteração de sentido. Vejamos as alterações:

- *Embora escavações nunca tenham sido feitas: apesar de nunca terem sido feitas escavações (embora e apesar de possuem sentido concessivo; a forma verbal está "terem sido feitas", porque a locução "apesar de" termina com preposição e, por isso, o verbo não é conjugado).*
- *detectaram: localizaram (são sinônimos no texto).*
- *e de instrumentos: assim como de instrumentos (está mantido o sentido aditivo do trecho).*

GABARITO: CERTO.

---

328. (CESPE/CEBRASPE - 2021 - MP/AP - AUXILIAR ADMINISTRATIVO) Em cada uma das opções a seguir, é apresentada uma proposta de reescrita do seguinte trecho do texto CG2A1-I: "pessoas que não conseguem arcar com os custos do transporte ou de um espaço amplo para viver, mas que, mesmo assim, não estão dispostas a abrir mão dos benefícios de viver na cidade" (último período do primeiro parágrafo). Assinale a opção cuja proposta de reescrita, além de estar gramaticalmente correta, preserva os sentidos originais do texto.

a) pessoas que não conseguem arcar com os custos do transporte nem de um espaço amplo para viver, mas que, apesar disso, não estão dispostas a desistir dos benefícios de viver na cidade.

b) pessoas que não conseguem custear o transporte ou um espaço amplo para viver, mas que, do mesmo modo, não estão dispostas a abrir mão dos benefícios de viver na cidade.

c) pessoas que não tem condições de arcar com os custos do transporte ou de um espaço amplo para viver, mas que, mesmo assim, não tem disposição para dispensar os benefícios de viver na cidade.

d) pessoas que não estão dispostas a arcar com os custos do transporte ou de um espaço amplo para viver, mas que, mesmo assim, querem usufruir dos benefícios de viver na cidade.

e) pessoas que não dão conta de arcar com os custos do transporte ou de um espaço amplo para viver, nem tão pouco estão dispostas à abrir mão dos benefícios de viver na cidade.

A: A reescrita mantém a correção gramatical e os sentidos originais no texto. Vejamos:

- *"pessoas que não conseguem arcar com os custos do transporte **ou** de um espaço amplo para viver, mas que, **mesmo assim**, não estão dispostas a **abrir mão** dos benefícios de viver na cidade".*
- *"pessoas que não conseguem arcar com os custos do transporte **nem** de um espaço amplo para viver, mas que, **apesar disso**, não estão dispostas a **desistir** dos benefícios de viver na cidade".*

As expressões em destaque possuem uma relação sinonímica no contexto em que estão.

B: Pessoas que não conseguem custear o transporte ou um espaço amplo para viver, **mas** que, **do mesmo modo**, não estão dispostas a abrir mão dos benefícios de viver na cidade.

C: Pessoas que não **têm** condições de arcar com os custos do transporte ou de um espaço amplo para viver, mas que, mesmo assim, não **têm** disposição **para** dispensar os benefícios de viver na cidade.

D: Pessoas que não estão dispostas a arcar com os custos do transporte ou de um espaço amplo para viver, mas que, mesmo assim, **querem usufruir** dos benefícios de viver na cidade.

E: Pessoas que não dão conta de arcar com os custos do transporte ou de um espaço amplo para viver, **nem tão pouco (e tampouco)** estão dispostas a **(sem crase)** abrir mão dos benefícios de viver na cidade.

GABARITO: A.

329. (CESPE/CEBRASPE - 2021 - PG/DF - TÉCNICO JURÍDICO/APOIO ADMINISTRATIVO)

A compreensão da comunicação como direito humano é formulação mais ou menos recente na história do direito. Tal conceito foi expresso pela primeira vez em 1969 por Jean D'Arcy, então diretor dos Serviços Visuais e de Rádio no Escritório de Informação Pública da Organização das Nações Unidas (ONU), em Nova Iorque, em artigo na revista EBU Review, do European Broadcasting Union (EBU): "Virá o tempo em que a Declaração Universal dos Direitos Humanos terá de abarcar um direito mais amplo que o direito humano à informação, estabelecido pela primeira vez 21 anos atrás no artigo 19. Trata-se do direito do homem de se comunicar".

[...]

Caso a expressão '21 anos atrás' (l.10) fosse substituída por **a 21 anos**, a correção gramatical e o sentido original do texto seriam mantidos.

Certo ( )   Errado ( )

A expressão correta seria "há 21 anos" (o verbo haver nesse caso tem o sentido de tempo transcorrido).
GABARITO: ERRADO.

---

330. (CESPE/CEBRASPE - 2021 - PG/DF - TÉCNICO JURÍDICO/APOIO ADMINISTRATIVO) Ao referir-se nominalmente ao "direito à comunicação", o PNDH-3 contribuiu para inaugurar uma nova etapa no debate sobre o tema. Até então, as instituições se referiam, quando muito, ao direito à informação.

Mantendo-se a correção e a coerência do texto, o período "Ao referir-se [...] o tema." poderia ser reescrito da seguinte forma: O PNDH-3, ao referir nominalmente ao 'direito à comunicação', contribuiu com a inauguração de uma nova etapa no debate sobre o tema.

Certo ( )   Errado ( )

O emprego de "referir-se" está incorreto. Esse verbo é pronominal, por isso é obrigatório que haja um pronome que acompanhe o verbo (ao se referir a algo).
GABARITO: ERRADO.

---

331. (CESPE/CEBRASPE - 2022 - PREFEITURA DE PIRES DO RIO/GO - PROFESSOR)

As cidades representam o mais importante lócus de consumo de energia e emissões relacionadas. Estimativas da IEA (International Energy Agency), em 2016, indicavam que as cidades respondiam por 64% do uso global de energia primária e

70% das emissões globais de dióxido de carbono. Tal fato evidencia o papel central que as cidades têm e terão na determinação do padrão de uso de energia e de emissões de carbono dos países e do mundo. Em particular, a própria transição energética terá seu ritmo bastante afetado pelas mudanças que ocorrerem nas cidades. O mesmo vale para o uso eficiente de recursos (inclusive não energéticos), segurança energética e desenvolvimento sustentável. [...]

Estariam mantidos os sentidos e a correção gramatical do texto caso o segmento "Em particular, a própria transição energética terá seu ritmo bastante afetado" (quarto período do terceiro parágrafo) fosse assim reescrito: Em sentido estrito, o próprio ritmo da transição energética terá sido bastante afetado.

Certo ( )   Errado ( )

Mesmo que seja preservada a correção gramatical, o sentido não é o mesmo, porque há alteração das relações entre as palavras.
*Original: Em particular, a **própria transição** energética **terá** seu ritmo bastante **afetado**.*
*Reescrita: Em sentido estrito, o **próprio ritmo** da transição energética **terá sido** bastante **afetado**.*
GABARITO: ERRADO.

332. (CESPE/CEBRASPE - 2022 - PREFEITURA DE PIRES DO RIO/GO - PROFESSOR)

Já que hoje as plantas nutritivas domésticas são cultivadas em praticamente todas as regiões habitadas, a humanidade também poderia alimentar-se, se o comércio de produtos agrários se limitasse a áreas menores, de proporção regional. O transporte de gêneros alimentícios por distâncias maiores se justifica, em primeiro lugar, para prevenir e combater epidemias de fome. Há, sem dúvida, uma série de razões ulteriores em favor do comércio mundial de gêneros alimentícios: a falta de arroz, chá, café, cacau e muitos temperos em nossos supermercados levaria a um significativo empobrecimento da culinária, coisa que não se poderia exigir de ninguém. O comércio internacional com produtos agrícolas aporta, além disso, às nações exportadoras a entrada de divisas, facilitando o pagamento de dívida. E, em muitos lugares, os próprios trabalhadores rurais e pequenos agricultores tiram proveito da venda de seus produtos a nações de alta renda, sobretudo quando ela ocorre segundo os critérios do comércio equitativo.

A coerência do texto e sua correção gramatical seriam mantidas se o quarto período do segundo parágrafo fosse reescrito da seguinte forma: Além disso, o comércio internacional com produtos agrícolas aporta a entrada de divisas às nações exportadoras e, assim, facilita o pagamento de dívida.

Certo ( )   Errado ( )

As alterações propostas não afetam a correção gramatical e mantêm a coerência (lógica) do texto. Vejamos:

Original: *O comércio internacional com produtos agrícolas aporta, **além disso**, às nações exportadoras a entrada de divisas, facilitando o pagamento de dívida.*

Reescrita: ***Além disso,** o comércio internacional com produtos agrícolas aporta a entrada de divisas às nações exportadoras e, assim, facilita o pagamento de dívida.*

Perceba que o trecho possui lógica quanto às informações e não há contradição na reescrita.

GABARITO: CERTO.

---

333. (CESPE/CEBRASPE - 2022 - TC/RJ - ANALISTA DE CONTROLE EXTERNO)

Não é preciso temer as máquinas, à maneira do **Exterminador do Futuro**, para se preocupar com a sobrevivência da democracia em um mundo dominado pela inteligência artificial (IA). No fim das contas, a democracia sempre teve como alicerces os pressupostos de que nosso conhecimento do mundo é imperfeito e incompleto; de que não há resposta definitiva para grande parte das questões políticas; e de que é sobretudo por meio da deliberação e do debate que expressamos nossa aprovação e nosso descontentamento. [...]

A correção gramatical e a coerência do texto seriam preservadas se o primeiro período do primeiro parágrafo fosse reescrito da seguinte forma: Há motivos para se preocupar com a sobrevivência da democracia em um mundo dominado pela inteligência artificial, mesmo sem temer as máquinas à maneira do **Exterminador do Futuro**.

Certo ( )   Errado ( )

O trecho está, gramaticalmente, correto. Além disso, a coerência é mantida, ou seja, existe lógica na leitura do trecho e não ocorre contradição entre as partes desse trecho. Destaca-se que coerência não está ligada ao sentido. Houve apenas uma inversão de posição das informações, mas ainda se entende que existe uma preocupação com a sobrevivência da democracia, mas que não é uma preocupação nas mesmas proporções do filme citado.

GABARITO: CERTO.

---

334. (CESPE/CEBRASPE - 2022 - TC/RJ - ANALISTA DE CONTROLE EXTERNO)

Em certo sentido, o sistema democrático tem se mostrado capaz de aproveitar nossas imperfeições da melhor maneira: uma vez que de fato não sabemos tudo, e tampouco podemos testar empiricamente todas as nossas suposições teóricas, estabelecemos certa margem de manobra democrática, uma folga política, em nossas instituições, a fim de evitar sermos arrastados pelos vínculos do fanatismo e do perfeccionismo. [...]

A correção gramatical e os sentidos do texto seriam preservados se, no final do segundo parágrafo, o trecho "a fim de evitar sermos arrastados pelos vínculos do fanatismo e do perfeccionismo" fosse reescrito da seguinte forma: com a intensão de impedir que sejamos atraídos pelo fanatismo e perfeccionismo.

Certo ( )   Errado ( )

Há dois problemas gramaticais a serem corrigidos. Vejamos:
- *intensão: precisa trocar por "intenção" (que tem sentido de finalidade);*
- *pelo fanatismo e perfeccionismo: precisa garantir o paralelismo sintático (**pelo** fanatismo e **pelo** perfeccionismo).*

GABARITO: ERRADO.

---

335. **(CESPE/CEBRASPE - 2022 - TC/RJ - ANALISTA DE CONTROLE EXTERNO)**

Essas questões, das quais se percebe facilmente a importância na prática social, estão no centro de uma disciplina cujas raízes remontam à Antiguidade: a retórica. Para os antigos, a retórica era uma teoria da fala eficaz e também uma aprendizagem ao longo da qual os homens da cidade se iniciavam na arte de persuadir. Com o passar do tempo, entretanto, ela tornou-se, progressivamente, uma arte do bem dizer, reduzindo-se a um arsenal de figuras. Voltada para os ornamentos do discurso, a retórica chegou a se esquecer de sua vocação primeira: imprimir ao verbo a capacidade de provocar a convicção. É a esse objetivo que retornam, atualmente, as reflexões que se desenvolvem na era da democracia e da comunicação.

Sem alteração dos sentidos do texto, a oração "das quais se percebe facilmente a importância na prática social" (primeiro período do segundo parágrafo) poderia ser reescrita corretamente da seguinte maneira: cuja importância na prática social é facilmente percebida.

Certo ( )   Errado ( )

A relação de posse é mantida, mesmo que seja trocado o pronome "das quais" por "cuja". Primeiramente, destaca-se que não pode haver troca literal de um pronome por "cujo/a". E perceba que, no enunciado, não há troca literal, há uma reescrita do trecho.

Vejamos:

Essas questões, das quais se percebe facilmente a importância na prática social, estão no centro de uma disciplina cujas raízes remontam à Antiguidade: a retórica.

- *No trecho "das quais se percebe facilmente a importância na prática social", entende-se que o sentido é: a importância dessas questões na prática social é percebida facilmente.*
- *Na reescrita temos, "cuja importância na prática social é facilmente percebida". O uso de cuja sugere o seguinte sentido: "essas questões, cuja importância" é igual a "importância dessas questões".*

Ou seja, o sentido do texto é o mesmo, apesar da reescrita.

GABARITO: CERTO.

---

336. **(CESPE/CEBRASPE - 2021 - BANESE - TÉCNICO BANCÁRIO I)** Sem prejuízo da correção gramatical e do sentido original do texto, o trecho "Grande parte das doações foram destinadas a hospitais, pesquisas científicas, compra de equipamentos e também à assistência social de famílias de baixa renda" poderia ser reescrito da seguinte forma: Grande parte das doações foi destinada aos hospitais, às pesquisas científicas, à compra de equipamentos e à assistência social de famílias de baixa renda.

Certo ( )   Errado ( )

A presença da expressão partitiva (grande parte) seguida de um termo no plural (das doações) permite que haja dupla concordância.

Vejamos:

*Grande parte das **doações foram destinadas**.*
*Grande parte das doações **foi destinada**.*

No restante do trecho, há a inserção de artigo definido antes dos substantivos que compõem a enumeração. Ressalta-se que a presença ou ausência de um artigo definido altera o sentido geral de um texto. Porém, como o comando da questão é "sentido original", devemos analisar se as relações entre os termos da oração são mantidas ou não com a substituição sugerida.

Vejamos:
- destinadas *a hospitais, pesquisas científicas, compra de equipamentos e também à assistência social de famílias de baixa renda* (nesse caso, há apenas a preposição a)
- destinada *aos hospitais, às pesquisas científicas, à compra de equipamentos e à assistência social de famílias de baixa renda* (nesse caso, há a junção de preposição com artigo definido)

Mesmo com as alterações propostas, a relação é a mesma porque as doações são destinadas para os mesmos locais.

Por isso, não há prejuízo para o sentido original do texto.

GABARITO: CERTO.

---

337. (CESPE/CEBRASPE - 2021 - CODEVASF - ANALISTAS)

A vantagem e a principal justificativa econômica da irrigação suplementar estão na garantia de safra, a despeito da incerteza das chuvas. [...]

Sem prejuízo da correção gramatical do texto e da informação nele veiculada, o sexto parágrafo poderia ser reescrito da seguinte forma: A garantia de colheita, apesar da incerteza das chuvas, consiste na vantagem e na principal justificativa econômica da irrigação suplementar.

Certo ( ) Errado ( )

A reescrita preserva a correção gramatical e mantém as informações veiculadas no trecho original.

Original: *A vantagem e a principal justificativa econômica da irrigação suplementar estão na garantia de safra, a despeito da incerteza das chuvas.*

Reescrita: *A garantia de colheita, apesar da incerteza das chuvas, consiste na vantagem e na principal justificativa econômica da irrigação suplementar.*

- "a despeito da incerteza das chuvas" tem o mesmo sentido de "apesar da incerteza das chuvas" (**a despeito de** e **apesar de** são expressões concessivas).
- mesmo havendo inversão dos trechos e a troca de "estão" por "consiste", a informação ainda é a mesma.

GABARITO: CERTO.

---

338. (CESPE/CEBRASPE - 2022 - FUB - ASSISTENTE EM ADMINISTRAÇÃO)

Ser mais humano em meio a um mundo cada vez mais digital — esse é o grande desafio das organizações para o ano de 2022 no Brasil e em todo o mundo. O equilíbrio entre *home office* e escritório, em um modelo híbrido de trabalho, deve ser a tendência para os próximos anos. E, no contexto da vida pós-pandemia, há desafios que os departamentos de recursos humanos (RH) vão enfrentar para manter uma relação saudável e positiva entre empresas e colaboradores e garantir, ainda, a produtividade do negócio. E no meio de tudo isso, a tecnologia mais uma vez surge como a viabilizadora de bons resultados. [...]

No último período do parágrafo, seria mantida a correção gramatical do texto caso o segmento "como a viabilizadora de bons resultados" fosse reescrito da seguinte maneira: para viabilizar bons resultados.

Certo ( ) Errado ( )

A reescrita mantém a correção gramatical, que é o único comando do enunciado.

Vejamos:

Original: *E no meio de tudo isso, a tecnologia mais uma vez surge **como a viabilizadora de bons resultados**.*

Reescrita: *E no meio de tudo isso, a tecnologia mais uma vez surge **para viabilizar bons resultados**.*

GABARITO: CERTO.

339. (CESPE/CEBRASPE - 2019 - PGE/PE - CARGOS DE NÍVEL SUPERIOR)

[...]

7 À primeira vista, a modernidade parece ser um
contrato extremamente complicado, por isso poucos tentam
compreender no que exatamente se inscreveram. É como se
10 você tivesse baixado algum software e ele te solicitasse assinar
um contrato com dezenas de páginas em "juridiquês"; você dá
uma olhada nele, passa imediatamente para a última página,
13 tica em "concordo" e esquece o assunto. Mas a modernidade,
de fato, é um contrato surpreendentemente simples. O contrato
interno pode ser resumido em uma única frase: humanos
16 concordam em abrir mão de significado em troca de poder.

(Samia Moda Cirino. **Sustentabilidade no meio ambiente de trabalho**: um novo paradigma para a valorização do trabalho humano. Internet: www.publicadireito.com.br. Adaptado.)

A correção gramatical e os sentidos originais do texto seriam mantidos caso o trecho "A luta (...) humano." (L. 8 a 10) fosse reescrito da seguinte forma: Logo, a luta dos trabalhadores apenas deixou de ser por mais condições de melhor subsistência para priorizar a própria dignidade do ser humano.

Certo ( )   Errado ( )

**No trecho reescrito (Logo, a luta dos trabalhadores apenas deixou de ser por mais condições de melhor subsistência para priorizar a própria dignidade do ser humano), percebe-se que não há problemas de correção gramatical. Porém, os sentidos originais não são mantidos. No original, a informação é a de que a luta dos trabalhadores é tanto por condições melhores de subsistência quanto pela própria dignidade do ser humano. Ou seja, a ideia do período é aditiva, e a conjunção MAS tem sentido de adição nesse contexto. Na reescrita, a ideia é a de que se deixou um aspecto de lado para ser priorizado outro.
GABARITO: ERRADO.**

TEXTO PARA AS PRÓXIMAS DUAS QUESTÕES.

[...]

7 À primeira vista, a modernidade parece ser um
contrato extremamente complicado, por isso poucos tentam
compreender no que exatamente se inscreveram. É como se
10 você tivesse baixado algum software e ele te solicitasse assinar
um contrato com dezenas de páginas em "juridiquês"; você dá
uma olhada nele, passa imediatamente para a última página,
13 tica em "concordo" e esquece o assunto. Mas a modernidade,
de fato, é um contrato surpreendentemente simples. O contrato
interno pode ser resumido em uma única frase: humanos
16 concordam em abrir mão de significado em troca de poder.

(E. V. D. Lima. Litígios estruturais: decisão e implementação de mudanças socialmente relevantes pela via processual. In: Marco Félix Jobim e Sérgio Cruz Arenhart (Org.). **Processos estruturais**. 1. ed. Salvador: Juspodivm, v. 1, 2017, p. 369-422. Adaptado.)

340. (CESPE/CEBRASPE - 2019 - PGM-CAMPO GRANDE/MS - CARGOS DE NÍVEL SUPERIOR) A supressão do termo "tanto" [L. 4] concomitantemente com a substituição do termo "quanto" [L. 5] por e manteria a correção gramatical e a coerência do texto.

Certo ( )   Errado ( )

O trecho de referência é "decorrente tanto da amplitude do texto constitucional de 1988 quanto das inovações tecnológicas de comunicação que estendem sua divulgação". Com o que foi proposto, teremos a

reescrita a seguir: "decorrente da amplitude do texto constitucional de 1988 e das inovações tecnológicas de comunicação que estendem sua divulgação". Como os termos "tanto" e "quanto", de forma correlata, adicionam duas informações, a alteração proposta mantém a mesma perspectiva, ou seja, a coerência. Além disso, a correção gramatical está mantida.

GABARITO: CERTO.

---

341. **(CESPE/CEBRASPE - 2019 - PGM-CAMPO GRANDE/MS - CARGOS DE NÍVEL SUPERIOR)** Mantendo-se a correção gramatical e os sentidos originais do texto, o trecho "Garantida (...) inauditas" (L. 10 a 12) poderia ser reescrito da seguinte maneira: A expansão da atuação do Poder Judiciário para novas searas não ocorreu fortuitamente, tendo em vista a garantia da autonomia do Poder Judiciário e sua elevação ao papel de guardião do texto constitucional.

Certo ( )   Errado ( )

A questão pretende colocar na ordem direta o trecho que está em ordem indireta. A ordem seria: "Que o Poder Judiciário, elevado ao papel de guardião do texto constitucional, expandisse sua atuação para searas antes inauditas era previsível visto que foi garantida sua autonomia". Perceba que o trecho "elevado ao papel de guardião do texto constitucional" tem natureza adjetiva, e na reescrita é colocado como causa. Além disso, inaudita significa alto que é incomum, novo, diferente; e no texto se fala "searas antes inauditas". Na reescrita, fala-se em "novas searas", mas há o trecho "não ocorreu fortuitamente" (sem previsão, sem planejamento) não está presente no texto original.

GABARITO: ERRADO.

ESTRUTURA E FORMAÇÃO DE PALAVRAS

342. (AOCP - 2022 - CBM/PA - SOLDADO) Em relação à formação de vocábulos do texto, assinale a alternativa correta.

a) Em "[...] relações pessoais e **interpessoais** dos indivíduos.", o item em destaque é uma justaposição de duas palavras: "inter" e "pessoa".

b) Em "[...] o ciúmes exacerbado, a **desconfiança** [...]", a palavra em destaque possui um prefixo com sentido de negação.

c) Em "[...] cresceu o número de **pacientes** que relatam [...]", o item em destaque contém o sufixo "ciente", que significa "aquele que tem ciência/conhecimento sobre algo".

d) Em "[...] tema que exige um **cuidadoso** debate [...]", a palavra em destaque é formada por derivação prefixal (prefixo "cuidad-" + radical "-oso").

e) Em "[...] cada caso é tratado de forma **diferente**.", o item em destaque é formado pela aglutinação das palavras "diferir" e "ente".

A: Interpessoais é uma derivação prefixal (inter é um prefixo).

B: O prefixo "des" tem sentido de negação.

C: A origem do termo paciente vem da palavra sofredor, derivada do latim *patiens*, de *patior*, que significa sofrer. A palavra paciente também carrega o significado de "paciente é aquele que espera", uma pessoa que precisa de cuidados médicos.

D: Cuidadoso é formado por derivação sufixal (sufixo oso).

E: Diferente vem do latim *differens*, "que não é igual, diferente".

GABARITO: B.

---

343. (CESPE/CEBRASPE - 2021 - PM/AL - OFICIAL COMBATENTE)

A sociedade que não proporciona liberdade — direito do homem que reconhece a ele o poder de escolha nos diversos campos da vida social — aos seus membros, a rigor, não se justifica. A liberdade, ainda que não absoluta, é meta e essência da sociedade.

São extremos: de um lado, a utópica sociedade perfeita, ou seja, essencialmente democrática, liberal e sem injustiças econômicas, educacionais, de saúde, culturais etc. Nela, a liberdade é absoluta. Do outro lado, a sociedade imperfeita, desigual, não democrática, injusta, repleta dos mais graves vícios econômicos, de educação, de saúde, culturais etc. Nesta, a liberdade é inexistente.

Entre os extremos está a sociedade real, a de fato, a verdadeira ou efetiva, aquela na qual os problemas econômicos, educacionais, de saúde, culturais etc. existem em infinitos níveis intermediários.

As três sociedades — perfeita, imperfeita e real — "existem", cada qual com a sua estabilidade interna de convivência, de forma que os seus membros experimentam relações entre si com a liberdade possível. Quanto mais imperfeita é a sociedade, menos liberdade os indivíduos possuem e maior é a tendência de convivência impossível. Na outra ponta, quanto mais a sociedade está próxima da perfeição, mais próximos da liberdade absoluta estão os indivíduos. Há a convivência ótima.

A sociedade real, por seu turno, pode ter maior ou menor segurança pública. Numa sociedade real, a maior segurança pública possível é aquela compatível com o equilíbrio dinâmico social, ou seja, adequada à convivência social estável. Não mais e não menos que isso. Logo, para se ter segurança pública, há que se buscar constantemente alcançar e preservar o equilíbrio na sociedade real pela permanente perseguição à ordem pública.

(D'Aquino Filocre. Revisita à ordem pública. *In:* **Revista de Informação Legislativa**, Brasília, out./dez. 2009. Adaptado.)

No terceiro período do segundo parágrafo, a expressão "não democrática" poderia ser corretamente substituída por **ademocrática**, sem prejuízo dos sentidos originais do texto.

Certo ( )   Errado ( )

O comando da questão se refere aos sentidos originais do texto. Por isso, a análise se limita ao significado. O vocábulo "ademocrática" é formada pelo prefixo "A" e pela palavra "democrática". O prefixo "A" significa afastamento, privação, negação, insuficiência, carência. Por isso, "ademocrática" significa "não democrática". Isto é, o que não é democrático, em que está ausente o conceito de democracia ou o exercício da democracia.

GABARITO: CERTO.

---

344. (AERONÁUTICA - 2021 - EEAR - SARGENTO-BCT) Assinale a alternativa que apresenta o correto significado da palavra, considerando-se o prefixo destacado.

a) Inframencionado: Mencionado Acima.
b) Anteclássico: Contrário Ao Clássico.
c) Introspectivo: Voltado Para Fora.
d) Postergar: deixar para depois.

A: Inframencionado significa que pode ser citado mais abaixo, que é mencionado em seguida.

B: Anteclássico indica aquilo que precede os clássicos.

C: Introspectivo diz respeito ao que examina o próprio íntimo, os sentimentos, as reações.

D: Postergar significa adiar, deixar para outro momento, para depois.

GABARITO: D.

---

345. (AERONÁUTICA - 2020 - EEAR - SARGENTO-BCT) Assinale a alternativa que classifica, correta e respectivamente, o processo de formação das palavras destacadas nas frases a seguir.

"Ia tomar sol, esquentar o corpo **gigantesco** que agora se dobrava em dois..."
"Gostava tanto de ver o **florir** e o carregar do cacau..."
"O rapaz avistou um vulto e, **inconsequentemente**, soltou um grito, acordando a fera."

a) sufixação - derivação regressiva - parassíntese.
b) prefixação - derivação regressiva - parassíntese.
c) sufixação - derivação imprópria - prefixação e sufixação.
d) prefixação - derivação imprópria - prefixação e sufixação.

O termo gigantesco é formado por sufixação, ou seja, derivação sufixal, que é um processo de formar palavras em que um sufixo é acrescentado a uma palavra primitiva. Temos, então, gigante (palavra primitiva) e gigantesco (palavra derivada).

O termo florir é formado por derivação imprópria, que é um processo de formação de palavras que altera a classificação gramatical original de uma palavra, fazendo com que ela ganhe um novo significado ao ser usada em outro contexto, mas mantendo a sua forma original. Temos, então, o florir (artigo O + verbo substantivado).

O termo inconsequentemente é formado por prefixação e sufixação, ou seja, há prefixo e sufixo ao mesmo tempo. Temos, então, IN (prefixo) e MENTE (sufixo).

GABARITO: C.

---

346. (MARINHA DO BRASIL - 2021 - CFN - SOLDADO)

Texto 2 – Creio, de Fernando Pessoa

1   Creio que irei morrer.
    Mas o sentido de morrer não me move,
    Lembro-me que morrer não deve ter sentido.
    Isto de viver e morrer são classificações
5   como as das plantas.
    Que folhas ou que flores têm uma classificação?
    Que vida tem a vida ou que morte tem a morte?
10 Tudo são termos onde se define.
    A única diferença é um contorno, uma paragem, uma cor que destinge [...]

Em: "A única diferença é um contorno, uma paragem, uma cor que **destinge** [...]", como se deu a formação da palavra em destaque?

a) Por derivação sufixal.
b) Por derivação parassintética.
c) Por derivação prefixal.
d) Por derivação regressiva.
e) Por derivação imprópria.

Destingir significa fazer sair ou perder a tinta, desbotar. Esse vocábulo é formado pelo prefixo DES + o termo "tingir". Há, portanto, um processo de formação de palavra por derivação prefixal (quando se acrescenta um prefixo a um palavra).

GABARITO: C.

---

347. (CESPE/CEBRASPE - 2021 - PM/TO - SOLDADO)

Texto 1A1-I

Apenas dez anos atrás, ainda havia em Nova York (onde moro) muitos espaços públicos mantidos coletivamente nos quais cidadãos demonstravam respeito pela comunidade ao poupá-la das suas intimidades banais. Há dez anos, o mundo não havia sido totalmente conquistado por essas pessoas que não param de tagarelar no celular. Telefones móveis ainda eram usados como sinal de ostentação ou para macaquear gente afluente. Afinal, a Nova York do final dos anos 90 do século passado testemunhava a transição inconsútil da cultura da nicotina para a cultura do celular. Num dia, o volume no bolso da camisa era o maço de cigarros; no dia seguinte, era um celular. Num dia, a garota bonitinha, vulnerável e desacompanhada ocupava as mãos, a boca e a atenção com um cigarro; no dia seguinte, ela as ocupava com uma conversa importante com uma pessoa que não era você. Num dia, viajantes acendiam o isqueiro assim que saíam do avião; no dia seguinte, eles logo acionavam o celular. O custo de um maço de cigarros por dia se transformou em contas mensais de centenas de dólares na operadora. A poluição atmosférica se transformou em poluição sonora. Embora o motivo da irritação tivesse mudado de uma hora para outra, o sofrimento da maioria contida, provocado por uma minoria compulsiva em restaurantes, aeroportos e outros espaços públicos, continuou estranhamente constante. Em 1998, não muito tempo depois que deixei de fumar, observava, sentado no metrô, as pessoas abrindo e fechando nervosamente seus celulares, mordiscando as anteninhas. Ou apenas os segurando como se fossem a mão de uma mãe, e eu quase sentia pena delas. Para mim, era difícil prever até onde chegaria essa tendência: Nova York queria verdadeiramente se tornar uma cidade de viciados em celulares deslizando pelas calçadas sob desagradáveis nuvenzinhas de vida privada, ou de alguma maneira iria prevalecer a noção de que deveria haver um pouco de autocontrole em público?

(Jonathan Franzen. **Como ficar sozinho**. São Paulo: Companhia das Letras, 2012. p. 17-18. Adaptado.)

No último período do texto 1A1-I, com o uso do diminutivo no vocábulo "nuvenzinhas", o autor:

a) expressa depreciação.
b) manifesta afeto.
c) indica tamanho reduzido.
d) atenua o sentido da palavra.
e) reforça o sentido da palavra.

O trecho em que a palavra "nuvenzinhas" está inserida é marcado por uma reflexão-crítica feita pelo autor: "Nova York queria verdadeiramente se tornar uma cidade de viciados em celulares deslizando pelas calçadas sob desagradáveis nuvenzinhas de vida privada, ou de alguma maneira iria prevalecer a noção de que deveria haver um pouco de autocontrole em público?". Isto é, o uso do diminutivo, nesse caso, expressa depreciação. Vale destacar que os diminutivos nem sempre indicam diminuição de tamanho. Dependendo de como os diminutivos são colocados no contexto, eles podem assumir as mais diversas significações e não apenas diminuição de tamanho. Ou seja, a significação dos diminutivos depende do contexto e só existe em relação a ele. Podem ter significação de aumentativo, sensação desconforto, ideia de ofensa, sentido carinhoso, sentimental.

GABARITO: A.

348. (AOCP - 2019 - PC/ES - INVESTIGADOR)

Dicas de segurança: em casa

- Em sua residência, ao atender um chamado, certifique-se de quem se trata, antes mesmo de atendê-lo. Em caso de suspeita, chame a Polícia.
- À noite, ao chegar em casa, observe se há pessoas suspeitas próximas à residência. Caso haja suspeita, não estacione; ligue para a polícia e aguarde a sua chegada.
- Não mantenha muito dinheiro em casa e nem armas e joias de muito valor.
- Quando for tirar cópias de suas chaves, escolha chaveiros que trabalhem longe de sua casa. Dê preferência a profissionais estabelecidos e que tenham seus telefones no catálogo telefônico.
- Evite deixar seus filhos em casa de colegas e amigos sem a presença de um adulto responsável.
- Cuidado com pessoas estranhas que podem usar crianças e empregadas para obter informações sobre sua rotina diária.
- Cheque sempre as referências de empregados domésticos (saiba o endereço de sua residência).
- Utilize trancas e fechaduras de qualidade para evitar acesso inoportuno. O uso de fechaduras auxiliares dificulta o trabalho dos ladrões.
- Não deixe luzes acesas durante o dia. Isso significa que não há ninguém em casa.
- Quando possível, deixe alguma pessoa de sua confiança vigiando sua casa. Utilize, se necessário, seu vizinho, solicitando-lhe que recolha suas correspondências e receba seus jornais quando inevitável.
- Ao viajar, suspenda a entrega de jornais e revistas.

- Não coloque cadeados do lado de fora do portão. Isso costuma ser um sinal de que o morador está viajando.
- Cheque a identidade de entregadores, técnicos de telefone ou de aparelhos elétricos.
- Insista com seus filhos: eles devem informar sempre onde estarão, se vão se atrasar ou se forem para a casa de algum amigo. É muito importante dispor de todos os telefones onde é possível localizá-los.
- Verifique se as portas e janelas estão devidamente trancadas e jamais avise a estranhos que você não vai estar em casa.

(Adaptado de https://sesp.es.gov.br/em-casa. Acesso em: 30 jan. 2019.)

Assinale a alternativa em que a palavra seja formada por prefixação.

a) Entregadores.
b) Estranhos.
c) Fechaduras.
d) Inoportuna.
e) Chaveiro.

Os termos "entregadores", "fechaduras", "chaveiro" são formados por sufixação, que é um processo de formação de palavras em que é acrescentado um sufixo a uma palavra (sufixo – é afixo posposto a uma palavra). O termo "estranho" é formado por derivação regressiva, o qual é o processo de formação de palavras em que um vocábulo é formado com base no radical de outro, havendo redução morfológica da palavra derivante. A derivação regressiva é o processo de formação de palavras no qual verbos perdem morfemas. Nesse caso, temos: estranhar > estranho(s). o termo "inoportuna" é formado por derivação prefixal ou prefixação, que consiste na inserção de um afixo antes de um palavra (radical/raiz).
GABARITO: D.

---

349. **(FGV - 2022 - PC/AM - ESCRIVÃO)** Um fenômeno bastante comum em nossa língua é o emprego numeroso de anglicismos, ou seja, vocábulos provenientes da língua inglesa.

Assinale a frase em que o estrangeirismo está adequadamente substituído por palavra portuguesa.

a) O *shopping* tem horário de funcionamento colocado em pequeno cartaz na porta / loja.
b) Os comerciantes deviam fazer estudos de *marketing*, antes de abrirem seus estabelecimentos / economia.
c) A modelo dizia jamais ter usado *shampoo* brasileiro, por sua má qualidade / sabonete bactericida.
d) Os meninos de hoje trocam qualquer atividade por um *game* / jogo de cartas.
e) Obtive todas essas informações no *site* da própria empresa / sítio.

O anglicismo se caracteriza pela introdução de termos da língua inglesa em outra língua. No português, é comum o uso de termos em inglês tanto para se referir a elementos que não possuem uma denominação equivalente em português, quanto também o seu uso em forma de gíria ou devido à aculturação. Nas opções de resposta, temos: *shopping* **(centro comercial),** *marketing* **(mercado),** *shampoo* **(xampu),** *game* **(jogo) e** *site* **(sítio).**
GABARITO: E.

---

350. **(IBADE - 2020 - PREFEITURA DE CARIACICA/ES - GUARDA CIVIL MUNICIPAL)**

O anjo da noite

O guarda-noturno caminha com delicadeza, para não assustar, para não acordar ninguém. Lá vão seus passos vagarosos, cadenciados, cosendo a sua sombra com a pedra da calçada. Vagos rumores de bondes, de ônibus, os últimos veículos, já sonolentos, que vão e voltam quase vazios. O guarda-noturno, que passa rente às casas, pode ouvir ainda a música de algum rádio, o choro de alguma criança, um resto de conversa, alguma risada. Mas vai andando. A noite é serena, a rua está em paz, o luar põe uma névoa azulada nos jardins, nos terraços, nas fachadas: o guarda-noturno para e contempla.

À noite, o mundo é bonito, como se não houvesse desacordos, aflições, ameaças. Mesmo os doentes parecem que são mais felizes: esperam dormir um pouco à suavidade da sombra e do silêncio. Há muitos sonhos em cada casa. É bom ter uma casa, dormir, sonhar. O gato retardatário que volta apressado, com certo ar de culpa, num pulo exato galga o muro e desaparece; ele também tem o seu cantinho para descansar. O mundo podia ser tranquilo. As criaturas podiam ser amáveis. No entanto, ele mesmo, o guarda-noturno, traz um bom revólver no bolso, para defender uma rua...

E se um pequeno rumor chega ao seu ouvido e um vulto parece apontar da esquina, o guarda-noturno torna a trilar longamente, como quem vai soprando um longo colar de contas de vidro. E recomeça a andar, passo a passo, firme e cauteloso, dissipando ladrões e fantasmas. É a hora muito profunda em que os insetos do jardim estão completamente extasiados, ao perfume da gardênia e à brancura da lua. E as pessoas adormecidas sentem, dentro de seus sonhos, que o guarda-noturno está tomando conta da noite, a vagar pelas ruas, anjo sem asas, porém armado.

(Cecília Meireles)

Em "...o guarda-noturno para e contempla."
"E recomeça a andar, passo a passo...",
as palavras destacadas sofreram, respectivamente, o mesmo processo de formação que em:

a) malmequer / submarino.
b) passatempo / ultravioleta.
c) porco-espinho / infelizmente.
d) planalto / cafezal.
e) burocracia / tique-taque.

O termo "guarda-noturno" é uma composição por justaposição. Isso ocorre quando os elementos ou palavras que formam os compostos estão justapostos, isto é, lado a lado. Trata-se da junção de duas ou mais palavras ou radicais sem que haja alterações sonoras e/ou ortográficas. Essa formação também ocorre com "passatempo" e "porco-espinho". O termo "recomeça" é formado por prefixação, pois o prefixo "re" foi acrescentado à palavra "começa". Isso também ocorre com ultravioleta.

GABARITO: B.

351. (FCC - 2022 - TRT9 - ANALISTA) Para responder à questão, considere o poema "O que passou passou?" do escritor curitibano Paulo Leminski.

[...]
7   À primeira vista, a modernidade parece ser um
    contrato extremamente complicado, por isso poucos tentam
    compreender no que exatamente se inscreveram. É como se
10 você tivesse baixado algum software e ele te solicitasse assinar
    um contrato com dezenas de páginas em "juridiquês"; você dá
    uma olhada nele, passa imediatamente para a última página,
13 tica em "concordo" e esquece o assunto. Mas a modernidade,
    de fato, é um contrato surpreendentemente simples. O contrato
    interno pode ser resumido em uma única frase: humanos
16 concordam em abrir mão de significado em troca de poder.

(Paulo Leminski. **Toda poesia**, 2013.)

Um vocábulo pode ser formado quando passa de uma classe gramatical a outra, sem a modificação de sua forma. É o que se denomina derivação imprópria. Constitui exemplo de derivação imprópria o termo sublinhado em:

a) "e todo mundo ia renascer." (verso 8)
b) "Pra morrer, bastava um susto," (verso 13)
c) "como se o amar morte fosse." (verso 12)
d) "deixar tudo para os filhos" (verso 36)
e) "Não tem o que reclamar." (verso 49)

Derivação imprópria é um tipo particular de derivação, caracterizado pela mudança de classe gramatical de uma palavra, sem que aconteça a alteração em sua forma primitiva.

Exemplo: a palavra "porém", originalmente uma conjunção, pode ser utilizada como substantivo, como em: "Na vida, há sempre um porém". Nesse sentido, na frase "como se o amar morte fosse", o termo "amar" (originalmente verbo) é um substantivo.

GABARITO: C.

352. (FEPESE - 2019 - CELESC - CONTADOR)

Apesar de cortes, obras avançam no acelerador de partículas Sirius

O acelerador de partículas Sirius completou a primeira volta de elétrons recentemente e, mesmo com os seguidos cortes na área científica do país, a previsão para a conclusão das obras é para o fim de 2020. Quando as obras acabarem, o acelerador de partículas Sirius será o equipamento mais avançado do mundo na geração de luz síncrotron. Ao todo, são 68 mil m^2 de área construída. A luz síncrotron gerada pelo Sirius será capaz de analisar a estrutura de qualquer material na escala dos átomos e das moléculas, que poderá contribuir no desenvolvimento de fármacos e baterias, por exemplo. Quando estiver em funcionamento, também permitirá reconstituir o movimento de fenômenos químicos e biológicos ultrarrápidos que ocorrem na escala dos átomos e das moléculas, importantes para o desenvolvimento de fármacos e materiais tecnológicos, como baterias mais duradouras.

Em novembro de 2018, foi inaugurada a primeira etapa do projeto. A solenidade contou com a presença do então presidente da República, Michel Temer, em Campinas, interior de São Paulo, onde o equipamento foi construído. Hoje, entre os três aceleradores do Sirius, os dois primeiros já estão montados. Ainda assim, falta a parte de instalação de potência dos aceleradores, que deve acontecer em maio de 2019. Na mira da comunidade científica internacional, – que no futuro também poderá utilizar o espaço –, a construção do acelerador de partículas ainda enfrenta alguns percalços.

"A construção do Sirius ainda esbarra nos subsequentes cortes de investimentos do governo federal", conta o diretor do Centro Nacional de Pesquisa em Energia e Materiais (CNPEM), José Roque da Silva. Em decreto publicado em março de 2019, o governo federal decidiu congelar uma parcela das verbas do orçamento em praticamente todas as áreas. O Ministério de Ciência e Tecnologia, por exemplo, sofreu congelamento de 41,97% do orçamento. A medida, pensada para tentar cumprir a meta de deficit primário do país, pode afetar em cheio outros orçamentos, como o do Sirius. "Nesse momento dá para dizer que o Ministério está mantendo o cronograma atual", diz. "Eu diria que é cedo para dar alguma informação mais definitiva, mas a situação da ciência e tecnologia no país é, como um todo, preocupante", explica Roque.

No futuro, a expectativa do CNPEM é de conseguir ampliar as fontes de recursos do Sirius –principalmente após o fim das obras. Segundo Roque, outros ministérios, como o de Minas e Energia, Saúde e Agricultura também estão interessados em utilizar o acelerador. Além dos agentes do governo, como explica o diretor do CNPEM, os setores privados também têm demonstrado interesse em investir no Sirius. A construção do novo acelerador de partículas deve custar um valor estimado de R$ 1,8 bilhão.

Além do Sirius, existe um antigo acelerador de fonte de luz síncrotron, o UVX, lançado em 1997. Atualmente considerado ultrapassado, o UVX já participou de importantes descobertas para a pesquisa brasileira como, por exemplo, entender o funcionamento de uma proteína essencial para a reprodução do zika vírus. O diretor científico do Laboratório Nacional de Luz Síncrotron (LNLS), Harry Westfahl Junior, espera que nos próximos dois anos o número das linhas de luz do UVX – que hoje é de 13 linhas com diversas técnicas de análise microscópica – salte para 18. Atualmente, duas vezes por ano é aberto chamado para projetos acadêmicos coordenados pelo LNLS. "Cientistas de qualquer centro de pesquisa no mundo, empresarial ou acadêmico, podem submeter seus trabalhos", conta. Como o atual acelerador UVX será substituído pelo Sirius, as novas linhas de luz serão gradualmente montadas ali.

(Revista Galileu. **Apesar de cortes, obras avançam no acelerador de partículas**. Abr. 2019. Disponível em: https://revistagalileu.globo.com/Ciencia/noticia/2019/04/apesar-de-cortes-obras-avancam-no-acelerador-de-particulas-sirius.html. Adaptado.)

Considere as frases abaixo:

Quando as obras acabarem, o acelerador de partículas Sirius será o equipamento mais avançado do mundo na geração de luz sincrotron. (1º parágrafo)

Quando estiver em funcionamento, também permitirá reconstituir o movimento de fenômenos químicos e biológicos ultrarrápidos que ocorrem na escala dos átomos e das moléculas, importantes para o desenvolvimento de fármacos e materiais tecnológicos, como baterias mais duradouras. (1º parágrafo)

Assinale a alternativa correta, com base no texto.

a) Em 1, o conector "Quando" introduz uma situação projetada para o futuro, que ocorrerá posteriormente à situação que está expressa na oração principal.
b) Em 2, a oração subordinada introduzida por "Quando" expressa uma situação delimitada como acabada e como causa da situação seguinte, expressa na oração principal.
c) Em 2, a palavra "ultrarrápidos" pode ser substituída por "super-rápidos", sem prejuízo de significado e sem ferir as normas ortográficas da língua escrita.
d) Em 2, o vocábulo "que" é conjunção integrante que introduz uma oração subordinada substantiva que complementa sintaticamente o termo precedente.
e) Em 1 e 2, as expressões "mais avançado" e "mais duradouras" significam, respectivamente, "que vai avançar mais" e "que vão durar mais".

A: Em 1, o conector "Quando" introduz uma situação projetada para o futuro, que ocorrerá anteriormente) à situação que está expressa na oração principal (o acelerador de partículas Sirius será o equipamento mais avançado do mundo na geração de luz sincrotron).
B: Em 2, a oração subordinada introduzida por "Quando" expressa uma circunstância de tempo.
C: Os prefixos ultra e super possuem o mesmo significado.
D: Em 2, o vocábulo "que" é um pronome relativo.
E: Em 1 e 2, nas expressões "mais avançado" e "mais duradouras", o advérbio "mais" intensifica o sentido dos termos que acompanha.

GABARITO: C.

---

353. (COMVEST - 2018 - UFAM - PSICÓLOGO) Assinale a alternativa em que a forma verbal corresponde à seguinte estrutura: radical + vogal temática + desinência modo-temporal + desinência número-pessoal:

a) Escreveu.
b) Vendesse.
c) Esfregava.
d) Formulásseis.
e) Reciclemos.

- radical: FORMUL (parte fixa da palavra)
- vogal temática: A (segue logo após o radical)

- desinência modo-temporal: SSE (pretérito imperfeito do subjuntivo)
- desinência número-pessoal: EIS (segunda pessoa do plural – vós)

GABARITO: D.

---

354. **(FUNDATEC - 2018 - PC/RS- DELEGADO)** Em relação à palavra desacelere, retirada do texto, é correto dizer que:

O radical é representado por –aceler.

É formada pelo processo de parassíntese.

des representa um prefixo, que indica ação contrária, negação.

Quais estão incorretas?

a) Apenas I.
b) Apenas II.
c) Apenas III.
d) Apenas I e II.
e) Apenas II e III.

Esta questão exige um cuidado com o comando. No início, fala-se "correto dizer". Mas na pergunta se pede "Quais estão INCORRETAS?". Nesse caso, a assertiva II está incorreta, pois palavra desacelere é formada por derivação prefixal (DES + ACELERE). A derivação Parassintética ou Parassíntese ocorre quando a palavra derivada resulta do acréscimo simultâneo de prefixo e sufixo à palavra primitiva.

GABARITO: B.

---

355. **(FUNCAB - 2018 - SUDECO - CONTADOR)** Há identidade de valor significativo entre os prefixos usados na formação das palavras relacionadas em:

a) RETROcessos / REfluir.
b) DESconstrução / DISseminar.
c) PÓS-moderno / PREdestinação.
d) INTERplanetárias / INTRAmuscular.
e) ANTIconcepcional /ANTEbraço.

A: Nos termos "retrocessos e "refluir", os prefixos "retro-" e "re" significam "movimento para trás".

B: Na palavra "desconstrução", o prefixo "des-" significa "ação contrária"; em "disseminar", o prefixo "dis-" significa "movimento para diversos lados".

C: No vocábulo "pós-moderno", o prefixo "pós-" significa "posterior"; em "predestinação", o prefixo "pre-" significa "anterior".

D: Em "interplanetárias", o prefixo "inter-" significa "posição no meio"; na palavra "disseminar", o prefixo "intra-" significa "dentro de".

E: No termo "anticoncepcional", o prefixo "anti-" significa "oposição"; em "antebraço", o prefixo "dis-" significa "posição anterior".

GABARITO: A.

---

356. **(FUNCAB - 2018 - IBRAM - ASSISTENTE TÉCNICO)** A alternativa em que uma das palavras apresenta o processo de formação na língua diferente da outra é:

a) pipoqueiro / habilidades.
b) deliciosas / quadradinhos.

c) mediações / visitante.
d) infelizmente / rapidamente.
e) habitual / saudoso.

A palavra "infelizmente" é formada por prefixação (prefixo "in") e sufixação (sufixo "mente"). Todas as demais palavras são formadas apenas por sufixação.

GABARITO: D.

---

357. (CONSULPLAN - 2018 - CBTU - ASSISTENTE) Do ponto de vista morfológico, a palavra "libertária" é formada por:
a) composição, visto que apresenta dois radicais seguidos de um sufixo.
b) justaposição, porque a palavra não perde som no processo de formação.
c) aglutinação, visto que, se juntar dois radicais diferentes, a palavra perde alguns sons.
d) derivação, porque forma-se com o acréscimo de um sufixo, que altera parcialmente o significado do radical.

A palavra "Libertária" possui apenas uma base, o radical. Ela é formada por derivação por sufixação: derivada de "liberdade", uma vez que é acrescentado o sufixo "ária" ao radical.

GABARITO: D.

---

358. (FUNRIO - 2018 - SEBRAE - ASSISTENTE) Os termos "cervejinha" e "minutinho" foram obtidos pelo processo de:
a) aglutinação.
b) derivação prefixal.
c) derivação sufixal.
d) composição.
e) parassíntese.

Os termos "cervejinha" e "minutinho" foram formadas por derivação sufixal. Acrescentou-se o sufixo diminutivo "-inho(a)" nas palavras primitivas "cerveja" e "minuto".

GABARITO: C.

---

359. (FGV - 2018 - TJ-SC - TÉCNICO JUDICIÁRIO) Nesse segmento, a palavra "hematófago" está explicada por meio de seus radicais componentes; a palavra abaixo que tem sua explicação dada incorretamente, seguindo o mesmo padrão, é:
a) biografia / descrição da vida.
b) paquiderme / que tem pele grossa.
c) hemisfério / metade da esfera.
d) ortografia / escrita correta.
e) ecologia / estudo das árvores.

A palavra biografia é formada pelos termos "eco-" (casa) / "logia" (estudo). As demais palavras têm a seguinte formação: "bio-" (vida) / "grafia" (escrita); "paqui-" (grosso) / "derme" (pele); "hemi-" (metade) / "-sférío" (esfera); "orto-" (correto) / "grafia" (escrita).

GABARITO: E.

360. **(FGV - 2018 - DPE/ME - ASSISTENTE ADMINISTRATIVO)** No termo "retrógrado", o prefixo tem o mesmo valor semântico que o da palavra:

    a) renovar.
    b) recuar.
    c) demolição.
    d) afasia.
    e) atrasar.

    No termo "retrógrado", o prefixo "retro-" tem valor de "ir para trás", e na palavra "recuar", o prefixo "re-" tem o mesmo sentido. Nas demais alternativas, temos: em "renovar", o prefixo "re-" tem valor de "repetição"; em "demolição", o prefixo "de-" tem valor de "de cima para baixo"; em "afasia", o prefixo "a-" tem valor de "privação, negação" ("afasia" é a incapacidade de entendimento e expressão de palavras); o verbo "atrasar" é formado por meio da palavra "atrás".

    GABARITO: B.

361. **(FGV - 2018 - SUDENE - ECONOMISTA)** Assinale a alternativa que indica a palavra que não apresenta qualquer prefixo ou sufixo.

    a) Ditadura.
    b) Preferencialmente.
    c) Preferível.
    d) Saudade.
    e) Prepotência.

    A palavra "saudade" provém do latim "solitate", e não apresenta prefixo ou sufixo. Nas demais alternativas, temos: "ditadura" possui sufixo "-ura", que denota estado ou situação; "preferencialmente" possui sufixo "-mente", que forma advérbios; "preferível" possui sufixo "-ível", que denota possibilidade de praticar ou receber uma ação; "prepotência" possui sufixo "-encia", formador de substantivos abstratos.

    GABARITO: D.

362. **(FUNRIO - 2018 - MPOG - ANALISTA)** Observando-se os morfemas que estruturam as formas verbais **conseguiu** e **conseguiram**, pode-se afirmar que:

    a) ambas estão no pretérito mais-que-perfeito e têm vogal temática I.
    b) ambas estão no pretérito perfeito e têm o radical CONSEG.
    c) ambas estão no pretérito perfeito e têm vogal temática I.
    d) apenas a primeira está no pretérito perfeito, mas ambas têm o radical CONSEG.
    e) apenas a segunda está no pretérito mais-que-perfeito, mas ambas têm o radical CONSEG.

    O verbo "conseguir" é de 3ª conjugação (ir) por possuir vogal temática "i". No enunciado da questão, ambas as formas verbais estão no pretérito perfeito.

    GABARITO: C.

363. **(CESGRANRIO - 2018 - IBGE - TÉCNICO EM INFORMAÇÕES)** O grupo em que ambas as palavras contêm o mesmo prefixo de negação que ocorre em atípica é:
   a) alienado, atópico.
   b) ativista, aleatório.
   c) agramatical, acromático.
   d) agrotóxico, alimentício.
   e) assimétrico, acalorado.

**Na alternativa C, as duas palavras apresentam prefixo "a-" de negação: "agramatical" é aquilo que está "fora dos princípios gramaticais"; "acromático" é algo "sem cor". Nas demais opções, temos: "atópico" possui prefixo "a-" de negação ("atópico" quer dizer "fora de lugar"), e "alienado" vem do latim "alienare" (não existe a palavra "lienado"); "ativista", "aleatório", "agrotóxico", "alimentício" não apresentam prefixo; "assimétrico" possui prefixo "a-" de negação, e em "acalorado", o prefixo "a-" não significa negação.
GABARITO: C.**

CONJUNÇÃO

364. (CESPE/CEBRASPE - 2021 - SEDUC/AL - PROFESSOR) No trecho "batiam-me se no estudo me deixava levar pela preguiça", a substituição do termo "se" por **quando** seria gramaticalmente correta e manteria a coerência do texto.

Certo ( )   Errado ( )

A substituição é, gramaticalmente, possível e mantém o trecho coerente. Vale destacar que coerência é lógica, é não contradição, e não é sentido. Vejamos:

- "batiam-me **se** no estudo me deixava levar pela preguiça" (se: indica condição)
- "batiam-me **quando** no estudo me deixava levar pela preguiça" (quando: indica tempo).

Mesmo com a alteração de sentido, a coerência é mantida.
GABARITO: CERTO.

---

365. (VUNESP - 2022 - PREFEITURA DE OSASCO/SP - GUARDA MUNICIPAL) A expressão destacada em negrito na passagem do segundo parágrafo "A China tem uma população quatro vezes maior que a americana, **de modo que** a produção *per capita* dos Estados Unidos ainda é superior." estabelece relação com sentido de:

a) consequência.
b) comparação.
c) proporção.
d) condição.
e) oposição.

A locução conjuntiva "de modo que" é realmente classificada como consecutiva, por isso expressa sentido de consequência.
GABARITO: A.

---

366. (VUNESP - 2022 - PM/SP - SARGENTO) Na passagem "[...] o costume de presentear as crianças no dia de São Nicolau, 6 de dezembro, foi transferido para o Natal na maior parte dos países europeus, **embora a data primitiva ainda seja observada por parte da população na Holanda e na Bélgica**", a oração destacada pode ser substituída, sem prejuízo de sentido e em conformidade com a norma-padrão, por:

a) mesmo que a data primitiva ainda será observada por parte da população na Holanda e na Bélgica.
b) uma vez que a data primitiva ainda é observada por parte da população na Holanda e na Bélgica.
c) tanto que a data primitiva ainda seja observada por parte da população na Holanda e na Bélgica.
d) apesar de a data primitiva ainda ser observada por parte da população na Holanda e na Bélgica.

A conjunção "embora" tem sentido concessivo e somente pode ser substituída por outra expressão de igual sentido. Além disso, destaca-se que, após uma conjunção concessiva, o verbo deve estar conjugado no modo subjuntivo. Vejamos:

A: **Mesmo que** a data primitiva ainda **seja** observada por parte da população na Holanda e na Bélgica.

B: **Uma vez que** a data primitiva ainda é observada por parte da população na Holanda e na Bélgica. (causal)

C: **Tanto que** a data primitiva ainda é observada por parte da população na Holanda e na Bélgica. (consecutiva)

D: **Apesar de** a data primitiva ainda **ser** observada por parte da população na Holanda e na Bélgica. (a locução "apesar de" é concessiva, e é obrigatório o uso do verbo no infinitivo com essa locução)

GABARITO: D.

---

367. **(AOCP - 2022 - PP/DF - POLICIAL PENAL)** Leia o trecho:

[...] O neurologista norte-americano James Fallon já estudava há décadas o cérebro de pacientes diagnosticados com distúrbios psíquicos quando ficou sabendo de seis assassinatos na família de seu pai. Decidiu, então, fazer uma tomografia, e, ao analisar o resultado, encontrou características semelhantes às apresentadas por psicopatas. "Minha mãe teve quatro abortos espontâneos, então, quando cheguei, me trataram como um garoto de ouro. Se tivesse sido tratado normalmente, talvez fosse hoje meio barra-pesada", ele diz. [...]

O termo "então", em ambas as ocorrências, atua na coesão sequencial do texto, sinalizando uma conclusão.

Certo ( )   Errado ( )

O termo "então" mostra uma conclusão acerca do que foi dito e pode ser substituído por "portanto".

- *Decidiu, **então/portanto**, fazer uma tomografia, e, ao analisar o resultado, encontrou características semelhantes às apresentadas por psicopatas.*
- *Minha mãe teve quatro abortos espontâneos, **então/portanto**, quando cheguei, me trataram como um garoto de ouro.*

GABARITO: CERTO.

---

368. **(AOCP - 2022 - CBM/PA - SOLDADO)**

Mas, afinal, o que é uma relação tóxica? Como identificá-la e quais são os tratamentos? "São questionamentos que precisam de esclarecimento da nossa sociedade. Vale destacar que cada caso é tratado de forma diferente. No entanto, algumas características se tornam similares nas relações tóxicas. [...]

Entre os excertos "[...] cada caso é tratado de forma diferente." e "No entanto, algumas características se tornam similares [...]" existe uma contrariedade. São reescritas que mantêm o sentido de contrariedade as seguintes, exceto:

a) Embora cada caso seja tratado de forma diferente, algumas características se tornam similares nas relações tóxicas.

b) Cada caso é tratado de forma diferente, mas algumas características se tornam similares nas relações tóxicas.

c) Cada caso é tratado de forma diferente, porquanto algumas características se tornam similares nas relações tóxicas.

d) Algumas características se tornam similares nas relações tóxicas, conquanto cada caso seja tratado de forma diferente.

e) Algumas características se tornam similares nas relações tóxicas, todavia cada caso é tratado de forma diferente.

A conjunção "porquanto" tem sentido de causa ou explicação. Nas demais opções, temos as conjunções concessivas "embora e conquanto", e as conjunções adversativas "mas e todavia".

GABARITO: C.

369. (FGV - 2022 - PC/AM - ESCRIVÃO) Observe a seguinte frase:

"O neurótico constrói um castelo no ar. O psicótico mora nele. O psiquiatra cobra o aluguel."

(Jerome Lawrence)

Se trocarmos a pontuação entre as frases por conectivos, a forma adequada será:

a) O neurótico constrói um castelo no ar, mas o psicótico mora nele ao passo que o psiquiatra cobra o aluguel.
b) O neurótico constrói um castelo no ar enquanto o psicótico mora nele e o psiquiatra cobra o aluguel.
c) O neurótico constrói um castelo no ar embora o psicótico more nele, mas o psiquiatra cobra o aluguel.
d) O neurótico constrói um castelo no ar e o psicótico mora nele, contudo o psiquiatra cobra o aluguel.
e) O neurótico constrói um castelo no ar ainda que o psicótico more nele, enquanto o psiquiatra cobra o aluguel.

As três orações são construídas em uma ideia de continuidade, de sequência de informações. Não há contraste, contradição ou oposição de ideia entre as orações, por isso o emprego de mas, embora, contudo, ainda que.

GABARITO: B.

---

370. (FGV - 2022 - CGU - AUDITOR) Em todos os segmentos abaixo, foram suprimidos os conectores lógicos que faziam ligações entre os segmentos. A opção em que um conector lógico estabelece uma relação lógica adequada ao contexto, independentemente de modificações na construção, é:

a) O viajante não percorreria mais o trajeto de trem, pois os vagões estavam muito cheios / havia, entre os passageiros, rumores de greve; – além de que.
b) Esse filme referido aqui foi fantástico e digno de todos os elogios feitos / o começo da trama se desenrolou lentamente; – visto que.
c) Em matéria de segurança nas estradas, trata-se mais de educar o público / é preciso criar consciência dos perigos; – portanto.
d) Como ser aprovado neste concurso? Estudando muito / estudando metódica e organizadamente; – e assim;
e) João não estava presente no recinto. Ele está doente / ele não encontrou o endereço; – ou seja.

A: O conectivo "além de que" é usado para dar continuidade ao texto, possui um sentido aditivo. No trecho, percebe-se que há uma adição de informações entre "os vagões estavam muito cheios E havia, entre os passageiros, rumores de greve".

B: "Visto que" estabelece relação de causa e efeito"; essa locução inicia a causa; porém não há essa relação entre as ideias (e não há como juntar os trechos de uma forma lógica).

C: "Portanto" tem sentido de conclusão; entretanto, não há relação de conclusão entre as informações (caberia o uso de "porque").

D: O uso de "e assim" significa "e desse modo"; contudo, não há essa relação (caberia o emprego de uma vírgula).

E: "Ou seja" é usado quando se quer explicar ou ratificar o que foi dito antes (não há relação lógica entre as partes).

GABARITO: A.

371. (CESPE/CEBRASPE - 2022 - PETROBRAS - ADMINISTRAÇÃO)

O tamanho do cérebro é igualmente problemático como indicador da presença de linguagem, porque ninguém tem uma boa ideia de quanto cérebro exatamente é necessário para a linguagem. Além disso, a capacidade para a linguagem pode ter permanecido latente no cérebro por milhões de anos, sem ter sido de fato colocada em uso.

A expressão "Além disso" introduz o argumento mais forte apresentado pelo autor do texto para comprovar sua tese acerca do surgimento da linguagem humana.

Certo ( )   Errado ( )

O termo "além disso" adiciona uma ideia ao que foi dito anteriormente.
GABARITO: ERRADO.

---

372. (CESPE/CEBRASPE - 2021 - CBM/AL - SOLDADO) O trecho "Os cientistas descobriram que a frequência de incêndios atual é mais alta do que em qualquer outro momento", exprime uma ideia de concessão, ou seja, apresenta uma ideia que é contrária a outra, mas que não impedirá que esta aconteça.

Certo ( )   Errado ( )

A relação existente é de comparação, e não de concessão. A expressão "mais alta do que" tem função comparativa, ou seja, estabelece uma relação comparativa de superioridade. Vale destacar que há, também, comparação de inferioridade (menos alta do que) e de igualdade (tão alta como).
GABARITO: ERRADO.

---

373. (CESPE/CEBRASPE - 2021 - PC/PB - ESCRIVÃO)

Como aprendemos a falar na mais tenra infância e sem maior esforço, além de usarmos a linguagem no dia a dia da forma mais corriqueira, não nos damos conta do grande prodígio que é falar. A língua é não só um sofisticadíssimo sistema de comunicação de nossos pensamentos e sentimentos, mas sobretudo o instrumento que nos possibilita ter consciência de nós mesmos e da realidade à nossa volta. [...]

Estariam preservadas as ideias e a correção gramatical do texto caso se substituísse, no segmento "Como aprendemos a falar na mais tenra infância e sem maior esforço", a conjunção "Como" por:

a) Visto que.
b) Ao passo que.
c) Logo que.
d) Não obstante.
e) Tal qual.

A: A conjunção "como" inicia a causa da expressão subsequente (que é a consequência). Por isso, a troca correta, mantendo o mesmo sentido, é aquela feita pela locução conjuntiva "visto que".

B: Tem sentido de consequência.

C: Tem sentido temporal.

D: Tem sentido de adversidade ou de concessão.

E: Tem sentido comparativo.

GABARITO: A.

CONJUNÇÃO

374. (CESPE/CEBRASPE - 2021 - PC/SE - AGENTE E ESCRIVÃO)

Embora, em tese, qualquer pessoa possa figurar como vítima desse crime, sabe-se que a mulher é o principal alvo nessa espécie delitiva — não é à toa que a criminalização da referida conduta era, havia tempos, uma das prioridades da bancada feminina da Câmara dos Deputados. Tanto é assim que são utilizadas como exemplo do que seria o *stalking* as situações em que a mulher é perseguida por um ex-companheiro que não se conforma com o término da relação ou em que alguém possui um sentimento de posse em relação à mulher e não desiste de persegui-la. [...]

A substituição de "Embora" por **Apesar de** manteria a correção gramatical e os sentidos do texto.

Certo ( )   Errado ( )

Mesmo que ambas as expressões possuam sentidos semelhantes, a troca sugerida não manteria a correção gramatical. A locução "apesar de" termina com uma preposição, por isso a troca correta seria: APESAR DE, em tese, qualquer pessoa PODE figurar como vítima desse crime. Ou seja, com o uso de "apesar de", o verbo fica no infinitivo. Para que a substituição fosse possível, a locução deveria ser "apesar de que", com a conjunção QUE encerrando essa locução: APESAR DE QUE, em tese, qualquer pessoa possa figurar como vítima desse crime.

GABARITO: ERRADO.

375. (CESPE/CEBRASPE - 2021 - PM/AL - OFICIAL)

Tradicionalmente, as conquistas democráticas nas sociedades modernas estiveram associadas à organização de movimentos sociais que buscavam a expansão da cidadania. Foi assim durante as revoluções burguesas clássicas nos séculos XVII e XVIII. Também a organização dos trabalhadores industriais nos séculos XIX e XX foi responsável pela ampliação dos direitos civis e sociais nas democracias liberais do Ocidente. De igual maneira, as demandas dos chamados novos movimentos sociais, nos anos 70 e 80 do século XX, foram responsáveis pelo reconhecimento dos direitos das minorias sociais (grupos étnicos minoritários, mulheres, homossexuais) nas sociedades contemporâneas. [...]

A substituição da expressão "De igual maneira" por **Outrossim** seria gramaticalmente correta, mas alteraria o sentido original do texto.

Certo ( )   Errado ( )

Não há alteração quanto ao sentido original do texto, porque o conectivo "outrossim" significa "de igual maneira". É um advérbio de modo. Também pode ser substituído por igualmente, além disso, do mesmo modo, da mesma maneira, do mesmo jeito, da mesma forma, ademais. Quanto à correção gramatical, a troca é possível.

GABARITO: ERRADO.

376. (CESPE/CEBRASPE - 2021 - PRF - POLICIAL RODOVIÁRIO FEDERAL)

Em tais espaços, os indivíduos passaram a ser submetidos a regras e leis mais rigorosas, mas ficaram mais protegidos da irrupção da violência na sua vida, na medida em que as ameaças físicas tornaram-se despersonalizadas e monopolizadas por especialistas. [...]

A correção gramatical do último período do texto seria mantida, embora seu sentido original fosse prejudicado, se a locução "na medida em que" fosse substituída por à medida que e a vírgula empregada logo após "vida" fosse suprimida.

Certo ( )   Errado ( )

O período permite que seja feita essa mudança de estrutura.

Original: "Na medida em que", conectivo que indica causa acerca do que foi dito antes.

Reescrita: *Ficaram mais protegidos da irrupção da violência na sua vida à medida que as ameaças físicas tornaram-se despersonalizadas e monopolizadas por especialistas.*

Nesse caso, a relação passa a ser de proporcionalidade em relação à oração anterior. Quanto à vírgula, o emprego é facultativo, porque há uma ordem direta: oração principal (ficaram mais protegidos da irrupção da violência na sua vida) + oração adverbial (à medida que as ameaças físicas tornaram-se despersonalizadas e monopolizadas por especialistas).

GABARITO: CERTO.

---

377. **(CESPE/CEBRASPE - 2021 - MP/AP - AUXILIAR ADMINISTRATIVO)**

Muitas cidades eram mais densamente povoadas no passado, quando as populações nacionais e mundial eram bem menores. A expansão dos meios de transporte mais rápidos e baratos, com preço viável para uma quantidade muito maior de pessoas, fez com que a população urbana se espalhasse para as áreas rurais em torno das cidades à medida que os subúrbios se desenvolviam. Devido a um transporte mais rápido, esses subúrbios agora estão próximos, em termos temporais, das instituições e atividades de uma cidade, embora as distâncias físicas sejam cada vez maiores. Alguém em Dallas, nos Estados Unidos, a vários quilômetros de distância de um estádio, pode alcançá-lo de carro mais rapidamente do que alguém que, vivendo perto do Coliseu na Roma Antiga, fosse até ele a pé.

Mantendo-se a correção gramatical e o sentido original do texto, a expressão "à medida que" poderia ser substituída por:

a) onde.
b) visto que.
c) na medida que.
d) à proporção que.
e) no momento em que.

A expressão "à medida que" tem sentido proporcional, que também é o mesmo sentido da expressão "à proporção que". Nas demais, temos:

- *onde:* pronome que retoma um lugar.
- *visto que:* sentido causal.
- *na medida que:* o correto é na medida em que (sentido causal).
- *no momento em que:* circunstância temporal.

GABARITO: D.

---

378. **(CESPE/CEBRASPE - 2021 - PG/DF - TÉCNICO JURÍDICO/APOIO ADMINISTRATIVO)**

A lembrança da empregada ausente me coagia. Quis lembrar-me de seu rosto, e admirada não consegui — de tal modo ela acabara de me excluir de minha própria casa, como se me tivesse fechado a porta e me tivesse deixado remota em relação à minha moradia. A lembrança de sua cara fugia-me, devia ser um lapso temporário. Mas seu nome — é claro, é claro, lembrei-me finalmente: Janair. [...]

No trecho "Quis lembrar-me de seu rosto, e admirada não consegui", a conjunção "e" está empregada com o mesmo sentido de **porém**.

Certo ( ) Errado ( )

As orações ligadas pela conjunção "e" não estão na mesma perspectiva, numa ideia de continuidade. Pelo contrário, a segunda oração mostra uma adversidade acerca da primeira oração. Vejamos:

- *Quis lembrar-me de seu rosto, (desejo na narradora);*

CONJUNÇÃO

- *e admirada não consegui (desejo não realizado).*

Ao trocar a conjunção "e" pela conjunção "porém", verificamos que isso é possível: *Quis lembrar-me de seu rosto, **PORÉM** admirada não consegui.*

GABARITO: CERTO.

---

379. (CESPE/CEBRASPE - 2022 - PREFEITURA DE PIRES DO RIO/GO - PROFESSOR)

Nesse pano de fundo, emergem fenômenos como cidades inteligentes e Indústria 4.0, importantes evoluções no sentido de cidades sustentáveis. A implementação desses conceitos é acompanhada de um número crescente dos mais variados sensores nas mais diferentes situações, o que gera aumento exponencial de dados, que são utilizados para comunicação via internet, em última instância, de forma a subsidiar tomadas de decisão mais eficientes. Para tornar essa revolução possível, é necessário significativo investimento em infraestrutura, que será a base da economia no futuro próximo. [...]

A expressão "Nesse pano de fundo" exprime a mesma noção transmitida pela locução "No entanto".

Certo ( )   Errado ( )

Não há relação que permita essa troca. A expressão "nesse pano de fundo" é composta por um pronome demonstrativo (esse) que faz referência ao que foi dito antes. E a locução conjuntiva "no entanto" pode ter sentido adversativo ou concessivo.

GABARITO: ERRADO.

---

380. (CESPE/CEBRASPE - 2022 - TC/RJ - ANALISTA DE CONTROLE EXTERNO)

Agora, novas melhorias na IA, viabilizadas por operações massivas de coleta de dados, aperfeiçoadas ao máximo por grupos digitais, contribuíram para a retomada de uma velha corrente positivista do pensamento político. Extremamente tecnocrata em seu âmago, essa corrente sustenta que a democracia talvez tenha tido sua época, mas que hoje, com tantos dados à nossa disposição, afinal estamos prestes a automatizar e simplificar muitas daquelas imperfeições que teriam sido — deliberadamente — incorporadas ao sistema político. [...]

O vocábulo "afinal" confere sentido conclusivo à oração que introduz.

Certo ( )   Errado ( )

Não há um sentido de conclusão. No trecho, o termo "afinal" tem sentido de "afinal de contas, no final, pensando bem". Vejamos: *afinal/afinal de contas/no final/pensando bem estamos prestes a automatizar e simplificar muitas daquelas imperfeições que teriam sido — deliberadamente — incorporadas ao sistema político.*

Vale destacar que o termo "afinal" pode ser usado com o sentido de conclusão, mas isso depende do contexto.

GABARITO: ERRADO.

---

381. (CESPE/CEBRASPE - 2022 - TC/RJ - ANALISTA DE CONTROLE EXTERNO)

A pseudociência difere da ciência errônea. A ciência prospera com seus erros, eliminando-os um a um. Conclusões falsas são tiradas todo o tempo, mas elas constituem tentativas. As hipóteses são formuladas de modo a poderem ser refutadas. Uma sequência de hipóteses alternativas é confrontada com os experimentos e a observação. A ciência tateia e cambaleia em busca de melhor compreensão. Alguns sentimentos de propriedade individual são certamente ofendidos quando uma hipótese científica não é aprovada, mas essas refutações são reconhecidas como centrais para o empreendimento científico. [...]

No trecho "Conclusões falsas são tiradas todo o tempo, mas elas constituem tentativas", o teor da oração introduzida pelo vocábulo "mas" atenua a força argumentativa do conteúdo da primeira oração.

Certo ( )   Errado ( )

O emprego da conjunção adversativa sugere que a informação iniciada por essa conjunção tem um poder de argumentação acerca do que foi dito antes. Essa situação não ocorre, por exemplo, quando se usa uma conjunção concessiva, pois o poder de argumentação da oração iniciada pela conjunção concessiva é menor.

Exemplos:

Tentei chegar a tempo, mas não consegui. (a ideia mais importante é não ter conseguido chegar)

Embora esteja frio, vou dar uma volta na praia. (a ideia de estar frio é menos importante do que dar uma volta na praia)

GABARITO: CERTO.

---

382. (CESPE/CEBRASPE - 2021 - BANESE - TÉCNICO BANCÁRIO I)

O primeiro caso de coronavírus foi confirmado no Brasil em 26 de fevereiro de 2020. Sendo o Brasil um dos países mais desiguais do mundo, era esperado que a pandemia acentuaria ainda mais as desigualdades sociais no país e causaria danos irremediáveis. [...]

Seriam mantidos a correção gramatical e o sentido original do texto caso, no segundo período do primeiro parágrafo, o termo "Sendo" fosse substituído por **Por ser.**

Certo ( )   Errado ( )

A primeira oração do segundo período do texto é a causa do trecho seguinte. Vejamos:

- *Sendo o Brasil um dos países mais desiguais do mundo, (causa)*
- *era esperado que a pandemia acentuaria ainda mais as desigualdades sociais no país e causaria danos irremediáveis (efeito).*

Por isso, a troca é possível:

Por ser o Brasil um dos países mais desiguais do mundo, era esperado que a pandemia acentuaria ainda mais as desigualdades sociais no país e causaria danos irremediáveis.

GABARITO: CERTO.

---

383. (CESPE/CEBRASPE - 2021 - DEPEN - AGENTE DE EXECUÇÃO PENAL) No trecho "com relação ao conteúdo, isto é, com relação aos direitos proclamados", é facultativo o uso das vírgulas para separar a expressão "isto é", que foi empregada com o mesmo sentido de **a saber** e **ou seja**.

Certo ( )   Errado ( )

O trecho "isto é" tem a mesma relação com "ou seja", mas não tem a mesma função de "a saber".

"Ou seja" e "isto é" reafirmação, explicam o que foi dito anteriormente.

"A saber" usa-se para indicar uma lista ou um conjunto de itens.

GABARITO: ERRADO.

---

384. (CESPE/CEBRASPE - 2021 - DEPEN - AGENTE DE EXECUÇÃO PENAL)

Enquanto as mulheres que tinham voltado do tribunal estavam em pé do lado de fora dos portões de ferro, fui levada para fora da sala. Lá, havia o mesmo piso de cimento imundo, paredes de azulejos amarelados descorados e duas escrivaninhas velhas de escritório. Uma inspetora branca e robusta estava no comando. Quando eu descobri, entre os papéis grudados na parede, um cartaz de pessoas procuradas pelo FBI com a minha fotografia e descrição, ela o arrancou de lá. [...]

Sem alteração dos sentidos originais do texto, o vocábulo "Enquanto", que introduz o terceiro parágrafo, poderia ser substituído por À medida que.

Certo ( )   Errado ( )

A conjunção "enquanto" tem sentido temporal no trecho em que se insere. E a locução "à medida que" tem sentido de proporcionalidade.
GABARITO: ERRADO.

---

385. (CESPE/CEBRASPE - 2022 - FUB - ASSISTENTE EM ADMINISTRAÇÃO)
O suporte da tecnologia ganha um papel cada vez mais estratégico para apoiar a tomada de decisão, que precisa ser cada vez mais humanizada. Não se trata de usar a tecnologia para automatizar e otimizar processos em uma estrutura "robotizada", mas de ampliar o uso de ferramentas que humanizem as relações a partir de dados mais ricos e informações mais completas e valiosas, para buscar o melhor tanto para os colaboradores quanto para a própria empresa. [...]

No segundo período do parágrafo, o trecho introduzido pela conjunção "mas" tem sentido aditivo, o que se confirma pelo emprego do advérbio de negação no início do período.

Certo ( )   Errado ( )

O sentido é adversativo, porque há uma relação de oposição entre as orações. O trecho *Não se trata de usar a tecnologia para automatizar e otimizar processos em uma estrutura "robotizada"*, é uma negação. E o trecho "mas de ampliar o uso de ferramentas" é uma afirmação.
GABARITO: ERRADO.

---

386. (IBFC - 2022 - SES/DF - NÍVEL SUPERIOR) Deve-se considerar o valor semântico de um conectivo no contexto em que está sendo empregado. Desse modo, em "Ela gritava, **e** seus gritos não faziam sentido", a conjunção destacada introduz um valor semântico:

a) adversativo.
b) conclusivo.
c) explicativo.
d) alternativo.
e) interrogativo.

O conectivo "e" liga duas orações que mostram um contraste, e não uma continuidade de ações. Ainda, é possível trocar a palavra "e" por uma conjunção adversativa (mas, porém, contudo, entretanto, todavia, no entanto). "*Ela gritava, **MAS** seus gritos não faziam sentido*".
GABARITO: A.

---

387. (CESPE/CEBRASPE - 2019 - MPC/PA - ANALISTA MINISTERIAL)

Texto CG2A1-I

[...]
7   À primeira vista, a modernidade parece ser um
    contrato extremamente complicado, por isso poucos tentam
    compreender no que exatamente se inscreveram. É como se
10 você tivesse baixado algum software e ele te solicitasse assinar
    um contrato com dezenas de páginas em "juridiquês"; você dá
    uma olhada nele, passa imediatamente para a última página,
13 tica em "concordo" e esquece o assunto. Mas a modernidade,
    de fato, é um contrato surpreendentemente simples. O contrato
    interno pode ser resumido em uma única frase: humanos
16 concordam em abrir mão de significado em troca de poder.

(Internet: www.nexojornal.com.br. Adaptado.)

Cada uma das opções a seguir apresenta proposta de reescrita para o seguinte trecho do texto CG2A1-I: "Embora os números absolutos estejam caindo, o tema ainda é um dos mais delicados da agenda internacional." (L. 36 e 37). Assinale a opção em que a proposta de reescrita apresentada mantém os sentidos e a correção gramatical do texto.

a) O tema ainda é um dos mais delicados da agenda internacional contanto que os números absolutos estejam caindo.
b) À medida que os números absolutos caiam, o tema ainda será um dos mais delicados da agenda internacional.
c) Apesar de os números absolutos estarem caindo, o tema ainda é um dos mais delicados da agenda internacional.
d) O tema ainda será um dos mais delicados da agenda internacional consoante os números absolutos estejam caindo.
e) Visto que os números absolutos estão caindo, o tema ainda é um dos mais delicados da agenda internacional.

No trecho "Embora os números absolutos estejam caindo, o tema ainda é um dos mais delicados da agenda internacional.", há uma conjunção concessiva "embora". Para se manter o sentido, deve-se manter o sentido concessivo. Vejamos cada alternativa:

A: "contanto que" tem sentido condicional.

B: "à medida que" tem sentido proporcional.

C: "apesar de" tem sentido concessivo.

D: "consoante" tem sentido conformativo.

E: "visto que" tem sentido causal.

GABARITO: C

---

388. (CESPE/CEBRASPE - 2019 - PGE/PE - ASSISTENTE DE PROCURADORIA)

[...]

7   À primeira vista, a modernidade parece ser um
    contrato extremamente complicado, por isso poucos tentam
    compreender no que exatamente se inscreveram. É como se
10 você tivesse baixado algum software e ele te solicitasse assinar
    um contrato com dezenas de páginas em "juridiquês"; você dá
    uma olhada nele, passa imediatamente para a última página,
13 tica em "concordo" e esquece o assunto. Mas a modernidade,
    de fato, é um contrato surpreendentemente simples. O contrato
    interno pode ser resumido em uma única frase: humanos
16 concordam em abrir mão de significado em troca de poder.

(Jô Soares. **O livro de Jô**: uma autobiografia desautorizada. São Paulo: Companhia das Letras, 2017.)

A substituição do conectivo "porque" (L. 10) por pois manteria os sentidos originais do texto.

Certo ( )   Errado ( )

As conjunções "porque" e "pois" podem ser explicativas ou causais. Por isso, a substituição de uma pela outra não altera os sentidos originais do texto.

GABARITO: CERTO.

389. (CESPE/CEBRASPE - 2019 - PGE/PE - CARGOS DE NÍVEL SUPERIOR)

[...]

7   À primeira vista, a modernidade parece ser um
    contrato extremamente complicado, por isso poucos tentam
    compreender no que exatamente se inscreveram. É como se
10 você tivesse baixado algum software e ele te solicitasse assinar
    um contrato com dezenas de páginas em "juridiquês"; você dá
    uma olhada nele, passa imediatamente para a última página,
13 tica em "concordo" e esquece o assunto. Mas a modernidade,
    de fato, é um contrato surpreendentemente simples. O contrato
    interno pode ser resumido em uma única frase: humanos
16 concordam em abrir mão de significado em troca de poder.

(Isadora Vier Machado. **Da dor no corpo à dor na alma**: uma leitura do conceito de violência psicológica da Lei Maria da Penha. Internet: http://pct.capes.gov.br. Adaptado.)

A expressão "Quer dizer" (L. 10) introduz uma conclusão a respeito do estabelecimento da figura do sujeito de direitos.

Certo ( )   Errado ( )

A expressão "quer dizer" faz parte do grupo de expressões explicativas, corretivas ou continuativas, representadas por: isto é, por exemplo, ou seja, aliás, entre outras. E no sentido não é conclusivo.
GABARITO: ERRADO

CONJUNÇÃO

390. (FEPESE - 2019 - CELESC - CONTADOR)

Apesar de cortes, obras avançam no acelerador de partículas Sirius

O acelerador de partículas Sirius completou a primeira volta de elétrons recentemente e, mesmo com os seguidos cortes na área científica do país, a previsão para a conclusão das obras é para o fim de 2020. Quando as obras acabarem, o acelerador de partículas Sirius será o equipamento mais avançado do mundo na geração de luz síncrotron. Ao todo, são 68 mil m^2 de área construída. A luz síncrotron gerada pelo Sirius será capaz de analisar a estrutura de qualquer material na escala dos átomos e das moléculas, que poderá contribuir no desenvolvimento de fármacos e baterias, por exemplo. Quando estiver em funcionamento, também permitirá reconstituir o movimento de fenômenos químicos e biológicos ultrarrápidos que ocorrem na escala dos átomos e das moléculas, importantes para o desenvolvimento de fármacos e materiais tecnológicos, como baterias mais duradouras.

Em novembro de 2018, foi inaugurada a primeira etapa do projeto. A solenidade contou com a presença do então presidente da República, Michel Temer, em Campinas, interior de São Paulo, onde o equipamento foi construído. Hoje, entre os três aceleradores do Sirius, os dois primeiros já estão montados. Ainda assim, falta a parte de instalação de potência dos aceleradores, que deve acontecer em maio de 2019. Na mira da comunidade científica internacional, – que no futuro também poderá utilizar o espaço –, a construção do acelerador de partículas ainda enfrenta alguns percalços.

"A construção do Sirius ainda esbarra nos subsequentes cortes de investimentos do governo federal", conta o diretor do Centro Nacional de Pesquisa em Energia e Materiais (CNPEM), José Roque da Silva. Em decreto publicado em março de 2019, o governo federal decidiu congelar uma parcela das verbas do orçamento em praticamente todas as áreas. O Ministério de Ciência e Tecnologia, por exemplo, sofreu congelamento de 41,97% do orçamento. A medida, pensada para tentar cumprir a meta de déficit primário do país, pode afetar em cheio outros orçamentos, como o do Sirius. "Nesse momento dá para dizer que o Ministério está mantendo o cronograma atual", diz. "Eu diria que é cedo para dar alguma informação mais definitiva, mas a situação da ciência e tecnologia no país é, como um todo, preocupante", explica Roque.

No futuro, a expectativa do CNPEM é de conseguir ampliar as fontes de recursos do Sirius –principalmente após o fim das obras. Segundo Roque, outros ministérios, como o de Minas e Energia, Saúde e

Agricultura também estão interessados em utilizar o acelerador. Além dos agentes do governo, como explica o diretor do CNPEM, os setores privados também têm demonstrado interesse em investir no Sirius. A construção do novo acelerador de partículas deve custar um valor estimado de R$ 1,8 bilhão.

Além do Sirius, existe um antigo acelerador de fonte de luz síncrotron, o UVX, lançado em 1997. Atualmente considerado ultrapassado, o UVX já participou de importantes descobertas para a pesquisa brasileira como, por exemplo, entender o funcionamento de uma proteína essencial para a reprodução do zika vírus. O diretor científico do Laboratório Nacional de Luz Síncrotron (LNLS), Harry Westfahl Junior, espera que nos próximos dois anos o número das linhas de luz do UVX – que hoje é de 13 linhas com diversas técnicas de análise microscópica – salte para 18. Atualmente, duas vezes por ano é aberto chamado para projetos acadêmicos coordenados pelo LNLS. "Cientistas de qualquer centro de pesquisa no mundo, empresarial ou acadêmico, podem submeter seus trabalhos", conta. Como o atual acelerador UVX será substituído pelo Sirius, as novas linhas de luz serão gradualmente montadas ali.

(Revista Galileu. **Apesar de cortes, obras avançam no acelerador de partículas**. Abr. 2019. Disponível em: https://revistagalileu.globo.com/Ciencia/noticia/2019/04/apesar-de-cortes-obras-avancam-no-acelerador-de-particulas-sirius.html. Adaptado.)

Considere as frases abaixo:

A medida, pensada para tentar cumprir a meta de déficit primário do país, pode afetar em cheio outros orçamentos, como o do Sirius. (3º parágrafo)

Além dos agentes do governo, como explica o diretor do CNPEM, os setores privados também têm demonstrado interesse em investir no Sirius. (4º parágrafo)

Como o atual acelerador UVX será substituído pelo Sirius, as novas linhas de luz serão gradualmente montadas ali. (5º parágrafo)

Analise as afirmativas a seguir, com base no texto.

1. Em I, é dado como certo que o orçamento do Sirius sofrerá algum tipo de corte com a medida estabelecida para cumprir a meta econômica.
2. Em I, o vocábulo "como" introduz uma exemplificação.
3. Em II, a locução verbal "têm demonstrado" pode ser substituída por "demonstraram", sem prejuízo no significado temporal.
4. Em II, o vocábulo "como" introduz uma oração subordinada adverbial conformativa.
5. Em III, o vocábulo "como" introduz oração subordinada adverbial causal.

Assinale a alternativa que indica todas as afirmativas corretas.

a) São corretas apenas as afirmativas 1 e 2.
b) São corretas apenas as afirmativas 3 e 5.
c) São corretas apenas as afirmativas 1, 2 e 4.
d) São corretas apenas as afirmativas 2, 4 e 5.
e) São corretas apenas as afirmativas 3, 4 e 5.

1: Em I, é indicado que há uma possibilidade de o orçamento do Sirius sofrer algum tipo de corte com a medida estabelecida para cumprir a meta econômica.

2: Em I, o vocábulo "como" introduz uma exemplificação.

3: Em II, a locução verbal "têm demonstrado" indicada ação que começou no passada e se estende ao presente; e "demonstraram" indica ação acabada.

4: Em II, o vocábulo "como" introduz uma oração subordinada adverbial conformativa (como significa conforme).

5: Em III, o vocábulo "como" introduz oração subordinada adverbial causal (como indica pelo fato de que).

GABARITO: D.

391. (FEPESE - 2019 - DEINFRA - ENGENHEIRO)

Ética para quê?

Essa é uma boa pergunta para quem pensa que está apenas resolvendo um projeto de engenharia, conformando uma solução arquitetônica ou urdindo um plano agronômico. Nisso que chamamos ato de ofício tecnológico aplicamos conhecimento científico, **modus operandi**, criatividade, observância das normas técnicas e das exigências legais. E onde entra a tal da ética?

Em geral, os dicionários definem "ética" como um sistema de julgamento de condutas humanas, apreciáveis segundo valores, notadamente os classificáveis em bem e mal. O Dicionário Houaiss traz estes conceitos:

[...] estudo das finalidades últimas, ideais e em alguns casos, transcendentes, que orientam a ação humana para o máximo de harmonia, universalidade, excelência ou perfectibilidade, o que implica a superação de paixões e desejos irrefletidos. Estudo dos fatores concretos (afetivos, sociais etc.) que determinam a conduta humana em geral, estando tal investigação voltada para a consecução de objetivos pragmáticos e utilitários, no interesse do indivíduo e da sociedade.

Quaisquer que sejam as formas de pensar, _____ preocupação é com a conduta dirigida _____ execução de algo que seja considerado como bom ou mau. É _____ ação produzindo resultados. Resultados sujeitos _____ juízo de valores. Somos dotados de uma capacidade racional de optar, de escolher, de seguir esta ou aquela via. Temos o livre-arbítrio. Somos juízes prévios de nós mesmos.

Vejamos rapidamente uma metáfora para _____ melhor compreensão deste diferencial de consciência existente entre dois agentes de transformação do meio: a minhoca e o homem. É indubitável que as minhocas agem sobre o meio transformando-o. Reconhecem solos, fazem túneis, condicionam o ar de seus ninhos, constroem abrigos para seus ovos, preveem tempestades e sismos, convertem matéria orgânica em alimento e adubam o caminho por onde passam. São dispositivos sensores sofisticados e admiráveis máquinas de cavar. Tudo isso também é possível de realização pelo homem tecnológico. Fazemos abrigos, meios de transporte, manejamos o solo, produzimos alimento, modelamos matéria e energia, prospectamos e controlamos as coisas ao nosso redor. A diferença é que a minhoca faz isso por instinto e nós profissionais o fazemos por vontade, por arbítrio. A minhoca tem em sua natureza o impulso de agir assim. Nós outros, humanos, o fazemos para acrescentar algo de melhor em nossa condição. A minhoca é um ser natural. Nós somos seres éticos. Para as minhocas não há nem bem nem mal. Apenas seguem seu curso natural. Então, para que ética? Para fazermos exatamente aquilo que fazemos, porém bem feito e para o bem de alguém. Isso não é o bastante, mas já é um bom começo. Um pouco também para nos diferenciarmos das minhocas na nossa faina comum de mudar o mundo.

(PUSCH. J. **Ética e cultura profissional do engenheiro, do arquiteto e do engenheiro agrônomo**. Disponível em: http://www.crea-pr.org.br/ws/wp-content/uploads/2016/12/caderno08.pdf. Adaptado.)

Considere as frases a seguir, em seu contexto:
Somos juízes prévios de nós mesmos. (penúltimo parágrafo)
Apenas seguem seu curso natural. (último parágrafo)
Para fazermos exatamente aquilo que fazemos, porém bem feito e para o bem de alguém. (último parágrafo)
Isso não é o bastante, mas já é um bom começo. (último parágrafo)
Assinale a alternativa correta em relação às frases.

a) A frase 1, se colocada no singular, seria reescrita como "Sou juíz prévio de eu mesmo", sem desvio da norma culta da língua escrita.

b) Em 2, o pronome "seu" refere-se a "curso", podendo a frase ser reescrita como "Apenas seguem o curso natural dele", sem prejuízo de significado no texto.

c) Em 3, a oração introduzida por "porém" contradiz a informação contida no segmento que precede a conjunção.

d) Em 3 e 4, as conjunções "porém" e "mas" podem ser intercambiáveis entre si, sem prejuízo de significado no texto e sem alterar a classificação sintática das respectivas orações.

e) Em 4, "Isso" é o sujeito da primeira oração e "já" é o sujeito da segunda oração.

A: O singular, o correto seria: Sou juiz prévio de mim mesmo.

Dica: não se acentua "juiz", mas "juíza" sim. Nos dois termos há hiato (quando as vogais se separam). Veja a separação: ju-iz, ju-í-za. Regra: somente se acentua hiato quando I ou U estiverem sozinhos ou seguidos de S na separação silábica.

B: No texto, o pronome "seu" refere-se a "minhocas". Vejamos: "Para as minhocas não há nem bem nem mal. Apenas seguem seu curso natural." Por isso, a reescrita deveria estar assim: "Apenas seguem o curso natural delas.

C: As conjunções adversativas podem indicar oposição ou ressalva. Isso vai depender do contexto. Vejamos como está no texto: "Então, para que ética? Para fazermos exatamente aquilo que fazemos, porém bem feito e para o bem de alguém." – Veja que o trecho iniciado por "porém" traz uma ressalva/observação.

D: Nas frases 3 e 4, os termos "porém" e "mas" são conjunções adversativas. Por possuírem a mesma classificação (mesmo valor semântico), podem ser intercambiáveis, como a questão afirma.

E: O sujeito é o responsável pelo verbo em uma oração. É o sujeito que determina a flexão do verbo (se fica no singular ou no plural). Vejamos: Isso não é o bastante, mas já é um bom começo. Análise: ISSO é o sujeito de É; e o termos ISSO é o referente da segunda oração É. Para confirmar isso, basta repetir o termo - Isso não é o bastante, mas isso já é um bom começo.

GABARITO: D.

---

392. **(FEPESE - 2019 - PREFEITURA DE FRAIBURGO/SC - PROFESSOR)** Leia as frases a seguir.

Nada é mais deprimente **do que** a verdade irretocável.

Autorizo a construção do muro **contanto que** não seja com mais de dois metros de altura.

A anfitriã estava **tão** cansada **que** mal conseguia dar atenção aos convidados.

Ninguém ficou plenamente satisfeito **apesar de** ter vencido mais de vinte por cento das provas de atletismo.

Os termos destacados nas frases indicam, de cima para baixo, relações sintáticas de:

a) comparação – condição –consequência – concessão.

b) comparação – proporcionalidade – modalidade – causa.

c) proporcionalidade – comparação – condição – consequência.

d) causa – finalidade – concessão – condição.

e) condição – comparação – causa – consequência.

1: Nada é mais deprimente do que a verdade irretocável. (comparação)

2: Autorizo a construção do muro contanto que não seja com mais de dois metros de altura. (condição)

3: A anfitriã estava tão cansada que mal conseguia dar atenção aos convidados. (consequência)

4: Ninguém ficou plenamente satisfeito apesar de ter vencido mais de vinte por cento das provas de atletismo. (concessão)

GABARITO: A.

EMPREGO DE VERBOS

393. (VUNESP - 2022 - PREFEITURA DE OSASCO/SP - GUARDA MUNICIPAL) A forma verbal destacada na frase "Mas não dá para descartar a hipótese de que os institucionalistas **estejam** errados" exprime a ideia de possibilidade, assim como a forma verbal destacada em:

a) Pela primeira vez, a China **superou** os Estados Unidos em produção científica.
b) ... o que faz supor que, nas áreas mais relevantes, os americanos **liderem**.
c) Isso **ocorre** porque a prosperidade duradoura depende de um fluxo constante de inovações...
d) ... não **asseguram** a liberdade necessária para que ciência e tecnologia se desenvolvam.
e) Já vimos ditaduras colapsarem porque **ficaram** para trás na corrida tecnológica.

A: O verbo está no pretérito perfeito do indicativo.

B: A forma verbal "esteja" está no presente do subjuntivo, assim como a forma verbal "liderem" está no mesmo tempo e modo. Destaca-se que o subjuntivo indica possibilidade, dúvida, probabilidade. E o indicativo expressa certeza.

C: O verbo está no presente do indicativo.

D: O verbo está no presente do indicativo.

E: O verbo está no pretérito perfeito do indicativo.

GABARITO: B.

---

394. (FCC - 2022 - PREFEITURA DE RECIFE/PE - AGENTE ADMINISTRATIVO) Verifica-se o emprego de voz passiva no seguinte trecho:

a) Ao cabo de dez minutos, veio o garçom brandindo o Gomes de Sá.
b) O garçom já tinha ido e voltado duas vezes.
c) Seu Adelino faculta ao cliente dar palpites ao cozinheiro.
d) O prato foi servido, o azeite adicionado.
e) O movimento era pequeno, seu Adelino veio sentar-se ao lado da antiga freguesa.

A: Veio: voz ativa.

B: Tinha ido (tempo composto, não é voz passiva). Destaca-se que o tempo composto é formado por verbo HAVER ou TER + particípio.

C: Faculta: voz ativa.

D: A forma verbal "foi servido" está na voz passiva analítica, a qual é formada por verbo auxiliar (foi) e verbo no particípio (servido). Ainda, está subentendida a forma "[foi] adicionado".

E: Era (verbo de ligação); veio sentar-se (locução verbal, não está na voz passiva)

GABARITO: D.

395. **(FCC - 2021 - TJ/SC - ANALISTA ADMINISTRATIVO)** Está correto o emprego do elemento sublinhado na frase:

a) Se os cientistas não **disporem-se à criar**, quem se responsabilizará pelos avanços da ciência?
b) Caso não **lhes detêssemos** a tempo, os obscurantistas de sempre continuariam a administrar a ciência.
c) **Atribue-se nos** avanços da biotecnologia a razão da obsolescência de certos tratamentos médicos.
d) No último simpósio de biotecnólogos, alguns não **conviram de** assumir as novas responsabilidades que lhes foram atribuídas.
e) À medida que **se propuserem** a cumprir as novas metas da nova ciência, serão reconhecidos por toda a comunidade médica.

A: Flexão errada. Não se usa crase antes de verbo.
B: Flexão errada.
C: Flexão errada. Regência é com a preposição "a".
D: Flexão errada. Uso de preposição errada.
E: A colocação do pronome "se", antes do verbo, em posição proclítica, e a flexão do verbo estão corretas. A locução "À medida que" é uma locução conjuntiva subordinativa, isto é, atrai o pronome para antes do verbo.

Vamos às palavras atrativas que exigem próclise:

N – negativas (não, nunca, jamais...)
A – advérbios (sempre, muito, certamente...)
R – relativos (que, cujo, o qual, onde...)
I – indefinidos/interrogativos (algum, ninguém, todos, qual...)
S – subordinativas/alternativas (embora, porque, ou...)
D – demonstrativos (este, aquilo...)

GABARITO: E.

---

396. **(AOCP - 2022 - PP/DF - POLICIAL PENAL)**

[...] 1 Com cordiais cumprimentos deste gabinete, venho solicitar à Vossa Excelência maior detalhamento e justificativa sobre os processos licitatórios 56/2017, pregão presencial 27/2017 (empresa, planejamento e organização de práticas esportivas para a Festa do Trabalhador) e 28/2017, PL 57/2017, RP 19/2017 (aquisição de picolés). [...]

Em "**venho solicitar** à Vossa Excelência", a expressão em destaque é uma locução verbal cujo verbo auxiliar expressa o resultado de uma ação, como em "Vim a saber dessas coisas muito tarde".

Certo ( )   Errado ( )

Na locução "venho solicitar", a forma verbal "venho" está no presente e, juntamente com o verbo "solicitar", indica uma ação que ainda não aconteceu, já que se trata de um pedido. Na locução "vim a saber", a forma verbal "vim" está no pretérito e, juntamente com o verbo "saber", indica o resultado de uma ação.

GABARITO: ERRADO.

---

397. **(AOCP - 2022 - CBM/PA - SOLDADO)** A respeito da expressão destacada em "Esse comportamento [...] **vai passando** dos limites [...]", assinale a alternativa correta.

a) Expressa o desenvolvimento gradual de uma ação.
b) É uma forma composta do futuro, podendo ser substituída pelo futuro simples "passará".

c) Trata-se de uma locução verbal, em que o verbo "passar" é um auxiliar.
d) Trata-se de uma expressão típica da fala, inadequada ao contexto formal do texto.
e) Poderia ser substituída por "passa", sem que isso alterasse o sentido original do excerto.

O uso de gerúndio indica continuidade, processo, ou seja, expressa um desenvolvimento gradual de uma ação. O verbo no presente "vai" indica que é uma ação constante no momento presente.
GABARITO: A.

---

398. (CESPE/CEBRASPE - 2022 - PETROBRAS - ADMINISTRAÇÃO)

As tecnologias de contar e escrever histórias não seguiram um caminho linear. A própria escrita foi inventada pelo menos duas vezes, primeiro na Mesopotâmia e depois nas Américas. Os sacerdotes indianos se recusavam a escrever as histórias sagradas por medo de perder o controle sobre elas. Professores carismáticos (como Sócrates) se recusaram a escrever. Algumas invenções posteriores foram adotadas somente de forma seletiva, como quando os eruditos árabes usaram o papel chinês, mas não demonstraram nenhum interesse por outra invenção chinesa, a impressão. As invenções relacionadas à escrita tinham muitas vezes efeitos colaterais inesperados. Preservar textos antigos significava manter vivas artificialmente as línguas. Desde então, passou-se a estudar línguas mortas e alguns textos acabaram sendo declarados sagrados.

(Martin Puchner. **O mundo da escrita**: como a literatura transformou a civilização. Pedro Maia Soares (Trad.). São Paulo: Companhia das Letras, 2019, p. 18. Adaptado.)

O emprego predominante do pretérito perfeito no texto tem o propósito de apresentar fatos já ocorridos em determinado momento no passado e cujos efeitos, além de ainda serem sentidos no momento atual, afetam o tempo presente.

Certo ( )   Errado ( )

No texto, o emprego predominante do pretérito perfeito tem o propósito de apresentar fatos já ocorridos em determinado momento no passado.
GABARITO: ERRADO.

---

399. (CESPE/CEBRASPE - 2022 - PETROBRAS - ADMINISTRAÇÃO) No início do texto, a forma verbal "escrito" poderia ser corretamente substituída por **escrevido**.

Certo ( )   Errado ( )

Não existe a forma verbal "escrevido". O verbo "escrever" tem apenas um particípio (que é irregular): escrito.
GABARITO: ERRADO.

---

400. (CESPE/CEBRASPE - 2021 - PC/AL - AGENTE E ESCRIVÃO)

No Brasil, as primeiras iniciativas de implantação da polícia comunitária ocorreram com a Constituição Federal de 1988 e a necessidade de uma nova concepção para as atividades policiais. Foram adotadas estratégias de fortalecimento das relações das forças policiais com a comunidade, com destaque para a conscientização sobre a importância do trabalho policial e sobre o valor da participação do cidadão para a construção de um sistema que busca a melhoria da qualidade de vida de todos.

A substituição da forma verbal "busca" (último período do texto) por **busque** alteraria o sentido original do texto, mas não prejudicaria sua correção gramatical.

Certo ( )   Errado ( )

A troca sugerida pode ser gramaticalmente feita, mas o sentido muda porque há mudança de modo verbal.
Original: O trecho "para a construção de um sistema que busca a melhoria da qualidade de vida de todos", a forma verbal "busca" está no presente do indicativo. Reescrita: "Para a construção de um sistema que

busque a melhoria da qualidade de vida de todos", possui a mesma forma verbal no presente do subjuntivo. O indicativo exprime certeza, e o subjuntivo exprime dúvida, possibilidade.
GABARITO: CERTO.

---

401. (CESPE/CEBRASPE - 2021 - PC/AL - AGENTE E ESCRIVÃO) Estaria gramaticalmente correta a substituição de "há" por **existe** em "Afirma que há dúvidas em alguns casos".

Certo ( )   Errado ( )

A forma verbal "existe" deveria estar no plural (existem) para concordar com "dúvidas". O verbo existir não é impessoal, possui sujeito. O verbo haver, quando é impessoal, tem sentido de existir, ocorrer ou acontecer, e deve ficar na terceira pessoa do singular.
GABARITO: ERRADO.

---

402. (CESPE/CEBRASPE - 2021 - PC/DF - ESCRIVÃO)

Para alguns observadores, entretanto, o modelo da "janela quebrada" foi superestimado. O mais importante, dizem, foi identificar focos de criminalidade para concentrar, ali, ação preventiva. Foi possível assinalar áreas pequenas onde criminosos mais atuavam, onde se sabia que crimes iam ocorrer. [...]

Seria mantida a correção gramatical do período caso a locução "iam ocorrer" fosse substituída por **ocorriam** ou **ocorreriam**, mas apenas a substituição por **ocorreriam** preservaria a ideia original do texto.

Certo ( )   Errado ( )

A troca sugerida é possível. Quanto à correção gramatical, não há prejuízo. Quanto à ideia original, haveria alteração de sentido, porque o tempo verbal é alterado. No original, a locução verbal "iam ocorrer" possui o verbo auxiliar "iam" no pretérito imperfeito do indicativo (indica uma ação habitual, repetitiva no passado). Vejamos como ficaram as trocas:

- *Foi possível assinalar áreas pequenas onde criminosos mais atuavam, onde se sabia que crimes ocorriam. (ocorriam está no pretérito imperfeito do indicativo, mesmo tempo em que está a locução verbal)*
- *Foi possível assinalar áreas pequenas onde criminosos mais atuavam, onde se sabia que crimes ocorreriam. (ocorreriam está no futuro do pretérito do indicativo – indica uma hipótese, uma probabilidade)*

GABARITO: CERTO.

---

403. (CESPE/CEBRASPE - 2021 - PC/SE - AGENTE E ESCRIVÃO)

Embora, em tese, qualquer pessoa possa figurar como vítima desse crime, sabe-se que a mulher é o principal alvo nessa espécie delitiva — não é à toa que a criminalização da referida conduta era, havia tempos, uma das prioridades da bancada feminina da Câmara dos Deputados. Tanto é assim que são utilizadas como exemplo do que seria o *stalking* as situações em que a mulher é perseguida por um ex-companheiro que não se conforma com o término da relação ou em que alguém possui um sentimento de posse em relação à mulher e não desiste de persegui-la. [...]

No trecho "havia tempos", a substituição de "havia" por **faziam** prejudicaria a correção gramatical do texto.

Certo ( )   Errado ( )

A troca sugerida não mantém a correção gramatical, ou seja, prejudica essa correção (assim como afirma o enunciado da questão). Nesse caso, os verbos haver e fazer (indicam tempo) devem estar na terceira pessoa do singular: havia tempos ou fazia tempos.
GABARITO: CERTO.

404. (CESPE/CEBRASPE - 2021 - PF - AGENTE)

Cresce rapidamente, em quase todos os países, o número de pessoas na prisão ou que esperam prováveis sentenças de prisão. Em quase toda parte, a rede de prisões está se ampliando intensamente. Os gastos orçamentários do Estado com as forças da lei e da ordem, principalmente os efetivos policiais e os serviços penitenciários, crescem em todo o planeta. [...]

A forma verbal "crescem" está flexionada no plural para concordar com o sujeito composto cujos núcleos são "gastos", "efetivos" e "serviços".

Certo ( )   Errado ( )

O sujeito da forma verbal "cresce" é "o número de pessoas na prisão". Desse modo, a flexão do verbo no singular se deve pela concordância com "número" (que é o núcleo do sujeito, ou seja, a palavra mais importante do sujeito).

GABARITO: ERRADO.

---

405. (CESPE/CEBRASPE - 2021 - PF - AGENTE)

Cresce rapidamente, em quase todos os países, o número de pessoas na prisão ou que esperam prováveis sentenças de prisão. Em quase toda parte, a rede de prisões está se ampliando intensamente. Os gastos orçamentários do Estado com as forças da lei e da ordem, principalmente os efetivos policiais e os serviços penitenciários, crescem em todo o planeta.

Seria mantida a correção gramatical do texto caso a forma verbal "esperam" fosse substituída por **espera**.

Certo ( )   Errado ( )

A flexão sugerida não prejudica correção gramatical. Vejamos:

Original: Cresce rapidamente, em quase todos os países, o número de pessoas na prisão ou que esperam prováveis sentenças de prisão. (a forma verbal "esperam" concorda com "pessoas")

Reescrita: Cresce rapidamente, em quase todos os países, o número de pessoas na ou que espera prováveis sentenças de prisão. (a forma verbal "espera" concorda com "número")

GABARITO: CERTO.

---

406. (CESPE/CEBRASPE - 2021 - PM/AL - SOLDADO) Em "O manejo da matéria-prima é feito com a retirada do barro que depois é pisoteado, amassado e moldado", a substituição do trecho "é pisoteado, amassado e moldado" por **se pisoteia, se amassa e se molda** preservaria a correção gramatical do texto.

Certo ( )   Errado ( )

Existe uma estrutura que garante essa reescrita.

Original: O manejo da matéria-prima é feito com a retirada do barro que depois é pisoteado, amassado e moldado. Ou seja, há voz passiva analítica em "é pisoteado, amassado e moldado", e o verbo ser está subentendido: é pisoteado, [é] amassado e [é] moldado.

*Reescrita: há a transposição para a voz passiva sintética: **se pisoteia, se amassa e se molda**. Por isso, a reescrita está correta.*

GABARITO: CERTO.

---

407. (CESPE/CEBRASPE - 2021 - PM/AL - OFICIAL)

Em todos esses casos, os espaços privilegiados das ações dos grupos organizados eram os Estados nacionais, espaços privilegiados de exercício da cidadania. Contudo, a expansão do conjunto de transformações socioculturais, tecnológicas e econômicas, conhecido como globalização, nas últimas décadas, tem limitado de forma significativa os poderes e a autonomia dos Estados (pelo menos os dos países periféricos), os quais se tornam reféns da lógica do mercado em uma época de extraordinária volatilidade dos capitais. [...]

A locução verbal "tem limitado" poderia ser substituída por **vem limitando**, sem alteração do sentido do texto.

Certo ( )   Errado ( )

A ideia de continuidade se mantém, mesmo que haja a alteração de tempo verbal.

*Original: A expansão do conjunto de transformações socioculturais, tecnológicas e econômicas, conhecido como globalização, nas últimas décadas, **tem limitado**. A locução verbal "tem limitado" é um tempo composto (pretérito perfeito composto do indicativo) e indica que há uma ação no passado que se estende ao presente e que não se encerrou, que continua.*

*Reescrita: A expansão do conjunto de transformações socioculturais, tecnológicas e econômicas, conhecido como globalização, nas últimas décadas, **vem limitando**. A locução "vem limitando" é formada por verbo "vir" + gerúndio. Essa locução indica que há uma ação que não se encerrou, que ocorre, que traz ideia de continuidade.*

Veja que, mesmo com a troca de tempo verbal, o sentido geral (de continuidade) ocorre nas duas situações.

GABARITO: CERTO.

---

408. (CESPE/CEBRASPE - 2022 - ANM - ESPECIALISTA)

Apesar da longa coexistência, não há nenhuma evidência confiável de que o homem tenha caçado os animais gigantes de forma sistemática no território nacional ou mesmo na América do Sul, ao contrário do que ocorreu na América do Norte, onde mamutes e mastodontes eram presas constantes das populações humanas. O desaparecimento da megafauna no território nacional provavelmente não teve relação direta com a chegada do ser humano, como algumas hipóteses para essa extinção sugerem. Os pesquisadores Mark Hubbe e Alex Hubbe acreditam que a extinção dos animais tenha sido desencadeada por uma mudança climática. Na teoria deles, as espécies da megafauna teriam se extinguido gradualmente a partir da última grande glaciação, no fim do período chamado Pleistoceno (há aproximadamente 12 mil anos). Os maiores não teriam vivido além de 10 mil anos atrás, e os menores teriam avançado um pouco além da nova era, até 4 mil anos atrás.

A substituição da locução verbal "tenha caçado" pela forma verbal **caçava** prejudicaria a coerência e a correção gramatical do texto.

Certo ( )   Errado ( )

A troca manteria a norma-padrão e a coerência. Vale destacar que coerência não é sentido, e diz respeito à lógica e à não contradição. Vejamos como fica o trecho alterado: *Apesar da longa coexistência, não há nenhuma evidência confiável de que o homem **CAÇAVA** os animais gigantes de forma sistemática no território nacional ou mesmo na América do Sul, ao contrário do que **ocorreu** na América do Norte, onde mamutes e mastodontes **eram** presas constantes das populações humanas.*

Perceba que a troca não compromete a relação existente com as outras orações do período.

GABARITO: ERRADO.

---

409. (CESPE/CEBRASPE - 2022 - MJSP/DF - TÉCNICO)

Na ótica da saúde pública, pode-se conceituar a política de redução de danos como um conjunto de estratégias que visam minimizar os danos causados pelo uso de diferentes drogas, sem necessariamente exigir a abstinência de seu uso. Vale dizer, enquanto não for possível ou desejável a abstinência, outros agravos à saúde podem ser evitados, como, por exemplo, as doenças infectocontagiosas transmissíveis por via sanguínea, tais quais as hepatites e HIV/AIDS. [...]

A substituição da forma verbal "visam" por **visa** manteria a correção gramatical do texto.

Certo ( )   Errado ( )

Gramaticalmente, é possível alterar a flexão do verbo. Há alteração de referente para a concordância. Vejamos:

- um conjunto de **estratégias** que **visam** minimizar os danos (o verbo concorda com estratégias);
- um **conjunto** de estratégias que **visa** minimizar os danos (o verbo concorda com conjunto).

GABARITO: CERTO.

---

410. [CESPE/CEBRASPE - 2022 - MJSP/DF - TÉCNICO]

Vale dizer, enquanto não for possível ou desejável a abstinência, outros agravos à saúde podem ser evitados, como, por exemplo, as doenças infectocontagiosas transmissíveis por via sanguínea, tais quais as hepatites e HIV/AIDS. [...]

A oração "enquanto não for possível ou desejável a abstinência" expressa uma vontade, haja vista o emprego do modo subjuntivo em "for".

Certo ( )   Errado ( )

O emprego de subjuntivo expressa uma expectativa, um desejo, uma hipótese, uma possibilidade e uma probabilidade.

GABARITO: ERRADO.

---

411. [CESPE/CEBRASPE - 2022 - MJSP/DF - TÉCNICO]

Na concepção da política de redução de danos, tem-se como pressuposto o fator histórico-cultural do uso de psicotrópicos — uma vez que o uso dessas substâncias é parte indissociável da própria história da humanidade, a pretensão de um mundo livre de drogas não passa de uma quimera. Dentro dessa perspectiva, contemplam-se ações voltadas para as drogas lícitas e ilícitas, e suas intervenções não são de natureza estritamente públicas, delas participando, também, organizações não governamentais e necessariamente, com especial ênfase, o próprio cidadão que usa drogas.

O termo "ações voltadas para as drogas lícitas e ilícitas" constitui o sujeito da forma verbal "contemplam".

Certo ( )   Errado ( )

O sujeito de "contemplam" é realmente "ações voltadas para as drogas lícitas e ilícitas". Destaca-se que a forma verbal "contemplam-se" está na voz passiva sintética. Por isso, o termo "ações voltadas para as drogas lícitas e ilícitas" tem como referente "ações voltadas para as drogas lícitas e ilícitas".

GABARITO: CERTO.

---

412. [CESPE/CEBRASPE - 2021 - PG/DF - TÉCNICO JURÍDICO/APOIO ADMINISTRATIVO]

Na década de 70 do século XX, o direito à comunicação passou a ser discutido no âmbito da Organização das Nações Unidas para a Educação, a Ciência e a Cultura (Unesco). Desde 2000, vem ganhando ressonância no debate político. Primeiro na União Europeia — o Parlamento Europeu aprovou em 2008 uma diretiva, válida em todos os países-membros, estabelecendo limites à publicidade e padrões mínimos de veiculação de conteúdo independente, regional e acessível — e, em seguida, na América Latina, onde marcos regulatórios foram aprovados na Argentina (2009), na Venezuela (2010), no Equador (2013) e no Uruguai (2013). [...]

A informação veiculada no texto seria preservada caso a locução "vem ganhando" fosse substituída por **tem ganhado**.

Certo ( )   Errado ( )

A locução "vem ganhando", por ter um verbo auxiliar no presente e um verbo principal no gerúndio, sugere uma ideia de continuidade, de processo. A troca por "tem ganhado" mantém a ideia de processo, pois essa locução está no pretérito perfeito simples do indicativo (tempo que indica uma ação que começa no passado e se prolonga). Vejamos:

- Desde 2000, **vem ganhando** ressonância no debate político.
- Desde 2000, **tem ganhado** ressonância no debate político.

Mesmo com a troca, a informação de processo que não tem fim, ainda permanece.
GABARITO: CERTO.

---

413. (CESPE/CEBRASPE - 2022 - PREFEITURA DE PIRES DO RIO/GO - PROFESSOR)

Já que hoje as plantas nutritivas domésticas são cultivadas em praticamente todas as regiões habitadas, a humanidade também poderia alimentar-se, se o comércio de produtos agrários se limitasse a áreas menores, de proporção regional. O transporte de gêneros alimentícios por distâncias maiores se justifica, em primeiro lugar, para prevenir e combater epidemias de fome. Há, sem dúvida, uma série de razões ulteriores em favor do comércio mundial de gêneros alimentícios: a falta de arroz, chá, café, cacau e muitos temperos em nossos supermercados levaria a um significativo empobrecimento da culinária, coisa que não se poderia exigir de ninguém. O comércio internacional com produtos agrícolas aporta, além disso, às nações exportadoras a entrada de divisas, facilitando o pagamento de dívida. E, em muitos lugares, os próprios trabalhadores rurais e pequenos agricultores tiram proveito da venda de seus produtos a nações de alta renda, sobretudo quando ela ocorre segundo os critérios do comércio equitativo.

A substituição da forma verbal "Há" por **Existe** preservaria a coerência e a correção gramatical do texto.

Certo ( )   Errado ( )

O verbo existir (verbo intransitivo) deve concordar com o sujeito (no texto está no singular). Vejamos:

Original: **Há**, sem dúvida, **uma série de razões ulteriores** em favor do comércio mundial de gêneros alimentícios. (nesse caso, o verbo haver é transitivo direto e o termo "uma série de razões ulteriores" é o objeto direto).

Reescrita: **Existe**, sem dúvida, **uma série de razões ulteriores** em favor do comércio mundial de gêneros alimentícios. (nesse caso, o verbo existir é intransitivo e o termo "uma série de razões ulteriores" é o sujeito.

GABARITO: CERTO.

---

414. (CESPE/CEBRASPE - 2022 - TC/RJ - ANALISTA DE CONTROLE EXTERNO)

Dessa forma, podemos delegar cada vez mais tarefas a algoritmos que, avaliando os resultados de tarefas anteriores e quaisquer alterações nas predileções individuais e nas curvas de indiferença, se reajustariam e revisariam suas regras de funcionamento. Alguns intelectuais proeminentes do Vale do Silício até exaltam o surgimento de uma "regulação algorítmica", celebrando-a como uma alternativa poderosa à aparentemente ineficaz regulação normal.

As formas verbais "reajustariam" e "revisariam" expressam ações que estavam prestes a acontecer no passado.

Certo ( )   Errado ( )

As formas verbais "reajusta**riam** e revisa**riam**" estão no futuro do pretérito do indicativo, tempo que indica uma ação hipotética, uma probabilidade, uma possibilidade. Ou seja, não expressam ações que estavam prestes a acontecer no passado. Destaca-se que esse tempo verbal tem como característica a presença da sílaba RIA.

GABARITO: ERRADO.

415. (CESPE/CEBRASPE - 2022 - TC/RJ - ANALISTA DE CONTROLE EXTERNO)

Agora, novas melhorias na IA, viabilizadas por operações massivas de coleta de dados, aperfeiçoadas ao máximo por grupos digitais, contribuíram para a retomada de uma velha corrente positivista do pensamento político. Extremamente tecnocrata em seu âmago, essa corrente sustenta que a democracia talvez tenha tido sua época, mas que hoje, com tantos dados à nossa disposição, afinal estamos prestes a automatizar e simplificar muitas daquelas imperfeições que teriam sido — deliberadamente — incorporadas ao sistema político. [...]

A forma verbal "contribuíram" estabelece concordância com o termo "operações massivas de coleta de dados".

Certo ( )   Errado ( )

A concordância é com o termo "melhorias". Para entender a flexão do verbo, é preciso ver como o período foi construído. Vejamos:

- Agora, **novas melhorias na IA,** viabilizadas por operações massivas de coleta de dados, aperfeiçoadas ao máximo por grupos digitais, **contribuíram para a retomada de uma velha corrente positivista do pensamento político.**

Considere que os termos intercalados não interfiram na flexão do verbo:

- Agora, novas melhorias na IA, **viabilizadas por operações massivas de coleta de dados, aperfeiçoadas ao máximo por grupos digitais,** contribuíram para a retomada de uma velha corrente positivista do pensamento político.

GABARITO: ERRADO.

---

416. (CESPE/CEBRASPE - 2022 - TC/RJ - ANALISTA DE CONTROLE EXTERNO)

O uso da palavra está, necessariamente, ligado à questão da eficácia. Visando a uma multidão indistinta, a um grupo definido ou a um auditório privilegiado, o discurso procura sempre produzir um impacto sobre seu público. Esforça-se, frequentemente, para fazê-lo aderir a uma tese: ele tem, então, uma visada argumentativa. Mas o discurso também pode, mais modestamente, procurar modificar a orientação dos modos de ver e de sentir: nesse caso, ele tem uma dimensão argumentativa. Como o uso da palavra se dota do poder de influenciar seu auditório? Por quais meios verbais, por quais estratégias programadas ou espontâneas ele assegura a sua força? [...]

O emprego do presente do indicativo no primeiro parágrafo tem a finalidade de aproximar o leitor do exato momento em que a autora escrevia o texto.

Certo ( )   Errado ( )

Nesse caso, o uso do presente do indicativo tem a finalidade de expressar processos habituais, regulares, ou que possuem validade permanente. Além disso, esse tempo verbal é empregado quando se deseja retratar um fato ocorrido no momento da fala, também chamado de presente momentâneo. O emprego se deve ao ato de narrar fatos passados, de modo a conferir-lhes atualidade, também conhecido como presente histórico. Ainda, sua utilização se encontra relacionada ao ato de indicar um fato no futuro próximo, tido como uma realização certa. E pode ser utilizado com valor imperativo, no sentido de pedir ou ordenar algo.

GABARITO: ERRADO.

---

417. (CESPE/CEBRASPE - 2022 - TC/RJ - ANALISTA DE CONTROLE EXTERNO)

A pseudociência difere da ciência errônea. A ciência prospera com seus erros, eliminando-os um a um. Conclusões falsas são tiradas todo o tempo, mas elas constituem tentativas. As hipóteses são formuladas de modo a poderem ser refutadas. Uma sequência de hipóteses alternativas é confrontada com os experimentos e a observação. A ciência tateia e cambaleia em busca de melhor compreensão. Alguns sentimentos de propriedade individual são certamente ofendidos quando uma hipótese científica não é aprovada, mas essas refutações são reconhecidas como centrais para o empreendimento científico. [...]

Estaria mantida a correção gramatical do texto caso a forma verbal "difere" estivesse acompanhada do pronome **se** — escrevendo-se **difere-se** ou **se difere**.

Certo ( )   Errado ( )

O verbo diferir não é pronominal (não possui pronome na sua estrutura), ou seja, a única forma correta para a frase é *A pseudociência difere da ciência errônea.*

GABARITO: ERRADO.

---

418. [CESPE/CEBRASPE - 2021 - BANESE - TÉCNICO BANCÁRIO I] A expressão "tendem a ser" foi empregada no trecho "Decisões de longo prazo também tendem a ser negativamente afetadas pelas sobrecargas associadas à escassez" com o sentido de **podem chegar a ser**.

Certo ( )   Errado ( )

O sentido de "tendem a ser" e de "podem chegar a ser" não é o mesmo. No original, entende-se que há uma tendência que é uma certeza. Na reescrita, há uma possibilidade, ou seja, pode ou não ser que aconteça.

GABARITO: ERRADO.

---

419. [CESPE/CEBRASPE - 2021 - BANESE - TÉCNICO BANCÁRIO I]

O primeiro caso de coronavírus foi confirmado no Brasil em 26 de fevereiro de 2020. Sendo o Brasil um dos países mais desiguais do mundo, era esperado que a pandemia acentuaria ainda mais as desigualdades sociais no país e causaria danos irremediáveis. [...]

A substituição das formas verbais "acentuaria" e "causaria" por **acentuasse** e **causasse**, respectivamente, manteria a coerência e a correção gramatical do texto.

Certo ( )   Errado ( )

Mesmo que haja uma alteração de sentido (devido à troca de tempos verbais), a correção gramatical e a coerência são preservadas. Destaca-se que coerência diz respeito à lógica e não ao sentido.

*Original: Sendo o Brasil um dos países mais desiguais do mundo, era esperado que a pandemia **acentuaria** ainda mais as desigualdades sociais no país e **causaria** danos irremediáveis. (os verbos em destaque estão no futuro do pretérito do indicativo)*

*Reescrita: Sendo o Brasil um dos países mais desiguais do mundo, era esperado que a pandemia **acentuasse** ainda mais as desigualdades sociais no país e **causasse** danos irremediáveis. (os verbos em destaque estão no pretérito do subjuntivo)*

GABARITO: CERTO.

---

420. [CESPE/CEBRASPE - 2021 - CODEVASF - ANALISTAS]

Os limites do crescimento marcam uma espécie de escassez, embora no mercado não se tornem imediatamente notados como tais. A atmosfera, por exemplo, não funciona como um reservatório, que um dia esvaziará e outro dia será novamente enchido por bombeamento (a isso, o mercado poderia ao menos reagir em curto prazo), mas como um mecanismo que, lenta mas inexoravelmente, terá efeito retroativo em nossas condições de vida, comparável a um parafuso de rosca que se aperta sempre mais. [...]

No segundo período do segundo parágrafo, há elipse da forma verbal **funciona** logo após "mas".

Certo ( )   Errado ( )

A forma verbal "funciona" está elíptica, ou seja, está subentendida. Vejamos:

A atmosfera, por exemplo, não funciona como um reservatório, que um dia esvaziará e outro dia será novamente enchido por bombeamento (a isso, o mercado poderia ao menos reagir em curto prazo), mas funciona como um mecanismo que, lenta mas inexoravelmente.

GABARITO: CERTO.

421. **(CESPE/CEBRASPE - 2021 - CODEVASF - ANALISTAS)**
O Brasil, dotado de grandes áreas agricultáveis localizadas em regiões úmidas, não se baseou, no passado, na irrigação, embora haja registro de que, já em 1589, os jesuítas praticavam a técnica na antiga Fazenda Santa Cruz, no estado do Rio de Janeiro. Também na região mais seca do Nordeste e nos estados de Minas Gerais e São Paulo, era utilizada em culturas de cana-de-açúcar, batatinha, pomares e hortas. Em cafezais, seu emprego iniciou-se na década de 50 do século passado, com a utilização da aspersão, que se mostrou particularmente interessante, especialmente nas terras roxas do estado de São Paulo. [...]

O trecho "embora haja" poderia ser substituída por **apesar de existir** sem prejuízo da correção gramatical e dos sentidos originais do texto.

Certo ( )   Errado ( )

As expressões possuem relação semântica. Vejamos:

- *embora haja registro;*
- *apesar de existir registro.*

As expressões "embora" e "apesar de" possuem sentido concessivo, ou seja, a substituição mantém o sentido original.

O verbo "haver", quando impessoal (como é o caso do que está no texto), possui sentido de existir, isto é, a troca é possível no trecho indicado.

Destaca-se que a flexão dos verbos é determinada pelo conectivo que os antecede. Vejamos:

- *Em "embora haja registro", o verbo está conjugado por exigência da conjunção "embora".*
- *Em "apesar de existir registro", o verbo está no infinitivo porque a locução prepositiva "apesar de" exige que o verbo assim esteja. Para que o verbo estivesse conjugado, a locução deveria terminar com conjunção: "apesar de que exista registro".*

GABARITO: CERTO.

422. **(IBFC - 2022 - SES/DF - NÍVEL SUPERIOR)** Em "Eu a olhava da janela do meu escritório como se a distância que nos separasse fosse cósmica.", percebe-se uma alteração de atitude do enunciador em relação aos verbos. Tal alteração refere-se, principalmente à mudança:
a) do tempo verbal.
b) da voz do verbo.
c) da flexão de número.
d) do modo verbal.
e) da flexão de gênero.

Os verbos estão em modos verbais diferentes. A forma verbal "olhava" está no modo indicativo e a forma verbal "separasse" está no modo subjuntivo.

GABARITO: D.

423. **(IBFC - 2022 - EBSERH - NÍVEL MÉDIO)** Caso a oração "Nos sermões, pregava o trabalho árduo" fosse reescrita na voz passiva analítica, a construção correta seria:
a) Nos sermões, pregam o trabalho árduo.
b) Nos sermões, o trabalho árduo era pregado.
c) Nos sermões, pregavam-se o trabalho árduo.
d) Nos sermões, pregavam o trabalho árduo.
e) Nos sermões, o trabalho árduo foi pregado.

A: Voz ativa.

B: A voz passiva analítica revela um sujeito paciente (que não faz a ação do verbo, apenas a recebe) e é estruturada por um verbo auxiliar e um verbo no particípio. A transposição de voz deve considerar como o verbo está na voz ativa: pregava (pretérito imperfeito do indicativo) e era (pretérito imperfeito do indicativo), ou seja, o verbo auxiliar deve manter a mesma forma que está o verbo na voz ativa.

C: O correto é "pregava-se" (voz passiva sintética).

D: Voz ativa.

E: O tempo do verbo auxiliar não está igual ao do verbo na voz ativa (foi: pretérito perfeito do indicativo).

GABARITO: B.

---

424. **(CESPE/CEBRASPE - 2019 - PGE/PE - CARGOS DE NÍVEL SUPERIOR)**

1   O modelo econômico de produção capitalista,
    aperfeiçoado pelos avanços científicos e tecnológicos que, por
    sua vez, proporcionaram a reestruturação da produção e a
4   Terceira Revolução Industrial, retirou do trabalho seu valor,
    transformando o empregado em simples mercadoria inserta no
    processo de produção. Nesse contexto, o trabalhador se vê
7   tolhido da principal manifestação de sua humanidade e
    dignidade: o trabalho. A luta dos trabalhadores, portanto, não
    é mais apenas por condições melhores de subsistência, mas
10 pela própria dignidade do ser humano.
    [...]

(Isadora Vier Machado. **Da dor no corpo à dor na alma**: uma leitura do conceito de violência psicológica da Lei Maria da Penha. Internet: http://pct.capes.gov.br. Adaptado.)

A substituição da forma verbal "teria" (L. 15) por tem manteria tanto a correção gramatical quanto a coerência do texto.

Certo ( )   Errado ( )

No original, temos: "a Lei Maria da Penha teria o papel de assegurar o reconhecimento das mulheres em situação de violências (incluída a psicológica) pelo direito". A forma verbal "teria" está no futuro do pretérito do indicativo. Na alteração sugerida, o trecho ficaria: "a Lei Maria da Penha TEM o papel de assegurar o reconhecimento das mulheres em situação de violências (incluída a psicológica) pelo direito". A substituição mantém a correção gramatical e a coerência. Vale destacar que coerência não tem a ver sentido, mas com lógica, não contradição.

GABARITO: CERTO.

425. (FEPESE - 2019 - CELESC - CONTADOR)

Apesar de cortes, obras avançam no acelerador de partículas Sirius

O acelerador de partículas Sirius completou a primeira volta de elétrons recentemente e, mesmo com os seguidos cortes na área científica do país, a previsão para a conclusão das obras é para o fim de 2020. Quando as obras acabarem, o acelerador de partículas Sirius será o equipamento mais avançado do mundo na geração de luz síncrotron. Ao todo, são 68 mil m² de área construída. A luz síncrotron gerada pelo Sirius será capaz de analisar a estrutura de qualquer material na escala dos átomos e das moléculas, que poderá contribuir no desenvolvimento de fármacos e baterias, por exemplo. Quando estiver em funcionamento, também permitirá reconstituir o movimento de fenômenos químicos e biológicos ultrarrápidos que ocorrem na escala dos átomos e das moléculas, importantes para o desenvolvimento de fármacos e materiais tecnológicos, como baterias mais duradouras.

Em novembro de 2018, foi inaugurada a primeira etapa do projeto. A solenidade contou com a presença do então presidente da República, Michel Temer, em Campinas, interior de São Paulo, onde o equipamento foi construído. Hoje, entre os três aceleradores do Sirius, os dois primeiros já estão montados. Ainda assim, falta a parte de instalação de potência dos aceleradores, que deve acontecer em maio de 2019. Na mira da comunidade científica internacional, – que no futuro também poderá utilizar o espaço –, a construção do acelerador de partículas ainda enfrenta alguns percalços.

"A construção do Sirius ainda esbarra nos subsequentes cortes de investimentos do governo federal", conta o diretor do Centro Nacional de Pesquisa em Energia e Materiais (CNPEM), José Roque da Silva. Em decreto publicado em março de 2019, o governo federal decidiu congelar uma parcela das verbas do orçamento em praticamente todas as áreas. O Ministério de Ciência e Tecnologia, por exemplo, sofreu congelamento de 41,97% do orçamento. A medida, pensada para tentar cumprir a meta de deficit primário do país, pode afetar em cheio outros orçamentos, como o do Sirius. "Nesse momento dá para dizer que o Ministério está mantendo o cronograma atual", diz. "Eu diria que é cedo para dar alguma informação mais definitiva, mas a situação da ciência e tecnologia no país é, como um todo, preocupante", explica Roque.

No futuro, a expectativa do CNPEM é de conseguir ampliar as fontes de recursos do Sirius –principalmente após o fim das obras. Segundo Roque, outros ministérios, como o de Minas e Energia, Saúde e Agricultura também estão interessados em utilizar o acelerador. Além dos agentes do governo, como explica o diretor do CNPEM, os setores privados também têm demonstrado interesse em investir no Sirius. A construção do novo acelerador de partículas deve custar um valor estimado de R$ 1,8 bilhão.

Além do Sirius, existe um antigo acelerador de fonte de luz síncrotron, o UVX, lançado em 1997. Atualmente considerado ultrapassado, o UVX já participou de importantes descobertas para a pesquisa brasileira como, por exemplo, entender o funcionamento de uma proteína essencial para a reprodução do zika vírus. O diretor científico do Laboratório Nacional de Luz Síncrotron (LNLS), Harry Westfahl Junior, espera que nos próximos dois anos o número das linhas de luz do UVX – que hoje é de 13 linhas com diversas técnicas de análise microscópica – salte para 18. Atualmente, duas vezes por ano é aberto chamado para projetos acadêmicos coordenados pelo LNLS. "Cientistas de qualquer centro de pesquisa no mundo, empresarial ou acadêmico, podem submeter seus trabalhos", conta. Como o atual acelerador UVX será substituído pelo Sirius, as novas linhas de luz serão gradualmente montadas ali.

(Revista Galileu. **Apesar de cortes, obras avançam no acelerador de partículas.** Abr. 2019. Disponível em: https://revistagalileu. globo.com/Ciencia/noticia/2019/04/apesar-de-cortes-obras-avancam-no-acelerador-de-particulas-sirius.html. Adaptado.)

Assinale a alternativa **correta**, com base no texto.

a) Em "[...] foi inaugurada a primeira etapa do projeto" e "[...] o equipamento foi construído" (2º parágrafo), as orações estão na voz passiva e o agente das respectivas ações está omitido.

b) Em "Ao todo, são 68 mil m²" (1º parágrafo) e "[...] é, como um todo, preocupante" (3º parágrafo), as expressões sublinhadas podem ser substituídas por "totalmente", sem prejuízo de significado e sem ferir a norma culta da língua escrita.

c) Em "deve acontecer em maio" e "poderá utilizar o espaço" (2º parágrafo), as locuções verbais indicam, respectivamente, que a instalação dos aceleradores ocorrerá obrigatoriamente em maio, e que a comunidade científica certamente utilizará o espaço.

d) Em "falta a parte de instalação de potência dos aceleradores" (2º parágrafo), o constituinte sublinhado é objeto direto do verbo "faltar" e as palavras "instalação", "potência" e "aceleradores" são nomes derivados de verbos.

e) Em "onde o equipamento foi construído" (2º parágrafo), o pronome relativo pode ser substituído por "em cujo", sem ferir a norma culta da língua escrita.

A: Em "[...] foi inaugurada a primeira etapa do projeto" e "[...] o equipamento foi construído" (2º parágrafo), as orações estão na voz passiva e o agente das respectivas ações está omitido, já que não se sabe, pelos períodos, quem inaugurou e quem construiu.

B: "Ao todo" significa no total; e "como um todo", significa de forma geral.

C: Em "deve acontecer em maio" e "poderá utilizar o espaço" (2º parágrafo), as locuções verbais indicam, respectivamente, que a instalação dos aceleradores poderá ocorrer em maio, e que a comunidade científica poderá utilizar o espaço, ou seja, não é uma certeza.

D: Em "falta a parte de instalação de potência dos aceleradores" (2º parágrafo), o constituinte sublinhado é sujeito do verbo "faltar" e as palavras "instalação" e "aceleradores" são nomes derivados de verbos (instalar e acelerar).

E: Em "onde o equipamento foi construído" (2º parágrafo), o pronome relativo pode ser substituído por "em que".

GABARITO: A.

---

426. (FEPESE - 2019 - CELESC - ASSISTENTE ADMINISTRATIVO)

Linguista do Havaí nomeia primeiro buraco negro já fotografado: Pōwehi

A palavra Pōwehi tem origem no Kumulipo, um canto tradicional do Havaí usado para descrever a criação do arquipélago, e significa "embelezada fonte escura de criação sem fim". "Pō" quer dizer fonte escura e profunda de criação sem fim e "wehi" significa honrado com embelezamento. O nome foi criado pelo professor de linguística da Universidade do Havaí, Larry Kimura, a pedido dos astrônomos do arquipélago que participaram do projeto Telescópio de Horizonte de Eventos (EHT, em inglês). O grupo foi responsável por conduzir os estudos que tornaram possível fotografar pela primeira vez um buraco negro.

A imagem foi capturada por uma rede global de telescópios criada para obter informações sobre esses corpos celestes caracterizados por ter campos gravitacionais tão fortes que nem a matéria nem a luz conseguem escapar de sua atração. O Havaí teve uma participação especial na descoberta, já que dois dos telescópios usados para tirar a foto estavam localizados no arquipélago.

"Pōwehi é um nome poderoso porque traz verdades sobre a imagem do buraco negro que vemos", disse Jessica Dempsey, diretora de um dos telescópios usados no Havaí, em vídeo publicado pela Universidade do Havaí. O nome, contudo, ainda não é oficial. Para ser oficializado, é necessário que todos os cientistas envolvidos no projeto aprovem formalmente a ideia e que a União Astronômica Internacional dê a confirmação final. Até agora, o nome utilizado pelos cientistas para se referirem ao buraco negro é M87*, já que o corpo celeste está localizado no centro da Messier 87, uma enorme galáxia no aglomerado próximo ao de Virgem, a cerca de 54 milhões de anos-luz da Terra." Ter o privilégio de dar um nome havaiano à primeira confirmação científica de um buraco negro é muito significativo para mim", afirmou Kimura em comunicado. "Eu espero que possamos continuar a nomear futuros buracos negros da astronomia havaiana de acordo com o Kumulipo".

Como foi possível obter a foto do Pōwehi? O anel luminoso que se vê na imagem é, na verdade, o que os astrônomos chamam de "horizonte de eventos": um halo de poeira e gás no contorno desse buraco. O disco captado na foto contém matéria que é acelerada a altas velocidades pela força gravitacional e que terminará por ser engolida ou ejetada para longe, escapando da voracidade do corpo celeste. O halo tem a forma de um crescente porque as partículas voltadas para a Terra aparentam estar mais rápidas – e brilhantes – do que as que estão do outro lado. No centro da imagem, está o que os cientistas chamaram de "sombra do buraco negro", a região onde o buraco propriamente dito está localizado e que, por não emitir luz, não pode ser observada. Físicos estimam que o corpo celeste seja 2,5 vezes menor do que sua sombra. O buraco no centro da Messier 87 tem uma massa 6,5 bilhões de vezes maior que a do nosso Sol.

(Revista Veja. **Linguista do Havaí nomeia primeiro buraco negro já fotografado: Pōwehi**. Disponível em: https://veja.abril.com.br/ciencia/linguista-do-havai-nomeia-primeiro-buraco-negro-ja-fotografado-powehi/. Acesso em: 14 abr. 2019. Adaptado.)

Considere as afirmativas abaixo, com base no texto.

1. No primeiro parágrafo do texto, as duas frases iniciais apresentam formas verbais no tempo presente e as duas últimas frases, tempos verbais no pretérito perfeito do modo indicativo.
2. Em "O nome foi criado pelo professor" (1º parágrafo"), "O grupo foi responsável por conduzir" (1º parágrafo) e "A imagem foi capturada por uma rede" (2º parágrafo), os termos sublinhados correspondem a agentes das respectivas ações expressas pelos verbos.
3. Em "traz verdades sobre a imagem do buraco negro que vemos" (3º parágrafo) e "O anel luminoso que se vê na imagem" (último parágrafo), os termos sublinhados podem ser mutuamente substituídos sem prejuízo de significado no texto.
4. Em "é necessário que todos os cientistas envolvidos no projeto aprovem formalmente a ideia", "Eu espero que possamos continuar" (3º parágrafo) e "Físicos estimam que o corpo celeste seja 2,5 vezes menor" (último parágrafo), as formas verbais sublinhadas encontram-se no presente do modo subjuntivo.
5. Em "escapando da voracidade do corpo celeste" (último parágrafo), a forma verbal sublinhada está no gerúndio e expressa uma situação passada.

Assinale a alternativa que indica todas as afirmativas corretas.

a) São corretas apenas as afirmativas 1 e 2.
b) São corretas apenas as afirmativas 3 e 5.
c) São corretas apenas as afirmativas 1, 2 e 4.
d) São corretas apenas as afirmativas 1, 3 e 4.
e) São corretas apenas as afirmativas 3, 4 e 5.

1: No primeiro parágrafo do texto, as duas frases iniciais apresentam formas verbais no tempo presente (tem, usado, significa, quer, significa) e as duas últimas frases, tempos verbais no pretérito perfeito do modo indicativo (foi, participaram, foi, tornaram).

2: Em "O nome foi criado pelo professor", há um agente da passiva; em "O grupo foi responsável por conduzir", há um complemento nominal; em "A imagem foi capturada por uma rede", há agente da passiva.

3: Em "traz verdades sobre a imagem do buraco negro que vemos" (3º parágrafo), a forma verbal "vemos" faz referência a quem fala e aos envolvidos nesse contexto; e em "O anel luminoso que se vê na imagem" (último parágrafo), a forma "se vê" significa "é vista" e também faz referência a todos os envolvidos nesse contexto.

4: Realmente, em "é necessário que todos os cientistas envolvidos no projeto aprovem formalmente a ideia", "Eu espero que possamos continuar" (3º parágrafo) e "Físicos estimam que o corpo celeste seja 2,5 vezes menor" (último parágrafo), as formas verbais sublinhadas encontram-se no presente do modo subjuntivo.

5: Em "escapando da voracidade do corpo celeste" (último parágrafo), a forma verbal sublinhada está no gerúndio, mas essa forma nominal não tem um sentido específico de tempo, pois indica uma ação simultânea, contínua, de duração no tempo.

GABARITO: D.

ABR# EMPREGO DE PRONOMES

427. (VUNESP - 2022 - PM/SP - SARGENTO)

(Fernando Gonsales, "Níquel Náusea". *Folha de S.Paulo*, 28.10.2021. Adaptado)

Em conformidade com a norma-padrão, as lacunas das falas dos personagens devem ser preenchidas, respectivamente, com:

a) há – Você – me.
b) a – Tu – se.
c) à – Você – se.
d) há – Tu – me.

No trecho "não vejo **há** décadas", o verbo "haver" fica no singular, porque indica tempo transcorrido. No trecho "Caramba, Klaus! Você não envelhece nunca!", o uso de "você" é decorrente da flexão do verbo "envelhece". Se fosse usar tu, o correto seria: tu não envelheces. No trecho "eu me cuido", o uso da primeira pessoa do singular é decorrente do fato de que o próprio personagem é quem fala. Os pronomes seguem a regra: eu me, tu te, ele se, nós nos, vós vos, eles se.
GABARITO: A.

---

428. (AOCP - 2022 - PP/DF - POLICIAL PENAL) As expressões "Sua Excelência" e "Vossa Excelência" são empregadas no texto para se referir à terceira e à segunda pessoa do discurso, respectivamente.

Certo ( )   Errado ( )

O emprego do pronome nas locuções do enunciado determina a pessoa do discurso.
- *Vossa Excelência: o uso de "vossa" indica segunda pessoa do discurso.*
- *Sua Excelência: o uso de "sua" indica terceira pessoa do discurso.*

GABARITO: CERTO.

---

429. (CESPE/CEBRASPE - 2022 - PETROBRAS - ADMINISTRAÇÃO)

O texto mais célebre de **A República** é sem dúvida a **Alegoria da Caverna**, em que Platão, utilizando-se de linguagem alegórica, discute o processo pelo qual o ser humano pode passar da visão habitual que tem das coisas, "a visão das sombras", unidirecional, condicionada pelos hábitos e preconceitos que adquire ao longo de sua vida [...]
Seria mantida a correção gramatical do texto caso o trecho "pelo qual" fosse substituído por **porque**.

Certo ( )   Errado ( )

A troca correta seria "por que". No trecho "discute o processo pelo qual o ser humano pode passar", o termo "pelo qual" é a junção da preposição "por" com o pronome relativo "o qual" (por + o qual). Ser formos trocar "o qual" por "que", teremos o seguinte: por + que: por que ("por" é preposição e "que" é o pronome relativo).
GABARITO: ERRADO.

---

430. **(CESPE/CEBRASPE - 2022 - IBAMA - ANALISTA ADMINISTRATIVO)**

Assim como cidadania e cultura formam um par integrado de significações, cultura e territorialidade são, de certo modo, sinônimos. A cultura, forma de comunicação do indivíduo e do grupo com o universo, é herança, mas também um reaprendizado das relações profundas entre o ser humano e o seu meio, um resultado obtido por intermédio do próprio processo de viver. Incluindo o processo produtivo e as práticas sociais, a cultura é o que nos dá a consciência de pertencer a um grupo, do qual é o cimento. É por isso que as migrações agridem o indivíduo, roubando-lhe parte do ser, obrigando-o a uma nova e dura adaptação em seu novo lugar. Desterritorialização é frequentemente outra palavra para significar alienação, estranhamento, que são, também, desculturização. [...]

Em "roubando-lhe parte do ser", a forma pronominal "lhe" transmite ideia de posse, indicando que as migrações roubam parte do ser dos indivíduos.

Certo ( )   Errado ( )

O verbo roubar tem sentido de "roubar algo de alguém", ou seja, já há uma ideia de posse advinda da própria forma verbal. Nesse caso, o pronome "lhe" reforça a ideia de posse e pode ser trocado por "roubando sua parte do ser". Desse modo, "lhe" indica posse e é classificado como adjunto adnominal.
GABARITO: CERTO.

---

431. **(CESPE/CEBRASPE - 2021 - PC/DF - AGENTE)**

Nesta sala atulhada de mesas, máquinas e papéis, onde invejáveis escreventes dividiram entre si o bom senso do mundo, aplicando-se em ideias claras apesar do ruído e do mormaço, seguros ao se pronunciarem sobre problemas que afligem o homem moderno [...]

No primeiro período do texto, o termo "onde" tem como antecedente o termo "sala".

Certo ( )   Errado ( )

O termo "onde" retoma um lugar, que é "nesta sala atulhada de mesas, máquinas e papéis". Vale ressaltar que o antecedente do pronome "onde" tem como base um substantivo, por isso a referência de "onde" é o termo "sala", que é o núcleo da expressão adverbial de lugar (Nesta sala atulhada de mesas, máquinas e papéis).
GABARITO: CERTO.

---

432. **(CESPE/CEBRASPE - 2021 - PG/DF - TÉCNICO JURÍDICO/APOIO ADMINISTRATIVO)**

A lembrança de sua cara fugia-me, devia ser um lapso temporário. Mas seu nome — é claro, é claro, lembrei-me finalmente: Janair. E, olhando o desenho hierático, de repente me ocorria que Janair me odiara. [...]

Em "fugia-me" e "lembrei-me", a forma pronominal "me" poderia ser suprimida sem prejuízo da correção gramatical do texto.

Certo ( )   Errado ( )

A ênclise é obrigatória em "lembrei-me". Vejamos:

- *É opcional a colocação do pronome em "fugia-me", pois não há palavra atrativa e a oração não é iniciada por um verbo. A presença do sujeito expresso garante essa possibilidade.*

*A lembrança de sua cara **fugia-me** / A lembrança de sua cara **me fugia**.*
- É obrigatória a ênclise em "lembrei-me", porque a oração é iniciada pelo verbo.

*Mas seu nome — é claro, é claro, **lembrei-me** finalmente.*

GABARITO: ERRADO.

---

433. (CESPE/CEBRASPE - 2021 - PG/DF - TÉCNICO JURÍDICO/APOIO ADMINISTRATIVO)

A compreensão da comunicação como direito humano é formulação mais ou menos recente na história do direito. Tal conceito foi expresso pela primeira vez em 1969 por Jean D'Arcy, então diretor dos Serviços Visuais e de Rádio no Escritório de Informação Pública da Organização das Nações Unidas (ONU), em Nova Iorque, em artigo na revista EBU Review, do European Broadcasting Union (EBU): "Virá o tempo **em que** a Declaração Universal dos Direitos Humanos terá de abarcar um direito mais amplo que o direito humano à informação, estabelecido pela primeira vez 21 anos atrás no artigo 19. Trata-se do direito do homem de se comunicar.". [...]

A expressão "em que" poderia ser substituída por **onde**, sem prejuízo da correção gramatical e do sentido original do texto.

Certo ( )   Errado ( )

O termo "em que" não retoma um lugar (o que permitiria a troca por onde), mas faz referência a uma expressão temporal (o tempo). Uma troca correta seria "em que" por "no qual".

GABARITO: ERRADO.

---

434. (CESPE/CEBRASPE - 2021 - BANESE - TÉCNICO BANCÁRIO I)

Decisões de longo prazo também tendem a ser negativamente afetadas pelas sobrecargas associadas à escassez, como retirar os filhos da escola para buscar algum tipo de trabalho, por conta da perda de emprego dos pais, o que acarreta consequências negativas para toda a vida da criança.

Substituindo-se a vírgula empregada logo após "pais", no último período do texto, por ponto final, o trecho "o que acarreta consequências negativas para toda a vida da criança" poderia ser corretamente substituído por **Isso acarreta consequências negativas para toda a vida da criança**, sem prejuízo da coerência do texto.

Certo ( )   Errado ( )

Os termos "o que" e "isso" garantem a mesma referenciação. No trecho "por conta da perda de emprego dos pais, o que acarreta consequências negativas para toda a vida da criança", o termo "o que" é um elemento coesivo que retoma a ideia do trecho anterior. A troca sugerida na questão é "por conta da perda de emprego dos pais. **Isso** acarreta consequências negativas para toda a vida da criança". Nessa troca, o termo "isso" também tem a função de retomar a ideia do trecho anterior.

Ou seja, a coerência é mantida.

GABARITO: CERTO.

---

435. (CESPE/CEBRASPE - 2021 - CODEVASF - ANALISTAS)

A irrigação constitui-se em uma das mais importantes tecnologias para o aumento da produtividade agrícola. Aliada a ela, uma série de práticas agronômicas deve ser devidamente considerada.

O pronome "ela", em "Aliada a ela", refere-se à expressão "produtividade agrícola".

Certo ( )   Errado ( )

O pronome "ela" retoma, por coesão referencial, o termo "irrigação". Vejamos:

A **irrigação** constitui-se em uma das mais importantes tecnologias para o aumento da produtividade agrícola. Aliada a **ela**, uma série de práticas agronômicas deve ser devidamente considerada.

GABARITO: ERRADO.

EMPREGO DE PRONOMES

436. (IBFC - 2022 - SES/DF - NÍVEL SUPERIOR) Ao empregar o pronome demonstrativo em "Quando vi aquela mulher gritando na praça", o narrador revela:
a) retomada de uma personagem já citada.
b) referência à proximidade temporal entre eles.
c) tratamento cerimonioso concedido à mulher.
d) distanciamento físico entre ele e a mulher.
e) proximidade afetiva da referida mulher.

O emprego do pronome demonstrativo "aquele/a" revela um distanciamento (este = junto/perto; esse = proximidade; aquele = distante). A noção de distanciamento fica mais evidente pelo texto. Vejamos:

*Quando vi aquela mulher gritando na praça, tive uma sensação parecida. O cabelo desgrenhado, as duas garotas quase adolescentes, os claros sinais de embriaguez... havia algo tão obsceno nela que nem sequer fiquei escandalizado com minha ausência de compaixão. **Eu a olhava da janela do meu escritório como se a distância que nos separasse fosse cósmica.** Ela gritava, e seus gritos não faziam sentido. Insultava alternadamente o prefeito e Camilo Ortiz, que deveria estar escutando tudo de sua cela. **Eu me sentei e continuei trabalhando.** A mulher se calou. Houve um silêncio inesperado e então começou a gritar de novo, mas de forma muito diferente: "Foram as crianças! Foram as crianças!.*

GABARITO: D.

---

437. (IBFC - 2022 - SES/DF - NÍVEL SUPERIOR) Em todas as passagens a seguir são destacados exemplos de pronomes relativos, exceto em:
a) "duas vastas regiões de nossa galáxia que pareciam estar desconectadas".
b) "uma característica do nosso universo sobre a qual ainda existem muitas perguntas".
c) "O Esporão Polar Norte é uma enorme faixa de gás quente que emite raios-X".
d) "a Região do Ventilador é uma área altamente polarizada, cujo campo elétrico".
e) "mas o trabalho da Universidade de Toronto mostra pela primeira vez que elas estão conectadas".

Há uma conjunção subordinativa integrante: mostra que.

Nas demais opções, temos pronome relativo: que, a qual, que, cujo.

GABARITO: E.

---

438. (IBFC - 2022 - INDEA/MT - AGENTE FISCAL)

Qual dos dois é o vilão hoje?
Se um quer roubar o ouro da mina do pai da mocinha, o outro também.
Sem piscar, um troca a mocinha pelo cavalo do outro.
Os punhos nus eram a arma do galã. Hoje briga sujo. Inimigo vencido, a cara no pó? Chuta de o nariz até esguichar sangue.
Costeleta e bigodinho ele também. Sem modos, entra de chapelão na casa do juiz. Corteja a heroína, já viu, aparando as unhas? Pífio jogador de pôquer, o toque na orelha esquerda significa trinca de sete.
A cada estalido na sombra já tem o dedo no gatilho – seu lema é atire primeiro e pergunte depois. Você por acaso fecha o olho do bandido que matou? Nem ele. [...]

Em "Você por acaso fecha o olho do bandido que matou?", o pronome destacado refere-se:
a) ironicamente, a um leitor genérico aproximando-o do texto.
b) objetivamente, a um interlocutor que é personagem do texto.
c) genericamente, apenas às pessoas que já mataram alguém.
d) figurativamente, a um destinatário ficcional que dialoga no texto.

O termo "você" sinaliza uma interlocução, ou seja, um diálogo com o leitor. No texto, marcas de interlocução são recursos empregados por alguém que objetivam especificar o receptor da mensagem que está sendo transmitida, como o uso de você, seu, sua, vocativo.

GABARITO: A.

---

439. (IBFC - 2022 - EBSERH - NÍVEL MÉDIO) Considere a passagem a seguir:

"Ele **mesmo** dava exemplo, pegando no batente de manhã cedo, preparando massa de cimento e assentando tijolos da igreja em construção."

Destaca-se, na passagem, o vocábulo "mesmo" que cumpre um papel de reforço em relação ao pronome "Ele". Entendendo "mesmo" também como pronome, deve ser classificado morfologicamente como:

a) relativo.
b) indefinido.
c) demonstrativo.
d) possessivo.
e) interrogativo.

A: Relativo: retoma e substitui um substantivo ou um pronome (que, o qual, onde, cujo etc.).

B: Indefinido: generaliza algo (alguém, tudo, todos, nenhum etc.).

C: Demonstrativo: o pronome "mesmo" sem a função de reforçar "quem é" (ele mesmo, não outra pessoa).

D: Possessivo: indica posse (meu, teu, seu, nosso, vosso).

E: Interrogativo: indica uma dúvida, uma pergunta (Por quê?).

GABARITO: C.

---

440. (CESPE/CEBRASPE - 2021 - PM/AL - OFICIAL)

Em todos esses casos, os espaços privilegiados das ações dos grupos organizados eram os Estados nacionais, espaços privilegiados de exercício da cidadania. Contudo, a expansão do conjunto de transformações socioculturais, tecnológicas e econômicas, conhecido como globalização, nas últimas décadas, tem limitado de forma significativa os poderes e a autonomia dos Estados (pelo menos os dos países periféricos), os quais se tornam reféns da lógica do mercado em uma época de extraordinária volatilidade dos capitais. [...]

A substituição do termo "os quais" por **onde** manteria a correção gramatical e o sentido do texto.

Certo ( )   Errado ( )

O pronome relativo "onde" apenas pode ser empregado quando há uma referência a um lugar, o que não ocorre no texto. Vejamos: *tem limitado de forma significativa os poderes e a autonomia dos Estados (pelo menos os dos países periféricos), os quais se tornam reféns da lógica do mercado.* O pronome relativo "os quais" retoma "Estados", que não é um lugar físico, geográfico, mas uma denominação, um conceito.

GABARITO: ERRADO.

---

441. (CESPE/CEBRASPE - 2021 - CODEVASF - ANALISTAS)

A história da irrigação se confunde, na maioria das vezes, com a história da agricultura e da prosperidade econômica de inúmeros povos. Muitas civilizações antigas se originaram assim, em regiões áridas, onde a produção só era possível com o uso da irrigação. [...]

Sem prejuízo da correção gramatical e dos sentidos originais do texto, o vocábulo "onde" poderia ser substituído pela expressão **uma vez que**.

Certo ( )   Errado ( )

Os dois vocábulos possuem usos diferentes. "Onde" é um pronome relativo que retoma "regiões áridas". "Uma vez que" é uma locução conjuntiva que indica a causa do trecho subsequente.
GABARITO: ERRADO.

---

442. (CESPE/CEBRASPE - 2019 - PGE/PE - CARGOS DE NÍVEL SUPERIOR)

[...] A sociedade requer das organizações
uma nova configuração da atividade econômica, pautada na
16 ética e na responsabilidade para com a sociedade e o meio
ambiente, a fim de minimizar problemas sociais como
concentração de renda, precarização das relações de trabalho
19 e falta de direitos básicos como educação, saúde e moradia,
agravados, entre outros motivos, por propostas que concebem
um Estado que seja parco em prestações sociais e no qual a
22 própria sociedade se responsabilize pelos riscos de sua
existência, só recorrendo ao Poder Público subsidiariamente,
na impossibilidade de autossatisfação de suas necessidades.

(Samia Moda Cirino. **Sustentabilidade no meio ambiente de trabalho**: um novo paradigma para a valorização do trabalho humano. Internet: www.publicadireito.com.br. Adaptado.)

A substituição de "no qual" (L. 21) por aonde prejudicaria a correção gramatical do texto.

Certo ( )   Errado ( )

A questão está correta porque afirma que a substituição proposta prejudicaria a correção gramatical do texto. Realmente não é possível substituir "no qual" por "aonde". Veja que "no qual" retoma "Estado" (linha 21), e pode ser substituído por "em que". Porém, não se pode usar "aonde" porque este termo é a junção de A (preposição) + ONDE (pronome que retoma um lugar). Vale destacar que "Estado" não é um lugar.
GABARITO: CERTO.

---

443. (FEPESE - 2019 - DEINFRA - ENGENHEIRO)

Ética para quê?

Essa é uma boa pergunta para quem pensa que está apenas resolvendo um projeto de engenharia, conformando uma solução arquitetônica ou urdindo um plano agronômico. Nisso que chamamos ato de ofício tecnológico aplicamos conhecimento científico, *modus operandi*, criatividade, observância das normas técnicas e das exigências legais. E onde entra a tal da ética?

Em geral, os dicionários definem "ética" como um sistema de julgamento de condutas humanas, apreciáveis segundo valores, notadamente os classificáveis em bem e mal. O Dicionário Houaiss traz estes conceitos:

[...] estudo das finalidades últimas, ideais e em alguns casos, transcendentes, que orientam a ação humana para o máximo de harmonia, universalidade, excelência ou perfectibilidade, o que implica a superação de paixões e desejos irrefletidos. Estudo dos fatores concretos (afetivos, sociais etc.) que determinam a conduta humana em geral, estando tal investigação voltada para a consecução de objetivos pragmáticos e utilitários, no interesse do indivíduo e da sociedade.

Quaisquer que sejam as formas de pensar, _____ preocupação é com a conduta dirigida _____ execução de algo que seja considerado como bom ou mau. É _____ ação produzindo resultados. Resultados sujeitos _____ juízo de valores. Somos dotados de uma capacidade racional de optar, de escolher, de seguir esta ou aquela via. Temos o livre-arbítrio. Somos juízes prévios de nós mesmos.

Vejamos rapidamente uma metáfora para _____ melhor compreensão deste diferencial de consciência existente entre dois agentes de transformação do meio: a minhoca e o homem. É indubitável que as minhocas agem sobre o meio transformando-o. Reconhecem solos, fazem túneis, condicionam o ar de seus ninhos, constroem abrigos para seus ovos, preveem tempestades e sismos, convertem matéria orgânica em alimento e adubam o caminho por onde passam. São dispositivos sensores sofisticados e admiráveis máquinas de cavar. Tudo isso também é possível de realização pelo homem tecnológico. Fazemos abrigos, meios de transporte, manejamos o solo, produzimos alimento, modelamos matéria e energia, prospectamos e controlamos as coisas ao nosso redor. A diferença é que a minhoca faz isso por instinto e nós profissionais o fazemos por vontade, por arbítrio. A minhoca tem em sua natureza o impulso de agir assim. Nós outros, humanos, o fazemos para acrescentar algo de melhor em nossa condição. A minhoca é um ser natural. Nós somos seres éticos. Para as minhocas não há nem bem nem mal. Apenas seguem seu curso natural. Então, para que ética? Para fazermos exatamente aquilo que fazemos, porém bem feito e para o bem de alguém. Isso não é o bastante, mas já é um bom começo. Um pouco também para nos diferenciarmos das minhocas na nossa faina comum de mudar o mundo.

(PUSCH. J. **Ética e cultura profissional do engenheiro, do arquiteto e do engenheiro agrônomo**. Disponível em: http://www.crea-pr.org.br/ws/wp-content/uploads/2016/12/caderno08.pdf. Adaptado.)

Analise as frases abaixo, retiradas do último parágrafo do texto:

1. É indubitável que as minhocas agem sobre o meio transformando-o.
2. A diferença é que a minhoca faz isso por instinto e nós profissionais o fazemos por vontade, por arbítrio.

Identifique abaixo as afirmativas verdadeiras (V) e as falsas (F) com relação às frases.

( ) Em 1, a palavra "indubitável" pode ser substituída por "incontestável", sem prejuízo de significado no texto.
( ) Em 1 e 2, o pronome oblíquo "o" funciona como objeto direto e refere-se a "o meio" e "isso", respectivamente.
( ) Em 1 e 2, a conjunção "que" introduz oração subordinada substantiva predicativa.
( ) Em 2, o pronome oblíquo "o" pode ser posposto ao verbo na forma "fazemo-lo", sem desvio da norma culta da língua escrita.
( ) Em 2, a palavra "arbítrio" pode ser substituída por "coação", sem prejuízo de significado no texto.

Assinale a alternativa que indica a sequência **correta**, de cima para baixo.

a) V – V – V – F – V.
b) V – V – F – V – F.
c) V – F – V – V – F.
d) F – V – V – F – V.
e) F – F – F – V – F.

(V) Em 1, a palavra "indubitável" pode ser substituída por "incontestável", sem prejuízo de significado no texto. (os dois termos são sinônimos)

(V) Em 1 e 2, o pronome oblíquo "o" funciona como objeto direto e refere-se a "o meio" e "isso", respectivamente. (transformando o meio; nós profissionais fazemos isso por vontade)

(F) A conjunção "que" introduz oração subordinada substantiva subjetiva e predicativa, respectivamente.

(V) Em 2, o pronome oblíquo "o" pode ser posposto ao verbo na forma "fazemo-lo", sem desvio da norma culta da língua escrita. (não há caso obrigatório de próclise)

(F) Em 2, a palavra "arbítrio" pode ser substituída por "coação", sem prejuízo de significado no texto. (arbítrio e coação são antônimos nesse caso; coação é imposição)

GABARITO: B.

PALAVRA SE

444. (CESPE/CEBRASPE - 2021 - PC/DF - AGENTE)

Mas não exagere na medida e suba sem demora ao quarto, libertando aí os pés das meias e dos sapatos, tirando a roupa do corpo como se retirasse a importância das coisas, pondo-se enfim em vestes mínimas, quem sabe até em pelo, mas sem ferir o pudor (o seu pudor, bem entendido), e aceitando ao mesmo tempo, como boa verdade provisória, toda mudança de comportamento. [...]

No trecho "pondo-se enfim em vestes mínimas", o elemento "se" veicula a noção de reflexividade.

Certo ( )   Errado ( )

O sujeito da forma verbal "pondo-se" faz e recebe a ação do verbo. O trecho "pondo-se em vestes mínimas" indica que o sujeito vai pôr ele mesmo em vestes mínimas.
GABARITO: CERTO.

---

445. (CESPE/CEBRASPE - 2021 - PF - AGENTE)

Cresce rapidamente, em quase todos os países, o número de pessoas na prisão ou que esperam prováveis sentenças de prisão. Em quase toda parte, a rede de prisões está se ampliando intensamente. Os gastos orçamentários do Estado com as forças da lei e da ordem, principalmente os efetivos policiais e os serviços penitenciários, crescem em todo o planeta. [...]

A partícula "se" classifica-se como partícula apassivadora.

Certo ( )   Errado ( )

Não há a presença de partícula apassivadora, porque não ocorre ideia de passividade por parte do sujeito ou a necessidade de um agente que faça a rede de prisões sofrer a ação de se ampliar. A classificação correta da partícula SE é de parte integrante do verbo.
GABARITO: ERRADO.

---

446. (IBFC - 2022 - PREFEITURA DE CONTAGEM/MG - NÍVEL SUPERIOR) Leia o seguinte fragmento do texto: "Mas as instituições são criações humanas. Podem ser mudadas. E, "se" forem mudadas, [...]".

Analise as afirmativas a seguir sobre a palavra "se" com aspas duplas.

I. Expressa uma ação reflexiva.
II. Indica aquele que faz a ação.
III. Tem como sinônimos: caso, quando, visto que.

Estão corretas as afirmativas:

d) I apenas.
e) II apenas.
f) III apenas.
g) II e III apenas.

A palavra SE é uma conjunção subordinativa adverbial condicional (expressa uma condição).

Para expressão ação reflexiva, a palavra SE deve ser um pronome, como em "Levantou-se para buscar o livro".

A palavra SE nunca indica quem faz a ação, mas pode indicar quem a recebe, como em "Ele se machucou com a faca" (ele machucou a si mesmo).

GABARITO: C.

447. (FEPESE - 2017 - PC/SC - ESCRIVÃO) Assinale a alternativa correta, quanto às classes morfológicas ou funções sintáticas da palavra "se" em destaque nas orações a seguir:
a) O menino feriu-**se** com a faca. (pronome apassivador)
b) Vive-**se** bem nesta cidade. (palavra expletiva ou de realce)
c) Manuel sempre **se** pergunta isso. (objeto indireto)
d) Os professores cumprimentaram-**se** alegremente. (objeto indireto)
e) Passaram-**se** vários anos. (conjunção subordinada integrante)

A palavra SE desempenha as seguintes funções:
A: Há um pronome reflexivo (tem o mesmo sentido de o menino feriu a si mesmo).
B: Há um índice de indeterminação do sujeito (o verbo é intransitivo e está na 3ª pessoa do singular).
C: Há um pronome oblíquo na função de objeto indireto (o verbo perguntar tem a seguinte complementação: perguntar algo a alguém); nesse caso: perguntar isso a si mesmo.
D: Há um pronome recíproco (ocorre quando há uma troca simultânea de uma ação: um professor cumprimentou o outro ao mesmo tempo).
E: Há um pronome oblíquo que acompanhar o verbo pronominal "passar-se".

GABARITO: C.

448. (FUNDEP - 2021 - CBM/MG - SOLDADO) De acordo com a língua padrão estabelecida pela Gramática Normativa, considerando-se o índice de indeterminação do sujeito, assinale a alternativa em que há erro de concordância.
a) Acreditou-se em mentiras políticas.
b) Recorreram-se às fórmulas erradas.
c) Sofre-se com os preços altíssimos.
d) Trata-se de políticos pouco decentes.

Quando há um índice de indeterminação do sujeito, significa que não há um sujeito expresso e que possa ser identificado. Para isso, o verbo fica na 3ª pessoa do singular. Com base nisso, a opção B é a única que apresenta o verbo no plural, e deveria estar no singular. Vale destacar que há verbos específicos que admitem índice de indeterminação do sujeito: verbo intransitivo, verbo transitivo indireto e verbo de ligação.

GABARITO: B.

449. (FGV - 2022 - PC/RJ - INSPETOR) A impessoalidade pode ser construída em língua portuguesa com o pronome SE, mas também o pronome NÓS pode desempenhar esse papel; a frase abaixo em que o pronome SE foi adequadamente substituído pelo pronome NÓS é:
a) O primeiro passo para conhecer-se é desconfiar de si mesmo / O primeiro passo para conhecermo-nos é desconfiarmos de nós mesmos.
b) Sabe-se o que se é, mas não o que se poderá ser / Sabe-se o que somos, mas não o que poderemos ser.
c) Conhece-se aquilo que se faz repetidamente / Conhecemos aquilo que fizemos repetidamente.
d) O que se sabe fazer, aprende-se fazendo / O que soubemos fazer, aprendemos fazendo.
e) Quando se erra a primeira casa de botão, não se conseguirá abotoar / Quando erramos a primeira casa de botão, não conseguiremos abotoar-nos.

A: A forma verbal correta é "conhecermo-nos". Quando o verbo está na primeira pessoa do plural e é acompanhado do pronome nos, deve-se suprimir a letra S que está no final do verbo.

B: O correto é: Sabemos o que somos, mas não o que poderemos ser.

C: O correto é: Conhecemos aquilo que fazemos repetidamente.

D: O que sabemos fazer, aprendemos fazendo.

E: As trocas sugeridas estão corretas quando ao emprego e ao tempo verbal.

GABARITO: E.

---

450. **(FGV - 2022 - PC/AM - INVESTIGADOR)** Em todas as frases a seguir, com exceção de uma, as ações não identificam seus agentes. Assinale a frase em que o agente da ação está identificado objetivamente.

a) Procurou-se uma saída para o problema.
b) Foram identificadas várias vítimas do terremoto.
c) Alguém esteve presente no museu à noite.
d) Atacaram a delegacia durante a madrugada.
e) Vieram todos os funcionários na hora marcada.

A e B: Há voz passiva, o que indica que o sujeito é paciente, ou seja, que não age, não atua.

C: O pronome indefinido já indica que não há um agente definido.

D: O verbo está na terceira pessoa do plural e não há como determinar o agente da ação.

E: O agente da ação é "todos os funcionários".

GABARITO: E.

---

451. **(CESPE/CEBRASPE - 2021 - PF - AGENTE)**

Texto 2A1-II

Cresce rapidamente, em quase todos os países, o número de pessoas na prisão ou que esperam prováveis sentenças de prisão. Em quase toda parte, a rede de prisões está se ampliando intensamente. Os gastos orçamentários do Estado com as forças da lei e da ordem, principalmente os efetivos policiais e os serviços penitenciários, crescem em todo o planeta. [...]

(Zygmunt Bauman. **Globalização**: as consequências humanas. Tradução: Marcus Penchel. Rio de Janeiro: Zahar, 1999. p. 122-123. Adaptado.)

No segundo período do texto, a partícula "se" classifica-se como partícula apassivadora.

Certo ( )   Errado ( )

Para entender a classificação da palavra SE como parte integrante do verbo, deve-se considerar o contexto. Temos o seguinte: "Cresce rapidamente, em quase todos os países, o número de pessoas na prisão ou que esperam prováveis sentenças de prisão. Em quase toda parte, a rede de prisões está se ampliando intensamente.". No primeiro período, o número de pessoas cresce (há um substantivo abstrato com o sujeito do verbo "crescer"). No segundo período, a rede de prisões está se ampliando (há a mesma estrutura, em que um substantivo abstrato é o sujeito do verbo). No segundo caso, não há como afirmar que "a rede de prisões está sendo ampliada", visto que é essa rede que está aumentado por si só.

GABARITO: ERRADO.

452. (FCC - 2021 - SEFAZ/SC - ANALISTA)

O bafo largo do animal revelava-lhe o porte, mas a densidade do escuro escondia tudo. Estavam como dois ruídos inimigos em lugar nenhum. Saberiam nada mais do que o ruído e o odor de cada um. Mediam a mútua coragem e o mútuo medo sem se poderem ver. O artesão pensou. Se o predador estivesse capaz já o teria mordido avidamente. Por isso, talvez se salvasse se lhe evitasse a boca pousada para um ou outro lado. Fez contas. A respiração aflita do companheiro vinha da sua esquerda, precisava claramente de conservar-se à direita, longe de dentes, mais seguro. Julgou que à luz do dia veria o inimigo e alguém o acudiria. Se lhe descessem uma lâmina haveria de a enfiar nas tripas nervosas do bicho e o saberia morto. Poderia descansar na sua provação, que era já coisa bastante para o arreliado do espírito que costumava ter.

A noite toda se foi medindo no exíguo espaço e prestou atenção àquela aflição contínua. Mas, com o dia, seguiu sem ver. A roda de céu que declinava ao chão transbordava, pelo que quase nada baixava. No fundo tão fundo eram só cegos. Foi quando Itaro distinguiu lucidamente o que lhe ocorria. Estar no fundo do poço era menos estar no fundo do poço e mais estar cego, igual a Matsu, a sua irmã. Estava, por fim, capturado pelo mundo da irmã. A menina habitava o radical puro da natureza.

(MÃE, Valter Hugo. A lenda do poço in **Homens imprudentemente poéticos**. São Paulo: Biblioteca Azul, 2016, p. 124-125.)

Depreende-se das orações que compõem a frase *Se o predador estivesse capaz já o teria mordido avidamente* uma relação de:

a) passividade, expressa pela partícula apassivadora *se*.
b) condição, expressa pela conjunção subordinante *se*.
c) passividade, expressa pelo pronome pessoal *se*.
d) reflexividade, expressa pelo pronome pessoal *se*.
e) condição, expressa pela conjunção integrante *se*.

A palavra SE nas orações destacadas é uma conjunção subordinativa adverbial condicional. Por isso, a relação entre as orações do período é de condição.

GABARITO: B.

---

453. (CESPE/CEBRASPE - 2022 - PC/PB - ESCRIVÃO)

Texto CG1A1-I

Três características básicas nos distinguem dos outros animais: o andar ereto, que deixou nossas mãos livres para pegar e fabricar coisas; um cérebro superdesenvolvido, que permitiu o domínio da natureza; e a linguagem articulada, que possibilitou não só uma comunicação eficiente como também o pensamento lógico e abstrato. Das três características, a última representou nosso maior salto evolutivo, afinal nossos antepassados tiveram habilidade manual e inteligência por milhares de anos, mas somente a partir do momento em que despontou a aptidão simbólica, primeiramente nas pinturas e inscrições rupestres e depois com a invenção da escrita, a espécie humana alçou-se de uma organização social tribal para a civilização.

Como aprendemos a falar na mais tenra infância e sem maior esforço, além de usarmos a linguagem no dia a dia da forma mais corriqueira, não nos damos conta do grande prodígio que é falar. A língua é não só um sofisticadíssimo sistema de comunicação de nossos pensamentos e sentimentos, mas sobretudo o instrumento que nos possibilita ter consciência de nós mesmos e da realidade à nossa volta.

Apesar da importância crucial da linguagem em nossa vida, o estudo da língua ficou durante séculos relegado a segundo plano, resumindo-se a descrições pouco científicas deste ou daquele idioma de maior prestígio.

(Aldo Bizzocchi. **O universo da linguagem: sobre a língua e as línguas**. São Paulo: Contexto, 2021. p. 11-12. Adaptado.)

No texto CG1A1-I, em "resumindo-se a descrições pouco científicas deste ou daquele idioma de maior prestígio" (último período), a partícula "se" classifica-se como:

a) partícula apassivadora.
b) índice de indeterminação do sujeito.
c) partícula expletiva.

d) parte integrante do verbo.
e) pronome reflexivo.

A forma verbal "resumindo-se a" é um verbo pronominal transitivo indireto, ou seja, é um verbo formado pela junção do pronome e da preposição. O verbo é "resumir-se a algo". Essa mesma estrutura está presente em verbos como "referir-se a", "opor-se a", "lembrar-se de", "esquecer-se de", "queixar-se de ", "suicidar-se".
GABARITO: D.

PALAVRA QUE

454. (CESPE/CEBRASPE - 2021 - PC/DF - AGENTE) No trecho "A ciência de nossos dias é uma tradição de conhecimento peculiar, visto que admite abertamente a ignorância coletiva", o vocábulo "que" classifica-se como pronome e retoma "A ciência de nossos dias".

Certo ( )   Errado ( )

A palavra QUE faz parte da locução conjuntiva "visto que", a qual estabelece uma relação de causa e consequência no período.

GABARITO: ERRADO.

---

455. (CESPE/CEBRASPE - 2022 - TC/RJ - ANALISTA DE CONTROLE EXTERNO)

Essas questões, das quais se percebe facilmente a importância na prática social, estão no centro de uma disciplina cujas raízes remontam à Antiguidade: a retórica. Para os antigos, a retórica era uma teoria da fala eficaz e também uma aprendizagem ao longo da qual os homens da cidade se iniciavam na arte de persuadir. Com o passar do tempo, entretanto, ela tornou-se, progressivamente, uma arte do bem dizer, reduzindo-se a um arsenal de figuras. Voltada para os ornamentos do discurso, a retórica chegou a se esquecer de sua vocação primeira: imprimir ao verbo a capacidade de provocar a convicção. É a esse objetivo que retornam, atualmente, as reflexões que se desenvolvem na era da democracia e da comunicação.

O vocábulo "que", em suas duas ocorrências, tem a função coesiva de retomar a palavra que imediatamente o antecede — na primeira ocorrência, retoma "objetivo", e na segunda, "reflexões".

Certo ( )   Errado ( )

A palavra que exerce funções diferentes. Vejamos:

- É a esse objetivo **que** retornam, atualmente, com a forma verbal "É", a palavra "que" é uma palavra expletiva, ou seja, que pode ser suprimida pela gramática; desse modo, teríamos: a esse objetivo retornam.

- As reflexões que se desenvolvem na era da democracia e da comunicação. (a palavra que é um pronome relativo que retoma "reflexões", e pode ser trocada por "as quais").

GABARITO: ERRADO.

---

456. (FEPESE - 2017 - PC/SC - ESCRIVÃO) Analise o quadrinho a seguir:

Em "Eu disse que você podia pegar uma maçã", a palavra sublinhada é:
a) pronome adjetivo.
b) pronome substantivo.
c) palavra expletiva ou de realce.
d) conjunção integrante.
e) pronome relativo.

A: Essa pessoa é divertida (o pronome ESSA acompanha um substantivo, por isso é um pronome adjetivo).

B: Esta é a melhor praia (o pronome ESTA não acompanha um substantivo, por isso é um pronome substantivo).

C: Eu que venci o concurso (a frase poderia ser "Eu venci o concurso", e ainda estaria correta, porque a palavra QUE pode ser retirada sem comprometer a estrutura sintática).

D: A palavra QUE na frase "eu disse que você podia pegar uma maçã" é uma conjunção integrante. Essa conjunção tem a função de unir orações num só período. Uma dica para verificar se é uma conjunção integrante é trocar o que vem após o verbo principal por ISSO. Vejamos: "Eu disse que você podia pegar uma maçã" > "Eu disse ISSO". Exemplo de emprego da palavra que nas demais alternativas.

E: Estes são os livros que li (a palavra que pode ser trocada por "os quais", o que comprova que é um pronome relativo).

GABARITO: D.

---

457. (FGV - 2022 - PC/RJ - AUXILIAR DE NECROPSIA) Um Manual de Redação exemplifica, com um texto, um dos problemas mais recorrentes na hora de escrever: "Alexandre, que é o novo coordenador do grupo, que vem a ser sobrinho da diretora, está desenvolvendo um novo projeto, que é o de diminuir o intervalo do lanche, para sairmos mais cedo". Esse problema de escrita é:
a) o excesso de explicações.
b) a falta de paralelismo.
c) o uso exagerado de "quês".
d) a pobreza vocabular.
e) a mistura de língua popular com a culta.

Queísmo é o nome que se dá ao exagero do emprego do pronome relativo QUE. Para evitar a repetição, é possível substituir a palavra QUE por "o qual, os quais, a qual ou as quais". Além disso, também é possível suprimir esse termo em alguns contextos. Vejamos uma sugestão de reescrita: "Alexandre, [...] o novo coordenador do grupo, o qual vem a ser sobrinho da diretora, está desenvolvendo um novo projeto, que é o de diminuir o intervalo do lanche, para sairmos mais cedo".

GABARITO: C.

---

458. (CESPE/CEBRASPE - 2019 - PGE/PE - CARGOS DE NÍVEL SUPERIOR)

[...]
Nesse contexto, a Lei Maria da Penha teria o papel de
16 assegurar o reconhecimento das mulheres em situação de
violências (incluída a psicológica) pelo direito; afinal, é
constatando as obrigações que temos diante do direito alheio
19 que chegamos a uma compreensão de cada um(a) de nós como
sujeitos de direitos. De acordo com Honneth, as demandas por

direitos — como aqueles que se referem à igualdade de gênero
22 ou relacionados à orientação sexual —, advindas de um
reconhecimento anteriormente denegado, criam conflitos
práticos indispensáveis para a mobilidade social.

(Isadora Vier Machado. **Da dor no corpo à dor na alma**: uma leitura do conceito de violência psicológica da Lei Maria da Penha.
Internet: http://pct.capes.gov.br. Adaptado.)

Sem prejuízo da correção gramatical do texto, os vocábulos "é" (L. 17) e "que" (L. 19) poderiam ser suprimidos, desde que fosse inserida uma vírgula imediatamente após a palavra "alheio" (L.18).

Certo ( )   Errado ( )

A questão sugere que os vocábulo "é" (L. 17) e "que" (L. 19) são expletivos; por isso, propõe a supressão. Para verificar essa possibilidade, deve-se ler o trecho sem esses dois elementos: "afinal, constatando as obrigações que temos diante do direito alheio, chegamos a uma compreensão de cada um(a) de nós como sujeitos de direitos". Realmente são expletivas. E com a supressão, a vírgula após "alheio" se torna obrigatória porque haverá, então, uma oração adverbial reduzida de gerúndio (iniciada pela forma verbal "constatando") anteposta à oração principal.

GABARITO: CERTO.

459. (NC-UFPR - 2019 - ITAIPU BINACIONAL - AGENTE)

Em 2015, um grupo de arqueólogos achou um "tesouro" na floresta de La Mosquita, no nordeste de Honduras. Lá, eles encontraram as ruínas milenares de um assentamento que alguns consideram corresponder à chamada "Cidade Branca", também conhecida como "Cidade Perdida do Deus Macaco". (Fonte: adaptado de BBC, ago. 2019.)

Assinale a alternativa na qual o termo "que" tem a mesma função do elemento destacado no texto acima.

a) Entre as descobertas mais surpreendentes, os integrantes da expedição destacam o morcego de cara vermelha, que não era visto em Honduras havia 75 anos.

b) Um grupo de pesquisadores revelou que esse lugar está no meio de um ecossistema próspero e exuberante, onde existem várias espécies raras.

c) Os biólogos consideram que o local tem uma biodiversidade "excepcional", com uma grande riqueza de aves, mamíferos, insetos, peixes, anfíbios e plantas.

d) Em geral, as descobertas mostram que a área tem importância ambiental e arqueológica global.

e) Os pesquisadores acreditam que o peixe da espécie Molly nunca havia sido registrado.

No enunciado na questão, a palavra que é um pronome relativo, assim como na alternativa A. Nas demais alternativas, há uma conjunção subordinativa integrante.

GABARITO: A.

460. (FUNCAB - 2018 - IBRAM - ASSISTENTE TÉCNICO)

Assinale a opção onde a palavra QUE estabelece a mesma relação morfossintática que em "Sabemos que o seu José
está na porta do museu pelo cheirinho quente e doce de suas pipocas fresquinhas (...)".

a) "À direita, podemos observar a longa Avenida Rio Branco, tão comprida que os nossos olhos se perdem em meio aos altos prédios e ao silêncio habitual dos finais de semana."

b) "Entre as histórias contadas, ele lembra da exposição de Rodin, em que a fila dava voltas e voltas no quarteirão."

c) "Como pipoqueiro, ele sabe de todas as atividades que acontecem nos finais de semana no Museu Nacional de Belas Artes e no Teatro Municipal."

d) "No momento que o visitante para em frente ao museu ele tem alguns instantes de pura paz. Dali, observa-se também o Teatro Municipal, em frente ao museu."

e) "Vale lembrar que o museu existe há 71 anos."

No trecho apresentado, a palavra "que" é uma conjunção integrante, que liga o verbo "sabemos" ao complemento "o seu José está na porta do museu pelo cheirinho quente e doce de suas pipocas fresquinhas".

Nas alternativas, temos a seguinte classificação:

A: "que" é uma conjunção consecutiva.

B: "que" é um pronome relativo, que retoma "exposição de Rodin".

C: "que" é um pronome relativo, que retoma "atividades".

D: "que" é um pronome relativo, que retoma "momento".

E: "que" é uma conjunção integrante, que liga o verbo ao complemento.

GABARITO: E.

---

461. (AOCP - 2019 - PM/TO - SOLDADO) A palavra "que" se classifica de várias formas; assinale o trecho em que o vocábulo "que" possui classificação diferente de pronome relativo:

a) "Um dos problemas dessa atitude consumista é seu impacto ambiental, que na maioria das vezes nem percebemos."

b) "(...) mas de objetos que compramos por simples impulso, (...)"

c) "(...) além de gerar resíduos que devem ser tratados e eliminados: (...)"

d) (...) não significa que nossas necessidades tenham aumentado na mesma proporção."

A: A palavra "que" é um pronome relativo que retoma "impacto ambiental".

B: O termo "que" é um pronome relativo que retoma "objetos".

C: O vocábulo "que" é um pronome relativo que retoma "resíduos".

D: A palavra "que" é uma conjunção integrante que liga o verbo "significa" ao complemento verbal.

GABARITO: D.

---

462. (CONSULPLAN - 2018 - CBTU - ASSISTENTE) Em "[...] a despeito de pressões, prisões, ameaças e abusos de toda a espécie **que** se abateram sobre seus quadros.", a palavra destacada tem a finalidade de:

a) marcar uma causa.

b) introduzir uma condição.

c) sinalizar uma consequência.

d) retomar palavras expressas anteriormente.

Neste trecho, a palavra "que" é um pronome relativo, o qual retoma "pressões, prisões, ameaças e abusos".

GABARITO: D.

---

463. (FGV - 2018 - DPE/MT - ASSISTENTE)

Outro leitor declara o seguinte: "Toda vez que vejo, ou leio, no noticiário que alguém foi atingido por uma bala perdida eu me pergunto: porque será que as pessoas insistem em chamar de bala perdida aquela que atingiu alguém? Se o objetivo das balas é matar e, na melhor das hipóteses, ferir alguém, sempre que aquilo acontece a bala cumpriu sua função e, assim sendo, não deveria ser chamada de bala perdida".

Observe os segmentos do texto:

I. "Toda vez que vejo, ou leio, no noticiário que alguém foi atingido por uma bala perdida eu me pergunto..."
II. "... porque será que as pessoas insistem em chamar de bala perdida"
III. "... aquela que atingiu alguém?"
Assinale a opção que indica as frases em que a palavra sublinhada pertence à mesma classe gramatical.
a) As classes são diferentes.
b) I e II, somente.
c) I e III, somente.
d) II e III, somente.
e) I, II e III.
I: "que" é conjunção integrante, que liga o verbo "vejo" ao seu complemento.
II: "que" é conjunção integrante, que liga o verbo "será" ao seu complemento.
III: "que" é pronome relativo, que retoma a palavra "aquela" (aquela que atingiu alguém).
GABARITO: B.

---

464. **(CESPE/CEBRASPE - 2019 - SE/DF - TODOS OS CARGOS)**
Durante dois dias, os professores da educação infantil da rede municipal de ensino deixaram as lousas e se tornaram alunos em Ji-Paraná, região central do estado de Rondônia. Participaram do evento todos os professores da rede municipal de Ji-Paraná e professores de outras cidades que se interessaram pelo evento.
(Internet: http://g1.globo.com. Adaptado.)

O vocábulo "que", em "que se interessaram pelo evento", restringe o sentido de "professores de outras cidades".

Certo ( )   Errado ( )

No trecho "os professores da rede municipal de Ji-Paraná e professores de outras cidades **que** se interessaram pelo evento", o pronome relativo QUE retoma "professores". Como não há vírgula, ocorre a restrição no período, ou seja, não são todos os professores, apenas aqueles da rede municipal de Ji-Paraná e de outras cidades.
GABARITO: CERTO.

---

465. **(CESPE/CEBRASPE - 2019 - SE/DF - TODOS OS CARGOS)**
Os biógrafos dos grandes autores sempre tentam rastrear os livros que seus personagens leram na juventude, porque sabem que essas fontes escondem o segredo de seu aperfeiçoamento como escritores.
(Steven Pinker. **Guia de escrita**: como conceber um texto com clareza, precisão e elegância. Trad. Rodolfo Ilari. São Paulo: Contexto, 2016, p. 23-4. Adaptado.)

O pronome "que" retoma "os livros", e ambos os termos exercem a mesma função sintática nas orações em que ocorrem.

Certo ( )   Errado ( )

O trecho de referência é: *Os biógrafos dos grandes autores sempre tentam rastrear os livros que seus personagens leram na juventude.* O pronome QUE retoma LIVROS. Na construção principal, a palavra LIVROS é complemento do verbo rastrear; mesma função exercida pelo pronome QUE na oração subordinada, pois o QUE (LIVROS) é o complemento do verbo "leram".
GABARITO: CERTO.

466. **(FGV - 2019 - CODEBA - ADVOGADO)** Assinale a opção em que as duas ocorrências da palavra que pertencem à mesma classe gramatical.
   a) A última função da razão é reconhecer que há uma infinidade de coisas que a ultrapassam.
   b) Que Deus me dê serenidade para aceitar as coisas que não posso mudar, coragem para mudar as que posso e sabedoria para distinguir entre elas.
   c) Estatística é a ciência que diz que se eu comi um frango e tu não comestes nenhum, teremos comido, em média, meio frango cada um.
   d) A inteligência é o farol que nos guia, mas é a vontade que nos faz caminhar.
   e) Quando eu era jovem, descobri que nove de cada dez coisas que eu fazia eram um fracasso.

A: Conjunção subordinativa integrante e pronome relativo.
B: Conjunção subordinativa integrante e pronome relativo.
C: Pronome relativo e conjunção subordinativa integrante.
D: A palavra "que" é pronome relativo nas duas ocorrências, e pode ser substituída por "o qual" e "a qual", respectivamente.
E: Conjunção subordinativa integrante e pronome relativo.
GABARITO: D.

467. **(FUNCAB - 2018 - PREFEITURA DE SANTA MARIA/ES - ARQUITETO)** Em "Disse-me QUE nunca perderei a vista por completo", o componente destacado é um(a):
   a) pronome relativo.
   b) pronome interrogativo.
   c) pronome apassivador.
   d) partícula expletiva.
   e) conjunção integrante.

A palavra "que" inicia o complemento do verbo "disse", por isso é uma conjunção subordinativa integrante.
GABARITO: E.

468. **(CESPE/CEBRASPE - 2019 - TD/DF - TÉCNICO)** A palavra "que", em todas as ocorrências no trecho "Direi somente que se há aqui páginas que parecem meros contos e outras que o não são", pertence a uma mesma classe gramatical.

Certo ( )   Errado ( )

A palavra que é classificada como conjunção, pronome relativo e pronome relativo, respectivamente.
GABARITO: ERRADO.

PREPOSIÇÃO

13

469. **(VUNESP - 2022 - PREFEITURA DE OSASCO/SP - GUARDA MUNICIPAL)** Assinale a alternativa em que o termo em destaque expressa ideia de causa.
a) [...] **ainda** veem nela uma alternativa aos programas de auditório [...].
b) [...] amigos com quem continuei mais ou menos em contato **pelos** canais convencionais [...].
c) Faz tempo que, **por** falta de ofertas, não compro um CD ou DVD.
d) [...] ainda tenho milhares, mas não sei até quando existirá equipamento **para** tocá-los [...].
e) Há pouco, na rua, perguntei as horas a uma jovem **com** um relógio de pulso [...].

A: O termo "ainda" indica tempo.
B: "Pelos canais" significa por meio dos canais.
C: O trecho "**por** falta de ofertas" indica que, por causa dessa falta de ofertas, não compra CD ou DVD.
D: O termo "para" expressa finalidade.
E: O termo "com" indica de quem é o relógio.
GABARITO: C.

---

470. **(VUNESP - 2022 - PM/SP - SARGENTO)** Com relação à resposta _____ questionamentos sobre vacinas levantados na matéria de 2001, como não se chegou _____ comprovação _____ dúvidas levantadas, a exclusão provisória _____ edição do acervo foi uma atitude prudente.

De acordo com a norma-padrão, as lacunas do enunciado devem ser preenchidas, respectivamente, com:
a) aos – à – das – da.
b) dos – a – a – na.
c) à – na – nas – à.
d) pelos – à – com as – para a.

O trecho correto é: *Com relação à resposta **aos** questionamentos sobre vacinas levantados na matéria de 2001, como não se chegou à comprovação **das** dúvidas levantadas, a exclusão provisória **da** edição do acervo foi uma atitude prudente.* Vejamos:
- *Com relação à resposta **aos** questionamentos (regência: resposta a algo; o substantivo resposta exige a preposição A);*
- *como não se chegou à comprovação **das** dúvidas (regência verbal: chegar a algo; a crase ocorre da fusão da preposição A com o artigo A antes de comprovação);*
- *comprovação **das** dúvidas (comprovação de algo);*
- *a exclusão provisória **da** edição do acervo (exclusão de algo).*
GABARITO: A.

---

471. **(CESPE/CEBRASPE - 2021 - PC/DF - ESCRIVÃO)** No trecho "e previa o combate a crimes pequenos e a prevenção do vandalismo", o **a**, em ambas as ocorrências, classifica-se como preposição e seu emprego deve-se à presença da palavra **combate**.

Certo ( )   Errado ( )

A função da palavra "a" nos dois casos é diferente. No trecho "o combate a crimes", há uma preposição que vem regida pelo substantivo "combate" (combate a algo). No trecho "e a prevenção do vandalismo", há um artigo definido feminino que acompanha o substantivo "prevenção".

GABARITO: ERRADO.

---

472. **(CESPE/CEBRASPE - 2022 - MJSP/DF - TÉCNICO)**

Amado nos levou com um grupo para descansarmos na fazenda de um amigo. Esta confirmava as descrições que eu lera no livro de Freyre: embaixo, as habitações de trabalhadores, a moenda, onde se mói a cana, uma capela ao longe; na colina, uma casa. O amigo de Amado e sua família estavam ausentes; tive uma primeira amostra da hospitalidade brasileira: todo mundo achava normal instalar-se na varanda e pedir que servissem bebidas. Amado encheu meu copo de suco de caju amarelo-pálido: ele pensava, como eu, que se conhece um país em grande parte pela boca. A seu pedido, amigos nos convidaram para comer o prato mais típico do Nordeste: a feijoada. [...]

No trecho "convidaram para comer o prato mais típico do Nordeste", seria gramaticalmente correto substituir a preposição "para" pela preposição **a**.

Certo ( )   Errado ( )

O verbo "convidar" admite a preposição "para" e a preposição "a".

No sentido expresso por solicitar a presença de alguém, chamar, convocar, o verbo sempre é regido pela preposição "para". Exemplo: Convidamos você e sua família para comparecerem à solenidade de inauguração.

Com a ideia expressa pelo ato de pedir, requerer, ordenar cortesmente, recomenda-se o uso da preposição "a". Exemplo: Convidou-os a se retirarem, dado o constrangimento que estavam causando a todos.

No sentido voltado para a ação de atrair, despertar a vontade, induzir, a preposição recomendada é a mesma (a). Exemplo: Aquelas duras palavras convidaram-no à reflexão.

Com referência à ideia de incitar, provocar, de forma conveniente usamos a preposição "a". Exemplo: Sua atitude convida à desconfiança.

GABARITO: CERTO.

---

473. **(CESPE/CEBRASPE - 2022 - TC/RJ - ANALISTA DE CONTROLE EXTERNO)**

O uso da palavra está, necessariamente, ligado à questão da eficácia. Visando a uma multidão indistinta, a um grupo definido ou a um auditório privilegiado, o discurso procura sempre produzir um impacto sobre seu público. Esforça-se, frequentemente, para fazê-lo aderir a uma tese: ele tem, então, uma visada argumentativa. Mas o discurso também pode, mais modestamente, procurar modificar a orientação dos modos de ver e de sentir: nesse caso, ele tem uma dimensão argumentativa. Como o uso da palavra se dota do poder de influenciar seu auditório? Por quais meios verbais, por quais estratégias programadas ou espontâneas ele assegura a sua força? [...]

A eliminação do vocábulo "a", em todas as suas ocorrências, não prejudicaria a correção gramatical do texto, mas implicaria mudança de sentido.

Certo ( )   Errado ( )

Gramaticalmente, a supressão é possível, porém altera o sentido do verbo visar. Com a proposta de reescrita, temos: *Visando a uma multidão indistinta, a um grupo definido ou a um auditório privilegiado.* Vejamos:

a) Verbo visar com regência da preposição a: apresenta o sentido de ter em vista, sendo sinônimo de pretender, tencionar, intentar, propor-se, dispor-se etc.

b) Verbo visar sem regência de preposição: indica o ato de direcionar a vista, sendo sinônimo de olhar, mirar, focar, fixar; indica o ato de pôr um visto, sendo sinônimo de autenticar, validar, atestar; indica o ato de apontar, sendo sinônimo de apontar, alvejar, assestar.

GABARITO: CERTO.

474. (CESPE/CEBRASPE - 2021 - BANESE - TÉCNICO BANCÁRIO I)

O Prêmio Nobel de Economia de 2017 foi concedido ao norte-americano Richard Thaler por suas contribuições no campo da economia comportamental. [...]

A substituição de "por" por "devido" manteria a correção gramatical e o sentido original do texto.

Certo ( )   Errado ( )

Não se garante a correção gramatical, mesmo que o sentido seja semelhante. A locução adequada é "devido a" (termina com preposição). Então, a troca deveria ser: "devido a suas contribuições" ou "devido às suas contribuições".

GABARITO: ERRADO.

---

475. (CESPE/CEBRASPE - 2019 - MPC/PA - ANALISTA MINISTERIAL)

Texto CG2A1-I

1 Na década de 1960, o mundo passou por um aumento
populacional inédito devido à brusca queda na taxa de
mortalidade, o que gerou preocupações sobre a capacidade dos
4 países em produzir comida para todos. A solução encontrada
foi desenvolver tecnologia e métodos que aumentassem a
produção.
[...]

Internet: <www.nexojornal.com.br>. Adaptado.)

No período em que aparece no texto CG2A1-I, o segmento "devido à brusca queda na taxa de mortalidade" (L. 2 e 3) expressa uma

a) conformidade.
b) causa.
c) condição.
d) concessão.
e) consequência.

O segmento "devido à brusca queda na taxa de mortalidade" é iniciado pela expressão "devido a", que tem sentido causal.

GABARITO: B.

---

476. (CESPE/CEBRASPE - 2019 - PGM-CAMPO GRANDE/MS - CARGOS DE NÍVEL SUPERIOR)

1 A jurisdição constitucional na contemporaneidade
apresenta-se como uma consequência praticamente natural do
Estado de direito. É ela que garante que a Constituição ganhará
4 efetividade e que seu projeto não será cotidianamente rasurado
por medidas de exceção desenhadas atabalhoadamente. Mais
do que isso, a jurisdição é a garantia do projeto constitucional,
7 quando os outros poderes buscam redefinir os rumos durante
a caminhada.
[...]

(Emerson Ademir Borges de Oliveira. Jurisdição constitucional: entre a guarda da Constituição e o ativismo judicial. **Revista Jurídica da Presidência**. Brasília, v. 20, n. 121, jun.-set./2018, p. 468-94. Adaptado.)

PREPOSIÇÃO

A supressão do vocábulo "do", em "Mais do que isso" (L. 5 e 6), comprometeria a coesão e a correção gramatical do texto.

Certo ( )   Errado ( )

A expressão "mais do que" pode ser escrita de duas formas: "mais do que" ou "mais que". Isto é, o termo DO é opcional nesse caso.

GABARITO: ERRADO.

477. **(VUNESP - 2019 - CÂMARA DE SERTÃOZINHO/SP - ESCRITURÁRIO)** O termo destacado na frase "Uma outra opção, recomendada pelo Instituto de Engenheiros Mecânicos, em um novo relatório, seria o uso de sacolas de roupas de malha para reter os fios." expressa:

a) modo.
b) meio.
c) finalidade.
d) tempo.
e) lugar.

A preposição para, quando seguida de verbo, indica finalidade (para + verbo; para que + verbo).

GABARITO: C.

478. **(FUNDEP - 2019 - PREFEITURA DE CATAS ALTAS/MG - MOTORISTA)** Assinale a alternativa em que a palavra destacada não é uma preposição.

a) "Não era todo mundo, apenas os aristocratas."
b) "A moda começou com Luís 14 (1638-1715), rei da França."
c) "O resto da nobreza gostou da ideia e o costume pegou."
d) "Símbolo de uma nobreza que se desejava exterminar, elas logo caíram em desuso."

Na alternativa A, temos um artigo que acompanham um substantivo. Nas demais opções, há preposições: com, da (de + a), em.

GABARITO: A.

479. **(IBADE - 2019 - IBGE - AGENTE CENSITÁRIO)** Assinale a opção em que a palavra destacada se classifica como preposição, assim como em: "os alunos começaram A contratar outras pessoas".

a) Todos A receberam com entusiasmo.
b) Eles assistiram A uma ótima apresentação.
c) As pesquisas realmente A representavam.
d) Ele recusou A pesquisa feita anteriormente.
e) Esta é A que eu havia compartilhado.

Na alternativa B, a palavra A é uma preposição. Nas alternativas A, C e E, temos um pronome; na alternativa D, há um artigo.

GABARITO: B.

480. **(VUNESP - 2019 - PREFEITURA DE CAMPINAS/SP - AUDITOR FISCAL)** Em "[...] candidataram-se a uma bolsa de 1 milhão de dólares para financiar seus projetos de pesquisa atuais.", o vocábulo para estabelece relação de:

a) finalidade.

b) condição.
c) conformidade.
d) modo.
e) proporção.

A preposição para, quando seguida de verbo, indica finalidade (para + verbo; para que + verbo).
GABARITO: A.

---

481. (FUNCAB - 2018 - SEMAD - ENGENHEIRO) Em: "Por se tratar de um termo recente, não há um claro consenso de seu significado [...]", a preposição POR introduz a mesma circunstância que em:
a) vagar por terras nunca vistas.
b) expressar por gestos eloquentes.
c) batalhar por conseguir manter a família.
d) sofrer por amor de alguém.

A: "por" introduz circunstância de lugar.
B: "por" introduz circunstância de instrumento.
C: "por" introduz circunstância de finalidade.
D: No enunciado da questão, a preposição "por" introduz uma circunstância de causa.
GABARITO: D.

---

482. (CESPE/CEBRASPE - 2018 - ABIN - AGENTE DE INTELIGÊNCIA)
[...] sigilosos de interesse do Estado e da sociedade. O trabalho desenvolvido pela contrainteligência tem foco na defesa contra ameaças como a espionagem, a sabotagem, o vazamento de informações e o terrorismo, patrocinadas por instituições, grupos ou governos estrangeiros.

(Internet. Adaptado.)

O sentido do texto seria prejudicado, embora sua correção gramatical fosse preservada, caso a preposição presente na expressão "contra ameaças" fosse substituída pela preposição **de**.

Certo ( )   Errado ( )

Ao se alterar a preposição "contra" por "de", certamente o sentido é alterado: tem foco na defesa **contra** ameaças/tem foco na defesa **de** ameaças. Porém, a estrutura da frase permite que ambas as preposições sejam empregadas, sem prejudicar a correção gramatical.
GABARITO: CERTO.

---

483. (FUNCAB - 2018 - CRF/RO - AUXILIAR) Em "O professor era gordo, grande e silencioso, DE ombros contraídos", a preposição em destaque poderia ser substituída, sem prejuízo para o sentido geral, pela preposição:
a) a.
b) para.
c) com.
d) por.
e) em.

A expressão "de ombros contraídos" faz parte da caracterização de como era o professor. Por isso, a preposição "com" mantém essa mesma perspectiva.
GABARITO: C.

484. (IMA - 2018 - PREFEITURA DE CANAVIEIRA/PI - PROFESSOR) A opção que contém o incorreto valor semântico da preposição destacada é:
   a) A criança estava tremula **de** frio. (causa)
   b) As rosas vêm **da** Itália. (origem)
   c) Ela ganhou um colar **de** ouro. (matéria)
   d) Este carro é **de** meu pai. (conformidade)

   A preposição estabelece uma relação entre o termo anterior e o posterior a ela. Dessa relação, é estabelecido um valor semântico, que é percebido no contexto. De todas as alternativas, a D está incorreta, pois a relação estabelecida é de posse, e não de conformidade.
   GABARITO: D.

485. (VUNESP - 2018 - SAP/SP - AGENTE) Assinale a alternativa em que a preposição em destaque está corretamente empregada, de acordo com a norma-padrão e os sentidos do texto.
   a) O futebol também pode ser prejudicado **contra** a televisão.
   b) O futebol também pode ser prejudicado **da** televisão.
   c) O futebol também pode ser prejudicado **à** televisão.
   d) O futebol também pode ser prejudicado **sob** a televisão.
   e) O futebol também pode ser prejudicado **pela** televisão.

   No período de referência, a forma verbal "pode ser prejudicado" está na voz passiva analítica e a preposição inicia o agente da passiva. Nesse caso, a preposição adequada é a que está na alternativa E: **pela** televisão.
   GABARITO: E.

486. (VUNESP - 2018 - PREFEITURA DE BIRIGUI/SP - PROFESSOR) Assinale a alternativa em que a preposição em destaque forma uma expressão indicativa de lugar.
   a) Penso **em** chuvas **de** outrora...
   b) ... quanta gente estará suspirando **por** um raio **de** sol!
   c) Começam a cair uns pingos **de** chuva.
   d) Os meninos esperam **em** vão pelas poças d'água...
   e) ... e causou tal pânico **em** toda a cidade...

   A preposição estabelece uma relação semântica entre um termo anterior e um posterior a ela, e isso é percebido no contexto. Na alternativa E, da relação "causou tal pânico" e "toda a cidade", percebe-se que a preposição "em" estabelece um sentido de lugar.
   GABARITO: E.

487. (FGV - 2018 - SUSAM - ASSISTENTE) Assinale a frase em que a preposição "**para**" tem valor de finalidade, de forma diferente dos demais casos.
   a) "Há previsão de chuvas para a maior parte das regiões..."
   b) "...a água acumulada nos reservatórios caiu para o mesmo patamar..."
   c) "...muita coisa aconteceu para reduzir a necessidade de um novo racionamento..."
   d) "...a transferência de eletricidade de uma região para outra..."
   e) "...não pôde ser transferida para o Sudeste..."

A preposição "para" tem diversos sentidos, de acordo com o contexto em que se insere. Um dos valores mais comuns e mais usados é o de finalidade, que pode ser facilmente identificado quando há a construção "para + verbo" ou "para que + verbo". É o que ocorre na alternativa C.

GABARITO: C.

488. **(INSTITUTO AOCP - 2018 - UFMT - TÉCNICO EM SEGURANÇA DO TRABALHO)** Em "Muitos alimentos estragam **por** falta de embalagens eficientes durante seu armazenamento e transporte.", a preposição destacada expressa:
    a) meio.
    b) oposição.
    c) modo.
    d) fim
    e) causa.

O valor semântico de uma preposição é identificado no contexto em que ela aparece. A preposição "por", no trecho de referência, indica a **causa**, o motivo de muitos alimentos estragarem.

GABARITO: E.

489. **(VUNESP - 2018 - SAP/SP - AGENTE DE SEGURANÇA)** No trecho "[...] sem contar os milionários, que andam de helicóptero. [...]", a preposição "**de**" forma uma expressão indicativa de:
    a) meio.
    b) movimento.
    c) matéria.
    d) lugar.
    e) posse.

A preposição "de" pode ter vários sentidos, dependendo da relação os termos ligados por ela. No trecho "andam de helicóptero", a palavra "de" indica o **meio** de transporte empregado para andar.

GABARITO: A.

490. **(VUNESP - 2018 - PC/SP - OFICIAL)** Considere os trechos:
    "Os empresários não querem canudo. Querem capacidade **de** dar respostas"[...]
    Entre empresários, já são lugar-comum relatos **de** administradores recém formados que não sabem escrever um relatório ou fazer um orçamento [...]
    Mantendo-se inalterado o sentido dos trechos, os termos em destaque podem ser substituídos, correta e respectivamente, por:
    a) sobre; após.
    b) sob; em.
    c) por; com.
    d) para; a respeito de.
    e) perante; entre.

As preposições possuem significados que são construídos no contexto. No trecho "Os empresários não querem canudo. Querem capacidade **de** dar respostas", a preposição "de" indica finalidade, por isso pode ser substituída por "para". E no trecho "Entre empresários, já são lugar-comum relatos **de** administradores recém formados que não sabem escrever um relatório ou fazer um orçamento...", a preposição "de" tem sentido de conformidade, e pode ser substituída por "a respeito de".

GABARITO: D.

ADVÉRBIO

491. (VUNESP - 2022 - PREFEITURA DE OSASCO/SP - GUARDA MUNICIPAL) O termo destacado na frase "[...] os cônjuges que antigamente escondiam **zelosamente** suas divergências [...]" exprime circunstância de:
a) modo, podendo ser substituído por "diligentemente".
b) dúvida, podendo ser substituído por "rigorosamente".
c) negação, podendo ser substituído por "obstinadamente".
d) afirmação, podendo ser substituído por "cautelosamente".
e) intensidade, podendo ser substituído por "indiferentemente".

O termo "zelosamente" significa "com zelo", ou seja, indica o modo. Pode ser substituído por "diligentemente", porque esse vocábulo significa que tem diligência, zeloso, cuidadoso; que tem rapidez, ativo, pronto; que está alerta, vigilante, atento.
GABARITO: A.

---

492. (VUNESP - 2022 - PM/SP - SARGENTO)

Vozes da natureza

Lili chamava o sapo de bicho-nenê. Ótima sugestão para os pais novatos; é só imaginarem que estão ouvindo, não o choro chinfrim do pimpolho, mas a velha, primordial canção da saparia às estrelas.

E não foi sempre tão gostosa, mesmo, essa manha sem fim dos sapos no banhado? Ouçam, pois, ouçam todos com o seu melhor ouvido o bicho-nenê. Ouçam-no todos os que se julgam amantes fiéis da Natureza, e ficarão felizes.

(Mario Quintana, **Da preguiça como método de trabalho**. São Paulo: Companhia das Letras/Alfaguara, 2013.)

Em relação ao emprego das palavras no texto, é correto afirmar que:
a) os advérbios "sempre" e "mesmo" no segundo parágrafo, expressam, correta e respectivamente, ideia de tempo e afirmação.
b) as conjunções "pois" e "e", no segundo parágrafo, expressam, correta e respectivamente, ideia de explicação e comparação.
c) os adjetivos "chinfrim" e "primordial", no primeiro parágrafo, atribuem sentido pejorativo aos substantivos a que se referem.
d) os substantivos "bicho-nenê" e "saparia", no primeiro parágrafo, expressam ideia de coletivo e podem ser considerados sinônimos.

A: O trecho "E não foi sempre tão gostosa, mesmo, essa manha" indica que "sempre" indica tempo e que "mesmo" indica afirmação (no sentido de certamente). Os dois termos são advérbios.

B: "Pois" tem sentido de conclusão (significa portanto) e "e" tem sentido de adição. C: Apenas o adjetivo "chinfrim" atribui sentido pejorativo.

D: Não são sinônimos, e "bicho-nenê" não tem ideia de coletivo.
GABARITO: A.

---

493. (AOCP - 2022 - PP/DF - POLICIAL PENAL) Em "[...] ante as demandas **tão** complexas e urgentes [...]", o termo destacado é um advérbio de intensidade, sendo possível a seguinte reescrita do excerto: "ante as demandas bastante complexas e urgentes".

Certo ( )   Errado ( )

O termo "tão" intensifica os adjetivos "complexas e urgentes". A classe de palavras que modifica um advérbio, um verbo ou um adjetivo é o advérbio. Da mesma forma, o termo "bastante", com a troca, também vai modificar as mesmas palavras. Por isso, a função também é a de advérbio.
GABARITO: CERTO.

---

494. (CESPE/CEBRASPE - 2022 - PETROBRAS - ADMINISTRAÇÃO)
O uso de ferramentas certamente não requer linguagem. Chimpanzés usam galhos como ferramentas para caçar cupins, ou pedras para quebrar nozes. Obviamente, mesmo as ferramentas mais primitivas do *Homo erectus* (pedras lascadas) são muito mais sofisticadas que qualquer coisa usada por chimpanzés, mas ainda assim não há uma razão convincente para crer que essas pedras não pudessem ter sido produzidas sem linguagem. [...]
O uso do advérbio "Obviamente" desempenha importante papel na argumentação apresentada no texto, realçando uma informação que já é tomada como conhecimento geral.

Certo ( )   Errado ( )

O termo "obviamente" significa de modo óbvio, sem dúvidas, que se desenvolve de maneira evidente, indiscutível.
GABARITO: CERTO.

---

495. (CESPE/CEBRASPE - 2021 - PC/DF - ESCRIVÃO) Há violências da moral patriarcal que instauram a solidão; outras marcam a lei no corpo das mulheres — assim sobrevive Maria da Penha; outras aniquilam a vida, como é a história de mulheres assassinadas pela fúria do gênero. [...]
Sem prejuízo do sentido original e da correção gramatical do texto, o vocábulo "assim" poderia ser substituído por "desse modo".

Certo ( )   Errado ( )

O termo "assim" tem natureza adverbial. Veja que a troca sugerida mantém a mesma perspectiva de leitura. Vejamos:

Há violências da moral patriarcal que instauram a solidão; outras marcam a lei no corpo das mulheres — DESSE MODO sobrevive Maria da Penha.

Ou seja, a substituição por desse modo não acarreta prejuízo nem para o sentido nem para a correção gramatical do texto.
GABARITO: CERTO.

---

496. (CESPE/CEBRASPE - 2021 - PC/PB - ESCRIVÃO)
Texto CG1A1-II
O conceito de herói está profundamente ligado à cultura que o criou e ao momento em que ele foi criado, o que significa que ele varia muito de lugar para lugar e de época para época. Mesmo assim, a figura do herói aparece nas mais diversas sociedades e eras, sempre atendendo a critérios morais e desejos em comum de determinado povo. [...]
Na primeira linha do texto CG1A1-II, o advérbio "profundamente" é empregado com o significado de:

a) exageradamente.
b) frequentemente.
c) intimamente.
d) realmente.
e) seriamente.

O advérbio "profundamente" modifica o sentido de "ligado", o que sugere que o conceito de herói está intimamente ligado à cultura que o criou.

GABARITO: C.

ADVÉRBIO

497. **(CESPE/CEBRASPE - 2021 - PF - AGENTE)**

Tinha de deixar aquela casa. Não sentia saudades. Era uma casa escura, com um cheiro doce e enjoado que nunca passou. Não tinha vista a não ser a da janela que dava para o edifício ao lado. E só via as cozinhas. Quando anoitecia, toda aquela vizinhança começava, ao mesmo tempo, a fazer bife, e o ar ficava cheirando a cebola e alho. Ia-se embora, com alegria até, porque o outro apartamento tinha uma janela de onde era possível ver o mar, não todo, mas um pedacinho que, lá um dia, talvez lhe mostrasse um navio passando. Claro, arejado. [...]

Sem prejuízo para o sentido original do texto, o período "Quando anoitecia, toda aquela vizinhança começava, ao mesmo tempo, a fazer bife, e o ar ficava cheirando a cebola e alho" poderia ser reescrito da seguinte maneira: Ao anoitecer, toda aquela vizinhança começava a fazer bife e o ar ficava cheirando à cebola e alho ao mesmo tempo.

Certo ( )   Errado ( )

Há uma mudança de referente da locução adverbial "ao mesmo tempo".

Original: "começava, ao mesmo tempo, a fazer bife", a locução "ao mesmo tempo" modifica a forma verbal "começava".

Reescrita: "o ar ficava cheirando à cebola e alho ao mesmo tempo", a locução "ao mesmo tempo" passa a modificar a forma verbal "ficava cheirando".

Por isso, o sentido original é prejudicado, já que não são mantidas as mesmas relações entre o original e a reescrita.

GABARITO: ERRADO.

---

498. **(CESPE/CEBRASPE - 2021 - PM/AL - OFICIAL)**

Tradicionalmente, as conquistas democráticas nas sociedades modernas estiveram associadas à organização de movimentos sociais que buscavam a expansão da cidadania. Foi assim durante as revoluções burguesas clássicas nos séculos XVII e XVIII. Também a organização dos trabalhadores industriais nos séculos XIX e XX foi responsável pela ampliação dos direitos civis e sociais nas democracias liberais do Ocidente. De igual maneira, as demandas dos chamados novos movimentos sociais, nos anos 70 e 80 do século XX, foram responsáveis pelo reconhecimento dos direitos das minorias sociais (grupos étnicos minoritários, mulheres, homossexuais) nas sociedades contemporâneas. [...]

O termo "assim" é uma conjunção que introduz uma conclusão.

Certo ( )   Errado ( )

O termo "assim" tem natureza adverbial e significa "desse modo/dessa maneira". Vejamos: Foi assim (desse modo) durante as revoluções burguesas clássicas nos séculos XVII e XVIII. Para ter caráter conclusivo, deveria ser possível trocar por "portanto" e a palavra "assim" deveria estar entre vírgulas (Foi, assim, durante/Foi, portanto, durante). Porém, essa troca não é adequada.

GABARITO: ERRADO.

---

499. **(CESPE/CEBRASPE - 2022 - ANM - ESPECIALISTA)**

O desaparecimento da megafauna no território nacional provavelmente não teve relação direta com a chegada do ser humano, como algumas hipóteses para essa extinção sugerem. Os pesquisadores Mark Hubbe e Alex Hubbe acreditam que a extinção dos animais tenha sido desencadeada por uma mudança climática. Na teoria deles, as espécies da megafauna teriam se extinguido gradualmente a partir da última grande glaciação, no fim do período chamado Pleistoceno (há aproximadamente 12 mil anos). Os maiores não teriam vivido além de 10 mil anos atrás, e os menores teriam avançado um pouco além da nova era, até 4 mil anos atrás. O isolamento do advérbio "gradualmente" entre vírgulas seria gramaticalmente correto.

Certo ( )   Errado ( )

O emprego das vírgulas é aceito pela norma-padrão quando se trata de advérbios. Teríamos, com essa alteração, o seguinte: *Na teoria deles, as espécies da megafauna teriam se extinguido*, **gradualmente**, *a partir da última grande glaciação, no fim do período chamado Pleistoceno (há aproximadamente 12 mil anos).*
GABARITO: CERTO.

---

500. (CESPE/CEBRASPE - 2021 - PREFEITURA DE ARACAJU - AUDITOR DE TRIBUTOS MUNICIPAIS) Em "Um cenário que já podemos imaginar é a produção e comercialização de uma vacina eficaz contra a Covid-19", o vocábulo "já" foi empregado com o sentido de:

a) primeiramente.
b) antecipadamente.
c) prontamente.
d) inicialmente.
e) anteriormente.

O termo "já" tem como significado de imediato, prontamente, incontinente.
GABARITO: C.

---

501. (CESPE/CEBRASPE - 2021 - PREFEITURA DE ARACAJU - AUDITOR DE TRIBUTOS MUNICIPAIS)

Texto CB1A1-II

De um dia para o outro, parecia que a peste se tinha instalado confortavelmente no seu paroxismo e incorporava aos seus assassinatos diários a precisão e a regularidade de um bom funcionário. Em princípio, segundo a opinião de pessoas competentes, era bom sinal. O gráfico da evolução da peste, com sua subida incessante, parecia inteiramente reconfortante ao Dr. Richard. Daqui em diante, só poderia decrescer. E ele atribuía o mérito disso ao novo soro de Gastei, que acabava de obter, com efeito, alguns êxitos imprevistos. [...]

Os sentidos originais do texto CB1A1-II seriam prejudicados se a expressão "em princípio", no segundo período do texto, fosse substituída por:

a) antes de qualquer consideração.
b) em tese.
c) na fase inicial.
d) de modo geral.
e) de forma geral.

Há uma noção de temporalidade construída no texto em relação à evolução da peste. Vejamos: *Em princípio, segundo a opinião de pessoas competentes, era bom sinal. O gráfico da evolução da peste, com sua subida incessante, parecia inteiramente reconfortante ao Dr. Richard. Daqui em diante, só poderia decrescer.*
GABARITO: C.

502. **(CESPE/CEBRASPE - 2021 - CODEVASF - ANALISTAS)**

     O limite do demasiado é invisível e também não pode ser determinado diretamente por experimentos. Assim como, ao se escalarem montanhas, o ar cada vez mais rarefeito nas alturas desafia os alpinistas diferenciadamente — uns mais, outros menos —, a fauna e a flora, em regiões diferenciadas, reagem diferentemente ao aquecimento da atmosfera. Uma das preocupações mais sérias é provocada pela velocidade com que já está ocorrendo a mudança climática. Se ela não for eficazmente freada, poderá exigir demasiado da capacidade adaptativa de muitas espécies.

O vocábulo "demasiado" pertence à mesma classe de palavras em ambas as suas ocorrências no primeiro e no último período do último parágrafo.

Certo ( )   Errado ( )

A função morfológica é diferente. Vejamos:

- *O limite do demasiado é invisível (o termo demasiado está precedido de artigo definido "o", por isso sua função é de substantivo).*
- *poderá exigir demasiado da capacidade adaptativa (o termo demasiado está intensificando a forma verbal "exigir", por isso sua função é de advérbio).*

GABARITO: ERRADO.

---

503. **(CESPE/CEBRASPE - 2021 - CODEVASF - ANALISTAS)**

     Na região Nordeste, a irrigação foi introduzida pelo governo federal e aparece vinculada ao abastecimento de água no Semiárido e a planos de desenvolvimento do vale do São Francisco. Ali, a irrigação é vista como importante medida para amenizar os problemas advindos das secas periódicas, que acarretam sérias consequências econômicas e sociais. [...]

O termo "Ali" (no início do segundo período) refere-se à expressão "região Nordeste" e funciona como elemento de coesão.

Certo ( )   Errado ( )

O advérbio "ali", que indica circunstância de lugar, retoma, por coesão referencial, a região Nordeste. Vejamos: ***Na região Nordeste**, a irrigação foi introduzida pelo governo federal e aparece vinculada ao abastecimento de água no Semiárido e a planos de desenvolvimento do vale do São Francisco. **Ali**, a irrigação é vista como importante medida para amenizar os problemas advindos das secas periódicas, que acarretam sérias consequências econômicas e sociais.*

GABARITO: CERTO.

---

504. **(CESPE/CEBRASPE - 2021 - DEPEN - AGENTE DE EXECUÇÃO PENAL)**

     Enquanto as mulheres que tinham voltado do tribunal estavam em pé do lado de fora dos portões de ferro, fui levada para fora da sala. Lá, havia o mesmo piso de cimento imundo, paredes de azulejos amarelados descorados e duas escrivaninhas velhas de escritório. Uma inspetora branca e robusta estava no comando. Quando eu descobri, entre os papéis grudados na parede, um cartaz de pessoas procuradas pelo FBI com a minha fotografia e descrição, ela o arrancou de lá. [...]

Em suas duas ocorrências no texto, o vocábulo **lá** faz referência à parede da sala em que estava afixado um cartaz com a fotografia da autora do texto.

Certo ( )   Errado ( )

A referência é outra. O primeiro "lá" faz referência ao local fora da sala. O segundo "lá" faz referência ao termo "parede".

Vejamos: *Enquanto as mulheres que tinham voltado do tribunal estavam em pé do lado de fora dos portões de ferro, fui levada para **fora da sala**. **Lá**, havia o mesmo piso de cimento imundo, paredes de azulejos* amarelados descorados e duas escrivaninhas velhas de escritório. Uma inspetora branca e robusta estava no comando. Quando eu descobri, entre os papéis grudados na **parede**, um cartaz de pessoas procuradas pelo FBI com a minha fotografia e descrição, ela o arrancou de **lá**.

GABARITO: ERRADO.

---

505. (CESPE/CEBRASPE - 2022 - FUB - ASSISTENTE EM ADMINISTRAÇÃO)

Em 2022, o foco deve ser encontrar soluções que possam resolver os desafios da gestão de capital humano das organizações. Mesmo com toda a tecnologia existente, a ideia não é substituir pessoas, mas conferir-lhes poder para que suas tomadas de decisões sejam ainda melhores. É a tecnologia viabilizando relações mais humanas, precisas, por meio de dados reais, confiáveis. Esse é o caminho para o futuro.

O termo "ainda" poderia ser deslocado para imediatamente depois de "decisões", sem alteração dos sentidos originais do texto.

Certo ( )   Errado ( )

Os sentidos seriam alterados, já que o advérbio "ainda" muda de referente.

Vejamos:

*Original: mas conferir-lhes poder para que suas tomadas de decisões sejam **ainda melhores**.*

*Reescrita: mas conferir-lhes poder para que suas **tomadas de decisões ainda sejam** melhores.*

GABARITO: ERRADO.

---

506. (IBFC - 2022 - SES/DF - NÍVEL SUPERIOR) Em "lidei mal com as demonstrações públicas de sofrimento", o vocábulo destacado, além de provocar dúvidas em relação à grafia, também pode gerar confusão quanto à sua classificação morfológica. Para evitar o erro, é preciso considerar que ele pertence a uma classe de palavras que:

a) se refere a um substantivo, expressando característica.
b) concorda em número e grau com o verbo a que se refere.
c) substitui um termo já empregado anteriormente.
d) acompanha o verbo, indicando uma circunstância.
e) estabelece noção de tempo, situando a ação verbal.

O termo "mal" é um advérbio e expressa uma circunstância acerca da forma verbal "lidei". Vale destacar que o contrário de "mal" é "bem". Quando há o vocábulo "mau", pode ser trocado por "bom", porque, nesse caso, aparece um adjetivo.

GABARITO: D.

---

507. (IBFC - 2022 - EBSERH - NÍVEL MÉDIO)

A vida de Pedro Lulu era relativamente boa. Tocava nas festas, ganhava roupas usadas dos amigos e juras de amor de moças solteironas de Cantanzal. A vida mansa, no entanto, terminou quando o Padre Bastião chegou por ali. Homem sisudo, pregava o trabalho como meio único para progredir na vida. Ele mesmo dava exemplo, pegando no batente de manhã cedo, preparando massa de cimento e assentando tijolos da igreja em construção. Quando deu com Pedro Lulu, que só queria sombra e água fresca, iniciou uma verdadeira campanha contra ele. Nos sermões, pregava o trabalho árduo. Pedro Lulu era o exemplo mais formidável que dava aos fiéis. "Não tem família, não tem dinheiro, veste o que lhe dão, vive a cantar e a mendigar comida na mesa alheia", pregava o padre, diante do rebanho.

Aos poucos Pedro Lulu foi perdendo amizades valiosas, os almoços oferecidos foram escasseando e até mesmo nas rodas de cantoria era olhado de lado por alguns.

"Isso tem que acabar", disse consigo. [...]

A expressão "Aos poucos" poderia ser substituída, sem prejuízo de sentido, por:

a) simultaneamente.
b) de repente.
c) abruptamente.
d) paulatinamente.
e) curiosamente.

Paulatinamente é um advérbio que caracteriza algo que é feito com determinada progressão de tempo, ou seja, é produzido aos poucos. Simultaneamente (de modo a ocorrer conjuntamente com outra coisa, em simultâneo, ao mesmo tempo); abruptamente (de modo abrupto, inesperado, repentino); curiosamente (que quer saber algo).

GABARITO: D.

---

508. (FEPESE - 2019 - CELESC - CONTADOR)

Apesar de cortes, obras avançam no acelerador de partículas Sirius

O acelerador de partículas Sirius completou a primeira volta de elétrons recentemente e, mesmo com os seguidos cortes na área científica do país, a previsão para a conclusão das obras é para o fim de 2020. Quando as obras acabarem, o acelerador de partículas Sirius será o equipamento mais avançado do mundo na geração de luz síncrotron. Ao todo, são 68 mil m² de área construída. A luz síncrotron gerada pelo Sirius será capaz de analisar a estrutura de qualquer material na escala dos átomos e das moléculas, que poderá contribuir no desenvolvimento de fármacos e baterias, por exemplo. Quando estiver em funcionamento, também permitirá reconstituir o movimento de fenômenos químicos e biológicos ultrarrápidos que ocorrem na escala dos átomos e das moléculas, importantes para o desenvolvimento de fármacos e materiais tecnológicos, como baterias mais duradouras.

Em novembro de 2018, foi inaugurada a primeira etapa do projeto. A solenidade contou com a presença do então presidente da República, Michel Temer, em Campinas, interior de São Paulo, onde o equipamento foi construído. Hoje, entre os três aceleradores do Sirius, os dois primeiros já estão montados. Ainda assim, falta a parte de instalação de potência dos aceleradores, que deve acontecer em maio de 2019. Na mira da comunidade científica internacional, – que no futuro também poderá utilizar o espaço –, a construção do acelerador de partículas ainda enfrenta alguns percalços.

"A construção do Sirius ainda esbarra nos subsequentes cortes de investimentos do governo federal", conta o diretor do Centro Nacional de Pesquisa em Energia e Materiais (CNPEM), José Roque da Silva. Em decreto publicado em março de 2019, o governo federal decidiu congelar uma parcela das verbas do orçamento em praticamente todas as áreas. O Ministério de Ciência e Tecnologia, por exemplo, sofreu congelamento de 41,97% do orçamento. A medida, pensada para tentar cumprir a meta de deficit primário do país, pode afetar em cheio outros orçamentos, como o do Sirius. "Nesse momento dá para dizer que o Ministério está mantendo o cronograma atual", diz. "Eu diria que é cedo para dar alguma informação mais definitiva, mas a situação da ciência e tecnologia no país é, como um todo, preocupante", explica Roque.

No futuro, a expectativa do CNPEM é de conseguir ampliar as fontes de recursos do Sirius – principalmente após o fim das obras. Segundo Roque, outros ministérios, como o de Minas e Energia, Saúde e Agricultura também estão interessados em utilizar o acelerador. Além dos agentes do governo, como explica o diretor do CNPEM, os setores privados também têm demonstrado interesse em investir no Sirius. A construção do novo acelerador de partículas deve custar um valor estimado de R$ 1,8 bilhão.

Além do Sirius, existe um antigo acelerador de fonte de luz síncrotron, o UVX, lançado em 1997. Atualmente considerado ultrapassado, o UVX já participou de importantes descobertas para a pesquisa brasileira como, por exemplo, entender o funcionamento de uma proteína essencial para a reprodução do zika vírus. O diretor científico do Laboratório Nacional de Luz Síncrotron (LNLS), Harry Westfahl Junior, espera que nos próximos dois anos o número das linhas de luz do UVX – que hoje é de 13 linhas com diversas técnicas de análise microscópica – salte para 18. Atualmente, duas vezes por ano é aberto chamado para projetos acadêmicos coordenados pelo LNLS. "Cientistas de qualquer centro de pesquisa no mundo, empresarial ou acadêmico, podem submeter seus trabalhos", conta. Como o atual acelerador UVX será substituído pelo Sirius, as novas linhas de luz serão gradualmente montadas ali.

(Revista Galileu. **Apesar de cortes, obras avançam no acelerador de partículas**. Abr. 2019. Disponível em: https://revistagalileu.globo.com/Ciencia/noticia/2019/04/apesar-de-cortes-obras-avancam-no-acelerador-de-particulas-sirius.html. Adaptado.)

Identifique as afirmativas verdadeiras (V) e as falsas (F), com base no texto.

( ) No primeiro parágrafo do texto, a primeira forma verbal que aparece está no tempo pretérito perfeito e as demais se distribuem entre presente e, predominantemente, futuro.

( ) Em "A solenidade contou com a presença do então presidente da República, Michel Temer, em Campinas" (2º parágrafo), a expressão sublinhada pode ser substituída por "do presidente da República, à época, Michel Temer", sem prejuízo de significado e sem ferir a norma culta da língua escrita.

( ) Em "a construção do acelerador de partículas ainda enfrenta alguns percalços" (2º parágrafo), as palavras sublinhadas podem ser substituídas por "até então", "muitos" e "impecilhos", sem prejuízo de significado e sem ferir a norma culta da língua escrita.

( ) Em "nos subsequentes cortes" (3º parágrafo), "um valor estimado" (4º parágrafo) e "duas vezes por ano é aberto chamado" (5º parágrafo), as palavras sublinhadas significam, respectivamente, "posteriores", "previsto" e "bienalmente".

( ) Em "outros ministérios [...] também estão interessados em utilizar o acelerador" (4º parágrafo), a expressão sublinhada pode ser substituída por "até tem interesse na utilização do", sem prejuízo de significado e sem ferir a norma culta da língua escrita.

Assinale a alternativa que indica a sequência correta, de cima para baixo.

a) V – V – F – F – F.
b) V – F – V – V – F.
c) V – F – F – V – V.
d) F – V – V – F – V.
e) F – V – F – F – V.

ADVÉRBIO

(V) No primeiro parágrafo do texto, a primeira forma verbal que aparece está no tempo pretérito perfeito (completou) e as demais se distribuem entre presente (é, são, ocorrem) e, predominantemente, futuro (acabarem, será, será, poderá, estiver, permitirá).

(V) Em "A solenidade contou com a presença do então presidente da República, Michel Temer, em Campinas" (2º parágrafo), o termo "então" expressa circunstância de tempo e delimita o momento da ação, por isso está correta a substituição proposta.

(F) Em "a construção do acelerador de partículas ainda enfrenta alguns percalços" (2o parágrafo), "ainda" indica algo que se prolonga (não significa até então); "alguns" e "muitos" são pronomes indefinidos, mas possuem sentidos distintos; e correto é empecilho.

(F) O termo "subsequentes" tem sentido de constantes; "estimado" tem sentido de aproximado; bienalmente significa a cada dois anos.

(F) Em "até tem interesse na utilização do", a forma verbal deveria estar no plural (têm), pois concorda com "ministérios".

GABARITO: A.

509. **(CESPE/CEBRASPE - 2021 - CODEVASF - ANALISTAS)** Os limites do crescimento marcam uma espécie de escassez, embora no mercado não se tornem imediatamente notados como tais. A atmosfera, por exemplo, não funciona como um reservatório, que um dia esvaziará e outro dia será novamente enchido por bombeamento (a isso, o mercado poderia ao menos reagir em curto prazo), mas como um mecanismo que, lenta mas inexoravelmente, terá efeito retroativo em nossas condições de vida, comparável a um parafuso de rosca que se aperta sempre mais. [...]

O sentido original do texto e a sua correção gramatical seriam mantidos caso o vocábulo "inexoravelmente", fosse substituído por "definitivamente".

Certo ( )   Errado ( )

O termo "inexoravelmente" significa inflexivelmente, de modo inexorável, de maneira inflexível, implacavelmente, de maneira rigorosa e implacável, de modo a não ceder. Ou seja, tem sentido de "definitivamente".

GABARITO: CERTO.

ARTIGO

510. (FCC - 2022 - PREFEITURA DE RECIFE/PE - AGENTE ADMINISTRATIVO) Aqui no menu não tem, mas quem sabe se há um bacalhau <u>a</u> qualquer coisa? – pois seu Adelino (refletiu ela) é português, e como todo lusíada que se preza, há de achar isso **a** pedida.

Os termos sublinhados constituem, respectivamente:

a) pronome e preposição.
b) preposição e artigo.
c) artigo e artigo.
d) preposição e pronome.
e) artigo e pronome.

No trecho "a qualquer coisa", a palavra A é uma preposição que inicia a expressão adverbial. Destaca-se que a preposição é uma palavra invariável, ou seja, não tem flexão e não concorda com outro termo. No trecho "a pedida", o termo "pedida" exerce a função de substantivo. Por isso, a palavra A é um artigo, porque o artigo acompanha um substantivo e concorda com ele.
GABARITO: B.

511. (CESPE/CEBRASPE - 2021 - PM/AL - SOLDADO) Prejudicaria o sentido original do texto, embora mantivesse sua correção gramatical, a supressão do artigo "a" em "toda a noite", no trecho "ela e suas três irmãs ficaram toda a noite em cima da árvore".

Certo ( )   Errado ( )

A presença do artigo definido no singular (o, a) junto ao pronome todo/toda tem um sentido de totalidade, como em: "toda a noite" significa "a noite toda". A supressão do artigo muda o sentido, pois traz uma ideia de generalização: "toda noite" significa "todas as noites". Por isso, a supressão do artigo mantém a correção gramatical, porém prejudica o sentido original.
GABARITO: CERTO.

512. (CESPE/CEBRASPE - 2021 - PRF - POLICIAL RODOVIÁRIO FEDERAL)
Nesse processo, desenvolveram-se os vários campos de saber vinculados aos sistemas de justiça criminal, polícia e prisão, voltados para a identificação, para a explicação e para a prevenção do comportamento criminoso, agora visto como "desviante", como a medicina legal, a psiquiatria e, especialmente, a criminologia. [...]
A coerência e os sentidos do texto seriam mantidos caso fosse suprimido o artigo "os", no trecho "desenvolveram-se os vários campos de saber".

Certo ( )   Errado ( )

A supressão do artigo definido altera o sentido, já que o substantivo (campos) passa a ter um sentido genérico sem a presença desse artigo. Vejamos:

- *desenvolveram-se os vários campos de saber (os campos – há uma especificação, uma delimitação)*
- *desenvolveram-se vários campos de saber (campos – sentido genérico)*

Vale destacar que a coerência é mantida, pois o texto continua com lógica e não há contradição.
GABARITO: ERRADO.

513. **(CESPE/CEBRASPE - 2021 - DEPEN - AGENTE DE EXECUÇÃO PENAL)** Sem prejuízo da correção gramatical do texto, a primeira ocorrência da preposição "de", no trecho "com a sujeira dos sapatos de milhares de prisioneiras", poderia ser substituída por "dos", da seguinte forma: **com a sujeira dos sapatos dos milhares de prisioneiras**.

Certo ( )   Errado ( )

Mesmo que haja alteração de sentido pelo emprego do artigo definido "os", a correção está mantida. O termo "milhares" é masculino, por isso deve ser empregado o artigo definido.
GABARITO: CERTO.

---

514. **(FCC - 2022 - TRT-23 - TÉCNICO JUDICIÁRIO)** Em "*O espelho recusou-se a responder a Lavínia que ela é a mais bela mulher do Brasil.*" (1º parágrafo), os termos sublinhados constituem, respectivamente,

a) uma preposição, um artigo e um pronome.
b) um pronome, um artigo e um artigo.
c) um artigo, um pronome e um artigo.
d) um pronome, uma preposição e um pronome.
e) uma preposição, uma preposição e um artigo.

Na primeira o ocorrência, a palavra A é uma preposição exigida pela forma verbal (recursou-se). Na segunda ocorrência, A é uma preposição exigida pela forma verbal (responder). Na terceira ocorrência, A é um artigo que concorda com mulher.
GABARITO: E.

---

515. **(FCC - 2022 - TRT-4 - ANALISTA JUDICIÁRIO)**
"Aonde o homem ia, o peixinho o acompanhava a trote, que nem um cachorrinho."
Considerando o contexto, os termos sublinhados constituem, respectivamente,

a) um pronome, um artigo, um artigo e uma preposição.
b) uma preposição, um pronome, um pronome e um artigo.
c) um pronome, um pronome, um pronome e um artigo.
d) um artigo, um artigo, um artigo e uma preposição.
e) um artigo, um artigo, um pronome e uma preposição.

Nas duas primeiras ocorrências, a palavra O acompanha um substantivo (homem, peixinho). Na terceira ocorrência, a palavra O é um pronome que complementa a forma verbal "acompanhava". Na quarta ocorrência, a palavra A é uma preposição.
GABARITO: E.

---

516. **(FUNDATEC - 2022 - AGERGS - AUXILIAR TÉCNICO EM ADMINISTRAÇÃO)** No trecho "(...) que alardeia a possibilidade de alguém ter um milhão de amigos", o vocábulo em destaque é:

a) Artigo indefinido.
b) Artigo definido.
c) Pronome pessoal reto.
d) Pronome pessoal oblíquo.
e) Preposição essencial.

A palavra A acompanha o substantivo "possibilidade" e concorda com ele. Por isso, é um artigo definido.
GABARITO: B.

517. (CESPE/CEBRASPE - 2018 - SE/DF - PROFESSOR)

O aspecto da implantação do português no Brasil explica por que tivemos, de início, uma língua literária pautada pela do Portugal contemporâneo. A sociedade colonial considerava-se um prolongamento da sociedade ultramarina. O seu ideal era reviver os padrões vigentes no reino. Já para a língua popular as condições eram outras.
(Joaquim Mattoso Câmara Junior. A língua literária. In: Evanildo Bechara (org). **Estudo da língua portuguesa**: textos de apoio. Brasília: FUNAG, 2010, p. 292. Adaptado.)

O emprego do artigo definido imediatamente antes do topônimo "Portugal" torna-se obrigatório devido à presença do adjetivo "contemporâneo".

Certo ( )   Errado ( )

No trecho "uma língua literária pautada pela do Portugal contemporâneo", o termo "contemporâneo" exerce uma função especificativa ao topônimo "Portugal", ou seja, não se trata de qualquer Portugal, mas de um Portugal específico no tempo. Por essa razão, o uso do artigo é obrigatório, pois ele é o determinante do topônimo.

GABARITO: CERTO.

---

518. (COSEAC - 2019 - UFF - ASSISTENTE EM ADMINISTRAÇÃO) No título, "Aprenda a chamar a polícia", os termos em destaque são classificados gramaticalmente, respectivamente, como:

a) artigo definido e pronome oblíquo.
b) pronome oblíquo e preposição.
c) artigo definido e artigo definido.
d) preposição e pronome oblíquo.
e) preposição e artigo definido.

A primeira palavra A liga dois verbos (preposição); a segunda palavra A acompanha o substantivo polícia (artigo).

GABARITO: E.

---

519. (FGV - 2019 - IBGE - AGENTE CENSITÁRIO)

"...que vêm transformando as comunicações em todo o mundo".

Nessa frase do texto 1, empregou-se corretamente o artigo definido após o pronome indefinido todo; a frase abaixo em que esse emprego também está correto é:

a) Todo o jornal do planeta cobre acontecimentos mundiais.
b) As notícias aparecem em todas as páginas dos jornais.
c) Todo o repórter deve trabalhar muito diariamente.
d) Toda a notícia deve ser checada antes de publicação.
e) Todo o texto publicitário deve elogiar produtos.

Quando se usa no singular, temos: todo o país (o país todo); todo país (todos os países). Ou seja, no singular, a presença de artigo particulariza a informação e a falta dele generaliza. E no plural, também há generalização. Nesse sentido, temos o seguinte: todo jornal do planeta (alternativa A), todo repórter (alternativa C), toda notícia (alternativa D), todo texto (alternativa E).

GABARITO: B.

520. (CESPE/CEBRASPE - 2018 - PRF - POLICIAL RODOVIÁRIO FEDERAL)

  Mesmo assim, sinto uma alegria quase infantil quando vejo se acenderem as luzes da cidade. E repito para mim mesmo a pergunta que me faço desde que me conheço por gente: quem é o responsável por acender as luzes da cidade? O mais plausível é imaginar que essa tarefa caiba a sensores fotoelétricos espalhados pelos bairros. Mas e antes dos sensores, como é que se fazia? Imagino que algum funcionário trepava na antena mais alta no topo do maior arranha-céu e, ao constatar a falência da luz solar, acionava um interruptor, e a cidade toda se iluminava.

(Reinaldo Moraes. **Luz! Mais luz**. Internet. Adaptado.)

A substituição da locução "a cidade toda" por toda cidade preservaria os sentidos e a correção gramatical do período.

No trecho "e a cidade toda se iluminava", a substituição ficaria "e toda cidade se iluminava".

    Certo ( )   Errado ( )

Gramaticalmente não há problemas, porém o sentido fica prejudicado. O trecho "a cidade toda" significa que é uma cidade em sua totalidade, e em "toda cidade" há uma ideia genérica: todas as cidades.

GABARITO: ERRADO.

ADJETIVO

521. (CESPE/CEBRASPE - 2021 - SEDUC/AL - PROFESSOR)

Fui mandado à escola para aprender as primeiras s, cuja utilidade eu, infeliz, ignorava. Todavia, batiam-me se no estudo me deixava levar pela preguiça. As pessoas grandes louvavam esta severidade. Muitos dos nossos predecessores na vida tinham traçado estas vias dolorosas, por onde éramos obrigados a caminhar, multiplicando os trabalhos e as dores aos filhos de Adão. Encontrei, porém, Senhor, homens que Vos imploravam, e deles aprendi, na medida em que me foi possível, que éreis alguma coisa de grande e que podíeis, apesar de invisível aos sentidos, ouvir-nos e socorrer-nos. [...]

A substituição do termo "infeliz" por **infelizmente** alteraria os sentidos originais do texto.

Certo ( )   Errado ( )

O termo infeliz é um adjetivo e o termo infelizmente é um advérbio. Ou seja, seriam alterados os sentidos originais. Vejamos:

- *Fui mandado à escola para aprender as primeiras s, cuja utilidade eu, **infeliz**, ignorava. (a relação é entre EU e INFELIZ)*
- *Fui mandado à escola para aprender as primeiras s, cuja utilidade eu, **infelizmente**, ignorava. (a relação é entre INFELIZMENTE e IGNORAVA)*

GABARITO: CERTO.

---

522. (CESPE/CEBRASPE - 2022 - PETROBRAS - ADMINISTRAÇÃO) A correção gramatical do texto seria mantida caso o adjetivo "primitivas", no trecho "ferramentas de pedra primitivas", fosse flexionado no singular, embora o sentido original do trecho e as relações sintáticas nele estabelecidas fossem alteradas: no original, o adjetivo qualifica o termo "ferramentas"; com o emprego do singular, o adjetivo qualificaria o termo "pedra".

Certo ( )   Errado ( )

A troca altera a relação entre os termos, mas mantém a correção gramatical do texto.

Original: ferramentas de pedra primitivas (qualifica "ferramentas")

Reescrita: ferramentas de pedra primitiva (qualifica pedra)

Ou seja, no original, o adjetivo qualifica o termo "ferramentas"; com o emprego do singular, o adjetivo qualificaria o termo "pedra".

GABARITO: CERTO.

---

523. (CESPE/CEBRASPE - 2021 - PM/AL - SOLDADO) Em "Procuro descobrir, desesperada, / na face ingênua das crianças, / a minha pureza perdida", o termo "desesperada" qualifica o vocábulo "pureza", o que indica que a pureza é retratada no poema como objeto de desilusão.

Certo ( )   Errado ( )

O termo "desesperada" qualifica o eu lírico: procuro e estou desesperada. Ou seja, a relação não é com "pureza".

GABARITO: ERRADO.

524. **(CESPE/CEBRASPE - 2022 - TC/RJ - ANALISTA DE CONTROLE EXTERNO)**
Agora, novas melhorias na IA, viabilizadas por operações massivas de coleta de dados, aperfeiçoadas ao máximo por grupos digitais, contribuíram para a retomada de uma velha corrente positivista do pensamento político. Extremamente tecnocrata em seu âmago, essa corrente sustenta que a democracia talvez tenha tido sua época, mas que hoje, com tantos dados à nossa disposição, afinal estamos prestes a automatizar e simplificar muitas daquelas imperfeições que teriam sido — deliberadamente — incorporadas ao sistema político. [...]
O adjetivo "tecnocrata" qualifica o termo "pensamento político".

Certo ( )   Errado ( )

O adjetivo "tecnocrata" qualifica o termo "essa corrente". Vejamos:

*Extremamente **tecnocrata** em seu âmago, **essa corrente** sustenta que a democracia talvez tenha tido sua época.*

GABARITO: ERRADO.

TEXTO PARA AS PRÓXIMAS DUAS QUESTÕES.

Faroeste

Naquele tempo o mocinho era bom.

Puro do cavalo branco até o chapelão imaculado. A camisa limpa, com estrela de xerife. Luvas de couro, tímido e olho baixo. Namorando a mocinha, cisca nas pedras e espirra estrelinha com a espora da botina.

Nunca despenteia o cabelo nas brigas. Defende órfão e viúva. Com os brutos, implacável porém justo. [...]

525. **(IBFC - 2022 - INDEA/MT - AGENTE FISCAL)** Considerando a estrutura sintática da oração "Com os brutos, implacável porém justo", é correto afirmar que o vocábulo em destaque:
a) indica o modo como a ação era desenvolvida.
b) aponta uma característica atribuída ao agente da ação.
c) mostra um traço específico atribuído aos "brutos".
d) nomeia o interlocutor da ação descrita.

Os adjetivos "implacável" e "justo" caracterizam "o mocinho", o qual é o agente da ação no contexto.

Naquele tempo o mocinho era bom. [...] Com os brutos, implacável porém justo.

GABARITO: B.

---

526. **(IBFC - 2022 - INDEA/MT - AGENTE FISCAL)** A análise morfológica e semântica do título "Faroeste" permite concluir seu caráter:
a) adverbial, indicando a localização precisa de onde se desenrola uma sequência de ações.
b) adjetivo, cumprindo sua função qualificadora de atribuir características a pessoas e aos lugares.
c) pronominal, substituindo os nomes dos lugares que apresentam pessoas com determinado comportamento.
d) substantivo, nomeando uma referência espacial, bem como um conjunto de comportamentos.

Faroeste é o nome atribuído a um lugar onde as ações narradas ocorrem. Não pode é advérbio, porque não indica uma circunstância; não é pronome, porque não tem função de retomar um termo; não é adjetivo, porque não caracteriza outro termo.

GABARITO: D.

527. **(CETREDE - 2018 - PREFEITURA DE QUIXERÉ/CE- PROFESSOR)** Fazem o superlativo absoluto sintético culto como "mísera", todos os adjetivos da alternativa:
a) célebre / pobre / livre / íntegro.
b) caro / amável / bom / negro.
c) fácil / livre / caro / sábio.
d) agradável / humilde / sagrado / bondoso.
e) são / veloz / rico / grande.

Superlativo absoluto: ocorre quando a qualidade de um ser é intensificada, sem relação com outros seres. Na forma sintética, a intensificação se faz por meio do acréscimo de sufixos (-íssimo; -imo; -ílimo; -érrimo). Por exemplo: inteligentíssimo (inteligente), celebérrimo (célebre), facílimo (fácil), fidelíssimo (fiel), péssimo (mau), mínimo (pequeno), paupérrimo (pobre), libérrimo (livre), íntegro (integérrimo). O comando da questão quer se sejam selecionados os adjetivos que sem a mesma formação de mísera (que fica misérrimo). Portanto, aqueles formados por "érrimo" são célebre / pobre / livre / íntegro.
GABARITO: A.

528. **(FCC - 2019 - METRÔ/SP - ANALISTA - ADMINISTRAÇÃO)** O substantivo está posposto ao termo que o qualifica na expressão sublinhada em:
a) Sofria daquele tipo de tristeza mórbida.
b) Para ele, o fim do ano era sempre uma época dura.
c) Que secreto desígnio haveria atrás daquilo.
d) No seu caso havia uma razão óbvia para isso.
e) como ele, a mãe era uma mulher amargurada.

Substantivo posposto significa que está após; neste caso, após o adjetivo. Na alternativa C, temos adjetivo (secreto) e substantivo (desígnio). Nas demais, temos substantivo e adjetivo (tristeza mórbida, época dura, razão óbvia, mulher amargurada).
GABARITO: C.

529. **(FUNDEP - 2018 - IFN/MG - ANALISTA)** Assinale a alternativa em que a palavra destacada não qualifica outra do mesmo trecho.
a) "Absorventes sustentáveis ajudam meninas africanas a ficarem na escola"
b) "Uma em cada 10 meninas africanas não vai à escola durante menstruação."
c) "Os produtos são consideravelmente mais baratos do que os absorventes vendidos nas farmácias, [...]"
d) "Desde então, ela começou a se dedicar à causa de que nenhuma garota sul-africana tenha que perder aulas por causa da menstruação."

A função de qualificar é do adjetivo. Nas alternativas A, B e E, temos adjetivos: sustentáveis, africanas, sul-africana. Na alternativa C, temos um advérbio: consideravelmente.
GABARITO: C.

530. **(FUNCAB - 2018 - IBRAM - ASSISTENTE)** A opção em que o adjetivo em destaque está empregado no grau comparativo é:
a) "Mas, o que é um real em meio a um Teatro tão **bonito** como aquele?"
b) "Tratam-se de paredes compridas, **imponentes**, as quais quase não são percebidas no dia a dia agitado do centro da cidade carioca."

c) "Sabemos que o seu José está na porta do museu pelo cheirinho quente e doce de suas pipocas fresquinhas que, suavemente, adentram o museu."
d) "Como pipoqueiro, ele sabe de todas as atividades que acontecem nos finais de semana no Museu Nacional de Belas Artes e no Teatro Municipal."
e) "(...) é uma beleza de construção, cheia de detalhes, curvinhas, quadradinhos, estátuas femininas (...)"

Para haver grau comparativo, deve haver dois termos para que se atribuam semelhanças e/ou diferenças entre eles. O adjetivo em grau comparativo é o que aparece na alternativa A. O adjetivo "bonito", associado aos advérbios "tão" e "como", destaca a beleza do teatro em questão, em comparação a outros.
GABARITO: A.

---

531. **(FUNCAB - 2018 - SEPLAG/MG - JORNALISMO)** A alternativa em que ambos os termos constituídos de preposição + substantivo podem ser substituídos no texto por adjetivos semanticamente equivalentes é:
    a) preceitos DA CIÊNCIA – modelo DE DEMOCRACIA.
    b) formas DE CONHECIMENTO – rotulação DO CIENTISTA.
    c) modelo DE DEMOCRACIA – donos DA VERDADE.
    d) rotulação DO CIENTISTA – preceitos DA CIÊNCIA.

    As alternativas apresentam locuções adjetivas (preposição + substantivo). Muitas delas podem ser substituídas por um adjetivo apenas. A substituição das locuções adjetivas (preposição + substantivo) por um adjetivo, nos dois termos, só é possível na alternativa A: "preceitos da ciência" (preceitos científicos) e "modelo de democracia" (modelo democrático).
    GABARITO: A.

---

532. **(CONSULPLAN - 2018 - PREFEITURA DE JUATUBA/MG - ASSISTENTE)** "Dinheiro é a coisa mais importante do mundo." Nessa frase, há um adjetivo no grau:
    a) comparativo de igualdade.
    b) superlativo absoluto analítico.
    c) comparativo de superioridade.
    d) superlativo relativo de superioridade.

    O substantivo "dinheiro" não está sendo comparado a outro elemento, portanto não se pode dizer que o adjetivo "importante" está em grau comparativo (o que elimina as alternativas A e C). O grau superlativo absoluto analítico ocorre quando a qualidade de um ser é intensificada, sem relação com outros seres. Portanto, na frase do enunciado da questão, o adjetivo está no grau superlativo de superioridade, graças ao advérbio "mais".
    GABARITO: D.

---

533. **(FGV - 2018 - PREFEITURA DE FLORIANÓPOLIS/SC - ADMINISTRADOR)** A opção em que os adjetivos mostram valor diferente dos demais, por ambos serem classificados como adjetivos de relação, é:
    a) tios casados / tias solteiras.
    b) enorme sala / grande mesa.
    c) mesa retangular / enorme casa.
    d) família brasileira / prolongadas conversas.
    e) família nuclear / inesquecíveis almoços.

Adjetivos de relação são aqueles que restringem o significado de um substantivo.

A: "Casados" e "solteiros" são adjetivos que restringem o significado dos substantivos "tios" e "tias".

B: "Enorme" e "grande" são adjetivos que denotam uma qualidade dos substantivos "sala" e "mesa".

C: "Retangular" e "enorme" são adjetivos que denotam uma qualidade dos substantivos "mesa" e "casa".

D: Ainda que "brasileira" seja adjetivo relacional (pois restringe o significado da palavra "Brasil"), "prolongadas" denota uma qualidade do substantivo "conversa".

E: Mesmo que "nuclear" seja adjetivo relacional (pois restringe o significado da palavra "família"), "inesquecíveis" denota uma qualidade do substantivo "almoços".

GABARITO: A.

---

534. (CESGRANRIO - 2018 - BNDES - PROFISSIONAL BÁSICO) A palavra **próprios**, na sentença "Mais de 300 anos seriam necessários até que alguns dos episódios que cercavam o descobrimento do Brasil pudessem começar a ser, eles próprios, redescobertos.," apresenta o mesmo sentido em:

a) Ele navegou em nave própria.
b) Chegaram em hora própria para o almoço.
c) O orgulho das descobertas é próprio de quem as faz.
d) O livro próprio para encontrar sinônimos é o dicionário.
e) Foi o próprio historiador que comprovou a tese.

No trecho "começar a ser, eles **próprios**, redescobertos", "próprios" é um adjetivo, que significa "em pessoa", "ele(a) mesmo(a)". Contexto semelhante é encontrado na alternativa E, pois o adjetivo "próprio" possui ideia de "em pessoa", "ele(a) mesmo(a)". Nas demais opções, temos adjetivos também, mas com significados diferentes:

A: Possui ideia de propriedade, "dele".

B: Possui ideia de "conveniente", "adequado".

C: Possui ideia de "pertencente".

D: Possui ideia de "conveniente", "adequado".

GABARITO: E.

SUBSTANTIVO

535. (CESPE/CEBRASPE - 2022 - SERES/PE - POLÍCIA PENAL)

Texto CG1A1-I

Contudo, a memória não deve ser predominante na pessoa. A memória é, com frequência, a mãe da tradição. **Ora**, se é bom ter uma tradição, também é bom superar essa tradição para inventar um novo modo de vida. Quem considera que o **presente** não tem valor e que somente o passado deve nos interessar é, em certo sentido, uma pessoa a quem faltam duas dimensões e com a qual não se pode contar. Quem acha que é preciso viver o agora com todo o ímpeto e que não devemos nos preocupar com o **amanhã** nem com o ontem pode ser perigoso, pois crê que cada minuto é separado dos minutos vindouros ou dos que o precederam e que não existe nada além dele mesmo no planeta. Quem se desvia do passado e do presente, quem sonha com um futuro longínquo, desejável e desejado, também se vê privado do terreno contrário cotidiano sobre o qual é preciso agir para realizar o futuro desejado. Como se pode ver, uma pessoa deve **sempre** ter em conta o presente, o passado e o futuro.

(Frantz Fanon. **Alienação e liberdade**. São Paulo: Ubu, 2020, p. 264-265. Adaptado.)

Assinale a opção em que a palavra destacada do segundo parágrafo do texto CG1A1-I está empregada como advérbio que expressa circunstância de tempo:

a) "presente" (quarto período).
b) "Ora" (terceiro período).
c) "agora" (quinto período).
d) "sempre" (último período).
e) "amanhã" (quinto período).

A: "Presente", em "o presente não tem valor", está empregada como substantivo, o que se confirma pela presença do artigo definido "o" que está anteposto.

B: "Ora" está empregada como conjunção, visto que dá sequência às ideias dos períodos iniciais do segundo parágrafo.

C: "Agora", em "é preciso viver o agora", está empregada como substantivo, o que se confirma pela presença do artigo definido "o" que está anteposto.

D: O vocábulo "sempre" indica, no contexto em que se insere, como advérbio de tempo, já que traz uma ideia de tempo.

E: "Amanhã", em "não devemos nos preocupar com o amanhã", está empregada como substantivo, o que se confirma pela presença do artigo definido "o" anteposto.

GABARITO: D.

536. (EXÉRCITO - 2019 - ESPCEX - CADETE) Marque a alternativa na qual a palavra destacada funciona como adjetivo.

a) Os canudos poluem **bastante**.
b) Ações individuais são **bastante** significativas.
c) Algumas pessoas preferem ou necessitam **bastante** dos canudos.
d) Foi encontrada uma lista **bastante** grande de espécies afetadas.
e) Não há atitude **bastante** para resolver o problema.

O adjetivo tem a função de caracterizar ou qualificar o substantivo, por isso o adjetivo está relacionado ao substantivo.

A: função de advérbio – modifica o verbo poluir.

B: função de advérbio – modifica o adjetivo significativas.

C: função de advérbio – modifica o verbo necessitam.

D: função de advérbio – modifica o adjetivo grande.

E: função de adjetivo – caracteriza o substantivo atitude.

GABARITO: E.

---

537. (VUNESP - 2021 - TJ/SP - ESCREVENTE TÉCNICO JUDICIÁRIO)

O **Dia Nacional de Combate ao Fumo** (29 de agosto) foi criado em 1986, com o objetivo de reforçar as ações nacionais de conscientização sobre os danos sociais, de saúde, econômicos e ambientais causados pelo tabaco.

A campanha promovida pelo Inca (Instituto Nacional de Câncer) este ano chama-se *Comprometa-se a parar de fumar*. O instituto lembra que o tabagismo é um fator de risco importante para a Covid-19, por isso parar de fumar se torna uma medida de proteção à saúde de todos os cidadãos.

Peças criadas para redes sociais com a frase "**Cringe¹ mesmo é fumar**" fazem parte da campanha. Os materiais desenvolvidos pelo Ministério da Saúde, em parceria com a Organização Pan-Americana de Saúde, destacam a importância de proteger a saúde de crianças, jovens e adolescentes, que são alvo de estratégias de venda para que possam se tornar um mercado repositor de novos consumidores, já que o consumo de tabaco mata mais da metade de seus usuários.

Vale lembrar que os cigarros eletrônicos, ou *pods*, não são opções mais saudáveis ao cigarro tradicional. No Brasil, a comercialização desses dispositivos é proibida, já que não foi autorizada pela Agência Nacional de Vigilância Sanitária (Anvisa). Muitos países que liberaram sua venda estão revendo as suas posições depois de novas orientações da Organização Mundial da Saúde (OMS).

1 Cringe: para os integrantes da geração Z, é um adjetivo usado para classificar pessoas que fazem coisas fora de moda, ultrapassadas, cafonas mesmo. Eles também costumam classificar atitudes ou objetos. Nesse caso, ela é usada como sinônimo de vergonha alheia.

(Disponível em: https://doutorjairo.uol.com.br)

Nas passagens – proteção à saúde de todos os **cidadãos** (2º parágrafo) – e – proteger a saúde de **crianças**, jovens e adolescentes (3º parágrafo) –, o substantivo "cidadão" faz o plural com "ãos", e o substantivo feminino "crianças" refere-se tanto ao sexo masculino quanto ao feminino. Substantivos com essas mesmas propriedades gramaticais, empregados em sua forma singular, estão destacados, correta e respectivamente, em:

a) O **tabelião** confundiu-se na hora de assinar o contrato, e pediu desculpas ao **agente** que esperava o documento para conferir.

b) Durante a missa, o padre pediu a **atenção** a todos os presentes e orientou aos fiéis para que fossem bons com toda **pessoa**.

c) O **patrão** chegou alterado na empresa, tinha sido informado de que um **assaltante** estava rondando aquela região.

d) Na sessão de terapia, o rapaz parecia fazer uma **confissão** ao referir-se à forma como tratava sua **colega** de trabalho.

e) Quando saiu da igreja, o **sacristão** ficou aterrorizado com o acidente e preocupado para saber se houve alguma **vítima**.

A: tabeliães (plural) – agente (refere-se tanto ao sexo masculino quanto ao feminino)

B: atenções (plural) – pessoa (refere-se tanto ao sexo masculino quanto ao feminino)

C: patrões (plural) – assaltante (refere-se tanto ao sexo masculino quanto ao feminino)

D: confissões (plural) – colega (refere-se tanto ao sexo masculino quanto ao feminino)

E: sacristãos ou sacristães (plural) – vítima (refere-se tanto ao sexo masculino quanto ao feminino)

GABARITO: E.

538. (FGV - 2021 - TJ/RO - TÉCNICO JUDICIÁRIO) Sobre expressões como "Uma mãe é uma mãe", "Uma mulher é uma mulher", "A Amazônia é a Amazônia", é correto afirmar que:
   a) o primeiro termo está no sentido figurado e o segundo, no sentido próprio.
   b) o primeiro termo é substantivo comum e o segundo, substantivo próprio.
   c) o primeiro termo aponta as qualidades enquanto o segundo indica a pessoa.
   d) os dois termos apresentam rigorosamente o mesmo significado.
   e) o segundo termo é considerado adjetivamente.

Nas estruturas apresentadas, temos: sujeito + verbo de ligação + predicativo do sujeito. Por isso, o primeiro termo tem função de substantivo e o segundo termo tem função de adjetivo.
GABARITO: E.

---

539. (EXÉRCITO - 2021 - ESA - SARGENTO)

Algum tempo hesitei se devia abrir estas memórias pelo princípio ou pelo fim, isto é, se poria em primeiro lugar o meu nascimento ou a minha morte. Suposto o uso vulgar seja começar pelo nascimento, duas considerações me levaram a adotar diferente método: a primeira é que eu não sou propriamente um autor defunto, mas um defunto autor, para quem a campa foi outro berço; a segunda é que o escrito ficaria assim mais galante e mais novo. Moisés, que também contou a sua morte, não a pôs no intróito, mas no cabo: diferença radical entre este livro e o Pentateuco.

(Trecho do livro **Memórias Póstumas de Brás Cubas**, de Machado de Assis)

Qual é a diferença entre "autor defunto" e "defunto autor"?
   a) são sinônimos.
   b) o primeiro iniciou sua carreira após a morte e o segundo, em vida.
   c) o primeiro foi autor em vida e o segundo, só após a morte.
   d) o primeiro escreve sobre a sua morte e o segundo, após a sua morte.
   e) o primeiro tem como tema em sua obra a morte e o segundo, o ato de escrever.

Em "autor defunto", autor é um substantivo e o termo "defunto" tem a função de adjetivo. Em "defunto autor", defunto é um substantivo e autor é um adjetivo. Como o adjetivo tem a função de qualificar e caracterizar um substantivo, entende-se que o primeiro foi autor em vida e o segundo, só após a morte.
GABARITO: C.

---

540. (AERONÁUTICA - 2021 - EEAR - SARGENTO-ADMINISTRADOR) Assinale a alternativa correta a respeito do que se afirma sobre substantivo.
   a) Está correto afirmar que a História registrou uma grande cisma religiosa, porque **a cisma** significa dissidência.
   b) Na expressão **Rebeldes Brasileiros**, o substantivo é **rebelde** e classifica-se como sobrecomum.
   c) Quando o substantivo mantém o gênero para designar seres do sexo masculino e do feminino, é classificado de substantivo uniforme, caso de **criatura**.
   d) O substantivo coletivo **junta** pode ser usado de forma ampla, indicando, por exemplo, conjunto de médicos, examinadores, pessoas em geral, atletas e artistas.

A: Cisma significa ideia fixa.
B: O substantivo sobrecomum é um tipo de substantivo uniforme, ou seja, que apresenta somente um termo para os dois gêneros (masculino e feminino). Ele é utilizado para nomear pessoas, por exemplo, a palavra "criança", utilizada para os dois gêneros: a criança menino; a criança menina. O termo "rebeldes"

é um substantivo comum de dois gêneros. Ou seja, aquele que apresenta somente um termo para os dois gêneros (masculino e feminino). Nesse caso, o que diferencia um termo de outro é o artigo que acompanha o substantivo: o, um (masculino), por exemplo: o artista; a, uma (feminino), por exemplo: a artista.
C: Os substantivos uniformes apresentam uma única forma para os gêneros feminino e masculino, como nos exemplos: A / O policial. A / O cartomante. A / O patriota. Isso também ocorre em "a criatura".
D: junta de dois bois, de médicos, de examinadores, de governantes.
GABARITO: C.

541. (AERONÁUTICA - 2020 - EEAR - SARGENTO-BCT) Complete os espaços em branco e, em seguida, assinale a alternativa com a sequência correta.
Durante a paralisação da última terça-feira, os integrantes das coligações _____ reuniram-se usando calças e camisetas _____.
a) políticas-partidárias; azuis-celestes.
b) político-partidárias; azuis-celestes.
c) políticas-partidárias; azul-celeste.
d) político-partidárias; azul-celeste.

Quando há dois adjetivos ligados por um hífen, a flexão é feita com o segundo elemento. Em nomes de cores, formados por dois adjetivos, apenas o segundo elemento varia. Exemplos: camisas azul-claras; saias vermelho-escuras.
Exceções: ternos azul-marinho; ternos azul-celeste.
GABARITO: D.

542. (FEPESE - 2019 - SAP/SC - AGENTE PENITENCIÁRIO) Assinale a alternativa cuja sequência de palavras apresenta a mesma formação de plural.
a) alemão, tabelião, grão, anão, pagão.
b) satisfação, cordão, limão, paixão, razão.
c) ação, cirurgião, estação, capitão, artesão.
d) situação, botão, cirurgião, escrivão, charlatão.
e) associação, situação, guardião, refrão, sacristão.
A: alemães, tabeliães, grãos, anões, pagãos.
B: satisfações, cordões, limões, paixões, razões.
C: ações, cirurgiões, estações, capitães, artesãos.
D: situações, botões, cirurgiões, escrivães, charlatães.
E: associações, situações, guardiães, refrões, sacristãos.
GABARITO: B.

543. (UFAC - 2019 - UFAC - ASSISTENTE ADMINISTRATIVO) O artigo (definido ou indefinido) tem a capacidade de substantivar qualquer palavra; ou seja, transformá-la em substantivo. Indique a opção em que ocorre substantivação de um advérbio:
a) O bonito é te ver sorrir.
b) Ambas as crianças estão vestindo azul.
c) Fui falar com uma garota e recebi um não como resposta.
d) Todos os candidatos são incompetentes.
e) A Fernanda canta muito bem.

Como o enunciado já explica, a substantivação consiste em transforma uma palavra em substantivo. O comando indica esse processo com um advérbio. Nesse caso, apenas a letra C se encaixa nisso: um não (advérbio não precedido de artigo).

GABARITO: C.

---

544. **(FCC - 2019 - PREFEITURA DE RECIFE/PE - ASSISTENTE)** Considerando a função que exercem no contexto, pode-se afirmar que pertencem à mesma classe de palavras ambos os vocábulos sublinhados em:

a) Mais da metade dos seres humanos hoje vivem em cidades, e esse número deve aumentar para 70% até 2050.

b) Em termos econômicos, os resultados da urbanização foram notáveis.

c) Padrões insustentáveis de consumo. degradação ambiental e desigualdade persistente são alguns dos problemas das cidades modernas.

d) Preferem discorrer sobre como as cidades vão se adaptar à era da digitalização [...].

e) Além disso. a tecnologia vai permitir uma melhora na governança.

A: Temos adjetivo e substantivo.

B: Temos dois adjetivos: econômicos e notáveis.

C: Temos substantivo e adjetivo.

D: Temos verbo e substantivo.

E: Temos advérbio e artigo.

GABARITO: B.

---

545. **(IBADE - 2018 - CÂMARA DE PORTO VELHO/RO - ANALISTA)** O plural das palavras terminadas em "ão" sofre variações. Normalmente se faz em "ões", como em vulcões, que aparece no texto. Por vezes, contudo, aceita-se mais de uma forma. É o que ocorre com:

a) tufão.

b) tostão.

c) vilão.

d) cidadão.

e) alemão.

A palavra vilão admite como plural as formas vilões e vilãos. Nas demais, temos: tufões, tostões, cidadãos, alemães.

GABARITO: C.

---

546. **(CESPE/CEBRASPE - 2018 - SE/DF - TODOS OS CARGOS)**

Quando indaguei a alguns escritores de sucesso que manuais de estilo tinham consultado durante seu aprendizado, a resposta mais comum foi "nenhum". Disseram que escrever, para eles, aconteceu naturalmente. Eu seria o último dos mortais a duvidar que os bons escritores foram abençoados com uma dose inata de fluência mais sintaxe e memória para as palavras.

(Steven Pinker. **Guia de escrita**: como conceber um texto com clareza, precisão e elegância. São Paulo: Contexto, 2016, p. 23-4. Adaptado.)

A palavra "último" foi empregada com valor de substantivo.

Certo ( )   Errado ( )

A palavra "último", no trecho "Eu seria o último dos mortais a duvidar!", está antecedida pelo artigo definido masculino singular; o artigo acompanha o substantivo, o que classifica a palavra "último" como substantivo.

GABARITO: CERTO.

COLOCAÇÃO PRONOMINAL

18

547. (VUNESP - 2022 - PREFEITURA DE OSASCO/SP - GUARDA MUNICIPAL) Substituindo-se a expressão destacada por um pronome, a frase "A China também não tem ganhado tantos prêmios Nobel..." atende à norma-padrão de uso e de colocação dos pronomes em:

a) A China também não **os** tem ganhado [...]".
b) A China também não tem-**lhes** ganhado [...]".
c) A China também não tem ganhado-**lhes** [...]".
d) A China também não tem ganhado-os [...]".
e) A China também não **lhes** tem ganhado [...]".

O pronome "os" é o complemento verbal direto de "ganhar" e não pode estar junto a "ganhado". Os verbos no particípio não admitem os pronomes oblíquos átonos juntos a eles. O pronome lhes, por sua vez, complementa um verbo transitivo indireto.

GABARITO: A.

---

548. (VUNESP - 2022 - PM/SP - SARGENTO)

(M. Schulz, "Minduim Charles". https://cultura.estadao.com.br/quadrinhos. 30.10.2021)

De acordo com a norma-padrão, as lacunas do 2º e do 3º quadrinhos devem ser preenchidas, respectivamente, com:

a) Chama-se – ver.
b) Se chama – vê.
c) Se chama – verá.
d) Chama-se – vir.

Não se pode começar uma oração com pronome oblíquo átono (me, te, se, nos, vos, o, os, a, as, lhe, lhes). Além disso, a flexão do verbo "ver" no futuro do subjuntivo, na lacuna, é "vir". Se você vir (sentido de ver); se você vier (sentido de vir).

GABARITO: D.

---

549. (VUNESP - 2022 - PM/SP - SARGENTO) Assinale a alternativa que atende à norma-padrão de colocação pronominal.

a) Não tendo comprovado-se os questionamentos sobre a eficácia das vacinas, a edição de fevereiro de 2001 foi excluída do arquivo da revista.
b) A administração achou melhor excluir provisoriamente a edição de fevereiro de 2001, já que se questionou a eficácia das vacinas e nada foi provado.

c) Excluíram a edição de fevereiro de 2001 dos arquivos, pois não apresentaram-se provas que comprometessem a eficácia das vacinas.

d) Se excluiu dos arquivos da revista a edição de fevereiro de 2001, uma vez que nada foi provado sobre a ineficácia das vacinas.

A: O correto é "não se tendo comprovado", porque o verbo no particípio não admite pronome junto a ele.

B: Nessa frase, a próclise é obrigatória, visto que a locução subordinativa "já que" é um fator de próclise, é uma palavra atrativa.

C: O correto é "não se apresentaram", pois a palavra "não" é um fato de próclise obrigatória.

D: O correto é "Exclui-se", porque não se inicia uma oração com pronome oblíquo átono (me, te, se, nos, vos, o, os, a, as, lhe, lhes).

GABARITO: B.

---

550. (CESPE/CEBRASPE - 2022 - PETROBRAS - ADMINISTRAÇÃO) Estaria mantida a correção gramatical do trecho "Os sacerdotes indianos se recusavam a escrever as histórias sagradas por medo de perder o controle sobre elas. Professores carismáticos (como Sócrates) se recusaram a escrever", caso a posição do pronome "se", em suas duas ocorrências, fosse alterada de proclítica — como está no texto — para enclítica.

Certo ( )   Errado ( )

Não há palavra atrativa que exija próclise. Vejamos:

- *Os sacerdotes indianos se recusavam;*
- *Os sacerdotes indianos recusavam-se;*
- *Professores carismáticos (como Sócrates) se recusaram;*
- *Professores carismáticos (como Sócrates) recusaram-se.*

Ou seja, nesses trechos, a colocação pronominal é facultativa.

GABARITO: CERTO.

---

551. (CESPE/CEBRASPE - 2022 - PETROBRAS - ADMINISTRAÇÃO) Se o trecho "A PETROBRAS responde por cerca de 80% dos combustíveis ofertados no Brasil" fosse reescrito como **A PETROBRAS está à frente de aproximadamente 80% dos combustíveis que produz-se no Brasil**, seriam mantidos os sentidos e a correção gramatical do texto.

Certo ( )   Errado ( )

Há um erro de colocação pronominal. O correto é "que se produz", pois a palavra que (pronome relativo) é um fator atrativo de próclise. Destaca-se que o emprego de crase (à frente) está correto, porque se trata de uma locução feminina.

GABARITO: ERRADO.

---

552. (CESPE/CEBRASPE - 2021 - CBM/AL - SOLDADO) O termo "refugiado ambiental" é utilizado para se referir às pessoas que fogem de onde vivem, em razão de problemas como seca, erosão dos solos, desertificação, inundações, desmatamento, mudanças climáticas, entre outros.

A substituição da expressão "se referir" (primeiro período do primeiro parágrafo) por **referir-se** prejudicaria a correção gramatical do período.

Certo ( )   Errado ( )

Quanto à colocação pronominal fica facultativa essa colocação. No trecho original, temos "para se referir às pessoas". A preposição "para" não é um fator atrativo de próclise. Por isso, é opcional

escrever: para se referir às pessoas ou para referir-se às pessoas. Destaca-se que as palavras que atraem um pronome (ou seja, exigem a próclise) são: palavras com sentido negativo, advérbios, pronomes relativos, pronomes indefinidos, pronomes interrogativos, conjunções subordinativas, conjunções alternativas, pronomes demonstrativos e frases optativas.
GABARITO: ERRADO.

---

553. (CESPE/CEBRASPE - 2021 - PC/DF - ESCRIVÃO) No trecho "Quando me lembro dessa noite", a correção gramatical seria mantida caso o pronome "me" fosse deslocado para imediatamente após a forma verbal "lembro", da seguinte forma: Quando lembro-me dessa noite.

Certo ( )   Errado ( )

Há uma palavra atrativa que exige próclise (pronome antes do verbo), ou seja, a conjunção subordinativa adverbial "quando" é um fator de próclise. Por isso, não é possível o deslocamento, porque isso prejudicaria a correção gramatical.
GABARITO: ERRADO.

---

554. (CESPE/CEBRASPE - 2021 - PM/AL - SOLDADO) Em "A jaqueira se tornou objeto de memória" (segundo parágrafo), o deslocamento da forma pronominal "se" para logo após a forma verbal "tornou" — escrevendo-se **tornou-se** — prejudicaria a correção gramatical do texto.

Certo ( )   Errado ( )

Nesse caso, a colocação pronominal é opcional. Em "A jaqueira se tornou objeto de memória", o termo anterior à forma verbal "se tornou" não é um fator atrativo de próclise. Por isso, é possível escrever também "A jaqueira tornou-se objeto de memória".
GABARITO: ERRADO.

---

555. (CESPE/CEBRASPE - 2021 - PM/AL - OFICIAL)

A sociedade que não proporciona liberdade — direito do homem que reconhece a ele o poder de escolha nos diversos campos da vida social — aos seus membros, a rigor, não se justifica. A liberdade, ainda que não absoluta, é meta e essência da sociedade. [...]
No trecho "a rigor, não se justifica", o vocábulo "se" poderia ser empregado depois da forma verbal, reescrevendo-se corretamente o trecho da seguinte forma: a rigor, não justificasse.

Certo ( )   Errado ( )

Há um caso obrigatório de próclise, porque a palavra "não" é fator atrativo de próclise. Ainda, a forma "justificasse" não possui pronome, porque é a forma do verbo "justificar" flexionado no pretérito do subjuntivo, como estudasse, entendesse, fizesse.
GABARITO: ERRADO.

---

556. (CESPE/CEBRASPE - 2022 - SERES/PE - POLÍCIA PENAL)

Uma das coisas mais difíceis, tanto para uma pessoa quanto para um país, é manter sempre presentes diante dos olhos os três elementos do tempo: passado, presente e futuro. Ter em mente esses três elementos é atribuir uma grande importância à espera, à esperança, ao futuro; é saber que nossos atos de ontem podem ter consequências em dez anos e que, por isso, pode ser necessário justificá-los; daí a necessidade da memória, para realizar essa união de passado, presente e futuro.

Contudo, a memória não deve ser predominante na pessoa. A memória é, com frequência, a mãe da tradição. **Ora**, se é bom ter uma tradição, também é bom superar essa tradição para inventar um novo modo de vida. Quem considera que o **presente** não tem valor e que somente o passado deve nos interessar é, em certo sentido, uma pessoa a quem faltam duas dimensões e com a qual não se pode contar. Quem acha que é preciso viver o **agora** com todo o ímpeto e que não devemos nos preocupar com o **amanhã** nem com o ontem pode ser perigoso, pois crê que cada minuto é separado dos minutos vindouros ou dos que o precederam e que não existe nada além dele mesmo no planeta. Quem se desvia do passado e do presente, quem sonha com um futuro longínquo, desejável e desejado, também se vê privado do terreno contrário cotidiano sobre o qual é preciso agir para realizar o futuro desejado. Como se pode ver, uma pessoa deve **sempre** ter em conta o presente, o passado e o futuro.

(Frantz Fanon. **Alienação e liberdade**. São Paulo: Ubu, 2020, p. 264-265. Adaptado.)

No texto, existe relação de concordância do termo:

a) "presentes" com "coisas mais difíceis", no primeiro período do primeiro parágrafo.
b) "necessário" com "isso", no segundo período do primeiro parágrafo.
c) "predominante" com "memória", no primeiro período do segundo parágrafo.
d) "perigoso" com "ontem", no quinto período do segundo parágrafo.
e) "preciso" com "o qual", no sexto período do segundo parágrafo.

A: "Presentes" concorda com "os três elementos do tempo", termo que aquele termo qualifica.

B: "Necessário" funciona como predicativo do sujeito, que, no caso, é a oração "justificá-los", então, para a concordância do predicativo com o sujeito oracional, o termo com função de predicativo mantém-se no singular.

C: "Predominante" exerce a função de predicativo do sujeito "memória", com o qual concorda.

D: "Perigoso" concorda com o pronome "Quem", que inicia o período.

E: "Preciso" funciona como predicativo do sujeito, que, no caso, é a oração "agir", então, para a concordância do predicativo com o sujeito oracional, o termo com função de predicativo mantém-se no singular.

GABARITO: C.

557. (CESPE/CEBRASPE - 2022 - MJSP/DF - TÉCNICO)

Na ótica da saúde pública, pode-se conceituar a política de redução de danos como um conjunto de estratégias que visam minimizar os danos causados pelo uso de diferentes drogas, sem necessariamente exigir a abstinência de seu uso. Vale dizer, enquanto não for possível ou desejável a abstinência, outros agravos à saúde podem ser evitados, como, por exemplo, as doenças infectocontagiosas transmissíveis por via sanguínea, tais quais as hepatites e HIV/AIDS. [...]

No segmento "pode-se conceituar" (primeiro período do primeiro parágrafo), a colocação do pronome "se" em ênclise ao verbo "conceituar" — escrevendo-se **pode conceituar-se** — prejudicaria a correção gramatical e alteraria os sentidos originais do texto.

Certo ( )   Errado ( )

A colocação é facultativa. No trecho "Na ótica da saúde pública, pode-se conceituar a política de redução de danos", após a vírgula é iniciada a oração. Como há uma locução verbal com verbo no infinitivo e não há uma palavra atrativa que exija próclise, a colocação fica opcional: pode-se conceituar ou pode conceituar-se. Ou seja, a alteração não prejudica a correção gramatical nem os sentidos originais.

GABARITO: ERRADO.

558. (CESPE/CEBRASPE - 2022 - TC/RJ - ANALISTA DE CONTROLE EXTERNO)

Não é preciso temer as máquinas, à maneira do **Exterminador do Futuro**, para se preocupar com a sobrevivência da democracia em um mundo dominado pela inteligência artificial (IA). No fim das contas, a democracia sempre teve como alicerces os pressupostos de que nosso conhecimento do mundo é imperfeito e incompleto; de que não há resposta definitiva para grande parte das questões políticas; e de que é sobretudo por meio da deliberação e do debate que expressamos nossa aprovação e nosso descontentamento. [...]

No primeiro período do texto, caso o pronome "se", na expressão "se preocupar", fosse deslocado para depois do verbo, escrevendo-se **preocupar-se**, a correção gramatical do texto seria mantida.

Certo ( )   Errado ( )

A preposição não é palavra atrativa de próclise, isto é, não há fator que exija o emprego de próclise. Por isso, a colocação pronominal é facultativa. Pode-se escrever:

- *para se preocupar* com a sobrevivência da democracia
- *para preocupar-se* com a sobrevivência da democracia

GABARITO: CERTO.

---

559. (CESPE/CEBRASPE - 2022 - TC/RJ - ANALISTA DE CONTROLE EXTERNO)

Essas questões, das quais se percebe facilmente a importância na prática social, estão no centro de uma disciplina cujas raízes remontam à Antiguidade: a retórica. Para os antigos, a retórica era uma teoria da fala eficaz e também uma aprendizagem ao longo da qual os homens da cidade se iniciavam na arte de persuadir. Com o passar do tempo, entretanto, ela tornou-se, progressivamente, uma arte do bem dizer, reduzindo-se a um arsenal de figuras. Voltada para os ornamentos do discurso, a retórica chegou a se esquecer de sua vocação primeira: imprimir ao verbo a capacidade de provocar a convicção. É a esse objetivo que retornam, atualmente, as reflexões que se desenvolvem na era da democracia e da comunicação.

Na oração "ao longo da qual os homens da cidade se iniciavam na arte de persuadir", a posição proclítica do pronome "se" justifica-se pela flexão de tempo na forma verbal "iniciavam", que determina o uso obrigatório da próclise.

Certo ( )   Errado ( )

A colocação pronominal não ocorre devido à flexão da forma verbal "iniciavam". A próclise se justifica porque a oração é iniciada por um pronome relativo (da qual), palavra que é considerada atrativa quanto à próclise. Essa colocação é obrigatória, mesmo havendo um sujeito expresso (os homens da cidade).

GABARITO: ERRADO.

---

560. (CESPE/CEBRASPE - 2021 - DEPEN - AGENTE DE EXECUÇÃO PENAL)

No trecho, "poderão produzir tais mudanças na organização da vida humana e das relações sociais que se criem ocasiões favoráveis para o nascimento de novos carecimentos", seria mantida a correção gramatical, caso o "se" fosse deslocado para imediatamente após o verbo: **criem-se**.

Certo ( )   Errado ( )

A palavra QUE (pronome relativo) é fator atrativo de próclise. Por isso, a troca não é possível (**que** se criem).

GABARITO: ERRADO.

COLOCAÇÃO PRONOMINAL

561. (CESPE/CEBRASPE - 2019 - PGE/PE - CARGOS DE NÍVEL SUPERIOR)

[...] De acordo com Honneth, as demandas por
direitos — como aqueles que se referem à igualdade de gênero
22   ou relacionados à orientação sexual —, advindas de um
reconhecimento anteriormente denegado, criam conflitos
práticos indispensáveis para a mobilidade social.

(Isadora Vier Machado. **Da dor no corpo à dor na alma**: uma leitura do conceito de violência psicológica da Lei Maria da Penha. Internet: http://pct.capes.gov.br. Adaptado.)

Na linha 21, a correção gramatical do texto seria comprometida se o termo "se" fosse posicionado após a forma verbal "referem", da seguinte forma: referem-se.

Certo ( )   Errado ( )

O termo SE está no seguinte trecho: "como aqueles que se referem à igualdade de gênero". A palavra que, nesta oração, é um pronome relativo. Como esse pronome é uma palavra atrativa, a palavra SE deve ficar obrigatoriamente antes da forma verbal "referem".

GABARITO: CERTO.

---

562. (CESPE/CEBRASPE - 2019 - PGM-CAMPO GRANDE/MS - CARGOS DE NÍVEL SUPERIOR)

[...]
13   Curiosamente, essa é uma revolução silenciosa, pelo
menos do ponto de vista prático: ressalvados casos específicos,
boa parte dos operadores envolvidos em um processo relativo
16   a um litígio estrutural sequer percebe, conscientemente, sua
posição. A teoria brasileira sobre o assunto, desenvolvida pelos
estudiosos, apesar de existente, ainda não se pode dizer
19   disseminada.

(E. V. D. Lima. Litígios estruturais: decisão e implementação de mudanças socialmente relevantes pela via processual. In: Marco Félix Jobim e Sérgio Cruz Arenhart (Org.). **Processos estruturais**. 1. ed. Salvador: Juspodivm, v. 1, 2017, p. 369-422. Adaptado.)

Na linha 18, o deslocamento do termo "se" para imediatamente após a forma verbal "pode" — pode-se — comprometeria a correção gramatical do texto.

Certo ( )   Errado ( )

O trecho que temos é "ainda não se pode dizer disseminada". A sugestão da assertiva é "ainda não pode-se dizer disseminada". Esse é único caso em que não se pode usar ênclise quando há locução verbal com infinitivo. Há três construções possíveis: "ainda não se pode dizer disseminada"; "ainda não pode se dizer disseminada"; ainda não pode dizer-se disseminada" (essas construções são possíveis, mesmo havendo palavra atrativa).

GABARITO: CERTO.

TERMOS DA ORAÇÃO

19

563. (FCC - 2022 - PREFEITURA DE RECIFE/PE - AGENTE ADMINISTRATIVO) O termo sublinhado em *a fregueses mais antigos oferece, antes do menu, o jornal do dia "facilitado"* exerce a mesma função sintática do termo sublinhado em:

a) **O garçom** estendeu-lhe o menu e esperou.
b) Vez por outra, indaga **se a comida está boa**.
c) **Uma noite dessas**, o movimento era pequeno.
d) Seu Adelino faculta **ao cliente** dar palpites ao cozinheiro.

O termo sublinhado em a fregueses mais antigos oferece, antes do menu, o jornal do dia "facilitado" exerce a função de complemento verbal indireto (objeto indireto) de "oferece" (oferece algo a alguém). Vejamos:

A: Sujeito de "estendeu-lhe".

B: Objeto direto.

C: Adjunto adverbial de tempo.

D: Objeto indireto.

GABARITO: D.

---

564. (AOCP - 2022 - PP/DF - POLICIAL PENAL)

[...] Tendo em vista a necessidade de transparência e de otimização dos recursos públicos sob nossa responsabilidade, e ante as demandas tão complexas e urgentes em nosso município, solicito mais informações sobre as questões supracitadas. [...]

Os termos "transparência" e "otimização" são adjuntos adnominais do substantivo "necessidade", sendo empregados para especificar os elementos necessários aos recursos públicos.

Certo ( )   Errado ( )

A função de "transparência" e de "otimização" é de complemento nominal de "necessidade". Para não confundir com adjunto adnominal, a dica é: substantivo abstrato + preposição e substantivo abstrato = complemento nominal. Ou seja, necessidade, transparência e otimização são substantivos abstratos. Como um está ligado ao outro, há complemento nominal, e não adjunto adnominal.

GABARITO: ERRADO.

---

565. (AOCP - 2022 - PP/DF - POLICIAL PENAL)

Fallon agora se reconhece como psicopata. Ele faz parte da corrente que acredita que é possível diagnosticar a psicopatia a partir de anomalias no cérebro, teoria ainda contestada por parte da comunidade médica, mas que acaba de ganhar um reforço importante. Um estudo feito pela Universidade de Montreal e pelo King's College London analisou 12 homens condenados por conduta violenta e diagnosticados clinicamente como psicopatas e outros 20 condenados pelo mesmo motivo, mas diagnosticados apenas como antissociais. Eles jogaram uma espécie de jogo da memória enquanto estavam dentro de uma máquina de ressonância magnética. As regras eram alteradas com frequência, e a ideia era justamente observar como eles se adaptavam a essas mudanças – errar é uma forma de aprendizado, já que o cérebro costuma entender a mensagem, representada no jogo pela perda de pontos, e deixa de repetir o padrão que levou à punição. [...]

Em "[...] teoria ainda contestada [...], mas que **acaba** de ganhar um reforço [...]", o termo destacado tem sentido equivalente a "terminar" e constitui um predicado verbal, cujo complemento "ganhar" é um objeto indireto.

Certo ( )   Errado ( )

O verbo auxiliar "acabar" indica que ação é recente, e não tem sentido de "terminar". Além disso, o complemento de "ganhar" é um objeto direto (um reforço), porque não há preposição iniciando esse complemento. Ou seja, nesse caso, o verbo ganhar é um verbo transitivo direto.

GABARITO: ERRADO.

---

566. (AOCP - 2022 - CBM/PA - SOLDADO) Sobre o termo destacado em "[...] algumas características **se** tornam similares nas relações tóxicas.", assinale a alternativa correta.

a) Indica que o sujeito da oração é indeterminado.
b) É uma partícula integrante do verbo, visto que este é pronominal.
c) Indica que se trata de uma oração na voz passiva.
d) É um pronome reflexivo recíproco, como em "Ana e João se amam".
e) É uma partícula de realce, como em "Murcham-se as flores".

O verbo "tornar-se", no contexto em que se insere, é um verbo de ligação. Para ser assim classificado, precisa haver a presença do pronome. Por isso, esse pronome exerce a função de partícula integrante do verbo. Nesse trecho, o termo "algumas características" é o sujeito de "se tornam".

GABARITO: B.

---

567. (CESPE/CEBRASPE - 2022 - PETROBRAS - ADMINISTRAÇÃO)

De acordo com este texto, a possibilidade de um indivíduo tornar-se justo e virtuoso depende de um processo de transformação pelo qual deve passar. Assim, afasta-se das aparências, rompe com as cadeias de preconceitos e condicionamentos e adquire o verdadeiro conhecimento. Tal processo culmina com a visão da forma do Bem, representada pela matéria do Sol. O sábio é aquele que atinge essa percepção. Para Platão, conhecer o Bem significa tornar-se virtuoso. Aquele que conhece a justiça não pode deixar de agir de modo justo.

O termo "Aquele" exerce a função sintática de sujeito da oração "que conhece a justiça".

Certo ( )   Errado ( )

O termo "aquele" exerce a função de sujeito da forma verbal "pode deixar". Temos um período composto:

- ***Aquele** não pode deixar de agir de modo justo. (oração principal);*
- *que conhece a justiça (oração subordinada adjetiva – começa com o pronome relativo). Nessa oração, o sujeito de "conhece" é o pronome relativo "que".*

GABARITO: ERRADO.

---

568. (CESPE/CEBRASPE - 2021 - CBM/AL - SOLDADO) Na oração "Aquilo era, portanto, um quadro entristecedor" (segundo parágrafo), o termo "um quadro entristecedor" exerce a função de sujeito.

Certo ( )   Errado ( )

Na oração "Aquilo era, portanto, um quadro entristecedor", a presença do verbo ser, como verbo de ligação, exige que haja um predicativo do sujeito. Nesse sentido, a estrutura frasal com esse verbo deve ser de "SER (verbo de ligação) e predicativo do sujeito. Ou seja, temos:

- *Aquilo:* sujeito;
- *era:* verbo de ligação;
- *portanto:* conjunção (não exerce função sintática);
- *um quadro entristecedor:* predicativo do sujeito.

GABARITO: ERRADO.

---

569. **(CESPE/CEBRASPE - 2021 - PC/AL - AGENTE E ESCRIVÃO)** Em "Ele nada faz sem motivo", o termo "sem motivo" exerce a função de complemento da forma verbal "faz".

Certo ( )   Errado ( )

O termo "sem motivo" tem natureza adverbial. O complemento da forma verbal "faz" é o termo "nada". Veja a ordem direta: *Ele faz nada sem motivo.*

GABARITO: ERRADO.

---

570. **(CESPE/CEBRASPE - 2021 - PC/DF - AGENTE)** No trecho "os biólogos admitem que ainda não têm uma boa explicação para como o cérebro gera consciência", a correção gramatical seria mantida, embora as relações sintáticas dos termos fossem alteradas, se a forma verbal "têm" fosse substituída por **há**.

Certo ( )   Errado ( )

A correção gramatical é mantida, mas as relações sintáticas (as funções sintáticas) são alteradas.

Original: Os biólogos admitem que ainda não têm uma boa explicação. A forma verbal "têm" possui como referente o termo "os biólogos".

Reescrita: Os biólogos admitem que ainda não há uma boa explicação. A forma verbal "há" é um verbo impessoal, ou seja, o sujeito é inexistente (não possui referente).

GABARITO: CERTO.

---

571. **(CESPE/CEBRASPE - 2021 - PC/DF - ESCRIVÃO)**

Há violências da moral patriarcal que instauram a solidão; outras marcam a lei no corpo das mulheres — assim sobrevive Maria da Penha; outras aniquilam a vida, como é a história de mulheres assassinadas pela fúria do gênero. Entre 2006 e 2011, o Instituto Médico Legal do Distrito Federal foi o destino de 81 mulheres mortas pelo gênero. [...]

O termo "pelo gênero" veicula o agente da ação de matar.

Certo ( )   Errado ( )

No trecho "a história de mulheres assassinadas pela fúria do gênero", a expressão "pela fúria do gênero" denota a causa (em decorrência de). Ou seja, não é o "gênero" que assassina as mulheres, mas é por causa dele que elas são assassinadas.

GABARITO: ERRADO.

---

572. **(CESPE/CEBRASPE - 2021 - PF - AGENTE)**

Tinha de deixar aquela casa. Não sentia saudades. Era uma casa escura, com um cheiro doce e enjoado que nunca passou. Não tinha vista a não ser a da janela que dava para o edifício ao lado. E só via as cozinhas. Quando anoitecia, toda aquela vizinhança começava, ao mesmo tempo, a fazer bife, e o ar ficava cheirando a cebola e alho. Ia-se embora, com alegria até, porque o outro apartamento tinha uma janela de onde era possível ver o mar, não todo, mas um pedacinho que, lá um dia, talvez lhe mostrasse um navio passando. Claro, arejado. [...]

A forma "lhe" desempenha a função de complemento indireto da forma verbal "mostrasse" e funciona como elemento de coesão ao retomar o personagem da narrativa.

Certo ( )   Errado ( )

O pronome "lhe" exerce os papéis especificado no enunciado. No trecho "Ia-se embora, com alegria até, porque o outro apartamento tinha uma janela de onde era possível ver o mar, não todo, mas um pedacinho que, lá um dia, talvez lhe mostrasse um navio passando", verifica-se que a personagem "ia embora". Por isso, no trecho "talvez lhe mostrasse um navio passando" indica que "talvez à personagem mostrasse um navio passando". Quanto à função sintática, a palavra "lhe" complementa a forma verbal "mostrasse" (mostrar algo a alguém) de forma indireta (função objeto indireto: a alguém).

GABARITO: CERTO.

---

573. **(CESPE/CEBRASPE - 2021 - PF - AGENTE)**

Mas era preciso levar suas poucas coisas. Uma calça, duas camisas, um rádio de cabeceira, talcos, dentifrícios, uma lavanda, quatro ou cinco toalhas. Cabia tudo em uma mala só. Mas tinha a gaveta. Tinha de desocupar aquela gaveta. Cinco ou seis cartas guardadas ali. [...]

A forma verbal "tinha" foi empregada com o mesmo sentido nas duas ocorrências nos seguintes períodos: "Mas tinha a gaveta. Tinha de desocupar aquela gaveta.".

Certo ( )   Errado ( )

Os sentidos são diferentes. No trecho "Mas tinha a gaveta", o verbo "ter" foi empregado no sentido de "haver". Vale destacar que esse uso não é aceito pela gramática tradicional, ou seja, é um uso típico da fala, da oralidade. O correto seria: "Mas havia a gaveta". No trecho "Tinha de desocupar", o verbo "ter" exerce a função de auxiliar na locução de que faz parte, e traz um sentido de uma tarefa a ser desempenha (desocupar).

GABARITO: ERRADO.

---

574. **(CESPE/CEBRASPE - 2021 - PF - AGENTE)**

Mas era preciso levar suas poucas coisas. Uma calça, duas camisas, um rádio de cabeceira, talcos, dentifrícios, uma lavanda, quatro ou cinco toalhas. Cabia tudo em uma mala só. Mas tinha a gaveta. Tinha de desocupar aquela gaveta. Cinco ou seis cartas guardadas ali. [...]

Na oração "Cabia tudo em uma mala só", o vocábulo "tudo" exerce a função de sujeito.

Certo ( )   Errado ( )

A palavra "tudo" é mesmo o sujeito da forma verbal "cabia". Para isso, basta colocar a frase na ordem direta (já que está na ordem indireta no texto): *Tudo cabia em uma mala só.*

GABARITO: CERTO.

---

575. **(CESPE/CEBRASPE - 2021 - PM/AL - SOLDADO)** No trecho "O povoado pertence ao município de União dos Palmares" (quarto parágrafo), o termo "O povoado" exerce a função de complemento da forma verbal "pertence", o que se depreende do fato de ele ser o paciente no estado veiculado pelo verbo da oração.

Certo ( )   Errado ( )

A função sintática correta é a de sujeito. Vejamos: "O povoado pertence ao município" (quem pertence? O povoado). Para encontrar o sujeito, pergunte ao verbo: O quê? Quem?

GABARITO: ERRADO.

576. (CESPE/CEBRASPE - 2021 - PM/AL - SOLDADO)

Até que um dia, uma senhora que sofria com uma forte dor de cabeça encomendou da ceramista uma cabeça, pois ia fazer uma promessa ao seu santo devoto. A senhora alcançou sua graça, o que fez com que dona Irinéia ficasse ainda mais conhecida na região. Chegou, inclusive, ao conhecimento do Sebrae de Alagoas, que foi até dona Irinéia e ofereceu algumas capacitações que abriram mais possibilidades de produção para a ceramista. O número de encomendas foi aumentando e, com ele, sua imaginação e criatividade que fizeram nascer objetos singulares. [...]

O sujeito da oração iniciada pela forma verbal "Chegou" é a oração "que foi até dona Irinéia".

Certo ( )   Errado ( )

O sujeito da forma verbal "Chegou" está elíptico e retoma a informação do trecho anterior. É como se estivesse escrito "Isso chegou, inclusive, ao conhecimento do SEBRAE de Alagoas".

GABARITO: ERRADO.

---

577. (CESPE/CEBRASPE - 2021 - PM/AL - OFICIAL)

A sociedade que não proporciona liberdade — direito do homem que reconhece a ele o poder de escolha nos diversos campos da vida social — aos seus membros, a rigor, não se justifica. A liberdade, ainda que não absoluta, é meta e essência da sociedade. [...]

Os termos "liberdade" e "aos seus membros" funcionam como complementos da forma verbal "proporciona".

Certo ( )   Errado ( )

O verbo "proporcionar", no contexto em que se insere, é transitivo direto e indireto. Ou seja, há dois complementos verbais. O objeto direto (começa sem preposição) é "liberdade" e o objeto indireto (começa com preposição) é "aos seus membros".

GABARITO: CERTO.

---

578. (CESPE/CEBRASPE - 2022 - TC/RJ - ANALISTA DE CONTROLE EXTERNO)

Não é preciso temer as máquinas, à maneira do **Exterminador do Futuro**, para se preocupar com a sobrevivência da democracia em um mundo dominado pela inteligência artificial (IA). No fim das contas, a democracia sempre teve como alicerces os pressupostos de que nosso conhecimento do mundo é imperfeito e incompleto; de que não há resposta definitiva para grande parte das questões políticas; e de que é sobretudo por meio da deliberação e do debate que expressamos nossa aprovação e nosso descontentamento. [...]

O segmento "de que é sobretudo por meio da deliberação e do debate que expressamos nossa aprovação e nosso descontentamento" complementa o termo "pressupostos".

Certo ( )   Errado ( )

A palavra "pressupostos" possui como complemento:

os pressupostos

- *de que nosso conhecimento do mundo é imperfeito e incompleto;*
- *de que não há resposta definitiva para grande parte das questões políticas;*
- *e de que é sobretudo por meio da deliberação e do debate que expressamos nossa aprovação e nosso descontentamento.*

Ou seja, o segmento "de que é sobretudo por meio da deliberação e do debate que expressamos nossa aprovação e nosso descontentamento" complementa o termo "pressupostos" faz parte do complemento de pressupostos.

GABARITO: CERTO.

579. (CESPE/CEBRASPE - 2022 - TC/RJ - ANALISTA DE CONTROLE EXTERNO)

O uso da palavra está, necessariamente, ligado à questão da eficácia. Visando a uma multidão indistinta, a um grupo definido ou a um auditório privilegiado, o discurso procura sempre produzir um impacto sobre seu público. Esforça-se, frequentemente, para fazê-lo aderir a uma tese: ele tem, então, uma visada argumentativa. Mas o discurso também pode, mais modestamente, procurar modificar a orientação dos modos de ver e de sentir: nesse caso, ele tem uma dimensão argumentativa. Como o uso da palavra se dota do poder de influenciar seu auditório? Por quais meios verbais, por quais estratégias programadas ou espontâneas ele assegura a sua força? [...]

O termo "da palavra" complementa o sentido do substantivo "uso".

Certo ( )   Errado ( )

O termo "uso" é um substantivo abstrato, o qual precisa de complemento. Nesse caso, veja que existe uma relação de passividade entre os termos "uso" e "da palavra". Veja: não é a palavra que usa algo, mas a palavra é usada. O uso da palavra está, necessariamente, ligado à questão da eficácia.

GABARITO: CERTO.

580. (CESPE/CEBRASPE - 2022 - TC/RJ - ANALISTA DE CONTROLE EXTERNO)

Talvez a distinção mais clara entre a ciência e a pseudociência seja o fato de que a primeira sabe avaliar com mais perspicácia as imperfeições e a falibilidade humanas do que a segunda. Se nos recusamos radicalmente a reconhecer em que pontos somos propensos a cair em erro, podemos ter quase certeza de que o erro nos acompanhará para sempre. Mas, se somos capazes de uma pequena autoavaliação corajosa, quaisquer que sejam as reflexões tristes que isso possa provocar, as nossas chances melhoram muito.

No trecho "podemos ter quase certeza de que o erro nos acompanhará para sempre", o pronome "nos" funciona como complemento da forma verbal "acompanhará".

Certo ( )   Errado ( )

O pronome "nos" exerce a função de complemento verbal de "acompanhará". Vejamos: o erro acompanhará a nós (Acompanhará quem? Nós).

GABARITO: CERTO.

581. (IBFC - 2022 - INDEA/MT - AGENTE FISCAL) Na oração "O mocinho é sempre mocinho", destaca-se um vocábulo que, de uma ocorrência para a outra, teve alterado(a):

a) a função sintática.
b) a indicação de gênero.
c) o nível de formalidade.
d) o valor semântico.

A mudança de posição do vocábulo "mocinho" altera sua função sintática.

Vejamos:

- *O mocinho: sujeito.*
- *é: verbo de ligação.*
- *sempre: adjunto adverbial.*
- *mocinho: predicativo do sujeito.*

GABARITO: A.

582. (IBFC - 2022 - EBSERH - NÍVEL MÉDIO) O adjunto adverbial "relativamente" reposiciona a caracterização da vida de Pedro Lulu visto que está, direta e sintaticamente, relacionado com o seguinte elemento:

a) verbo de ligação.
b) sujeito simples.
c) predicativo do sujeito.
d) adjunto adnominal.
e) objeto direto.

O termo "relativamente" está ligado ao adjetivo "boa", que é, sintaticamente, predicativo do sujeito (vida = boa). Vejamos: *A vida de Pedro Lulu era relativamente boa.*
- *sujeito: A vida de Pedro Lulu*
- *verbo de ligação: era*
- *relativamente: adjunto adverbial*
- *boa: predicativo do sujeito*

GABARITO: C.

---

583. (FEPESE - 2019 - CELESC - CONTADOR)

Apesar de cortes, obras avançam no acelerador de partículas Sirius

O acelerador de partículas Sirius completou a primeira volta de elétrons recentemente e, mesmo com os seguidos cortes na área científica do país, a previsão para a conclusão das obras é para o fim de 2020. Quando as obras acabarem, o acelerador de partículas Sirius será o equipamento mais avançado do mundo na geração de luz síncrotron. Ao todo, são 68 mil m² de área construída. A luz síncrotron gerada pelo Sirius será capaz de analisar a estrutura de qualquer material na escala dos átomos e das moléculas, que poderá contribuir no desenvolvimento de fármacos e baterias, por exemplo. Quando estiver em funcionamento, também permitirá reconstituir o movimento de fenômenos químicos e biológicos ultrarrápidos que ocorrem na escala dos átomos e das moléculas, importantes para o desenvolvimento de fármacos e materiais tecnológicos, como baterias mais duradouras.

Em novembro de 2018, foi inaugurada a primeira etapa do projeto. A solenidade contou com a presença do então presidente da República, Michel Temer, em Campinas, interior de São Paulo, onde o equipamento foi construído. Hoje, entre os três aceleradores do Sirius, os dois primeiros já estão montados. Ainda assim, falta a parte de instalação de potência dos aceleradores, que deve acontecer em maio de 2019. Na mira da comunidade científica internacional, – que no futuro também poderá utilizar o espaço –, a construção do acelerador de partículas ainda enfrenta alguns percalços.

"A construção do Sirius ainda esbarra nos subsequentes cortes de investimentos do governo federal", conta o diretor do Centro Nacional de Pesquisa em Energia e Materiais (CNPEM), José Roque da Silva. Em decreto publicado em março de 2019, o governo federal decidiu congelar uma parcela das verbas do orçamento em praticamente todas as áreas. O Ministério de Ciência e Tecnologia, por exemplo, sofreu congelamento de 41,97% do orçamento. A medida, pensada para tentar cumprir a meta de deficit primário do país, pode afetar em cheio outros orçamentos, como o do Sirius. "Nesse momento dá para dizer que o Ministério está mantendo o cronograma atual", diz. "Eu diria que é cedo para dar alguma informação mais definitiva, mas a situação da ciência e tecnologia no país é, como um todo, preocupante", explica Roque.

No futuro, a expectativa do CNPEM é de conseguir ampliar as fontes de recursos do Sirius –principalmente após o fim das obras. Segundo Roque, outros ministérios, como o de Minas e Energia, Saúde e Agricultura também estão interessados em utilizar o acelerador. Além dos agentes do governo, como explica o diretor do CNPEM, os setores privados também têm demonstrado interesse em investir no Sirius. A construção do novo acelerador de partículas deve custar um valor estimado de R$ 1,8 bilhão.

Além do Sirius, existe um antigo acelerador de fonte de luz síncrotron, o UVX, lançado em 1997. Atualmente considerado ultrapassado, o UVX já participou de importantes descobertas para a pesquisa brasileira como, por exemplo, entender o funcionamento de uma proteína essencial para a reprodução do zika vírus. O diretor científico do Laboratório Nacional de Luz Síncrotron (LNLS), Harry Westfahl Junior, espera que nos próximos dois anos o número das linhas de luz do UVX – que hoje é de 13 linhas com diversas técnicas de análise microscópica – salte para 18. Atualmente, duas vezes por ano é aberto chamado para projetos acadêmicos coordenados pelo LNLS. "Cientistas de qualquer centro de pesquisa no mundo, empresarial ou acadêmico, podem submeter seus trabalhos", conta. Como o atual acelerador UVX será substituído pelo Sirius, as novas linhas de luz serão gradualmente montadas ali.

(Revista Galileu. **Apesar de cortes, obras avançam no acelerador de partículas**. Abr. 2019. Disponível em: https://revistagalileu.globo.com/Ciencia/noticia/2019/04/apesar-de-cortes-obras-avancam-no-acelerador-de-particulas-sirius.html. Adaptado.)

Identifique as afirmativas verdadeiras (V) e as falsas (F), com base no texto.

(   ) O texto é complexo do ponto de vista morfológico, pois apresenta inúmeras palavras formadas, atualmente, por prefixação, como é o caso das seguintes: "reconstituir" (1º parágrafo), "importante" (1º parágrafo), "congelar" (3º parágrafo), "preocupante" (3º parágrafo), "expectativa" (4º parágrafo) e "ultrapassado" (5º parágrafo).

(   ) Os dois últimos parágrafos do texto apresentam vários adjetivos, dentre os quais se destacam os seguintes (sublinhados): "setores privados", "demonstrado interesse", "novo acelerador", "importantes descobertas", "diretor científico".

(   ) O plural das expressões sublinhadas em "a estrutura de qualquer material" (1º parágrafo) e "a meta de déficit primário" (3º parágrafo) é, respectivamente, "quaisquer materiais" e "deficit primários".

(   ) Em "a construção do acelerador de partículas ainda enfrenta alguns percalços" (2º parágrafo), se a expressão sublinhada fosse substituída por "dos aceleradores de partículas", a forma verbal deveria ser "enfrentam" de modo a manter a concordância verbal padrão.

(   ) Em "existe um antigo acelerador de fonte de luz sincrotron, o UVX" e "o UVX já participou de importantes descobertas" (5º parágrafo), o termo sublinhado funciona, respectivamente, como aposto do sujeito do verbo "existir" e como sujeito do verbo "participar".

Assinale a alternativa que indica a sequência correta, de cima para baixo.

a) V – F – V – V – V.
b) V – F – V – F – F.
c) F – V – F – V – V.
d) F – V – F – F – F.
e) F – F – V – F – V.

(F) O fato de haver palavras formadas por derivação não torna o texto complexo do ponto de vista morfológico.

(F) Os adjetivos são: "setores privados", "demonstrado interesse", "novo acelerador", "importantes descobertas", "diretor científico".

(V) O plural das expressões sublinhadas em "a estrutura de qualquer material" (1º parágrafo) e "a meta de déficit primário" (3º parágrafo) é, respectivamente, "quaisquer materiais" e "déficit primários".

(F) Em "a construção do acelerador de partículas ainda enfrenta alguns percalços" (2º parágrafo), a forma verbal "enfrenta" concorda com "construção", independentemente da alteração da expressão destacada.

(V) Está correta a análise: em "existe um antigo acelerador de fonte de luz sincrotron, o UVX" e "o UVX já participou de importantes descobertas" (5º parágrafo), o termo sublinhado funciona, respectivamente, como aposto do sujeito do verbo "existir" e como sujeito do verbo "participar".

GABARITO: E.

584. (FEPESE - 2019 - DEINFRA - ENGENHEIRO)

Ética para quê?

Essa é uma boa pergunta para quem pensa que está apenas resolvendo um projeto de engenharia, conformando uma solução arquitetônica ou urdindo um plano agronômico. Nisso que chamamos ato de ofício tecnológico aplicamos conhecimento científico, **modus operandi**, criatividade, observância das normas técnicas e das exigências legais. E onde entra a tal da ética?

Em geral, os dicionários definem "ética" como um sistema de julgamento de condutas humanas, apreciáveis segundo valores, notadamente os classificáveis em bem e mal. O Dicionário Houaiss traz estes conceitos:

[...] estudo das finalidades últimas, ideais e em alguns casos, transcendentes, que orientam a ação humana para o máximo de harmonia, universalidade, excelência ou perfectibilidade, o que implica a superação de paixões e desejos irrefletidos. Estudo dos fatores concretos (afetivos, sociais etc.) que determinam a conduta humana em geral, estando tal investigação voltada para a consecução de objetivos pragmáticos e utilitários, no interesse do indivíduo e da sociedade.

Quaisquer que sejam as formas de pensar, _____ preocupação é com a conduta dirigida _____ execução de algo que seja considerado como bom ou mau. É _____ ação produzindo resultados. Resultados sujeitos _____ juízo de valores. Somos dotados de uma capacidade racional de optar, de escolher, de seguir esta ou aquela via. Temos o livre-arbítrio. Somos juízes prévios de nós mesmos.

Vejamos rapidamente uma metáfora para _____ melhor compreensão deste diferencial de consciência existente entre dois agentes de transformação do meio: a minhoca e o homem. É indubitável que as minhocas agem sobre o meio transformando-o. Reconhecem solos, fazem túneis, condicionam o ar de seus ninhos, constroem abrigos para seus ovos, preveem tempestades e sismos, convertem matéria orgânica em alimento e adubam o caminho por onde passam. São dispositivos sensores sofisticados e admiráveis máquinas de cavar. Tudo isso também é possível de realização pelo homem tecnológico. Fazemos abrigos, meios de transporte, manejamos o solo, produzimos alimento, modelamos matéria e energia, prospectamos e controlamos as coisas ao nosso redor. A diferença é que a minhoca faz isso por instinto e nós profissionais o fazemos por vontade, por arbítrio. A minhoca tem em sua natureza o impulso de agir assim. Nós outros, humanos, o fazemos para acrescentar algo de melhor em nossa condição. A minhoca é um ser natural. Nós somos seres éticos. Para as minhocas não há nem bem nem mal. Apenas seguem seu curso natural. Então, para que ética? Para fazermos exatamente aquilo que fazemos, porém bem feito e para o bem de alguém. Isso não é o bastante, mas já é um bom começo. Um pouco também para nos diferenciarmos das minhocas na nossa faina comum de mudar o mundo.

(PUSCH. J. **Ética e cultura profissional do engenheiro, do arquiteto e do engenheiro agrônomo**. Disponível em: http://www.crea-pr.org.br/ws/wp-content/uploads/2016/12/caderno08.pdf. Adaptado.)

Analise as frases a seguir, retiradas do último parágrafo do texto:

1. [As minhocas] convertem matéria orgânica em alimento e adubam o caminho por onde passam.
2. A diferença é que a minhoca faz isso por instinto e nós profissionais o fazemos por vontade, por arbítrio.
3. Para fazermos exatamente aquilo que fazemos, porém bem feito e para o bem de alguém.

Identifique as afirmativas verdadeiras (V) e as falsas (F) com relação às frases.

( ) Em 1, "em alimento" funciona como objeto indireto do verbo converter.
( ) Em 1, "por onde" pode ser substituído por "pelo qual" sem prejuízo de significado e sem desvio da norma culta da língua escrita.
( ) Em 1 e 2, a conjunção "e" liga orações sintaticamente coordenadas e, em ambos os casos, o valor semântico é de contraste de informações.
( ) Em 3, a palavra "bem" funciona como adjunto adverbial de modo nas duas ocorrências.
( ) Em 3, "que fazemos" é uma oração subordinada adjetiva explicativa.

Assinale a alternativa que indica a sequência correta, de cima para baixo.

a) V – V – F – F – F.
b) V – F – V – V – F.
c) V – F – F – V – V.
d) F – V – V – F – F.
e) F – V – F – F – V.

(V) Em 1, "em alimento" funciona como objeto indireto do verbo converter (verbo transitivo direto e indireto).

(V) Em 1, "por onde" pode ser substituído por "pelo qual" sem prejuízo de significado e sem desvio da norma culta da língua escrita ("o caminho por onde passam" equivale a "o caminho pelo qual passam").

(F) Em 1 e 2, a conjunção "e" liga orações sintaticamente coordenadas e, em ambos os casos, o valor semântico é de adição de informações.

(F) Em 3, a palavra "bem" funciona como adjunto adverbial de modo e substantivo, respectivamente.

(F) Em 3, "que fazemos" é uma oração subordinada adjetiva restritiva.

GABARITO: A.

PERÍODO COMPOSTO

585. (FCC - 2022 - PREFEITURA DE RECIFE/PE - AGENTE ADMINISTRATIVO) **Vendo que ele não se manifestava**, sua leal conviva interpelou-o. Em relação à oração que o sucede, o trecho sublinhado exprime ideia de:
a) condição.
b) finalidade.
c) consequência.
d) oposição.
e) causa.

A relação é de causa e consequência entre as orações. Pode-se fazer uma pergunta para comprovar isso: *Por que sua leal conviva interpelou-o? Porque viu que ele não se manifestava.*
GABARITO: E.

586. (AOCP - 2022 - CBM/PA - SOLDADO) Considerando o título do texto "Como evitar a ansiedade e as relações tóxicas e alcançar um novo estilo de vida", assinale a alternativa incorreta.
a) O primeiro "e" coordena dois termos em uma oração.
b) O segundo "e" coordena duas orações.
c) Trata-se de um período composto por coordenação.
d) A segunda oração é classificada como aditiva.
e) A repetição de "e" torna o título problemático do ponto de vista sintático.

A repetição do "e" não apresenta um problema sintático, ou seja, um problema de estrutura. A conjunção "é" é coordenativa. Une dois termos e duas orações. Como há mais de um verbo e conjunção coordenativa aditiva, o período é composto por coordenação, e há uma oração aditiva.
GABARITO: E.

587. (AOCP - 2022 - CBM/PA - SOLDADO) Referente ao excerto "[...] cresceu o número de pacientes que relatam um contexto que envolve relações tóxicas.", presente no segundo parágrafo do texto, assinale a alternativa correta.
a) Na primeira ocorrência, "que" poderia ser substituído por "o qual".
b) Nas duas ocorrências, "que" exerce a função sintática de pronome indefinido.
c) As orações "que relatam um contexto" e "que envolve relações tóxicas" delimitam o significado do termo que as antecede.
d) As orações "que relatam um contexto" e "que envolve relações tóxicas" são classificadas como completivas nominais, pois completam o sentido do termo que as antecede.
e) A oração "que envolve relações tóxicas" é semântica e sintaticamente dispensável no excerto.

As orações "que relatam um contexto" e "que envolve relações tóxicas" são iniciadas por pronome relativo. Por isso, são orações subordinadas adjetivas. Como não há pontuação (vírgula, por exemplo) antes do pronome relativo, o sentido dessas orações é restritivo.

Ou seja, ambas orações delimitam o significado dos termos "pacientes" e "contexto". Na primeira ocorrência, a palavra "que" pode ser substituída por "os quais", e na segunda, pode ser trocado por "o qual". Não são orações obrigatórias para a correção gramatical, mas são indispensáveis para o sentido do texto.
GABARITO: C.

588. **(FGV - 2022 - PC/AM - ESCRIVÃO)** Observe a pequena fábula a seguir:

Um cão atravessava um pequeno rio com um pedaço de carne na boca. **Ao ver a sua imagem refletida na água**, pensou que se tratava de um outro cão, com um pedaço de carne muito maior do que o seu. Abandonou o seu pedaço e, por ganância, perdeu o seu almoço.

(Esopo)

O segmento sublinhado corresponde a uma explicação, que tem a função no texto de:
a) dar uma informação nova ao leitor.
b) criar uma sensação de realidade e não de ficção.
c) atrasar a ação da fábula, para criar suspense.
d) justificar outra ação da narrativa.
e) caracterizar o cão como ganancioso.

O trecho "ao ver sua imagem refletida na água" é a justificativa para ter pensado que se tratava de outro cão. Ou seja, se perguntar "por que pensou que se tratava de outro cão?", a resposta será "porque viu a sua imagem refletida na água".
GABARITO: D.

589. **(CESPE/CEBRASPE - 2021 - PC/DF - AGENTE)**

A disposição para admitir ignorância tornou a ciência moderna mais dinâmica, versátil e indagadora do que todas as tradições de conhecimento anteriores. Isso expandiu enormemente nossa capacidade de entender como o mundo funciona e nossa habilidade de inventar novas tecnologias, mas nos coloca diante de um problema sério que a maioria dos nossos ancestrais não precisou enfrentar. Nosso pressuposto atual de que não sabemos tudo e de que até mesmo o conhecimento que temos é provisório se estende aos mitos partilhados que possibilitam que milhões de estranhos cooperem de maneira eficaz. Se as evidências mostrarem que muitos desses mitos são duvidosos, como manter a sociedade unida? Como fazer com que as comunidades, os países e o sistema internacional funcionem? [...]

As orações que compõem o primeiro período do parágrafo estabelecem entre si uma relação de causa e consequência.

Certo ( )   Errado ( )

A relação é de comparação. O emprego da expressão correlata "mais ... do que" evidencia: *A disposição para admitir ignorância tornou a ciência moderna mais dinâmica, versátil e indagadora do que todas as tradições de conhecimento anteriores.*
GABARITO: ERRADO.

590. **(CESPE/CEBRASPE - 2021 - PC/DF - ESCRIVÃO)**

Quando me lembro dessa noite (e estou sempre lembrando) me vejo repartida em dois momentos: antes e depois. Antes, as pequenas palavras, os pequenos gestos, os pequenos amores culminados nesse Fernando, aventura medíocre de gozo breve e convivência comprida. Se ao menos ele não fizesse aquela voz para perguntar se por acaso alguém tinha levado a sua caneta. Se por acaso alguém tinha pensado em comprar um novo fio dental, este estava no fim. Não está, respondi, é que ele se enredou lá dentro, se a gente tirar esta plaqueta (tentei levantar a plaqueta) a gente vê que o rolo está inteiro mas enredado e quando o fio se enreda

desse jeito, nunca mais!, melhor jogar fora e começar outro rolo. Não joguei. Anos e anos tentando desenredar o fio impossível, medo da solidão? Medo de me encontrar quando tão ardentemente me buscava? [...]
No trecho "Se por acaso alguém tinha pensado em comprar um novo fio dental", a partícula "Se" introduz uma oração interrogativa indireta.

Certo ( )   Errado ( )

A presença de uma dúvida justifica que há uma oração interrogativa indireta. Vale destacar que interrogação indireta é aquela em que não há um sinal de interrogação, mas há uma dúvida aparente, como em "Preciso saber se você quer um copo de suco". Veja que existe a dúvida quanto a querer ou não um copo de suco. Essa mesma perspectiva está presente no trecho "Se por acaso alguém tinha pensado em comprar um novo fio dental, este estava no fim". E isso fica comprovado pela sequência do texto: "Não está, respondi, é que ele se enredou lá dentro". Destaca-se que o "Se" introduz oração subordinada substantiva que complementa um verbo interrogativo (elíptico).
GABARITO: CERTO.

---

591. (CESPE/CEBRASPE - 2021 - PG/DF - TÉCNICO JURÍDICO/APOIO ADMINISTRATIVO)

Na década de 70 do século XX, o direito à comunicação passou a ser discutido no âmbito da Organização das Nações Unidas para a Educação, a Ciência e a Cultura (Unesco). Desde 2000, vem ganhando ressonância no debate político. Primeiro na União Europeia — o Parlamento Europeu aprovou em 2008 uma diretiva, válida em todos os países-membros, estabelecendo limites à publicidade e padrões mínimos de veiculação de conteúdo independente, regional e acessível — e, em seguida, na América Latina, onde marcos regulatórios foram aprovados na Argentina (2009), na Venezuela (2010), no Equador (2013) e no Uruguai (2013). [...]
O termo "estabelecendo" foi empregado no texto com o mesmo sentido da expressão **que estabelece**.

Certo ( )   Errado ( )

O termo "estabelecendo" se refere a "uma diretiva". É a diretiva que estabelece limites à publicidade e padrões mínimos de veiculação de conteúdo independente, regional e acessível. Portanto, a troca está correta. Vejamos:

- *o Parlamento Europeu aprovou em 2008 uma **diretiva**, válida em todos os países-membros, **estabelecendo** limites à publicidade e padrões mínimos de veiculação de conteúdo independente, regional e acessível.*
- *o Parlamento Europeu aprovou em 2008 uma **diretiva**, válida em todos os países-membros, **que estabelece** limites à publicidade e padrões mínimos de veiculação de conteúdo independente, regional e acessível.*

GABARITO: CERTO.

---

592. (CESPE/CEBRASPE - 2022 - PREFEITURA DE PIRES DO RIO/GO - PROFESSOR)

Nesse pano de fundo, emergem fenômenos como cidades inteligentes e Indústria 4.0, importantes evoluções no sentido de cidades sustentáveis. A implementação desses conceitos é acompanhada de um número crescente dos mais variados sensores nas mais diferentes situações, o que gera aumento exponencial de dados, que são utilizados para comunicação via internet, em última instância, de forma a subsidiar tomadas de decisão mais eficientes. Para tornar essa revolução possível, é necessário significativo investimento em infraestrutura, que será a base da economia no futuro próximo. [...]
O trecho "que são utilizados para comunicação via internet" exerce função explicativa no período em que está inserido.

Certo ( )   Errado ( )

O trecho destacado no enunciado é uma oração adjetiva explicativa. Vejamos:

- *aumento exponencial de dados, **que (os quais)** são utilizados para comunicação via internet, em última instância.*

A troca da palavra "que" por "os quais" indica que há um pronome relativo. Ainda, a vírgula antes da palavra "que" indica que a oração é explicativa.

Ou seja, há uma oração subordinada adjetiva explicativa.

GABARITO: CERTO.

---

593. **(CESPE/CEBRASPE - 2022 - TC/RJ - ANALISTA DE CONTROLE EXTERNO)**

A pseudociência difere da ciência errônea. A ciência prospera com seus erros, eliminando-os um a um. Conclusões falsas são tiradas todo o tempo, mas elas constituem tentativas. As hipóteses são formuladas de modo a poderem ser refutadas. Uma sequência de hipóteses alternativas é confrontada com os experimentos e a observação. A ciência tateia e cambaleia em busca de melhor compreensão. Alguns sentimentos de propriedade individual são certamente ofendidos quando uma hipótese científica não é aprovada, mas essas refutações são reconhecidas como centrais para o empreendimento científico. [...]

A oração "de modo a poderem ser refutadas" expressa circunstância de finalidade.

Certo (   )   Errado (   )

A oração "de modo a poderem ser refutadas" realmente indica circunstância de finalidade. Vejamos:

- *As hipóteses são formuladas **de modo a** poderem ser refutadas.*
- *As hipóteses são formuladas **com a finalidade de** poderem ser refutadas.*
- *As hipóteses são formuladas **a fim de** poderem ser refutadas.*

GABARITO: CERTO.

---

594. **(CESPE/CEBRASPE - 2021 - BANESE - TÉCNICO BANCÁRIO I)**

O primeiro caso de coronavírus foi confirmado no Brasil em 26 de fevereiro de 2020. Sendo o Brasil um dos países mais desiguais do mundo, era esperado que a pandemia acentuaria ainda mais as desigualdades sociais no país e causaria danos irremediáveis. [...]

O trecho "que a pandemia acentuaria ainda mais as desigualdades sociais no país e causaria danos irremediáveis" funciona como complemento verbal na oração em que ocorre.

Certo (   )   Errado (   )

A função do trecho em destaque é a de sujeito (oracional). Temos a seguinte análise:

- *era: verbo de ligação*
- *esperado: predicativo do sujeito*
- *sujeito oracional: que a pandemia acentuaria ainda mais as desigualdades sociais no país e causaria danos irremediáveis.*

GABARITO: ERRADO.

---

595. **(IBFC - 2022 - EBSERH - NÍVEL MÉDIO)** Considere a passagem: "Ele **mesmo** dava exemplo, pegando no batente de manhã cedo, preparando massa de cimento e assentando tijolos da igreja em construção."

As três últimas orações do período conservam, em sua estrutura, um traço comum que nos permite classificá-las como:

a) reduzidas.
b) substantivas.
c) adjetivas.
d) assindéticas.
e) justapostas.

Há orações em que os verbos não estão conjugados e se apresentam no gerúndio (o qual ter a terminação NDO). Vejamos:
- *Ele mesmo dava exemplo (oração principal)*
- *pegando no batente de manhã cedo (oração reduzida de gerúndio)*
- *preparando massa de cimento (oração reduzida de gerúndio)*
- *e assentando tijolos da igreja em construção (oração reduzida de gerúndio).*

Vale destacar que uma oração reduzida é aquela em o verbo não está conjugado (isto é, não está no presente, no pretérito ou no futuro) e está em uma das formas nominais (infinitivo, gerúndio ou particípio).
GABARITO: A.

596. **(UFES - 2018 - UFES - TÉCNICO)** A frase que apresenta relação coordenada entre as estruturas que a constituem é:
a) Ainda que tenha de estudar muito, irá se submeter ao concurso.
b) Ora estuda, ora se diverte, ora trabalha.
c) À medida que o verão avança, reduz-se o volume de água para uso.
d) Caso participe da equipe de trabalho, se dedicará com empenho.
e) A fim de que pudesse viajar, trabalhou intensamente nos domingos.

O período composto por coordenação pode ser assindético (sem conjunção) ou sindético (com conjunção coordenativa). Na letra B, há este tipo de período. Nas demais opções, há período composto por subordinação, marcado pela presença de conjunções/locuções conjuntivas subordinativas (ainda que, à medida que, caso, a fim de que).
GABARITO: B.

597. **(IBADE - 2018 - CAE/RN - TÉCNICO EM SEGURANÇA NO TRABALHO)** "O lixo é caro, gasta energia, leva tempo para decompor e demanda muito espaço." O trecho faz uso de um recurso sintático que deixa o texto mais coeso. Trata-se do recurso de:
a) subordinação adjetiva.
b) coordenação assindética.
c) coordenação assindética e sindética.
d) coordenação sindética.
e) subordinação adverbial.

O período possui cinco orações (é, gasta, leva, decompor, demanda). Essencialmente, o período é composto por coordenação, pois há quatro orações coordenadas (é, gasta, leva, demanda), e a última oração é iniciada por conjunção.
GABARITO: C.

598. **(INAZ DO PARÁ - 2018 - CRF/PE - ADVOGADO)** Assinale a alternativa em que um dos excertos do texto apresenta uma oração coordenada sindética explicativa.
a) Cabe levar em consideração, pois Lee é autoridade na matéria.
b) Estamos diante de um desafio, de forma alguma novidade.
c) Cabe hoje, como sempre se deu, corrigir o que compromete a boa essência das coisas.
d) Depois disso, é com a polícia e seus órgãos especializados.
e) Ela não pode aceitar desvios em seus objetivos, mas ser utilizada racionalmente em nome da humanidade.

Para verificar o tipo de oração, é necessário ver a ocorrência ou não de conjunções ou pronomes relativos. Vejamos:

A: É uma conjunção explicativa.

B: Há apenas uma oração, o período é simples.

C: É uma conjunção conformativa, que é um pronome relativo.

D: Há apenas uma oração, o período é simples.

GABARITO: A.

---

599. (FEPESE - 2018 - PREFEITURA DE FRAIBURGO/SC - AUDITOR FISCAL) Classifique as orações destacadas na coluna 2 com as coordenadas discriminadas na coluna 1.

Coluna 1 – Coordenada	Coluna 2 – Orações
1. sindética aditiva 2. sindética adversativa 3. sindética alternativa 4. sindética conclusiva 5. sindética explicativa 6. assindética	( ) O médico atendia no hospital, os professores escreviam na biblioteca. ( ) Havia uma multidão, mas não existia tumulto. ( ) "Deixa em paz meu coração, que ele é um pote até aqui de mágoa". ( ) Sou especialista, logo, só posso atender a casos específicos. ( ) Siga o mapa ou peça informação nos postos. ( ) O rapaz despediu-se de mim e tomou a estrada rumo à sua casa.

Assinale a alternativa que indica a sequência correta, de cima para baixo.

a) 1 – 3 – 4 – 5 – 6 – 2.
b) 2 – 6 – 5 – 4 – 1 – 3.
c) 4 – 6 – 2 – 1 – 3 – 5.
d) 6 – 2 – 4 – 3 – 5 – 1.
e) 6 – 2 – 5 – 4 – 3 – 1.

Para classificar uma oração coordenada, deve-se verificar o valor semântico da conjunção:

1. sindética aditiva > começa com conjunção aditiva

2. sindética adversativa > começa com conjunção adversativa

3. sindética conclusiva > começa com conjunção alternativa

4. sindética conclusiva > começa com conjunção conclusiva

5. sindética explicativa > começa com conjunção explicativa

6. assindética > começa sem conjunção

Com base nisso temos:

(6) O médico atendia no hospital, os professores escreviam na biblioteca. > assindética

(2) Havia uma multidão, mas não existia tumulto. > sindética adversativa

(5) "Deixa em paz meu coração, que ele é um pote até aqui de mágoa". > sindética explicativa

(4) Sou especialista, logo, só posso atender a casos específicos. > sindética conclusiva

(3) Siga o mapa ou peça informação nos postos. > sindética conclusiva

(1) O rapaz despediu-se de mim e tomou a estrada rumo à sua casa. > sindética aditiva

GABARITO: E.

600. (PLENEXCON - 2018 - PREFEITURA DE ITAPIRAPUÃ PAULISTA/SP - COORDENADOR PEDAGÓGICO) No trecho: "Bom dia, moço: quero que me faça a chave da felicidade", temos uma oração:
a) principal.
b) coordenada sindética.
c) coordenada assindética.
d) subordinada.
e) coordenada sindética conclusiva.

O período composto por subordinação possui uma oração principal e um ou mais orações subordinadas (que começam com conjunção subordinativa ou pronome relativo). Na frase desta questão, há uma conjunção subordinativa integrante "que".

GABARITO: D.

601. (IADES - 2019 - AL/GO - POLICIAL LEGISLATIVO) No que se refere à relação de subordinação entre orações, assinale a alternativa que classifica a oração sublinhada em "é necessário que cada um tenha também flexibilidade, capacidade de tratar as informações racionalmente e emocionalmente."
a) Oração subordinada adjetiva restritiva.
b) Oração subordinada adverbial concessiva.
c) Oração subordinada substantiva completiva nominal.
d) Oração subordinada adverbial final.
e) Oração subordinada substantiva subjetiva.

O período composto por subordinação possui uma oração principal e um ou mais orações subordinadas (que começam com conjunção subordinativa ou pronome relativo). O trecho em destaque começa com uma conjunção subordinativa integrante "que", e exerce a função de sujeito oração (oração subjetiva) de "é".

GABARITO: E.

602. (UERR - 2018 - IPERON/RO - TECNOLOGIA DA INFORMAÇÃO) A oração destacada em "É claro QUE NINGUÉM ESPERA que o Facebook faça isso." classifica-se como subordinada:
a) substantiva subjetiva.
b) substantiva predicativa.
c) adjetiva explicativa.
d) adjetiva restritiva.
e) substantiva objetiva direta.

O período composto por subordinação possui uma oração principal e um ou mais orações subordinadas (que começam com conjunção subordinativa ou pronome relativo). O trecho em destaque começa com uma conjunção subordinativa integrante "que", e exerce a função de sujeito oração (oração subjetiva) de "é".

GABARITO: A.

603. (CETREDE - 2018 - EMATER/CE - AGENTE DE ATER-CIÊNCIAS CONTÁBEIS) Em qual das opções a seguir temos um sujeito oracional?
a) Havia poucos ingressos à venda.
b) Era primavera.
c) Roubaram minha carteira.
d) Cumpre trabalharmos bastante.
e) Mande-as entrar.

O sujeito oracional possui verbo (oração) e faz parte de um período composto (que possui duas ou mais orações). Vejamos:

A: período simples.

B: período simples.

C: período simples.

D: "trabalharmos bastante" é sujeito de "cumpre".

E: "as" é sujeito acusativo.

GABARITO: D.

604. **(CCV-UFC - 2017 - UFC - ADMINITRADOR)** Assinale a alternativa em que a oração grifada exerce a função de sujeito.
   a) "[...] indica que elas não desempenham somente tarefas fundamentais".
   b) "[...] mostraram que os microrganismos do intestino podem afetar seu comportamento".
   c) "Foi comprovado, por exemplo, que [...] estes desenvolvem sintomas próprios dessa doença".
   d) "Mas acrescenta que 'não existem evidências de causa e efeito [...]'".
   e) "Sanz reconhece [...] que o conhecimento ainda escasso...".

O sujeito está diretamente ligado ao verbo e determina a flexão deste. Vejamos:

A: objeto direto.

B: objeto direto.

C: sujeito de "foi comprovado".

D: objeto direto.

E: objeto direto.

GABARITO: C.

605. **(IDIB - 2016 - PREFEITURA DE LIMOEIRO DO NORTE/CE - PSICÓLOGO)** Na passagem "os cientistas precisam determinar qual das duas espécies é a mais importante", a oração em destaque:
   a) É substantiva e exerce a função de complemento verbal da oração principal.
   b) É adverbial e tem valor de explicação para a oração principal.
   c) É adjetiva e tem valor explicativo para a oração principal.
   d) É coordenada explicativa e tem valor de explicação para a outra coordenada.

A oração em destaque exerce a função de objeto direto de "determinar", por isso é substantiva e exerce a função de complemento verbal da oração principal (os cientistas precisam determinar).

GABARITO: A.

606. **(IBADE - 2017 - SEE/PB - PROFESSOR)** A oração "A autora defende também QUE O AMOR ROMÂNTICO É BASEADO NA IDEALIZAÇÃO DO OUTRO," é subordinada:
   a) substantiva objetiva indireta.
   b) substantiva objetiva direta.
   c) adverbial causal.
   d) substantiva completiva nominal.
   e) adjetiva restritiva.

A oração em destaque exerce a função de objeto direto de "defende", por isso é uma oração subordinada substantiva objetiva direta.
GABARITO: B.

607. (FGR - 2016 - CÂMARA DE CARMO DE MINAS/MG - AGENTE ADMINISTRATIVO) Leia: "[...] ela alerta que o profissional precisa conhecer os materiais [...]"
Marque a alternativa que possua a mesma classificação sintática da Oração Subordinada Substantiva sublinhada:
a) Alguém exigiu que todos estivessem presentes.
b) Aconselha-o a que trabalhe um pouco mais.
c) Seu receio era que chovesse.
d) Aconteceu que eu não encontrei o lugar marcado.

A: A oração em destaque exerce a função de objeto direto de "alerta", por isso é uma oração subordinada substantiva objetiva direta, assim como ocorre em "que todos estivessem presentes".
B: Objeto indireto (a que trabalhe um pouco mais).
C: Predicativo do sujeito (que chovesse).
D: Sujeito (que eu não encontrei o lugar marcado).
GABARITO: A.

608. (UFRR - 2019 - UFRR - TÉCNICO EM ASSUNTOS EDUCACIONAIS) Escolha a opção que exemplifica uma oração subordinada substantiva objetiva indireta:
a) Necessito de uma coisa: que trabalhes.
b) Adoro os versos de Camões, que releio sempre.
c) Todas as mulheres aplaudiram, quando as cantoras encerraram o show.
d) Uma vez que você quis assim, nada mais posso fazer.
e) Necessitamos de que trabalhe para o sustento da família.

A oração subordinada substantiva objetiva indireta exerce função de objeto indireto e é iniciada por preposição, pois complementa um verbo transitivo indireto ou um verbo bitransitivo. Neste sentido, temos:
A: que trabalhes (aposto).
B: que releio sempre (oração adjetiva).
C: quando as cantoras encerraram o show (oração adverbial temporal).
D: uma vez que você quis assim (oração adverbial causal).
E: de que trabalhe para o sustento da família (objeto indireto de "necessitamos").
GABARITO: E.

609. (FGR - 2016 - PREFEITURA DE CONCEIÇÃO DO MATO DENTRO/MG - PSICÓLOGO) Leia: "[...] Rodrigues lembrou-se de que há um sentimento de insegurança na sociedade [...]".
A oração destacada classifica-se como:
a) Oração Subordinada Substantiva Subjetiva.
b) Oração Subordinada Adverbial Consecutiva.
c) Oração Subordinada Substantiva Objetiva Indireta.
d) Oração Subordinada Substantiva Objetiva Direta.

A oração subordinada substantiva objetiva indireta exerce função de objeto indireto e é iniciada por preposição, pois complementa um verbo transitivo indireto ou um verbo bitransitivo. Neste sentido, o trecho que há um sentimento de insegurança na sociedade é um objeto indireto de "lembrou-se de que".

GABARITO: C.

---

610. (IBADE - 2017 - SEE/PB - PROFESSOR) A oração destacada em "Eu acho, Drummond, pensando bem, que o que falta pra certos moços de tendência modernista brasileiros é isso: GOSTAREM DE VERDADE DA VIDA." atribui ao fragmento ideia:

a) concessiva.
b) predicativa.
c) apositiva.
d) proporcional.
e) restritiva.

O aposto também pode ser oracional. Neste caso, possui uma oração (verbo ou locução verbal) e é iniciado por conjunção subordinativa integrante ou verbo no infinitivo.

GABARITO: C.

---

611. (IDECAN - 2014 - DETRAN/RO - ADMINISTRADOR) Relacione adequadamente a classificação das orações subordinadas substantivas às respectivas orações.

1. Subjetiva   ( ) Cada situação permite que se aprenda algo novo.
2. Objetiva direta   ( ) Só quero uma coisa: que tires a tua carteira.
3. Objetiva indireta   ( ) Tenho esperança de que o trânsito melhore.
4. Completiva nominal   ( ) É importante que todos colaborem.
5. Predicativa   ( ) Meu desejo é que sejas classificado.
6. Apositiva   ( ) Lembrei-me de que já estava errado.

A sequência está correta em:

a) 1, 6, 3, 5, 2, 4.
b) 2, 6, 4, 1, 5, 3.
c) 1, 2, 3, 4, 5, 6.
d) 6, 5, 4, 3, 2, 1.
e) 2, 6, 4, 1, 3, 5.

A oração subordinada substantiva pode exercer as funções de sujeito, objeto direto, objeto indireto, complemento nominal, predicativo do sujeito, aposto. Com base nisso, temos:

(2) Cada situação permite que se aprenda algo novo. > objetiva direta

(6) Só quero uma coisa: que tires a tua carteira. > apositiva

(4) Tenho esperança de que o trânsito melhore. > completiva nominal

(1) É importante que todos colaborem. > subjetiva

(5) Meu desejo é que sejas classificado. > predicativa

(3) Lembrei-me de que já estava errado. > objetiva indireta

GABARITO: B.

612. **(FUNCERN - 2019 - PREFEITURA DE JARDIM DO SERIDÓ/RN - ASSISTENTE SOCIAL)** Considere o período: "O mundo se acostumou a notícias que apresentavam a resposta ao HIV como um sucesso."

Esse período é composto por:

a) subordinação, em que a segunda oração exerce função adjetiva, de caráter restritivo, em relação à primeira.
b) subordinação, em que a segunda oração exerce função adjetiva, de caráter explicativo, em relação à primeira.
c) coordenação, em que a segunda oração exerce função adjetiva, de caráter restritivo, em relação à primeira.
d) coordenação, em que a segunda oração exerce função adjetiva, de caráter explicativo, em relação à primeira.

No trecho "O mundo se acostumou a notícias que apresentavam a resposta ao HIV como um sucesso", há um pronome relativo (que). Por isso, esse período é composto por subordinação, em que a segunda oração exerce função adjetiva, de caráter restritivo, em relação à primeira.

GABARITO: A.

---

613. **(FCM - 2019 - PREFEITURA DE GUARANI/MG - SUPERVISOR)** O período que contém uma oração subordinada adverbial consecutiva é:

a) "Quando minha prima e eu descemos do táxi, já era quase noite."
b) "A dona era uma velha balofa, de peruca mais negra do que a asa da graúna."
c) "Devia estar pensando em outra coisa quando soltou uma baforada tão densa que precisei desviar a cara."
d) "Ficamos nos olhando e rindo enquanto ouvíamos o barulho dos seus chinelos de salto na escada."

A oração subordinada adverbial consecutiva começa com uma conjunção subordinada adverbial consecutiva. Nesse sentido, temos:

A: Quando minha prima e eu descemos do táxi (temporal).

B: Período é simples.

C: Quando soltou uma baforada tão densa (temporal) que precisei desviar a cara (consecutiva).

D: Enquanto ouvíamos o barulho dos seus chinelos de salto na escada (temporal).

GABARITO: C.

---

614. **(FUNRIO - 2019 - PREFEITURA DE PORTO DE MOZ/-PA - AGENTE ADMINISTRATIVO)** No período "Como isso era difícil, já nos dávamos por felizes se Deus nos concedia que o suplício fosse breve."(Cyro dos Anjos). A primeira oração é uma subordinada:

a) substantiva predicativa.
b) substantiva completiva nominal.
c) adverbial conformativa.
d) adverbial causal.
e) adverbial final.

A oração "Como isso era difícil" começa com uma conjunção causal, por isso é uma oração adverbial causal.

GABARITO: D.

615. **(PREFEITURA DO RIO DE JANEIRO/RJ - 2019 - PREFEITURA DO RIO DE JANEIRO/RJ - ENFERMEIRO)** "O cientista ainda descobriu que, por não ser tóxica para o corpo humano, a penicilina também poderia ser usada como remédio.".
A oração em destaque traz a noção de:
a) consequência.
b) causa.
c) condição.
d) conformidade.

A oração **por não ser tóxica para o corpo humano** apresenta a causa da oração principal "O cientista ainda descobriu que a penicilina também poderia ser usada como remédio.".
GABARITO: B.

---

616. **(CRESCER CONSULTORIAS - 2019 - PREFEITURA DE VÁRZEA GRANDE/PI - AUXILIAR ADMINISTRATIVA)**
"Como era sujeito de brio, tomou aulas de gramática (...)."
A relação de ideia estabelecida pela oração sublinhada é de:
a) finalidade.
b) causa.
c) concessiva.
d) explicativa.

A conjunção como indica causa. Para comprovar isso, basta fazer a troca de "como" por "porque". Vejamos:
Porque era sujeito de brio, tomou aulas de gramática.
Tomou aulas de gramática porque era sujeito de brio.
GABARITO: B.

---

617. **(INSTITUTO AOCP - 2019 - IBGE - ANALISTA)** Assinale a alternativa em que a expressão em destaque NÃO indica circunstância de tempo, não sendo, portanto, um adjunto adverbial de tempo ou uma oração subordinada adverbial temporal.
a) "O paradoxo do grande vício do século XXI é que estamos presos ao celular [...]".
b) "[...] quando recebemos uma ligação, ela interrompe algo [...]".
c) "[...] simplesmente não temos vontade de falar nesse momento [...]".
d) "[...] saber de antemão qual será a duração do telefonema [...]".
e) "[...] opções com as quais podemos nos comunicar hoje.".

Na alternativa A, a expressão "do século XXI" é um adjunto adnominal. Nas demais opções, temos adjunto adverbial de tempo.
GABARITO: A.

---

618. **(FAU - 2019 - IF/PR - PROFESSOR)** No que se refere às regras prescritas pela norma-padrão a respeito do emprego dos sinais de pontuação, assinale a alternativa na qual o uso da vírgula é justificado por anteposição de oração subordinada adverbial:
a) No mesmo dia do incêndio, o presidente francês Emmanuel Macron fez um apelo em favor da reconstrução do templo.
b) Vê-la sendo consumida pelas chamas dói em cada ser humano que compreende o valor da história, da arte e dos passos que o homem deu em direção à formação da civilização ocidental.

c) Para os parisienses, a tragédia da Notre Dame soou como catarse em um momento de conturbação social e urbana pelo qual passa a capital.

d) Enquanto os sinos dobravam, o país europeu silenciou de dor.

e) Um dos mais belos, a Rosácea do Meio-Dia, está a salvo.

A oração subordinada adverbial anteposta vem antes da oração principal. Vejamos:

A: No mesmo dia do incêndio > locução adverbial (não tem verbo).

B: Não há oração anteposta.

C: Para os parisienses > locução adverbial.

D: Enquanto os sinos dobravam > oração adverbial anteposta.

E: Um dos mais belos > sujeito.

GABARITO: D.

---

619. (AOCP - 2018 - UEFS - TÉCNICO UNIVERSITÁRIO) No trecho "Contudo, quando os acontecimentos não são dos melhores, o que todos querem é esquecer.", a oração em destaque classifica-se como subordinada:

a) adverbial condicional.
b) adverbial modal.
c) adverbial temporal.
d) adjetiva explicativa.
e) adjetiva restritiva.

A oração destacada começa com uma conjunção subordinativa adverbial de tempo.
GABARITO: C.

---

620. (CETREDE - 2019 - PREFEITURA DE JUAZEIRO DO NORTE/CE - AGENTE ADMINISTRATIVO) Qual das orações subordinadas a seguir é adverbial final?

a) Orai, porque não entreis em tentação.
b) Fomos a pé, porque ficamos sem gasolina.
c) Vamos dormir porque é tarde.
d) Aquele é o cão por que fui mordido.
e) Mesmo que chova, iremos à praia.

A: porque não entreis em tentação > oração final (igual a para que não entreis em tentação).

B: porque ficamos sem gasolina > oração causal.

C: porque é tarde > oração explicativa.

D: por que fui mordido > agente da passiva.

E: Mesmo que chova > concessiva.

GABARITO: A.

---

621. (FCM - 2019 - PREFEITURA DE GUARANI/MG - TÉCNICO ADMINISTRATIVO) Há uma oração que expressa valor semântico de finalidade em:

a) "A caixa de fósforos escapou-me das mãos e quase resvalou para o rio."
b) "Agachei-me para apanhá-la."

c) "Sentei-me e tive vontade de rir."

d) "Fixei-me nas nuvens tumultuadas que corriam na mesma direção do rio."

A: e quase resvalou para o rio > oração aditiva (e)

B: para apanhá-la > oração final.

C: e tive vontade de rir > oração aditiva (e).

D: que corriam na mesma direção do rio > oração adjetiva (que).

GABARITO: B.

---

622. (CESPE/CEBRASPE - 2018 - DPF - AGENTE DE POLÍCIA)

[...] Consideram engenhosas apenas
as suas próprias ideias e, ao procurar alguma coisa que se ache
31 escondida, não pensam senão nos meios que eles próprios
teriam empregado para escondê-la. Estão certos apenas num
ponto: naquele em que sua engenhosidade representa fielmente
34 a da massa; mas, quando a astúcia do malfeitor é diferente da
deles, o malfeitor, naturalmente, os engana.

(Edgar Allan Poe. A carta roubada. In: **Histórias extraordinárias**. São Paulo: Victor Civita, 1981.)

No trecho "ao procurar alguma coisa que se ache escondida" (L. 30 e 31), o pronome "que" exerce a função de complemento da forma verbal "ache".

Certo ( )   Errado ( )

No trecho "ao procurar alguma coisa que se ache escondida", a palavra QUE é um pronome relativo (para comprovar, pode-se trocar QUE por A QUAL). É válido destacar que todo pronome relativo exerce função sintática na oração de que faz parte. Para se identificar essa função, é preciso isolar a oração iniciada pelo pronome relativo: "que se ache escondida". Ao trocar o QUE pelo referente, temos: "alguma coisa se ache escondida". Veja que o termo "alguma coisa" é o sujeito da forma verbal "se ache".

GABARITO: ERRADO.

---

623. (CESPE/CEBRASPE - 2019 - PRF - POLICIAL RODOVIÁRIO FEDERAL)

Se prestarmos atenção à nossa volta, perceberemos que quase tudo que vemos existe em razão de atividades do trabalho humano. Os processos de produção dos objetos que nos cercam movimentam relações diversas entre os indivíduos, assim como a organização do trabalho alterou-se bastante entre diferentes sociedades e momentos da história.

(Thiago de Mello. Trabalho. Internet. Adaptado.)

No trecho "Os processos de produção dos objetos que nos cercam movimentam relações diversas entre os indivíduos", o sujeito da forma verbal "cercam" é "Os processos de produção dos objetos".

Certo ( )   Errado ( )

No trecho "Os processos de produção dos objetos que nos cercam movimentam relações diversas entre os indivíduos movimentam relações diversas entre os indivíduos", há um período composto, e a palavra QUE inicia uma oração subordinada adjetiva. Para entender esse trecho, é necessário separar as orações:

- **Oração principal: Os processos de produção dos objetos movimentam relações diversas entre os indivíduos.**
- **Oração subordinada: que nos cercam.**

Veja que "Os processos de produção dos objetos" é o sujeito de "movimentam"; e a palavra QUE é o sujeito de "cercam".
GABARITO: ERRADO.

---

624. (CESPE/CEBRASPE - 2019 - PGE/PE - CARGOS DE NÍVEL SUPERIOR)

[...]
A sociedade requer das organizações
uma nova configuração da atividade econômica, pautada na
16 ética e na responsabilidade para com a sociedade e o meio
ambiente, a fim de minimizar problemas sociais como
concentração de renda, precarização das relações de trabalho
19 e falta de direitos básicos como educação, saúde e moradia,
agravados, entre outros motivos, por propostas que concebem
um Estado que seja parco em prestações sociais e no qual a
22 própria sociedade se responsabilize pelos riscos de sua
existência, só recorrendo ao Poder Público subsidiariamente,
na impossibilidade de autossatisfação de suas necessidades.

(Samia Moda Cirino. **Sustentabilidade no meio ambiente de trabalho**: um novo paradigma para a valorização do trabalho humano. Internet: www.publicadireito.com.br. Adaptado.)

A inserção da expressão que seja imediatamente antes da palavra "pautada" (L. 15) — que seja pautada — não comprometeria a correção gramatical nem alteraria os sentidos originais do texto.

Certo ( )   Errado ( )

O período de referência é "A sociedade requer das organizações uma nova configuração da atividade econômica, pautada na ética e na responsabilidade". Percebe-se que o trecho "pautada na ética e na responsabilidade" tem natureza adjetiva, já que caracteriza "nova configuração da atividade econômica. Pela sintaxe, esse trecho é uma oração subordinada adjetiva restritiva reduzida de particípio. Com a inserção de "que seja", conforme sugere a assertiva, a natureza adjetiva é mantida, e o trecho passa a ser uma oração subordinada adjetiva restritiva desenvolvida (iniciada por pronome relativo).
GABARITO: CERTO.

CONCORDÂNCIA

625. (VUNESP - 2022 - PREFEITURA DE OSASCO/SP - GUARDA MUNICIPAL) Assinale a alternativa em que a frase redigida a partir do texto atende à norma-padrão de concordância verbal e nominal.

a) Bastante difundido, a ideia de privacidade acabou se configurando em uma verdadeira obsessão.
b) As empresas são capazes de traçar perfis de consumo por meio das compras realizada no cartão de crédito.
c) O internauta, ao expor a vida nas redes sociais, fornecem espontaneamente os dados que as empresas buscam.
d) Alvo de inúmeros debates, o hábito de expor a rotina pessoal tornou-se um fenômeno com as redes sociais.
e) A internet constituiu-se um instrumento de vigilância perfeitamente ajustados aos propósitos comerciais atuais.

A: Bastante **difundida**, a **ideia** de privacidade acabou se configurando em uma verdadeira obsessão.

B: As empresas são capazes de traçar perfis de consumo por meio das **compras realizadas** no cartão de crédito.

C: O **internauta**, ao expor a vida nas redes sociais, **fornece** espontaneamente os dados que as empresas buscam.

D: As flexões das palavras estão corretas (alvo concorda com hábito; inúmeros com debates; tornou-se com hábito; sociais com redes).

E: A internet constituiu-se um **instrumento** de vigilância perfeitamente **ajustado** aos propósitos comerciais atuais.

GABARITO: D.

626. (VUNESP - 2022 - PM/SP - SARGENTO) A concordância verbal e o emprego de pronomes estão de acordo com a norma-padrão em:

a) Hoje são 9 de janeiro. Vou encontrar o Klaus, pois faz tempo que não vejo ele.
b) Hoje é 9 de janeiro. Vou encontrar o Klaus, pois faz tempo que não lhe vejo.
c) Hoje são 9 de janeiro. Vou encontrar o Klaus, pois faz tempo que não o vejo.
d) Hoje é 9 de janeiro. Vou encontrar o Klaus, pois faz tempo que não te vejo.

A: O pronome "ele" está mal-empregado porque esse pronome não pode exercer função de objeto direto.

B: O pronome "lhe" não pode ser complemento do verbo "ver", porque esse pronome cumpre a função de objeto indireto.

C: O verbo "ser" deve concordar como numeral 9 (ou seja, deve estar no plural) e o pronome que complementa o verbo "ver" (verbo transitivo direto) é "O" (que exerce a função de objeto direto).

D: O uso do pronome "te" está errado porque a frase fala do Klaus, está em terceira pessoa.

GABARITO: C.

627. (VUNESP - 2022 - PM/SP - SARGENTO) O enunciado que atende à norma-padrão de concordância nominal é:
a) Será que Horácio está triste porque acha que a floresta pode ser meia perigosa?
b) Será que a acusação e o convite que foram feitas a Horácio foram justas com ele?
c) Será que a aldeia era um lugar com menas possibilidades de risco a Horácio?
d) Será que a tristeza e a solidão imensas podem acabar com a simpatia de Horácio?

A: Será que Horácio está triste porque acha que a floresta pode ser **meio** perigosa? (meio é um advérbio, por isso não pode ser flexionado).

B: Será que a acusação e o convite que foram **feitos** a Horácio foram justas com ele? (feitos fica no masculino porque concorda com "acusação e convite").

C: Será que a aldeia era um lugar com **menos** possibilidades de risco a Horácio? (não existe "menas" em português).

D: O adjetivo "imensas" (posposto aos substantivos com os quais se relaciona) concorda corretamente com "tristeza e solidão". Destaca-se que a concordância nominal é feita pela relação entre substantivo, adjetivo, artigo, numeral e pronome.

GABARITO: D.

---

628. (FCC - 2022 - PREFEITURA DE RECIFE/PE - AGENTE ADMINISTRATIVO) O verbo em negrito deve sua flexão ao termo sublinhado em:
a) Seu Adelino **emergiu** da apatia.
b) Da cozinha **veio** a informação.
c) Vez por outra, **indaga** se a comida está boa.
d) Seu Adelino **sacudiu** a cabeça.
e) Uma noite dessas, o movimento **era** pequeno.

A: Emergiu concorda com Seu Adelino.

B: A forma verbal "veio" está no singular para concordar com "a informação" (que exerce a função de sujeito. Vale destacar que a flexão de um verbo é determinada pelo sujeito da oração, porque o verbo concorda com o sujeito.

C: Não se sabe, pelo contexto, quem indaga algo.

D: Sacudiu concorda com Seu Adelino.

E: Era concorda com o movimento.

GABARITO: B.

---

629. (FCC - 2021 - TJ/SC - ANALISTA ADMINISTRATIVO) Há pleno atendimento às normas de concordância e adequada articulação entre os tempos verbais na frase:
a) Se não confluir a biotecnologia e a ciência da computação, estaria prejudicado, como previsão, a tese defendida no texto.
b) Caso venham a escapar do nosso domínio o que decidem as instituições públicas, nos sujeitamos ao controle das novas tecnologias.
c) Mesmo que muitos alimentem a ilusão do contrário, parece que logo estaremos todos submetidos ao poder das novas tecnologias.
d) Ainda que não fosse tão decisivo em seu poder revolucionário, as tecnologias deverão ocupar um espaço de decisão muito maior.

e) Muitos males que têm assolado a humanidade possivelmente serão vencidos se viessem a ocorrer tudo o que se preveem nas novas tecnologias.

A: Se não confluir a biotecnologia e a ciência da computação, **estará prejudicada**, como previsão, a tese defendida no texto.

B: Caso **venha** a escapar do nosso domínio o que decidem as instituições públicas, **sujeitaremo-nos** ao controle das novas tecnologias.

C: "Alimentem" deve estar no subjuntivo por exigência da locução conjuntiva concessiva "mesmo que"; as outras formas verbais estão corretamente flexionadas.

D: Ainda que não **fossem** tão **decisivas** em seu poder revolucionário, as tecnologias **deveriam** ocupar um espaço de decisão muito maior.

E: Muitos males que têm assolado a humanidade possivelmente **seriam** vencidos se **viesse** a ocorrer tudo o que se **prevê** nas novas tecnologias.

GABARITO: C.

630. (FCC - 2021 - TJ/SC - ANALISTA ADMINISTRATIVO) Há ocorrência de forma verbal na **voz passiva** e plena observância das normas de **concordância** na frase:

a) Muitas vezes ocorrem que o gênero crônica diga respeito a um texto de assunto bastante especializado.
b) Não cumprem observar, para a criação das boas crônicas, nenhum estilo previamente demarcado.
c) São várias as qualidades pelas quais se deixam marcar, em sua genialidade, a crônica de Rubem Braga.
d) Antonio Candido faz questão de deixar patente na crônica de Rubem Braga suas altas virtudes estilísticas.
e) Exaltam-se numa boa crônica aqueles aspectos mínimos da vida que podem ganhar plena relevância.

A: Muitas vezes **ocorre** que o gênero crônica **diz** respeito a um texto de assunto bastante especializado.

B: Não **cumpre** observar, para a criação das boas crônicas, nenhum estilo previamente demarcado.

C: São várias as qualidades pelas quais se **deixa** marcar, em sua genialidade, a crônica de Rubem Braga.

D: Antonio Candido faz questão de deixar **patentes** na crônica de Rubem Braga suas altas virtudes estilísticas.

E: A forma verbal "exaltam-se" está na voz passiva sintética e a flexão verbal está correta. Em "exaltam-se", como há voz passiva, o trecho "aqueles aspectos mínimos" é o sujeito da oração, por isso o verbo está no plural. E a forma verbal "podem ganhar" está no plural porque concorda com aspectos.

GABARITO: E.

TEXTO PARA AS PRÓXIMAS DUAS QUESTÕES.

A realidade que estamos vivendo, somada às novas formas de trabalho e ansiedades, implicaram, igualmente, em mudanças significativas no comportamento das relações pessoais e interpessoais dos indivíduos. Esse contexto serviu para revelar, com maior intensidade, as relações tóxicas, tema que exige um cuidadoso debate e, sobretudo, assistência psicológica especializada. Mas, afinal, o que é uma relação tóxica? Como identificá-la e quais são os tratamentos? "São questionamentos que precisam de esclarecimento da nossa sociedade. Vale destacar que cada caso é tratado de forma diferente. No entanto, algumas características se tornam similares nas relações tóxicas. Podem ser resumidas pelo desejo de controlar o(a) parceiro(a) e de tê-lo(la) apenas para si. Esse comportamento surge aos poucos, sutilmente, e vai passando dos limites, causando sofrimento e dor", explica a psicóloga gaúcha, Ilda Nocchi. Membro da Sociedade Brasileira de Psicologia, Ilda possui ampla experiência de atuação nas áreas social, comportamental e humana. A profissional tem observado, nos últimos meses, um gradual crescimento nos seus atendimentos no Brasil e no exterior, por pessoas que estão em crise ou estão passando por momentos difíceis, afastadas de seus familiares. De acordo com ela, cresceu o número de pacientes que relatam um contexto que envolve relações tóxicas. "O(a) agressor(a) após o fato ocorrido pede desculpas, dizendo que isso não irá mais acontecer. Entre as características mais comuns das relações tóxicas estão o ciúme exacerbado, a desconfiança, a possessividade, o controle exagerado sobre uma pessoa, as agressões verbais, entre outros", explica Ilda.

Ainda de acordo com a profissional da psicologia, agir com superioridade, com desrespeito e diminuindo a pessoa – tanto em âmbito profissional quanto pessoal – pode acabar causando sintomas na vítima, entre eles: isolamento social, vergonha dos amigos e da família, além de sensações como humilhação e desprezo, que podem provocar graves mudanças de humor. Todas essas situações acabam por afetar a saúde mental e emocional do outro", adianta Ilda. [...]

No contexto das relações tóxicas, a profissional de saúde destaca ainda que a parte mais difícil é aceitar a necessidade de se denunciar o(a) abusivo(a) e tomar medidas legais, quando necessário for. "Esse contexto exige muita ajuda psicológica, atendimento e apoio especializado, sempre com a condução de um profissional capacitado, que tenha sensibilidade e experiência no assunto e que possa, de forma bastante responsável, apresentar e fornecer todos os vieses e a orientação necessária, especialmente, em casos mais graves", diz Ilda.

(REDAÇÃO. Como evitar a ansiedade e as relações tóxicas e alcançar um novo estilo de vida. **Correio do Povo**. Porto Alegre, 18 jun. 2021. Disponível em: https://www.correiodopovo.com.br/vivabem/como-evitar-a-ansiedade-e-as-rela%C3%A7%C3%B5es-t%C3%B3xicas-e-alcan%C3%A7ar-um-novo-estilo-de-vida-1.639633. Acesso em: 10 fev. 2022. Adaptado.)

631. (AOCP - 2022 - CBM/PA - SOLDADO) "Esse contexto exige muita ajuda psicológica, atendimento e apoio especializado, sempre com a condução de um profissional capacitado, que tenha sensibilidade e experiência no assunto e que possa, de forma bastante responsável, apresentar e fornecer todos os vieses e a orientação necessária, especialmente, em casos mais graves", diz Ilda. [...]

Sobre o termo destacado em "[...] apresentar e fornecer todos os **vieses** [...]", assinale a alternativa correta.

a) Apresenta, no excerto, sentido literal de "direção oblíqua, diagonal".
b) É um substantivo formado a partir da palavra "enviesar".
c) Sua forma singular é "viese".
d) Sua forma singular é "viés".
e) Trata-se de uma forma com dois plurais possíveis: viés e vieses.

O termo "vieses", que tem no singular a forma "viés", significa particularidade de algo, atributo, propriedade, característica.

GABARITO: D.

632. (AOCP - 2022 - CBM/PA - SOLDADO) Quanto ao excerto "Membro da Sociedade Brasileira de Psicologia, Ilda possui ampla experiência de atuação nas áreas social, comportamental e humana.", assinale a alternativa incorreta.

a) O termo "áreas" está flexionado no plural porque há mais de um adjetivo caracterizando esse substantivo.
b) A utilização do termo "áreas" no plural evita a repetição da palavra "área" (área social, área comportamental e área humana), contribuindo para a coesão do texto.
c) Uma reescrita adequada para o excerto é a seguinte: Membro da Sociedade Brasileira de Psicologia, Ilda tem grande experiência na área social, na comportamental e na humana.
d) Uma vez que o termo "Membro" se refere à psicóloga Ilda Nocchi, ele poderia ser substituído por "Membra", apesar de essa palavra ser pouco utilizada em língua portuguesa.
e) O substantivo "Membro" é chamado de "comum de dois gêneros", distinguindo-se apenas pela concordância com o artigo, como ocorre em "a/o estudante".

A: Existem três áreas: social, comportamental e humana.

B: Se "áreas" estivesse no singular, seria necessária a repetição de "área".

C: Há uma estrutura que garante o sentido, com o substantivo área no singular e a presença de artigos que evidenciam que o termo "área" fica subentendido: na área social, na [área] comportamental e na [área] humana.

D: Está correto o uso de "membra", no feminino.

E: O substantivo membro não é chamado de comum de dois gêneros. Exemplos: o artista, a artista; o estudante, a estudante; o cliente, a cliente.

GABARITO: E.

---

633. **(CESPE/CEBRASPE - 2021 - CBM/AL - SOLDADO)**

Os incêndios nas florestas boreais podem liberar ainda mais carbono do que incêndios semelhantes em locais como Califórnia ou Europa, porque os solos sob as florestas em latitude elevada costumam ser compostos por turfa antiga, que possui carbono em abundância. Em 2020, os incêndios no Ártico liberaram quase 250 megatoneladas de dióxido de carbono, cerca da metade emitida pela Austrália em um ano em decorrência das atividades humanas e cerca de 2,5 vezes mais do que a histórica temporada recordista de incêndios florestais de 2020 na Califórnia.

A forma verbal "podem" está flexionada no plural porque concorda com "florestas boreais".

Certo ( )   Errado ( )

A concordância é entre a forma verbal "podem" e o núcleo do sujeito (incêndios). Vejamos: *Os incêndios nas florestas boreais **podem** liberar ainda mais carbono do que incêndios semelhantes em locais como Califórnia ou Europa.* **A expressão "nas florestas boreais" é um adjunto adverbial de lugar. Destaca-se que um adjunto adverbial nunca determina a flexão de outra palavra.**

GABARITO: ERRADO.

---

634. **(CESPE/CEBRASPE - 2021 - PC/AL - AGENTE E ESCRIVÃO)**

No Brasil, as primeiras iniciativas de implantação da polícia comunitária ocorreram com a Constituição Federal de 1988 e a necessidade de uma nova concepção para as atividades policiais. Foram adotadas estratégias de fortalecimento das relações das forças policiais com a comunidade, com destaque para a conscientização sobre a importância do trabalho policial e sobre o valor da participação do cidadão para a construção de um sistema que busca a melhoria da qualidade de vida de todos.

Mantendo-se a correção gramatical e o sentido original do texto, o primeiro período do terceiro parágrafo poderia ser reescrito da seguinte maneira: No Brasil, as primeiras iniciativas de implantação da polícia comunitária ocorreu com a Constituição Federal de 1988, em que se enxergou a necessidade de uma nova concepção para as atividades policiais.

Certo ( )   Errado ( )

Não é garantida a correção gramatical. A forma verbal "ocorreu" deveria estar "ocorreram", pois concorda com "iniciativas": *as primeiras iniciativas de implantação da polícia comunitária ocorreram.*

GABARITO: ERRADO.

---

635. **(CESPE/CEBRASPE - 2021 - PC/AL - AGENTE E ESCRIVÃO)** A correção gramatical e o sentido do texto seriam preservados caso o "para a redução dos índices de violência na região" fosse substituído por **para que se reduzisse os índices de violência na região**.

Certo ( )   Errado ( )

Não está mantida a correção gramatical, porque a forma verbal "reduzisse" deveria estar no plural para concordar com "índices".

GABARITO: ERRADO.

---

636. (CESPE/CEBRASPE - 2022 - PC/PB - AGENTE)

Podemos definir polícia comunitária como um processo pelo qual a comunidade e a polícia compartilham informações e valores de maneiras mais intensas, objetivando promover maior segurança e o bem-estar da coletividade. A Constituição Federal de 1988 foi a primeira a apresentar um capítulo específico sobre segurança pública, no qual se encontra o artigo 144. [...]

A correção gramatical e os sentidos do texto CG1A1-I seriam mantidos se o gerúndio "objetivando" (primeiro período do parágrafo) fosse substituído por:

a) com o objetivo de.
b) que objetiva.
c) os quais objetivam.
d) às quais objetivam.
e) onde o objetivo é.

A forma verbal "objetivando" é uma oração reduzida de gerúndio de natureza adverbial com o sentido de finalidade. Por isso, a troca adequada seria por "com o objetivo de". Vejamos: *Podemos definir polícia comunitária como um processo pelo qual a comunidade e a polícia compartilham informações e valores de maneiras mais intensas, com o objetivo de promover maior segurança e o bem-estar da coletividade.* Nas outras alternativas, todas são iniciadas por pronome relativo, e esse conectivo introduz orações adjetivas. Ou seja, os sentidos seriam alterados por haver uma mudança de oração adverbial para oração adjetiva.

GABARITO: A.

---

637. (CESPE/CEBRASPE - 2021 - PM/AL - OFICIAL)

Tradicionalmente, as conquistas democráticas nas sociedades modernas estiveram associadas à organização de movimentos sociais que buscavam a expansão da cidadania. Foi assim durante as revoluções burguesas clássicas nos séculos XVII e XVIII. Também a organização dos trabalhadores industriais nos séculos XIX e XX foi responsável pela ampliação dos direitos civis e sociais nas democracias liberais do Ocidente. De igual maneira, as demandas dos chamados novos movimentos sociais, nos anos 70 e 80 do século XX, foram responsáveis pelo reconhecimento dos direitos das minorias sociais (grupos étnicos minoritários, mulheres, homossexuais) nas sociedades contemporâneas. [...]

A correção gramatical do terceiro período do primeiro parágrafo seria mantida caso os termos no trecho "foi responsável" fossem reescritos no plural — **foram responsáveis** —, de forma que concordassem com "trabalhadores industriais".

Certo ( )   Errado ( )

O núcleo do sujeito está no singular, portanto, o verbo também deve se manter no singular. Vejamos: *Também a **organização** dos trabalhadores industriais nos séculos XIX e XX **foi responsável** pela ampliação dos direitos civis e sociais.*

Nesse caso, o substantivo "organização" é o que determina a flexão de "foi responsável".

GABARITO: ERRADO.

638. (CESPE/CEBRASPE - 2021 - PM/AL - OFICIAL)

As três sociedades — perfeita, imperfeita e real — "existem", cada qual com a sua estabilidade interna de convivência, de forma que os seus membros experimentam relações entre si com a liberdade possível. Quanto mais imperfeita é a sociedade, menos liberdade os indivíduos possuem e maior é a tendência de convivência impossível. Na outra ponta, quanto mais a sociedade está próxima da perfeição, mais próximos da liberdade absoluta estão os indivíduos. Há a convivência ótima. [...]

A correção gramatical do texto seria mantida se a forma verbal 'existem' fosse substituída pela forma no singular — **existe** —, caso em que o verbo passaria a ser considerado impessoal.

Certo ( )   Errado ( )

O verbo "existir" não é impessoal. O que acontece é que o verbo "haver", no sentido de existir, é classificado como impessoal. Na frase *As três sociedades — perfeita, imperfeita e real — "existem"*, a forma verbal "existem" possui sujeito expresso e concorda com ele (as três sociedades).
GABARITO: ERRADO.

---

639. (CESPE/CEBRASPE - 2021 - PRF - POLICIAL RODOVIÁRIO FEDERAL)

O autor estabelece um contraste entre a violência "franca e desinibida" do período medieval, que não excluía ninguém da vida social e era socialmente permitida e até certo ponto necessária, e o autocontrole e a moderação das emoções que acabaram por se impor na modernidade. [...]

Mantém-se a correção gramatical do trecho "o autocontrole e a moderação das emoções que acabaram por se impor na modernidade", do texto, caso a forma verbal "impor" seja flexionada no plural **imporem**.

Certo ( )   Errado ( )

O verbo impor é o principal na locução verbal de que faz parte. Em uma locução verbal, o verbo principal (infinitivo ou gerúndio) não é flexionado, pois a flexão ocorre com o verbo auxiliar. Nesse sentido, em "acabaram por se impor", temos: acabaram (verbo auxiliar) + por (preposição) + se impor (verbo principal). Por isso, não é possível escrever: *acabaram por se imporem*.
GABARITO: ERRADO.

---

640. (CESPE/CEBRASPE - 2022 - ANM - ESPECIALISTA) No trecho "Os dinossauros foram extintos há milhões de anos", a substituição de "há" por **fazem** prejudicaria a correção gramatical do texto.

Certo ( )   Errado ( )

A troca, da forma como está sugerida, não é possível. O verbo haver está empregado no sentido de tempo transcorrido. Se for feita a troca pelo verbo fazer (que também pode indicar tempo transcorrido), não pode ocorrer flexão para o plural. O correto é: *Os dinossauros foram extintos faz milhões de anos*.
GABARITO: CERTO.

---

641. (CESPE/CEBRASPE - 2022 - PREFEITURA DE PIRES DO RIO/GO - PROFESSOR)

No Brasil, 36% da população era urbana em 1950, valor bastante próximo da média mundial até então. Nas décadas subsequentes, o país experimentou um rápido processo de urbanização, evidenciado pelo fato de que, no ano de 2018, expressivos 87% da população brasileira residia em ambientes urbanos. As projeções de mais longo prazo indicam que essa tendência deve se estabilizar em patamar próximo a 90%. [...]

A forma verbal "indicam" está flexionada no plural para concordar com a palavra "projeções", mas poderia ser substituída pela respectiva forma singular — **indica** —, sem prejuízo da correção gramatical, dada a previsão gramatical de concordância com o termo mais próximo, que, no caso, é o termo "prazo".

Certo ( )   Errado ( )

A forma verbal "indicam" deve ficar no plural, porque concorda com "projeções" (*As projeções de mais longo prazo indicam*).
GABARITO: ERRADO.

---

642. (CESPE/CEBRASPE - 2022 - PREFEITURA DE PIRES DO RIO/GO - PROFESSOR)

As plantas, os animais domésticos e os produtos deles obtidos (frutas, ervas, carnes, ovos, queijos etc.) pertencem aos mais antigos produtos comercializáveis. A palavra latina para dinheiro, *pecunia*, deriva da relação com o gado (*pecus*). Esse comércio é provavelmente tão antigo quanto a divisão do trabalho entre agricultores e criadores de gado. Embora inicialmente o comércio e a distribuição econômica de produtos de colheita fossem geograficamente bem delimitados, eles conduziram a uma difusão cada vez mais ampla das sementes, desenvolvendo-se, então, um número cada vez maior de variações. Sem milênios de constantes contatos entre os povos e sem o trânsito intercontinental, o nosso cardápio teria uma aparência bastante pobre. Das aproximadamente trinta plantas que constituem os recursos de nossa alimentação básica, quase todas têm sua origem fora da Europa e provêm, predominantemente, de regiões que hoje enumeramos entre os países em desenvolvimento. [...]

As formas verbais "têm" e "provêm" estabelecem concordância com o mesmo termo: "todas".

Certo ( )   Errado ( )

A flexão das formas verbais "têm" e "provêm" é decorrente da concordância com "todas". Vejamos: *Das aproximadamente trinta plantas que constituem os recursos de nossa alimentação básica, quase **todas têm** sua origem fora da Europa e **provêm**, predominantemente, de regiões que hoje enumeramos entre os países em desenvolvimento.*

GABARITO: CERTO.

---

643. (CESPE/CEBRASPE - 2021 - CODEVASF - ANALISTAS)

O Brasil, dotado de grandes áreas agricultáveis localizadas em regiões úmidas, não se baseou, no passado, na irrigação, embora haja registro de que, já em 1589, os jesuítas praticavam a técnica na antiga Fazenda Santa Cruz, no estado do Rio de Janeiro. Também na região mais seca do Nordeste e nos estados de Minas Gerais e São Paulo, era utilizada em culturas de cana-de-açúcar, batatinha, pomares e hortas. Em cafezais, seu emprego iniciou-se na década de 50 do século passado, com a utilização da aspersão, que se mostrou particularmente interessante, especialmente nas terras roxas do estado de São Paulo. [...]

No período "Também na região mais seca do Nordeste e nos estados de Minas Gerais e São Paulo, era utilizada em culturas de cana-de-açúcar, batatinha, pomares e hortas.", a expressão **a irrigação** poderia ser inserida antes da locução "era utilizada" — **a irrigação era utilizada** — sem prejuízo dos sentidos originais do texto.

Certo ( )   Errado ( )

Pelo contexto, a irrigação era utilizada. Vejamos: *O Brasil, dotado de grandes áreas agricultáveis localizadas em regiões úmidas, não se baseou, no passado, na **irrigação**, embora haja registro de que, já em 1589, os jesuítas praticavam a técnica na antiga Fazenda Santa Cruz, no estado do Rio de Janeiro. Também na região mais seca do Nordeste e nos estados de Minas Gerais e São Paulo, **a irrigação** era utilizada em culturas de cana-de-açúcar, batatinha, pomares e hortas.*

GABARITO: CERTO.

---

644. (CESPE/CEBRASPE - 2022 - FUB - ASSISTENTE EM ADMINISTRAÇÃO)

O primeiro desafio do RH é demonstrar segurança em um mundo de incertezas. É fundamental que toda a comunicação da companhia com seus colaboradores seja feita de maneira clara, precisa e sem hesitação, para evitar dúvidas e ansiedades, transmitindo-se segurança às equipes de trabalho. Nesse sentido, uma plataforma digital *workplace*, a famosa *intranet*, é uma ferramenta indispensável para sustentar uma comunicação de fato eficiente. [...]

A flexão das formas verbais "É" e "seja" na terceira pessoa do singular justifica-se pela concordância com "toda a comunicação da companhia com seus colaboradores", termo que funciona como sujeito de ambas as orações.

Certo (   )   Errado (   )

A concordância é com outros termos.

Em "É fundamental", o sujeito da forma verbal é *que toda a comunicação da companhia com seus colaboradores seja feita de maneira clara*.

Em *que toda a comunicação da companhia com seus colaboradores seja feita de maneira clara*, a forma verbal "seja" concorda com *toda a comunicação da companhia com seus colaboradores*.

GABARITO: ERRADO.

645. **(IBFC - 2022 - PREFEITURA DE CONTAGEM/MG - NÍVEL SUPERIOR)** Leia essa passagem do texto: 'uma carta digna de uma educadora e uma lista de perguntas "anexada a ela", que seus alunos haviam feito', pode-se substituir a expressão entre aspas duplas por uma das alternativas, assinale-a.

   a) Uma lista de perguntas anexo, que seus alunos haviam feito.
   b) Uma lista de perguntas anexado, que seus alunos haviam feito.
   c) Uma lista de perguntas em anexo, que seus alunos haviam feito.
   d) Uma lista de perguntas em anexa, que seus alunos haviam feito.

   A: Lista – anexa (concorda com lista).
   B: Lista – anexada (concorda com lista).
   C: A expressão "em anexo" é uma locução adverbial, por isso não concorda com outra palavra, isto é, deve sempre estar escrita desse modo.
   D: Lista – em anexo (locução adverbial).
   GABARITO: C.

646. **(NC-UFPR - 2019 - PREFEITURA DE QUATRO BARRAS/PR - AGENTE)**

   A Defesa Civil de Quatro Barras, buscando aprimorar ainda mais seus trabalhos de salvaguardar vidas, promoveu o Curso Operacional de Emergências Ambientais com Produtos Perigosos e Sistema de Comando de Incidentes (SCI), em parceria com a Guarda Municipal, Corpo de Bombeiros do Estado do Paraná e Defesa Civil de Curitiba. O curso ocorreu ao longo dos meses de agosto e setembro, _____ duração de 16 horas-aula e participaram 26 servidores da Prefeitura Municipal, que se _____ para atuar tanto na prevenção de acidentes quanto na proteção de vidas, bem como para prestar os comandos _____ em caso de eventos adversos. [...]

   (Adaptado de http://quatrobarras.pr.gov.br/noticiasView/?id=731)

   Assinale a alternativa que preenche corretamente as lacunas, na ordem em que aparecem no texto.

   a) teve – qualificaram – necessário.
   b) tiveram – qualificou – necessário.
   c) teve – qualificou – necessários.
   d) teve – qualificaram – necessários.
   e) tiveram – qualificaram – necessário.

   - O curso ocorreu ao longo dos meses de agosto e setembro, TEVE duração (concorda com curso)
   - participaram 26 servidores da Prefeitura Municipal, que se QUALIFICARAM para (concorda com servidores)
   - bem como para prestar os comandos NECESSÁRIOS em caso (concorda com comandos)

   GABARITO: D.

647. (NC-UFPR - 2019 - FPMA - AUXILIAR ADMINISTRATIVO) Assinale a alternativa em que a ortografia, a concordância e a regência verbal estão de acordo com a língua padrão escrita.

a) Não há mais o que fazer, mas me recuso a acreditar nisso.
b) A dias que não vem ninguém aqui; em outros vêm dezenas de pessoas na mesma hora.
c) O que não faz bem só pode fazer mau.
d) É preciso desconfiar de quem trás a solução na manga.
e) Os benefícios a que a lei se refere não se aplica nesses casos.

A: A alternativa segue corretamente o padrão da língua escrita.
B: Há dias que não vem ninguém aqui; em outros vêm dezenas de pessoas na mesma hora.
C: O que não faz bem só pode fazer mal.
D: É preciso desconfiar de quem traz a solução na manga.
E: Os benefícios a que a lei se refere não se aplicam nesses casos.
GABARITO: A.

---

648. (NC-UFPR - 2018 - ITAIPU BINACIONAL - TODOS OS CARGOS) Se _____ distúrbios, foi _____ a mesa diretora não soube explicar _____ as galerias não poderiam ser ocupadas pelos manifestantes.

Assinale a alternativa que preenche corretamente as lacunas:

a) houveram – porque – por que.
b) houve – por que – por que.
c) houveram – porque – porque.
d) houveram – por que – por que.
e) houve – porque – por que.

Se HOUVE distúrbios, foi PORQUE a mesa diretora não soube explicar POR QUE as galerias não poderiam ser ocupadas pelos manifestantes.

- houve (verbo impessoal)
- porque (conjunção)
- por que (pronome interrogativo – pergunta indireta)

GABARITO: E.

---

649. (NC-UFPR - 2018 - ITAIPU BINACIONAL - TODOS OS CARGOS) Mais que em políticas de *compliance* _____ aos objetivos estratégicos, os esforços da companhia _____ no aspecto humano, já que o desenvolvimento da integridade nas práticas de negócios _____ às mudanças comportamentais do que às diretrizes e orientações corporativas de ética e conformidade.

Assinale a alternativa que preenche corretamente as lacunas:

a) alinhado – devem ser centrado – está mais ligado
b) alinhadas – devem ser centrados – estão mais ligados.
c) alinhado – deve centrarem – está mais ligadas.
d) alinhadas – devem de ser centrados – estão mais ligados.
e) alinhadas – devem centrar – está mais ligado.

Mais que em políticas de *compliance* ALINHADAS [concorda com políticas] aos objetivos estratégicos, os esforços da companhia DEVEM CENTRAR [concorda com esforços] no aspecto humano, já que o desenvolvimento da integridade nas práticas de negócios ESTÁ MAIS LIGADO [concorda com desenvolvimento] às mudanças comportamentais do que às diretrizes.

GABARITO: E

---

650. (NC-UFPR - 2019 - COPEL - ADMINISTRADOR) Quanto às normas da língua padrão, considere as seguintes frases:
1. Foi decidido pela diretoria as diretrizes orçamentárias para o ano seguinte.
2. Os diretores haviam chegado às conclusões já previstas pelo estatuto no ano anterior.
3. A presidência alegou que não haverão cortes substanciais nos investimentos da empresa.
4. A cúpula dos diretores eleitos tem plenas condições de elaborar o planejamento necessário.

Observam a norma escrita culta do português brasileiro as sentenças:

a) 1 e 2 apenas.
b) 2 e 4 apenas.
c) 1, 2 e 3 apenas.
d) 2, 3 e 4 apenas.
e) 1, 2, 3 e 4.

1. Foram decididas pela diretoria as diretrizes orçamentárias para o ano seguinte.

3. A presidência alegou que não haverá cortes substanciais nos investimentos da empresa.

GABARITO: B.

---

651. (NC-UFPR - 2019 - PREFEITURA DE CURITIBA/PR - TÉCNICO DE ENFERMAGEM) Nos hominídeos mais primitivos, a variação do tamanho e das formas relativas dos molares é meramente em função da posição.

Ao substituirmos "a variação" por "as variações", passaria(m) para o plural, de acordo com norma escrita culta do português:

1. "função".
2. "posição".
3. "é".

Assinale a alternativa correta.

a) Somente 1.
b) Somente 3.
c) Somente 1 e 2.
d) Somente 2 e 3.
e) 1, 2 e 3.

Com a troca, temos: Nos hominídeos mais primitivos, as variações do tamanho e das formas relativas dos molares são meramente em função da posição. Ou seja, a alteração foi com o verbo "é".

GABARITO: B.

652. (NC-UFPR - 2019 - COPEL - CONTADOR) Assinale a alternativa em que os verbos sublinhados estão corretamente flexionados quanto à concordância verbal:

a) A Organização Mundial da Saúde (OMS) lançou recentemente a nova edição do relatório *Smoke-free movies* (Filmes sem cigarro), em que recomenda que os filmes que exibem imagens de pessoas fumando deveria receber classificação indicativa para adultos.

b) Pesquisas mostram que os filmes produzidos em seis países europeus, que alcançaram bilheterias elevadas (incluindo alemães, ingleses e italianos), continha cenas de pessoas fumando em filmes classificados para menores de 18 anos.

c) Para ela, a indústria do tabaco está usando a "telona" como uma espécie de última fronteira para anúncios, mensagens subliminares e patrocínios, já que uma série de medidas em diversos países passou a restringir a publicidade do tabaco.

d) E 90% dos filmes argentinos também exibiu imagens de fumo em filmes para jovens.

e) Os especialistas da organização citam estudos que mostram que quatro em cada dez crianças começa a fumar depois de ver atores famosos dando suas "pitadas" nos filmes.

A: os filmes ... deveriam receber (concorda com filmes)
B: os filmes ... continham (concorda com filmes)
D: 90% dos filmes ... exibiram (concorda com 90% dos filmes)
E: quatro ... começam (concorda com quatro)
GABARITO: C.

653. (CESPE/CEBRASPE - 2018 - CADE - CARGOS DE NÍVEL SUPERIOR)
Os países do Pacífico, mesmo aqueles como o Chile, que ainda dependem de commodities como o cobre, também têm feito mais para fortalecer a exportação. No México, a exportação de bens manufaturados representa quase 25% da produção econômica anual (no Brasil, representa 4%).

(David Juhnow. **Duas Américas Latinas bem diferentes**. The Wall Street Journal. In: Internet: http://online.wsj.com. Adaptado.)

Sem prejuízo da correção gramatical ou do sentido original do texto, a forma verbal "representa" poderia ser flexionada no plural - representam -, caso em que concordaria com "bens manufaturados".

Certo ( )   Errado ( )

No período "a exportação de bens manufaturados representa", é possível apenas uma concordância, ou seja, o verbo somente pode concordar com "exportação" (núcleo do sujeito).
GABARITO: ERRADO.

654. (CESPE/CEBRASPE - 2018 - ANS - TODOS OS CARGOS)
A fiscalização do cumprimento das garantias de atendimento é uma forma eficaz de se certificar o beneficiário da assistência por ele contratada, pois leva as operadoras a ampliarem o credenciamento de prestadores e a melhorarem o seu relacionamento com o cliente. Para isso, a participação dos consumidores é de fundamental importância.

(Internet: www.ans.gov.br. Adaptado.)

Mantém-se a correção gramatical do período ao se substituir "é" (L. 1) por são, desde que também se substitua "leva" (L. 2) por levam.

Certo ( )   Errado ( )

Não é possível fazer nenhuma das alterações, porque o núcleo do sujeito é "fiscalização", que serve como referência para a concordância verbal de "é" e "leva": "A fiscalização do cumprimento das garantias de atendimento é uma forma eficaz de se certificar o beneficiário da assistência por ele contratada, pois leva as operadoras".

GABARITO: ERRADO.

---

655. **(CESPE/CEBRASPE - 2018 - ANS - TODOS OS CARGOS)**

A ANS vai mudar a metodologia de análise de processos de consumidores contra as operadoras de planos de saúde com o objetivo de acelerar os trâmites das ações.

(Valor Econômico, 22/3/2013. Adaptado.)

Prejudica-se a correção gramatical do período ao se substituir "acelerar" (1º parágrafo) por acelerarem.

Certo ( )   Errado ( )

No período "A ANS vai mudar a metodologia de análise de processos de consumidores contra as operadoras de planos de saúde com o objetivo de acelerar os trâmites das ações", a expressão "com o objetivo de acelerar" tem um verbo em sua forma nominal: infinitivo impessoal; ou seja, não há referência de sujeito para concordar o verbo no plural.

GABARITO: CERTO.

---

656. **(CESPE/CEBRASPE - 2018 - PC/BA - INVESTIGADOR)**

[...] A Rede Cultural da Terra realiza oficinas de capacitação, cultura digital e atividades ligadas às artes plásticas, cênicas e visuais, à literatura, à música e ao artesanato. Além disso, mapeia a memória cultural dos trabalhadores do campo. A Rede Cultural dos Estudantes promove eventos e mostras culturais e artísticas e apoia a criação de Centros Universitários de Cultura e Arte.

(Identidade e diversidade. Internet: www.brasil.gov.br/sobre/cultura/. Adaptado.)

A correção gramatical do texto seria mantida caso as formas verbais "promove" e "apoia" fossem flexionadas no plural, para concordar com o termo mais próximo, "dos Estudantes".

Certo ( )   Errado ( )

No período "A Rede Cultural dos Estudantes promove eventos e mostras culturais e artísticas e apoia", o núcleo do sujeito é "Rede", ou seja, admite-se apenas a concordância no singular, visto que o núcleo está no singular.

GABARITO: ERRADO.

---

657. **(CESPE/CEBRASPE - 2018 - TCU - AUDITOR)**

Outros aspectos sociotécnicos importantes que caracterizam a nova governança pública se relacionam aos anseios de maior participação e controle social nas ações de governo, que, somados ao de liberdade, estabelecem o cerne do milenar conceito de cidadania (participação no governo) e os valores centrais da democracia social do século XXI.

(Internet: http://aquarius.mcti.gov.br. Adaptado.)

A forma verbal "estabelecem" está flexionada no plural porque concorda com o termo antecedente "aspectos".

Certo ( )   Errado ( )

No período "anseios de maior participação e controle social nas ações de governo, que, somados ao de liberdade, estabelecem", a concordância é com 'anseios', e não com aspectos.

GABARITO: ERRADO.

658. (CESPE/CEBRASPE - 2018 - TCU - AUDITOR)

O crescimento populacional e econômico, aliado à evolução dos mercados e à complexidade das relações sociais, traduz-se em demandas por serviços públicos mais sofisticados, em maior quantidade e com mais qualidade.
Por dentro do Brasil. Modernização da gestão pública.

(Internet: http://www.brasil.gov.br. Adaptado.)

O emprego do adjetivo "aliado" no plural não prejudicaria a correção gramatical do texto, dada a possibilidade, no contexto, de concordância com os termos anteriores mais próximos – "populacional e econômico".

Certo ( )   Errado ( )

No trecho "O crescimento populacional e econômico, aliado à evolução dos mercados e à complexidade das relações sociais", a palavra "aliado" concorda com crescimento.
GABARITO: ERRADO.

---

659. (CESPE/CEBRASPE - 2018 - TCU - AUDITOR)

A análise do IDEB apontou a necessidade de aperfeiçoamento da metodologia de obtenção desse índice. Segundo avalia o ministro relator do processo, "O IDEB é um importante instrumento para a aferição da qualidade da educação, por isso deve ser aprimorado de forma a permitir um diagnóstico mais fidedigno dos sistemas de ensino".

(**TCU avalia gestão da educação básica em municípios brasileiros**. 12 set. 2013. Internet: www.tcu.gov.br. Adaptado.)

Haveria prejuízo da correção gramatical do texto caso o primeiro período fosse assim reescrito: Na análise do IDEB, foi atestado a necessidade de aperfeiçoar a metodologia que obtém esse índice.

Certo ( )   Errado ( )

Haveria prejuízo, porque o correto é: "foi atestada", pois há um caso de concordância nominal.
GABARITO: CERTO.

---

660. (CESPE/CEBRASPE - 2018 - CBM/CE - SOLDADO)

Em decorrência do sismo, cerca de 220 mil pessoas morreram e 1,5 milhão ficou desabrigada no Haiti.

(Renata Giraldi. Internet: www.ebc.com.br. Adaptado.)

A palavra "milhão" poderia ser empregada no plural – milhões – sem prejuízo da correção gramatical do texto.

Certo ( )   Errado ( )

A concordância da palavra milhão é com o seu referente 1,5 (1 milhão e quinhentos mil).
GABARITO: ERRADO.

---

661. (CESPE/CEBRASPE - 2018 - CBM/CE - SOLDADO)

A maioria dos cientistas viajará de avião e permanecerá na base provisória conforme as exigências de seus estudos, e outros irão em um segundo navio polar da Marinha.

(Internet: http://noticias.terra.com.br/ciencia/brasil. Adaptado.)

No trecho "A maioria dos cientistas viajará de avião", é opcional o emprego da forma verbal no plural ou no singular.

Certo ( )   Errado ( )

A maioria é uma expressão partitiva que, quando especificada por um termo no plural, admite dupla concordância.
GABARITO: CERTO.

662. (CESPE/CEBRASPE - 2019 - TJ/SP - TÉCNICO)

"Bem, você ainda tem as tardes e os finais de semana."

Alterando a fala para o plural, de modo que passe a se referir a duas personagens, e para o tempo futuro, tem-se: Bem, nós ainda:

a) teremos as tardes e os finais de semana.
b) tivemos as tardes e os finais de semana.
c) tínhamos as tardes e os finais de semana.
d) tivéssemos as tardes e os finais de semana.
e) tivéramos as tardes e os finais de semana.

A: O verbo está corretamente flexionado no futuro do presente.
B: "Tivemos" é verbo no pretérito perfeito.
C: "Tínhamos" é verbo no pretérito imperfeito.
D: "Tivéssemos" é verbo no pretérito imperfeito do subjuntivo.
E: "Tivéramos" é verbo no pretérito mais-que-perfeito.
GABARITO: A.

663. (CESPE/CEBRASPE - 2019 - TJ/SP - TÉCNICO) Se na frase "São gente produtiva e inovadora que recebe melhores salários e faz a economia local progredir." a expressão gente for substituída por pessoas, ela assumirá a seguinte redação, de acordo com a norma-padrão:

a) São pessoas produtiva e inovadora que recebe melhores salários e fazem a economia local progredir.
b) São pessoas produtivas e inovadoras que recebe melhores salários e faz a economia local progredir.
c) São pessoas produtiva e inovadora que recebem melhores salários e fazem a economia local progredir.
d) São pessoas produtivas e inovadoras que recebem melhores salários e faz a economia local progredir.
e) São pessoas produtivas e inovadoras que recebem melhores salários e fazem a economia local progredir.

Os adjetivos "produtivas" e "inovadoras" estão no plural para concordar com "pessoas". Os verbos "receber" e "fazer" estão no plural para concordar também com "pessoas". Dessa forma, a sentença correta é a que está na alternativa E: São pessoas produtivas e inovadoras que recebem melhores salários e fazem a economia local progredir.
GABARITO: E.

664. (FGV - 2019 - COMPESA - ADMINISTRADOR)

"Eu e o computador jamais seríamos íntimos."

Assinale a opção que indica a frase que não segue as regras de concordância verbal da norma culta:

a) Tu e ele jamais serão íntimos.
b) Tu e ele jamais sereis íntimos.
c) Você e eu jamais seremos íntimos.
d) Vocês e ele jamais sereis íntimos.
e) Ela e ele jamais serão íntimos.

Na alternativa D, temos: "vocês (3ª pessoa) e ele (3ª pessoa) jamais sereis (1ª pessoa) íntimos". Como os núcleos do sujeito estão na 3ª pessoa, o verbo deve estar também na 3ª pessoa. Nas demais opções, a concordância está correta.
GABARITO: D.

665. **(VUNESP - 2018 - SEDUC/SP - AGENTE ESCOLAR)** Considere a correspondência:

> Senhor Diretor,
> Vimos, por meio deste memorando, encaminhar a_____ o relatório das atividades desenvolvidas pelos professores do 5º ano do Ensino Fundamental. Elas fazem parte do projeto que _____ no início do 2º bimestre deste ano, com ênfase em leitura de textos literários. _____ que houve muita dedicação às tarefas previstas e, atendendo a _____ pedido, que também é vontade dos alunos, os professores darão continuidade ao projeto no próximo ano letivo.
> Sendo o que se apresenta para o momento.
> Saudações.
> Grupo de Docentes – 5º Ano

De acordo com a norma-padrão, as lacunas da correspondência devem ser preenchidas, correta e respectivamente, com:

a) Sua Senhoria ... se implantou ... Se vê ... seu
b) Sua Excelência ... implantou-se ... Vê-se ... seu
c) Sua Senhoria ... implantou-se ... Se vê ... vosso
d) Vossa Excelência ... implantou-se ...Vê-se ... vosso
e) Vossa Senhoria ... se implantou ... Vê-se ...seu

1ª lacuna: O pronome de tratamento indicado para um diretor de escola é "Vossa Senhoria".

2ª lacuna: O pronome relativo "que" atrai a partícula apassivadora "se".

3ª lacuna: Não se inicia a frase com pronome oblíquo; o correto é: "Vê-se" que houve muita dedicação às tarefas previstas.

4ª lacuna: A concordância com o pronome de tratamento se faz na 3ª pessoa: atendendo a "seu" pedido.

GABARITO: E.

666. **(VUNESP - 2018 - CISMEPAR/PR - ADVOGADO)** Assinale a alternativa cuja frase mantém a concordância de acordo com a norma-padrão da Língua Portuguesa.

a) Grande parte das pessoas têm filhos no momento de sua vida profissional em que elas dispõe de menos tempo para ser pai ou mãe.
b) A importância dos primeiros 18, 24 meses dos bebês são inegáveis.
c) Haverá, ainda, muitas discussões a respeito do chip Harvard.
d) Quando o casal chegam exausto em casa, precisam dedicar-se ao bebê.
e) Existe pais e mães que deixam a educação dos filhos por conta da televisão.

A: O verbo "dispõe" deve concordar com o sujeito "elas": Grande parte das pessoas têm filhos no momento de sua vida profissional em que elas dispõem de menos tempo para ser pai ou mãe.

B: O verbo "ser" e o predicativo "inegável" deve concordar com o núcleo do sujeito " importância": A importância dos primeiros 18, 24 meses dos bebês é inegável.

C: O verbo "haver", com sentido de "existir" fica sempre no singular.

D: Os verbos "chegar" e "precisar" devem concordar com o sujeito "casal": Quando o casal chega exausto em casa, precisa dedicar-se ao bebê.

E: O verbo "existir" deve concordar com o sujeito "pais e mães": Existem pais e mães que deixam a educação dos filhos por conta da televisão.

GABARITO: C.

667. **(VUNESP - 2018 - TJ/SP - PSICÓLOGO)** Assinale a alternativa que contém a frase correta com relação à norma-padrão da Língua Portuguesa.

a) Pode ser que algumas pessoas venha a ganhar dinheiro com poesias.
b) Uma parte das pessoas está interessado em ganhar dinheiro com poesias.
c) Ganhar dinheiro com poesias são o objetivo de algumas pessoas.
d) Poesias podem ser fonte de dinheiro para algumas pessoas.
e) Há algumas pessoas que ganha dinheiro escrevendo poesia.

A: "Venha" deve estar no plural para concordar com "algumas pessoas": Pode ser que algumas pessoas venham a ganhar dinheiro com poesias.

B: O adjetivo "interessado" deve estar no feminino para concordar com "uma parte": Uma parte das pessoas está interessada em ganhar dinheiro com poesias.

C: O verbo deve estar no singular para concordar com o sujeito "ganhar dinheiro com poesias": Ganhar dinheiro com poesias é o objetivo de algumas pessoas.

D: A concordância está correta: verbo no plural por concordar com o sujeito "poesias".

E: O verbo "ganhar" deve concordar no plural com o sujeito "pessoas": Há algumas pessoas que ganham dinheiro escrevendo poesia.

GABARITO: D.

---

668. **(VUNESP - 2019 - PREFEITURA DE ITAPEVI/SP - AGENTE DE ADMINISTRAÇÃO)** Assinale a alternativa em que a concordância está em conformidade com a norma-padrão da Língua Portuguesa.

a) Mesmo em uma agência de publicidade não podem haver só criativos.
b) Existe vagas mais operacionais em qualquer tipo de empresa.
c) Hoje, exigem-se dos funcionário ter desempenhos mais eficiente.
d) Compartilham da mesma postura a Bayer e a Johnson & Johnson.
e) Possui uma rotina mais estável departamentos como o de controle de qualidade.

A: Locuções verbais com o verbo "haver" (com sentido de "existir") ficam sempre no singular: Mesmo em uma agência de publicidade não pode haver só criativos.

B: O verbo "existir" deve concordar no singular com o núcleo do sujeito "vagas": Existem vagas mais operacionais em qualquer tipo de empresa.

C: Verbos com palavra "se", quando forem transitivos indiretos, ficam no singular: Hoje, exige-se dos funcionário ter desempenhos mais eficiente.

D: O verbo "compartilhar", no plural, concorda corretamente com o sujeito composto "a Bayer e a Johnson & Johnson".

E: O verbo "possuir" deve concordar no plural com o núcleo do sujeito "departamentos": Possuem uma rotina mais estável departamentos como o de controle de qualidade.

GABARITO: D.

---

669. **(VUNESP - 2018 - TJM/SP - ESCREVENTE)** Considere o trecho a seguir:

_____ horas que estamos esperando pelo ônibus. Ainda tenho anos de estudo pela frente e só me _____ cinco anos para ser criança. E quanto a explorar, descobrir e brincar, _____ outras coisas que também são importantes na vida de uma criança.

Assinale a alternativa que preenche, correta e respectivamente, as lacunas do texto, de acordo com a norma-padrão da Língua Portuguesa:

a) Fazem ... restam ... existem
b) Faz ... restam ... existe
c) Faz ... restam ... existem
d) Fazem ... resta ... existem
e) Fazem ... restam ... existe

1ª lacuna: O verbo "fazer", com sentido de tempo, é impessoal e, por isso, fica sempre no singular: Faz horas que estamos esperando pelo ônibus.

2ª lacuna: O verbo "restar" deve concordar no plural com o sujeito "cinco anos": e só me restam cinco anos para ser criança.

3ª lacuna: O verbo "existir" deve concordar no plural com o núcleo do sujeito "coisas": existem outras coisas que também são importantes na vida de uma criança.

GABARITO: C.

670. **(VUNESP - 2020 - FUNDAÇÃO EDITORA UNESP - TÉCNICO ADMINISTRATIVO)** Considere o trecho a seguir:

Já alguns anos que estudos a respeito da utilização abusiva dos smartphones estão sendo desenvolvidos. Os especialistas acreditam motivos para associar alguns comportamentos dos adolescentes ao uso prolongado desses aparelhos, e alertado os pais para que avaliem a necessidade de estabelecer limites aos seus filhos.

De acordo com a norma-padrão da Língua Portuguesa, as lacunas do texto devem ser preenchidas, correta e respectivamente, com:

a) faz ... haver ... têm
b) fazem ... haver ... tem
c) faz ... haverem ... têm
d) fazem ... haverem ... têm
e) faz ... haverem ... tem

1ª lacuna: O verbo "fazer", com sentido de tempo, é impessoal. Portanto, fica sempre no singular.

2ª lacuna: O verbo "haver", com sentido de existir, é impessoal. Então, fica sempre no singular.

3ª lacuna: O verbo "ter" deve concordar no plural com o sujeito "especialistas": e têm alertado os pais para que avaliem a necessidade de estabelecer limites aos seus filhos.

GABARITO: A.

671. **(FGV - 2018 - CGE/MA - AUDITOR)**

Utopias e distopias

[...] Platão imaginou uma república idílica em que os governantes seriam filósofos, ou os filósofos governantes. Nem ele nem os outros filósofos gregos da sua época se importavam muito com o fato de viverem numa sociedade escravocrata.

Em "Candide", Voltaire colocou sua sociedade ideal, onde havia muitas escolas, mas nenhuma prisão, em El Dorado, mas "Candide" é menos uma visão de um mundo perfeito do que uma sátira da ingenuidade humana. Marx e Engels e outros pensadores previram um futuro redentor em que a emancipação da classe trabalhadora traria igualdade e justiça para todos. O sonho acabou no totalitarismo soviético e na sua demolição. Até John Lennon, na canção "Imagine", propôs sua utopia, na qual não haveria, entre outros atrasos, violência e religião. Ele mesmo foi vítima da violência, enquanto no mundo todo e cada vez mais as pessoas se entregam a religiões e se matam por elas.

(Luiz Fernando Veríssimo. **O Globo**, 22 dez. 2013. Adaptado.)

"[...] na qual não haveria, entre outros atrasos, violência e religião".
Assinale a forma verbal que substitui erradamente a forma verbal sublinhada:
a) deveria haver.
b) deveria existir.
c) poderiam haver.
d) poderiam existir.
e) poderia haver.

Locuções verbais com o verbo "haver" com principal ficam sempre no singular. Quando o verbo existir estiver em uma locução, pode haver flexão para o plural ou singular, a depender do sujeito da oração. Vale destacar que as locuções "deveria existir" e "poderiam existir", no contexto em que aparecem, podem ficar no singular (concordância com o termo mais próximo, por haver um sujeito composto posposto ao verbo) ou no plural (concordância com o sujeito composto).
GABARITO: C.

672. (FUNRIO - 2018 - IF/BA - AUXILIAR) Assinale a frase correta quanto à concordância verbal:
a) Falta apenas dois meses para o seu aniversário.
b) Já vai fazer dez anos que me graduei em Letras.
c) Não faltou jornalistas no casamento da atriz global.
d) Se lhe interessar detalhes, posso fornecê-los.
e) Você sabe que não podiam mais haver mudanças.

A: O verbo "faltar" deve concordar com o sujeito "dois meses": Faltam apenas dois meses para seu aniversário.
B: Locuções verbais com o verbo "fazer" (com sentido de "tempo") ficam sempre no singular.
C: O verbo "faltar" deve concordar com o sujeito "jornalistas": Não faltaram jornalistas no casamento da atriz global.
D: O verbo "interessar" deve concordar com o sujeito "detalhes": Se lhe interessarem detalhes, posso fornecê-los.
E: Locuções verbais com o verbo "haver" (com sentido de "existir") ficam sempre no singular: Você sabe que não podia mais haver mudanças.
GABARITO: C.

673. (CESGRANRIO - 2018 - PETROBRAS - GEOFÍSICO) No trecho "O declínio, a decadência alcança maior nitidez na Europa" apresenta um exemplo de um dos casos de concordância verbal vigentes na norma-padrão do Português.
Outro exemplo em que a concordância se justifica pelo mesmo motivo é o seguinte:
a) A conciliação, a contenda entre os participantes do bloco do euro tem provocado grande insegurança entre os países do mundo inteiro.
b) A predisposição, a incapacidade de recuperar a decadência econômica tem provocado crises dos países da zona do euro.
c) A redistribuição, a concentração de poder entre as grandes potências tem mantido o mundo refém de decisões arbitrárias.
d) O privilégio, a necessidade de compartilhar decisões com outros países gerou um projeto de integração bem sucedido.
e) O recrudescimento, a exacerbação da crise econômica provocou uma reação de protecionismo entre as potências tradicionais.

No trecho "O declínio, a decadência alcança maior nitidez na Europa", a concordância verbal está correta porque os dois núcleos do sujeito composto são sinônimos (declínio e decadência possuem significados semelhantes). Nas alternativas, a única que apresenta sujeito composto com núcleos sinônimos é a alternativa E. Recrudescimento e exacerbação significam "aumentar, tornar mais algo mais intenso".
GABARITO: E.

674. (CESGRANRIO - 2018 - LIQUIGAS - TÉCNICO QUÍMICO) A sentença redigida de acordo com a norma-padrão da língua é:
a) Eles estão bem de vida, haja visto a casa que compraram.
b) Os comprovantes seguem anexo ao documento.
c) As camisas verdes-águas são as mais bonitas.
d) Faltou muita gente: 2/3 das pessoas não compareceu.
e) Compram-se móveis usados.

A: "Haja vista" é expressão invariável, que possui sentido de "tendo em vista. Eles estão bem de vida, haja vista a casa que compraram.

B: O adjetivo "anexo" deve concordar com a palavra a que se refere (comprovantes). Os comprovantes seguem anexos ao documento.

C: Os nomes de cores formados por palavras compostas por substantivo e adjetivo ficam invariáveis. As camisas verde-água são as mais bonitas.

D: O verbo "comparecer" deve estar no plural (seja para concordar com 2/3, seja para concordar com "pessoas". Faltou muita gente: 2/3 das pessoas não compareceram.

E: A oração está na voz passiva sintética. O verbo "comprar" deve concordar com o sujeito "móveis usados" (móveis usados são comprados).
GABARITO: E.

675. (CESGRANRIO - 2018 - BANCO DO BRASIL - TODOS OS CARGOS) Na oração "gritos da torcida local imitavam o som de macacos" (subtítulo), observa-se o respeito à norma-padrão o que toca à concordância entre o sujeito e seu verbo correspondente.
Em qual dos casos a seguir houve, também, respeito à norma-padrão quanto à concordância verbal?
a) A maioria dos torcedores zombou do jogador.
b) Houveram muitos gritos imitando o som de macacos.
c) Ainda existe atitudes racistas no país.
d) Deve ser respeitada as diferenças entre as pessoas.
e) Uniu-se em atitude racista os torcedores.

A: O sujeito da oração é uma expressão partitiva ("a maioria dos torcedores"). Por isso, a concordância do verbo pode ser feita tanto com "maioria" (verbo no singular) como com "torcedores" (verbo no plural).

B: Verbo "haver" com sentido de "existir" fica sempre no singular. Houve muitos gritos imitando o som de macacos.

C: O verbo "existir" deve concordar com o núcleo do sujeito "atitudes". Ainda existem atitudes racistas no país.

D: O verbo "dever" e o adjetivo "respeitada" (predicativo) deve concordar com o núcleo do sujeito "diferenças". Devem ser respeitadas as diferenças entre as pessoas.

E: O verbo "unir" deve concordar com o sujeito "os torcedores". Uniram-se em atitude racista os torcedores.
GABARITO: A.

676. **(CESGRANRIO - 2018 - FINEP - ANALISTA)** A concordância verbal está de acordo com a norma padrão em:
a) Cada um dos curadores foram responsáveis por um tema.
b) Muitos cartões vem decorados com guirlandas de flores.
c) A maior parte dos cartões expostos encantou os visitantes.
d) Está acontecendo diversos eventos sobre meios de comunicação na cidade.
e) Haviam poucos estudantes interessados em meios de comunicação do passado.

A: A expressão "cada um" obriga o verbo e o predicativo a ficarem no singular, concordando com o numeral "um". Cada um dos curadores foi responsável por um tema.

B: O verbo "vir" deve receber acento para concordar no plural com o sujeito "muitos cartões". Muitos cartões vêm decorados com guirlandas de flores.

C: Em expressões partitivas como "a maior parte dos cartões", o verbo pode concordar tanto com "parte" como com "cartões".

D: O verbo "estar" deve concordar com o núcleo do sujeito "eventos". Estão acontecendo diversos eventos sobre meios de comunicação na cidade.

E: Verbo "haver" com sentido de "existir" fica sempre no singular. Havia poucos estudantes interessados em meios de comunicação do passado.

GABARITO: C.

677. **(CESGRANRIO - 2018 - LIQUIGÁS - MOTORISTA)** Qual das frases a seguir respeita a norma-padrão da Língua Portuguesa?
a) Eram belas as aulas da professora Eunice.
b) Haviam muitos alunos na aula da professora Eunice.
c) Mais tarde, criou-se uma grande amizade entre eu e Eunice.
d) Era uma alegria sempre que Paulo via ela.
e) Eunice e Paulo Freire tem uma amorosidade pela docência.

A: O verbo "ser" e o predicativo "belas" concordam corretamente com o núcleo do sujeito "aulas".

B: Verbo "haver" com sentido de existir fica sempre no singular". Havia muitos alunos na aula da professora Eunice.

C: A função de objeto só pode ser ocupada por um pronome oblíquo. Mais tarde, criou-se uma grande amizade entre mim e Eunice.

D: A função de objeto só pode ser ocupada por um pronome oblíquo. Era uma alegria sempre que Paulo a via.

E: Para concordar no plural com o sujeito composto, o verbo "ter" deve receber acento circunflexo. Eunice e Paulo Freire têm uma amorosidade pela docência.

GABARITO: A.

678. **(CESGRANRIO - 2018 - PETROBRAS - TÉCNICO)** Em uma mensagem de e-mail bastante formal, enviada para alguém de cargo superior numa empresa, estaria mais adequada, por seguir a norma-padrão, a seguinte frase:
a) Anexo vão os documentos.
b) Anexas está a planilha e os documentos.
c) Seguem anexos os documentos.
d) Em anexas vão as planilhas.
e) Anexa vão os documentos e a planilha.

A: A palavra "anexo" deve concordar com "documentos". Anexos vão os documentos.

B: A palavra "anexo" e o verbo "estar" devem concordar com "planilha" e "documentos". Anexos estão a planilha e os documentos.

C: A palavra "anexo" concorda corretamente com "documentos".

D: A expressão "em anexo" é invariável. Em anexo vão as planilhas.

E: A palavra "anexo" deve concordar com "documentos" e "planilha". Anexos vão os documentos e a planilha.

GABARITO: C.

---

679. (CESGRANRIO - 2018 - PETROBRAS - TÉCNICO) A frase em que a concordância nominal está incorreta é:
a) Bastantes feriados prejudicam, certamente, a economia de um país.
b) Seguem anexo ao processo os documentos comprobatórios da fraude.
c) Eles eram tais qual o chefe nas tomadas de decisão.
d) Haja vista as muitas falhas cometidas, não conseguiu a promoção.
e) Elas próprias resolveram, enfim, o impasse sobre o rumo da empresa.

A: "Bastantes" está corretamente no plural porque é adjetivo de "feriados".

B: O adjetivo "anexo" deve concordar no plural com "documentos".

C: Na expressão "tal qual", o 1º termo concorda com o termo anterior e o 2º, com o posterior.

D: A expressão "haja vista" é invariável com sentido de "tendo em vista".

E: "Próprias" é adjetivo que concorda com "elas".

GABARITO: B.

---

680. (CESGRANRIO - 2018 - BANCO DO BRASIL - TODOS OS CARGOS) De acordo com a norma-padrão, a concordância entre os dois pares de vocábulos está adequada em:
a) pouco distraída – meio desligadas.
b) poucos distraídos – meios desligados.
c) poucos distraídos – meia desligada.
d) pouco distraído – meias desligadas.
e) pouca distraída – meia desligadas.

A palavra "meio" é um advérbio que modifica o adjetivo "desligado". E o termo "pouco" modifica o adjetivo "distraída". Advérbios são palavras invariáveis e não têm flexão de gênero e número. Portanto, a única ocorrência correta dos advérbio "meio" e "pouco" é o que está na alternativa A.

GABARITO: A.

---

681. (CESGRANRIO - 2019 - CEFET/RJ - TODOS OS CARGOS) A concordância nominal está de acordo com a norma-padrão na seguinte frase:
a) Anexo ao pacote, encontrei várias cartas antigas.
b) O porteiro tirou os óculos e o colocou sobre a mesa.
c) A secretária e eu terminamos o almoço meio-dia e meio.
d) Leio qualquer manuscritos que me cheguem às mãos.
e) Formulei hipóteses o mais improváveis possível sobre o caso.

A: "Anexo", por ser adjetivo, deve concordar com o substantivo "cartas". Anexas ao pacote, encontrei várias cartas antigas.

B: A concordância com a palavra "óculos" deve ser feita no plural. O porteiro tirou os óculos e os colocou sobre a mesa.

C: O correto é: A secretária e eu terminamos o almoço meio-dia e meia. "Meia" é um numera que significa "metade".

D: O plural de "qualquer" é "quaisquer". Leio quaisquer manuscritos que me cheguem às mãos.

E: O termo "possível" é um advérbio que modifica o adjetivo "improvável". Como advérbios são invariáveis, a palavra "possível" está correta no singular.

GABARITO: E.

---

682. (CESPE/CEBRASPE - 2018 - FUNPRESP - TODOS OS CARGOS)

No fundo, Ana sempre tivera necessidade de sentir a raiz firme das coisas. E isso um lar perplexamente lhe dera. Por caminhos tortos, viera a cair num destino de mulher, com a surpresa de nele caber como se o tivesse inventado. O homem com quem casara era um homem verdadeiro, os filhos que tivera eram filhos verdadeiros.

Sua juventude anterior parecia-lhe estranha como uma doença de vida. Dela havia aos poucos emergido para descobrir que também sem a felicidade se vivia: abolindo-a, encontrara uma legião de pessoas, antes invisíveis, que viviam como quem trabalha — com persistência, continuidade, alegria. O que sucedera a Ana antes de ter o lar estava para sempre fora de seu alcance: uma exaltação perturbada que tantas vezes se confundira com felicidade insuportável.

(Clarice Lispector. Amor. In: **Laços de família**. Rio de Janeiro: Rocco, 2009. p. 20-1.)

Seria mantida a correção gramatical do texto caso a expressão "legião de pessoas" fosse substituída por multidão, palavra que sintetiza o sentido de tal expressão.

Certo ( )   Errado ( )

A substituição proposta causa problemas para a correção gramatical, pois a expressão "legião de pessoas" carrega uma expressão partitiva "de pessoas" e essa construção é a responsável pela flexão dos termos "invisíveis" e "viviam". Logo, a correção gramatical estaria prejudicada, pois seria necessário flexionar esses termos no singular.

GABARITO: ERRADO.

---

683. (CESPE/CEBRASPE - 2019 - IF/PA - PROFESSOR)

A maioria dos alunos que chegam à escola pública é oriunda precisamente desses grupos socioeconômicos. E há, entre nossas crenças pedagógicas, um pressuposto de que cabe à escola pública contribuir, pela oferta de educação de qualidade, para favorecer, mesmo que indiretamente, uma melhor redistribuição da renda nacional.

(Carlos Albero Faraco e Ana Maria Stahl Zilles. Introdução. In: **Pedagogia da Variação Linguística**: língua, diversidade e ensino. São Paulo: Parábola Editorial, 2015. p. 8-9. Adaptado.)

Em "A maioria dos alunos que chegam à escola pública é oriunda precisamente desses grupos socioeconômicos", a forma verbal "chegam" poderia ser corretamente flexionada no singular. Nesse caso, o pronome "que" retomaria o núcleo do sujeito da oração principal.

Certo ( )   Errado ( )

No trecho "A maioria dos alunos", há uma expressão partitiva seguida de um termo no plural. Nesse caso, a flexão do verbal é facultativa. A concordância sugerida deixaria de ocorrer com "alunos" e passaria a ocorrer com "maioria". Por essa razão, pode ser o verbo flexionado no singular.

GABARITO: CERTO.

684. (CESPE/CEBRASPE - 2018 - SE/DF - ANALISTA)

O universo da comunicação vem se ampliando com maior dinamismo, nos últimos anos, para atender à demanda de seus usuários, nas mais diferentes situações de interatividade. Nele estamos inseridos, exercitando nossa linguagem oral e escrita, até mesmo na área digital. Por isso, necessitamos sempre assimilar novos conhecimentos e expressá-los com objetividade e competência. A construção do pensamento — e sua exposição de forma clara e persuasiva — constitui um dos objetivos mais perseguidos por todo aquele que almeja sucesso na vida profissional e, muitas vezes, pessoal. É evidente que a interlocução comunicativa permite o entendimento, proporciona o intercâmbio de ideias e nos faz refletir e argumentar com maior propriedade em defesa de nossos direitos e deveres como cidadãos.

(L. L. Sarmentto. **Oficina de redação.** 5. ed. São Paulo: Moderna, 2016, p. 3. Adaptado.)

A substituição da expressão "todo aquele" por todos manteria o sentido original e a correção gramatical do texto.

Certo ( )   Errado ( )

A substituição da expressão "todo aquele" por todos causaria problemas para a correção gramatical, pois o trecho "perseguidos por todo aquele que almeja sucesso na vida", para que a substituição fique correta gramaticalmente, precisaria de uma alteração no verbo "almeja", esse deveria ser flexionado no plural. "Perseguidos por todos que almejam sucesso na vida".
GABARITO: ERRADO.

685. (CESPE/CEBRASPE - 2018 - ANVISA - TÉCNICO ADMINISTRATIVO)

Ao combater a febre amarela, Oswaldo Cruz enfrentou vários problemas. Grande parte dos médicos e da população acreditava que a doença se transmitia pelo contato com roupas, suor, sangue e secreções de doentes. No entanto, Oswaldo Cruz acreditava em uma nova teoria: o transmissor da febre amarela era um mosquito. Assim, suspendeu as desinfecções, método então tradicional no combate à moléstia, e implantou medidas sanitárias com brigadas que percorreram casas, jardins, quintais e ruas, para eliminar focos de insetos. Sua atuação provocou violenta reação popular.

(Osvaldo Cruz. Internet: http://portal.fiocruz.br/ptbr/content/oswaldo-cruz. Adaptado.)

A forma verbal "acreditava" está flexionada no singular para concordar com a palavra "parte", mas poderia ser substituída sem prejuízo à correção gramatical pela forma verbal acreditavam, que estabeleceria concordância com o termo composto "dos médicos e da população".

Certo ( )   Errado ( )

No trecho "Grande parte dos médicos e da população acreditava", há uma expressão partitiva seguida de um termo no plural, por isso a flexão é possível. Quando a parte ligada ao núcleo é formada por um elemento no plural ou composto, a concordância do verbo pode ser com o núcleo (Parte) ou com a expressão que acompanha esse núcleo.
GABARITO: CERTO.

CONCORDÂNCIA

686. (CESPE/CEBRASPE - 2018 - INSS - TÉCNICO)

Naquele novo apartamento da rua Visconde de Pirajá pela primeira vez teria um escritório para trabalhar. Não era um cômodo muito grande, mas dava para armar ali a minha tenda de reflexões e leitura: uma escrivaninha, um sofá e os livros. Na parede da esquerda ficaria a grande e sonhada estante onde caberiam todos os meus livros. Tratei de encomendá-la a seu Joaquim, um marceneiro que tinha oficina na rua Garcia D'Ávila com Barão da Torre.

(Ferreira Gullar. A estante. In: **A estranha vida banal**. Rio de Janeiro: José Olympio, 1989. Adaptado.)

A forma verbal "teria" está flexionada na terceira pessoa do singular, para concordar com "apartamento", núcleo do sujeito da oração em que ocorre.

Certo ( )   Errado ( )

A forma verbal "teria" indica um sujeito oculto, elíptico que pode ser subentendido. O sujeito deste verbo faz referência ao narrador, como se percebe pelo período em que ocorre e no decorrer do texto: "Naquele novo apartamento da rua Visconde de Pirajá pela primeira vez teria um escritório para trabalhar". É como se houve o pronome "eu" antes de "teria".

GABARITO: ERRADO.

---

687. (CESPE/CEBRASPE - 2018 - FUNPRESP-EXE - TODOS OS CARGOS)

A notícia espalhou-se rapidamente. Não demorou muito para se tornar capa de todas as revistas e personagem assíduo dos programas de TV. Para cada pergunta havia uma só resposta certa e era essa que ele dava, invariavelmente, exterminando aos pouquinhos todas as dúvidas que existiam, até que só restou uma dúvida no mundo: será que ele não vai errar nunca? Mas ele nunca errava, e já nem havia mais o que errar, uma vez que não havia mais dúvidas.

(Adriana Falcão. O homem que só tinha certezas. In: **O doido da garrafa**. São Paulo: Planeta do Brasil, 2003, p. 75. Adaptado.)

A forma verbal "havia", em "não havia mais dúvidas" (l.5), poderia ser corretamente substituída por existia.

Certo ( )   Errado ( )

O verbo haver, quando está sozinho ou é o principal numa locução verbal, e quando tem o sentido de existir, ocorrer ou acontecer, é impessoal, ou seja, não tem flexão. Porém, quando é feita a troca por existir, ocorrer ou acontecer, deve-se ficar atento à flexão. Se houver a substituição sugerida, a frase fica: "não existiam mais dúvidas".

GABARITO: ERRADO.

CONCORDÂNCIA

TEXTO PARA AS PRÓXIMAS DUAS QUESTÕES.

No Brasil, pode-se considerar marco da história da assistência jurídica, ou justiça gratuita, a própria colonização do país, ainda no século XVI. O surgimento de lides provenientes das inúmeras formas de relação jurídica então existentes — e o chamamento da jurisdição para resolver essas contendas — já dava início a situações em que constantemente as partes se viam impossibilitadas de arcar com os possíveis custos judiciais das demandas. A partir de então, a chamada assistência judiciária praticamente evoluiu junto com o direito pátrio. Sua importância atravessou os séculos, e ela passou a ser garantida nas cartas constitucionais. No século XX, o texto constitucional de 1934, no capítulo II, "Dos direitos e das garantias individuais", em seu art. 113, fez menção a essa proteção, ao prever que "A União e os estados concederão aos necessitados assistência judiciária, criando para esse efeito órgãos especiais e assegurando a isenção de emolumentos, custas, taxas e selos". Por sua vez, a Constituição de 1946 previu, no mesmo capítulo que a de 1934, em seu art. 141, § 35, que "O poder público, na forma que a lei estabelecer, concederá assistência judiciária aos necessitados". A lei extravagante veio em 1950, materializada na Lei nº 1.060, que especifica normas para a concessão de assistência judiciária aos necessitados. No art. 4º dessa lei, havia menção ao "rendimento ou vencimento que percebe e os encargos próprios e os da família" e constava a exigência de atestado de pobreza, expedido pela autoridade policial ou pelo prefeito municipal. Foi o art. 1º, § 2º, da Lei nº 5.478/1968 que criou a simples afirmação (da pobreza), ratificado pela Lei nº 7.510/1986, que deu nova redação a dispositivos da Lei nº 1.060/1950.

(**Uma história para a gratuidade jurídica no Brasil.** Internet: http://jus.com.br. Adaptado.)

688. (CESPE/CEBRASPE - 2018 - DPU - ANALISTA) A substituição de "ratificado" por confirmada manteria a coerência do texto, embora seu sentido fosse alterado.

Certo ( )   Errado ( )

A mudança de flexão do masculino para o feminino altera as relações entre os termos. Como ambas as palavras são sinônimos, e considerando o contexto em que ocorrem, a substituição mantém a coerência. O sentido muda por causa da flexão que foi modificada: Foi o art. 1º, § 2º, da Lei nº 5.478/1968 que criou a simples afirmação (da pobreza), ratificado pela Lei nº 7.510/1986, que deu nova redação a dispositivos da Lei nº 1.060/1950. [no masculino, concorda com "artigo". Foi o art. 1º, § 2º, da Lei nº 5.478/1968 que

criou a simples afirmação (da pobreza), confirmada pela Lei nº 7.510/1986, que deu nova redação a dispositivos da Lei nº 1.060/1950. [no feminino, concorda com afirmação].
GABARITO: CERTO.

---

689. (CESPE/CEBRASPE - 2018 - DPU - ANALISTA) Seria mantida a correção gramatical do período caso a forma verbal "dava" fosse flexionada no plural, escrevendo-se davam.

Certo ( )   Errado ( )

No texto, a forma verbal "dava" concorda com "surgimento", por isso não se pode fazer a flexão para o plural. Vale destacar que o trecho entre travessões não influencia a flexão do verbo. Ou seja, para a concordância, deve-se considerar o seguinte trecho: O surgimento de lides provenientes das inúmeras formas de relação jurídica então existentes [...] já dava início a situações em que constantemente as partes se viam impossibilitadas de arcar com os possíveis custos judiciais das demandas.
GABARITO: ERRADO.

---

690. (CESPE/CEBRASPE - 2018 - DEPEN - AGENTE)
Os condenados no Brasil são originários, na maioria das vezes, das classes menos favorecidas da sociedade. Esses indivíduos, desde a mais tenra infância, são pressionados e oprimidos pela sociedade, vivem nas favelas, nos morros, nas regiões mais pobres, em precárias condições de vida, em meio ao esgoto, à discriminação social, à completa ausência de informações e de escolarização.

(Internet: www.joaoluizpinaud.com. Adaptado.)

A forma verbal "são" está no plural porque concorda com "Esses indivíduos".

Certo ( )   Errado ( )

No trecho "Esses indivíduos, desde a mais tenra infância, são pressionados", o sujeito da forma verbal "são" é "esses indivíduos", por isso a flexão no plural.
GABARITO: CERTO.

---

691. (CESPE/CEBRASPE - 2018 - MPU - ANALISTA)
Até Montesquieu, não eram identificadas com clareza as esferas de abrangência dos poderes políticos: "só se concebia sua união nas mãos de um só ou, então, sua separação; ninguém se arriscava a apresentar, sob a forma de sistema coerente, as consequências de conceitos diversos". Pensador francês do século XVIII, Montesquieu situa-se entre o racionalismo cartesiano e o empirismo de origem baconiana, não abandonando o rigor das certezas matemáticas em suas certezas morais. Porém, refugindo às especulações metafísicas que, no plano da idealidade, serviram aos filósofos do pacto social para a explicação dos fundamentos do Estado ou da sociedade civil, ele procurou ingressar no terreno dos fatos.

(Fernanda Leão de Almeida. **A garantia institucional do Ministério Público em função da proteção dos direitos humanos**. Tese de doutorado. São Paulo: USP, 2010, p. 18-9. Internet: www.teses.usp.br. Adaptado.)

A flexão plural em "eram identificadas" decorre da concordância com o sujeito dessa forma verbal: "as esferas de abrangência dos poderes políticos".

Certo ( )   Errado ( )

No trecho "Até Montesquieu, não eram identificadas com clareza as esferas de abrangência dos poderes políticos", a locução verbal "eram identificadas" está na voz passiva analítica, e "as esferas de abrangência dos poderes políticos" é o sujeito dessa locução.
GABARITO: CERTO.

692. (FEPESE - 2019 - PREFEITURA DE FRAIBURGO/SC - PROFESSOR)

Texto 1

O tema do combate à corrupção ocupa o papel de destaque na pauta de reivindicações sociais na atualidade, o que justifica a proliferação de normas internacionais e internas que consagram mecanismos relevantes, preventivos e repressivos, de garantia da moralidade administrativa.

A corrupção é inimiga da República, uma vez que significa o uso privado da coisa pública, quando a característica básica do republicanismo é a busca pelo "bem comum", com a distinção entre os espaços público e privado.

Conforme destacamos em obra sobre o tema, o combate à corrupção depende de uma série de transformações culturais e institucionais. É preciso reforçar os instrumentos de controle da máquina administrativa, com incremento da transparência, da prestação de contas e do controle social.

Nesse contexto, a Lei nº 12.846/2013 representa importante instrumento de combate à corrupção e de efetivação do republicanismo, com a preservação e restauração da moralidade administrativa.

(OLIVEIRA, Rafael C. R.; AMORIM, Daniel A. das N. **O sistema brasileiro de combate à corrupção e a Lei nº 12.846/2013 (Lei Anticorrupção)**. Disponível em: https://www.editoraforum.com.br/wp-content/uploads/2015/10/sistema-brasileiro-combate-corrupcao.pdf. Acesso em: 4 set. 2019. Adaptado.)

Assinale a frase que está em conformidade com as normas da língua escrita padrão.

a) Essa decisão do governo federal é inaceitável uma vez que, no orçamento para este ano havia sido previsto aos menos dois bilhões de reais para investimentos em rodovias e ferrovias, de norte sul do país.

b) Apesar de raros, devem haver alguns bons imóveis à venda em bairros próximos a academia da polícia militar.

c) A alguns dias passados, avisei-lhe de que no próximo final de semana teríamos que ir à Brasília.

d) Nos jornais de hoje, menciona-se crimes de sonegação de impostos, a cujas responsabilidades, a julgar pelo que se sabe, não foram suficientemente esclarecidos.

e) Este estudo iniciou-se e só se faz no Brasil, cuja extensão territorial exige muito mais escolas e muito mais vias de comunicação para que se preservem as identidades étnico-culturais, bem como a unidade política e linguística.

A: Essa decisão do governo federal é inaceitável, uma vez que, no orçamento para este ano, haviam sido previstos aos menos dois bilhões de reais para investimentos em rodovias e ferrovias, de norte sul do país.

B: Apesar de raros, deve haver alguns bons imóveis à venda em bairros próximos à academia da polícia militar.

C: Há alguns dias, avisei-lhe de que, no próximo final de semana, teríamos que ir à Brasília.

D: Nos jornais de hoje, mencionam-se crimes de sonegação de impostos, cujas responsabilidades, a julgar pelo que se sabe, não foram suficientemente esclarecidas.

GABARITO: E.

PONTUAÇÃO

693. (VUNESP - 2022 - PREFEITURA DE OSASCO/SP - GUARDA MUNICIPAL) Na frase "Bauman fala de "sociedade confessional que eleva a autoexposição pública à categoria de prova eminente e mais acessível, além de verossimilmente mais eficaz, de existência social", as aspas são empregadas para:

a) fazer referência ao título de uma obra.
b) distinguir uma citação do restante do texto.
c) realçar ironicamente palavras e expressões.
d) acentuar o valor significativo de palavras e expressões.
e) fazer sobressair expressões estranhas à linguagem comum.

As aspas destacam um trecho que é uma citação, ou seja, é a reprodução da fala de Bauman.
GABARITO: B.

---

694. (VUNESP - 2022 - PM/SP - SARGENTO)

A solidão do personagem Horácio, de Maurício de Sousa, comove em HQs como a publicada no final de 1968, quando se desilude ao tentar conversar com algo que considerava ser um possível amigo dentro de uma caverna.

(Disponível em: https://www.uol.com.br/splash. Adaptado.)

Em conformidade com a norma-padrão, a sequência para o texto está adequadamente pontuada em:

a) Em outra o tom é, mais otimista; depois de lamuriar pela suposta falta de atrativos; nota como seu aspecto ajuda – na camuflagem.
b) Em outra o tom, é mais otimista depois de lamuriar, pela suposta falta de atrativos, nota como seu aspecto ajuda, na camuflagem.
c) Em outra, o tom é mais otimista – depois de lamuriar pela suposta falta de atrativos nota, como seu aspecto, ajuda na camuflagem.
d) Em outra, o tom é mais otimista: depois de lamuriar pela suposta falta de atrativos, nota como seu aspecto ajuda na camuflagem.

O emprego dos sinais de pontuação está correto.
- **Em outra,** *(a vírgula separa uma expressão adverbial anteposta);*
- **o tom é mais otimista:** *(os dois-pontos sinalizam que haverá uma explicação na sequência);*
- **depois de lamuriar pela suposta falta de atrativos,** *(a vírgula separa uma oração adverbial de tempo que está anteposta à oração principal que vem na sequência);*
- nota como seu aspecto ajuda na camuflagem. *(oração que encerra o período).*

GABARITO: D.

695. (AOCP - 2022 - PP/DF - POLICIAL PENAL)

Fallon agora se reconhece como psicopata. Ele faz parte da corrente que acredita que é possível diagnosticar a psicopatia a partir de anomalias no cérebro, teoria ainda contestada por parte da comunidade médica, mas que acaba de ganhar um reforço importante. Um estudo feito pela Universidade de Montreal e pelo King's College London analisou 12 homens condenados por conduta violenta e diagnosticados clinicamente como psicopatas e outros 20 condenados pelo mesmo motivo, mas diagnosticados apenas como antissociais. Eles jogaram uma espécie de jogo da memória enquanto estavam dentro de uma máquina de ressonância magnética. As regras eram alteradas com frequência, e a ideia era justamente observar como eles se adaptavam a essas mudanças – errar é uma forma de aprendizado, já que o cérebro costuma entender a mensagem, representada no jogo pela perda de pontos, e deixa de repetir o padrão que levou à punição. [...]

Em "As regras eram alteradas com frequência, e a ideia era justamente observar como eles se adaptavam a essas mudanças [...]", a vírgula está sendo empregada porque separa uma oração coordenada sindética aditiva.

Certo ( )   Errado ( )

O sentido da conjunção "é" é de causa. Isso fica expresso por causa da relação entre as orações.

Por que as regras eram alteradas com frequência? Porque a ideia era justamente observar como eles se adaptavam a essas mudanças.

GABARITO: ERRADO.

696. (CESPE/CEBRASPE - 2022 - PETROBRAS - ADMINISTRAÇÃO)

O tamanho do cérebro é igualmente problemático como indicador da presença de linguagem, porque ninguém tem uma boa ideia de quanto cérebro exatamente é necessário para a linguagem. Além disso, a capacidade para a linguagem pode ter permanecido latente no cérebro por milhões de anos, sem ter sido de fato colocada em uso.

Caso fosse suprimida a vírgula empregada logo antes da preposição "sem", haveria prejuízo para a correção gramatical do texto, embora seu sentido original fosse mantido.

Certo ( )   Errado ( )

O sentido seria alterado. No original, a presença de vírgula traz uma informação genérica. Com a retirada da vírgula, o termo a partir de "sem" restringe o trecho anterior (segue a mesma lógica das orações adjetivas explicativas e restritivas).

GABARITO: ERRADO.

697. (CESPE/CEBRASPE - 2022 - PETROBRAS - ADMINISTRAÇÃO)

Muito tem sido escrito e debatido sobre a afirmativa de que a "internet é terra de ninguém". Tal afirmativa não é de hoje, mas ainda alimenta uma sensação de impunidade ou de falsa responsabilidade do que é postado ou compartilhado na internet e pelas redes sociais. A expressão *fakes news*, em particular, representa um estrangeirismo que mascara diversos crimes cometidos contra a honra, como injúria, calúnia e difamação. Sob um olhar semântico, dizer "compartilhei *fake news* de alguém" não carrega qualquer sentimento de culpa, ou se carrega, ela é mínima. Agora, dizer "cometi um crime contra honra" já traz outras implicações, não só de ordem jurídica, mas também de grande responsabilidade pessoal.

(Marcelo Hugo da Rocha e Fernando Elias José. **Cancelado**: a cultura do cancelamento e o prejulgamento nas redes sociais. Belo Horizonte: Letramento, 2021, p. 36. Adaptado.)

Feitas as devidas alterações de maiúsculas e minúsculas, o ponto final empregado logo após "ela é mínima" poderia ser corretamente substituído por ponto e vírgula.

Certo ( )   Errado ( )

Os dois períodos mantêm uma relação semântica entre eles, o que se percebe pela estrutura sintática e de sentido:
- *dizer "compartilhei fake news de alguém"*
- *dizer "cometi um crime contra honra"*

O sinal de ponto-final marca o fim do período. Com o ponto e vírgula, os dois períodos serão um só, mas as relações semânticas ainda permanecerão. Destaca-se que essa alteração é possível porque não há uma relação de dependência sintática, o que permite o emprego de ponto e vírgula.

Vejamos:
*Sob um olhar semântico, dizer "compartilhei fake news de alguém" não carrega qualquer sentimento de culpa, ou se carrega, **ela é mínima; agora**, dizer "cometi um crime contra honra" já traz outras implicações, não só de ordem jurídica, mas também de grande responsabilidade pessoal.*

GABARITO: CERTO.

---

698. (CESPE/CEBRASPE - 2022 - PETROBRAS - ADMINISTRAÇÃO)

De acordo com este texto, a possibilidade de um indivíduo tornar-se justo e virtuoso depende de um processo de transformação pelo qual deve passar. Assim, afasta-se das aparências, rompe com as cadeias de preconceitos e condicionamentos e adquire o verdadeiro conhecimento. Tal processo culmina com a visão da forma do Bem, representada pela matéria do Sol. O sábio é aquele que atinge essa percepção. Para Platão, conhecer o Bem significa tornar-se virtuoso. Aquele que conhece a justiça não pode deixar de agir de modo justo.

A supressão da vírgula empregada logo após o vocábulo "Assim", que inicia o segundo período do parágrafo, manteria a correção gramatical, embora alterasse o sentido original do texto.

Certo ( )   Errado ( )

O termo "assim", por estar isolado pela vírgula, tem sentido conclusivo. Sem a vírgula, esse termo teria sentido de "desse modo".

GABARITO: CERTO.

---

699. (CESPE/CEBRASPE - 2022 - IBAMA - ANALISTA ADMINISTRATIVO)

Esse processo é, também, o que comanda as migrações, que são, por si sós, processos de desterritorialização e, paralelamente, processos de desculturação. O novo ambiente opera como uma espécie de denotador. Sua relação com o novo morador se manifesta dialeticamente como territorialidade nova e cultura nova, que interferem reciprocamente, mudando paralelamente territorialidade e cultura, e mudando o ser humano.

A oração "o que comanda as migrações" está empregada entre vírgulas porque tem caráter explicativo.

Certo ( )   Errado ( )

O trecho "o que comanda as migrações" não está entre vírgulas. Vejamos:
- *Esse processo é, **também**, o que* (as vírgulas isolam "também").
- *as migrações, **que** são* (a vírgula separa oração subsequente, que é adjetiva explicativa).
- *são, **por si sós**,* (as vírgulas isolam a expressão "por si sós").

GABARITO: ERRADO.

700. (CESPE/CEBRASPE - 2021 - PC/AL - AGENTE E ESCRIVÃO)

O século XIX constituiu-se em marco fundamental para o desenvolvimento das instituições de segurança pública, com as polícias buscando maior legitimidade e profissionalização.

Sem prejuízo da correção gramatical e do sentido do primeiro período do parágrafo, poderia ser inserida uma vírgula logo após o trecho "O século XIX", por se tratar de termo de natureza adverbial que delimita o recorte temporal dos eventos narrados no parágrafo.

Certo ( )   Errado ( )

A expressão "O século XIX" não é um termo de natureza adverbial. Na oração de que faz parte, esse termo exerce a função de sujeito da forma verbal "constitui-se". Por isso, não é possível a inserção da vírgula, já que nunca se separa sujeito de predicado (e o predicado começa no verbo).
GABARITO: ERRADO.

---

701. (CESPE/CEBRASPE - 2021 - PC/AL - AGENTE E ESCRIVÃO)

Tudo o que vem do povo tem uma lógica, uma razão, uma função. Ele nada faz sem motivo, e o que produz está geralmente ligado ao comportamento do grupo ou a uma norma social ou de cunho psíquico e religioso, um traço que vem de tempos longínquos, lá do fundo de nossas raízes, perdidas na noite dos tempos, quando estávamos em formação. [...]

A supressão da vírgula empregada logo após "motivo", no segundo período do parágrafo, preservaria a correção gramatical e os sentidos originais do texto.

Certo ( )   Errado ( )

A conjunção "e" não exige vírgula (antes ou depois dela). O emprego da vírgula no trecho "Ele nada faz sem motivo, e o que produz está geralmente ligado..." tem a função de dar mais clareza na leitura e no entendimento do texto, mas não é uma exigência gramatical. Por isso, nesse caso, a vírgula antes do "e" é opcional.
GABARITO: CERTO.

---

702. (CESPE/CEBRASPE - 2021 - PC/DF - AGENTE)

Nesta sala atulhada de mesas, máquinas e papéis, onde invejáveis escreventes dividiram entre si o bom senso do mundo, aplicando-se em ideias claras apesar do ruído e do mormaço, seguros ao se pronunciarem sobre problemas que afligem o homem moderno (espécie da qual você, milenarmente cansado, talvez se sinta um tanto excluído), largue tudo de repente sob os olhares à sua volta, componha uma cara de louco quieto e perigoso, faça os gestos mais calmos quanto os tais escribas mais severos, dê um largo *ciao* ao trabalho do dia, assim como quem se despede da vida, surpreenda pouco mais tarde, com sua presença em hora tão insólita, os que estiveram em casa ocupados na limpeza dos armários, que você não sabia antes como era conduzida. Convém não responder aos olhares interrogativos, deixando crescer, por instantes, a intensa expectativa que se instala. Mas não exagere na medida e suba sem demora ao quarto, libertando aí os pés das meias e dos sapatos, tirando a roupa do corpo como se retirasse a importância das coisas, pondo-se enfim em vestes mínimas, quem sabe até em pelo, mas sem ferir o pudor (o seu pudor, bem entendido), e aceitando ao mesmo tempo, como boa verdade provisória, toda mudança de comportamento. Feito um banhista incerto, assoma depois com sua nudez no trampolim do patamar e avance dois passos como se fosse beirar um salto, silenciando de vez, embaixo, o surto abafado dos comentários. Nada de grandes lances. Desça, sem pressa, degrau por degrau, sendo tolerante com o espanto (coitados!) dos pobres familiares, que cobrem a boca com a mão enquanto se comprimem ao pé da escada. Passe por eles calado, circule pela casa toda como se andasse numa praia deserta (mas sempre com a mesma cara de louco ainda não precipitado), e se achegue depois, com cuidado e ternura, junto à rede languidamente envergada entre plantas lá no terraço.

Largue-se nela como quem se larga na vida, e vá fundo nesse mergulho: cerre as abas da rede sobre os olhos e, com um impulso do pé (já não importa em que apoio), goze a fantasia de se sentir embalado pelo mundo.

(Raduan Nassar. Aí pelas três da tarde. *In*: Ítalo Moriconi (Org.). **Os cem melhores contos brasileiros do século**. Rio de Janeiro: Objetiva, 2001. Adaptado.)

No texto, o autor utiliza parênteses, em diferentes trechos, para fazer digressões.

Certo ( )   Errado ( )

Os trechos entre parênteses são divagações do narrador. Ressalta-se que "digressão" significa ato ou efeito de afastar, de ir para longe do lugar onde se estava, divagação, afastamento, desvio momentâneo do assunto sobre o qual se fala ou escreve.

GABARITO: CERTO.

---

703. (CESPE/CEBRASPE - 2021 - PC/DF - AGENTE) A disposição para admitir ignorância tornou a ciência moderna mais dinâmica, versátil e indagadora do que todas as tradições de conhecimento anteriores. Isso expandiu enormemente nossa capacidade de entender como o mundo funciona e nossa habilidade de inventar novas tecnologias, mas nos coloca diante de um problema sério que a maioria dos nossos ancestrais não precisou enfrentar. Nosso pressuposto atual de que não sabemos tudo e de que até mesmo o conhecimento que temos é provisório se estende aos mitos partilhados que possibilitam que milhões de estranhos cooperem de maneira eficaz. Se as evidências mostrarem que muitos desses mitos são duvidosos, como manter a sociedade unida? Como fazer com que as comunidades, os países e o sistema internacional funcionem? [...]

Feitos os devidos ajustes de maiúsculas e minúsculas, o ponto final que encerra o segundo período do parágrafo, após "enfrentar", poderia ser substituído corretamente pelo sinal de dois-pontos, visto que o período subsequente explica o que é o "problema sério" mencionado.

Certo ( )   Errado ( )

O trecho subsequente ao verbo "enfrentar" é uma explicação do que foi dito anteriormente. Vejamos o trecho com a substituição sugerida:

Isso expandiu enormemente nossa capacidade de entender como o mundo funciona e nossa habilidade de inventar novas tecnologias, mas nos coloca diante de um problema sério que a maioria dos nossos ancestrais não precisou enfrentar: nosso pressuposto atual de que não sabemos tudo e de que até mesmo o conhecimento que temos é provisório se estende aos mitos partilhados que possibilitam que milhões de estranhos cooperem de maneira eficaz.

GABARITO: CERTO.

---

704. (CESPE/CEBRASPE - 2021 - PC/DF - ESCRIVÃO)

Nova Iorque já foi vista como uma das metrópoles mais perigosas do mundo. Em 1990, alcançou seu pico de homicídios: 2.262 em um ano, média de 188 por mês. Mas esse cenário mudou, e a cidade apresentou uma das maiores reduções de crimes registradas nos Estados Unidos. [...]

A correção gramatical do texto seria mantida caso a vírgula empregada logo após "mudou" fosse suprimida.

Certo ( )   Errado ( )

Nesse caso, a vírgula antes da conjunção "e" não é obrigatória, já que há um sentido de continuidade, de adição. Por isso, o emprego da vírgula é opcional. O uso dessa vírgula é para dar mais clareza no entendimento da informação, visto que o período é composto por duas orações com sujeitos diferentes.

GABARITO: CERTO.

705. (CESPE/CEBRASPE - 2021 - PC/SE - AGENTE E ESCRIVÃO)

  Embora, em tese, qualquer pessoa possa figurar como vítima desse crime, sabe-se que a mulher é o principal alvo nessa espécie delitiva — não é à toa que a criminalização da referida conduta era, havia tempos, uma das prioridades da bancada feminina da Câmara dos Deputados. Tanto é assim que são utilizadas como exemplo do que seria o *stalking* as situações em que a mulher é perseguida por um ex-companheiro que não se conforma com o término da relação ou em que alguém possui um sentimento de posse em relação à mulher e não desiste de persegui-la. [...]

Feitos os devidos ajustes de maiúsculas e minúsculas, o travessão empregado no parágrafo poderia ser corretamente substituído por ponto final.

        Certo ( )   Errado ( )

O travessão separa orações que possuem uma relação coordenada, ou seja, não há dependência sintática entre elas.

Reescrita: Embora, em tese, qualquer pessoa possa figurar como vítima desse crime, sabe-se que a mulher é o principal alvo nessa espécie delitiva. Não é à toa que a criminalização da referida conduta era, havia tempos, uma das prioridades da bancada feminina da Câmara dos Deputados.

GABARITO: CERTO.

---

706. (CESPE/CEBRASPE - 2021 - PF - AGENTE)

  Cresce rapidamente, em quase todos os países, o número de pessoas na prisão ou que esperam prováveis sentenças de prisão. Em quase toda parte, a rede de prisões está se ampliando intensamente. Os gastos orçamentários do Estado com as forças da lei e da ordem, principalmente os efetivos policiais e os serviços penitenciários, crescem em todo o planeta. [...]

Seriam preservados a correção gramatical e os sentidos do texto caso a vírgula empregada imediatamente após o vocábulo "rapidamente" fosse suprimida.

        Certo ( )   Errado ( )

Há uma expressão intercalada que precisa estar entre vírgulas. Vejamos: *Cresce rapidamente,* **em quase todos os países,** *o número.* **As duas vírgulas desse trecho isolam a expressão em negrito. Ou seja, as duas são de emprego obrigatório.**

GABARITO: ERRADO.

---

707. (CESPE/CEBRASPE - 2021 - PF - AGENTE)

  Mais importante, a proporção da população em conflito direto com a lei e sujeita à prisão cresce em ritmo que indica uma mudança mais que meramente quantitativa e sugere uma "significação muito ampliada da solução institucional como componente da política criminal" — e assinala, além disso, que muitos governos alimentam a pressuposição, que goza de amplo apoio na opinião pública, de que "há uma crescente necessidade de disciplinar importantes grupos e segmentos populacionais". [...]

O travessão empregado no último período do parágrafo confere ao trecho final do período, por ele isolado, um destaque, mas sua supressão manteria a correção gramatical do texto.

        Certo ( )   Errado ( )

Nesse trecho, o travessão não é obrigatório e foi usado para dar destaque ao trecho subsequente. O travessão liga orações que estão coordenadas entre si, por isso esse sinal de pontuação não é obrigatório. Ou seja, pode ser trocado, por exemplo, por ponto e vírgula ou ponto-final (com as devidas alterações de maiúsculas e minúsculas). Além disso, como a conjunção "e" está presente, a supressão do travessão manteria a correção gramatical. Vejamos: *e sugere uma "significação muito ampliada da*

solução institucional como componente da política criminal" e assinala, além disso, que muitos governos alimentam a pressuposição.
GABARITO: CERTO.

---

708. (CESPE/CEBRASPE - 2021 - PM/AL - SOLDADO)

Por volta dos vinte anos, dona Irinéia começou a ajudar sua mãe no sustento da família, fazendo panelas de barro. Entretanto, o costume de fazer promessas aos santos de quem se é devoto, quando se está passando por alguma provação ou doença, fez surgir para a artesã outras encomendas. Quando a graça é alcançada, costuma-se levar a parte do corpo curado representado em uma peça de cerâmica, como agradecimento para o santo. Foi assim que dona Irinéia começou a fazer cabeças, pés e assim por diante.

Até que um dia, uma senhora que sofria com uma forte dor de cabeça encomendou da ceramista uma cabeça, pois ia fazer uma promessa ao seu santo devoto. A senhora alcançou sua graça, o que fez com que dona Irinéia ficasse ainda mais conhecida na região. Chegou, inclusive, ao conhecimento do Sebrae de Alagoas, que foi até dona Irinéia e ofereceu algumas capacitações que abriram mais possibilidades de produção para a ceramista. O número de encomendas foi aumentando e, com ele, sua imaginação e criatividade que fizeram nascer objetos singulares. [...]

O emprego das vírgulas logo depois dos trechos "Por volta dos vinte anos" (início do parágrafo) e "Até que um dia" (início do segundo parágrafo) justifica-se com base na mesma regra de pontuação.

Certo ( )   Errado ( )

As expressões "Por volta dos vinte anos" e "Até que um dia" têm natureza adverbial e estão antepostas, ou seja, estão no início dos períodos de que fazem parte. Por isso, o emprego das vírgulas se justifica com base na mesma regra: adjunto adverbial anteposto.
GABARITO: CERTO.

---

709. (CESPE/CEBRASPE - 2021 - PM/AL - OFICIAL)

A sociedade real, por seu turno, pode ter maior ou menor segurança pública. Numa sociedade real, a maior segurança pública possível é aquela compatível com o equilíbrio dinâmico social, ou seja, adequada à convivência social estável. Não mais e não menos que isso. Logo, para se ter segurança pública, há que se buscar constantemente alcançar e preservar o equilíbrio na sociedade real pela permanente perseguição à ordem pública.

A retirada das vírgulas que isolam o trecho "para se ter segurança pública" prejudicaria a correção gramatical do texto.

Certo ( )   Errado ( )

Ambas as vírgulas isolam uma oração subordinada adverbial que está intercalada. Por isso, o emprego dessa pontuação é obrigatório. Vejamos: *Logo,* **para se ter segurança pública,** *há.*
GABARITO: CERTO.

TEXTO PARA AS PRÓXIMAS DUAS QUESTÕES.

Uma das coisas mais difíceis, tanto para uma pessoa quanto para um país, é manter sempre presentes diante dos olhos os três elementos do tempo: passado, presente e futuro. Ter em mente esses três elementos é atribuir uma grande importância à espera, à esperança, ao futuro; é saber que nossos atos de ontem podem ter consequências em dez anos e que, por isso, pode ser necessário justificá-los; daí a necessidade da memória, para realizar essa união de passado, presente e futuro.

Contudo, a memória não deve ser predominante na pessoa. A memória é, com frequência, a mãe da tradição. **Ora**, se é bom ter uma tradição, também é bom superar essa tradição para inventar um novo modo de vida. Quem considera que o **presente** não tem valor e que somente o passado deve nos interessar é, em certo sentido, uma pessoa a quem faltam duas dimensões e com a qual não se pode contar. Quem acha que é preciso viver o **agora** com todo o ímpeto e que não devemos nos preocupar com o **amanhã** nem com o ontem pode ser perigoso, pois crê que cada minuto é separado dos minutos vindouros ou dos que o precederam e que não existe nada além dele mesmo no planeta. Quem se desvia do passado e do presente, quem sonha com um futuro longínquo, desejável e desejado, também se vê privado do terreno contrário cotidiano sobre o qual é preciso agir para realizar o futuro desejado. Como se pode ver, uma pessoa deve **sempre** ter em conta o presente, o passado e o futuro.

(Frantz Fanon. **Alienação e liberdade**. São Paulo: Ubu, 2020, p. 264-265. Adaptado.)

710. (CESPE/CEBRASPE - 2022 - SERES/PE - POLÍCIA PENAL) Os sentidos e a correção gramatical do texto seriam preservados caso se deslocasse:

a) a expressão "em dez anos" para imediatamente depois de "saber", no segundo período do primeiro parágrafo.

b) a expressão "no planeta" para imediatamente antes de "não existe", no final do quinto período do segundo parágrafo.

c) o vocábulo "não" para imediatamente depois de "Quem", no início do quarto período do segundo parágrafo.

d) a expressão "com todo o ímpeto" para imediatamente depois de "acha", no quinto período do segundo parágrafo.

e) o vocábulo "mesmo" para imediatamente antes de "nada", no final do quinto período do segundo parágrafo.

A: O adjunto adverbial "em dez anos" está no escopo do predicado "podem ter consequências"; na reescrita, seria alçado ao escopo da oração "saber", alterando-se o sentido original do texto.

B: Embora haja o deslocamento, o adjunto adverbial "no planeta" permaneceria no escopo do predicado introduzido pela oração "existe". Por ser um adjunto de pequena extensão, não seria obrigatório isolá-lo entre vírgulas, ainda que estivesse interveniente entre sujeito e predicado.

C: O adjunto adverbial "não" está no escopo do predicado "tem valor"; na reescrita, seria alçado ao escopo do predicado introduzido pela forma verbal "considera", alterando-se o sentido original do texto.

D: O adjunto adverbial "com todo o ímpeto" está no escopo do sujeito oracional "viver o agora"; na reescrita, seria alçado ao escopo da oração principal do período, alterando-se o sentido original do texto.

E: O vocábulo "mesmo" está empregado como adjetivo, qualificando o termo "dele"; na reescrita, passaria a se comportar como um advérbio, modificando o sentido do substantivo "nada". Sendo assim, o sentido original do texto seria alterado.

GABARITO: B.

711. (CESPE/CEBRASPE - 2022 - MJSP/DF - TÉCNICO)

Na concepção da política de redução de danos, tem-se como pressuposto o fator histórico-cultural do uso de psicotrópicos — uma vez que o uso dessas substâncias é parte indissociável da própria história da humanidade, a pretensão de um mundo livre de drogas não passa de uma quimera. Dentro dessa perspectiva, contemplam-se ações voltadas para as drogas lícitas e ilícitas, e suas intervenções não são de natureza estritamente públicas, delas participando, também, organizações não governamentais e necessariamente, com especial ênfase, o próprio cidadão que usa drogas.

Seria gramaticalmente correto inserir uma vírgula logo após "tem-se".

Certo ( )   Errado ( )

A vírgula iria separar o verbo o sujeito. No trecho "Na concepção da política de redução de danos, tem-se como pressuposto o fator histórico-cultural do uso de psicotrópicos", temos o seguinte:

- *tem-se: voz passiva sintética;*
- *como pressuposto: adjunto adverbial;*
- *o fator histórico-cultural do uso de psicotrópicos: sujeito paciente.*

GABARITO: ERRADO.

---

712. (CESPE/CEBRASPE - 2022 - MJSP/DF - TÉCNICO)

Amado nos levou com um grupo para descansarmos na fazenda de um amigo. Esta confirmava as descrições que eu lera no livro de Freyre: embaixo, as habitações de trabalhadores, a moenda, onde se mói a cana, uma capela ao longe; na colina, uma casa. O amigo de Amado e sua família estavam ausentes; tive uma primeira amostra da hospitalidade brasileira: todo mundo achava normal instalar-se na varanda e pedir que servissem bebidas. Amado encheu meu copo de suco de caju amarelo-pálido: ele pensava, como eu, que se conhece um país em grande parte pela boca. A seu pedido, amigos nos convidaram para comer o prato mais típico do Nordeste: a feijoada. [...]

O emprego do ponto e vírgula decorre da intercalação da oração "onde se mói a cana" na enumeração dos termos que descrevem a fazenda.

Certo ( )   Errado ( )

O emprego de ponto e vírgula é para separar uma localização quanto ao espaço. Vejamos:

Esta confirmava as descrições que eu lera no livro de Freyre:

- **embaixo,** *as habitações de trabalhadores, a moenda, onde se mói a cana, uma capela ao longe;*
- **na colina,** *uma casa.*

GABARITO: ERRADO.

---

713. (CESPE/CEBRASPE - 2022 - MJSP/DF - TÉCNICO)

Eu lera no livro de Freyre que as moças do Nordeste casavam-se outrora aos treze anos. Um professor me apresentou sua filha, muito bonita, muito pintada, olhos de brasa: quatorze anos. Nunca encontrei adolescentes: eram crianças ou mulheres feitas. Estas, no entanto, fanavam-se com menos rapidez do que suas antepassadas; aos vinte e seis e vinte e quatro anos, respectivamente, Lucia e Cristina irradiavam juventude. A despeito dos costumes patriarcais do Nordeste, elas tinham liberdades; Lucia lecionava, e Cristina, desde a morte do pai, dirigia, nos arredores de Recife, um hotel de luxo pertencente à família; ambas faziam um pouco de jornalismo, e viajavam.

A expressão "A despeito" poderia ser substituída por **Apesar,** sem prejuízo da correção gramatical e dos sentidos originais do texto.

Certo ( )   Errado ( )

Ambas as expressões possuem o mesmo valor semântico (concessão). Vejamos:

- ***A despeito dos** costumes patriarcais do Nordeste, elas tinham liberdades.*
- ***Apesar dos** costumes patriarcais do Nordeste, elas tinham liberdades.*

GABARITO: CERTO.

714. (CESPE/CEBRASPE - 2022 - PREFEITURA DE PIRES DO RIO/GO - PROFESSOR)

No Brasil, 36% da população era urbana em 1950, valor bastante próximo da média mundial até então. Nas décadas subsequentes, o país experimentou um rápido processo de urbanização, evidenciado pelo fato de que, no ano de 2018, expressivos 87% da população brasileira residia em ambientes urbanos. As projeções de mais longo prazo indicam que essa tendência deve se estabilizar em patamar próximo a 90%. [...]

A correção gramatical e a coerência do texto seriam preservadas caso fosse eliminada a vírgula empregada logo após o vocábulo "que".

Certo ( )   Errado ( )

Há uma expressão intercalada que deve estar entre vírgulas: *que, no ano de 2018, expressivos*. Tal expressão é um adjunto adverbial intercalado. Por isso, as duas vírgulas devem ser mantidas.
GABARITO: ERRADO.

---

715. (CESPE/CEBRASPE - 2022 - SEFAZ/SE - AUDITOR TÉCNICO DE TRIBUTOS)

Segundo, com os recursos tributários arrecadados, deve-se assegurar a paz interna, já que cabe ao Estado o monopólio do uso da força para fazer valer o Estado de direito; fazer valer o Estado de direito significa proteger o direito à propriedade privada, garantir a aplicação da justiça e construir e manter a infraestrutura de uso comum. [...]

Com relação ao emprego dos sinais de pontuação no quarto período do parágrafo, seria correto:

a) suprimir a vírgula após "arrecadados".
b) isolar entre vírgulas a expressão "ao Estado".
c) inserir uma vírgula após "significa".
d) substituir o ponto e vírgula por travessão.
e) incluir dois-pontos após "proteger".

A: Há um trecho intercalado pelas vírgulas, por isso não é possível a supressão: *Segundo, com os recursos tributários arrecadados, deve-se*.

B: A expressão "ao Estado" é complemento verbal de "cabe", por isso não pode estar isolado por vírgulas: cabe *ao Estado* o monopólio ("o monopólio" é o sujeito).

C: Após o verbo "significa" está o complemento dessa forma verbal. Por isso, não é possível a inserção de vírgula: significa proteger.

D: O ponto e vírgula separa expressões que estão coordenadas entre si. Por isso, é possível fazer a substituição por travessão, já que isso vai continuar a relação de coordenação entre os trechos. Vejamos:
[...] direito; fazer [...]
[...] direito – fazer [...]

E: A partir de "o direito", há o complemento verbal de "proteger". Por isso, não se usa vírgula porque não é possível separar verbo de complemento: proteger o direito.
GABARITO: D.

---

716. (CESPE/CEBRASPE - 2022 - TC/RJ - ANALISTA DE CONTROLE EXTERNO)

Em certo sentido, o sistema democrático tem se mostrado capaz de aproveitar nossas imperfeições da melhor maneira: uma vez que de fato não sabemos tudo, e tampouco podemos testar empiricamente todas as nossas suposições teóricas, estabelecemos certa margem de manobra democrática, uma folga política, em nossas instituições, a fim de evitar sermos arrastados pelos vínculos do fanatismo e do perfeccionismo. [...]

O sinal de dois-pontos introduz uma explicação.

Certo ( )   Errado ( )

O trecho a partir dos dois-pontos explica o que significa afirmar que o sistema democrático tem se mostrado capaz de aproveitar nossas imperfeições da melhor maneira. Ou seja, aproveitar nossas imperfeições significa que há uma certa margem de manobra.
GABARITO: CERTO.

---

717. (CESPE/CEBRASPE - 2022 - TC/RJ - ANALISTA DE CONTROLE EXTERNO)
Talvez a distinção mais clara entre a ciência e a pseudociência seja o fato de que a primeira sabe avaliar com mais perspicácia as imperfeições e a falibilidade humanas do que a segunda. Se nos recusamos radicalmente a reconhecer em que pontos somos propensos a cair em erro, podemos ter quase certeza de que o erro nos acompanhará para sempre. Mas, se somos capazes de uma pequena autoavaliação corajosa, quaisquer que sejam as reflexões tristes que isso possa provocar, as nossas chances melhoram muito.
A supressão da vírgula presente logo após a palavra "erro" prejudicaria a correção gramatical do texto.

Certo ( )   Errado ( )

A vírgula é de emprego obrigatório, porque ela sinaliza o final da oração subordinada adverbial que está anteposta (ou seja, está antes da oração principal). Vejamos:

- *Se nos recusamos radicalmente a reconhecer em que pontos somos propensos a cair em erro, (oração adverbial);*
- *podemos ter quase certeza de que o erro nos acompanhará para sempre. (oração principal).*

GABARITO: CERTO.

---

718. (CESPE/CEBRASPE - 2021 - BANESE - TÉCNICO BANCÁRIO I) No trecho "O estudo defende que pessoas em situações de escassez, como a pobreza, têm uma maior sobrecarga mental", a supressão da vírgula empregada logo após "escassez" manteria a correção gramatical e o sentido original do texto.

Certo ( )   Errado ( )

O emprego da vírgula é obrigatório, porque sinaliza um exemplo (, como). Além disso, o termo "como a pobreza" está intercalado. Por isso, as duas vírgulas isolam esse trecho: *escassez, como a pobreza, têm*.
GABARITO: ERRADO.

---

719. (CESPE/CEBRASPE - 2021 - CODEVASF - ANALISTAS)
O limite do demasiado é invisível e também não pode ser determinado diretamente por experimentos. Assim como, ao se escalarem montanhas, o ar cada vez mais rarefeito nas alturas desafia os alpinistas diferenciadamente — uns mais, outros menos —, a fauna e a flora, em regiões diferenciadas, reagem diferentemente ao aquecimento da atmosfera. Uma das preocupações mais sérias é provocada pela velocidade com que já está ocorrendo a mudança climática. Se ela não for eficazmente freada, poderá exigir demasiado da capacidade adaptativa de muitas espécies.
A correção gramatical e a coerência do texto seriam preservadas caso fosse suprimida a vírgula empregada logo após o vocábulo "como", no segundo período do parágrafo.

Certo ( )   Errado ( )

Há uma oração adverbial intercalada e determina que deve haver o emprego de vírgulas para isolar essa oração. Vejamos:
Assim como, ao se escalarem montanhas, o ar cada vez mais rarefeito nas alturas desafia os alpinistas.
GABARITO: ERRADO.

720. **(CESPE/CEBRASPE - 2022 - FUB - ASSISTENTE EM ADMINISTRAÇÃO)**

Não há mais espaço para um modelo de trabalho independente e não colaborativo nas organizações, depois de quase dois anos de mudanças profundas nas relações de trabalho. Se o RH não dá as respostas certas no tempo certo, os gestores tendem a agir sozinhos em busca de soluções para seus desafios de atração e retenção de talentos. O resultado é uma desvalorização da área de recursos humanos, que é um dos pilares para a produtividade e sustentabilidade de qualquer empresa. [...]

Haja vista o emprego da vírgula após "humanos", depreende-se sentido explicativo do trecho "que é um dos pilares para a produtividade e sustentabilidade de qualquer empresa".

Certo ( )   Errado ( )

No trecho *"O resultado é uma desvalorização da área de recursos humanos, que é um dos pilares para a produtividade e sustentabilidade de qualquer empresa."*, a palavra "que" é um pronome relativo. Nesse caso, temos uma oração adjetiva. Pelo fato de haver uma vírgula antes desse pronome, o sentido da oração é explicativo.

GABARITO: CERTO.

---

721. **(CESPE/CEBRASPE - 2022 - FUB - ASSISTENTE EM ADMINISTRAÇÃO)**

O suporte da tecnologia ganha um papel cada vez mais estratégico para apoiar a tomada de decisão, que precisa ser cada vez mais humanizada. Não se trata de usar a tecnologia para automatizar e otimizar processos em uma estrutura "robotizada", mas de ampliar o uso de ferramentas que humanizem as relações a partir de dados mais ricos e informações mais completas e valiosas, para buscar o melhor tanto para os colaboradores quanto para a própria empresa. [...]

O emprego das aspas em 'robotizada' indica que essa palavra foi inventada pelo autor do texto, com base na palavra **robô**.

Certo ( )   Errado ( )

A palavra "robotizada" existe no dicionário e significa o processo que envolve a substituição de tarefas outrora executadas por humanos.

GABARITO: ERRADO.

---

722. **(IBFC - 2022 - SES/DF - NÍVEL SUPERIOR)** Considere o período abaixo.

"Lembro-me de que, quando minha mãe morreu no hospital, meu pai se jogou sobre seu corpo sem vida e começou a gritar."

A ocorrência das duas vírgulas, na passagem indicada, deve ser justificada por isolar:

a) um aposto de caráter explicativo.
b) uma oração subordinada adverbial.
c) uma oração apositiva.
d) uma oração subordinada adjetiva.
e) uma oração assindética.

As duas vírgulas têm a função de isolar uma oração que está intercalada. Como essa oração começa com uma conjunção adverbial temporal (quando), temos uma oração adverbial temporal.

GABARITO: B.

---

723. **(IBFC - 2022 - PREFEITURA DE CONTAGEM/MG - NÍVEL SUPERIOR)** Observe o uso das vírgulas no excerto do texto "recebi de uma professora, Edith Chacon Theodoro, uma carta digna de uma educadora". Analise as afirmativas a seguir em que as vírgulas têm a mesma função do excerto apresentado.

PONTUAÇÃO

I. Vocês devem ser lembrar do que escrevi, corrigindo a afirmação com que Aristóteles começa a sua "Metafísica".
II. Um dos maiores educadores do século passado, Brunno Bettelheim, dizia que na escola os professores tentaram ensinar-lhe coisas que eles queriam ensinar.
III. Os professores de geografia fizeram perguntas sobre acidentes geográficos, os professores de português fizeram perguntas sobre gramática, os professores de história fizeram perguntas sobre fatos históricos, os professores de matemática propuseram problemas de matemática a serem resolvidos, e assim por diante.

Estão corretas as afirmativas:
a) I apenas.
b) II apenas.
c) III apenas.
d) I e III apenas.

As vírgulas desempenham a mesma função daquela do enunciado. Em *"recebi de uma professora, Edith Chacon Theodoro, uma carta"*, as vírgulas isolam um aposto, que tem a função de explicar quem é essa professora. Essa mesma função aparece na alternativa B, *"Um dos maiores educadores do século passado, Brunno Bettelheim, dizia"*, pois as vírgulas isolam um aposto que esclarece quem é um dos maiores educadores.

GABARITO: B.

---

724. (IBFC - 2022 - PREFEITURA DE CONTAGEM/MG - NÍVEL SUPERIOR) Analise as afirmativas a seguir e assinale a alternativa que justifique o uso correto da pontuação.

I. Perguntas falsas: os professores sabiam as respostas.
II. Os mundos das crianças são imensos!".
III. Entusiasmado com a inteligência das crianças – pois é nas perguntas que a inteligência se revela – resolveu fazer experiência parecida com os professores.

a) O uso do sinal de dois-pontos na sentença I está correto, pois ele só pode ser utilizado em sentenças afirmativas.
b) A exclamação na sentença II foi corretamente empregada, pois só pode ser usada em sentenças negativas.
c) O ponto final nas sentenças I e III se refere a um respiro necessário antes de continuar a falar ou a escrever.
d) O travessão, na sentença III, foi corretamente utilizado, pois pode substituir a vírgula, parênteses, colchetes, para assinalar uma expressão intercalada.

O travessão, no item III, foi corretamente utilizado, pois pode substituir a vírgula, parênteses, colchetes, para assinalar uma expressão intercalada. Vejamos:

- *Entusiasmado com a inteligência das crianças, pois é nas perguntas que a inteligência se revela, resolveu fazer experiência parecida com os professores.*
- *Entusiasmado com a inteligência das crianças (pois é nas perguntas que a inteligência se revela) resolveu fazer experiência parecida com os professores.*
- *Entusiasmado com a inteligência das crianças [pois é nas perguntas que a inteligência se revela] resolveu fazer experiência parecida com os professores.*

O sinal de dois-pontos pode ser usado para iniciar uma explicação, uma citação, uma fala de alguém num diálogo, entre outros.

A exclamação pode ser usada em diversos momentos, pois está ligada à expressão de sentimentos, emoções, reações.

O ponto-final, nos itens I e III, não tem nada a ver com "respiro", pois apenas marcam o final da sentença.

GABARITO: D.

---

725. (CESPE/CEBRASPE - 2019 - MPC/PA - ANALISTA MINISTERIAL)

Texto CG2A1-I

[...]
Embora os números absolutos estejam caindo, o tema
37 ainda é um dos mais delicados da agenda internacional.
Um exemplo da extensão do problema está na declaração
dada em 2017 pelo Fundo das Nações Unidas para a Infância
40 (UNICEF), segundo a qual 1,4 milhão de crianças, de quatro
diferentes países da África — Nigéria, Somália, Iêmen e Sudão
do Sul —, corre risco iminente de morrer de fome. A questão
43 é tão antiga quanto complexa, e se conecta intrinsecamente
com a estrutura política e econômica sobre a qual o sistema
internacional está construído. Concentração da renda e da
46 produção, falta de vontade política e até mesmo desinformação
e consolidação de uma cultura alimentar pouco nutritiva são
fatores que compõem o cenário da fome e da desnutrição no
49 planeta.

(Internet: www.nexojornal.com.br. Adaptado.)

No texto CG2A1-I, seriam preservados a correção gramatical e os sentidos do trecho "Um exemplo da extensão do problema está na declaração dada em 2017 pelo Fundo das Nações Unidas para a Infância (UNICEF), segundo a qual 1,4 milhão de crianças, de quatro diferentes países da África — Nigéria, Somália, Iêmen e Sudão do Sul —, corre risco iminente de morrer de fome" (L. 38 a 42) se:

a) o travessão logo após "África" fosse substituído por dois-pontos.
b) os travessões fossem substituídos por parênteses.
c) uma vírgula fosse empregada logo após "problema".
d) o segmento "segundo a qual" fosse isolado entre vírgulas.
e) a vírgula empregada logo após "crianças" fosse suprimida.

A: o travessão logo após "África" faz par com o que está após Sul.

B: como os travessões isolam um trecho, a troca por vírgulas está correta.

C: neste caso a vírgula separaria sujeito de verbo, o que é proibido.

D: não há justificativa para isolar o segmento.

E: a vírgula empregada logo após "crianças" faz par com a que está antes de "corre".

GABARITO: B.

726. (CESPE/CEBRASPE - 2019 - PGE/PE - ASSISTENTE DE PROCURADORIA)

1   Passávamos férias na fazenda da Jureia, que ficava na
região de lindas propriedades cafeeiras. Íamos de automóvel
até Barra do Piraí, onde pegávamos um carro de boi.
[...]

(Jô Soares. **O livro de Jô**: uma autobiografia desautorizada. São Paulo: Companhia das Letras, 2017.)

A retirada da vírgula empregada na linha 1 alteraria os sentidos originais do primeiro período do texto.

Certo ( )   Errado ( )

A vírgula empregada na linha 1 tem a função de determinar a existência de uma oração com sentido explicativo (oração subordinada adjetiva explicativa). Se houver a retirada dela, o sentido muda para restritivo.
GABARITO: CERTO.

---

727. (CESPE/CEBRASPE - 2019 - PGM-CAMPO GRANDE/MS - CARGOS DE NÍVEL SUPERIOR)

1   A jurisdição constitucional na contemporaneidade
apresenta-se como uma consequência praticamente natural do
Estado de direito. É ela que garante que a Constituição ganhará
4   efetividade e que seu projeto não será cotidianamente rasurado
por medidas de exceção desenhadas atabalhoadamente. Mais
do que isso, a jurisdição é a garantia do projeto constitucional,
7   quando os outros poderes buscam redefinir os rumos durante
a caminhada.
[...]

(Emerson Ademir Borges de Oliveira. Jurisdição constitucional: entre a guarda da Constituição e o ativismo judicial. In: **Revista Jurídica da Presidência**. Brasília, v. 20, n.º 121, jun.-set./2018, p. 468-94. Adaptado.)

A supressão da vírgula empregada logo após a palavra "constitucional" (L. 6) prejudicaria a correção gramatical do texto.

Certo ( )   Errado ( )

No período "a jurisdição é a garantia do projeto constitucional, quando os outros poderes ... caminhada", o trecho "quando os outros ... caminhada" é uma oração subordinada adverbial que está posposta à oração principal (a jurisdição é a garantia do projeto constitucional). Nesse caso, quando temos a ordem Oração Principal + Oração Adverbial, o emprego de vírgula é opcional.
GABARITO: ERRADO.

REGÊNCIA

728. (VUNESP - 2022 - PM/SP - SARGENTO)

Antes de prevalecer a imagem atual, um fator de unificação desses personagens era a referência mais ou menos direta, quase sempre distorcida por crenças locais, a São Nicolau, personagem historicamente nebuloso que viveu entre os séculos 3 e 4 da era cristã e que gozou da fama de ser, além de milagreiro, especialmente generoso com os pobres e as crianças. É impreciso o momento em que o costume de presentear as crianças no dia de São Nicolau, 6 de dezembro, foi transferido para o Natal na maior parte dos países europeus, embora a data primitiva ainda seja observada por parte da população na Holanda e na Bélgica. Nascia assim o personagem do Père Noël (como o velhinho é chamado na França) ou Pai Natal (em Portugal) – o Brasil, como se vê, optou por uma tradução pela metade.

Na oração "[...] o Brasil, como se vê, <u>optou</u> por uma tradução pela metade.", o uso da preposição "por" mantém-se caso a forma verbal destacada seja substituída por:

a) apropriou-se.
b) valeu-se.
c) decidiu-se.
d) utilizou-se.

O verbo "decidir" pode ter a regência: decidir-se por algo. Nas demais, temos: apropriar-se de algo, valer-se de algo, utilizar-se de algo.
GABARITO: C.

---

729. (AOCP - 2022 - PP/DF - POLICIAL PENAL)

O neurologista norte-americano James Fallon já estudava há décadas o cérebro de pacientes diagnosticados com distúrbios psíquicos quando ficou sabendo de seis assassinatos na família de seu pai. Decidiu, então, fazer uma tomografia, e, ao analisar o resultado, encontrou características semelhantes às apresentadas por psicopatas. "Minha mãe teve quatro abortos espontâneos, então, quando cheguei, me trataram como um garoto de ouro. Se tivesse sido tratado normalmente, talvez fosse hoje meio barra-pesada", ele diz. [...]

Em "[...] características <u>semelhantes</u> às apresentadas por psicopatas.", a regência do termo em destaque pode se dar também com a preposição "com".

Certo ( )   Errado ( )

A regência do adjetivo "semelhantes" é feita pela preposição "a" (semelhante a algo). Ou seja, não é possível a construção "semelhante com".
GABARITO: ERRADO.

---

730. (IBFC - 2022 - PREFEITURA DE CONTAGEM/MG - NÍVEL SUPERIOR)

Perguntas de criança...

[...]

José Pacheco é um educador português. Ele é o diretor (embora não aceite ser chamado de diretor, por razões que um dia vou explicar...) da Escola da Ponte, localizada na pequena cidade de Vila das Aves, ao norte de Portugal. É uma das escolas mais inteligentes que já visitei. Ela é inteligente porque leva muito mais a sério as perguntas que as crianças fazem do que as respostas que os programas querem fazê-las aprender. Pois ele me contou que, em tempos idos, quando ainda trabalhava numa outra escola, provocou os alunos a que escrevessem numa folha de papel as perguntas que provocavam a sua curiosidade e ficavam rolando dentro das suas cabeças, sem resposta. O resultado foi parecido com o que transcrevi acima. Entusiasmado com a inteligência das crianças – pois é nas perguntas que a inteligência se revela – resolveu fazer experiência parecida com os professores. Pediu-lhes que colocassem numa folha de papel as perguntas que gostariam de fazer. O resultado foi surpreendente: os professores só fizeram perguntas relativas aos conteúdos dos seus programas. Os professores de geografia fizeram perguntas sobre acidentes geográficos, os professores de português fizeram perguntas sobre gramática, os professores de história fizeram perguntas sobre fatos históricos, os professores de matemática propuseram problemas de matemática a serem resolvidos, e assim por diante.

[...]

(Rubem Alves. **Perguntas de criança...** Folha de S.Paulo, 24 set. 2002. Adaptado.)

No texto, atente à seguinte passagem: "Pediu-lhes que colocassem numa folha de papel as perguntas que gostariam de fazer."

Observe a regência utilizada em 'Pediu-lhes' e assinale a alternativa em que a regência se apresenta incorreta.

a) O professor ensinava-os a tudo de uma vez.
b) Ainda me impediu de comentar sobre seu método.
c) Procedi às críticas com sensatez.
d) Para não o ofender, pois ele estava sensível.

Os complementos do verbo "ensinar" foram empregados de maneira incorreta (objeto direto: os; objetivo indireto: a tudo). O correto é ensinar algo a alguém. Por isso, a frase deve ser corrigida: *O professor ensinava-lhes tudo de uma vez.*

Nas demais opções, os verbos estão empregados de forma adequada: impedir alguém de algo, proceder a algo, ofender alguém.

GABARITO: A.

731. (IBFC - 2022 - SES/DF - NÍVEL SUPERIOR) Considere o período abaixo.

"Lembro-me de que, quando minha mãe morreu no hospital, meu pai se jogou sobre seu corpo sem vida e começou a gritar."

Ao observar a regência e as relações sintáticas da construção verbal "lembro-me" é correto afirmar que:

a) se caracteriza como uma construção passiva.
b) classifica-se como transitiva direta e pronominal.
c) a omissão da preposição "de" seria inaceitável.
d) apresenta um complemento indireto oracional.
e) é impessoal e possui dois complementos distintos.

Temos o verbo "lembrar" como verbo pronominal transitivo indireto: lembrar-se de (se: pronome; de: preposição regida pelo verbo). O complemento verbal indireto está representado pela oração *de que meu pai se jogou sobre seu corpo sem vida e começou a gritar*.

GABARITO: D.

732. (IBFC - 2022 - INDEA/MT - AGENTE FISCAL)

Ah, o vilão todo de preto, duas pistolas no cinto prateado e um punhal (escondido) na bota – o segundo mais rápido do oeste. Bigodinho fino, risadinha cínica. Bebe, trapaceia no jogo. Cospe no chão. Mata pelas costas.

Covarde, patético, chora na cadeia. E morre, bem feito!, na forca. [...]

A transitividade de um verbo é dada pela relação sintática que estabelece na oração. Considerando o conceito de complemento verbal, em "E morre, bem feito!, na forca" nota-se que o verbo em destaque:

a) possui um complemento preposicionado que indica o local da morte.
b) apresenta dois complementos, um em registro formal e o outro, informal.
c) é seguido por uma expressão informal, mas não apresenta complemento.
d) tem como complemento apenas uma expressão típica da oralidade.

O verbo "morrer" é intransitivo, ou seja, não tem complemento. Vejamos:

- *E: conjunção;*
- *morre: verbo intransitivo;*
- *bem feito!: expressão informal;*
- *na forca: adjunto adverbial.*

GABARITO: C.

---

733. (CESPE/CEBRASPE - 2019 - PGE/PE - ASSISTENTE DE PROCURADORIA)

A modernidade é um contrato. Todos nós aderimos a
ele no dia em que nascemos, e ele regula nossa vida até o dia
em que morremos. Pouquíssimos entre nós são capazes de
4   rescindi-lo ou transcendê-lo. Esse contrato configura nossa
comida, nossos empregos e nossos sonhos; ele decide onde
moramos, quem amamos e como morremos.
7   À primeira vista, a modernidade parece ser um
contrato extremamente complicado, por isso poucos tentam
compreender no que exatamente se inscreveram. [...]

(Yuval Noah Harari. **Homo Deus**: uma breve história do amanhã. São Paulo: Companhia das Letras, 2016. Adaptado.)

No trecho "poucos tentam compreender no que exatamente se inscreveram" (L. 8 e 9), a substituição de "no que" por o que comprometeria a correção gramatical do texto.

Certo ( )   Errado ( )

No trecho "no que exatamente se inscreveram", o termo "no" significa naquilo. Ou seja, há a contração de preposição EM mais pronome demonstrativo. Após "no", há um pronome relativo "que". Nesse caso, temos uma regência com pronome relativo. E nesta situação, o termo regente (aquele que exige a preposição) está após o pronome relativo.

Veja a dica: preposição + pronome relativo + termo regente

Portanto, temos: NO que exatamente SE INSCREVERAM (inscrever-se em algo).

Por isso, não se pode fazer a troca sugerida na questão.

E: Correta.

GABARITO: CERTO.

---

734. (VUNESP - 2019 - PREFEITURA DE CAMPINAS/SP - ESPECIALISTA) Assinale a alternativa que atende à norma-padrão quanto à regência.

a) As conquistas que aspiravam as antigas feministas teriam tido resultados compatíveis aos interesses das mulheres?
b) Que mudanças foram trazidas no universo feminino para se pensarem as relações injustas de gênero?
c) Com as conquistas feministas, pode-se, hoje, conciliar a igualdade de gênero na igualdade social?

d) Pesquisadoras do mundo afora se dedicam com afinco em buscar respostas a complexas questões feministas.
e) O avanço de conhecimento a que Susan Watkins se refere diz respeito à expansão dos sistemas universitários.

A: As conquistas a que aspiravam (regência de aspirar).
B: foram trazidas ao universo (regência de trazer).
C: conciliar a igualdade de gênero com a igualdade social (regência de conciliar).
D: se dedicam com afinco a buscar (regência de dedicar-se)
GABARITO: E.

---

735. **(VUNESP - 2019 - PREFEITURA DE CERQUILHO/SP - ALMOXARIFE)** A leitura é benéfica _____ todas as pessoas. Entretanto muitas _____ não terem tempo para ler. É preciso _____ a fazerem um esforço.

As lacunas das frases devem ser preenchidas, de acordo com a norma-padrão da Língua Portuguesa, por:
a) de ... alegam ... incentivar-lhes
b) a ... alegam ... incentivá-las
c) em ... alega ... incentivar-lhes
d) com ... alega ... incentivá-las
e) por ... alegam ... incentivar-lhes

A leitura é benéfica A todas as pessoas. Entretanto muitas ALEGAM não terem tempo para ler. É preciso INCENTIVÁ-LAS a fazerem um esforço.
GABARITO: B.

---

736. **(VUNESP - 2020 - FITO - TÉCNICO EM GESTÃO)** Está em conformidade com a norma-padrão de regência verbal e nominal a frase:
a) Quem vai nos Estados Unidos não pode deixar de provar o cheesecake.
b) Antes da viagem, Antonio estava ávido a provar as especialidades culinárias.
c) Os legumes têm nutrientes a que o corpo não pode abrir mão.
d) Amizade é uma das coisas por que mais prezo na vida.
e) Antonio implicou com os tomates brasileiros por serem inferiores.

A: vai aos Estados Unidos.
B: estava ávido por provar.
C: de que o corpo não pode abrir mão.
D: coisas que mais prezo.
GABARITO: E.

---

737. **(VUNESP - 2019 - PREFEITURA DE CAMPINAS/SP - PROFESSOR)** Encontra-se em conformidade com a norma-padrão da língua, quanto ao emprego e à colocação dos pronomes, a seguinte frase:
a) Além de medir bem a palavra gravada, o profissional adequadamente calcula-a.
b) Jornalistas sérios conheciam os gravadores de fita cassete, mas desprezavam-o.
c) A privacidade começou a decair e não lhe protegem por causa dos interesses escusos.
d) Os grandes furos nasciam de conversas, e os informantes eram quem os providenciava.
e) As pessoas com seus pecados, muitos ou poucos, os levam para a internet, os tornando públicos.

A: adequadamente a calcula.
B: mas desprezavam-no.
C: e não a protegem.
E: tornando-os.
GABARITO: D.

738. **(VUNESP - 2020 - PREFEITURA DE SÃO ROQUE/SP - INSPETOR DE ALUNOS)** Considerando a norma-padrão da língua portuguesa, assinale a alternativa que preenche, correta e respectivamente, as lacunas do texto a seguir.

É muito ruim quando os casais ficam habituados_____ brigas. É importante que as pessoas _____ conscientizem _____ é preciso viver em harmonia.

a) para as ... os ... a que
b) nas ... lhes ... de que
c) das ... os ... em que
d) com as ... os ... de que
e) pelas ... lhes ... a que

É muito ruim quando os casais ficam habituados COM AS brigas. É importante que as pessoas OS conscientizem DE QUE é preciso viver em harmonia.
GABARITO: D.

739. **(CESPE/CEBRASPE - 2018 - TCU - AUDITOR)**

Contemporaneamente, para o alcance de resultados de desenvolvimento nacional, exige-se dessa liderança não apenas o enfrentamento de desafios de gestão, como a busca da eficiência na execução dos projetos e das atividades governamentais, no conhecido lema de "fazer mais com menos", mas também o desafio de "fazer melhor" (com mais qualidade), como se espera, por exemplo, nos serviços públicos de educação e saúde prestados à população.

(Internet: http://aquarius.mcti.gov.br. Adaptado.)

O emprego da preposição em "dessa liderança" justifica-se pela regência do verbo exigir.

Certo ( )   Errado ( )

A preposição "de", na contração de de + essa, no trecho "exige-se dessa liderança", é regida pela forma verbal "exige-se".
GABARITO: CERTO.

740. **(CESPE/CEBRASPE - 2018 - FNDE - ESPECIALISTA)**

[...] muitas das metas não eram mensuráveis, o que dificultou seu acompanhamento. Não havia regras com punições para quem não cumprisse as determinações. Finalmente - e, talvez, o mais importante -, um dos artigos do plano foi vetado pela Presidência. Era a proposta de aumentar de 4% para 7% a parcela do PIB investida em educação. Sem dizer de onde viria o dinheiro, o PNE de 2001 virou letra morta antes de nascer.

(Internet: http://revistaescola.abril.com.br. Adaptado.)

A inserção da preposição com logo após a forma verbal "cumprisse" manteria a correção gramatical do período.

Certo ( )   Errado ( )

A regência da forma verbal "cumprir" justifica a ocorrência da inserção da preposição "com". Por causa da regência verbal, no sentido de pôr em prática, executar, o verbo cumprir pode ser escrito com ou sem a preposição com.
GABARITO: CERTO.

741. (CESPE/CEBRASPE - 2018 - PF - AGENTE DE POLÍCIA)

Questão de relevância na discussão dos efeitos adversos do uso indevido de drogas é a associação do tráfico de drogas ilícitas e dos crimes conexos - geralmente de caráter transnacional - com a criminalidade e a violência.

(Internet: direitoshumanos.up.br. Adaptado.)

O emprego da preposição "com", em "com a criminalidade e a violência", deve-se à regência do vocábulo "conexos".

Certo ( )   Errado ( )

O emprego da preposição vem em decorrência do termo "associação". Ao se ler o trecho: "Questão de relevância na discussão dos efeitos adversos do uso indevido de drogas é a associação do tráfico de drogas ilícitas e dos crimes conexos - geralmente de caráter transnacional - com a criminalidade e a violência", percebe-se que o emprego da preposição com deve-se à estrutura: a associação do [...] com [...].

GABARITO: ERRADO.

---

742. (FCC - 2018 - SERGAS - TODOS OS CARGOS)

Investir nas redes sociais, _____ participam mais de 500 milhões de usuários, tem se mostrado uma estratégia positiva para a sobrevivência da indústria fonográfica.

Preenche corretamente a lacuna da frase:

a) na qual
b) de que
c) com que
d) a qual
e) que

Para responder à questão, é preciso considerar a regência verbal de "participar". "Mais de 500 milhões de usuários participam DE redes sociais...", ou seja, quem participa, participa DE algo. Nesse sentido, apenas a alternativa D traz preposição adequada (participar DE).

GABARITO: B.

---

743. (FCC - 2018 - TER/RR - ANALISTA JUDICIÁRIO)

"Não impressionou ao conde Afonso Celso, <u>de quem</u> contam que respondeu assim a um sujeito [...]"

A expressão sublinhada preenche corretamente a lacuna existente em:

a) Aqueles _____ caberia manifestar apoio aos defensores da causa em discussão ainda não haviam conseguido chegar à tribuna.

b) O acadêmico, _____ todos esperavam um vigoroso aparte contrário ao pleito, permaneceu em silêncio na tumultuada sessão.

c) Em decisão unânime, os acadêmicos ofereceram dados da agremiação _____ desejasse participar da discussão daquele dia.

d) O novo acadêmico demonstrou grande afeição _____ compartilha das mesmas ideias literárias e aborda os mesmos temas.

e) O discurso de recepção do novo integrante do grupo deveria ser pronunciado _____ apresentasse maior afinidade entre ambos.

REGÊNCIA

Para encontrar a resposta adequada, deve-se levar em conta o emprego de "pronomes relativos" associado à "regência verbal". Por isso, a alternativa B está correta, pois "todos esperavam alguma coisa DE alguém = DE QUEM esperavam" (quem espera, espera algo de alguém). Nas demais opções, temos:

A: Seria "a quem caberia".
C: Seria "a quem desejasse".
D: Seria "por quem compartilha".
E: Seria "por quem apresentasse".

GABARITO: B.

CRASE

744. **(CESPE/CEBRASPE - 2021 - SEDUC/AL - PROFESSOR)** Caso fosse inserido o sinal indicativo de crase no vocábulo "a", no trecho "em meio a uma crise", a correção gramatical do texto seria prejudicada.

Certo ( )   Errado ( )

Não é possível o emprego do acento indicativo de crase porque a palavra "a" está antes do artigo indefinido "uma". Neste caso, a crase é proibida.
GABARITO: CERTO.

---

745. **(VUNESP - 2022 - PREFEITURA DE OSASCO/SP - GUARDA MUNICIPAL)** Assinale a alternativa em que o uso do acento indicativo da crase está em conformidade com a norma-padrão.

a) O uso do telefone fixo tem sido reduzido à um número cada vez menor de pessoas.
b) Em geral, integrar-se às novas tecnologias de comunicação é algo bastante natural.
c) Parece ainda haver muita resistência em aderir à algumas formas de comunicação digital.
d) Algumas pessoas têm voltado à se comunicar empregando meios antigos como cartas.
e) Atualmente, a internet é uma ferramenta acessível à todas as pessoas que queiram usá-la.

A: Reduzido à um número: não se usa crase antes de um, uma.
B: Ocorre a fusão da preposição "a", regida pela forma verbal "integra-se", com o artigo definido "as", o qual precede o substantivo "tecnologias".
C: Aderir à algumas: não se usa crase antes de algum, alguma.
D: Têm voltado à se comunicar: não se usa crase antes de verbo.
E: Acessível à todas: não se usa crase antes de todo, toda.
GABARITO: B.

---

746. **(FCC - 2022 - PREFEITURA DE RECIFE/PE - AGENTE ADMINISTRATIVO)**

Há certas definições que parecem desnecessárias. História é um termo com o qual convivemos diariamente desde a infância. A maior parte das pessoas _____ (I) quem se fizer a pergunta "O que é história?" se considerará em condições de respondê-la. Mas, ao tentar uma resposta, a pessoa se enrolará, não chegando _____ (II) nenhuma definição precisa, ou dirá, com certo desinteresse, refletindo um consenso mais ou menos geral: "A história é o que já aconteceu _____ (III) muito tempo".

(Vavy Pacheco Borges. **O que é história?** São Paulo: Brasiliense, 2013, p. 7. Adaptado.)

As lacunas I, II e III devem ser preenchidas, respectivamente, por:

a) à – à – à.
b) à – a – à.
c) a – à – há.
d) a – a – há.
e) a – a – a.

A maior parte das pessoas **A** quem se fizer a pergunta "O que é história?" se considerará em condições de respondê-la. Mas, ao tentar uma resposta, a pessoa se enrolará, não chegando **A** nenhuma definição precisa, ou dirá, com certo desinteresse, refletindo um consenso mais ou menos geral: "A história é o que já aconteceu **HÁ** muito tempo". Vejamos:

- A quem: não se emprega sinal indicativo de crase antes de quem.
- A nenhuma: não se emprega sinal indicativo de crase antes de pronome indefinido.
- HÁ muito tempo: verbo haver no sentido de tempo transcorrido.

GABARITO: D.

---

747. (CESPE/CEBRASPE - 2022 - PETROBRAS - ADMINISTRAÇÃO) No trecho "As invenções relacionadas à escrita tinham muitas vezes efeitos colaterais inesperados", o emprego do sinal indicativo de crase justifica-se pela fusão de preposição e artigo feminino em uma locução adverbial de modo.

Certo ( )   Errado ( )

O emprego de sinal indicativo de crase é decorrente da fusão da preposição A regida pelo adjetivo "relacionadas" com o artigo definido que precede "escrita": **relacionadas** à (a + a) **escrita**.

GABARITO: ERRADO.

---

748. (CESPE/CEBRASPE - 2021 - CBM/AL - SOLDADO)

Para o escritor de **Vidas Secas**, a opressão à família de Fabiano era causada por questões sociais, não pela seca. Caso tivesse acesso à terra e à água, a família conseguiria obter o sustento, como resultado do seu esforço e trabalho. [...]

A supressão do sinal indicativo de crase empregado no trecho "opressão à família de Fabiano" manteria a correção gramatical do texto, assim como seu sentido original.

Certo ( )   Errado ( )

Haveria prejuízo gramatical e semântico (sentido). O substantivo "família" não está sendo empregado de forma genérica, pois o texto mostra que é a família de Fabiano. Ou seja, o emprego de sinal indicativo de crase é obrigatório pela gramática e pelo sentido. Somente não há prejuízo para o sentido quando ocorre algum caso facultativo de crase (antes de nome próprio feminino, depois da palavra até, antes de pronome possessivo feminino no singular).

GABARITO: ERRADO.

---

749. (CESPE/CEBRASPE - 2021 - PC/DF - AGENTE) No trecho "Largue tudo de repente sob os olhares à sua volta", o uso do acento indicativo de crase é facultativo.

Certo ( )   Errado ( )

Há a presença de pronome possessivo feminino singular (sua). Vale destacar os três casos de emprego facultativo de crase: antes de nome próprio feminino, depois da palavra até, antes de pronome possessivo feminino no singular.

GABARITO: CERTO.

---

750. (CESPE/CEBRASPE - 2022 - PC/PB - AGENTE)

O estreitamento das relações entre instituições policiais e comunidade como um todo, em determinado espaço geográfico, se coloca como uma forma eficaz de enfrentamento do sentimento generalizado de medo, de insegurança e de descrédito em relação à segurança pessoal e coletiva. Esse modo de responder ao problema da violência e da criminalidade de forma preventiva e com a participação da sociedade tem recebido denominações diferenciadas, tais como polícia comunitária, policiamento comunitário, polícia interativa, polícia cidadã, polícia amiga, polícia solidária, não havendo consenso quanto à melhor nomenclatura. No entanto, há o reconhecimento de todos que adotaram essas experiências quanto à sua efetividade na prevenção da violência; prova disso é que seu uso tem sido muito corrente nos dias atuais.

Podemos definir polícia comunitária como um processo pelo qual a comunidade e a polícia compartilham informações e valores de maneiras mais intensas, objetivando promover maior segurança e o bem-estar da coletividade. A Constituição Federal de 1988 foi a primeira a apresentar um capítulo específico sobre segurança pública, no qual se encontra o artigo 144. Nessa perspectiva, ao incorporar a segurança pública na Carta Magna, o legislador instituiu um *status* de direito fundamental a essa matéria. Assim, o Estado é o principal garantidor da segurança pública, mas a responsabilidade recai sobre todos; consequentemente, em observância aos conceitos e aos princípios da filosofia de polícia comunitária, o cidadão passa a ser parceiro da organização policial, envolvendo-se na identificação de problemas, apontando prioridades e indicando soluções com relação à segurança pública, em uma perspectiva cidadã.

(Severino da Costa Simão. **Polícia comunitária no Brasil**: contribuições para democratizar a segurança pública. Disponível em: www.cchla.ufpb.br. Adaptado.)

No texto, é de uso facultativo o sinal indicativo de crase empregado no trecho:

I. "em relação à segurança pessoal e coletiva" (primeiro período do primeiro parágrafo).
II. "quanto à melhor nomenclatura" (penúltimo período do primeiro parágrafo).
III. "quanto à sua efetividade" (último período do primeiro parágrafo).
IV. "com relação à segurança pública" (último período do segundo parágrafo).

Assinale a opção correta.

a) Apenas o item I está certo.
b) Apenas o item II está certo.
c) Apenas o item III está certo.
d) Apenas o item IV está certo.
e) Todos os itens estão certos.

Existem três casos de emprego facultativo de crase: a) antes de nome próprio feminino; b) depois da palavra até; c) antes de pronome possessivo feminino no singular. Apenas no trecho "quanto à sua efetividade" é que aparece um desses casos (sua é um pronome possessivo feminino no singular). Nas demais assertivas, o emprego de crase é obrigatório.

GABARITO: C.

---

751. (CESPE/CEBRASPE - 2021 - PC/SE - AGENTE E ESCRIVÃO)

Tal conduta abrange desde a violência psicológica, que pode causar danos imensuráveis à saúde da vítima, além de problemas no seu próprio cotidiano, no trabalho, na convivência profissional e familiar, até outras formas de violência, que podem culminar em resultados nefastos e irreparáveis. A tipificação do *stalking*, portanto, é um avanço significativo no combate à violência contra a mulher.

O emprego do acento indicativo de crase no trecho "pode causar danos imensuráveis à saúde da vítima" (primeiro período do parágrafo) é facultativo.

Certo ( )   Errado ( )

Não há um dos casos de emprego facultativo de crase. São eles:

- *antes de nome próprio feminino;*
- *depois de até;*
- *antes de possessivo feminino no singular (minha, tua, sua, nossa, vossa).*

GABARITO: ERRADO.

752. (CESPE/CEBRASPE - 2022 - MJSP/DF - TÉCNICO)

Eu lera no livro de Freyre que as moças do Nordeste casavam-se outrora aos treze anos. Um professor me apresentou sua filha, muito bonita, muito pintada, olhos de brasa: quatorze anos. Nunca encontrei adolescentes: eram crianças ou mulheres feitas. Estas, no entanto, fanavam-se com menos rapidez do que suas antepassadas; aos vinte e seis e vinte e quatro anos, respectivamente, Lucia e Cristina irradiavam juventude. A despeito dos costumes patriarcais do Nordeste, elas tinham liberdades; Lucia lecionava, e Cristina, desde a morte do pai, dirigia, nos arredores de Recife, um hotel de luxo pertencente à família; ambas faziam um pouco de jornalismo, e viajavam.

Do emprego do sinal indicativo de crase no vocábulo "à", em "à família" (final do parágrafo), depreende-se que se trata de uma família específica.

Certo ( )   Errado ( )

A presença do artigo definido (a) sugere que não é uma família qualquer, mas uma família específica.

No trecho "um hotel de luxo pertencente à família", a crase indica que há uma preposição "a" + um artigo "a" (pertencente a + a família).

GABARITO: CERTO.

---

753. (CESPE/CEBRASPE - 2021 - PG/DF - TÉCNICO JURÍDICO/APOIO ADMINISTRATIVO)

A lembrança da empregada ausente me coagia. Quis lembrar-me de seu rosto, e admirada não consegui — de tal modo ela acabara de me excluir de minha própria casa, como se me tivesse fechado a porta e me tivesse deixado remota em relação à minha moradia. [...]

É facultativo o emprego do acento indicativo de crase no trecho "em relação à minha moradia".

Certo ( )   Errado ( )

Há a presença do pronome possessivo feminino singular "minha". Destaca-se que a crase é facultativa em três casos:

- *antes de nome próprio feminino;*
- *depois da palavra até;*
- *antes de pronome possessivo feminino singular (minha, tua, sua, nossa, vossa).*

GABARITO: CERTO.

---

754. (CESPE/CEBRASPE - 2022 - PREFEITURA DE PIRES DO RIO/GO - PROFESSOR)

Já que hoje as plantas nutritivas domésticas são cultivadas em praticamente todas as regiões habitadas, a humanidade também poderia alimentar-se, se o comércio de produtos agrários se limitasse a áreas menores, de proporção regional. O transporte de gêneros alimentícios por distâncias maiores se justifica, em primeiro lugar, para prevenir e combater epidemias de fome. Há, sem dúvida, uma série de razões ulteriores em favor do comércio mundial de gêneros alimentícios: a falta de arroz, chá, café, cacau e muitos temperos em nossos supermercados levaria a um significativo empobrecimento da culinária, coisa que não se poderia exigir de ninguém. O comércio internacional com produtos agrícolas aporta, além disso, às nações exportadoras a entrada de divisas, facilitando o pagamento de dívida. E, em muitos lugares, os próprios trabalhadores rurais e pequenos agricultores tiram proveito da venda de seus produtos a nações de alta renda, sobretudo quando ela ocorre segundo os critérios do comércio equitativo.

É facultativo o emprego do sinal indicativo de crase no vocábulo "às" em "às nações exportadoras" (quarto período do parágrafo).

Certo ( )   Errado ( )

O sinal de crase é obrigatório, porque ocorre a fusão da preposição "a" (regida pela forma verbal "aporta") com o artigo definido "as" (que acompanha "nações"). Vejamos: *O comércio internacional* com produtos agrícolas **aporta**, além disso, às **nações** exportadoras a entrada de divisas, facilitando o pagamento de dívida.

Para ser facultativo, deveria haver uma das três situações:

- *antes de nome próprio feminino;*
- *depois da palavra até;*
- *antes de minha, tua, sua, nossa vossa.*

GABARITO: ERRADO.

---

755. (CESPE/CEBRASPE - 2022 - TC/RJ - ANALISTA DE CONTROLE EXTERNO)

Não é preciso temer as máquinas, à maneira do **Exterminador do futuro**, para se preocupar com a sobrevivência da democracia em um mundo dominado pela inteligência artificial (IA). No fim das contas, a democracia sempre teve como alicerces os pressupostos de que nosso conhecimento do mundo é imperfeito e incompleto; de que não há resposta definitiva para grande parte das questões políticas; e de que é sobretudo por meio da deliberação e do debate que expressamos nossa aprovação e nosso descontentamento. [...]

No primeiro período do primeiro parágrafo, o emprego do sinal indicativo de crase no vocábulo "à" é facultativo.

Certo ( )   Errado ( )

O emprego de crase é obrigatório, já que há uma locução adverbial feminina (à maneira do **Exterminador do futuro**. Nesse caso, o sinal indicativo de crase é obrigatório. Para ser facultativo, deve haver um dos três casos:

- *antes de nome próprio feminino*
- *depois da palavra até;*
- *possessivo feminino singular: minha, tua, sua, nossa, vossa.*

GABARITO: ERRADO.

---

756. (CESPE/CEBRASPE - 2021 - BANESE - TÉCNICO BANCÁRIO I) Em "estão sujeitas a preocupações", o emprego do sinal indicativo de crase no "a" prejudicaria a correção gramatical do texto.

Certo ( )   Errado ( )

Há uma situação em que o emprego de sinal indicativo de crase é proibido, porque "a" (no singular) + plural (preocupações): crase passa mal.

GABARITO: CERTO.

---

757. (CESPE/CEBRASPE - 2021 - CODEVASF - ANALISTAS)

A irrigação, de caráter suplementar às chuvas, tem sido aplicada na região Centro-Oeste do país, especialmente em culturas perenes. [...]

O emprego do sinal indicativo de crase no trecho "de caráter suplementar às chuvas", no terceiro parágrafo, é facultativo; portanto, a supressão desse sinal não prejudicaria a correção gramatical do trecho.

Certo ( )   Errado ( )

Há um caso obrigatório de emprego de crase. No trecho "de caráter suplementar às chuvas", há o encontro da preposição A (regida pelo termo suplementar) com o artigo definido "as" (acompanha chuvas). Para ser facultativo, deveria haver pelo menos uma das três situações:

- *antes de nome próprio feminino;*

- *depois da palavra até;*
- *antes de minha, tua, sua, nossa, vossa.*

GABARITO: ERRADO.

---

758. **(IBFC - 2022 - PREFEITURA DE CONTAGEM/MG - NÍVEL SUPERIOR)** Observe a sentença retirada do texto "Às vezes eu penso que o que as escolas fazem com as crianças é tentar forçá-las a beber a água que elas não querem beber". Justifica-se o 'a' craseado, pois:

a) a crase está posterior a uma locução adverbial de tempo o que significa que a expressão não traz o efeito de sentido como sinônimo a "de vez em quando" ou "por vezes", e também, "ocasionalmente". Nunca haverá crase quando houver expressão com sentido de tempo.

b) a crase está anterior a uma locução adverbial de tempo o que significa que a expressão traz o efeito de sentido como sinônimo a "de vez em quando" ou "por vezes", e também, "ocasionalmente". Haverá crase sempre que a expressão sugerir sentido de tempo.

c) a crase está precedida de nome de estado e cidade, por ser um adjunto adverbial de lugar, prevê o uso permanente da crase.

d) a crase está antecedida de nome de estado e cidade, por ser um adjunto adverbial de lugar, prevê o uso permanente da crase.

A expressão "às vezes" é uma locução adverbial com uma palavra feminina (vezes). Nesse caso, o emprego de crase é obrigatório. Desse modo, a alternativa correta é: *a crase está anterior a uma locução adverbial de tempo, o que significa que a expressão traz o efeito de sentido como sinônimo a "de vez em quando" ou "por vezes", e também, "ocasionalmente". Haverá crase sempre que a expressão sugerir sentido de tempo.*

GABARITO: B.

---

759. **(FEPESE - 2019 - PREFEITURA DE CAXAMBU/SC - PROFESSOR)** Analise o texto a seguir:

_____dois anos, Júlia e Carlos Moura esperam pela oportunidade de ficar cara _____ cara com a neve. _____ medida que _____ previsão do tempo para o primeiro final de semana de julho se concretiza, submetem-se _____ alegria antecipada de concretizar seu sonho.

Assinale a alternativa que completa **correta** e sequencialmente as lacunas do texto.

a) A – à – A – à – àquela.
b) A – à – À – à – àquela.
c) À – a – A – a – aquela.
d) Há – à – A – a – aquela.
e) Há – a – À – a – àquela.

Há dois anos, Júlia e Carlos Moura esperam pela oportunidade de ficar cara a cara com a neve. À medida que a previsão do tempo para o primeiro final de semana de julho se concretiza, submetem-se àquela alegria antecipada de concretizar seu sonho.

- Há: verbo haver indicando tempo transcorrido.
- a: preposição entre termos repetidos.
- À: faz parte da locução feminina "à medida que".
- a: artigo definido
- àquela: contração de A + AQUELA.

GABARITO: E.

ORTOGRAFIA

760. (VUNESP - 2022 - PM/SP - SARGENTO) Assinale a alternativa em que as palavras estão grafadas segundo o Acordo Ortográfico.

a) Papai Noel é um generoso velhinho cujo voo pelo céu na noite de Natal povoa a imaginação de muitas pessoas.

b) Quando se fala em Papai Noel, a idéia que muitas pessoas têm dele é a de um velhinho de barbas brancas.

c) A fórma como as pessoas imaginam Papai Noel é um velhinho simpático de longas barbas brancas e sorridente.

d) Ao redor do mundo, as pessoas vêem Papai Noel como o velhinho carismático que distribui presentes às crianças.

As palavras com vogais repetidas (oo, ee) não recebem mais acento, como em voo, leem, creem, perdoo. A palavra ideia não recebe acento porque se trata de uma paroxítona que tem na sílaba tônica um ditongo aberto (ei). A palavra forma, na frase da alternativa C, não recebe acento porque tem sentido de maneira, modo, jeito. Se fosse a "fôrma de bolo", receberia acento.

GABARITO: A.

---

761. (FGV - 2022 - PC/AM - ESCRIVÃO) Assinale a frase em que se comete um erro de grafia.

a) A seção em que trabalho é a mais procurada.

b) A adolescência é uma fase difícil.

c) Essas coisas nunca passam despercebidas.

d) Nunca mais vi aqueles facínoras.

e) Chegaram as encomendas atravez do correio.

A: Seção significa departamento.

B: Adolescência é com "sc".

C: Despercebido refere-se a algo que se não se nota, imperceptível; desapercebido possui o sentido referente a desprevenido, desprovido, desguarnecido de algo.

D: Facínora se refere a um indivíduo que executa um crime com crueldade ou perversidade acentuada.

E: O correto é "através".

GABARITO: E.

---

762. (IBFC - 2022 - EBSERH - NÍVEL MÉDIO) O Novo Acordo Ortográfico da Língua Portuguesa alterou a acentuação de algumas palavras. No entanto, "réis" conserva o acento que recebia em função de seu ditongo aberto. Dentre as palavras abaixo, assinale a que apresenta, indevidamente, o acento gráfico.

a) Herói.

b) Céu.

c) Dói.

d) Véu.

e) Jibóia.

A palavra "jiboia" perdeu o acento, assim como ideia, plateia, joia, boia. A separação silábica é ji-boi-a (regra: perdeu-se o acento em sílabas tônicas que possuam ditongo aberto quando a palavra é paroxítona).

- *herói (oxítona terminada em ditongo)*
- *céu (monossílabo tônico terminado em ditongo aberto)*
- *dói (monossílabo tônico terminado em ditongo aberto)*

GABARITO: E.

---

763. **(CONSULPLAN - 2022 - MPE/PA - ANALISTA JURÍDICO)** Em "Esse artigo bem que poderia ser chamado Lágrimas por Bucha. O que aconteceu na cidade situada nos arredores de Kiev é inominável." o uso da letra maiúscula pode ser indicado como:

    a) Parcialmente correto.
    b) Completamente correto.
    c) Completamente incorreto.
    d) Facultativo em todas as ocorrências.

O emprego de maiúscula nos termos Lágrimas, Bucha e Kiev é devido à presença de substantivos próprios (os quais sempre são empregados com letra maiúscula). O emprego de maiúscula em Esse é devido ao fato de que esse termo inicia a oração de que faz parte.

GABARITO: B.

---

764. **(OBJETIVA - 2022 - PREFEITURA DE QUARAÍ/RS - AGENTE COMUNITÁRIO)** Várias palavras são escritas com "x" e "ch". Algumas podem causar dúvida na hora da escrita. Levando em consideração seus conhecimentos gramaticais, assinalar a alternativa em que todas as palavras estão com a grafia correta:

    a) Faxineira, pixe, laxante, chícara.
    b) Cartucho, inxar, chucro, espixar.
    c) Bochexa, chamego, chamuscar, xiqueiro.
    d) Borracharia, xingar, xereta, xarope.

O correto é:

A: Faxineira, piche, laxante, xícara.
B: Cartucho, inchar, chucro, espichar.
C: Bochecha, chamego, chamuscar, chiqueiro.
D: Borracharia, xingar, xereta, xarope.

GABARITO: D.

---

765. **(MPE/GO - 2022 - MPE/GO - SECRETÁRIO)** Assinale a alternativa em que todas as palavras estão escritas de forma correta:

    a) Antebraço – creolina – sequer.
    b) Indígina – lacrimogêneo – distilar.
    c) Mimeógrafo – umidecer – sinão.
    d) Mexirico – arrepear – candeeiro.

O correto é:
A: Antebraço – creolina – sequer.
B: Indígena – lacrimogêneo – destilar.
C: Mimeógrafo – umedecer – senão.
D: Mexerico – arrepiar – candeeiro.
GABARITO: A.

766. (FGV - 2022 - PREFEITURA DE SANTO ANDRÉ/SP - AGENTE) A palavra "riqueza" é grafada corretamente, com a letra z. Assinale o vocábulo a seguir cuja grafia está correta com essa mesma letra.
a) Gáz.
b) Audaz.
c) Análize.
d) Gazolina.
e) Paralizia.
O correto é:
A: Gás.
B: Audaz.
C: Análise.
D: Gasolina.
E: Paralisia.
GABARITO: B.

767. (FUNDATEC - 2022 - PREFEITURA DE FOZ DO IGUAÇU/PR - SECRETÁRIO) No que se refere à ortografia, assinale a alternativa correta.
a) Espandiram – nocivo – habitates.
b) Espandiram – nosivo – habitats.
c) Expandiram – nosivo – habitates.
d) Expandiram – nocivo – habitats.
e) Expandiram – nocivo – habitates.
O correto é: expandiram – nocivo – habitats, conforme indicado na alternativa D.
GABARITO: D.

768. (FUNDATEC - 2022 - PREFEITURA DE FOZ DO IGUAÇU/PR - PROFESSOR) Considerando a correta grafia, assinale a alternativa cujos vocábulo estão corretamente grafados:
a) bem-estar – recém-formado – tique taque.
b) bem estar – recém-formado – tique-taque.
c) bem-estar – recém formado – tique taque.
d) bem-estar – recém-formado – tique-taque.
e) bem estar – recém formado – tique-taque.
Todas as palavras são grafadas com hífen: bem-estar, recém-formado e tique-taque.
GABARITO: D.

769. (IBADE - 2022 - PREFEITURA DE COSTA MARQUES/RO - ENGENHEIRO) Como a palavra "ideia", a grafia está de acordo com as regras de acentuação em:

a) serie.
b) assembleia.
c) papeis.
d) heroi.
e) eles tem.

O correto é:

A: série.
B: assembleia.
C: papéis.
D: herói.
E: eles têm (usa-se acento circunflexo para indicar o plural).
GABARITO: B.

---

770. (IBADE - 2022 - PREFEITURA DE COSTA MARQUES/RO - PROFESSOR) No trecho "Morte é a antessala da luz.", o termo em destaque não recebe hífen pelo mesmo motivo que:

a) microondas.
b) extraoficial.
c) anti-higiênico.
d) interracial.
e) antirracista.

Antessala não recebe hífen porque o prefixo ANTE termina com vogal e o termo seguinte começa com S. Nesse caso, não se usa hífen e dobra-se a consoante S (isso também acontece quando a consoante é a letra R).

Nas outras palavras, temos:

A: micro-ondas (com hífen – letras iguais OO)
B: extraoficial (sem hífen – letras diferentes AO)
C: anti-higiênico (com hífen – palavra com H)
D: inter-racial (com hífen – letras iguais RR)
E: antirracista (segue a mesma regra de antessala)
GABARITO: E.

---

771. (FEPESE - 2019 - PREFEITURA DE CAXAMBU/SC - PROFESSOR) Escolha a palavra entre parênteses que completa corretamente as frases.

Prometi levá-la ao (concerto/conserto) de sua banda preferida neste final de semana.
Aquele advogado, que já foi muito respeitável, hoje é (incipiente/insipiente).
A (cessão/seção/sessão) da assembleia de associados durou apenas uma hora.
A nova diretoria já foi (empoçada/empossada).
Assinale a alternativa que indica as palavras que completam corretamente as frases.

a) concerto – insipiente – seção – empoçada.
b) consorto – insipiente – sessão – empoçada.
c) concerto – insipiente – sessão – empossada.
d) consorto – incipiente – cessão – empossada.
e) consorto – incipiente – seção – empossada.

Esta questão trata de homônimos e parônimos. Vejamos a resposta correta:

* Prometi levá-la ao concerto (show) de sua banda preferida neste final de semana.

* Aquele advogado, que já foi muito respeitável, hoje é insipiente (ignorante). Incipiente: início.

* A sessão (duração de tempo de um encontro) da assembleia de associados durou apenas uma hora. Cessão: verbo cessar; seção: departamento.

* A nova diretoria já foi empossada (tomar posse). Empoçada vem de poça.

GABARITO: C.

ACENTUAÇÃO

772. **(CESPE/CEBRASPE - 2021 - PM/AL - SOLDADO)** O emprego do acento nas palavras "número" e "cerâmica" justifica-se com base na mesma regra de acentuação.

Certo ( )   Errado ( )

Todas as palavras são proparoxítonas, ou seja, as proparoxítonas sempre recebem acento na antepenúltima sílaba: *nú-me-ro; ce-râ-mi-ca.*

GABARITO: CERTO.

---

773. **(IBFC - 2022 - PREFEITURA DE CONTAGEM/MG - NÍVEL SUPERIOR)** Assinale a alternativa que apresenta a sequência de palavra com tonicidade marcada por acento gráfico como proparoxítona, ou seja, a tônica está na antepenúltima sílaba, conforme as regras de Ortografia da Língua Portuguesa do Brasil.

a) sério, português, será.
b) inteligência, português, filósofo.
c) será, experiência, égua.
d) sílaba, histórico, filósofo.

As três palavras são proparoxítonas (sílaba, histórico, filósofo). Como o enunciado diz, a sílaba tônica está na antepenúltima sílaba, por isso é classificada como proparoxítona (e todas são acentuadas).

Vejamos:

- *sério:* paroxítona terminada em ditongo (io);
- *português:* oxítona terminada em ES;
- *será:* oxítona terminada em A;
- *inteligência:* paroxítona terminada em ditongo (IA);
- *experiência:* paroxítona terminada em ditongo (IA);
- *égua:* paroxítona terminada em ditongo (UA).

GABARITO: D.

---

774. **(IBFC - 2022 - AFEAM - ADMINISTRAÇÃO)** Observe atentamente as afirmativas e assinale a alternativa correta em referência à ortografia e à acentuação.

I. Difícil é uma palavra oxítona, portanto acentuada na última sílaba.
II. Lógica é uma palavra proparoxítona, portanto acentuada na antepenúltima sílaba.
III. Intangíveis recebe o acento diferencial na penúltima sílaba para registar a sua forma no plural.

Estão corretas as afirmativas:

a) I apenas.
b) II apenas.
c) III apenas.
d) I e III apenas.

I: Difícil é uma palavra paroxítona terminada em L.
II: Lógica é uma palavra proparoxítona, portanto acentuada na antepenúltima sílaba.
III: Intangíveis é uma palavra paroxítona terminada em ditongo.
GABARITO: B.

---

775. **(FEPESE - 2022 - PREFEITURA DE CRICIÚMA/SC - ENGENHEIRO)** Assinale a alternativa em que, pelo menos, três palavras podem ser acentuadas graficamente.
    a) critico – ritmo – joia – item.
    b) ideia – gloria – bambu – voo.
    c) hifen – virus – interim – rubrica.
    d) avaro – levedo – bonus – aneis.
    e) reveem – pelo – miudo – ruim.

    Vejamos:
    A: <u>crítico</u> – ritmo – joia – item.
    B: ideia – <u>glória</u> – bambu – voo.
    C: <u>hífen</u> – <u>vírus</u> – <u>ínterim</u> – rubrica.
    D: avaro – levedo – <u>bônus</u> – <u>anéis</u>.
    E: reveem – pelo – <u>miúdo</u> – ruim.
    GABARITO: C.

---

776. **(IADES - 2019 - AL/GO - REVISOR ORTOGRÁFICO)** Com base na norma-padrão da língua portuguesa, assinale a alternativa que apresenta palavras acentuadas segundo a mesma regra gramatical.
    a) tradição – língua.
    b) prosódia – gravatá.
    c) porém – junção.
    d) independência – raríssimos.
    e) países – traíra.

    Tradição e junção (não têm acento); língua, prosódia, independência (paroxítonas terminadas em ditongo); gravatá (oxítona terminada em A); porém (oxítona terminada em EM); raríssimos (proparoxítona); países e traíra (hiato).
    GABARITO: E.

---

777. **(INSTITUTO AOCP - 2019 - PC/ES - PERITO CRIMINAL)** Assinale a alternativa em que as duas palavras são acentuadas de acordo com a mesma regra.
    a) Elétricos – possível.
    b) Convém – dê.
    c) Estará – técnicos.
    d) Residência – cópias.
    e) Polícia – localizá-los.

Proparoxítonas: elétricos, técnicos; possível (paroxítona terminada em L); residência, cópias e polícia (paroxítona terminada em ditongo); convém (oxítona terminada em EM); dê (monossílabo tônico); estará (oxítona terminada em EM); localizá-los (oxítona terminada em A).

GABARITO: D.

---

778. **(QUADRIX - 2019 - FDSBC - OFICIAL)** As palavras "Pontifícia" e "Católica" aparecem corretamente acentuadas no texto. Sobre o que elas demonstram, enquanto exemplos, a respeito das regras de acentuação gráfica do português brasileiro, assinale a análise correta.

    a) Todas as palavras com a mesma classificação quanto à posição da sílaba tônica que "pontifícia" devem ser acentuadas.

    b) Todas as palavras com a mesma classificação quanto à posição da sílaba tônica que "católica" devem ser acentuadas.

    c) Todas as palavras com a mesma classificação quanto ao número de sílabas que "católica" devem ser acentuadas.

    d) Todas as palavras com a mesma classificação quanto ao número de sílabas que "pontifícia" devem ser acentuadas.

    e) As palavras em questão são acentuadas seguindo exatamente a mesma regra de acentuação.

    "Pontifícia" é uma paroxítona terminada em ditongo; e "Católica" é uma proparoxítona (todas as proparoxítonas são acentuadas).

    GABARITO: B.

---

779. **(IBADE - 2019 - SEE/AC - PROFESSOR)** Assinale a alternativa em que todas as palavras são acentuadas em conformidade com a mesma regra de acentuação:

    a) vírus – bônus – álibis.
    b) maracujá – acarajé – dominó.
    c) cárie – trégua – cátion.
    d) amáveis – anzóis – anéis.
    e) álbum – órfão – sótão.

    A: vírus e bônus (paroxítonas terminadas em us); álibis (proparoxítona).
    B: são todas oxítonas, mas as terminações diferentes.
    C: são paroxítonas, mas são terminações diferentes.
    D: todas são paroxítonas terminadas em ditongo.

    GABARITO: D.

---

780. **(IBADE - 2020 - IDAF/AC - ENGENHEIRO AGRÔNOMO)** Assinale a alternativa contendo vocábulos acentuados pela mesma regra:

    a) exílio – divórcio – gírias.
    b) pôsteres – exílio – país.
    c) órfãos – há – princípio.
    d) menstruo – pôsteres – há.
    e) exílio – país – órfãos.

A: todas são paroxítonas terminadas em ditongo.

B: proparoxítona; paroxítona terminada em ditongo; hiato.

C: paroxítona terminada em ditongo; monossílabo tônico; paroxítona terminada em ditongo.

D: paroxítona sem acento; proparoxítona; monossílabo tônico

E: paroxítona terminada em ditongo; hiato; paroxítona terminada em ditongo.

GABARITO: A.

---

781. (FEPESE - 2019 - PREFEITURA DE CAXAMBU/SC - PROFESSOR)

O piscinão da Torre Eiffel

Os (1) neste início de verão europeu cravaram temperaturas inéditas, insufladas por uma massa de ar quente vinda direto do Saara. Calejados que estão pela inclemente temporada de calor de agosto de 2003, que varreu a Europa e, só na França, deixou 15000 mortos, vários países ativaram o alerta laranja – o número 3 na escala do perigo que vai até 4. No rol dos mais castigados estão Espanha, Bélgica, Alemanha e França, que deve experimentar o mesmo sufoco de 1947, cujo recorde (médias de 40 graus no dia) nunca foi ultrapassado. E eis que, *voilà*, os parisienses acharam um jeito de fazer do "inferno", como definiu a meteorologia local, uma festa. Muita gente se banhou nos chafarizes *belle époque* e em piscinas temporárias, como a que deu graça ao cartão-postal da Torre Eiffel, para amenizar a canícula. A prefeitura ainda espalhou um arsenal de bebedouros e vaporizadores de água pelos bulevares e, em espaços internos públicos, instalou salas climatizadas. Carros mais antigos e poluentes (algo aferido por um adesivo afixado ao veículo) não podem circular até segunda ordem. Espera-se para os próximos dias temperatura de 40 graus ou mais, e sensação térmica ainda pior. Paris concentra relativamente pouco verde em relação ao tanto de pedras e concreto que acumula, o que faz da cidade uma (2) arquitetônica de distintos estilos – e uma estufa ao mesmo tempo. Os cientistas (3) nessas ondas de calor cada vez mais frequentes, precoces e intensas, um sintoma dos novos tempos de aquecimento global. Enquanto isso, os parisienses reclamam, mas também aproveitam.

(Weinberg, M. **Veja**, ano 52, n. 27.)

Assinale a alternativa que completa corretamente as lacunas numeradas do texto:

a) (1) termometros – (2) apoteose – (3) vêem.

b) (1) termometros – (2) apoteóse – (3) vêem.

c) (1) termômetros – (2) apoteose – (3) veem.

d) (1) termometros – (2) apoteóse – (3) veem.

e) (1) termômetros – (2) apoteóse – (3) veem.

Termômetros é uma proparoxítona, as quais sempre são acentuadas; apoteose não recebe acento; veem não recebe acento (não se acentua mais vogais repetidas: ee, oo).

GABARITO: C.

REDAÇÃO OFICIAL

782. (AOCP - 2022 - PP/DF - POLICIAL PENAL) O excerto "Com cordiais cumprimentos deste gabinete, venho solicitar a Vossa Excelência [...]" pode ser reescrito como "Solicito a Vossa Excelência", o que o tornaria mais adequado em relação aos critérios de objetividade e concisão da Redação Oficial.

Certo ( )   Errado ( )

O trecho original "Com cordiais cumprimentos deste gabinete" fere os atributos de concisão (escrever de forma sucinta, sem rodeios) e de impessoalidade (não pode haver elogios ou marca pessoal na redação oficial).
GABARITO: CERTO.

783. (AOCP - 2022 - PP/DF - POLICIAL PENAL) A utilização de "Sua Excelência" no endereçamento e de "Vossa Excelência" no corpo do texto fere o princípio da padronização na escrita oficial.

Certo ( )   Errado ( )

É justamente deste modo que se empregam as formas de tratamento: "Sua Excelência" no endereçamento e de "Vossa Excelência" no corpo do texto.
GABARITO: ERRADO.

784. (CESPE/CEBRASPE - 2021 - CBM/AL - SOLDADO) O tratamento impessoal que deve ser dado aos assuntos que constam das comunicações oficiais decorre de três aspectos principais: ausência de impressões individuais de quem comunica; impessoalidade de quem recebe a comunicação; e caráter impessoal do próprio assunto tratado.

Certo ( )   Errado ( )

O Manual de Redação da Presidência da República, em sua terceira edição, determina que o tratamento impessoal que deve ser dado aos assuntos que constam das comunicações oficiais decorre: a) da ausência de impressões individuais de quem comunica: embora se trate, por exemplo, de um expediente assinado por Chefe de determinada Seção, a comunicação é sempre feita em nome do serviço público. Obtém-se, assim, uma desejável padronização, que permite que as comunicações elaboradas em diferentes setores da administração pública guardem entre si certa uniformidade; b) da impessoalidade de quem recebe a comunicação: ela pode ser dirigida a um cidadão, sempre concebido como público, ou a uma instituição privada, a outro órgão ou a outra entidade pública. Em todos os casos, temos um destinatário concebido de forma homogênea e impessoal; e c) do caráter impessoal do próprio assunto tratado: se o universo temático das comunicações oficiais se restringe a questões que dizem respeito ao interesse público, é natural não caber qualquer tom particular ou pessoal.
GABARITO: CERTO.

785. (CESPE/CEBRASPE - 2021 - CBM/AL - SOLDADO) No padrão ofício, a numeração das páginas é obrigatória desde a primeira página da comunicação.

Certo ( )   Errado ( )

O Manual de Redação da Presidência da República, em sua terceira edição, estabelece que a numeração das páginas é obrigatória apenas a partir da segunda página da comunicação. Ela deve ser centralizada na página e obedecer à seguinte formatação: a) posição: no rodapé do documento, ou acima da área de 2 cm da margem inferior; b) fonte: Calibri ou Carlito.
GABARITO: ERRADO.

786. (CESPE/CEBRASPE - 2021 - CBM/AL - SOLDADO) O e-mail, como gênero textual, não é considerado um documento oficial.

Certo ( )   Errado ( )

O Manual de Redação da Presidência da República, em sua terceira edição, traz o correio eletrônico, que também é chamado de "e-mail". A utilização do e-mail para a comunicação tornou-se prática comum, não só em âmbito privado, mas também na administração pública. O termo e-mail pode ser empregado com três sentidos. Dependendo do contexto, pode significar gênero textual, endereço eletrônico ou sistema de transmissão de mensagem eletrônica. Como gênero textual, o e-mail pode ser considerado um documento oficial, assim como o ofício. Portanto, deve-se evitar o uso de linguagem incompatível com uma comunicação oficial.
GABARITO: ERRADO.

787. (CESPE/CEBRASPE - 2021 - CBM/AL - SOLDADO) Na redação de documentos oficiais, o uso do padrão culto é indispensável, uma vez que esse tipo de linguagem ameniza, por exemplo, diferenças regionais.

Certo ( )   Errado ( )

O Manual de Redação da Presidência da República, em sua terceira edição, em razão de seu caráter público e de sua finalidade, os atos normativos e os expedientes oficiais requerem o uso do padrão culto do idioma, que acata os preceitos da gramática formal e emprega um léxico compartilhado pelo conjunto dos usuários da língua. O uso do padrão culto é, portanto, imprescindível na redação oficial por estar acima das diferenças lexicais, morfológicas ou sintáticas, regionais; dos modismos vocabulares e das particularidades linguísticas. O uso do padrão culto não significa empregar a língua de modo rebuscado ou utilizar figuras de linguagem próprias do estilo literário. Pode-se concluir que não existe propriamente um padrão oficial de linguagem, o que há é o uso da norma padrão nos atos e nas comunicações oficiais.
GABARITO: CERTO.

788. (CESPE/CEBRASPE - 2022 - PC/PB - AGENTE)
I. A nomenclatura e a diagramação próprias do padrão ofício devem ser adotadas na elaboração tanto de um memorando quanto de um aviso.
II. Nos casos em que não for usado para o encaminhamento de documentos, o expediente deve conter a seguinte estrutura: introdução, desenvolvimento e conclusão.
III. O fecho indicado para uma correspondência oficial cujo destinatário seja uma autoridade de hierarquia inferior ou igual à do signatário é **Atenciosamente**.

Assinale a opção correta.
a) Apenas o item I está certo.
b) Apenas o item III está certo.
c) Apenas os itens I e II estão certos.
d) Apenas os itens II e III estão certos.
e) Todos os itens estão certos.

O padrão ofício é uma padronização que deve ser seguida por todos os expedientes oficiais que fazem parte do padrão ofício. Observação: a questão está mal elaborada e a banca não mudou gabarito; considere que "memorando" e "aviso" (item I) foram abolidos do Manual de Redação da Presidência da República, mesmo assim a banca deu como certo o item I. Os itens II e III estão corretos e são cópias do que está no referido Manual.

GABARITO: E.

789. **(CESPE/CEBRASPE - 2022 - PC/PB - AGENTE)** No corpo do texto de uma correspondência oficial dirigida a uma autoridade de postos militares, exceto oficial-general das Forças Armadas, deve-se usar o pronome de tratamento:
   a) Vossa Reverência.
   b) Vossa Magnificência.
   c) Vossa Excelência.
   d) Vossa Senhoria.
   e) Vossa Eminência.

Essa é uma determinação que está no Manual de Redação da Presidência da República. A orientação de que, numa correspondência oficial dirigida a uma autoridade de postos militares, exceto oficial-general das Forças Armadas, deve-se usar o pronome de tratamento Vossa Senhoria está descrita na parte de uso de pronomes do referido Manual.

GABARITO: D.

Texto CG1A1-III

Governo do Estado da Paraíba
Secretaria de Estado da Segurança e da Defesa Social
Delegacia Geral de Polícia Civil
Superintendência Regional de Polícia Civil
Delegacia Seccional de Polícia Civil
Ofício nº 123/2021/DSPC

João Pessoa, 10 de dezembro 2021.

À Senhora
FULANA DE TAL
Gerência de Recursos Humanos da Polícia Civil – PB
João Pessoa – PB

Assunto: Solicitação de férias.

Senhora gerente,

Encaminho a essa Gerência solicitação de gozo de férias da servidora abaixo discriminada:

Beltrana de Tal – Escrivã de Polícia, matrícula nº 1.234-56
Período de gozo: 01/02/2022 – 02/03/2022

Sem mais, coloco-me à disposição para esclarecimentos ou dúvidas.

Atenciosamente,
SICRANA DE TAL
Delegada de Polícia Civil – matrícula 5.643-21

790. **(CESPE/CEBRASPE - 2021 - PC/PB - ESCRIVÃO)** Levando em conta as características formais e a finalidade desse expediente, assinale a opção correta.
   a) O uso de negrito em "Assunto", bem como no texto que o especifica, é opcional.
   b) Trata-se de documento circular expedido pela Gerência de Recursos Humanos da Polícia Civil do estado da Paraíba.
   c) É apropriada a ausência de linha acima do nome do signatário.
   d) Verifica-se inversão entre a data de expedição e a descrição do expediente.
   e) O documento tem a mesma finalidade comunicativa que uma exposição de motivos.

   A: O uso de negrito é obrigatório.
   B: A Gerência de Recursos Humanos da Polícia Civil do estado da Paraíba é o destinatário, e não o remetente.
   C: O Manual orienta que não se usa linha acima do nome do signatário, ou seja, é apropriada a ausência de linha acima do nome do signatário.
   D: Não há inversão entre a data de expedição e a descrição do expediente.
   E: A Exposição de Motivos (EM) é o expediente dirigido ao Presidente da República ou ao Vice-Presidente para: a) propor alguma medida; b) submeter projeto de ato normativo à sua consideração; ou c) informá-lo de determinado assunto.
   GABARITO: C.

791. **(CESPE/CEBRASPE - 2021 - PF - AGENTE)** Quando da redação de *e-mail* que possa ser considerado um documento oficial, devem-se usar os mesmos parâmetros de redação dos demais documentos oficiais, o que inclui linguagem adequada.

   Certo ( )   Errado ( )

   O Manual de Redação da Presidência da República determina que "como gênero textual, o e-mail pode ser considerado um documento oficial, assim como o ofício. Portanto, deve-se evitar o uso de linguagem incompatível com uma comunicação oficial".
   GABARITO: CERTO.

792. **(CESPE/CEBRASPE - 2021 - PF - AGENTE)** A exposição de motivos é modalidade de comunicação dirigida pelos ministros ao presidente da República e, em determinadas circunstâncias, poderá ser encaminhada cópia do documento ao Congresso Nacional ou ao Poder Judiciário.

   Certo ( )   Errado ( )

   No Manual de Redação da Presidência da República, a exposição de motivos é dirigida ao presidente da República por um ministro de Estado. Nos casos em que o assunto tratado envolva mais de um ministério, a exposição de motivos será assinada por todos os ministros envolvidos, sendo, por essa razão, chamada de interministerial. Ainda, a exposição de motivos é a principal modalidade de comunicação dirigida ao Presidente da República pelos ministros. Além disso, pode, em certos casos, ser encaminhada cópia ao Congresso Nacional ou ao Poder Judiciário.
   GABARITO: CERTO.

793. **(CESPE/CEBRASPE - 2021 - PF - AGENTE)** No endereçamento das comunicações dirigidas às autoridades superiores, devem-se empregar os seguintes pronomes de tratamento: "A Vossa Excelência o Senhor" ou "A Vossa Excelência a Senhora".

   Certo ( )   Errado ( )

Segundo o Manual de Redação da Presidência da República, na redação oficial, é necessário atenção para o uso dos pronomes de tratamento em três momentos distintos: no endereçamento, no vocativo e no corpo do texto. No vocativo, o autor dirige-se ao destinatário no início do documento. No corpo do texto, pode-se empregar os pronomes de tratamento em sua forma abreviada ou por extenso. O endereçamento é o texto utilizado no envelope que contém a correspondência oficial.

Por isso, o correto, no endereçamento, é usar "sua" em vez de "vossa".

GABARITO: ERRADO.

---

794. **(CESPE/CEBRASPE - 2021 - PF - AGENTE)** Na grafia de datas em um documento oficial, o conteúdo deve constar conforme exemplificado a seguir: Brasília, 02/04/2021.

Certo ( )   Errado ( )

Conforme o Manual de Redação da Presidência da República, na grafia de datas em um documento, o conteúdo deve constar da seguinte forma: a) composição: local e data do documento; b) informação de local: nome da cidade onde foi expedido o documento, seguido de vírgula. Não se deve utilizar a sigla da unidade da federação depois do nome da cidade; c) dia do mês: em numeração ordinal se for o primeiro dia do mês e em numeração cardinal para os demais dias do mês. Não se deve utilizar zero à esquerda do número que indica o dia do mês; d) nome do mês: deve ser escrito com inicial minúscula; e) pontuação: coloca-se ponto-final depois da data; e f) alinhamento: o texto da data deve ser alinhado à margem direita da página. Exemplo: Brasília, 2 de fevereiro de 2018.

GABARITO: ERRADO.

---

795. **(CESPE/CEBRASPE - 2021 - PF - AGENTE)** Nas comunicações oficiais, aboliu-se o uso dos vocativos Digníssimo (DD) e de Ilustríssimo (Ilmo.).

Certo ( )   Errado ( )

De acordo com o Manual de Redação da Presidência da República, em comunicações oficiais, está abolido o uso de Digníssimo (DD) e de Ilustríssimo (Ilmo.). ademais, evite-se o uso de "doutor" indiscriminadamente. O tratamento por meio de Senhor confere a formalidade desejada.

GABARITO: CERTO.

---

796. **(CESPE/CEBRASPE - 2021 - PF - AGENTE)** No padrão ofício, o cabeçalho deve estar centralizado na área determinada pela formatação e constar em todas as páginas do documento.

Certo ( )   Errado ( )

O Manual de Redação da Presidência da República traz outra orientação. O cabeçalho é utilizado apenas na primeira página do documento, centralizado na área determinada pela formatação. No cabeçalho deverão constar os seguintes elementos: a) brasão de Armas da República: no topo da página. Não há necessidade de ser aplicado em cores. O uso de marca da instituição deve ser evitado na correspondência oficial para não se sobrepor ao Brasão de Armas da República; b) nome do órgão principal; c) nomes dos órgãos secundários, quando necessários, da maior para a menor hierarquia; e d) espaçamento: entrelinhas simples (1,0). Os dados do órgão, como endereço, telefone, endereço de correspondência eletrônica, sítio eletrônico oficial da instituição, podem ser informados no rodapé do documento, centralizados.

GABARITO: ERRADO.

797. (CESPE/CEBRASPE - 2021 - PRF - POLICIAL RODOVIÁRIO FEDERAL) Entre as características da redação oficial incluem-se a objetividade, a impessoalidade e a informatividade.

Certo ( )   Errado ( )

A informatividade não é atributo da redação oficial. Segundo o Manual de Redação Oficial da Presidência da República, a redação oficial deve caracterizar-se por: clareza e precisão; objetividade; concisão; coesão e coerência; impessoalidade; formalidade e padronização; uso da norma padrão da língua portuguesa.
GABARITO: ERRADO.

798. (CESPE/CEBRASPE - 2021 - PRF - POLICIAL RODOVIÁRIO FEDERAL) Na identificação do signatário de uma comunicação oficial destinada a uma pessoa do sexo feminino, dispensa-se flexão de gênero no nome do cargo.

Certo ( )   Errado ( )

Segundo o Manual de Redação Oficial da Presidência da República, na identificação do signatário, o cargo ocupado por pessoa do sexo feminino deve ser flexionado no gênero feminino.
GABARITO: ERRADO.

799. (CESPE/CEBRASPE - 2021 - PRF - POLICIAL RODOVIÁRIO FEDERAL) O vocativo, nas comunicações oficiais, deverá ser sempre seguido de vírgula.

Certo ( )   Errado ( )

Segundo o Manual de Redação Oficial da Presidência da República, o vocativo é uma invocação ao destinatário. Nas comunicações oficiais, o vocativo será sempre seguido de vírgula. Em comunicações dirigidas aos chefes de Poder, utiliza-se a expressão Excelentíssimo Senhor ou Excelentíssima Senhora e o cargo respectivo, seguidos de vírgula.
GABARITO: CERTO.

800. (CESPE/CEBRASPE - 2021 - PRF - POLICIAL RODOVIÁRIO FEDERAL) De acordo com a legislação vigente, o e-mail institucional tem valor documental e, por isso, deve ser aceito como documento original.

Certo ( )   Errado ( )

Segundo o Manual de Redação Oficial da Presidência da República, nos termos da Medida Provisória nº 2.200-2, de 24 de agosto de 2001, para que o e-mail tenha valor documental, isto é, para que possa ser aceito como documento original, é necessário existir certificação digital que ateste a identidade do remetente, segundo os parâmetros de integridade, autenticidade e validade jurídica da Infraestrutura de Chaves Públicas Brasileira (ICP-Brasil). O destinatário poderá reconhecer como válido o e-mail sem certificação digital ou com certificação digital fora ICP-Brasil; contudo, caso haja questionamento, será obrigatório a repetição do ato por meio documento físico assinado ou por meio eletrônico reconhecido pela ICP-Brasil. Salvo lei específica, não é dado ao ente público impor a aceitação de documento eletrônico que não atenda os parâmetros da ICP-Brasil.
GABARITO: ERRADO.

801. (CESPE/CEBRASPE - 2021 - PRF - POLICIAL RODOVIÁRIO FEDERAL) O assunto das comunicações oficiais deve apresentar de forma geral o que será tratado no documento e seu formato deve seguir as orientações do MRPR, conforme o exemplo a seguir.

Assunto: Realização de concurso público.

Certo ( )   Errado ( )

Segundo o Manual de Redação Oficial da Presidência da República, o assunto deve dar uma ideia geral do que trata o documento, de forma sucinta. Ele deve ser grafado da seguinte maneira: a) título: a palavra Assunto deve anteceder a frase que define o conteúdo do documento, seguida de dois-pontos; b) descrição do assunto: a frase que descreve o conteúdo do documento deve ser escrita com inicial maiúscula, não se deve utilizar verbos e sugere-se utilizar de quatro a cinco palavras; c) destaque: todo o texto referente ao assunto, inclusive o título, deve ser destacado em negrito; d) pontuação: coloca-se ponto-final depois do assunto; e) alinhamento: à margem esquerda da página.

GABARITO: CERTO.

---

802. [CESPE/CEBRASPE - 2021 - CODEVASF - ANALISTAS] O texto do documento oficial, padrão ofício, deve seguir a seguinte padronização de estrutura: introdução, desenvolvimento e conclusão, sendo facultativo o desenvolvimento nos casos em que há apenas encaminhamento de documentos.

Certo ( )   Errado ( )

Conforme o Manual de Redação da Presidência da República, o texto do documento oficial deve seguir a seguinte padronização de estrutura:

I – nos casos em que não seja usado para encaminhamento de documentos, o expediente deve conter a seguinte estrutura: a) introdução; b) desenvolvimento; e c) conclusão;

II – quando forem usados para encaminhamento de documentos, a estrutura é modificada: a) introdução; b) desenvolvimento.

GABARITO: CERTO.

---

803. [CESPE/CEBRASPE - 2021 - CODEVASF - ANALISTAS] O pronome Vossa Excelência deve ser utilizado para fazer referência de forma indireta a autoridades, como no seguinte exemplo: A Vossa Excelência, o Ministro de Estado da Educação.

Certo ( )   Errado ( )

A forma pronominal "Vossa Excelência" faz referência direta. Para haver uma referência indireta, o correto é "Sua Excelência".

GABARITO: ERRADO.

---

804. [CESPE/CEBRASPE - 2021 - CODEVASF - ANALISTAS] A redação oficial é elaborada sempre em nome do serviço público e sempre em atendimento ao interesse geral dos cidadãos, podendo, por isso, os assuntos objetos dos expedientes oficiais ser tratados tanto de forma pessoal quanto impessoal.

Certo ( )   Errado ( )

No caso da redação oficial, quem comunica é sempre o serviço público (este/esta ou aquele/aquela Ministério, Secretaria, Departamento, Divisão, Serviço, Seção); o que se comunica é sempre algum assunto relativo às atribuições do órgão que comunica; e o destinatário dessa comunicação é o público, uma instituição privada ou outro órgão ou entidade pública, do Poder Executivo ou dos outros Poderes. Além disso, deve-se considerar a intenção do emissor e a finalidade do documento, para que o texto esteja adequado à situação comunicativa.

GABARITO: ERRADO.

805. (CESPE/CEBRASPE - 2021 - CODEVASF - ANALISTAS) Na identificação do signatário, o cargo ocupado por pessoa do sexo feminino deve ser flexionado no gênero feminino, como no seguinte exemplo: Ministra de Estado.

Certo ( )   Errado ( )

Conforme o Manual de Redação da Presidência da República, na identificação do signatário, o cargo ocupado por pessoa do sexo feminino deve ser flexionado no gênero feminino.

GABARITO: CERTO.

---

806. (CESPE/CEBRASPE - 2021 - DEPEN - AGENTE DE EXECUÇÃO PENAL) Nas comunicações oficiais para autoridade de hierarquia superior à do remetente, deve-se utilizar, exceto para o presidente da República, o fecho "Respeitosamente,".

Certo ( )   Errado ( )

Com o objetivo de simplificar os fechos e uniformizá-los, o Manual estabelece o emprego de somente dois fechos diferentes para todas as modalidades de comunicação oficial: a) Para autoridades de hierarquia superior à do remetente, inclusive o Presidente da República: Respeitosamente. b) Para autoridades de mesma hierarquia, de hierarquia inferior ou demais casos: Atenciosamente.

Ficam excluídas dessa fórmula as comunicações dirigidas a autoridades estrangeiras, que atendem a rito e tradição próprios.

GABARITO: ERRADO.

---

807. (CESPE/CEBRASPE - 2022 - FUB - ASSISTENTE EM ADMINISTRAÇÃO) Caso seja necessário fazer referência a algum documento ou a dado que complemente o assunto a ser tratado em um ofício, essa informação deverá ser digitada em nota de rodapé, em fonte de tamanho reduzido (menor que 10).

Certo ( )   Errado ( )

Não se coloca informação que complemente o assunto em nota de rodapé. O Manual traz as seguintes informações sobre o que se coloca no rodapé:

- Os dados do órgão, como endereço, telefone, endereço de correspondência eletrônica, sítio eletrônico oficial da instituição, podem ser informados no rodapé do documento, centralizados.
- Nos expedientes circulares, por haver mais de um receptor, o órgão remetente poderá inserir no rodapé as siglas ou nomes dos órgãos que receberão o expediente.
- notas de Rodapé: tamanho 10 pontos.

GABARITO: ERRADO.

---

808. (CESPE/CEBRASPE - 2022 - FUB - ASSISTENTE EM ADMINISTRAÇÃO) O fecho a ser utilizado nas correspondências internas encaminhadas à autoridade máxima da Universidade de Brasília é *Respeitosamente*.

Certo ( )   Errado ( )

O Manual orienta que se use "Respeitosamente" quando a autoridade é de hierarquia superior. Com o objetivo de simplificá-los e uniformizá-los, o Manual estabelece o emprego de somente dois fechos diferentes para todas as modalidades de comunicação oficial:

a) Para autoridades de hierarquia superior a do remetente, inclusive o Presidente da República: Respeitosamente;

b) Para autoridades de mesma hierarquia, de hierarquia inferior ou demais casos: Atenciosamente.

Ficam excluídas dessa fórmula as comunicações dirigidas a autoridades estrangeiras, que atendem a rito e tradição próprios.

GABARITO: CERTO.

---

809. **(AOCP - 2018 - TRT/1ª REGIÃO - TÉCNICO JUDICIÁRIO)** Referente aos aspectos gerais da redação oficial, assinale a alternativa correta.

   a) A diagramação do texto não é um fator essencial para a padronização dos textos oficiais, pois o mais importante é a padronização da linguagem.

   b) A clareza deve ser a qualidade básica de todo texto oficial, possibilitando a imediata compreensão por parte do leitor.

   c) De acordo com o Manual de Redação da Presidência da República, há um consenso de que o padrão culto da língua, o qual deve ser utilizado na redação oficial, é aquele em que se emprega um vocabulário específico da área da administração pública.

   d) Em determinadas situações, é permitida a ininteligibilidade de um texto oficial em favor de uma maior impessoalidade e de um uso mais acurado do padrão culto da linguagem.

   e) As comunicações oficiais não são uniformes, pois há diversos comunicadores e diversos receptores dessas comunicações.

A: Incorreta. A diagramação correta é um dos itens fundamentais para a padronização do texto.

B: Correta. Conforme o Manual de Redação da Presidência da República, item 3.1 - Clareza e Precisão: "A clareza deve ser a qualidade básica de todo texto oficial. Pode-se definir como claro aquele texto que possibilita imediata compreensão pelo leitor".

C: Incorreta. De acordo com o Manual de Redação da Presidência da República, deve-se utilizar o padrão culto da língua para tentar uniformizar a linguagem oficial.

D: Incorreta. A linguagem mais rebuscada não quer dizer que seja a melhor forma de escrever, já que o texto oficial precisa ser claro.

E: Incorreta. A uniformidade é característica do texto oficial, já que, apesar de ser operado por pessoas diferentes, está sempre em nome do serviço público.

GABARITO: B.